改变,从阅读开始

Ira Katznelson
[美] 艾拉·卡茨尼尔森 著

彭海涛 译

Fear Itself
The New Deal and the Origins of Our Time

恐 惧 本 身
罗斯福"新政"与当今世界格局的起源

书 海 出 版 社

图书在版编目（CIP）数据

恐惧本身：罗斯福"新政"与当今世界格局的起源／（美）艾拉·卡茨尼尔森著；彭海涛译.－－太原：书海出版社，2018.9

ISBN 978-7-5571-0021-6

Ⅰ．①恐… Ⅱ．①艾… ②彭… Ⅲ．①经济史－研究－美国－1929－1933②罗斯福"新政"（1933－1936）Ⅳ．①F171.295.1②K712.52

中国版本图书馆CIP数据核字（2018）第184117号

版权登记号 04-2017-026

Copyright © 2013 by Ira Katznelson
All rights reserved

恐惧本身：罗斯福"新政"与当今世界格局的起源

著　　者：	（美）艾拉·卡茨尼尔森
译　　者：	彭海涛
责任编辑：	李　鑫
复　　审：	贺　权
终　　审：	秦继华
选题策划：	北京汉唐阳光
出 版 者：	山西出版传媒集团·书海出版社
地　　址：	太原市建设南路21号
邮　　编：	030012
发行营销：	0351-4922220　4955996　4956039　0351-4922127（传真）
天猫官网：	http://sxrmebs.tmall.com　电话：0351-4922159
E－mail：	sxskcb@163.com　发行部　sxskcb@163.com　总编室
网　　址：	www.sxskcb.com
经 销 者：	山西出版传媒集团·书海出版社
承 印 厂：	鸿博昊天科技有限公司
开　　本：	655mm×965mm　1/16
印　　张：	46.75
字　　数：	570千字
版　　次：	2018年9月　第1版
印　　次：	2018年9月　第1次印刷
书　　号：	ISBN 978-7-5571-0021-6
定　　价：	158.00元

如有印装质量问题请与本社联系调换

献给黛博拉,感谢她的鼎力支持和慷慨奉献!

我生活在恐惧时代!
——E.B.怀特

本书获誉

《恐惧本身》梳理了"新政"与南方黑人之间的关系变化这一段意义深远的历史,这一关系也是"新政"最大的悖论。通过将历史幽微融入到宏大视野中,艾拉·卡茨尼尔森描述了20世纪30年代至40年代处于巅峰时期的美国自由主义,这也是迄今关于此最清晰锐利的呈现之一。本书对于人们洞悉当今世界的政治病兆和机遇具有重要的启发意义。

——肖恩·威兰茨
《美国民主的兴起:从杰斐逊到林肯》一书作者

《恐惧本身》讲述了罗斯福和杜鲁门时代令人胆战心惊的恐惧,与菲利普·罗斯的《反美阴谋》一样。人们不仅容易忘记"新政"时期美国国内以及国际形势是多么危险,也容易遗忘这一时期各种政策的后果如何使我们陷入了更糟糕的境地……在本书中,卡茨尼尔森非常了不起地展现了一个宏大而又充满细节、让人感到新鲜而又有些陌生的"新政"。

——尼古拉斯·里恩曼《纽约书评》

本书中,艾拉·卡茨尼尔森赋予"新政"这一传统主题新的生命。作者用生动的语言再现了"新政"与其历史性后果之间的关系,重申了国会及南方议员在美国国内外政策制定、参与世界性战争、挑起冷战过程中所发挥的举足轻重的作用。作者做到了观点与论述之间的高度统一,非常令人信服。从此刻起,本书将成为了解"新政"形成过程及美国20世纪历史的必读书。

——大卫·纳索
《掌门人：约瑟夫·P. 肯尼迪光辉的一生与其所处的动荡时代》
一书作者

  引人入胜……忘我地阅读这种老派的、具有独创性的史学学术著作，真是令人兴奋愉快！本书枝节繁多、野心勃勃，几乎在每一页都有启发性的洞见。在卡茨尼尔森的众多写作天赋中，下面这一点对读者来说最为珍贵：思路清晰、充满活力、毫不炫耀学术行话、文风朴实。这一点对美国学术界也最为珍贵，因为它已濒临消亡……令人愉快，富有启迪。

——罗伯特·G. 凯泽 《华盛顿邮报》

  《恐惧本身》一书见解深刻，具有权威性，令人信服。该书利用对"新政"进行的大量研究，综合提炼出一个审慎而极富洞见的论点，堪称历史学术写作的上佳范本。

——泰瑞·哈特尔 《基督教科学箴言报》撰稿人

  非常强有力的论辩，得益于卡茨尼尔森稳健的散文写作与背后令人印象深刻的学术研究。

——凯文·博伊尔 《纽约时报书评》

  《恐惧本身》一书对"新政"历史进行了深刻重构，并做出了大量具有挑战性的质疑。

——戴维·肯尼迪
《摆脱恐惧：大萧条与战争中的美国人民，1929—1945》一书作者

  艾拉·卡茨尼尔森在《恐惧本身》一书中，取得了别人几乎不可

能实现的成就——它启发人们以全新的方式思考"新政"错综复杂的因果关系及其留给现代美国富有争议性的历史遗产,思考奴隶制留给当今政治和社会的永久性历史遗产。

——埃里克·方纳
《烈火中的考验:亚伯拉罕·林肯与美国奴隶制》一书作者

艾拉·卡茨尼尔森所著的《恐惧本身》一书是一部非凡的历史学论著,它彻底改变了人们对"新政"的已有认识。作者深刻论述了种族主义是如何塑造大萧条时期的美国生活方式的,而且,更重要的是,作者将美国国会置于"新政"历史的前台。本书不愧是一部杰出的学术论著。

——艾伦·布林克利
《改革的终结:萧条时期和战争年代的新政自由主义》一书作者

本书从一个全新的角度研究了"新政"——使我们自以为很熟悉的历史,展现出了更丰富复杂的面向。在这部内容浩繁、写作优美的历史著作中,卡茨尼尔森……视野广阔,呈现了一个持续到杜鲁门执政末期的"新政"。

——《科克斯书评》

本书认为"新政"使自由民主得以存续,代价是与非自由力量相妥协。凭借非凡的见解,卡茨尼尔森的历史巨著远超其他历史学家解释"新政"的著作。

——《书单》

目 录

前　言　悲喜交加的年代 ……………………………………… 1

第一部分：战胜恐惧

1. 没有海图的航行 ………………………………………… 38
2. 飞行员、法官和议员 …………………………………… 80
3. 猛药 ……………………………………………………… 129

第二部分：南方的牢笼

4. 美国的"另类" …………………………………………… 178
5. 黑人国会 ………………………………………………… 211
6. 士兵投票 ………………………………………………… 264

第三部分：紧急状态

7. 激进时刻 ………………………………………………… 308
8. 第一次考验 ……………………………………………… 378
9. 无限战争 ………………………………………………… 436

第四部分：民主的代价

10. 公共程序与私人利益 ………………………………… 504

11. "最强烈的愿望" ……………………………………… 554
12. "军事武装与忠于国家" ……………………………… 610

后　记　1953 年 1 月 ……………………………………… 643
致　谢 ……………………………………………………… 669
索　引 ……………………………………………………… 675

前　言

悲喜交加的年代

富兰克林·罗斯福（Franklin Roosevelt）总统就职不到一年，就推出了举世瞩目的"罗斯福'新政'"（the New Deal）。美国著名历史学家查尔斯·比尔德（Charles Beard）曾撰文记录下新闻出版界对"新政"[1]进行宣传报道的盛况："各种各样的书籍、文章、宣传册像雪片般，铺天盖地而来。"自比尔德撰文报道以来，罗斯福和杜鲁门（Truman）两届政府如何把美利坚联邦由充满能量和希望的国度带入空前的绝望和深渊之中，一直是世人关注的焦点。[2]实际上，在这一重大历史性事件频发的时代，人们亲历了成百上千的历史性巨变，开展了不计其数的公共事务研究，发行了海量的重要历史人物传记。学术研究人员和新闻工作者们对这一时代产生的公共事务管理问题进行了全面深入的分析研究。从不断强化的政府管理机构、由此产生的最高法院、错综复杂的经济管理制度和社会福利政策，到日益增长的国家军事力量和全球领导地位，这些分析研究所关注的一个共同主题是，这一时代执掌美国白宫的两位总统的性格、行为和言语对政府管理产生的影响。当然，这两位总统给公众留下了截然不同的印象：一位富有无穷的魅力,另一位却看似单纯而内含玄机。除了两位总统,学术研究人员和新闻工作者们还关注到已经逐渐为人们所熟知的关键历史人物,如善于夸夸其谈的联邦领导人约翰·刘易斯(John L. Lewis)、来自德克萨斯州的国会参众两院议员高个子林顿·贝恩斯·约翰逊(Lyndon Baines Johnson)、见多识广的非裔美国学者和社会活动家杜波依斯(W. E. B. Du Bois)、形形色色的间谍和反间谍人员、无线电台播音人员,以及众多的将领、原子物理学家和战犯辩护律师。

"新政"期间,民主党所执政的20年变幻频生。长期以来,这20年被公认为"美国政治由过去走向当今和未来的关键转折点"。众所周知,"新政"与独立革命和美利坚合众国诞生一样是确立美国政治地位的决定性事件。那么,本书为什么要呈现"新政"的另一面呢?作者是否有新的洞见奉献给广大读者呢?[3]

一

威尼斯城的神奇美丽曾深深吸引和打动美国著名小说家和评论家亨利·詹姆斯(Henry James)。他以此为场景创作了大量素描、小说和故事集。作为一个善于沉思的旅行者,詹姆斯在1882年写到,"在这里,眨一眨眼睛……就会捕捉到无穷的乐趣。"[4]但他同时警告说,"对于这样一座历史古城,人们不可能给出原创性评价和看法"。毕竟,这座光芒四射的美丽古城已经历了"成千上万次粉饰和描绘",人们很难再对它做出"不同于以往的评价了"。詹姆斯认为,"再试图对这样一座古城给出一些虚假的评价是一种鲁莽行为"。因为,在这里,"大运河就像通往自家门口的道路一样没有什么神秘可言;圣马克广场就像邮差手上的戒指一样为人们所熟知"。[5]

詹姆斯又自我辩解道,当一位作家"对自己的创作主题真正喜爱时",[6]也未尝不可"对周围熟悉的事物进行描绘"或"通过文字叙述,找回自己记忆中的东西"。正是这样一种对记忆的敬畏,促使作家拿起笔进行写作。本书中，我用"新政"这个术语指代1932年罗斯福当选美国第32任总统到1952年艾森豪威尔（Dwight Eisenhower）当选美国第34任总统民主党执政白宫的20年。这一时期实行的"新政"，对美国确立已久的政治秩序进行了深刻的反思与重构。在这一反思与重构过程中，"新政"与右翼和左翼独裁集团就自由民主的合法性问题进行了激烈地较量。因此，"新政"的大部分时期充斥着黯淡和不确定性。但是，它最终对自由民主进行了成功地定义和捍卫，是20世纪自由民主战胜恐惧与危机的光辉典范。

"新政"实施初期，一股空前的黑暗力量笼罩着世界。1932年7月，贝尼托·墨索里尼（Benito Mussolini）为时过早地庆幸道，"自由民主国家注定要灭亡"。在宣告宪政民主如何气数已尽，如何因成为导致世界灭亡的罪魁祸首而被抛弃时，墨索里尼在由哲学家乔瓦尼·秦梯利（Giovanni Gentile）代为起草的演讲辞中，自夸海口地说，"当今时代所进行的任何政治实验都最终证明是与所谓自由民主背道而驰的"。[7]"新政"对现代价值观及政治制度的调整，以及对西方自由民主政治传统的支持，对墨索里尼的这一挑战做了强有力的回应。从致力于复兴资本主义到吸纳工人阶级的种种努力，以及对于公众社会潜在危险的控制，"新政"在各种不同阵线上向法西斯独裁者墨索里尼之流拉开了战幕。在保持国内团结和安全的同时，"新政"还有着宏伟的国际性战略目标，即战胜德国纳粹主义、意大利法西斯主义和日本军国主义。当认识到所有这些国际性战略目标，就像一匹飞驰的骏马，不是搭载一位骑手，而是同时搭载四位骑手冲向敌阵时，人们不免对此发出由衷的赞叹。

自"新政"一开始，民主世界就对其抱以好奇的目光。一些西方人认为，美利坚合众国的特殊事业与全人类的共同事业有着"完美的一致性"。[8]罗斯福总统就职仪式刚举行五个月，后来的印度开国总理贾瓦哈拉尔·尼赫鲁（Jawaharlal Nehru）就在新德里英国监狱的一间牢房里，[9]向前来拯救人类民主事业的罗斯福总统表示了由衷的致敬。1933

年 12 月，约翰·梅纳德·凯恩斯（John Maynard Keynes）在致罗斯福总统的信中断言，"对于各国试图在现有社会制度框架内通过合理试验改善恶劣现实条件的人而言，您是最值得托付和信赖的"。[10] 后来在流亡巴西时自杀的德国小说家斯蒂芬·茨威格（Stefan Zweig）说，"我们这一代人在激情燃烧的岁月中成长起来，对于欧洲解放事业怀有坚定的信念和崇高的使命感……尽管欧洲最终可耻地背叛了自己的神圣使命，在肆无忌惮的自相残杀中走向灭亡，尽管少数国家逃避道德责任，把野蛮杀戮奉为圭臬，我们将永不背叛自己追求自由民主的崇高信念。我们将寄希望于像美利坚合众国这样的年轻国家，来拯救整个世界，让每一个人的心田洒满自由与博爱的阳光"。[11]

美利坚合众国没有辜负世界各国的托付与信赖。"新政"最终证明墨索里尼的言论是错误的。自由的女神并没有灭亡。独裁主义涡流的野蛮与残暴不仅得到有效应对，而且是通过宪政与法律的方式加以应对。"新政"的最大成就在于它充分表明，以法制为核心的自由民主制度在国家遭遇重大危机时，可以有效地实施管理和控制。[12] 在与过去彻底决裂的过程中，"新政"不仅刻意打造了一套全新的政策措施，而且为美利坚合众国 150 年前就已经发明的制度模式提供了全新意义和语言表述形式，使得这一制度模式的有效实施成为可能。[13] 尽管在联邦机构权力分割中还会遭遇各种挫折，"新政"的实施有效巩固了国家宪政秩序。这一切充分说明，并不是所有的非暴力性改革尝试都注定会以失败而告终。[14]

这些成就迅速得到世人的广泛认同。《新共和》杂志各位主编在 1940 年 5 月对"新政"所采取的各项政策进行了全面总结和回顾。他们对罗斯福总统前两届任期的成就给予了富有说服力的评价与判断，"这两届政府对于国家和公民普遍性福利所做出的贡献超过了前任历届政府"。[15] 同一年，在路易斯安那州立大学完成政治学硕士学位的 29 岁研究生休伯特·汉弗莱（Hubert Humphrey）指出了"新政""摆脱过时的传统观念对国家职能的束缚与限制"而取得的巨大成就。[16] 同样，历史学家卡尔（E. H. Carr）也在这一年指出，"新政"的改革方案造就了一种至关重要的全球性民主模式。[17] 十年后，畅销书作者约翰·根室（John Gunther）称赞"新政"是"一次历史上罕见的渐进性改革典范"，具有重要的情感功效，大大提振了国民的精神状态，使人们内心燃起新的希望，对未来充满无限的憧憬与向往。[18] 牛津大学教授以赛亚·伯林（Isaiah Berlin）1955 年对"新政"进行回顾时说，"罗斯福先生的典范促使世界各地的自由民主事业得到加强——人们开始接受这样一种观点：促进社会公平正义和个人自由未必意味着政府有效治理的终结"。[19]

"新政"超越传统自由主义、保守主义和正统社会主义的局限性，而实施有效的民主决策，为国家治理提供了多种可行的选择模式。因此，其影响远远超出了美利坚合众国。以大萧条时期和战争年代[20]通过民主宪政措施成功战胜危机为标志，联邦政府在克服经济困难、摆脱政治危机的过程中，有力促进了美国宪政民主的复兴。在民主宪政的成功和有效武装下，到"新政"末期，美国真正成为全球自由民主事业的领导者。如果没有当年罗斯福政府长期执政[21]所实施的改革举措，人们很难想象自由民主能在今天享有如此的合法尊严与地位。对于当年强烈反对"新政"的人们，这是一记响亮的耳光。谁说自由民主过于怯懦不敢挑战野蛮独裁？谁说自由民主力量过于微弱不足以动员全体国民参与其中？谁说自由民主过于迷恋自由市场无法成功实施经济管理？

"新政"坚持不懈地衷情于对自由和民主的捍卫，这一点绝不亚于亨利·詹姆斯对于美丽的威尼斯城风光的衷情与赞赏。但关于"新政"，有大量人所共知的事实摆在那儿，有数不清的历史资料记录在案，甚至有各种各样相互矛盾的评价与解读存在。因此，期望本书对"新政"给予高度赞扬的读者或许会感到失望，本书在有限的篇幅内，的确难当此任。但作者本人内心有一个挥之不去的疑惑：人们对于 20 世纪美国这一独特政治景观的书写和描绘可以说已经到了无以复加的地步，为什么还执意要求对其进行反复粉饰和描绘呢？

二

一位目光敏锐的文学评论家曾经这样评价莎士比亚著名戏剧《李尔王》："这部著作的真正伟大之处在于最大限度地放大其本身的缺陷……这些缺陷存在于某些特定场景与其可能达到的完美状态之间。"[22] 同样，对于"新政"的评价，人们也不能只关注其成效。与以往各种溢美之词恰恰相反，人们更应当关注"新政"的最大缺陷给人们带来的深远影响，努力思考这些缺陷产生的深层次原因。本书力求充分理解"新政"所取得的显而易见的成就，同时探讨其弊端与局限性，挖掘政治民主与个人独裁之间、政治民主与种族偏见之间错综复杂甚至是荒谬不羁的关系。在论述过程中，本书摒弃把内政与外交截然分开的传统研究方法，努力审视自由文明存在与发展的边缘领域或交叉地带，进而探讨国内外与自由民主主义背道而驰的狭隘民族主义政治秩序对"新政"决策过程的影响。

"新政"的一个严重后果是使得紧张与恐惧气氛到处弥漫，整个世界陷入严峻的危机时刻。希腊人经常在自己的文章中用法学、神学、医学等术语表示危机对人们做出重大抉择所产生的影响。"这些重大抉择包括：大是大非问题的抉择、上天堂与下地狱的抉择、生与死的抉择。"[23] 正如伟大的经济史学家亚历山大·格申克龙（Alexander Gerschenkron）在第二次世界大战期间所说，"如果德国在二战中获胜，世界各国积极参与的国际秩序重建将化为泡影；有的只是为新生的法老独裁统治者所建立的等级制度金字塔"。[24] 但是，在20世纪30年代和40年代，人类做出完美抉择的能力已经丧失。起源于远古时期的摩尼教哲学所信奉的对与错、是与非界限分明，不容协商的信条已经无法维系。世界上不再有绝对完美无瑕的合作伙伴。没有务实而不违背道德水准的妥协，人们很难就某一重大问题形成决议。

在当时，人们还完全不清楚美国的宪政国家体制是否具备应对时代挑战、做出有效决断的手段。早在1940年战火尚未蔓延到欧洲以外的时候，哈佛大学著名政治学家彭德尔顿·赫林（Pendleton Herring）就曾这样描述当时世界所面临的挑战：

> 我们面临一个约束性、组织性和权力集中性领先于个体自由和对政府权力进行限制的世界。种种国内经济问题的解决确实需要公共政策保持高度的持续性和一致性。然而，最初的政府设计并不包含如此复杂的职能需求。那么我们对于承担如此重负的现有政府又能做些什么呢？我们的政府能否应对极权主义的挑战而坚持自由民主道路呢？立法机关与行政部门之间的分权是否符合政府行使职权的需要呢？为了追求强有力的领导权威，我们是否会无形之中陷入独裁统治的危险呢？[25]

本书讨论的主题是关于自由民主政治与人们的内心恐惧这一话题。在危机关头，"新政"采取紧急措施对享有一定的自由同时又在某些方面缺乏自由的边疆地区实施了管控。在探讨"新政"如何应对这类挑战的过程中，本书不仅涉及"新政"所取得的成效，同时深入挖掘了采取这些必要措施，保持自由民主体制，捍卫自由民主价值所付出的巨大代价和成本。

为了阐述"新政"造成的恐惧对人们性格的影响，以及自由民主体制本身的适应性，本书作者认为有必要对"新政"历史所囊括的地理范围进行重新界定，使得"新政"所涉及的地域范围更加广泛，进而使对于相关问题的研究更加细致和深入。[26] 也就是说，要把美国这一时期的发展放在更宽广的全球语境内进行探讨。因而，我把"新政"对于美国社会的影响与法国大革命对于法国社会的影响相提并论。这样，"新政"不仅仅是美国历史上的一项重大事件，而且是20世纪大众政治时代代议制民主体制的最重要试验场。关于这一时期的传统叙事，更为人们所熟知的方式通常是重点探讨总统制及政府行政部门的运行情况，但我对这一传统叙事方式进行了改造，把叙事重点集中于国会立法过程以及相关政策和决议的具体内容。

本书既不是传统历史著作,也不是通常的政治学著作。其宗旨是以更加敏锐的视觉对"新政"的一些重要方面加以呈现,进而对一些容易模糊甚至有可能随着时间的推移而消失的特征加以阐释。[27] 通过把"新政"提升到全球舞台进行审视,本书摒弃了将国内事务与国际事务割裂开来进行研究的路数,它史无前例地把"新政"的时间跨度延长至杜鲁门总统执政时期,在更加宽广的历史语境中对"新政"进行分析与研究。[28] 这样,本书不再把"新政"的时间跨度压缩在二战以前或罗斯福总统执政时期,这实际上改变了人们认识和研究"新政"的固有模式,使得它的历史跨度涵盖各种灾难性事件接连对美国民主政治构成严重挑战甚至使民族国家体制面临剧烈变革的年代。通过把注意力转移到国会及其通过选举方式重新制订国家的政策与制度,本书强调立法机构对于充满活力的自由民主政治制度的至关重要性,[29] 它还把关注目光集中在参众两院国会议员作用的发挥,强调美国最严重的南北区域分化是如何改变国家历史走向的。同时,书中还阐明了美国南部各州致力于等级种族秩序对于"新政"政策制定及其成效造成的全面影响。

本书对"新政"中必要的邪恶和"肮脏的黑手"等过去经常被回避的一些问题给予正面审视。"肮脏的黑手"一词常表示因为正确的原因而采取错误的行为。[30] 作为一个无法奢求坚持崇高道德诚信标准的自由民主政治体制,美国也与国内外一些可疑的盟友产生过瓜葛。尽管美国向全球提供了唯一的自由民主政治制度典范,并成功地抵抗住了极权统治,但在与一些极权政府或国内种族歧视者打交道的过程中,它无法——事实上,也不可能免受其影响。本书集中论述了面临严峻的挑战,"新政"时期的民主政治是如何开始的,同时对这些违背自由民族制度的盟友所带来的影响也进行了客观评价。当然,这些盟友对于当时的美国来说是必要的,但却常常让美国付出昂贵的代价。

"新政"时期一位最著名的历史学家小亚瑟·斯莱辛格(Arthur

Schlesinger Jr.）曾在离世前不久提醒人们说，"所有的历史学家都是其自身经验的囚徒和自身所固有的先入为主之见的奴仆"，他若有所思地回忆自己一生的论著，尤其是在回忆其深入人心的三卷本巨著《罗斯福时代》[31]时说，"一切都是以我当时所处的历史时代为条件的"。他写道：

> 人们过去的观点和看法绝不是一成不变的。事实上，这些观点和看法在不断地被时代的紧急事件所修正。当新的紧急事件在我们所处的时代和生活中发生时，历史学家们关注的焦点却发生了转移。他们转而对过去的事件在人们记忆中的影子进行研究，让这些人们记忆中的影子重新发亮与突显。然而，在早先历史学家的记忆中，这些事件早已不知不觉地消失了。因而，新的声音从历史的昏暗阴影里发出声时，会格外引人注目。[32]

斯莱辛格的历史巨著《罗斯福时代》对于"新政"的记述主要是围绕20世纪美国最重要的政治领袖罗斯福总统这位富有争议的公众人物展开的。书中详细记录了罗斯福总统动员本地美国人与外来移民、白人种族与黑人种族、南方各州与北方各州等不同阶层选民组成选战联盟参加总统选举的过程。通过本书，读者可以了解"新政"采取措施化解公众对于商业阶层的怨恨与不满的过程，也可以了解"新政"应对主流社会对工人、农民和少数民族人口加以排斥或歧视等棘手问题的处置措施。书中还记录了美国社会在公共政策引导下成功向现代资本主义社会转型与过渡的过程，充分展示了现代民族国家采取切实有效的尝试和举措，增强危机处置能力，妥善应对史无前例的经济困境，从而帮助人们克服恐惧心理，摆脱危机阴影的成效与业绩。斯莱辛格对于增强政府力量、抑制无序商业竞争、续写美利坚机遇与成功乐土新篇章等主题的描述，即使在几十年后的今天读来，仍生动有力，感人至深。但这些论述也不是没有不足之处。

考虑到近期资本主义社会仍面临的经济波动、宗教狂热和军事威胁等现实问题，《罗斯福时代》一书以及许多其他有关"新政"的研究文献中的一些观点的确显得过于孤立与狭隘。当今时代同样存在各种焦虑与恐惧，其程度虽然不能与20世纪30年代和40年代同日而语，但在我看来，这些焦虑与恐惧以同样的方式考验人们的应对与处置能力。不论是"新政"时期还是当今时代，人们所面临的恐惧与尴尬与亚历克西斯·托克维尔（Alexis de Tocqueville）笔下法国19世纪50年代自由与暴政给人们心理造成的恐惧与不安没有什么两样。在美国，人们通常只是把托克维尔的名字与其1835年和1840年的巨著《论美国的民主》一书联系起来。当谈到1789年发生在法国的那场"扭转乾坤"的巨变时，托克维尔为随后几十年法国变幻无常的政治进程所震撼，他坚定地相信"今天我们处于一个最合适的位置，来对这一伟大事件做出最佳审视和判断"。他坚持认为，随着时间的推移，人们对于大革命的认识也会不断有新的洞见涌现出来。人们将亲眼目睹崭新的行动，提出崭新的问题。过去人们认为确定无疑的东西，可能需要重新认识和考虑。[33]

在本书的写作过程中，作者不断回到托克维尔的著作中，重温那些不同寻常的论述。因为，今天我们所处的时代距离"新政"时期的历史时间跨度与托克维尔所处的时代距离法国大革命时期的历史时间跨度大致相当。托克维尔写于19世纪中叶的论著《旧制度与大革命》宣称，如果曾经令革命者感到痛苦与困扰的革命激情只是在人们头脑中一闪而过，那"远远不是大革命所期望留下的遗产"，但"我们……实际上能够更紧密地向大革命的遗产靠拢，理解和领会导致大革命爆发的精神动力"。虽然内心怀有强烈的紧迫感，托克维尔还是认识到经过一段时期的历史沉淀后再书写那段历史，见解或许会更具有启发意义。因此《旧制度与大革命》所书写的"不是一部关于法国大革命历史的书籍，因为人们对于这一历史的讲述，可谓已经发挥到极致，我很难想象自己会重复同样的历史记述"，托克维尔所书写的是"对于法国大革命的研究与思考",而且"这一研究与思考永远没有脱离现代社会的视野"。在书写过程中,托克维尔把温情与共鸣融入理性的超脱和冷静的思考之中,以历史学家的敏锐眼光密切考察这一历史事件,以便对自己的研究主题——民主与自由之间的脆弱关系进行深入解读。他解释说,"我对于这部书的写作,不带有任何个人偏见。但我也不想把自己伪装成一位冷漠无情的写作者"。"我写作本书的目的是,准确地描绘一幅内涵深刻的革命画卷。"[34]

像法国大革命对法国产生了深刻影响一样,在美国历史上的重要关头,"新政"动摇了美国社会的基本政治面貌和格局,一些基本的政治制度、政治性语言、政治性价值判断发生了前所未有的变化。[35] 托克维尔曾教导人们说,事物总是随着时间条件的改变而发生变化。在这一深刻教诲的影响和感染下,我在本书中,尽力让自己对于"新政"这一历史时期的描绘更加准确,但我也同样不会成为一名冷漠无情的写作者。正如历史学家伯纳德·贝林(Bernard Bailyn)在总结自己的写作目标与追求时所说,只是"首先抛开一砖一瓦,站在更高的视角","审视一座建筑物的整体轮廓,然后,才动笔勾画这座建筑物的每一个线条——这是对一座建筑物进行重新设计应当坚持的一条重要原则"。[36] 我希望能够改进和调整过去人们对历史事件进行整体性把握和理解的方法,让"新政"这一至今仍然对美国社会具有重要影响的历史性事件闪发出新的光辉。[37]

三

当斯特兹·特克尔(Studs Terkel)从事20世纪30年代口述史学研究时,一位受访者说道:"恐惧让人们的所谓安全感丧失殆尽,显然那并非真正的安全感。从那以后,人们再也没有遭受过如此的恐惧。"另一位受访者讲述了"'新政'给人造成的情感冲击。我们每一个人的内心都对未来抱有难以克服的恐惧感……这种挥之不去的恐慌与畏惧极大地伤害了人的情感，使人们对世界的认识和看法产生了严重的扭曲。人们丧失了时间观念，也丧失了人生信念"。[38] 因此，当时的世界到处充斥着严重的不确定性，所有的希望仿佛都化成泡影。一种丧失方向的感觉笼罩人的内心，人们就像一艘失去罗盘的航船在茫茫大海上前行。这种遍及世界各个角落的恐惧氛围深刻影响了人们对政治的理解与关注，因为一切已经没有确定性可言。

在罗斯福和杜鲁门两位总统执政期间，美国面临三大恐惧。[39] 第一大恐惧是人们极度担心在全球居于领导地位的自由民主政治不能完全战胜法西斯独裁政治。这一时期人们目睹了民主政体的瓦解与自由希望的破灭。[40] 大多数人认为，与意大利法西斯主义、德国纳粹主义和日本军国主义的自信与活力相比，议会民主政治显然是软弱无力的。这一担心的核心问题是，人们普遍认为由多种党派和公平竞争选举产生的法制政体使得自由民主制在解决当时世界面临的重大问题和矛盾时，无法做到灵活高效。

这一问题在美国显得尤为尖锐，因为美国政府行政部门和立法部门之间权力的分立在全世界最彻底。宾夕法尼亚州共和党参议员大卫·里德（David Reed）曾在1932年宣称，"如果说美国也需要一位墨索里尼的话，现在是最需要的时候"。他解释说，"如果把什么事情都交由国会讨论，那么，我们将在这里浪费一个夏天的时间去说服每一位议员，最终一事无成。这不是美国所需要的。美国需要的是坚定果断，迅速采取行动"。[41] 我们将看到《巴伦商业周刊》在富兰克林·罗斯福总统就职前夕也发出了类似的呼吁，"一个稍微温和一些的独裁政府或许能够帮助我们渡过前进道路上的最大难关"。美国退伍军人协会也主张说，罗斯福总统所面临的危机不可能"依靠现有的政治手段得到迅速有效解决"。这些言论与主张不是个别人的孤立言论，也不是毫无根据的无稽之谈。[42]

与德意日的抗衡构成了作者所说的第一大恐惧，而尖端武器的指数级增长则构成了作者所说的第二大恐惧。第二次世界大战前后愈演愈烈的军备竞赛，在这一划时代的多国交战过程中战争的骤然升级，以及超乎人们想象的大规模战争杀伤力等都是这一恐惧的具体反映。随着战后美苏两个超级大国之间的全球对峙局面的形成、苏联拥有核武器导致的对抗加剧以及朝鲜战争军事僵局的出现，美国已经无法回到之前大规模军事动员后所采取的孤立和裁军道路。到20世纪50年代早期，美国的军事力量已经达到1939年的十倍。这一新的现实政治问题"不可能通过回归到1939年、1919年或1914年的快乐日子中去解决"。[43]

对战争和全球性暴力事件的恐惧成为人们心理活动的常态。当然这种恐惧更是美国意识中必不可少的组成部分，它促使人们更加迷恋与关注国家安全。为了保障国家安全可不惜冒遭受政治压迫的风险。核武器超过任何一种尖端武器改变了过去人们所熟知的地缘政治格局。在过去，不论遇到多么难以忍受的灾难和痛苦，人们没有克服不了的。奴隶制度可以被废除，帝国主义可以被反殖民主义战胜。但是随着大规模丧失理性的杀戮场景不断加剧人们对核威胁的揣测，一段时期内国内国际政治界不断被告知发生新的危险和恐惧的可能性越来越大。这在人类不断致力于改善生存状况的历史时代格外具有讽刺意味，日常政治生活为前所未有的极度恐慌和焦虑所笼罩。在1956年发表的有关核武器时代民主政治的含义的演讲中，美国著名英国史专家丹尼斯·布罗根（Denis Brogan）说，"普普通通的民间事务管理者俨然成为可怕的弥尔顿之神"。[44]

布罗根继续说道，"受军事建制的规模、适度的保密性和权威性限制"，国会在讨论这类议程时问题尤为突出。"新政"时期一位著名的民主党参议员曾抱怨白宫绕过国会做出采取重大军事行动的决定，布罗根与这位参议员一起参加了战时军事问题会议，他在有关会议的报告中写道：

  我可以保持沉默，或者直接提问反驳他，让他当场下不来台。

当这一问题应当由军事和海军事务委员会负责人参议员罗伯特·雷诺兹（Robert Reynolds，北卡罗来纳州）和大卫·沃尔什（David Walsh，马萨诸塞州）讨论决定时，谁还会把参议院当回事？由这两位负责人讨论决定，并不是因为参议院当中任何人都都认为他们最合适，也不是因为参议院以外的任何人都认为他们最合适，而仅仅是因为按照军事资历，他们两人最适合也最有权威讨论这一问题。⁴⁵

相反，当哈里·杜鲁门的国防计划调查委员会调查宏大、绝密的"曼哈顿计划"即原子弹研制计划时，实际上是碰了一鼻子灰。布罗根尖锐地指出，"作为参议员的杜鲁门及其调查人员在'曼哈顿计划'上的受阻，是美国宪政历史上一去不复返的关键转折点，与作为总统的杜鲁门决定将'小男孩'投向广岛完全是两码事"。⁴⁶

南方各州的种族结构导致了历史上第三大恐惧的普遍蔓延。它不仅造成了种族隔离支持者的恐惧，也造成了其反对者的内心恐惧。《土生子》的作者，出生于密西西比州的理查德·赖特（Richard Wright），作为"新政"联邦作家计划的创作人员，曾经描绘"美国黑人的生活道德伦理"。谈到从"作为一名黑人的生存之道"中获得的收获时，理查德·赖特说，作为一名黑人，接受的教育所传递的信息使自己更确凿无疑地认识到来自白人的控制与摆布。他回忆了自己十几岁在一家商店打工时发生的事情：

> 那天，老板和他21岁的儿子走下车，连踢带拉地把一位黑人妇女拖到店里。一位警察手里挥舞着警棍站在街道拐角处眼睁睁地看着这对父子推搡这位黑人妇女……不一会儿工夫，我听到商店后边传出一阵刺耳的叫声。接着，那位妇女跌跌撞撞地走过来，脸上流着血，边哭叫边用双手捂住自己的肚子。当她走到街区尽头时，那位警察上前抓住她，大声指责她酗酒。我在一旁默无声息地看着

这位警察把那位妇女塞进囚车……毫无疑问，当时我一定非常震惊，因为我突然感到老板拍了一下我后背，用安慰的口吻笑着说："喂，这就是试图逃避付账的黑人们的下场。"他的儿子看着我，咧嘴笑了，还冲着我说："来，抽支烟。"[47]

南方的政治制度是这类明目张胆的种族歧视一个不可分割的组成部分。在这一地区，即使是像历史学家和查塔努加新闻出版商乔治·福特·弥尔顿（George Fort Milton）这样对种族隔离持中立态度的白人，也认为涉及选举权限制、种族隔离等歧视性制度的南方政治秩序是"国家重建的迫切需要"，是"劣等民族获得救赎的手段"。[48] 总之，在民权运动以前，梅森-狄克逊线以南地区有组织的政治歧视不仅存在于白人控制的社会，而且在那里充当了种族歧视的保护伞。

这种歧视制度对于国家政治制度的影响，在几乎所有"新政"以前的历史书写中，成了最容易被忽视的主题。当然，种族等级制度不仅仅存在于南方。几乎所有地区都会把种族作为区域划分的标志。杜波依斯曾经非常令人信服地指出，"黑人问题并非南方的专利"。[49] 南方以外的许多农村地区也严重排斥和孤立非裔美国人。实际上这些地区在住房、教育、就业等方面均采取了种族隔离和歧视制度。当针对黑人的暴力事件发生时，没有人站在黑人的立场看问题。[50] 南方以外的地区基本上对黑人问题持漠不关心的态度，对于黑人的正当要求不予理会。一些非裔美国学者重要的社会学论著也被忽视。甚至杜波依斯、查尔斯·约翰逊（Charles Johnson）、圣克莱尔·德雷克（St. Clair Drake）、贺拉斯·凯顿（Horace Cayton）、埃里森·戴维斯（Allison Davis）、贡纳尔·默达尔（Gunnar Myrdal）等研究美国种族主义基本现状的白人学者们的论著也没有引起足够的重视。[51]

尽管如此，我们还是应当对南方的种族问题有正确的认识。实际上南方的种族隔离问题才是最突出的。公民组织对非裔美国人的种族隔离与排斥作为法律中的固有条款，受到警察系统的保护，而且，在南方私人暴力被公开接受,种族歧视成了人们日常行为的一部分,这为根深蒂固的种族隔离制度的形成创造了条件。到1938年,非裔美国人获选举权的比例尚不足4%。[52]有限制黑人选举权利和一党专制制度作保护,梅森-狄克逊线以南地区冷酷无情的种族隔离制度似乎成了世上永远不可更改的事实。这一时期一位有眼光的历史学家指出,"越向南走,'新政'对这一地区政治秩序重建的影响就越小"。[53]

相反,从美国整个国家政治的层面来看,越向南,"新政"对重建的影响越大。我们可以发现,曾经实行奴隶制的南方地区在国会里面发挥着核心作用。来自南方实行强制性种族隔离制度的17个州的代表在参众两院议员中的作用举足轻重,他们是美国政坛上最重要的"否决者"。从这个意义来说,南方的议员享受到了民主参与的权利。[54]"新政"内容的制定及其作用的发挥都离不开这些代表们的参与。这些议员在讨论选举条款的设定时,会考虑自己所在选区的利益,但他们也不可能完全忽视国家利益。他们可以设法对一些可能事关全局的政策建议进行精简和浓缩,形成一套对各方来说均可接受的可行性方案。这些方案要由他们投票同意,但条件是他们可以接受方案的内容,或至少方案内容在他们可容忍的限度以内。因此,没有这些议员的同意,国会就不可能通过"新政"所采取的任何立法。反过来讲,几乎每一项重要议案都要符合他们的愿望。

南方种族制度的关键是为美国的自由民主政治留出了存续空间,但它也把国家政策的制定限制在我所说的"南方的牢笼"之中,没有一项政策的制定可逃出这一牢笼。我们可以看到在"新政"中期,尤其是第二次世界大战期间,南方的政治家们对于种族秩序格外关注和担心。因为他们已经正确地意识到这一秩序所面临的危险越来越大。这样一种担心和恐惧导致他们在国会中政治行为的重要变化,这种变化催生了民主党的历史性转折,为塑造美国现代政治的本质特征做出了巨大贡献。实际上,在这之前,南方代表曾经希望团结共和党组建后来所称的"保守派联盟"。

"新政"成功驾驭和应对了上述三类恐惧，本书写作的核心目标是对这三类恐惧之间错综复杂的关系进行论证，将沿用美国政治性著述的惯常做法，首先对民主制与独裁制之间的对比关系进行简明分析。此外，还会讨论各种涉及战争威力与战争行为的问题，这些问题有时候会引发强烈争议。在处理这些争议时更常见的做法是，争议双方通过妥协与谅解，划出一块"秘密的隔离地带"，把争议先暂时搁置起来。最初南方种族主义就因被这样赐予了一块"秘密的隔离地带"而搁置起来，但在第二次世界大战期间，这种"秘密的搁置"策略已经无法维系了。

为了抵制独裁制度，保护自由民主制度，同盟各方往往做出公然违背道德水准的安排——一种可以追寻至今的做法。"新政"期间，这类浮士德式交易的一个突出案例是发生在1942年的"达尔朗交易"。在这桩交易中，包括德怀特·戴维·艾森豪威尔将军在内的美国上层人士几乎同时承认法国维希政府高级官员让·弗朗索瓦·达尔朗（Jean-François Darlan）在法国北非殖民地的合法统治地位，以换取其对于盟军即将发动的西线攻势给予配合。[55]艾森豪威尔等在做出上述举动时置这样一个事实于不顾：达尔朗是围捕和流放犹太人暴行的主要策划者和参与者。随着美国逐渐走入世界舞台的中心，这类的交易恐怕是难以避免的。

意大利政治家马基雅维利（Machiavelli）最早提出了其著名的政治伦理学主张：政治领袖可以不完全遵守传统伦理道德的约束限制，因为他无法假定自己的敌人或盟友会和自己一样信守这些传统道德和伦理。传统美德指引的道路或许就是一条被政治对手战胜的不归路。马基雅维利声称，为了最大限度地保证公众的普遍利益，政治领袖有必要违背伦理道德，做出一些荒谬离谱的事情。"新政"时期的美国也不得不面临这种尴尬局面。当自己强行实施孤立主义政策时，曾经充满无限荣耀的"山巅之城"再也无法奢求。"山巅之城"一语是约翰·温斯罗普（John Winthrop）1630年借用的《圣经》典故，出自《圣经》

"山顶布道"中光与盐的寓言故事。"新政"时期的美国在面临这类尴尬时,各类要害问题开始浮出水面。华盛顿应当和谁站在一起?什么时候站在一起?如何达到利益与弊端之间的最佳平衡?如何对获得的好处与付出的代价进行正确评估与衡量?所采取的各种措施应当对谁负责?如何负责?

在 20 世纪 30 年代,美国为了国家的长远利益向意识形态的对手法西斯意大利做出了多种妥协。在第二次世界大战期间,它向苏联政府做出了同样的妥协和让步。冷战期间,当大量纳粹老兵被征招入伍时,它又向战后德国做出妥协。这些老兵曾经在希特勒当政期间担任政治领导人、行政管理人员和科学研究人员。[56]上述通过妥协达成的关系引发了不少问题和争议,但这种所谓伙伴关系只是暂时性的,而且这也是出于美国的长远战略考虑而做出的选择。尽管法西斯意大利曾经对本国公民实施暴行,并野蛮地入侵埃塞俄比亚,但美国仍然对其政府的合法性给予了承认和尊重。其中部分原因是,美国希望在经济管理和行政运行方面接受教训,找到帮助联邦政府摆脱经济崩溃局面,实现现代化的出路。尽管意识形态不同,美国仍然把苏联视为全副武装的盟友,这绝不单单是出于战略需要的考虑。苏联在二战期间对法西斯德国的英勇抵抗、战场上取得的胜利、付出的巨大伤亡是战争最终取胜不可或缺的因素。可以说,没有苏联的付出,就不可能有法西斯德国的最终惨败。[57]

相比较而言,在国内,"新政"与南方宣扬白人至上的种族主义者的亲密伙伴关系则更加持久。整个"新政"时期,南方的国会代表都是执政党治理国家必不可少的组成力量。他们的作用丝毫没有被边缘化——在美国历史上,这是最后允许人们在言行中合法公开地表达种族主义立场的时期。没有南方各州国会议员的积极支持和立法创新,"新政"所采取的各项立法举措就不可能得以实施。这同样会面临一场尴尬,为了换取这些南方议员的支持,"新政"对于南方造成严重种族歧视的组织制度持允许态度,或至少是睁一只眼,闭一只眼。事实上,与南方达成的这样一种同盟关系成了"新政"支持力量的重要组成部分。因此,"新政"在扩大国内自由民主,并致力于促进全球自由民主政治发展的过程中,与南方的种族主义统治者展开了紧密合作。为了实现既定目标,它容忍了种族歧视和社会上对黑人的排斥,以获取南方种族主义统治者们的支持,来推行各项改革举措。可以说,"新政"始终站在南方各州的肩膀上,致力于各项事业的进步,为成功实现既定目标创造条件。

有些著作过于理想化,试图忽略或掩饰"新政"时期出现的有违传统伦理道德的负面现象,但我拒绝类似的做法。因为我不想像一些左翼或右翼批评家那样,通过自己的记述让"新政"时期发生的历史事实发生萎缩,更不想因此让这段历史事实的合法性被贬低。我与"新政"的这段不解之缘是由神学家雷茵霍尔德·尼布尔(Reinhold Niebuhr)笔下所描绘的现实主义图景促成的。尼布尔写于1932年的这段话很好地表达了我所说的这种现实主义图景。"在人类历史的长河中,政治自始至终都是良知与权力交锋的场所。人类生活中的伦理道德与违背这一道德的强制性因素相互渗透,最终尝试着达成一种无奈的妥协。"[58] 尽管"新政"历尽艰辛地急于同独裁政治达成上述妥协,它最终还是信仰自由民主政治。尽管"新政"无视南方各州公然侵犯黑人权益,与许多竭力维护种族隔离制度的人士联系密切,但它最终把南方变成了民主党的地盘,成为民主政治的支持者。与19世纪60年代的情形相比,美利坚合众国最终坚定地维护了宪政秩序,但这一宪政进程充满了不可靠性、不确定性和不适应性。甚至在一些至关重要的方面,民主宪政造成的破坏性可能比历史学家所描绘和记录的情形更加严重。

四

"新政"对政府的性质和治国理政方式做出了根本性调整,为国家的长远发展做出了许多历史性贡献。其中影响最深远的是它使美国成为了新型民族国家。到杜鲁门政府执政末期,这一国家形式已经非常巩固,并令人欣喜地取得了非凡的建设成就。[59]正像罗马神雅努斯(Janus)一样,这一国家形式也存在截然不同的两副面孔。

其第一副面孔是,政府坚持严格按程序办事,这往往让国家陷入利益纠缠之中。[60]联邦政府被赋予的定义不是完成工作目标,而是遵守工作规程;不是考查其工作结果,而是考查其工作过程;不是强调工作任务的确定性,而是强调工作任务的适用性。这种自由民主体制"根据是否符合正轨程序、是否符合法律要求来决定是否实施某些决议",而不是根据决定的具体内容是否符合客观实际或是否具有终极价值来做出判断。[61]这种体制也承诺"政府的职责之一是最大限度地保证实施最有效的组织管理,批准实施互为竞争对手的政党领袖之间通过辩论达成的协议,并在实施过程中加以调整"。政治家西奥多·罗维(Theodore Lowi)却指出,在这样的政府里面,"没有具体明确的手段与目的……也没有什么实质内容,更没有切实可行的办事程序,只有冗长的办事过程"。[62]这种所谓按程序办事的政府构成了"亚当·斯密(Adam Smith)所主张的'无形之手'政府模型,对某些利益集团具有适用性"。[63]正如包括怀特·密尔斯(C. Wright Mills)、迈克尔·桑德尔(Michael Sandel)和西奥多·罗维在内的许多批评家所主张的,[64]这种公开透明的国家体制缺乏实施公民集体目标的手段。政党之间的分歧变得不再是由内在的思想意识形态对立造成的,而是因政党所认同的利益集团之间相互角逐而导致的。为了换取利益集团在选票和资金上的支持,政党就要设法为利益集团开方便之门。[65]

民族国家的第二副面孔是充当改革者的形象,[66]这与第一副面孔构成鲜明对照。不像第一副面孔摆出的事事讲程序,这一副面孔给人留下一种强烈的感觉,即公开宣称维护公众利益。为了实现自己的思想宗旨,它积极组织国家防御,大力发展公民自由。[67]1933年成为富兰克林·罗斯福政府国务卿前代表田纳西州担任联邦政府参议员的科德·赫尔（Cordell Hull），在 1944 年突然宣布辞职前不久，对民族国家的第二副面孔进行了很好的总结。"满怀希望和信心地追求某一特定历史时期的民主大业。"之所以有这样的目标追求，是因为它担心"当今世界自由的人们，因为我们的不付诸行动，而使他们陷入衰弱与绝望之中"。[68] 美国这一民族国家对所谓民主大业的追求几乎是毫无约束的。它可以使用前所未有的方式部署国防力量。武力所触及的范围超过史上任何一个民族国家或超级帝国曾经到达的疆域。它可以毫无克制、毫无约束地采取军事行动。尤其是对所谓违背自由民主原则的敌人，它会实施疯狂的无限打击行动。将超级大国的远大抱负与崇高的理想主义和道德法制水准紧密相连，这时的所谓民族国家可以使国家的发展计划和科学技术战略服务于其对全球目标实施暴力打击的需要。以规模庞大的五角大楼为标志，这个曾经的战时军事司令部，[69] 现在可以随意采取各种不同方式在全球各地开展军事部署，包括调动大规模军事警戒部队、从事秘密颠覆活动，甚至还包括通过经费赞助的形式进行文化教育方面的渗透。当然在进行文化教育渗透时，五角大楼不会向外界公开其赞助行为。在艾森豪威尔接替杜鲁门担任美国总统时，美国的军事支出已经占到 GDP 的 14%，几乎达到 1941 年的三倍，与珍珠港事件爆发后的第二年即 1942 年大体持平。[70]

当面临处置紧急事件和管控冲突的挑战时，新型民族国家的两副面孔保证了"新政"采取深刻而持久的应对措施。这些紧急事件或冲突是国家在维持自身已有的制度和价值标准的同时，最大限度地捍卫自由民主制度必然要面临的挑战。事实上，这种双重面孔的国家治理方式一直持续至今。但它并不是没有问题与弊端。从创立那天起，这种有着双重面孔的国家就不断上演两难与尴尬的处境：几乎毫无节制的公共资源调动能力与几乎毫无节制地对包括商业力量在内的私有力量的保护形成鲜明对照。

五

本书大部分篇幅论述美国民族国家的形成过程。这就不得不把话题引到本书一个重要的论点——国会立法的重要地位。如果不首先看一下国会最积极热烈的立法过程，人们就很难对"新政"做出正确的理解和判断。所有的立法必然引发国会参众两院代表们一轮又一轮的激烈争论、讨价还价和投票选举。"新政"各项政策所取得的成就对这一时期的一种普遍言论做出了有力回应与质疑，谁还会说"新政"时期国家的立法是无能和过时的呢？

在美国，立法机构是卓有成效的政治生活中心。本书对于国会错综复杂的立法过程的审视可以证明，国会在一系列同类部门中居于非常崇高的地位。宪法赋予国会无可取代的作用。在认为必要时，参众两院代表可以随时对处于政治巅峰时期、支持率最高的国家总统的决定和提议说不。由于充分发挥了国会的作用，"新政"有力戳穿了法制政体必然导致民主进程失败这一荒谬言论。相反，国会灵活巧妙地支持民主政治，使资本主义体制发生了重大转变。其中部分原因是，国会充分发挥工会组织的作用，使得工人阶级可以在工作场所和国家的政治生活中发出自己的声音，它还可以对全球暴力事件和国家安全问题所面临的挑战做出有组织的回应。简言之，正是国会在政治生活中发挥的中心作用，使得美国与其他野蛮势力和缺乏政治竞争的独裁政体形成了最鲜明的对照。[71]

然而，在国会内部，我们也听到一种极度令人悲伤的声音，有人声称南方的政治势力决意要走一条截然不同的政治道路。作为当时立法机构中的多数派，这是难免要发生的事情。这一地区的代表在当时的获胜联盟中占据核心地位。当时国内经济危机不断加剧，美国作为一个自由民主政体正经历根本性转型和重建过程。

研究国会问题的学者知道，除了个人偏好以外，对国会议员影响最大的因素莫过于来自政党和选区的压力。在当时的条件下，种族偏见普遍存在，种族隔离问题绝不仅仅限于南方地区。因此，来自南方地区的黑人代表在国会选举中占据举足轻重的位置。南方地区代表可以通过对参选人进行限制的手段来人为操控地方选区，同时他们还掌控着参议院的阻挠权等，所以南方版块可以牢牢地控制国会。他们经常扮演舵手的角色，领导和指挥其他派别的代表。值得回味的是，他们在选举中的作用远远不是一张选票的分量。实际上在一党主导的选区中，这些代表也可以得到当地全部白人选民的支持，再加资历上的优势，说这些南方代表是立法机构的实际掌门人一点儿不为过。

总之，国家立法机构的内部决策过程要通过南方议员们的灵活协商与处置。随着立法机构中南方代表势力的增强，地区问题和种族问题在国会决策中变得尤为突出，在影响"新政"可能会取得什么成就，实际上取得了什么成就方面，也比我们之前认为的有更大的影响力。由于掌控着立法机构的总操作台，南方代表可以决定国会中重要立法的形式和内容。尽管这些南方代表与他们所熟知的设在华盛顿的美国国会一样不会在历史转折的重要关头发挥主导作用，但他们有权力否决对本地区不利的议案，有能力促使国会通过为本地区带来利好的决策。这种角色在罗斯福和杜鲁门当政的整个过程中始终发挥着作用。我们庆幸自己现在生活在一个不同于以往的国家。如果当年不是南方代表在美国特有的立法机构中发挥其特有的作用，我们今天所生活的这个国度会全然是另一番景象。

当然，南方地区的代表作用的强化并不是一件孤立存在的事情。[72]国会参众两院能否重塑美国自由民主国家的形象取决于它能否把南方黑人选区牢牢地控制在民主党多数派选举联盟之中。因此，没有南方地区的参与和支持，就不会有"新政"的成功推行。历史上，每当南方地区的支持力量受到抑制时，都会有截然不同的结果出现。有了南方的支持，"新政"才得以继续推行，但是这期间总是需要国家付出一些有形无形的代价。

当年，如果没有横跨美国大陆各地区的支持，就不会有美国宪法的顺利实施;林肯总统之所以能带领全国人民取得南北战争的胜利,是因为他认识到了特拉华州、肯塔基州、马里兰州和密苏里州等忠于当时南部邦联的蓄奴州的支持是战争胜利的重要保证。同样,罗斯福和杜鲁门两位总统也认识到个人的作用是有限的,要有效地治理国家,就必须争取民主党在整个南方地区的代表投票给予支持。他们知道,如果没有南方的大力支持,美国就不可能找到有效的应对策略,从而在极其不利的现实条件和全世界独裁制度威胁的夹缝中带领民主党主导的多数派艰难前行。

尽管在参众两院中发挥着核心作用,但在大多数关于"新政"的描述中,南方的作用始终处于被边缘化的地位。[73] 即使在描述中出现,南方也常常被列为"新政"联盟一系列支持力量中的一个构成部分——"由城市商人、南方各州选民、农民与工人、犹太人和爱尔兰天主教徒、少数民族,以及非裔美国人组成的独一无二的联盟"[74]——似乎上述各种政治力量在联盟中处于相等的地位。我认为,没有单独把南方黑人在联盟中的决定性作用放在前沿和中心位置,其结果跟托尼·莫里森(Toni Morrison)在种族问题上所表达的鲜明立场是完全一样的:这是"关键时刻的故意色盲"。莫里森悲哀地指出,"人们有可能费半天工夫阅读亨利·詹姆斯的大作,最后得不出半点肯定的结论,更无法为《梅齐知道什么》中那位黑人女子的角色找到满意的对待方式。她是促成剧情发生转折的关键人物,也是剧情所表现出的道德选择及其意义的代表人物"。[75] 在"新政"期间,国会中真正充当这种道德选择及其意义的代表人物是南方的白人,而不是这个地区居于绝大多数的黑人代表。这不是"关键时刻的故意色盲"又是什么呢?不如实记录20世纪30年代、40年代和50年代早期的历史,就如同书写美国历史时没有把非裔美国人悲壮的歌声写入其中一样,是恶意的歪曲和"关键时刻的故意色盲"。[76]

实际上,南方力量是美国政治选战中的一张"百搭牌"。关于两次世界大战期间欧洲法西斯主义社会根源的学术研究已经清晰地表明,民主政治的命运往往取决于来自欧洲大陆最贫穷落后地区领导人和选民做出的选择。这些选民经常遭受最严重的经济动荡和民族冲突。他们往往对主流现代生活抱有一种疏离感，容易被一些政治派别煽动和蛊惑。[77] 这种情况同样存在于强迫劳动盛行的拉丁美洲欠发达农业地区，这些地区往往更倾向于接受各种形式的威权政府统治，而拒绝民主政治。[78]

不论是自由主义者还是反自由主义者，进步主义者还是种族主义者，地域广阔的南方各州选民在国家政治生活中扮演着多重角色，这其中包括在白人群体中大肆推进反自由的民粹主义。这种民粹主义与欧洲的法西斯主义有着类似的家族血统。它一方面对低收入的白人农场主们进行蛊惑性煽动，另一方面对华尔街的金融巨头和大财团们进行严重诋毁，同时对自己的对手和政敌进行尖酸刻薄的人身攻击。[79] 这种种族主义政治最典型的表现形式可能是南卡罗来纳州州长斯特罗姆·瑟蒙德（Strom Thurmond）携最南端四个州的支持参加1948年总统选举时进行选战表演的情形。1968年，阿拉巴马州州长乔治·华莱士（George Wallace）携南方五个州参加当年总统选举时也进行了类似的选战表演，但这种充当第三方力量的角色并不是南方在国家生活中的根本性作用。其根本性作用在于，在选择留在民主党阵营后，南方地区有机会在国会中对"新政"的大多数议案进行授权和审批。在国会的各种场合，南方代表始终固守着官方种族主义的思想传统。最终造成的结果是，作为执政党的民主党把美国人民的政治生活引向了深深的内部矛盾与冲突之中。

在致力于官方种族主义的过程中，南方代表们表现出强烈的执著和切实有效的策略。他们把自己的想法和愿望施加于"新政"决策的方方面面。他们可以决定哪些政策切实可行，哪些政策无法实施。这一时期的一大发明是，通过重新组织和设计国家的政治制度与公共政策，对现代自由主义进行了彻底重构，但这仅限于对政治秩序中最严重违反自由主义原则的制度进行重构。然而，在另一个具有讽刺意义的举动中,这些南方政治家们彻底打破了白人至上的思想传统,成功地拯救了美国的自由民主政治。[80]

南方代表们经常把他们至高无上的价值观放在首位。为了维护南方地区的种族主义暴政,他们进行过激烈的斗争。当然这些斗争最终以失败告终了。他们所依靠的主要国家机器就是民主党,民主党当时与两个激烈对抗的政治体系结成了联盟。其中一个政治体系是北部和西部的政治力量。这一政治力量主要来源于城市中的机械制造业者、天主教和犹太教移民、劳工联盟以及下层工人阶级。另一个政治体系就是南部的政治力量。他们主要来源于当地的农村、土著、新教阶层、反对工会者团体,以及白人控制区。早在"新政"及其延长期结束不久的1957年,丹尼斯·布罗根就在《美国的当代自由主义》这一著述中敏锐地指出了这一跨区域政治联盟的动力源泉:

> 当人们内心最深处的自由良知被触动时,怀有敌意的局外人会认为这些人的政治行为似乎像得了精神分裂症一样狂暴不羁。自由主义者的典型代表是民主党人及其盟友,但在民主党人的队伍中,有不少人极力反对把黑人融入美利坚大家庭之中。毫无疑问,这一现象并不具有普遍性。之所以产生这类问题,是因为在民主党势力一向强大的地区,种族问题的本地化表现得最尖锐和敏感。出于政党团结的需要,民主党不得不与一些奇怪的"同床异梦者"达成奇怪的交易。[81]

为了对"新政"有正确的理解和认识,我们就必须把这些"同床异梦者"放在最前沿和中心的位置,关注他们促成的议案,关注他们取得的成就和经历的失败。

如果说有什么教训可以汲取的话,那也不是对过去发生的一切进行重新思考与判断。现在再琢磨当时是否有可能把拯救自由民主与追求种族平等两大使命同步完成已经没有什么意义了,后来的历史事实已经证明前者是后者的前提和条件。但人们有充分的理由对罗斯福和杜鲁门年代公然有预谋的种族主义牢笼进行反思，更有理由对这种种族主义牢笼所蕴含的深层次问题进行考量。

在以前出版的《当白人采取果断行动时：20世纪美国不为外界所知的种族不平等历史》一书中，[82] 我考查了国会中的南方势力如何毁掉了非裔美国人的前程。我认为，由于受南方势力的摆布，美国20世纪30年代和40年代有关社会保障、劳工法律、军备竞赛、退伍军人安置等问题的国家政策实际上造成了社会不公和种族隔离的加剧。但书中忽略了对居住隔离问题的讨论。事实是，当时联邦住房管理局出台的政策助长了居住隔离现象，而且联邦政府也没有从自己做起，在自家的生活设施和环境中消除居住隔离现象。不论是美国首都华盛顿，还是田纳西州橡树岭的原子弹研究中心，都没有消除居住隔离现象。我甚至还应当在书中提及"非裔美国记者被排除在总统及总统夫人举办的新闻发布会以外"这一事实。当然还可提及民间资源保护组织营地的居住隔离问题。[83]

《当白人采取果断行动时》一书最终回到了种族平等主题及其含义的讨论，包括士兵投票权、反私刑措施、堕胎、民权议案，等等，但在本书中，我将重点考查南方各州是如何通过掌控国会中的要害位置影响国家决策的。这些决策涉及全球势力、国内安全、公民自由、工会问题、以及资本主义的特征。我试图表明，民主党的南方选区构成了决定伟大的"宪政时刻"[84] 内容及范围的最持久、最有效的政治力量。

如果说历史也会开玩笑的话，那么在最后的种族歧视时代南方在国会中的压倒性势力就是一个最大的历史玩笑。"新政"要想通过重构自由民主政治来抗衡这一时代最邪恶的独裁政治，就必须团结体系内极端暴力、极端反自由的势力共同对敌，这就需要把南方种族主义者留在民主党的游戏框架以内。说民主党南方派别成员单独决定"新政"的政策选择当然是愚蠢的，真正起决定作用的是，南方派别凝聚力相对较强，而且他们在对决策进行评估时，会对激进的白人至上主义捍卫者的主张进行筛选过滤。

简言之，任何胜利的取得都要付出悲伤与痛苦。民主党因为容忍了种族主义的可耻行为及其排外主义和恐怖主义主张，而换取了自身的强盛。真可谓你中有我，我中有你，正应了歌德《浮士德》中的一句名言"灵魂与肉体的双重统一"。这种统一传递出这样一条信息——这实际上是给人一种教训和启示：为了民主大业，执政党在必要时仍需要采取紧急措施。这有时会遭遇伦理道德上的尴尬，甚至有可能难以逃脱与国内外的对手结成暂时政治联盟的窘迫局面。这同样提醒我们，关键问题不在于是否面临尴尬与妥协，而在于我们能否找到自己的真正出路，以及如何找到这样的出路。

注释

1. Charles Beard, "The Historical Approach to the New Deal, " *American Political Science Review* 28 (1934) : 11. 在这篇文章中，比尔德呼吁政治学界将"新政"的研究置于美国历史中其他各类危机的产生背景之中。罗斯福在 1932 年 7 月 2 日芝加哥民主党全国代表大会上的总统候选人提名演讲中，首次使用"新政"一词。罗斯福坚持认为，"我们民主党必须成为一个思想自由的政党、一个有行动纲领的政党、一个有国际视野的开明政党、一个为绝大多数美国公民谋取最大利益的政党"。他以庄严的承诺结束了自己的演讲，"我向各位承诺，向我本人承诺，为了美国人民的利益，我们必须实施'新政'。让我们团结起来，共同倡导和预见一种公平竞争和勇于挑战的新秩序。这不仅仅是一场政治运动，也是一场需要号召全体民众共同参加的伟大战争。请伸出你的援手吧。我们不仅要赢得选票的胜利，而且要赢得这场振兴国家、造福民众的伟大战争的胜利"。1950 年，约翰·根室撰文表示，"新政"一词的起源尚需明确的研究考证。见 Gunther, *Roosevelt in Retrospect: A Profile in History* (New York: Harper and Brothers), p. 124. 艾伦·布林克利（Alan Brinkley）认为，"新政"一词出自约翰·贝尔（John Baer）1931 年的一幅漫画。见 Brinkley, "Dilemmas of Modern Liberalism, " *Prologue* 22 (1990): 288. 著名经济学家和语义学家斯图尔特·蔡斯（Stuart Chase）出版的著作 *A New Deal* (New York: Macmillan, 1932)，呼吁"对美国的经济制度进行彻底改革"。*A New Deal* 一书是在《新共和》杂志刊登的四篇"美国的新政"系列文章的基础上扩充而成的（四篇文章中有三篇是蔡斯撰写的）。其中第一篇是 1932 年 6 月 29 日《新共和》杂志的封面故事。几天后，罗斯福总统发表了著名的候选人提名演讲。然而，针对"新政"一词的上述考证线索，都是揣测性的。

2. 25 年前，一项有影响力的研究认为，"尽管存在一项关于'新政'的研究计划，但那也只是从属性项目，并非主要研究项目——有关'新政'的大体过程及评价已经广为人知"。见 John Braeman, "The New Deal: The Collapse of the Liberal Consensus," *Canadian Review of American Studies* 20 (1989): 76–77. 1942 年，阿尔弗雷德·卡津（Alfred Kazin）借用约翰·多斯·帕索斯（John Dos Passos）1937 年出版的史诗般的小说中的描述，称美国的中心主题是"全力应对绝望"。见 Kazin, "All the Lost Generations," 重印于 *Alfred Kazin's America: Critical and Personal Writings*, ed. Ted Solotaroff (New York: HarperCollins, 2003), p. 154.

3. Morton Keller, "The New Deal: A New Look," *Polity* 31 (1999): 662, 663.

4. 最值得注意的是 *The Aspern Papers* (1888) 和 *The Wings of the Dove* (1902). Henry James, *Italian Hours*, ed. John Auchard (London: Penguin, 1995), pp. 52, 76.

5. James, *Italian Hours*, pp. 7, 10. "爱思考的旅行家"，同上，pp. 61, 63. 对这一用法的讨论见 Scott Byrd, "The Spoils of Venice: Henry James's 'Two Old Houses and Three Young Women' and *The Golden Bowl*," *American Literature* 43 (1971): 373. 关于亨利·詹姆斯 14 年旅居意大利的经历概况，见 Robert L. Gale, "Henry James and Italy," *Nineteenth-Century Fiction* 14 (1959): 157–70.

6. James, *Italian Hours*, pp. 7, 10.

7. Benito Mussolini, Fascism: Doctrine and Institutions (New York: Howard Fetig, 1935), p. 10. 本书第一版于 1932 年出版于意大利。有关秦梯利对这些问题的见解，见 Giovanni Gentile, "The Philosophic Basis of Fascism," *Foreign Affairs* 6 (1928): 290–304.

8. "如果我可悲地'有幸'成为一位德国人"，1939 年 10 月，德国入侵波兰一个月后，乔治·路易斯·博尔赫斯（Jorge Luis Borges）从一位阿根廷人的角度写道，"我决不甘心仅仅为智慧、正直的日耳曼民族军事的强大献出自己的一切；如果我是一位英国人或法国人，我将感谢自己的祖国做出了与人类共同事业相一致的正确抉择……我盼望岁月将见证我们埋葬阿道夫·希特勒（Adolf Hitler）这一凡尔赛孽子的伟大时刻"。见 Borges, "An Essay on Neutrality," in *Jorge Luis Borges: Selected Non-Fictions*, ed. Eliot Weinberger (New York: Viking, 1999), p. 203.

9. Jawaharlal Nehru, "President Roosevelt to the Rescue," August 4, 1933; 本书再版于 Nehru, *Glimpses of World History: Being Further Letters to His Daughter, Written in Prison, and Containing a Rambling Account of History for Young People* (New Delhi: Penguin, 2004), pp. 1077-82.

10. John Maynard Keynes, "An Open Letter," *New York Times*, December 31, 1933.

11. 引自 Erika Mann and Klaus Mann, *Escape to Life* (Boston: Houghton Mifflin, 1939), p. 124.

12. 过去，美国思想家和政治家们经常到大洋对岸寻找城市规划、劳动环境保护和社会福利等问题的答案。"新政"推行后呈现出的一个重要特点是，"美国决策能力和首创精神的突然提升……它一夜之间扭转了进步时代大洋两岸的政治影响模式……像当年美国前往德国、丹麦或新西兰寻求社会政治实验方案一样，约翰·梅纳德·凯恩斯、威廉·贝弗里奇（William Beveridge）、H.G. 韦尔斯（H.G.Wells）、贡纳尔·默达尔（Gunnar Myrdal）和其他政治家们现在开始前来美国学习'新政'举措了"。

见 Daniel T. Rodgers, *Atlantic Crossings: Social Politics in a Progressive Age* (Cambridge: Harvard University Press, 1998), p. 410.

13. "开端是有创造意义的第一步……开端又往往最终被落在最后。"见 Edward Said, *Beginnings: Intention and Method* (New York: Basic Books, 1975), pp. 5, 29.

14. 艾伯特·赫希曼（Albert Hirschman）在 *The Rhetoric of Reaction: Perversity, Futility, Jeopardy* (Cambridge: Harvard University Press, 1991) 一书中对这一观点进行了有力论证。赫希曼强调公开政治制度中的公共政策工具会比其引发的任何危险都更加危险。

15. "The New Deal in Review, 1936–1940," *New Republic*, May 20, 1940, p. 706.

16. Hubert H. Humphrey, *The Political Philosophy of the New Deal* (1940; 重印, Baton Rouge: Louisiana State University Press, 1970), p. 120.

17. E. H. Carr, "Vital Democracy," *Times* (London), November 13, 1940; 引自 Charles Jones, *E. H. Carr and International Relations: A Duty to Lie* (Cambridge: Cambridge University Press, 1998), p. 83.

18. John Gunther, *Roosevelt in Retrospect: A Profile in History* (New York: Harper and Brothers, 1950), p. 289. 根室坚持认为，所有这一切的完成，均"没有诉诸警察或恐惧手段"，而且"也没有发生任何侵犯公民自由的现象"。

19. Isaiah Berlin, "Roosevelt through European Eyes," *Atlantic Monthly*, July 1955,

20. Arthur M. Schlesinger Jr., *The Politics of Hope: Some Searching Explorations into American Politics and Culture* (Boston: Houghton Mifflin, 1962), pp. 124, 125.

21. Hannah Arendt, "Home to Roost: A Bicentennial Address," *New York Review of Books*, June 26, 1975, p. 3.

22. Fernando Pessoa, *The Book of Disquiet* (London: Penguin, 2002), p. 247.

23. Reinhart Koselleck, "Crisis," *Journal of the History of Ideas 67* (2006): 338.

24. Alexander Gerschenkron, *Bread and Democracy in Germany* (Berkeley: University of California Press, 1943), p. 224.

25. E. Pendleton Herring, *Presidential Leadership: The Political Relations of Congress and the Chief Executive* (New York: Farrar and Rinehart, 1940), pp. x–xi.

26. 文学评论家弗兰克·莫莱蒂（Franco Moretti）在其主编的 *The Novel*, vol. 2, *Forms and Themes* (Princeton, NJ: Princeton University Press, 2006), p. x. 中称他所追求的一个目标是，"延伸、扩大和深化文学研究与创作领域"。

27. 相关讨论，见 Richard Hofstadter, "History and the Social Sciences," in *The Varieties of History: From Voltaire to the Present*, ed. Fritz Stern (New York: Meridian Books, 1956), p. 363. 另见 T. J. Clark, *The Sight of Death: An Experiment in Art Writing* (New Haven: Yale University Press, 2006). 克拉克时常往返于盖蒂博物馆的一家画廊。那里陈列着尼古拉斯·普桑（Nicolas Poussin）创作的两幅油画——一幅描绘了一位男子被毒蛇咬死的画面，另一幅描绘了宁静的自然风光——画面记录了普桑的内心感受随时间以及自然光线等观赏条件的变化而起伏变幻的过程。所观赏的物体保持不变，而人的内心感受和对物体的认识却在不断变化。

28. 许多历史学家往往像一位"新政"历史学家指出的那样，将"新政"的持续时间大大缩短，认为其"不过是持续五年的重要改革尝试"。见 Richard Polenberg, "The

Decline of the New Deal, 1937–1940," in *The New Deal: The National Level*, ed. John Braeman, Robert H. Bremner, and David Brody (Columbus: Ohio State University Press, 1975), p. 263. 另见 David L. Porter, *Congress and the Waning of the New Deal* (Port Washington, NY: Kennikat Press, 1980).

29. 我最初通过阅读劳伦斯·H.张伯伦（Lawrence H. Chamberlain）的著作 *The President, Congress, and Legislation* (New York: Columbia University Press, 1946) 而走向这一研究道路。张伯伦对20世纪早期以来实施的九十多项法律进行了研究，以理解和认识国会和总统在政治发展中的相应贡献。他的主要结论是，国会的作用被广泛低估。张伯伦写道，"夸大总统的参与作用而排除或忽略国会作用的倾向不仅歪曲了历史事实，而且容易使人们产生一种危险和错误的印象"，"我们指出这一点并不是贬低总统发挥的重要作用"。（第15页）

30. 典型论述见 Michael Walzer, "Political Action: The Problem of Dirty Hands," *Philosophy and Public Affairs* 2 (1973): 160–80. 最新开展的富有启发意义的研究见 János Kis, *Politics as a Moral Problem* (Budapest: Central European University Press, 2008).

31. Arthur Schlesinger Jr., *The Age of Roosevelt*, 3 vols. (Boston: Houghton Mifflin, 1957–1960).

32. Arthur Schlesinger Jr., "History and National Stupidity," *New York Review of Books*, April 27, 2006, p. 14. 历史学家当然有充足的理由对搜寻过去的可借鉴之处表示担心。他们担心过于简单、草率的对比研究有可能使每个历史时期的特征丧失。同时历史学家们担心这种对比引导人们去简单地勾画过去的历史，并认为历史走过的道路必然通往当今时代。这是非常有价值的忠告，不是无谓地设置禁区。优秀的历史著作均对解释历史现象的结果感兴趣，既解释其近期结果，也解释其长远结果。结果的意义必须随着时间和历史过程的变化而发生改变。正是因为这一原因，著名历史学家马克·布洛克（Marc Bloch）对历史做出的反思绝非陈词滥调。"只有根据当今的时代解读历史现象，我们才能真正理解过去发生的一切。"（布洛克作为法国反对阵线成员，在遭受种种痛苦折磨后，于1944年被德国盖世太保处决。这就是这位著名历史学家的悲惨命运。）由于意识到人们不可能只用一种正确的方式来描绘过去，历史学家们往往致力于用多种方式对过去的社会现实进行各种详细的描述。见 Marc Bloch, *Strange Defeat: A Statement of Evidence Written in 1940* (New York: W. W. Norton, 1968). 约翰·刘易斯·加迪斯（John Lewis Gaddis）认为历史学研究的目标就是要对过去的历史事实进行描述。见 *The Landscape of History* (New York: Oxford University Press, 2002), pp. 33, 48.

33. Alexis de Tocqueville, *The Old Regime and the French Revolution* (1856; 重印, Chicago: University of Chicago Press, 1998), p. 95.

34. 同上, pp. 95, 83, 86. 他解释说，自己内心怀有一种激情，"强烈地希望……体验到自由"。

35. 人们在"努力争取用基本的政治隐喻对这些历史瞬间做出解释"。见 Daniel T. Rodgers, *Contested Truths: Keywords in American Politics since Independence* (New York: Basic Books, 1987), pp. 11–12.

36. Bernard Bailyn, "Political Experience and Enlightenment Ideas in Eighteenth-Century

America," *American Historical Review* 67 (1962): 339.

37. 乔治·斯坦纳（George Steiner）在关于哥舒姆·舒勒姆（Gershom Scholem）与沃尔特·本杰明（Walter Benjamin）之间复杂友谊关系的文章中指出，"细微特征的描绘"与"总体轮廓探寻"如何"改变历史、文学和社会思想的整体风貌"。见 Steiner, "The Friend of a Friend," in *George Steiner at the New Yorker*, ed. Robert Boyers (New York: New Directions, 2009), p. 208.

38. Studs Terkel, "Hard Times," *Pen America* 10 (2009): 39, 43.

39. 有关短期恐惧与长期恐惧的区别，以及"直接导致恐惧的事物及其恐惧性后果"之间的区别，见 John Hollander, "Fear Itself," *Social Research* 71 (2004): 865, 868.

40. 英国著名历史学家刘易斯·纳米尔（Lewis Namier）1936 年至 1940 年期间的论文选集 *Europe in Decay: A Study of Disintegration* (London: Macmillan, 1950).

41. *Congressional Record*, 72d Cong., 1st sess., May 5, 1932, p. 9644.

42. *Barron's* 在 Ronald Steel, *Walter Lippmann and the American Century* (Boston: Little, Brown, 1980), p. 299 一书中被引用。乔纳森·阿尔特（Jonathan Alter）误认为是沃尔特·李普曼本人引用的。见 *The Defining Moment: FDR's Hundred Days and the Triumph of Hope* (New York: Simon & Schuster, 2006), p. 187.

43. Denis W. Brogan, *Democratic Government in an Atomic World: A Lecture Delivered under the Auspices of the Walter J. Shepard Foundation, April 24, 1956* (Columbus: Ohio State University, 1956), pp. 15, 31.

44. 同上，p. 21.

45. 同上，p. 20.

46. 同上，pp. 20, 32.

47. Richard Wright, "The Ethics of Living Jim Crow: An Autobiographical Sketch," in *American Stuff: An Anthology of Prose and Verse by Members of the Federal Writers' Project* (New York: Viking, 1937), p. 45.

48. 弥尔顿曾于 1910 年支持田纳西州共和党与遭禁止的民主党进行成功整合。George Fort Milton, "Also There Is Politics," in *Culture in the South*, ed. W. T. Couch (Chapel Hill: University of North Carolina Press, 1934), pp. 117, 118.

49. W. E. B. Du Bois, "Black North," *New York Times Magazine*, November 17, 1901.

50. 德斯蒙德·金（Desmond King）和史蒂芬·塔克（Stephen Tuck）对本文所涉及的美国种族关系问题给出了非常精彩的评价。当然，两人的评价对于美国南方与其他地区的不同之处有所忽视。见 Desmond King and Stephen Tuck, "De-Centering the South: America's Nationwide White Supremacist Order after Reconstruction," *Past and Present*, no. 194 (2007): 213–53.

51. 杜波依斯的代表性作品见 Eric J. Sundquist, ed., *The Oxford W. E. B. Du Bois Reader* (New York: Oxford University Press, 1996); Charles S. Johnson, *Growing Up in the Black Belt: Negro Youth in the Rural South* (New York: American Council on Education, 1941); Charles S. Johnson, *Patterns of Negro Segregation* (New York: Harper and Brothers, 1943); St. Clair Drake and Horace Cayton, *Black Metropolis: A Study of Negro Life in a Northern City* (New York: Harper and Brothers, 1945); Allison Davis,

Deep South: A Social Anthropological Study of Caste and Class (Chicago: University of Chicago Press, 1941); Gunnar Myrdal, *An American Dilemma: The Negro Problem and American Democracy* (New York: Harper and Brothers, 1944).

52. Ralph J. Bunche, *The Political Status of the Negro in the Age of Age of FDR* (Chicago: University of Chicago Press, 1973), 66.
53. Braeman, "The New Deal, " p. 72.
54. "为了促使政策发生改变……某些政治活动家个人或群体必须对改革倡议达成一致。我把这些政治家称为政策的否决者。"见 George Tsebelis, *Veto Players: How Political Institutions Work* (New York: Russell Sage Foundation; Princeton, NJ: Princeton University Press, 2002), p. 2.
55. Stephen A. Grant, *Conscience and Power: An Examination of Dirty Hands and Political Leadership* (New York: Palgrave Macmillan, 1996), p. viii. 罗斯福因处置达尔朗而向斯大林道歉；斯大林回复说罗斯福执行的政策是"完全正确的"。见 Susan Butler, ed., *My Dear Mr. Stalin: The Complete Correspndence of Franklin D. Roosevelt and Joseph V. Stalin* (New Haven: Yale University Press, 2005), p. 62.
56. 见 Norbert Frei, *Adenauer's Germany and the Nazi Past: The Politics of Amnesty and Integration* (New York: Columbia University Press), 2002.
57. 有关当时美苏之间"同床异梦"式的奇怪合作关系，一个最令人惊讶的事例是，共和党在德苏合约执行期间，决定利用美国共产党主办的《工人日报》刊登反战宣传广告。见 Gunther, *Roosevelt in Retrospect*, p. 311.
58. Reinhold Niebuhr, *Moral Man and Immoral Society: A Study in Ethics and Politics* (New York: Charles Scribner's Sons, 1932), p. 4.
59. 这种统治方式对国内实施自由民主政治，对国外则实施炫耀武力的单边政治。这种政治模式很少见，但历史上并非绝无仅有；这正是整个19世纪和20世纪初期英国和法兰西第三共和国的突出特点。
60. Rodgers, *Contested Truths*, p. 175. 作者在第6章"Interests, " pp. 176–211 对这一问题进行了论述。
61. Juan J. Linz, "Crisis, Breakdown, and Reequilibration, " in Juan J. Linz and Alfred Stepan, *The Breakdown of Democratic Regimes* (Baltimore: Johns Hopkins University Press, 1978), p. 48.
62. Theodore J. Lowi, *The End of Liberalism: Ideology, Policy, and the Crisis of Authority* (New York: W. W. Norton, 1969), p. 97.
63. 同上，p. 71.
64. C. Wright Mills, *The Power Elite* (New York: Oxford University Press, 1956); Michael J. Sandel, *Democracy's Discontent: America in Search of a Public Philosophy* (Cambridge: Harvard University Press, 1996); Lowi, *The End of Liberalism*. 类似评论见 E. E. Schattschneider, *The Semisovereign People: A Realist's View of Democracy in America* (New York: Holt, Rinehart and Winston, 1960); Grant McConnell, *Private Power and American Democracy* (New York: Alfred A. Knopf, 1966).
65. 罗维坚持认为，"自由主义与保守主义、共和党与民主党最大的区别——这只是他们自己给出的定义——在于他们各自承认不同的利益集团。议员手中的选票受利益集团的操纵，总统实施的发展计划受利益集团的操纵，管理人员在决定利益集团的合法性时，也要受到操纵；这就是政府根据所谓合法需求采取的措施"。见 Lowi, *End of Liberalism*, p. 72.

66. Walter A. McDougall, *Promised Land, Crusader State: The American Encounter with the World since 1776* (Boston: Houghton Mifflin, 1997).

67. 关于如何理解和表现战后敌人的论述，见 Marc Silverstone, *Constructing the Monolith: The United States, Great Britain, and International Communism, 1945–1950* (Cambridge: Harvard University Press, 2008).

68. Cordell Hull, "Europe's Democratic Future, "*American Journal of Economics and Sociology* 4 (1945): 542.

69. 见 Steve Vogel, *The Pentagon—A History: The Untold Story of the Wartime Race to Build the Pentagon—and to Remove It Sixty Years Later* (New York: Random House, 2007).

70. 1953 年，共计 800 亿美元的国家预算中有 560 亿美元用于国防开支。Office of Management and Budget, "Historical Tables, "*Budget of the United States Government Fiscal Year 2005* (Washington, DC: U.S. Government Printing Office, 2005), pp. 45–52; 网址：http://www.usgovernmentspending.com/us_military_spending_30.html#usgs302.

71. 见 Elias Canetti, *Crowds and Power* (New York: Farrar, Straus and Giroux, 1960).

72. "然而，关键问题是，西西里并非孤立地存在，它构成了现代意大利国家的南部地区。"见 Nelson Moe, *The View from Vesuvius: Italian Culture and the Southern Question* (Berkeley: University of California Press, 2002), p. 245.

73. 实际上，也有一些例外情况，如 Frank Freidel, *F.D.R. and the South* (Baton Rouge: Louisiana State University Press, 1965). 但在其大多数论著中，这仍然是一个非常边缘性的主题。

74. Jean Edward Smith, *FDR* (New York: Random House, 2007), p. 374.

75. Toni Morrison, *Playing in the Dark: Whiteness and the Literary Imagination* (New York: Random House, 1992), pp. 18, 11.

76. 杜波依斯 *The Souls of Black Folks* 一书与众不同的是，每一章都用一首令人悲伤的歌曲开头。他解释道：过去，在黑暗之中行走的人们通常会唱着歌曲——令人悲伤的歌曲——因为他们内心感到极度疲惫和厌倦。因此，我在思考每一章的写作前，首先确定一首这类歌曲作为开头。那是长期萦绕在黑人奴隶内心深处的哭诉，是对这个世界的真情告白。从孩提时期，我就被这些歌曲深深触动。每听到这些歌曲，我内心都会产生一种异样的感觉。一首首打动人心的歌曲来自与我素不相识的黑人。突然有一天，我感觉对他们熟悉起来，感到自己跟他们没有什么两样。这些歌曲也是我自己想要唱出来的声音……除了冷酷威严的上帝给人的内心打上深刻烙印，美国真的没有给这个世界带来美好的享受；在这个崭新的世界上，人类精神虽然呈现出强大的生命力和创造力，但却未必是美好的。这些黑人歌曲——来自黑人奴隶的内心哭诉——有幸流传到今天。这不仅仅是简单的几首美国歌曲，而且是根植于这片陆地上的人类生存经历最美好的表白。人们一直对此视而不见，甚至投以鄙夷的目光。最过分的是，长期以来人们除了蔑视和误解，没有对这些歌曲给予正确的认识和对待。尽管如此，这些歌曲仍然是一笔独特的民族精神遗产，是美国黑人对美利坚民族最大的馈赠。见 Du Bois, *The Souls of Black Folk* (1903; reprint, New York: Penguin, 1996), pp. 204–5. 关于这一"激动人心的黑人奴隶宣言"更多的讨论，见 David Levering Lewis, *W. E. B. Du Bois: Biography of a Race, 1868–1919* (New York: Henry Holt, 1993), pp. 277–91.

77. Hajo Holborn, *The Political Collapse of Europe* (New York: Alfred A. Knopf, 1965); Gregory M. Luebbert, *Liberalism, Fascism, or Social Democracy: Social Classes and the Political Origins of Regimes in Interwar Europe* (New York: Oxford University Press, 1991); Joseph Rothschild, *East Central Europe between the Two World Wars* (Seattle: University of Washington Press, 1994); MacGregor Knox, *To the Threshold of Power, 1922/33: Origins and Dynamics of the Fascist and National Socialist Dictatorships*, vol. 1 (Cambridge: Cambridge University Press, 2007).

78. Dietrich Rueschemeyer, Evelyne Huber Stephens, and John D. Stephens, *Capitalist Development and Democracy* (Cambridge: Cambridge University Press, 1992); Linz and Stepan, *The Breakdown of Democratic Regimes*; Lois E. Athey, "Democracy and Populism: Some Recent Studies, " *Latin American Research Review* 19, no.3 (1984): 172–83; Leslie Bethell, ed., *The Cambridge History of Latin America*, vol.7, *1930 to the Present* (Cambridge: Cambridge University Press, 1990); Ruth Berins Collier and David Collier, *Shaping the Political Arena: Critical Junctures, The Labor Movement, and Regime Dynamics in Latin America* (Princeton, NJ: Princeton University Press, 1991); Evelyne Huber and Frank Safford, eds., *Agrarian Structure and Political Power: Landlord & Peasant in the Making of Latin America* (Pittsburgh: University of Pittsburgh Press, 1995); Thomas E. Skidmore and Peter H. Smith, *Modern Latin America*, 6th ed. (New York: Oxford University Press, 2005), pp. 51–54.

79. Anthony J. Badger, "Huey Long and the New Deal, " in Badger, *New Deal/New South* (Fayetteville: University of Arkansas Press, 2007), p. 1. 在 1935 年 9 月遇害前，朗像瑟蒙德和华莱士一样有望成为一名总统候选人。

80. 当社会党领导人诺曼·托马斯（Norman Thomas）请求罗斯福总统对参议院 1934 年 1 月提出的反私刑法案给予支持时，罗斯福解释了自己为什么不能冒犯南方领导人，并补充道，"喂，诺曼，我比你更有点政治眼光吧。我了解南方。新生代的领导人正在崛起，我们必须耐心做工作"。引自 David M. Kennedy, *Freedom from Fear: The American People in Depression and War, 1929–1945* (New York: Oxford University Press, 1999), p. 210.

81. D. W. Brogan, "American Liberalism Today, " in *British Essays in American History*, ed. H. C. Allen and C. P. Hill (New York: St. Martin's Press, 1957), p. 326.

82. Ira Katznelson, *When Affirmative Action Was White: An Untold History of Racial Inequality in Twentieth-Century America* (New York: W. W, Norton, 2005).

83. Anthony J. Badger, *FDR: The Hundred Days* (New York: Hill and Wang, 2008), p. 161.

84. Ackerman, *We the People*, 2 vols. (Cambridge: Harvard University Press, 1991–1998).

Part I 第一部分　战胜恐惧

1. 没有海图的航行

16 世纪的米歇尔·蒙田（Michel De Montaigne）曾说过，恐惧"对人造成的心理压抑强度超过任何一种其他精神疾病"。[1] 弗朗西斯·培根（Francis Bacon）也认为"除了恐惧本身以外，世上再也没有令人感到惧怕的事情"；政治家、理论家埃德蒙·伯克（Edmund Burke）也说"没有一种情感能像恐惧这样完全彻底地剥夺一个人的行为能力和判断能力"；亨利·大卫·梭罗（Henry David Thoreau）相信"世上没有一件事情像恐惧一样可怕。"[2]

那么，恐惧为什么如此可怕呢？如何把导致人们恐惧的深度焦虑情绪与日常生活中遭遇到的不确定性和随时存在的危险区别开呢？杜鲁门和罗斯福两位总统执政的年代，人们要认真思考和对待上述名家们的告诫和主张的话，就必须正确分辨这一时代造成人们恐惧的具体对象。这一时期的政治活动和决策过程是在非常规条件下完成的。人们内心的恐惧就像房顶上熊熊燃烧的烈火四处蔓延。这种极度的恐惧心理为当时的美国领导人和普通老百姓提供了思想和行为的动力源泉。

如果人们不从政治与文化环境角度看问题，历史现象看起来就会像一系列经过精心设计却互不连接的道路。人们会说每一个历史现象都能成为导致某种结果的具体因素。比如，我们曾思考历史包袱如何导致1933年的《国家复兴法案》这一里程碑式的立法以失败而告终，而同一年实施的另一项立法《农业调整法案》却大获成功。我们也许还思考过1935年通过的奠定工会组织发展框架的《瓦格纳法案》是不是由来自劳工系统的压力或商业利益的驱动导致的。同样，我们也对1937年至1938年经济萧条的原因和结果进行过评判。我们甚至考查过美国对内对外政策的驱动力是不是来自优先发展全球资本主义的战略定位。[3]

研究和思考这类问题时，我们往往假定美国当时的政治决策是在传统风险条件下出台的，但事实并非如此。"新政"的整个过程都是在一个未知领域航行，没有海图帮助舵手们辨别方向。[4] 为了正确认识"新政"所取得的成就和付出的代价，我们必须考虑当时各种不确定性给人们心理带来的疑惑，辨别人们恐惧的具体对象，及其创伤与后果。[5]

一

1933年3月23日，伯克利举行了宪章日纪念活动。就在同一天，阿道夫·希特勒取得德意志帝国最高掌控权。还是在这一天，德国达豪集中营正式开张。[6] 在伯克利的宪章日纪念大会上，著名新闻记者和政治评论家沃尔特·李普曼（Walter Lippmann）在向现场观众发表的公开演讲中，表达了自己对那个时代所面临的严重不确定性的认识和理解。他解释了历史上一些重要里程碑是如何在人们的记忆中消失不见的，以及开国领袖们得以驾驭美国这艘大船的航行基点是如何失去踪影。他进而把民主政体和独裁政体中当今时代与过去时代之间的决裂，以及两大革命性进步，视为现代政治史无前例的进步。第一大进步是，大众以公民的身份积极自觉地参与政府治理。不论是西方国家还是独裁制国家，参与投票表决成了民众的家常便饭。政府的合法性逐渐取决于解决问题和制定政策的能力。当然政府制定的政策应当得到民众的积极拥护,或者至少能让民众被动接受。第二大进步是,政府执政的范围得到大规模扩大。"政府规模从来没有如此庞大,它可以触及千百万民众的日常生活关切。民众呼吁现代政府认真应对自己的利益关切。政府需要应对的往往是极其复杂难办的新问题。"这些问题是19世纪的政府闻所未闻的,如"生产与市场的关系问题"、"经济组织形式问题",还包括劳动场所出现的问题。在政府军与反政府武装之间战事频发的年代,现代政府还面临战争与和平问题的严峻挑战。当然内部和外部政治势力的掌控问题也考验政府的治理能力。[7]现代政府面临的涉及资本主义制度、劳工、军事力量、国家安全等一系列问题中,也许还应当加上市民问题。如果说现代政治已经成为大众政治的话,那么界定市民的身份和资格就是一个迫切需要解决的问题。总之,"人民今天普遍感到"已经过时的法令、惯例、规则、政策、制度均"缺乏指导行动的能力"。[8]

在1957年接受诺贝尔文学奖时,阿尔贝·加缪(Albert Camus)总结了他这一代人所经历的二十多年疯狂岁月中,政治变迁过程的惊人重叠现象。

这一代人出生于第一次世界大战初期。当希特勒上台,第一次革命考验开始时他们正好20岁。他们从学校毕业时,又赶上西班牙内战、第二次世界大战,经历了关在集中营里的岁月以及欧洲所遭受的法西斯践踏和折磨。今天他们又在一个被核威胁笼罩的世界养育自己的后代,开拓自己的事业。[9]

对于加缪和他的同龄人而言,那是一个确定性被彻底粉碎的年代。一位著名学者和评论家在1924年写道,"当首次使用航空母舰作为大规模密集性打击武器的世界大战爆发时,几乎没有任何传统惯例可循,也没有任何习惯性法规对战争各方给予制约"。[10]面临一系列国内国际问题时,决策者不得不与公众在相似的条件下向前奋进。"新政"在牺牲西方文明道德伦理和政治威望的前提下,面对各种新型挑战。但对

"新政"而言,一个关键问题是,民主党人能否与其他政党、议会及一些极端派别一道,在坚持自己核心信念和行为取向的同时,找到合适的解决方法,把握正确的前进方向。

许多民主党人对此怀有非常深切的疑问。当经济复苏的希望飘忽不定时,他们内心的疑虑和不安更加强烈。在整个20世纪30年代,全球形势变得格外严峻。暴力冲突更加常见,冲突的程度更加剧烈,给人的威胁更大。世界再也没有安全可言。1936年英国小说家格雷厄姆·格林(Graham Greene)在对当时的形势发表评论时写道,"这个世界似乎随时都会陷入野蛮的深渊之中"。[11] 1937年,宪政问题研究学者卡尔·罗文斯坦(Karl Loewenstein)注意到,极具吸引力和感召力的独裁政体和反民主政体已经不再"作为一种个例,存在于少数国家的单一历史进程中"。它已经"演变成普遍的政治运动,其不可阻挡的发展趋势堪比法国大革命后,欧洲自由主义强烈反抗封建专制主义的滚滚洪流"。[12] 1938年,美国驻德大使威廉·多德(William Dodd)写道,"每个人都会看到,越来越多的证据表明,民主政体正处于严重的危险之中"。多德在1933年至1938年之间,作为美国驻德大使,居住在柏林。他亲眼目睹了曾经的民主共和国如何发生了戏剧性崩溃。他告诫说,"面临同样危险"的美国也难以逃脱类似的命运。[13] 同一年,在纳粹军队横扫波兰,开启第二次世界大战欧洲阶段前,著名流亡社会学家皮季里姆·索罗金(Pitirim Sorokin)宣布说,20世纪已经成为"整个西方历史上最血腥的世纪"。[14] 还是在这一年,当时的美国国务院苏联问题研究所所长、冷战期间遏制苏联战略最重要的策划者乔治·凯南(George Kennan)开始起草一部书。他在书中建议美国"沿着这样一条道路前行:引导美国通过宪政转型,成为一个威权制国家"。他认为,这种威权国家应当由专业化的精英领导。因为这些专业化精英能够完全服从组织纪律的约束。假如让他们有机会加入宗教队伍的行列,他们也会同样以超强的纪律性,接受宗教戒律的约束。[15]

上述研究者和评论家的一个共同之处是,他们都认识到自己所处的时代充满了历史罕见的不确定性。它对人的心理所造成的恐惧远远超过生活中一些难以避免的一般性危险带来的心理压力。任何意外情况的发生都会以危险程度作为标志而被人们关注。人们面对危险时，通常是根据过去的经验来选择应对措施。因为绝大多数事物的特征是相对稳定的，而且多数情况下人们可以对因果关系进行预测，从而对意外事故发生的概率进行准确评判。当公司进行一项投资时，当父母为孩子选择学校时，当一个人要购买房屋时，或当一位政治领导人进行协商、选举和制定法律时，人们通过直觉或数据分析，估算某些特定行为结果的概率分布情况。这是基于充分的自信，进行战略估算与合理评价的基础。

但当深刻的不确定性笼罩人们的心理时，人们进行选择的能力就会发生变化。芝加哥大学经济学家弗兰克·奈特（Frank Knight）认为这类难以预测的不确定性存在的条件超乎寻常地难以把握。因为在这种情况下，不存在人们对样本进行分类研究的有效基础，人们也就无法对行为产生的结果及其影响进行预测。这时的情况不同于其他任何类似情况。他写道，在一般风险中，"一组样本的概率分布是可知的。但在存在不确定性时，就不是这么回事了。原因通常在于人们无法构建一组用于预测概率的样本"。实际上，这种情况极其少见。显然这种新生的、意义深远的不确定性本身是非常危险的，因为进行预测的基本前提已经被彻底破坏。人们对不确定的未来进行预测的概率变得越来越小，塑造未来的希望也就变得越来越渺茫。[16]

可预测的风险尚且给人带来烦恼，不确定性风险因其持续时间长度和影响范围广度无法预测，不只给人带来烦恼，更让人内心产生极度的恐惧感。一部正在编撰的大型社会心理学文献试图重构不确定性产生的背景条件，恢复历史现象的一致性和可预测性，从而对人们在思想、情感和行为方面的应对过程进行考查。关于在恐惧条件下对不确定性进行管控的各种理论和研究表明，人的行为自由遭受限制时，会在心理上形成强烈的"正念"和自我意识。这促使人们把彻底恢复往日的一致性和确定性作为自己内心的强烈愿望和中心目标。也就是说，他们会努力使不确定性造成的恐惧程度降低为日常生活中的一般性风险。[17]

这就是我对"新政"的认识。在"新政"实施的20年中，极度的不确定性这一历史事实不断刺激人们的感官，让人认识到美国正面临空前的危险。经济崩溃、全面战争、种族灭绝、核武器、冷战对抗等历史性挑战，迫使政治领袖千方百计采取措施将不确定性给人造成的恐惧降低到应对一般风险的心理状态。由于对当时面临的国内国际危机没有现成的应对策略和可靠的补救良方，他们只能对可供采取的各种措施进行这样那样的尝试。所有这些尝试最终指向一个共同的结果，就是新型民族国家这一国家形式的出现。南方在国会中的压倒性优势对此产生了重要促进作用。实际上，这是一种经过改良的民族国家形式。其特点是程序过于繁琐。

二

但奇怪的是，"新政"时期遍布世界各个角落的恐惧阴霾在大多数描述"新政"的文献著述中却几乎看不到。著述者的集体失忆使得"新政"的历史面目产生了严重扭曲。人们对这一历史的理解要么过于伤感，要么过于肤浅。这一趋势自始至终存在。富兰克林·罗斯福总统就职仪式刚举行不到一周，几周前还对时代的不确定性大讲特讲的沃尔特·李普曼突然改口，盛赞"政府在全国各地采取的行为和举措充分证明公众的选择是正确的。它坚决迅速地推进各项事业发展，敢于直接面对要解决的实质性问题，毫不犹豫地担当责任，满怀信心地依靠人民群众的热心支持战胜一切困难"。李普曼这一番话，为后来关于"新政"历史的撰写和叙述预设了一种救赎性主题和基调。他欣喜地看到，"这个曾经让所有人对所有事感到绝望的国家，又重新找回了自信"。[18]似乎他在伯克利宪章纪念日演讲中的话太过多虑了。但实际上，他一点也没有多虑。

罗斯福总统本人在就职演说中曾宣称,没有充分的证据可以证实恐惧的存在。罗斯福的出发点或许是善意的,这样可以避免在公众中散布恐惧情绪,避免公众因极度恐慌而导致心理失控,从而保证人们对于民主思想本质特征的认识不至于产生恶劣后果。总统先生在就职演说中没有就恐惧现象发表空洞的言论,也没有不负责任地渲染恐惧带给人的不安全感。这不同于一些人的惯常做法。他们往往故意利用人们的恐惧心理,达到煽动、操纵和控制公众舆论的目的。[19]罗斯福总统坚持声称"我们遭受的并不是蝗虫灾害的爆发",而是由投机分子的贪婪和不当决策的误导引发的危机,他呼吁"金融和商业领域结束麻木自私的不道德行为对神圣与诚信的亵渎"。同时,他赞成政府"防止邪恶旧制度的回归;对金融、信贷和投资活动进行严格监管;结束投机洗钱行为,并提供充分健全的货币保障"。

罗斯福总统通过冷静客观地发表自己对危机的看法,向公众传递出信心与保障,而不是越过人的心理防线,大肆渲染危机可能导致的结果,对公众心理造成严重伤害。其政治论述的主要特点是,关注公共政策如何帮助人们克服恐惧。这也是罗斯福总统阐述其关于恐惧的思想主张的宗旨,并最终成为其总结执政业绩的指导思想。1936年,接受民主党总统连任提名时,罗斯福宣称,恐惧本身已经不存在了。他说:"在那些难忘的岁月里,我们最大的恐惧就是恐惧本身。所以,我们要坚决地战胜恐惧。今天,朋友们,我们已经战胜了我们最大的敌人——我们彻底征服了恐惧。"当然,总统先生在说这句话时,忽略了当时欧亚大陆正被战争阴霾所围困这一事实。[20]

从让人痛苦恐慌的深渊到积极找到应对措施,罗斯福总统富有魅力的论述很快成为历史学家、新闻记者和社会学家们效仿的标准范式,因为它可以成功地从众多繁乱的线索中梳理出一个高度连贯的历史叙述。但这样做也要付出高昂代价。正如文学评论家阿尔弗雷德·卡津所说,这种叙述忽略了"作为我们所处历史时代客观真理的东西——持久漫长的心理危机"。这样它就过滤掉"与自己所持观点不相符的事实和真理,把与平直的框架和流畅的设计不一致的凹凸边缘全部抹掉"。[21]

在众多历史学家中,《行进中的"新政",1933—1937》一书的作者亚瑟·迈耶·斯莱辛格首先提出了围绕救赎这一主题书写"新政"历史的主张。这也是最早由职业历史学家对这一主题做出的严肃评判,为后来的"新政"研究定下了基调。[22]在仅有的36页篇幅内,他把"新政"表述为应对经济困境和政治危机的成功举措。本书成名的原因在于,它把为避免饥荒、减轻痛苦和动摇现有资本主义经济秩序而实施的首批"新政"措施与第二批涉及经济规范和社会治理政策的长期措施进行了区分。像1934年的《证券交易法案》和1935年的《社会治安法案》都属于第二批"新政"措施。他坚持认为,"新政"通过彻底改变民族国家的疆域和规模,限制和管控市场过热,以及授予公民社会权利等举措,恢复了民众对政府的忠诚和信任,重新燃起民众对未来的希望,从而对政府给予热情支持。

像斯莱辛格一样,多数历史学家在著述中强调"新政"的业绩,突出"新政"如何重新划分了美国公民社会与政治格局之间的界线,罗斯福总统的各项"新政"计划如何在不到五年的时间内改变了政府的范围和规模,以及国民经济性质、美国公民身份的授予范围,等等。离开了这些问题,这些历史学家就很难开展"新政"这一主题的研究和著述。在这一点上,本书也不例外。从富兰克林·罗斯福宣誓就职到1939年第二次世界大战在欧洲爆发,政府大幅度扩大了其在国内的执政范围。一个曾经拥有572,000员工的联邦政府部门在仅仅六年的时间里,员工人数增加到920,000,部门开支由46亿美元增加到88亿美元,增加了接近一倍。一大批新设机构成立,一系列"新政"计划开始实施,包括国民工程管理局、太平洋西部航空公司、农村电气化管理局、田纳西流域管理局、公共事业振兴局、国家档案局、证券交易委员会、国家劳资关系委员会、联邦公路管理局、联邦安全局等部门的设立和《农业调整法案》《公平劳动标准法案》等法案的实施。这些机构承担的责任是前所未有的。它们要应对公众就业、公共工程、救济款支付、劳工政策等问题，还要对资本主义体制进行规范。[23] 1970年，休伯特·汉弗莱回忆说，"'新政'最为重要的一项成绩是对公共责任领域范围的改变"。[24]

第一次世界大战后，自由知识分子哈罗德·斯塔恩斯（Harold Stearns）对战争造成的大规模流血事件、政府权力扩大、自由权利被压缩、疯狂的军国主义等所带来的深刻教训进行了反思。他以前瞻性的眼光，对自由民主政治传统未来的不确定性给予了预测。他认为，在愈演愈烈的劳资冲突和国与国之间显著的民族对立情绪面前，政府要有效地管理国家，就必须在不发生暴力冲突的前提下，进行社会革命，从而为理性主义创造充分的成长空间。[25] 通过资本主义转型和福利国家制度的形成，"新政"把美国从恐惧的深渊引向充满希望的宽广道路这一人所共知的历史事实，充分印证它实现了斯塔恩斯所谓不经过暴力冲突而实现的社会革命。正如历史学家理查德·霍夫斯塔特所说，这一历史事实成功捕捉到罗斯福总统"抢抓机遇的高超技艺"与他所领导的美国政府施政过程超乎寻常的即兴表演之间的最佳切合点。"两者的结合使得美国政治机关和行政部门的运行状况与1914年相比大为改观；与1880年相比的话，那简直是天壤之别了。"[26] 但遗憾的是，这一历史叙述还是忽略了对当时人们内心被恐惧笼罩这一事实的认识。[27]

长期以来，"新政"初期人们内心的绝望与不安一直是人所熟知的主题。股市的崩溃和资本主义全球危机让这样一个严峻问题浮出水面：繁荣与自由能否在民主的护佑下同时得到复兴？《艰难岁月里的政治》与《绝望的冬天》两篇文章开启了威廉·洛伊希滕堡（William Leuchtenburg）关于富兰克林·罗斯福与"新政"的经典论述。[28] 与他的父亲一样令人敬重的小亚瑟·斯莱辛格沿着父亲的脚步，继续开展关于"新政"方面的研究著述。他把自己发人深省的三卷本巨著《罗斯福时代》的主题定义为"旧秩序的危机"。[29] 他回顾了1929年到1932年之间，美国农业收入下降70%、汽车制造下降65%、股票市值下降

80%的原因。工业生产的陡然下降造成1,300万美国人失业。危机前的1929年10月和11月,美国的失业率约为3%。后来,这一比率灾难性地直线上升,最终达到24%。那些侥幸逃脱失业命运的工人,薪水也被大幅度降低。[30]无力偿还土地抵押贷款的农民最终丧失了土地。当时拥有房屋的人并不占多数,但其中许多人在危机中丧失了家园。无力支付房租的租户被迫失去了住所。从更广泛的层面看,金融信贷系统的彻底瘫痪为资本主义市场经济的存续造成重大威胁。斯莱辛格写道,工厂"像死亡的火山,一片沉寂,阴森可怕";丧失家园的人们"蜷缩在用油毡纸扎起的棚屋里或铺上锡纸的洞穴里";"成千上万无家可归的儿童在街头流浪";整个国家正处于"极度绝望的情绪之中";"美国大陆到处弥漫着恐惧和惊慌","绝望的阴霾像一片幽灵在美洲大陆上空回荡"。[31]

但在包括"新政"在内的各种可预测的历史事件中,恐惧和不确定性往往突然降临。[32]在罗斯福总统"我们面临的最大恐惧就是恐惧本身"这一坚强信念的激励下,历史学家们把"新政"描述为这样一个激动人心的故事:罗斯福总统第一届任期内所采取的各种果断经济措施帮助人们克服了恐惧和疑虑,重新找回对未来的信心。[33]斯莱辛格对1936年年底的形势进行评价时,高度称赞说"恐惧的阴云终于开始消散了"。他写道,总统"显然会获得连任;人们可以再一次相信自由民主国家解决经济动荡和社会不公问题的能力。自由民主社会或许不会最终走向消亡;它具有光明的前程;它有坚强的意志和能力战胜独裁体制的挑战"。[34]凭借切实有效的立法和决策,富兰克林·罗斯福总统在第一届任期内,成功地将美国由危机四伏的政治深渊引向充满希望的政治乐园。[35]

三

实际上,到1953年德怀特·艾森豪威尔总统就职仪式为止的整个

"新政"时期，人们内心始终没有摆脱恐惧袭扰下的脆弱感。从大萧条到充满血腥的战争，投票选举、公众言论、利益集团的压力、联邦政治，以及政府机构立法、执法、司法部门之间的权力制衡等常规政治活动均笼罩在持续不断的心理焦虑之中。"新政"的各项举措实际上是在孤寂、忧伤的情绪之中痛苦地向前推进的。在这样的环境里，美国政治生活的最本质特征即使不被完全破坏，也会始终面临动荡不安的威胁。人们似乎始终难以把握政治领袖能否有效处置来自经济困境、意识形态对抗和军事压力的挑战。

必须强调，罗斯福总统第一届任期内四年的"新政"并未消除人们的恐惧心理。就整个美国来说，人的恐惧感实际上在不断加剧。斯莱辛格的时空局限、其本人的关注焦点，以及《罗斯福时代》一书戏剧化的结构安排均影响和制约了其对美国民主政治所经历时代考验的真实表述。同时，该书没有对解救资本主义政治、应对独裁政治和处置全球性军事冲突的可靠对策进行论述。对于美国经济遭遇的这类时代挑战，书中的论述也非常不充分。随着大萧条的加剧，其影响很快蔓延到全球各个角落。没有一处可幸免，没有一个经济部门不被触及。生产和消费的崩溃、市场的萎缩、贸易的下降、信贷和资金流动性的缺失，以及席卷各个行业的严重失业问题所造成的后果，全球任何一个地方都不会在五年左右的时间内找到切实有效的补救措施。包括提高关税和财政紧缩等政策在内的首批"新政"措施不但没有起到什么作用，反而使问题变得更加复杂化。在整个社会阶层和不同社会团体中，人们对资本主义的信心呈直线下滑的趋势。尤其是私营企业的形象急剧下降。1933年世界经济大会以失败而告终。即使在经济复苏开始后，经济的增长也时断时续。整个20世纪30年代的经济增长一直远远低于20年代的水平。

更何况，"新政"要应对的全球危机远远不止来自经济方面的压力。《罗斯福时代》一书所涉及的这段时期，随着日本帝国主义入侵中国东北和进攻上海，[36]维护和平，防止第一次世界大战大屠杀悲剧重演的国际多边机构,尤其是国际联盟和《凯洛格-白里安公约》均走向崩溃,政治压制的范围不断扩大。与此同时,在德国,一个不断扩大的集中营网络关押了一种特殊类型的犯人。他们不是因犯罪而被拘捕,而是因为自己的身份或信仰不同而被关押。因此,他们不是刑事犯,而是平民囚犯、敌对集团成员或任何因种族、政治观点不同而被认为会对社会造成危险或持敌视态度的人。[37]尽管大多数普通美国人并没有意识到这些发生在遥远欧洲大陆的恐怖事态会造成什么严重后果,但国家领袖们却深刻意识到自由民主政治所遭受的威胁正以前所未有的方式向全球各地蔓延。

自由民主政治面临的压力在罗斯福总统第一届任期的最后两年也没有停止。在国内,经济复苏造成几百万人陷入可怕的处境之中。农业生产遭受到严重的环境危机,[38]种族暴力频频发生,反犹主义步步紧逼,劳工骚乱事件不断增多,煽动分子们进而乘机大肆鼓噪。[39]尽管20世纪30年代自由民主走向崩溃的多米诺骨牌效应在不断蔓延,说美国正在滑向民主政治崩溃的边缘却有点过于夸大其辞。但它的确面临不少国内危险,也面临国际上自由民主政治日益萎缩的考验。

当时的美国与汉娜·阿伦特不久后所观察到的极权主义的崛起有着非常相似的特征。这些特征包括激进的种族主义意识形态、帝国主义扩张以及对被征服人口的控制。散居海外人员的民族自豪感助长了一些人对德国和意大利法西斯主义的羡慕甚至忠诚,此外还有很多受到国会、法院和行政部门强力打击的反文明自由主义行为。美国的民主政治或许不会像魏玛共和国那样遭受走向末日的灾难性命运。然而,它的确遭遇到一系列危机和陷阱。真正的问题在于,行政权力的擅用和过分的代议制到底能走多远?反民主的民粹主义(和种族主义)、私人暴力与目标群体之间的对抗、对公民自由的监管和压制程度的提高、对司法程序的破坏、民主合法性的广泛丧失等种种问题的后果到底有多严重?

这一时期各种形式的暴政——包括法西斯主义、纳粹主义、庇隆民粹主义和日本军国主义——数量急剧上升，而且变得越来越自信和傲慢。在十年的时间里，上述各种"日益远离自由主义"[40]的政体扬言要把已经过时的宪政民主扫进历史的垃圾堆。这些极权政府似乎是一股不可阻挡的历史潮流，公开声称要乘风破浪，开创未来。这些政府公开承认肉体折磨、警务恐怖执法以及审判作秀的合法性。它们还大肆推行集权，用暴力手段铲除其他政党，把"整个社会以及全体公民的个人生活全部纳入政治监管体系之内"。[41] 到 1938 年末期，"只有英国、法国、低地国家和斯堪的纳维亚地区国家"还真正延续着 1789 年以来盛行于欧洲大陆的"自由"基因。[42] "我们所处时代的突出特征就是恐惧与不安"，英国著名政治评论家哈罗德·拉斯基（Harold Laski）1939 年时宣称，"1914 年以前的时代所存在的自由社会在我们的时代已经成为不可想象的事情"。[43]

恐惧的根源在不断扩大。在第二次世界大战爆发前的两年里，纳粹德国对欧洲的控制"已经至少恢复到了当年俾斯麦治下的德国在欧洲的影响力。而且与俾斯麦时期的情形一样，它对欧洲的控制也是在英国政府欣然同意和法国政府被迫默许的前提下实现的"。[44] 再加上美国当年选择了保持中立的原则，当时几乎不存在能与希特勒的霸权统治进行抗衡的力量。几乎没有人对纳粹德国灭绝犹太人的可耻行为敢于说不。人类尚有的一息民主精神因陷入普遍的疲惫与麻木而越来越软弱无力。1940 年初战争造成的混乱与绝望让这种局面变得雪上加霜。纳粹德国横扫波兰、法国及许多其他国家。不论是以法国维希政府为代表的官方舆论还是来自普通民众的言论，主张妥协与退让的声音远远高于进攻与反抗的呼声。同时战争导致的大规模难民潮向各国滚滚袭来。[45] 1940 年 6 月巴黎的突然陷落震惊了整个世界。当年 6 月底，瑞士联邦总统马塞尔·皮莱特－戈拉茨（Marcel Pilet-Golaz）向全国发表广播讲话。"现在不是我们为过去发生的一切而感到悲伤的时刻"，他在解释国家立法程序暂时中止的原因时告诫说，"政府必须采取果断行动。各行政部门必须充分认识到自己肩负的责任，全力保证完成各项任务。除了坚持政党的既定路线，联邦委员会将服务于瑞士全国公民……联邦政府必须忠心耿耿地服从联邦委员会的领导，坚定不移地贯彻执行联邦委员会制定的路线和方针。在以后的岁月里，我们或许不会再有机会对政府的决策解释和评论，更没有机会对这些决策进行求证。事态的变化将会完全出人意料。我们必须主动适应这一变化"。[46] 许多其他国家的民主政治也遭受到严重的摧残和破坏，有的甚至开始发生动摇。

第二次世界大战的暴力血腥给平民造成的威胁远远超过第一次世界大战，其造成的伤亡规模是过去历次战争无法相比的。"对于战争而言，部队行进途中所遇到的一切，悉遭破坏，人畜村庄无一幸免，但部队所经之处毕竟范围有限，距离部队行进路线稍远一些的村镇所受到的波及并不是太严重。"[47] 但二战中部队行进途中的破坏范围远远超过了过去的战争。1940 年 5 月，鹿特丹在纳粹军队的突袭中被夷为平地。德军轰炸机对英吉利海峡对岸的目标进行了疯狂轰炸。被炸城市包括谢菲尔德、伯明翰、赫尔、普利茅斯、格拉斯哥、考文垂（炸毁了那里的教堂和 1/3 的房屋）及伦敦。伦敦塔和威斯敏斯特教堂被炸毁，国会大楼的北半部被彻底推倒，东半部也大部分被毁——轰炸夺走了三万条性命，摧毁了十万座房屋。"包括圣玛莉里波教堂与圣保罗大教堂之间的繁华商场和写字楼在内的整个市中心又回到了旧伦敦城的原始状态：四处一片荒凉，废弃的土地、成堆的瓦砾、疯长的野草等随处可见。只有这块土地上尚存的几条弯弯曲曲的小路还可让人想起这里以前街道的名字。"这一破败景象比 J. G. 巴拉德（J. G. Ballard）所预想的世界末日情景提前了 30 年。[48] 尽管 1939 年与德国签订了注定要自食其果的《苏德互不侵犯条约》，苏联仍然遭受了超乎想象的打击。希特勒的灭绝帝国一天比一天嚣张。[49] 在蒂莫西·斯奈德（Timothy Snyder）所称的"被遗忘的大屠杀"中，[50] 党卫军特别行动队每天在白俄罗斯和乌克兰屠杀好几万人；1941 年 7 月，特别行动队根据上级命令，将明斯克的犹太人全部杀掉；当年 9 月 29 日和 30 日两天时间内，

33,771 名被围困于基辅的犹太人在巴比雅大峡谷被集体屠杀。遭杀害时,他们被迫赤身裸体地俯卧在地上。在后方被残害的犹太人数量远远超过战场上被德军夺走性命的苏联将士的人数。[51] 在亚洲,日本军国主义者控制了太平洋地区大部分国家以及亚洲大陆。菲律宾、缅甸、中国香港、马来半岛、新加坡、荷属东印度群岛等都被日本占领。澳大利亚正面临被入侵的危险。[52] 中国似乎很快就顶不住日本的进攻了。美国正面临胜败难料的双线作战局面,这注定要造成重大伤亡和损失。"民族主义、资本主义、自由主义正在经受严峻的考验;这种考验可能要持续数年",1942 年,著名律师、社会学家大卫·里斯曼(David Riesman)宣称,"直到一种能确保世界和平稳定的新型社会力量凝聚起来为止"。[53]

冷战造成了苏联与同盟国关系的破裂。人们努力使联合国不再只是充当一个没有什么作用的全球机构的希望越来越渺茫。然而,冷战前的二战虽然以同盟国胜利而告终,但这实际上并不是完胜。它是一次"带有污点的胜利"。[54] 美国在二战期间曾与法西斯部队独立作战。其对日战场始终被严重的排外主义和种族主义所裹挟。"海军作战司令欧内斯特·金(Ernest King)上将在 1942 年 3 月写给罗斯福总统的信中表示,如果澳大利亚和新西兰等白人国家被日本征服,这将在全球的非白人种族内造成强烈反响。美国绝不能允许这样的事情发生。"[55] 疯狂的地毯式轰炸及后来的核打击对当地造成的破坏触目惊心。[56] 到战争结束时,欧洲和亚洲各国战前还完好的城市变成连片的废墟。[57] 即使在核武器的研发知识及核打击能力不可避免地被扩散之前,人类历史上已经发生第一次核打击这一铁的事实也完全改变了人们的生存状态。人类遭受大规模杀伤性武器打击的威胁不断扩大,后果不断加剧。人们内心变得更加焦虑和复杂,这些都将成为不可逆转的事实。

尤其是当战争造成的惨绝人寰的大屠杀被发现时,1945 年战争的所谓胜利被打上了严重污点。这次大屠杀的野蛮疯狂程度超过了 20 世纪初期的任何一次战争杀戮,包括 1904 年到 1907 年之间德国非洲西南部殖民地发生暴动时，德国人通过把当地大批的赫雷罗族人和纳马族人赶往奥马海凯沙漠或向水井投毒的方式采取的种族灭绝行为，以及第一次世界大战期间奥斯曼帝国对美国军队实施的集体屠杀和迫使无数人因饥饿而死亡的暴行。更令人震惊的是，屠杀规模被野蛮扩大后，许多人慑于法西斯暴行的淫威而采取了无动于衷的态度，有的甚至与施暴分子串通合谋。[58] 战后，大批强制性移民和难民挤满通往各地的道路。"据估计，到1945年5月为止，欧洲大约有4,050万人被迫流离失所。这还不包括非德裔强迫劳工和苏联军队发起进攻前逃离的德国人。"[59] 大屠杀幸存者保罗·策兰（Paul Celan）在关于死亡集中营的诗歌《死亡赋》中把这一恐怖时期描述为"黑色牛奶"。[60]

即使在战争停止后，人们也没有逃脱前所未有的暴力恐怖和被大批肆意谋杀的厄运，更没有逃脱狂热的意识形态以及国家和政党采取的激进路线造成的伤害。而且，战争使得美国在应对斯大林领导的苏联时感到不知所措。"往最好处说是乐观，往最坏处说就是天真"，历史学家约翰·莫顿·布卢姆（John Morton Blum）评判说，美国决策者"将自己对美国政治的理解越界投射到其他相关区域"，最终发现自己无形之中深陷东欧和亚洲的泥潭不可自拔。一方面，在战争后期美国不愿意在与苏联对抗时通过野蛮暴力手段强制推行自由民主政治；另一方面，它又不愿意接受整个世界被现实主义强权原则瓜分，尤其是不愿意让其势力对全球的统治最终成为现实。[61]

"战争改变了一切"，托尼·朱特（Tony Judt）评论道，它使得过去的关键性特征"难以再次找回"。[62] 人们内心的恐惧与焦虑并没有随着战争的停止而消失。它反而持续不断地以新的形态到处弥漫，影响更加深远，更加令人难以理解和把握。无穷的力量加入到无穷的暴力之中，残忍的杀戮嫁接到激情狂热的事业之中。这样的暴力与狂热已经超出世上任何评估手段和工具的可预测范围。第一次世界大战留下来的传统评判标准因过时而被完全废弃。正如莱塞克·柯拉柯夫斯基（Leszek Kolakowski）所说，只有二战的破坏与创伤才使人们完全清晰地认识到,"战争的恶魔并非偶然而至,它因传统美德的颠覆与破坏而发,是一个不可逆转的固有事实"。[63]当战争恶魔到来时,包括其最优秀分子在内的整个人类将陷入漫长的恐惧之中。

四

即使在"新政"取得最显著国内业绩的20世纪30年代中期,许多同时代的人也不相信人们的内心恐惧已经被征服。例如,头脑冷静的温和派学者、南方著名人口学家、文化学家和经济学家霍华德·奥德姆(Howard Odum)是罗斯福总统各项改革议案的强力支持者。但他在1935年(这一年美国先后实施了工会组织章程《瓦格纳法案》和《社会保障法案》)告诫说,"针对大多数平民的各种机会不平等"或许会让美国的民主政治陷入严重危险之中。他注意到,"全国范围内的社会不公在不断加剧","社会保障严重缺乏","混乱、不安、失信、绝望的情绪四处弥漫"。在描述这一幅混乱景象时,霍华德·奥德姆注意到美国"正在走向暴力革命","正在走向法西斯主义和独裁主义"。各种形式的弥塞亚思潮和地区不满情绪在不断发酵。尽管表面上看起来,两党制和宪政民主制是团结稳固的,但他认为,美国,尤其是南方地区,面临的最大问题可能是"向民主政治的过渡绝不会一帆风顺"。他呼吁国家实施空前的全局性规划,并总结说,"简单地说就是,在之后大约12年的时间内,美国不会走向民主,也不会真正出现任何其他形式的替代方案"。他预测说,美国未来的道路将面临深刻的不确定性,"这是一条朝着健全民主制努力奋进的道路……要不断应对各种乱局的挑战,包括形形色色的革命、超级利益团体的集权控制、法西斯主义,等等"。[64]

当然,一篇文章不可能准确反映一个时代的全部特质,但即使被认为言过其实,奥德姆关于美国当时所面临实际危险的告诫却很有代表性。这些告诫事实上曾不只一次被提及。1936年在《我支持罗斯福》

中解释自己为什么支持罗斯福"新政"时,证券交易委员会第一主席[19 岁的约翰·菲茨杰拉德(John Fitzgerald)、11 岁的罗伯特·弗朗西斯(Robert Francis)和 4 岁的爱德华·穆尔(Edward Moore)的父亲]约瑟夫·P. 肯尼迪(Joseph P. Kennedy)评价说:"只有当我们建设性地应对独裁体制产生的原因时,美国的民主政治才能有安全保障……我们所坚持的民主事业要战胜独裁体制的公开进攻或背后阻挠,就必须首先解决安全保障问题。"[65] 在 1938 年竞选前夕发表广播讲话时,罗斯福总统本人也对美国的政治制度深表忧虑,"大洋彼岸的土地上正在熊熊燃起军国主义、野蛮征服、恐怖主义和排外主义的烈火"。他指出,"人们不可避免地要在两种体制之间进行选择与比较","在全球处于如此紧张和危险的形势下,只有在被证明具有拯救的价值时,民主事业才会赢得全体民众的支持和拯救"。随后,罗斯福总统又大胆指出,"如果具有强大生命力的美国民主不再继续前进,不再夜以继日地追求和平事业,改善广大民众的福祉,法西斯主义和欧洲其他极权就会迅猛地在我们土地上成长起来"。[66]

到 1930 年末,沃尔特·李普曼已经成为一名敏锐的"新政"批评家。他曾提及伍德罗·威尔逊(Woodrow Wilson)总统未曾兑现的全球和平承诺、20 世纪 20 年代共和党注定要自食其言的所谓持久繁荣保障以及他认为尚未得到实现的"新政"目标——结束大萧条造成的经济崩溃。李普曼在文章中写道,1937 年到 1939 年的严重衰退使人们意识到美国经济再次开始滑坡时,公众的失望和不满情绪是如何四处蔓延的。他把 1939 年美国在全球独裁体制的实力诱惑面前表现出的脆弱归结于"战后时期人的绝望情绪不断集聚的后果",并提醒读者说,"在短短 20 年时间里,美国人民曾三次对未来满怀希望,最终又三次被迫陷入极度绝望"。[67] 人们内心恢复希望的信念一次次燃起,又一次次落空。

第二年,美国最著名的学者刘易斯·茫福德(Lewis Mumford)深深为"自由主义的崩溃"所困扰。尽管"新政"各项重要立法的实施产生了实际成效,但他仍谨慎地指出:

在过去的十年中，自由主义哲学在一步步从我们的视线中消失：或许它过于高贵人们无法为之臣服，过于病态以至于无法继续战斗。自由主义已经对自己丧失了信心，它也不再秉持自由主义理想的合法性……它对我们目前正在遭受的灾难不知所措，因为其内在的疑虑、矛盾和捉摸不定使得它无法进行有效决策。它实际上已经丧失了自己最本质的信仰。理想只有在不断被人们实现时，才能保持实际意义。如果我们要拯救人类所追求的自由主义核心价值——这是人类全部遗产中最宝贵的财富——我们就必须铲除环绕在其周围的一切独裁与暴力。[68]

这一时期人们对民主的恐惧和担心情绪不断四处扩散。1941年，芝加哥大学政治学家哈罗德·拉斯韦尔（Harold Lasswell）把"警戒状态"视为一种由暴力精英主导的新型统治模式。这一统治模式冲破了民主与独裁之间的界限。他担心，第一次世界大战后所形成的全面战争概念，不仅完全改变了军事技术发展、生产调动和舆论宣传形式，而且改变了包括美国在内的现代国家的最本质特征。"随着社会化危险成为现代暴力的持久特征，国家变成了一个统一的技术实体组织。"面对这一可悲的局面，他痛苦地质问："哪些民主价值观还能被保留？并如何保留？"[69]

拉斯韦尔的芝加哥大学同事，著名社会学家大卫·里斯曼一年后继续这一问题的研究。他阐明了传统上区分正常时期与特殊时期的方式是如何过时的。他谨慎地指出，考虑到"公民自由处于转型期"，"仅仅凭借战争时期与和平时期的严格划分来检测公民自由的限度是不现实的"，"因为今天的时代正处于非常态的和平时期，而不是战争时期"。他预测说，"经过这场战争（可能要持续很多年）以后，我们可以回到正常状态。或者说如果可能，我们愿意回到正常状态"。他主张，在这种持久的不确定状态和持久的公民动员背景下，人们必须对自由民主进行重新审视，以便揭示如何通过"积极的政府行为和激进的公共政策，用一种新型公民自由取代奄奄一息的'原子论个人主义'的所谓自由"。由于对德国魏玛共和国的崩溃感到困扰，他深情地告诫美国要严防法西斯主义的泛滥。"它像洪水猛兽一样，开始于传统信仰的全面腐蚀，开始于过去曾出现的意识形态风暴，开始于源源不断的流言蜚语，而不是开始于官方渠道。"[70]

正如里斯曼所指出的，第二次世界大战胜利后，由于自由民主的性质和前景存在深刻的不确定性，人们内心被难以摆脱的忧虑所困扰。杰出哲学家莫里斯·拉斐尔·柯恩（Morris Raphael Cohen）1946年在其论文集的后记中表达了对"自由主义信仰"的忧虑，他强调了在这样一个信仰荒芜的世界里，自由民主信仰的脆弱性："而今，我们正在迈向世界舞台。摆在我们面前的问题已经不再是继续坚持过去美国所特有的自由文明类型，而是美国是否能够包容任何类型的自由文明。"[71]

同年，约翰·F. 肯尼迪在回答哈佛大学课堂调查问卷时表示，"我对这个国家的未来持悲观态度"。《财富》杂志对15,000名企业高管做的调查问卷中，有一半人指出，"未来十年，将出现引发严重失业问题的大范围经济萧条"。[72] 对西方文化和政治危机进行反思时，经济社会学家保罗·梅多斯（Paul Meadows）谨慎表示，"近期战争的结束几乎不可能改变这样一个事实，欧洲20年代和30年代的意识形态革命对自由民主是当头一棒，将其逼向令人震惊的倒退潮流"，除非自由政治传统学会在这样一个强权世界生存，它会继续屈服于这一倒退潮流。[73] 紧随这种悲观和失望而来的是中国革命、核扩散的威胁、种族主义与公民自由之间冲突的加剧以及夺走300万生命（绝大多数为平民）的朝鲜战争。这场战争的一个最显著事实是，美国军队对中国的作战意图和战斗能力做了全面误判。对美国军队而言，那是一场灾难性的败退，是为恢复朝鲜半岛南北之间北纬38度分界线而被迫进行的还击。它使得道格拉斯·麦克阿瑟（Douglas MacArthur）将军与杜鲁门总统最后摊牌，引发杜鲁门总统对文官掌控军队这一问题的严厉批驳。[74]

在"新政"的最后阶段——以冷战、核战威胁、亚洲的新一轮热战等事件为标志——许多著名学者担心自由民主能否继续保持其原有活力,能否继续保持其已有平衡。罗斯福总统离世后,理查德·霍夫斯塔特在一份1948年形势评估报告的结尾处写道:

> 富兰克林·德兰诺·罗斯福总统注定要成为美国自由主义复兴神话中的重要人物。在他的著作中,有大量篇幅论述善良的平民百姓何以维持生计,但是如果人们仅仅满足于总统先生对于人的自我仁慈、自我生存手段、善意的自给自足和按月临时供给等的深信不疑,而不努力以包容的态度,全面系统地认识世界上正在发生的一切,那将是致命的灾难。[75]

持久性暴力与持久性动荡不安笼罩着世界。哥伦比亚大学亚洲问题专家纳撒尼尔·佩弗(Nathaniel Peffer)1948年断言,"我们个人对世界前景的看法与世人的看法一样黯淡,感觉还不如1914年或1939年前的世界有希望……我们甚至难以得到暂时的和平保障,更不用奢望像滑铁卢战役或维也纳会议后的长期停战那样的和平保障。我们眼前的一切事实都在告诉我们,我们现在正处于战争的前奏阶段。"在这极度令人伤心恐惧的时刻,摆在我们面前的一个悬而未决的问题是专制与民主的道路选择问题,或者更通俗地说,是选择代议制政府还是选择缺乏民主的独裁政府。这时,许多人感觉"甚至比战前还缺乏人身安全与保障。人类似乎又一次陷入被左右两翼极端势力碾压的危险之中"。[76] 诗人阿奇博尔德·麦克利什(Archibald MacLeish)对这种形势下人的内心世界进行了审视。1950年,他告诫波莫纳学院毕业班的学生们,整个国家已经处于"恐惧与怨恨的陷阱之中"。[77]

在强烈的恐惧与不安的笼罩下,美国的政治制度和政治进程遭遇了前所未有的迷茫,难以把握前进的目标和方向。正如小说家罗伯特·穆奇尔(Robert Musil)在描述世纪之交奥地利面临的局面时所说,

"几乎没有人能够很好地区分上下左右,不知道选择向前还是向后"。[78] 在这样的条件下,人们很难根据过去的经验判断未来要发生的事情。这使人们在决策时,遭遇不同寻常的困惑。

强烈的不确定性使一些平时毫不相关的用语也成为潜在的恐惧来源。没人清楚这一时期的危机局面是否表明"这是一种长久性状态或是一种短暂状态,需要较长的过渡期还是很快就可以过去,会向好的方向发展还是向坏的方向发展,抑或向一种完全不同的状态发展"。[79] 联邦政府在各项政策推进过程中,不断面临突发事件升级失控的情况,而且突发事件从何而起也难以预测,更没有一套合法有效的现成对策可供采用。当罗斯福和杜鲁门两位总统努力将这一不确定性降低到公众可以容忍的风险水平时,他们没有现成的手段可以利用,也没有可靠的公共政策可供选择。最终他们不得不把公共政策制订的条件范围不加任何限制地向公众敞开。由于摆脱了已有政策的束缚和限制,与美国历史上采取的任何政府议案相比,"新政"制订的各项政策可以最大限度地符合当时的实际需要。它还可以从经过自由民主政治检验和经过欧洲反自由的独裁政治检验的各项政策中汲取教训。同时,它还可以对不同国家已经开始的各种尝试进行模仿实验,并对不同条件下各党派制定和实施的政策进行适应性改造。这些政策包括两大政党中的进步人士、民主社会主义者、劳工运动的参与者以及胡佛政府中的主流派别共和党人曾制定和实施过的政策。最后,"新政"还可以充分利用政策研究专家们提供的各项政策选择。这些专家有的来自高校的社会科学系和法律系,有的来自最新设立的智库,还有部分专家专门研究现实状况的缺陷以及当时的独裁政治所提供的政策设计,试图在两者之间的交叉地带,找到可供采用的政策选择。但是鉴于各派政治势力之间党派利益纷争不断,立法过程本身又存在严重的政治立场分歧,上述政策选择的尝试和努力能否成功呢?

五

难怪不少密切接触过这一恐惧深渊的美国流亡知识分子们都对这种危险有敏锐而深刻的理解。他们内心对"政治的邪恶与邪恶的伦理"[80]怀有深切关注,对自由民主遭受的难以调和和无法解决的尴尬与困境深表理解。[81]他们可以敏锐地辨别以往自由民主模式的缺陷,同时深刻认识到当前面临的挑战。像威尼斯的亨利·詹姆斯一样,他们经常把自己视为善于沉思的旅行家。他们之所以善于沉思,是因为他们知道这一时代的突出特征就是充满了难以想象的恶劣选择。

1935 到 1936 学年中,纽约新社会研究学院研究生院一批数量不多但成就显著的流亡学者召集他们称之为"普遍研讨会"的定期会议,对当时的政治经济民主前景进行评估。按照校长阿尔文·约翰逊(Alvin Johnson)的说法,召集这次会议是基于这样的考虑:"民主是当时一切严肃政治思考中的核心问题。"[82]这一会议是逃离法西斯魔爪的德国人和犹太人社会学家群体成员的定期集会。他们往日的生活已经被彻底撕裂。他们献身于自由民主不是出于求变的本能——尽管他们对于如何使自由民主与现代资本主义有机结合也没有明确见解——而是出于对形形色色的独裁和专制的抗拒。这些新来移民学者们的观点中,对于美国自由民主的信仰——这正是用希望取代恐惧的正确观点——似乎过于简单,过于轻率,过于偏狭。

在普遍研讨会上,他们讨论的问题涉及法西斯主义的根源、民主的脆弱性和过分之处、公众失去理性的时代根源以及公众舆论的扭曲。在研讨过程中,他们迫使自己关注时代面临的最大挑战这一具有争议性的问题,并以公开多样的方式和世界主义的眼光捍卫自由民主。会议报告记录了他们的讨论内容,包括代议制的优点与缺点、政党的作用等,还包括在"每个人都认为民主和议会制度处于守势或明显倒退的条件下,如何实施法制……对于未来而言,一个关键性问题是",汉斯·西蒙斯(Hans Simons)写道,"与独裁和专制相比,民主和议会政治能否增强实力,扩大影响,能否丰富其内在价值,能否强化扩张能力"。[83] 这次会议的另一个显著特征是,这些学者们把一些对于民主问题的广泛性和基础性关注与有关经济规划、工会组织、劳工冲突管控、税收、财富分配、对外政策等方面的具体政策讨论紧密结合起来。之所以这样做是考虑到自由民主能否繁荣,在相当程度上取决于艰难时期所形成的自由民主政治类型。[84] 所有这一切发生在据说是恐惧已被战胜的时刻。

这次会议召开两年后,托马斯·曼(Thomas Mann)于1938年4月到5月穿越美国大陆,向大约六万名听众发表演讲,以帮助引导"即将到来的自由民主的胜利"。曼谈到独裁政治"渴望人类堕落,这一愿望过于'高贵',人们甚至不屑用恶魔来称呼它。他担心"民主政治还远远没有对法西斯集权、专制国家的狂热主义和极权主义形成一种清晰的认识",因而强调"可以说,民主政治与法西斯主义生长在不同的星球"。他提醒听众,作为一种堕落的政治形式、一种对民主政治的歪曲,"法西斯主义信仰肉体与精神压迫……压迫不仅是法西斯主义的终极目标,而且是法西斯主义的第一原则"。这样的独裁政治"对自由充满敌意",它调动和唤起民众的民族主义。这种所谓民族主义全然是"对外部世界的冲动与冒犯;它所关注的不是良知,而是武力;不是人类的进步成就,而是战争"。虽然距离最终解决方案的形成还需要几年时间,他还是阐明了"应当如何处置德国犹太人、集中营及已经发生和正在发生在集中营里的罪孽",其中包括"通过剪掉头发、刺黄斑等可耻手段对关押人员进行区分等残忍行为"。[85]

这些善于沉思的流亡学者以及其他新来移民包括汉娜·阿伦特、西奥多·阿多诺(Theodor Adorno)、列奥·施特劳斯(Leo Strauss)、弗朗茨·诺依曼(Franz Neumann)、汉斯·摩根索(Hans Morgenthau),他们对于所处时代人们内心的深度绝望、恐惧特征及自由民主脆弱性的思考,并不是毫无根据的想象或虚构。[86] "被流放到美国这个天堂世界里后",他们组成了一个特别关注群体,观察和评论"新政"是如何捍卫和保护自由民主政治的。他们或许比其他美国人更用心关注当时的形势,密切观察华盛顿如何迫于捍卫自由民主的需要,冒险与一些反自由的政体建立了非正式合作关系或结成正式同盟。他们还敏锐地注意到联邦政府何时在权限范围内恰到好处地推进了民主宪政程序,何时超越了权限范围。[87]最重要的一点是,他们还认识到全球范围内自由民主政治与左右两翼极端独裁势力之间的斗争,是双方在面临深刻不确定性的条件下,展开的一场意志和能力的生死较量。虽然有多种理由说自己难以把握这场较量的最终结果,但他们从来没有低估过这样一场斗争的成效与代价。"最终带来的是一种新面貌,一个新的世界开启了",1942 年 2 月,斯蒂芬·茨威格在巴西自杀前不久,在一篇关于美国民主文化和政治转型的文章中写道,"但在之前人们要经历多少地狱和火海的考验啊!"[88]

六

独裁主义者和民主主义者的政治主张是否可信取决于他们的主张能在多大程度上创新性地解决当时面临的各种主要问题,降低不确定性导致的风险。[89]这些问题既涉及现实社会必须面临的各种风险和危机,也涉及对这些风险与危机的认识和理解。随着广播影视业的发展,独裁主义和民主主义领导人都可以定期发表公开谈话和演讲,直接向公众表达自己的主张。要使自己的谈话和演讲具有说服力,他们就必须让公众认识到自己正在对当时迫切需要解决的问题寻求切实可行的解决方案。这时民主政治与独裁政治之间实际上是展开了一场争夺最高领导权的较量。民主政治要想取得这场较量的胜利,就必须找到冲出困境与危局的对策,并证明议会民主政治在破解这些困境与危局时,至少与反自由的独裁政治一样有出色的表现。[90]

应当承认独裁主义者也会提出各种极具诱惑力的解决方案。面对资本主义市场的疲软,意大利推行了社团法人模式,由国家出面干预劳资双方的协调问题。德国实行了高度管控下的资本主义发展模式，甚至一些国家彻底消灭了私有财产和市场，更加野心勃勃地推进计划经济。[91] 上述经济发展模式对社会阶层性质和劳动的作用与地位产生了重大影响。意大利把工会组织合并到专制主义模式下的社团法人之中，迫使工会服从社团法人的管理。德国则彻底剥夺了工会的独立活动权力。每一种模式都声称自己成功克服了阶级冲突和市场衰退问题，并在民族、种族和阶级稳固统一的基础上，实现了国家的团结，走向为全体民众谋取福利的道路。总之，这些解决方案和发展模式似乎预示着，在未来一定的时期内，世界经济有可能朝着不同的方向或模式发展，有可能出现竞争型经济与计划型经济并存的趋势。[92]

正当美国致力于如何参与世界事务时，独裁政治在增强国家实力，维护国家安全方面表现出了坚定的信心和非凡的能力。这些国家普遍推行军国主义政策。在意大利，以巴尔博空军部队为典型代表的陆海空三军是其民族复兴和法西斯主义现代性的主要标志。同样，纳粹德国的军队开支也呈螺旋式上升趋势，从1933年不到10亿德国马克增加到1936年的102亿德国马克。到1939年为止，其军事开支总额达到380亿德国马克，大约相当于90亿美元。[93] 相比较而言，同一时期的美国由于受孤立主义情绪的影响和制约，1933年军事开支仅为6亿美元，1936年为9亿美元，1939年为13亿美元。[94] 与军事开支高速增长相伴的是，专制国家的政治生活和民众日常生活的普遍军事化。伴随着20世纪30年代后半期德国扩张，军事武力更加紧密地与执政党统治及希特勒的直接决策联系起来。这个强人政体以及意大利法西斯政体不厌其烦地在舆论宣传中使用充斥暴力色彩的言辞，显然意味着要走向创建统一军事帝国的道路。

同时，这些专制国家还采用了先进的国内安全管理模式，严格按照意识形态、民族、种族界限对社会成员进行强有力的组织和管理。控制方案的实施决不会让位于对公民自由的关注。德国推行种族主义国家概念，建设单一民族的国家。纳粹政府在批准和授予公民身份时，实行严格的民族限制（禁止德国犹太人获取公民资格）。这一模式于1938年被意大利法西斯政府效仿。只不过其手段相对更温和一些。每一个专制国家都凭最高领导人的个人意志发布号令，并强制人们遵照执行。他们还毫无限制地动用武装警察部队。他们用摩尼教教徒使用的语言口吻，为自己的镇压机器辩解，并严格划分敌人和朋友之间的界限。在这种黑暗统治时代，这种界限划分本身必然具有一定的吸引力。德国建立的庞大复杂的集中营体系遍布全国各地。远在德国1941年建立死亡集中营之前，这些集中营就对大批本国持不同政见者实施隔离、惩罚、限制和改造。在这样的环境里，容忍等同于懦弱。如果谁有支持政府不力嫌疑，则通通被视为敌人。持不同政见的代价不仅限于人身安全的威胁，还意味着个人地位和社会交往的丧失。

专制国家公开声称比民主国家更具有解决各种社会问题的能力，并宣称自己实行的是更加完善的民主制。作为反自由的民主制，他们依仗民族团结和大众支持的强大形象，由执政党组织民众参与大规模集体活动和公共项目。[95] 他们坚称自己的政府是通过调动全体国民的统一意志和对异己分子进行压制而维持的、广受民众欢迎的现代世俗国家。这些国家在推行社会发展规划、取得经济成效和动员广大民众的过程中，无视议会权力的存在，绕过法定的民主程序而推行政府决策。[96] "法西斯国家"，乔瓦尼·秦梯利写道，"是人民国家，照这样，它的民主应当具有无比的优越性"，它通过执政党来"发挥民众意志的作用，反映民众的思想"。为此，它要肩负起自己所说的"艰巨任务"——"全力以赴把广大民众团结在党的怀抱里"。[97] 同样，1936年斯大林也宣称，"我们把民主理解为培养党领导下的广大人民群众的能动性和自觉性，引导广大人民群众不仅要系统参与革命建设问题的讨论，还要率先投入革命建设的实践"。[98] 由这些论述可知，这种所谓民主的关键在于它是强调国家管理与社会运行分开的自由意义上的民主的对立面。相比较而言，这种民主体制的核心原则是，通过道德与政治的灌输，把民众利益与国家意志统一起来。这就容易造成无视民主程序，完全绕过立法机构而推行政府决策的局面。

实际上自由民主国家与独裁专制国家双方都很清楚对方的执政过程。他们研究和考察彼此的政策和方案，关注彼此的政治形势和技术发展状况，并从中借鉴适合自己发展的经验。"日本观摩纳粹的暴行后，对亚洲人民实施了同样的暴行。"[99] 美国也同样在研究和观摩其他国家的做法，并尽可能在"新政"过程中吸收和借鉴这些国家的有益经验。比如罗斯福政府就曾派公共管理专业高材生路易斯·布朗洛（Louis Brownlow）、查尔斯·梅里亚姆（Charles Merriam）和卢瑟·古利克（Luther Gulick）赴罗马考察和学习贝尼托·墨索里尼法西斯政府的管理模式。这三个人组成了以布朗洛为主席的总统行政管理委员会。他们回国后，根据自己的考察和学习收获，对美国联邦政府的重组提供了许多建议。比如建议废除原有的管理协调部门，以强化行政部门的执行力，并建议把行政部门直接纳入政府内阁部门的管辖范围，但这一建议最终被国会否决。[100]

由于面对很多共同挑战，每一个独裁政府和民主政体都会根据自己在这场竞争游戏中所处的位置来权衡自己所选择统治模式的成效。[101] "虽然存在意识形态和施政行为的巨大差异"，苏联历史学家斯蒂芬·科特金（Stephen Kotkin）评论说，但这些政体"都是国际政治舞台的一个重要组成部分，它们之间会相互比较"。[102] 它们有时也会实施类似的政策方案，比如将社会闲散人员组织到公共劳动营参加劳动等。[103]

20世纪30年代和40年代的激烈竞争把欧洲和北美的宪政民主政治推向了一系列独裁政治的对立面。独裁体制，包括日本军国主义、意大利法西斯主义和德国纳粹主义，在第二次世界大战期间被击溃。战后苏联体制与后"新政"时代的美国展开对抗，而且与此同时兴起的各种对峙力量实际上都全副武装，随时准备开战。

尽管绝大多数美国人并没有被独裁体制的发展模式设计所诱惑，但其发展模式表面上的成功的确吸引了成千上万美国民众的关注，包括经常抛头露面、到处发表言论的知识分子和各类民众团体的领导人。

各种不同的经济和政治模式频频向美国民众示好。有的人开始关注苏联的发展模式，羡慕其有能力对连续几年的发展规划进行部署，从而迅速实现现代化，赶超靠投机取巧走向繁荣却又危机四伏的资本主义发展模式。还有人对苏联的无产阶级社会结构感兴趣。在整个20世纪30年代，美共的集会经常把纽约麦迪逊广场花园20万个座位全部挤占。到1938年，大约75,000名美国人加入了共产党。许多其他民众加入了1935年以后发展起来的人民阵线组织。这类组织主要由共产党发起和赞助。[104]

对于苏联共产主义实验的激动与兴奋是20世纪30年代和40年代期间美国左翼思想的主要构成要素。其中最有名的是具有强烈亲苏倾向的纽约时报新闻记者沃尔特·杜兰蒂（Walter Duranty）。他曾解释为什么自己经过慎重考虑，决定不提交描述苏联第一个五年计划期间造成严重生命损失的"生命代价的故事"。他说，"我所关注的问题是事实，也就是说，不论付出什么代价，苏联社会主义运动到底是否成功……在过去的七年内，这个国家史无前例地投入巨资发展社会主义工业，并同时把原来狭小陈旧的个体农庄转变为社会主义现代化农业生产组织，而且这两项举措最终都证明是成功的。当然，它们也造成了一些流血事件和其他人身伤害，但我不想说这是无谓的牺牲"。他继续总结道，"不论手段如何，有发展规划总比毫无发展目标强。凡是为民众谋利益的发展结果，不论多么遥远，最终都可以证明其所采用的手段是正确的"。[105]

1936年6月，《新共和》杂志的编辑们把斯大林的新宪法评价为广受欢迎的"对独裁专制束缚的松绑"。他们刊载了比阿特里斯（Beatrice）和锡德尼·维伯（Sidney Webb）的阿谀奉承式报道和另一位新闻记者路易斯·费舍尔（Louis Fischer）的一篇报道（费舍尔曾宣称，尽管有关于1933年3月乌克兰等地大饥荒的报道，但"俄罗斯没有发生饥荒"）。维伯的报道称，"苏联社会主义制度始终坚持超乎外界想象的真正民主……苏维埃联盟的实际权力从来没有完全被政府掌控"，他最后总结说,"苏维埃联盟始终站在独裁专制的对立面"。[106]

苏联模式在美国的影响范围以惊人的速度向四处扩展,甚至波及到美国民间自由联盟。"美国工人阶级除了拥有更换主人的权利以外,享受不到其他任何权利,或者说,这些工人几乎没有权利摆脱被压迫阶级的命运。如果他们认识到自己的阶级利益",美国民间自由联盟主席罗杰·鲍德温(Roger Baldwin)于1934年写道,"那么,苏维埃'工人阶级民主'将是他们的奋斗目标"。鲍德温一向是美国自由主义的拥护者。他曾领导美国民间自由联盟对美国政府禁止播放电影《尤利西斯》提出抗议和挑战,还曾带领联盟成员介入斯科普斯(Scopes)案审判以及费迪南多·萨珂(Ferdinando Sacco)与巴尔托洛梅奥·范塞蒂(Bartolomeo Vanzetti)谋杀案审判。令人不可思议的是,他竟然赞同苏联模式。他曾写道,苏联的自由"牢固建立的唯一基础是经济,这是工人享受真正意义上的自由的根本保障。没有剥削阶级对工人和农民的压迫;广泛享受经济组织的管理;所创造的财富归全体劳动者享有",他宣布,"苏联已经创造了当今世界最无与伦比的自由"。[107]实际上,鲍德温的主张在当时的美国并非个例。许多人像鲍德温一样,加入到亲苏战线。比如,埃德蒙·威尔逊(Edmund Wilson)在《穿行于两种民主制度之间》一书中对苏联模式大肆吹捧。[108]

还有人则与法西斯主义者眉来眼去。更有甚者,包括美国最著名高校的领导人在内的一些知识分子拒绝采取反对上述独裁体制的原则立场。[109]有些人则被右翼领袖们的强硬领导模式所吸引。1924年里查德·瓦士本·柴尔德(Richard Washburn Child)在《星期六晚邮报》撰文回忆了自己在法西斯掌权期间赴意大利罗马任大使的经历。《星期六晚邮报》是美国最大的周刊,发行量接近400万份。他在文章中对年轻的意大利法西斯独裁政体大加赞扬:"当一个充满活力的民族再也无法忍受压迫时,它就会奋起行动。"他进一步思考说,自由民主制度"对于没有经受过无法容忍的痛苦和折磨的人来说,是一种昂贵的奢侈品……当一个民族面临难以容忍的痛苦和折磨时,它最迫切需要的不是某一项规划,而是做人的尊严"。[110] 四年后,他又在《领导者自传》一书的前言中大放厥词,"可以预见的是,没有人能够像墨索里尼那样,源源不断地展示出非凡卓越的才华","他缔造了一个伟大国家……他对这个国家的一切事务负责——对组织原则负责、对审查制度负责,还要对国家的各项管制措施负责。这些管制措施虽然要求不那么严厉,表面上看也近乎冷酷无情……时间已经证明墨索里尼不愧是一位英明善良的伟大领袖"。[111] 在 20 世纪 30 年代,一位亲法西斯主义的"新政"反对者(1944 年因煽动人心,以妨害治安罪被审判)在《美国政治与社会科学院年鉴》上公开解释了自己不支持"新政"的原因。《美国政治与社会科学院年鉴》可是一份权威杂志,而不是非主流的边缘性刊物。在这样一份主流媒体上,这位"新政"反对者表示自己不同意美国前总统赫伯特·胡佛(Herbert Hoover)和社会主义者诺曼·托马斯攻击"新政"是法西斯行为的言论。按照劳伦斯·丹尼斯(Lawrence Dennis)的说法,胡佛和托马斯认为"法西斯主义本身是可怕的,应当遭到严厉打击"。而这位"新政"反对者则坚持表示,"对我而言,当今世界的滚滚潮流使得法西斯主义成为应对局势混乱和共产主义威胁的唯一正确选择"。[112]

很多美国人被法西斯主义所谓民族团结的说辞所吸引。意大利裔美国语言学家马里奥·裴(Mario Pei)于 1935 年称赞"今天的意大利人在享受一种不同以往的新型自由。他们高兴地成为这一具有高度组织性的强大国家的一位公民,成为它不可缺少的一个组成部分。国家的统治与管理是为了每个公民的利益,而不是为了少数特权者的利益。它在国内倡导社会正义,在国际上享有崇高的威望"。[113] 由自封为美国最高统帅的弗里茨·库恩(Fritz Kuhn)领导的亲纳粹组织德美联盟竟然吸引了大约 100,000 名成员加入其中。1939 年 2 月 20 日,大约 20,000 名德美联盟成员,身穿纳粹制服,高唱歌曲《希特勒万岁》,拥向到处妆点着纳粹党旗和美国国旗的麦迪逊广场,参加"为真正的美国精神而战斗"的群众示威。有人公开发表演讲,主张维护外来移民的权利,指责"新政"是犹太律法式的"犹政",把罗斯福总统丑化为"富兰克·D. 罗森菲尔德"。此时,德美联盟已经开始与查尔斯·柯林(Charles Coughlin)神父密切交往。查尔斯·柯林因强硬的反犹主义立场而名声大振。

七

由于对自由民主的概念无法进行明确界定,对自由民主处置危机的能力也充满质疑,人们愈加深刻地认识到,摆在面前的事实让自己无法做出真正的选择。美国当时所处的政治环境只能用"恐惧"这个词来进行定义或解释。这样的处境成为人们奋起抗争的动力,并迫使人们在进行决策时着眼于解决关系国计民生的根本性问题,而不是简单地从几种可能的选项中做出选择。"新政"采取了事关美国命运前途的重大改革举措。这些举措立足于当时社会面临的最基本问题,一旦实施,其结果是不可逆转的。人们内心一个难以把握的现实问题是,美国的政治制度能否驯服这种危机与恐惧局面,能否至少像独裁体制一样,把危机与恐惧程度降低到可容忍的范围内。[114]

这正是富兰克林·罗斯福总统在1933年3月那样一个狂飙的日子承诺要完成的使命。此时此刻,他已经完全认识到,"恐惧本身……会如何使人们为阻止趋势倒退、变倒退为前进而付出的一切努力化为泡影"。当总统本人、他的继任者及其同事们在这样一个愈加危险和绝望的世界,致力于与独裁政治抗衡和斗争的时候,他们迫于形势需要冒着政治风险与一些对手或伙伴建立了非正式合作关系,甚至结成了正式的同盟。当焦虑、幻灭和疑惑笼罩在美国政治上空的时候,这种冒险举动难免被斥责为"脏手"行为,人们对民主政治应对危局的能力也难免产生质疑。

注释

1. Donald M. Frame, ed., T*he Complete Essays of Montaigne* (Stanford, CA: Stanford University Press, 1958), pp. 52–53.
2. Edmund Burke, *A Philosophical Enquiry into the Origin of Our Ideas of the Sublime and Beautiful* (1757; 重印, South Bend, IN: University of Notre Dame Press, 1968), p. 57; Francis Bacon, *De Augmentis Scientiarum*, Book II (1623); 亨利·大卫·梭罗 1851 年 9 月 7 日的日记。Henry David Thoreau, *Writings of Henry David Thoreau*, vol. 2 (Boston: Houghton Mifflin, 1906), p. 468.
3. Kenneth Finegold and Theda Skocpol, *State and Party in America's New Deal* (Madison: University of Wisconsin Press, 1995); Michael Goldfield, "Worker Insurgency, Radical Organization, and New Deal Labor Legislation, " *American Political Science Review* 83 (1989): 1257–82; Theda Skocpol, Kenneth Finegold, and Michael Goldfield, "Explaining New Deal Labor Policy, " 同上, 84 (1990): 1297–315; Alan Brinkley, *The End of Reform: New Deal Liberalism in Recession and War* (New York: Alfred A. Knopf, 1995); Thomas Ferguson, "From Normalcy to New Deal: Industrial Structure, Party Competition, and American Public Policy in the Great Depression, " *International Organization* 1 (1984): 41–94.
4. 本章标题出自 Graham Greene, *Journey without Maps* (London: William Heinemann, 1936).
5. 有关短期恐惧与长期恐惧的区别，以及"直接导致恐惧的事物及其恐惧性后果"之间的区别，见 John Hollander, "Fear Itself, " *Social Research* 71 (2004): 865, 868.
6. Paul Berben, *Dachau: 1933–1945, the Official History* (London: Norfolk Press, 1975); Nikolaus Wachsmann, "Looking into the Abyss: Historians and the Nazi Concentration Camps, " *European History Quarterly* 36 (2006): 247–78.
7. Walter Lippmann, *A New Social Order* (New York: John Day, 1933), pp. 7–8, 9–10. 李普曼对于现代政治的描述，借鉴了社会研究新学院研究生院首任院长、社会学家埃米尔·莱德勒（Emile Lederer）的定义，认为群众政治的兴起预示着独裁政治存在着大量群众组织或团体。莱德勒的论著 *State of the Masses: The Threat of the Classless Society* (New York: W. W. Norton, 1940) 对意大利和德国独裁政治下的强迫式群众团结与民主政治下民众个人及团体利益的多元性进行了对比。
8. Lippmann, *A New Social Order*, pp. 10–11.
9. Albert Camus, "Speech of Acceptance upon the Award of the Nobel Prize for Literature, Delivered in Stockholm on the Tenth of December, 1957, " in *Fifty Years*, ed. Clifton Fadiman, New York: Alfred A. Knopf, 1965, p. 723.
10. James W. Garner, "Proposed Rules for the Regulation of Aerial Warfare, " *American Journal of International Law* 18 (1924): 56.
11. Greene, *Journey without Maps*, p. 11. 有评论家指出，格林的 *Ministry of Fear* (London: William Heinemann, 1943) 称"当普通人变成杀人恶魔时，当大规模有组织的毁灭和屠杀变成人们内心羡慕的举动时，世界性的恐慌就会发生"。Robert Hoskins, "Greene

and Wordsworth: 'The Ministry of Fear, '" *South Atlantic Review* 48 (1983): 34.

12. Karl Loewenstein, "Militant Democracy and Fundamental Rights, " *American Political Science Review* 31 (1937): 417.

13. William E. Dodd, "Can Democracy Be Preserved?, " *Public Opinion Quarterly* 2 (1938): 26. 多德的日记记录了自己在芝加哥大学历史系的办公室里接到罗斯福总统电话时的情景。总统打电话告诉多德，"我希望能在德国找到值得美国自由民主政治借鉴的典范"。见 William E. Dodd, Jr., and Martha Dodd, eds., *Ambassador Dodd's Diary, 1933–1938* (New York: Harcourt, Brace, 1941), p. 3. 作为"老南方"的学者，来自北卡罗来纳州的多德当选为 1934 年美国历史学会会长。见 Fred Arthur Baily, *William Edward Dodd: The South's Yeoman Scholar* (Charlottesville: University of Virginia Press, 1997). 如果读者要了解多德全家在柏林的生活经历，尤其是其女儿玛莎（Martha）与纳粹官员的情感经历，请参见 Erik Larson, *In the Garden of Beasts: Love, Terror, and an American Family in Hitler's Berlin* (New York: Crown, 2011).

14. Pitirim A. Sorokin, "A Neglected Factor of War, " *American Sociological Review* 3 (1938): 483.

15. 引自 David Mayers, *George Kennan and the Dilemmas of US Foreign Policy* (New York: Oxford University Press, 1990), pp. 53, 54. 凯南的著作一直没有完成或出版，他自己的回忆录中也没有提及这部书。

16. Frank Hyneman Knight, *Risk, Uncertainty, and Profit* (Boston: Houghton Mifflin, 1921), pp. 225, 233; 另见 Paul Davidson, "Is Probability Theory Relevant for Uncertainty? A Post-Keynesian Perspective, " *Journal of Economic Perspectives* 8, no. 1 (1991): 129–43. Mark Blyth, *Great Transformations: Economic Ideas and Institutional Change in the Twentieth Century* (Cambridge: Cambridge University Press, 2002) 一书对奈特提出的不确定性这一主题进行了重点论述。

17. 汤姆·匹茨辛斯基（Tom Pyszczynski）对这一点进行过很好的学术论述。见 Tom Pyszczynski et al., "Experimental Existential Psychology: Coping with the Facts of Life," in ed. S. T. Fiske, D. T. Gilbert, and G. Lindzey, *Handbook of Social Psychology*, 5th ed. (New York: Wiley, 2010), pp. 724-57. 关于不确定性及由内部参数向选择性参数转移的评估，见 Robert W. Klwein et al., "Decisions with Estimation Uncertainty," *Econometrica* 46 (1978): 1363–87.

18. Walter Lippmann, *Interpretations, 1933–1935*, ed. Allan Nevins (New York: Macmillan, 1936), p. 27.

19. 关于"恐惧"一词的使用及其误用，是 Corey Robin, *Fear: The History of a Political Idea* (New York: Oxford University Press, 2004) 一书的中心主题。

20. Franklin D. Roosevelt, "Acceptance for Renomination, " June 27, 1936, in *The Public Papers and Addresses of Franklin D. Roosevelt*, vol. 5 (New York: Random House, 1938), p. 231. 罗斯福这次演讲给人留下了非常深刻的印象，因为他在演讲中强烈抨击了"经济保皇派"和"那些经济王朝的特权王子们"，并指出"这一代人处于决定国家命运的关键时期"。随后，美国人的情绪迅速由恐惧转变为自信。洛伊希滕堡的著作对此做出了及时回应。该书在第二次世界大战爆发前完成。当时《公平劳动标准法案》刚获得通过，法案对最低工资标准和劳动工时上限做出了明确规定。见 William E. Leuchtenburg, *Franklin D. Roosevelt and the New Deal: 1932–1940* (New York: Harper & Row, 1963), pp. 345-346.

21. Alfred Kazin, "Arthur Schlesinger, Jr.: The Historian at the Center, " in *Alfred Kazin's America: Critical and Personal Writings*, ed. Ted Solotaroff (New York: HarperCollins, 2003), pp. 223, 227, 224, 227-28. 卡津认为这正是斯莱辛格向学术界贡献的一条"真理"。"虽然作者自鸣得意地引用的大量新政资料，实际降低了其学术含金量，但卡津认为斯莱辛格的著作的确对相关历史事实进行了生动描述，并向人们暗示，长久性危机是我们所处时代的一个真实情况。"（第 228 页）本文写于 1959 年，首次发表于 Alfred Kazin, *Contemporaries* (Boston: Little, Brown, 1962).

22. Arthur Meier Schlesinger, *The New Deal in Action: A Continuation of A. M. Schlesinger's Political and Social Growth of the United States to the Special Session of the United States Congress, November 15, 1937* (New York: Macmillan, 1938).

23. 对这一问题的有益总结，见 Theodore J. Lowi, "The Roosevelt Revolution and the New American State, " in *Comparative Theory and Political Experience*, ed. Peter J. Katzenstein, Theodore J. Lowi, and Sidney Tarrow (Ithaca, NY: Cornell University Press, 1990), pp. 188–212.

24. Hubert H. Humphrey, *The Political Philosophy of the New Deal* (1940; 重印，Baton Rouge: Louisiana State University Press, 1970), p. v.

25. Harold Stearns, *Liberalism in America: Its Origin, Its Temporary Collapse, Its Future* (New York: Boni and Liveright, 1919).

26. Richard Hofstadter, *The Age of Reform: From Bryan to F.D.R.* (New York: Alfred A. Knopf, 1955), pp. 319, 302.

27. 重要的是，人们要对现实情况和恐惧的各种表现及两者之间的密切关系给予相应关注。关于两者关系的论述，见 John Lewis Gaddis, *The Landscape of History* (New York: Oxford University Press, 2002), pp. 104, 123.

28. Leuchtenburg, *Franklin D. Roosevelt and the New Deal, 1932–1940*, pp. 1–40.

29. Arthur Schlesinger Jr., *The Age of Roosevelt*, 3 vols. (Boston: Houghton Mifflin, 1957–1960).

30. 商务部的数字引自 Jean Edward Smith, *FDR* (New York: Random House, 2007), p. 241.

31. Arthur M. Schlesinger Jr., *The Age of Roosevelt*, vol. 1, *The Crisis of the Old Order, 1919–1933* (Boston: Houghton Mifflin, 1957), pp. 1, 3.

32. 一个部分例外的例子是 Alonzo Hamby, *For the Survival of Democracy: Franklin Roosevelt and the World Crisis of the 1930s* (New York: Free Press, 2004). 这部优秀作品将"新政"的研究置于全球事务之中，置于独裁政治对自由民主政治的挑战之中，但与所表现的中心主题相比，该书的论述结构有些过于传统。

33. 从不同的时间框架来对这一问题进行探讨，其重要范例是 James Patterson, *Grand Expectations: The United States, 1945–1974* (New York: Oxford University Press, 1996). 本书序言部分向读者介绍了 1945 年 8 月日本宣布投降时，人们欢庆胜利的情景。不过人们内心仍然对美国的未来感到焦躁不安。战争期间的死亡经历仍然挥之不去；

国内的许多其他问题仍前途未卜；新上任的杜鲁门总统还缺乏治理国家经验；和平时期的经济发展存在诸多不确定性；核战争的威胁并未消除。然而，与大萧条早期的绝望痛苦完全不同的是，这时整个美国社会的主流情绪是自信心的上扬。帕特森指出，"敌人已经被彻底打败；士兵们很快就会从战场上归来；家庭将得到团聚；未来远比过去让人感到倍受鼓舞；成千上万美国民众正怀着这种积极乐观的情绪投入战后新世界的建设之中"。（第 9 页）

34. Arthur Schlesinger Jr., *The Age of Roosevelt*, vol. 3, *The Politics of Upheaval: 1935–1936* (Boston: Houghton Mifflin, 1960), p. 656.

35. Schlesinger Jr., *The Politics of Upheaval*, p. 656; Schlesinger Jr., *Crisis of the Old Order*, p. 8. 在过去的半个世纪里，对于总统如何积极克服时代危机的描绘为绝大多数"新政"历史书写确定了基调，设置了议程，定义了范围。其中包括威廉·洛伊希滕堡对于"罗斯福重建"的经典书写，以及戴维·肯尼迪对于"新政"如何从危机恐惧中拯救自由民主的权威书写。"The Politics of Hard Times"和"Winter of Despair"是洛伊希滕堡 *Franklin D. Roosevelt and the New Deal* 一书开始的篇章（第 1—40 页）。戴维·肯尼迪写出了 *Freedom from Fear: The American People in Depression and War, 1929–1945* (New York: Oxford University Press, 1999)。

36. 见 Louise Young, *Japan's Total Empire: Manchuria and the Culture of War-time Imperialism* (Berkeley: University of California Press, 1998). 作者追述了殖民开拓对日本的影响，包括日本在中国东北和帝国本土实施的大规模移民计划。

37. Anne Applebaum, "A History of Horror, " *New York Review of Books*, October 18, 2001, p. 41; 阿普尔鲍姆对乔尔·特克（Joel Kotek）和彼埃尔·黎古洛（Pierre Rigoulot）的优秀著作进行了评价。见 Le Siècle des camps (Paris: J. C. Lattès, 2001).

38. 莎拉·T. 菲利普斯（Sarah T. Phillips）对这一问题进行了成效显著的研究，见 Sarah T. Phillips, *This Land, This Nation: Conservation, Rural America, and the New Deal* (Cambridge: Cambridge University Press, 2007).

39. 比较细致的研究，见 Alan Brinkley, *Voices of Protest: Huey Long, Father Coughlin, and the Great Depression* (New York: Alfred A. Knopf, 1982); 尤其具有启发意义的相应讨论见 Appendix I, "The Question of Anti-Semitism and the Problem of Fascism." 从当代视野对 20 世纪 30 年代和 40 年代反犹主义形势的认识与讨论，见 Carey McWilliams, *A Mask for Privilege: Anti-Semitism in America* (Boston: Little, Brown, 1948).

40. Stephen Spender, *Forward from Liberalism* (London: Gollancz, 1937).

41. Franz Neumann, *The Democratic and the Authoritarian State* (Glencoe, IL: Free Press, 1957), p. 236.

42. R. J. B. Bosworth, "Explaining 'Auschwitz' after the End of History, " *History and Theory* 38 (1999): 84.

43. Harold Laski, "The Challenge of Our Times, " *American Scholar* 8 (1939): 387, 391.

44. Michael Howard, "A Thirty Years War? The Two World Wars in Historical Perspective," *Transactions of the Royal Historical Society* 3 (1993): 177.

45. Richard Vinen, *The Unfree French: Life under the Occupation* (London: Allen Lane, 2006); Hanna Diamond, *Fleeing Hitler: France 1940* (New York: Oxford University

Press, 2007). 1940 年 6 月，当法兰西第三共和国政府放弃巴黎时，共计 "1/4 的法国人行进在逃亡途中"。到德国进入巴黎时，全城 300 万市民只剩下大约 75 万人留在城里。见 Geert Mak, *In Europe: Travels through the Twentieth Century* (New York: Vintage, 2008), pp. 356, 357. 维希政府在回顾法国 1940 年大逃亡的历史时称 "逃离纳粹屠杀的经历是法国人民穿越苦难走向爱国主义的启蒙之路……在遭遇失败之后，贝当将军的英明之处在于，他没有坚持认为那是法国政府和军队的耻辱，而是强调几百万法国民众在逃亡道路上所经历的苦难"。见 Jeremy Harding, "In Order of Rank," *London Review of Books*, May 8, 2008, pp. 16, 17.

46. 感谢马蒂厄·雷格鲁伯（Matthieu Leimgruber）向我提供了这篇文章的原稿及译文。

47. Gilbert Murray, *Liberality and Civilization: Lectures Given at the Invitation of the Hibbert Trustees in the Universities of Bristol, Glasgow, and Birmingham in October and November 1937* (London: George Allen and Unwin, 1938), p. 59.

48. Mak, *In Europe*, pp. 379–80; J. G. Ballard, *The Drowned World* (New York: Liveright, 2012).

49. Mark Mazower, *Hitler's Empire: Nazi Rule in Occupied Europe* (London: Allen Lane, 2008).

50. Timothy Snyder, "The Forgotten Holocaust," *IWM Post* 97 (2008): 26–27. 另见 Timothy Snyder, "Holocaust: The Ignored Reality," *The New York Review of Books*, July 16, 2009, pp. 14–16; Omer Bartov, "Eastern Europe as the Site of Genocide," *Journal of Modern History* 80 (2008): 557–93. 巴托夫称东欧为 "被遗忘之地"。（第 557 页）

51. Peter Fritzsche, *Life and Death in the Third Reich* (Cambridge: Harvard University Press, 2008), pp. 200, 196–97, 195.

52. 相关讨论，见 Michael A. Barnhart, *Japan Prepares for Total War* (Ithaca, NY: Cornell University Press, 1987); Meirion Harns and Susie Harries, *Soldiers of the Sun: The Rise and Fall of the Imperial Japanese Army* (New York: Random House, 1991); Peter Duus, Ramon H. Myers, and Mark R. Peattie, eds., *The Japanese Wartime Empire, 1931–1945* (Princeton, NJ: Princeton University Press, 1996).

53. David Riesman, "Civil Liberties in a Period of Transition," *Public Policy* 4 (1942): 46.

54. Niall Ferguson, *The War of the World: Twentieth-Century Conflict and the Descent of the West* (New York: Penguin, 2006), p. 503.

55. Jeremy Black, *War and the World: Military Power and the Fate of Continents, 1450–2000* (New Haven: Yale University Press, 1998), p. 258.

56. 1945 年 2 月，"外号'铁驴'（Iron Ass）的美国空军将领柯蒂斯·李梅（Curtis LeMay）在年轻能干的统计助理罗伯特·麦克纳马拉（Robert McNamara）的协助下，决定对日本实施'燃烧轰炸，直至对方退出战场'。他曾经谈到东京、大板、名古屋、福冈和几十个其他城市的居民状况，最终把原子弹轰炸目标锁定在广岛和长崎"。见 Ian Buruma, "The Cruelest War," *New York Review of Books*, May 1, 2008, p. 24.

57. 按照汉斯·施佩尔（Hans Speier）1941 年的类型学定义，第二次世界大战可以被视为 "绝对战争" 和 "无限制、无约束战争的典范……其显著负面特征是，暴力、背叛和恐惧杀戮没有受到任何约束和限制"。见 Hans Speier, "The Social Types of War," *American Journal of Sociology* 76, no. 4 (1941): 445. 并非所有的研究人员都认为打击目标转向平民的战争比传统方式下的战争更加残酷和邪恶。比如，乔治·奥威尔（George Orwell）曾于1944年5月在一篇文章中惊人地指出，"在当今历史阶段战争是不可避免的。我认为，既然战争不可避免，除了年轻士兵以外的其他人员死于战争也未必是坏事"。见 George Orwell, "As I Please, " *Tribune*, May 19, 1944, p. 603. 这篇文章是对维拉·布里坦（Vera Brittan）的宣传册 *Seed of Chaos* 的批驳。布里坦在宣传册中谴责了"抹除式"轰炸使得"成千上万德国、意大利和纳粹占领城市中得不到帮助的无辜平民遭受了堪比中世纪最残酷折磨方式的伤亡痛苦。（引自奥威尔"As I Please, "第602页）

58. 早在战争杀戮开始以前，伍尔夫·乔布斯特·西德勒（Wolf Jobst Siedler）就曾描述其德国同事们对1938年11月纳粹袭击犹太人的"水晶之夜"事件的反应："当天晚上对于犹太人集会场所的袭击和燃烧，使得中世纪东欧的混乱场面在20世纪的德国重演。而就在同一天晚上，全国各地的城市里，人们照样穿着节日盛装走进了歌剧院、电影院和音乐大厅。还是在同一天晚上，满载着被驱逐犹太人的列车驶出柏林火车站站台六个小时后，满载游客的列车向海滨方向驶去。"引自 Clive James, *Cultural Amnesia: Necessary Memories from History and the Arts* (New York: W. W. Norton, 2007), p. 716.

59. Eric Hobsbawm, *The Age of Extremes: A History of the World, 1914–1991* (New York: Pantheon, 1994), p. 51.

60. 黎明的黑牛奶，我们在傍晚喝。
在中午喝，在早上喝，在夜里喝。
我们喝啊，喝。

61. John Morton Blum, "World War II, " in C. Vann Woodward, *The Comparative Approach to American History* (New York: Oxford University Press, 1968), p. 320. 另见 A. J. P. 泰勒的评价："如果美国不与苏联平分世界的话，剩下的唯一可能将是苏联在1945年凭借武力优势将自由的欧洲并入自己的势力范围。这……美国人清楚，这太合乎逻辑了。他们曾盲目地幻想苏联改变策略……这是两种基本世界观之间的冲突——一种虽合乎逻辑，但冷酷无情；另一种虽善良仁慈，但却充满混乱和不确定性。"见 Taylor, *Europe: Grandeur and Decline* (London: Penguin, 1967), p. 318.

62. Tony Judt, *Postwar: A History of Europe since 1945* (New York: Penguin, 2005), p. 40.

63. Leszek Kolakowski, *My Correct Views on Everything* (South Bend, IN: St. Augustine's Press, 2005), p. 133.

64. Howard W. Odum, "Orderly Transitional Democracy, " *Annals of the American Academy of Political and Social Science* 180 (1935): 37–39.

65. Joseph P. Kennedy, *I'm for Roosevelt* (New York: Reynal and Hitchcock, 1936), pp. 102, 103.

66. Franklin D. Roosevelt, "Radio Address on Electing Liberals to Office, " November 4, 1938, in *The Public Papers and Addresses of Franklin D. Roosevelt*, vol. 7 (New York: Macmillan, 1941), pp. 585–86.

67. Walter Lippmann, "The American Destiny, " *Life*, June 5, 1939, p. 47; 重印：Walter Lippmann, *The American Destiny* (New York: Life Magazine Press, 1939), p.4. 读者阅读李普曼关于"新政"的论著时，应当特别注意，李普曼本人持有强烈反对集体主义的观点，而且他致力于重振自由放任主义。见李普曼引起人们广泛争议的论著 *Inquiry into the Principles of the Good Society* (Boston: Little, Brown, 1937).

68. Lewis Mumford, *Faith for Living* (New York: Harcourt, Brace, 1940), pp. 56–57. 在1935年人民阵线初创时期，芒福德尤其为共产党在全国左翼派别中发挥的领导作用而感到恐惧。"事实是"，他写道，"自由派别不敢再采取任何行动了。在美国，实施统一战线期间，自由派别接受了美共少数派别的领导。自由派之所以接受他们的领导，是因为在所有政治团体中，只有这些共产主义分子具有坚定的信念，并勇敢地奉行自己的信念"。(第57—58页)

69. Harold Lasswell, "The Garrison State, " *American Sociological Review* 46 (1941): 459, 467.

70. Riesman, "Civil Liberties in a Period of Transition, " pp. 47, 46, 45, 51, 93, 90, 96.

71. Morris Raphael Cohen, *The Faith of a Liberal* (New York: Henry Holt, 1946), p. 448. 另见 Horace Kallen, *The Liberal Spirit: Essays on Problems of Freedom in the Modern World* (Ithaca, NY: Cornell University Press, 1948).

72. 肯尼迪和《财富》杂志的引文来自 Leuchtenburg, "The Great Depression, " in Woodward, ed., *Comparative Approach*, p. 311.

73. Paul Meadows, "The New Tasks of the Liberal State, " *American Journal of Economics and Sociology* 7 (1948): 257, 263.

74. 完整的历史叙述，见 Clay Blair, *The Forgotten War: America in Korea, 1950–1953* (Annapolis MD: Naval Institute Press, 2003), David Halberstam, *The Coldest Winter: America and the Korean War* (New York: Hyperion, 2007)。后者对麦克阿瑟将军被解职及随后国会举行的听证会进行了深刻讨论。

75. Richard Hofstadter, "The Patrician as Opportunist, " *The American Political Tradition and the Men Who Made it* (New York: Alfred A. Knopf, 1948), p. 352.

76. Nathaniel Peffer, "Democracy Losing by Default, " *Political Science Quarterly* 63 (1948): 322, 321, 328.

77. Archibald MacLeish, "The American State of Mind, " *American Scholar* 19 (1950): 406.

78. Robert Musil, *The Man without Qualities* (London: Secker and Warburg, 1953), p. 8.

79. Reinhart Kosselleck, "Crisis, " *Journal of the History of Ideas* 67 (2006): 358. 本文精辟地追溯了"危机"这一概念，探寻了古代希腊人用其表示"需要做出明确选择"这一用法与现代人对这一术语的用法之间的联系。今天，人们使用这个词时，主要强调某一历史时刻遇到的紧急状况，或某一时代实际上已经终结或有可能终结，历史将进入完全不同的时代。

80. Hans Morgenthau, "The Evil of Politics and the Ethics of Evil, " *Ethics* 56 (1945): 1–18.

81. 爱德华·萨义德将音乐家、文学家和艺术家的"最新创作风格"描述为"固执己见、问题种种、矛盾重重"。见 Edward W. Said, *On Late Style: Music and Literature against the Grain* (New York: Pantheon, 2006), p. 7. 萨义德认为，这样一种风格将对

过去的终结意识与对当今的高度警觉意识融合了起来。

82. Alvin Johnson, in *Political and Economic Democracy*, ed. Max Ascoli and Fritz Lehmann (New York: W. W. Norton, 1937), p. 7.
83. Hans Simons, 同上, p. 192. 本书收录的是 1935 年至 1936 年的学术年会论文。文章作者还包括后来就职于杜鲁门总统经济顾问委员会的公共财经专家格哈德·科姆（Gerhard Colm）、社会政策专家和心理学家弗里达·翁德里希（Frieda Wunderlich）、经济理论家爱德华·海曼（Eduard Heimann）、经济学家和社会学家埃米尔·莱德勒以及社会学家汉斯·施佩尔。另见 Eduart Heimann, *Communism, Fascism or Democracy?* (New York: W. W. Norton, 1938).
84. 新学院开办的这一研讨会一直举办至今。
85. Thomas Mann, *The Coming Victory of Democracy* (New York: Alfred A. Knopf, 1938), pp. 15, 48, 52–53, 43, 24–25.
86. 阿伦特将难民们的内心思想倾向描述为"充满谢意但并不快乐"。引自 James, *Cultural Amnesia*, p. 566.
87. 关于这一特殊群体的研究，见 Laura Fermi, *Illustrious Immigrants: The Intellectual Migration from Europe, 1930/1941* (Chicago: University of Chicago Press, 1968); H. Stuart Hughes, *The Sea Change: The Migration of Social Thought, 1930–1965* (New York: Harper & Row, 1975); Anthony Heilbut, *Exiled in Paradise: German Refugee Artists and Intellectuals in America from the 1930s to the Present* (New York: Viking, 1983).
88. Stefan Zweig, *The World of Yesterday* (New York: Viking, 1943), p. 436.
89. Jan-Werner Müller, "Research Note: The Triumph of What (If Anything?): Rethinking Political Ideologies and Political Institutions in Twentieth-Century Europe"（未公开出版的手稿，2008 年）。
90. 这是斯蒂芬·科特金的观点。见科特金的杰作 "Modern Times: The Soviet Union and the Interwar Conjuncture," *Kritika: Explorations in Russian and Eurasian History* 2 (2001): 111–64.
91. 更犀利的评价，见 Naum Jasny, *Soviet Industrialization, 1928–1952* (Chicago: University of Chicago Press, 1961); Holland Hunter, "Priorities and Shortfalls in Prewar Soviet Planning," in *Soviet Planning: Essays in Honor of Naum Jasny*, ed. Jane Degras (New York: Praeger, 1964), pp. 1–45.
92. 对这一观点的精辟论述，见 Edward Hallett Carr, *The New Society* (London: Macmillan, 1951).
93. Richard Overy, *The Dictators: Hitler's Germany, Stalin's Russia* (New York: W. W. Norton, 2004), pp. 450–51, 453.
94. 见 http://www.usgovernmentspending.com/us_military_spending_30.html#usgs.302.
95. 他们所追求的民主是形式上的表现，而没有实际内容，即茨维坦·托多洛夫（Tzvetan Todorov）所称的"封建民主制"。见 Tzvetan Todorov, "Stalin Close Up," *Totalitarian Movements and Political Religions* 5, no. 1 (2004): 94–111.
96. Kotkin, "Modern Times," p. 159.

97. Giovanni Gentile, "The Philosophic Basis of Fascism, " *Foreign Affairs* 6 (1928): 302–3.
98. 引自 Erik van Ree, *The Political Thought of Joseph Stalin: A Study in Twentieth-Century Revolutionary Patriotism* (New York: Routledge, 2002), p. 131.
99. Kotkin, "Modern Times, " pp. 129–130.
100. "大萧条在北大西洋各主要经济体之间引发一系列普遍反应，促使各经济体更加关注彼此的政策和举措。"见 Daniel T. Rodgers, *Atlantic Crossings: Social Politics in a Progressive Age* (Cambridge: Harvard University Press, 1998), pp. 416–17; Louis Brownlow, *Report of the President's Committee on Administrative Management* (Washington, DC: U.S. Government Printing Office, 1937); Peri E. Arnold, *Making the Managerial Presidency: Comprehensive Reorganization Planning, 1950–1980* (Princeton, NJ: Princeton University Press, 1986); Barry Karl, *The Uneasy State: The United States from 1915 to 1945* (Chicago: University of Chicago Press, 1985), pp. 156–58.
101. 关于"民主"独裁制如何将制度创新与统治艺术相结合，从而有效应对国内外挑战这一主题，我读过的最令人信服的综合性论述是奥弗里（Overy）的 *The Dictator*。关于相对于独裁制而言，民主政权如何打造国家军事武装能力的研究，见 Talbot Imlay, "Democracy and War: Political Regime, Industrial Relations, and Economic Preparations for War in France and Britain Up to 1940, " *Journal of Modern History* 79 (2007): 1–47.
102. Kotkin, "Modern Times, " p. 129.
103. Kiran Klaus Patel, *Soldiers of Labor: Labor Service in Nazi Germany and New Deal America, 1933–1945* (Cambridge: Cambridge University Press, 2005); Norbert Götz and Kiran Klaus Patel, "Facing the Fascist Model: Discourse and the Construction of Labour Services in the USA and Sweden in the 1930s and 1940s, " *Journal of Contemporary History* 41, no. 1 (2006): 57–73; Wolfgang Schivelbusch, *The Three New Deals: Reflections on Roosevelt's America, Mussolini's Italy, and Hitler's Germany, 1933–1939* (New York: Metropolitan Books, 2006).
104. 相关研究，见 Harvey Klehr, *The Heyday of American Communism: The Depression Decade* (New York: Basic Books, 1984); Fraser M. Ottanelli, *The Communist Party of the United States: From the Depression to World War II* (New Brunswick, NJ: Rutgers University Press, 1991). 关于人民阵线，见 Earl Browder, the Communist Party's general secretary: Earl Browder, *The People's Front* (New York: International Publishers, 1938). 白劳德写道，在反法西斯作战中，"进步和平阵营在繁荣的社会主义国家苏联建立起了革命大本营"。（第 19 页）
105. Walter Duranty, *I Write as I Please* (New York: Simon & Schuster, 1935), pp. 301–2.
106. "Soviet Democracy, " *New Republic*, June 17, 1936, pp. 762, 761; Sidney Webb and Beatrice Webb, *Soviet Communism: A New Civilization*, 2 vols. (London: Longmans, Green, 1935), p. 337. 另见 Peter G. Filene, *Americans and the Soviet Experiment, 1917–1933* (Cambridge: Harvard University Press, 1967).
107. 他总结道，"如果美国拥有自由的公民们都能将经济自由视为劳动者的奋斗目标，他们就会认为'工人阶级民主'远远优越于资本主义社会仅提供给少数资本家的民主。是的，他们将承认——当然内心会充满遗憾——进行社会主义劳动再分工需要某种程度的独裁管制"。见 Roger N. Baldwin, "Freedom in the U.S.A. and the U.S.S.R.," *Soviet Russia Today*, September 1934; 另见 http://www.law.ucla.edu/volokh/blog/baldwin.pdf. 我真诚地感谢罗伯特·阿姆杜尔（Robert Amdur）向我提供这篇文章。五年前，鲍德温在 *Vanguard Studies of Soviet Russia* 系列图书下面出版了 *Liberty under the Soviets* (New York: Vanguard Press, 1928)。该系列图书由耶鲁大学的杰罗姆·戴维斯（Jerome Davis）主编，旨在"满足研究人员对于当今俄罗斯各方面可靠、准确信息的需要"。（第 ix 页）

108. Edmund Wilson, *Travels in Two Democracies* (New York: Harcourt, Brace, 1936).
109. 见 Stephen A. Norwood, *Third Reich in the Ivory Tower* (Cambridge: Cambridge University Press, 2011)。其中第 2 章和第 3 章专门论述哈佛大学和剑桥大学。另见 "Fascism at Columbia University," *Nation*, November 7, 1934, pp. 530–31; Harry F. Ward, "The Development of Fascism in the United States," *Annals of the American Academy of Political and Social Science* 180 (1935): 55–56; Ido Oren, "Uncritical Portrayals of Fascist Italy and of Iberic-Latin Dictatorships in American Political Science," *Comparative Studies in Society and History* 42 (2000): 87–118.
110. Richard Washburn Child, *The Saturday Evening Post*, June 28, 1924, pp. 157–58; 引自 W. Y. Elliott, "Mussolini, Prophet of the Pragmatic Era in Politics," *Political Science Quarterly* 41 (1926): 168. 关于《星期六晚邮报》亲法西斯倾向的讨论，见 John P. Diggins, "Mussolini and America: Hero-Worship, Charisma, and the 'Vulgar Talent,'" *The Historian* 28 (1966): 564–66.
111. 里查德·瓦士本·柴尔德引自 Benito Mussolini, *My Autobiography* (New York: Charles Scribner's Sons, 1928), pp. xi, xv, xix.
112. Lawrence Dennis, "Fascism for America," *Annals of the American Academy of Political and Social Science* 180 (1935): 62.
113. Mario A. Pei, "Freedom under Fascism," *Annals of the American Academy of Political and Social Science* 180 (1935): 13.
114. 我从下列文献中总结出了这些区别：Edna Ullman-Margalit and Sidney Morgenbesser, "Picking and Choosing," *Social Research* 44, no. 4 (1977): 757-85; and Edna Ullman-Margalit, "Big Decisions: Opting, Converting, Drifting"（未出版书稿，Center for the Study of Rationality, Hebrew University of Jerusalem, November 2005). 关于敢于冒可容忍风险的历史统计数据的研究，见 Ian Hacking, *The Taming of Chance* (Cambridge: Cambridge University Press, 1990).

2. 飞行员、法官和议员

贝尼托·墨索里尼的航空部长[1]伊塔洛·巴尔博（Italo Balbo）将军成为1933年6月26日《时代》杂志封面人物。他身穿航空兵制服，精神抖擞地坐在战斗机开放式坐舱的大幅照片占据了当天杂志的整个封面。为了庆祝法西斯政权统治意大利十周年，巴尔博的海上飞行队正在位于罗马北部托斯卡那海岸的奥尔贝泰洛意大利空军航行学校进行"十周年国庆巡航"的准备和演练。"十周年国庆巡航"表演队的队员们将在巴尔博将军的率领下，在48小时内飞行6,100英里，从罗马起航，经阿姆斯特丹、伦敦德里、雷克雅未克、拉布拉多海岸、新布伦瑞克和蒙特利尔，最终到达芝加哥，参加主题为"一个世纪的进步"的世界博览会。[2]

1945年10月，国际军事法庭在德国柏林举行简短会议，后来又在纽伦堡召开了11个月的会议，审判被击溃的德国纳粹集团仍然健在的高级领导人。参加会议的苏联法官爱奥拉·尼基琴科（Iola Nikitchenko）1895年出生在位于哥萨克文化中心的多姆·沃斯克省。他13岁时前往顿巴斯煤矿做苦工，后来参军，参加了俄罗斯内战。从莫斯科大学法律系毕业后，他留校工作并成为副校长，兼任苏联最高法院军事管理委员会下属军分区的军事法专家，以及莫斯科军事法学院的刑法学讲师。[3]

1948年5月17日，美国参议院和众议院举行联合会议，为上一届会议期间离世的七名议员举行了追悼仪式，以纪念他们有生之年为美国的民主事业做出的贡献。其中包括民主党人西奥多·比尔博(Theodore Bilbo)。从1935年1月到1947年8月去世为止，比尔博一直代表密西西比州担任参议员。在这之前，他先后在密西西比州参议院担任副议长和两届议长。[4]作为悼念仪式的主要致辞人，他的继任者约翰·斯坦尼斯（John Stennis）在悼词中称其为"追求进步的力量"，赞扬他"服务于全体民众"，并称斯坦尼斯作为富兰克林·罗斯福总统的"亲密朋友"，把自己的幸福快乐与"新政"所孕育的"精神与希望"紧密相联。[5]

从个人形象来看，巴尔博精力充沛、潇洒英俊，尼基琴科脸色苍白、面庞消瘦，比尔博大腹便便、红光满面，三人之间简直有天壤之别，但他们却有一个非常关键的相似之处，即都为自己所选择的政治事业而献身。独裁政府工作人员在工作中的出色表现使得罗斯福和杜鲁门总统深受启发。为了捍卫自由民主事业，在面临深刻的不确定性时，他们经常被迫铤而走险，与独裁政府合作。通过追思这些已经被公众遗忘的重要人物，我们可以考察和审视"新政"冒着巨大政治风险与一些敌对势力或独裁政体建立同盟伙伴关系的性质和后果。

一

《时代》杂志对伊塔洛·巴尔博即将到来的飞行表演的报道给人一种轻松愉快和值得同情支持的印象。考虑到杂志的发行人亨利·卢斯（Henry Luce）[6]对这种行为的同情和支持，报道使用这种语气也就不奇怪了。为了最大程度地使这些法西斯军队飞行员被美国读者接受，这篇文章有意回避了一些本土主义意味浓厚的措辞。这些措辞六年前曾被广泛用于描述意大利无政府主义者萨科（Sacco）和范塞蒂（Vanzetti）被处决前的表现。"部队里的军容军纪这时有了一定程度的放松"，文章赞扬这些勇敢的飞行队员们"像大赛前夕的大学足球队员一样兴奋快乐"。这些年轻小伙子们已经连续几个月"进行封闭式集训，像修士一样与外界彻底隔离。这样做的目的是让他们适应飞行表演对人心理极限的挑战，防止出现心理或情感失衡"。临行前夕，他们终于可以尽情放松一下了，"他们还引来不少女子与他们一起玩乐，有青春靓丽的，也有白发苍苍的；有美丽诱人的，也有相貌平平的……他们还被允许在航空站与其他飞行队员手拉手闲逛"，他们只待一声令下，开始意大利航空史上最盛大的飞行表演。[7]

这篇文章没有把这些英勇无畏的意大利法西斯飞行队员与不久前刚在维也纳洗劫犹太人商店的德国纳粹分子们的行为联系起来，也没有对同一期杂志"外国新闻"栏目突出报道的另一事件发表评论——在希特勒戏剧性地升任德国最高领导人五个月后，被吞并前的奥地利爆发了大规模暴力事件。这些事件均是在纳粹德国的指使下发生的，包括刺杀政府高级领导人，对城市中犹太人的主要居住区实施轰炸。[8]

该杂志"一周导读"栏目反而把关注中心集中于国内事态发展，聚焦"新政"的前期成效。它记录了"上周国会开始休会与罗斯福总统启程赴新英格兰度假之间的20个小时如何成为其上任以来几乎最繁忙的时刻"。为了祝贺行政部门与立法部门之间的有效合作，导读还报道了"这一合作的最佳成果……影响巨大的《工业复兴法案》"。实施这一法案的目的是对陷入严重困境的美国经济进行重建。"总统精神抖擞地签署了"这一法案。这篇导读还报道了一项新的银行法案获得实施的过程。该法案以弗吉尼亚州参议员卡特·哥拉斯（Carter Glass）和阿拉巴马州议员亨利·巴斯科姆·斯蒂格尔（Henry Bascom Steagall）的名字命名。这一具有历史意义的法案将银行业与经纪公司进行分离。实际上罗斯福总统亲自签署的这一法案一直在美国实施，直到1999年才被废止。[9]这篇导读的结尾处记录了"幸福快乐"的罗斯福总统如何

"熄灯就寝,脑子里仍想着以前的总统很少有像自己一样幸运:1)促使国会顺利通过大多数自己想要实施的法律,2)果断抛开国会……在它完全失控之前"。[10]

《时代》杂志还报道了德国共产党的伟大母亲、75岁的克拉拉·蔡特金(Clara Zetkin)去世的消息。这位伟大的老人面对纳粹分子的穷凶极恶,毫不畏惧。她在去世前的几个月,还强烈坚持行使自己作为最年长国会代表的权利,亲自打开德意志帝国大厦的大门。不过她是被人用担架抬进帝国大厦去行使这项神圣权利的。杂志还宣布了出生于乌克兰的移民、51岁的约瑟夫(约瑟莉)·罗森布拉特[Josef (Yossele) Rosenblatt)]过早离世的消息。罗森布拉特是一位"世界著名犹太经典演唱家和演唱会歌手。那天他刚为设在耶路撒冷的美国-巴勒斯坦福克斯电影公司完成了一部电影的拍摄任务,就因心脏病发作而突然离世了。作为一名歌声堪比意大利著名歌唱家卡鲁索(Caruso)的正统犹太人,他拒绝了以每晚3,000美元的代价要求自己刮掉已经蓄了多年的胡须,为芝加哥歌剧院演唱《犹太少女》的请求。[11] 本期杂志的时评几乎囊括了大半个地球发生的事情。其中还对一场"革命婚姻"进行了评价——"圣雄"甘地(Mahatma Gandhi)的儿子、来自吠舍种姓(商店店主)的黛瓦达西(Devadas)与来自婆罗门种姓的国大党领导人女儿联姻。

然而,本期杂志最吸引读者眼球的新闻还是对巴尔博飞行壮举的完整报道。文章以大量篇幅描绘了飞行队如何开展严酷训练,如何制定飞行计划,驾驶技术如何先进;还描绘了由巴尔博驾驶的机身涂有巨大黑色星号标识的领航机率领的意大利航空飞行队——七个三机密集编队和一个四机编队组成的表演队形带给人们的美感与震撼。报道还详细描绘了奥尔贝泰洛空军学校举行的告别仪式。当天,飞行队员和观众聚集到停机坪,观看"25架整装待发的大型海上飞机在停机坪上来回移动",每一架飞机要么涂成作为法西斯标志的黑色,要么涂成白色和绿色相间的意大利国旗颜色,而且每一架飞机都刻有法西斯标识。这是从 1928 年开始巴尔博命令所有意大利空军的飞机都必须刻有的标识。文章写道：

> 停机坪上搭起了演讲台，一个高大的身影走了上去。他就是大西洋战役最高指挥官、意大利航空部长伊塔洛·巴尔博将军……"作为这次飞行行动的总指挥和各位队员的亲密战友，我向你们表示衷心的祝贺。让我们以平静的心态对待和准备这一行动。我并非没有意识到我们将面临的危险……但再大的危险也比不上我们命运的险恶。"总指挥和他的战友们举起右手，共同重温法西斯誓言："我们将不愧为伟大国王的优秀战士，不愧为伟大领袖所缔造的意大利帝国的优秀战士。"然后，一位牧师走向前来，为各位队员祈祷，向每一架飞机泼洒圣水，并乞求洛雷托圣母的保佑。[12]

实际上，队员们并非第一次执行这类任务。早在 1926 年担任航空部副部长和 1929 年担任航空部部长期间，巴尔博就已经开始精心策划大规模集体飞行演练。在这样一个伟大时代，多数人为现代化的壮观景象所打动，为威利·波斯特（Wiley Post）、罗斯科·特纳（Roscoe Turner）、詹姆斯·莫利森（James Mollison）、查尔斯·林德伯格（Charles Lindbergh）等著名飞行员的英勇行为所深深吸引。巴尔博也不例外。他强烈希望飞行队员表现出高超的技术水平、过人的军事胆识和严明的作战纪律，以及战无不胜的意大利个人英雄主义，尤其是意大利法西斯主义。[13] 早在 11 年前，也即 1922 年，刚刚获取最高权力不久，墨索里尼就开始单独组建意大利航空部队。其目的不仅仅是增加一支作战力量，更重要的是将航空部队的建设视为强化基于活力与创新价值趋向的法西斯"文明"的必要手段。在墨索里尼本人的强烈要求下，他的《我的自传》由斯克雷布纳出版社出版。该出版社以出版海明威和菲茨杰拉德的作品而闻名。墨索里尼在《我的自传》中回顾了自己迅速转变想法，决定建设一支"新型武装力量"的原因。他吹嘘自己在1928年"全力以赴重建因被前任政府废弃而彻底垮掉的意大利空军"。他注意到,"虽然刚重建不久,但海上飞行中队的出色表现……已经证明这支部队近期已经达到很高的专业水准。它不仅闻名意大利国内,而且在任何可以有飞机飞行的空域,都享有盛誉"。[14]

早在十年前,航空飞行与法西斯主义就已经建立起历史性关联,而且这种关联不断通过宣传画面、口头演讲和盛大庆典等途径得到强化。[15] 1935年,著名新闻记者吉多·马蒂奥利(Guido Mattioli)在其著作《作为飞行员的墨索里尼》的"序言"中解释说,"每一位飞行员都是天生的法西斯主义者"。1920年,已经37岁的墨索里尼亲自参加了飞行训练,以实践自己的初衷——"与航空事业建立密切的精神联系",即将空军的发展与法西斯主义紧密相连。[16]

1927年,林德伯格驾驶"圣路易斯精神号"飞机从美国长岛起飞,穿越大西洋成功抵达法国巴黎。巴尔博像全世界数百万航空爱好者一样,为林德伯格的壮举所打动。第二年他赴美访问一个月。访美期间,他表达了自己第一次观看卡通剧《飞机狂》时的兴奋和喜悦心情。剧中,老鼠米奇带着老鼠米妮乘坐由一辆由小汽车改装的飞机,进行了一次近乎灾难性的航行。人们对于林德伯格的痴迷,跨越了地理边界和意识形态分割。连左翼剧作家贝托尔特·布莱希特(Bertolt Brecht)也为之感染并行动起来,为1928年巴登-巴登音乐节创作了广播剧《林德伯格的飞行》,并由著名音乐家库尔特·魏尔(Kurt Weill)和保罗·亨德密特(Paul Hindemith)担任音乐制作人。林德伯格在意大利获得了超乎寻常的尊重和敬仰。几百万意大利人竞相传唱《美国之鹰》,竞相学习林迪舞。[17] 1928年5月26日到6月2日,身穿法西斯将军制服的巴尔博带领飞行队员第一次执行大规模航行任务。飞行阵容由61架装载轻型炸弹的海上飞机组成。他们从奥尔贝泰洛出发,沿地中海西岸越过西班牙和法国的6个港口。1929年,巴尔博又率领飞行队进行了一次更长距离的飞行。他带领36架轰炸机编队,向地中海东岸飞行,经停雅典、伊斯坦布尔、瓦尔纳,最后到达苏联的敖德萨。巴尔博此次飞行的一部分原因是为了考察意大利和苏联在宪政民主方面的异同。巴尔博曾宣称自由民主"已经腐朽到骨髓,其处处宣扬谎言和谬误"。[18] 1931年,巴尔博开启了他首次穿越大西洋的飞行。他带领12架海上飞机编队从罗马出发,经停西非和巴西北部,到达里约热内卢。[19] 他在回忆录中写道,每一位飞行队员"在离开奥尔贝泰洛之前被颁发一张法西斯党员卡。而且在穿越大西洋时,所有队员都穿上黑色衬衫,以表示他们征服大洋的法西斯意志和决心"。[20]

在意大利法西斯党内,巴尔博以狂妄、激进出名。作为"一名桀骜不驯的铁面长官、意大利右翼团体黑衣社的创始人、法西斯民兵首位领导人",[21] 他也是一位名符其实的暴力分子和偏执狂。第一次世界大战期间巴尔博曾在阿尔卑斯军团服役,因作战英勇获得过一块铜质勋章和两块银质勋章。[22] 之后他当上了费拉拉和艾米利亚的黑衫社民兵队队长,以凶残、粗暴闻名。巴尔博同样出名的是,他是1922年10月扫除意大利自由政权的"进军罗马"行动中四位准军事领导人之一。巴尔博把当时的意大利自由民主政权贬责为"猫头鹰的巢穴"。[23] "当我从战场上回来时",他1922年的日记中写道,"我对政治和政客们深恶痛绝",所以决定"拒绝承认一切"与意大利自由政权有关的事情,尤其是议会政治。[24]

巴尔博具有极其典型的军国主义思想,是一位狂热的军国主义分子。他的所有行为均反映出议会中的右翼团体对于第一次世界大战造成的破坏所持的态度,更反映出右翼团体对于战后社会主义和共产主义运动兴起所持的态度。他在1922年3月2日的日记中写道,国家的自由议会政体是"我们打击的最终目标。我们要彻底摧毁这一政体及一切所谓广受欢迎的制度。对这样的制度,我们制造的丑闻越多,内心就越高兴"。[25] 更为重要的是,巴尔博好像预见到后来德国纳粹集团的立场,他指出,法西斯的暴力政治理论永远不可能与自由民主原则达成和解:"最重要的是,谁能做到一边实施暴力,一边宣扬自己尊重所有人的意见?真理只能有一个。凡是认为自己掌握真理的人,必须用生命来捍卫它。凡是认为自己不掌握唯一绝对真理的人,都不是法西斯主义者……令人感到荒谬的是,没人跟我持同样的想法。"[26]

尽管1933年的《时代》杂志对巴尔博进行了热情洋溢的报道,但他在20世纪20年代中期担任军团民兵组织督察官时,被广泛视为最极端的法西斯领导人。他强力支持意大利法西斯政权与德国纳粹政权之间的合作,并于1932年12月赴柏林造访六个月前代表德国最大的议会政党当选为德意志帝国议会主席的赫尔曼·戈林(Herman Göring)。这之后仅仅过了一个月,希特勒就历史性地当选为德意志帝国总理。1933年1月30日,戈林开始担任希特勒政府的民用航空部部长,不久又开始担任德国空军司令员。戈林与巴尔博之间关系密切,邀请巴尔博秘密帮助德国开展空军培训计划。这是被《凡尔赛条约》严格禁止的军事行为。[27]

1933年巴尔博开始到各个自由民主国家进行访问时,人们的焦虑和恐惧还不像后来纳粹德国侵略时那么明显。尽管人们知道意大利飞行队员代表了法西斯军国主义,但巴尔博及其队员们所到之处,人们仍然把他们视为英雄而欢呼和敬仰。[28]

作为一次"世界航空史上最伟大的越洋飞行"[29]行动的统帅,巴尔博像当年的林德伯格一样,作为大众的新宠,变成各大新闻媒体争相报道的焦点人物。所到国家的地方官员和国家领导人争相为其举办庆功宴会。巴尔博的飞机在北爱尔兰着陆时,英国皇家空军最高领导人、贝尔法斯特市市长以及其他国内、省内有名的政治家均到场迎接。机场上数千人夹道欢呼、喝彩,"身着盛装的漂亮女孩们将鲜艳的玫瑰花瓣洒满巴尔博将军所走过的道路"。有官员亲自打电话给墨索里尼,汇报当时的盛况。[30]

这位意大利航空英雄刚到达下一个访问城市加拿大的蒙特利尔,就收到了一封来自德国柏林的贺信:"谨对您取得的惊人业绩表示衷心地祝贺!——阿道夫·希特勒。"[31]对于航空事业发展与政治关系的重视,希特勒丝毫不亚于墨索里尼。在1932年竞选期间,希特勒受巴尔博法西斯主义飞行壮举的感染，乘飞机纵横穿越了德意志帝国领空，以如此激动人心的方式彰显"希特勒对德意志帝国的热爱"，进而表明纳粹主义事业等同于现代德国的光明未来。[32]

巴尔博飞行队的壮观阵容于1933年7月中旬到达美国中部城市芝加哥。在芝加哥市中心湖畔的飞行表演现场，《纽约时报》的现场报道记者捕捉到意大利无敌航空飞行队带给人们的这一激动人心的场面：

> 下午一点的钟声刚刚敲响，第一编队6架飞机在巴尔博的率领下，穿越地平线进入人们的视线。飞行高度1,500英尺。当他们向着太阳的方向飞行时，飞机螺旋桨和其他金属部件金光闪闪，划过长空……数千名早已聚集在岸边或已经走向防波堤的观众欢呼雀跃。一支意大利法西斯乐队正在演奏《年轻气盛》乐曲，身着黑衫的法西斯战士在防波堤上列队致敬。[33]

在机身上拼写着"意大利"三个字的美国军机的列队伴随下，巴尔博率领的航空飞行队于美国独立纪念日后11天到达芝加哥。由八个三机编队组成的飞行阵容划过"一个世纪的进步"世界博览会会场上空，最后降落在密歇根湖畔。商务部发电祝贺"飞行队的成功表现"，称之为"划时代的光辉业绩"。[34] 教皇庇护十一世（Pope Pius XI）把意大利国旗和教皇的旗帜张贴在巴尔博临行前所赠予的一幅大型地图上，亲自伴随巴尔博飞完全程，并指示红衣主教曼德林（Cardinal Mundelein）为巴尔博祈祷。[35] 第二天在芝加哥圣名大教堂主持的弥撒仪式结束后，曼德林宣读了"下一任教皇、庇护十二世、红衣主教欧亨尼奥·帕切利（Cardinal Eugenio Pacelli）从梵蒂冈发来贺电和祝福"。[36] 安妮（Anne）和查尔斯·林德伯格的电文写道，"对您精彩的飞行表演致以真诚的祝贺"。巴尔博则对此回应道，"这是来自美国杰出越洋飞行勇士的问候。林德伯格先生是飞行传奇的创造者。他的问候让意大利航空飞行队全体队员感到自豪和荣耀"。[37] 消息传到意大利时，

"人们纷纷走上街头,高唱法西斯赞歌,为自己的领袖墨索里尼欢呼,为自己的英雄巴尔博将军欢呼",似乎意大利人到达舍伍德·安德森(Sherwood Anderson)笔下"神秘的美国心脏地带"就意味着罗马帝国荣誉的回归。[38] 当飞机全部降落时,海军码头上聚集了大约100,000名芝加哥观众,其中包括一位海军上将。伊利诺伊州州长宣读了新成立的美国联邦政府作战部部长和海军部部长热情洋溢的贺词。芝加哥市市长将巴尔博比作15世纪发现美国新大陆的哥伦布,宣布当天为"意大利巴尔博日",并把第七街改名为"巴尔博大街"。这个名字直到今天仍在沿用。

当天还在密歇根湖畔举行了哥伦布纪念碑落成典礼。碑文中写道:"纪念碑的落成见证了意大利飞行勇士巴尔博率领的意大利飞行队的荣耀。1933年7月15日。"意大利社会主义联盟和意大利人权联盟发起的小规模抗议示威活动与当天压倒性的欢呼雀跃相比,简直太微不足道了。当天晚上,新开业的史蒂文斯大酒店(现在的芝加哥希尔顿大酒店)举行了大约5,000名芝加哥市政治、经济和宗教界领袖参加的大型晚宴。晚宴占据了密歇根大道第七街和第八街之间的整个街区。[39] 当巴尔博及其队员进入歌舞大厅时,许多人起立向他们致以法西斯主义敬礼。席间,"年轻女孩和漂亮女士们争相与这些英俊潇洒的队员们跳舞搭讪"。[40] 当晚的活动由美国前任驻法西斯意大利大使主持。一幅墨索里尼的巨大黑白肖像妆点着整个大厅。全场观众聆听了芝加哥主教的布道。市长爱德华·凯丽(Edward Kelly)和洛约拉大学校长分别致辞。洛约拉大学校长向巴尔博颁发了一份已经落令的荣誉学位,并宣读了美国总统发来的贺词。总统贺词成为当晚活动最引人注目的事件。在第二天的博览会上,这位美国人心目中的新法西斯英雄成为了当地印第安部落苏族人的荣誉公民,并被授予"飞行之鹰"的称号。或许巴尔博不愿意与劣等和溃败的土著人为伍,怕玷污自己的名声,或者他担心这有损于他作为法西斯领袖墨索里尼代表的形象,巴尔博从部落首领布莱克·合恩(Black Horn)那里接受这份荣誉时,显得非常不情愿。[41]

  巴尔博及其队员们在当地一家赌场待了一夜后离开芝加哥时，一百多万围观者高唱送行曲夹道欢送，整条密歇根大道人山人海。这场面简直有点像芝加哥棒球队的小伙子们将世界联赛获胜的消息带回芝加哥时的情景，只不过当天是7月18日。应纽约市长约翰·帕特里克·奥布莱恩（John Patrick O'Brien）和纽约州长赫伯特·雷曼（Herbert Lehman）的邀请，意大利飞行队的下一站是前往纽约访问。雷曼在邀请巴尔博时提醒道，"伟大的帝国之城纽约……是世界上除罗马外所有城市中意大利裔人口规模最大的城市"。[42] 纽约欢迎场面的壮观程度绝不亚于芝加哥。飞行编队伴随着美国海军发射的十九响礼炮声，降落在布鲁克林区弗洛伊德·贝内特机场。紧接着进行了沿哈德逊河，环绕曼哈顿的飞行表演。据《纽约时报》估计，当天有几百万满怀欣喜的市民目睹了这一场景。等候在帝国大厦顶层的播音员进行了现场报道。[43]

  在纽约进行短暂停留后，第二天飞行队前往华盛顿。巴尔博一行沿波拖马可河到达时，十九响礼炮先后响起。随后他们向阿灵顿公墓无名烈士碑敬献花环，并在林肯纪念堂前驻足。海军部部长克劳德·斯旺森（Claude Swanson，弗吉尼亚人，曾担任七届众议员、四年州长、四届参议员）向巴尔博敬礼，赞扬他"值得羡慕的荣誉和杰出的组织领导才能"。[44] 7月20日，欢迎活动达到高潮。罗斯福总统夫妇为欢迎巴尔博一行而举行午餐会。前一天，总统夫妇刚在此接待了埃塞俄比亚皇帝海尔·塞拉西（Haile Selassie）的女婿德斯塔·德木图王子（Prince Ras Desta Demtu）。三年后的这一天，巴尔博所在的意大利法西斯帝国野蛮蹂躏了塞拉西统治下的埃塞俄比亚。[45] 在席卷全国的民众狂热情绪感染下，罗斯福总统试图说服巴尔博延长一个月旅程，以举行一次全国大巡游。《纽约时报》热情地描述道，"总统的话向意大利航空界这位长着大胡子的年轻领导人传递出真挚情谊"，"年轻的航空部长离开白宫时，脸上布满微笑"。[46] 随后，巴尔博又返回纽约，笑容依旧。大约200万纽约市民涌向市中心为其送行。他们挥舞着彩带，兴高采烈地加入到大型巡游队伍中。当天的送行巡游庆典最终在麦迪逊广场花园结束。65,000 人汇聚于此，聆听巴尔博的告别演讲，其中大部分是意大利裔美国人。《纽约时报》报道说，"巴尔博特意借机发表了具有浓厚的法西斯色彩的政治演讲"，"向那些不信奉法西斯主义的人们表明，剩余的一小撮国际反法西斯主义运动的可怜虫们只能被迫诉诸于苍白无力的虚张声势。不论他们多么卖力，多么持之以恒，都是苍白无力的"。巴尔博在返回欧洲前写给墨索里尼的报告里说，"所谓国外存在反法西斯情绪纯属子虚乌有。航空飞行队在美国受到的热烈欢迎，让这一谣传彻底破灭了"。[47]

意大利飞行队在美国受到的热烈款待也在大洋对岸引起强烈反响。第二天，美国驻意大利大使布雷肯里奇·朗（Breckenridge Long）造访墨索里尼。这位大使曾做过驯马师[48]，也是伍德罗·威尔逊总统在普林斯顿大学的同班同学，他向墨索里尼转达了"罗斯福总统对于伊塔洛·巴尔博将军及其随行人员精彩飞行表演的羡慕和钦佩之情"，以及"美国人民对他们的热情赞扬和钦佩"。[49]

8 月 13 日回到意大利时，巴尔博及全体飞行队员身着华丽的空军制服被迎候到妆点着法西斯旗帜的罗马图密善体育场，观看欢庆航空勇士们凯旋的大游行。巴尔博被提升为空军中将，并受到身着黑衫党民兵指挥员制服的墨索里尼的表扬。墨索里尼赞扬巴尔博"让法西斯革命精神在欧美两大洲的上空回荡"。作为报答，巴尔博向墨索里尼献上空军中将军帽，并宣称革命领袖墨索里尼每天通过电报关怀和教导飞行队的表演训练，吹捧说"意大利无敌飞行队的一切成功和荣誉归功于墨索里尼总理"。[50] 欢庆仪式结束时，"飞行队员按照罗马军团的仪式行军礼，高呼法西斯口号'诺伊'……礼炮轰然响起，几千名法西斯女兵向道路上抛洒鲜花和象征荣耀的月桂枝叶"。[51]

那年整个夏天，美国人几乎都沉浸在对巴尔博飞行壮举的赏识和狂欢之中，而陷入大萧条的美国经济却丝毫没有复苏的迹象。这是一件非常可怕的事情。1934 年 4 月，哥伦比亚大学宣布为该校"意大利之家"的研究生设立"伊塔洛·巴尔博大西洋巡游奖学金"。校长尼古拉斯·默里·巴特勒（Nicholas Murray Butler）将墨索里尼比作克伦威尔。[52] 巴特勒对于民族多样性的热心支持几乎很少有人知道。"意大利之家"于1927年在阿姆斯特丹大道建成。其建筑样式模仿了15世纪罗马宫殿的建筑风格。在落成典礼上，古列尔莫·马可尼（Guglielmo Marconi）代表墨索里尼发表主旨演讲。马可尼是一位意大利电信技术先驱，曾获诺贝尔物理奖。但在政治上，他却是一位不折不扣的法西斯主义分子。[53] 这一针对赴意大利留学生设立的奖学金启动刚刚四个月，意大利罗马就举行了一场类似的颁奖活动。墨索里尼亲自向99位美国人授予高等荣誉勋章，表彰他们为巴尔博的无敌飞行队建设作出的贡献。最高荣誉勋章——意大利王冠大勋章被授予以下三位：海军部部长克劳德·斯旺森、海军作战部部长威廉·史丹利（William Standley）、陆军参谋长道格拉斯·麦克阿瑟将军。[54] 作为回应，1935年5月，美国驻意大利大使朗访问特里波利，以同样的方式授予巴尔博美国杰出飞行十字勋章。这一勋章的授予事先通过了国会审批，并于当年4月经罗斯福总统核准。[55]

被美国授予十字勋章时，巴尔博已经成为意大利利比亚殖民地总督。他自1934年初开始担任这一职位，并继续负责费拉拉地区重要法西斯报纸《罗马快报》的发行工作。仅仅几个月过后，朗就向国务卿科德·赫尔报告了一则不祥的消息：意大利准备向埃塞俄比亚开战。米兰的工厂突然以惊人的速度生产出大量坦克、军用卡车和火炮。法西斯部队正频繁地被秘密调遣。这些部队伪装成商船，从那不勒斯港出发，经巴尔博统治下的利比亚殖民地和意属索马里兰，向埃塞俄比亚进发。[56]

巴尔博所挚爱的飞行队成为第一次世界大战后被部署向一个主权国家发起攻击的第一支空军部队。他们装有芥子气的炸弹和手榴弹不仅投向埃塞俄比亚士兵阵地，甚至连老百姓和红十字会营地也没放过。两年前受到美国领袖、市民、新闻媒体欢呼喝彩的意大利航空飞行勇士们，为了彻底征服埃塞俄比亚，野蛮发起了一系列恐怖性统治行为，包括集体处决、动用化学武器、强迫关入集中营参加劳动。这一切恐怖行为都是按照墨索里尼的命令进行的。墨索里尼指示，以系统的恐怖屠杀行动制止任何抵抗。巴尔博曾在 1933 年做出预言性的解释，"空军战机必须在下一次战争中像步兵一样用于大规模作战"。[57]现在他们已经"如愿"了。[58]

对于法西斯意大利入侵埃塞俄比亚，美国没有采取任何行动。为了呼应美国国内的孤立主义情绪，当然更是为了表示对意大利法西斯政权固有魅力的信仰，美国驻意大利大使朗在 1936 年辞职前不久，还竭力为意大利帝国主义辩护，并劝阻针对意大利的石油禁运制裁措施。《芝加哥论坛报》接受了朗的主张，并指出，美国决定"在保全脸面的前提下，解决与新的意大利帝国的关系问题"。[59]这显然是试图以现实主义的名义，支持肆意侵犯人权的恐怖行为。这种态度在 1938 年德国大肆屠杀犹太人的"水晶之夜"事件中暴露的更加明显。当然，这种态度在这次意大利入侵埃塞俄比亚事件发生之后就已经充分暴露出来了。

当年 2 月，一次拙劣的刺杀意大利驻埃塞俄比亚总督鲁道夫·格拉齐亚尼（Rodolfo Graziani）的事件，成为意大利军队疯狂报复反抗的托辞。大约三万无辜平民被残害。殖民政府还采取了更为过分的回应措施，引入了种族隔离制度。人们不可能指望美国对这一行为提出反对和抗议。[60]更直接地说，在开始恐怖镇压和墨索里尼赴利比亚之间的这段时间里，意大利人知道如何玩弄美国的舆论。就在这时，查尔斯·林德伯格及其夫人、女飞行员安妮·默洛·林德伯格[61]正在特里波利接受巴尔博的欢迎和款待。时隔几年后两位航空勇士再次相聚。他们共同铸就了西方想象中的长空比翼。

虽然是一位孤立主义的重要人物，但林德伯格并未选择从欧洲的法西斯主义阵营里脱身。事实上，在 20 世纪 30 年代，他先后五次到访纳粹德国，包括在 1936 年柏林奥运会开幕式上闪亮现身。即使在

1935年纽伦堡法案将德国犹太人从民事、经济和政治团体中驱逐以后，反犹主义者林德伯格仍然把希特勒视为"天经地义的伟大人物……具有最高尚的品格，具有最独到的远见……美国和英国的文献已经对其进行过各种各样的描述"。[62] 相比较而言，1936年12月特里波利两位犹太人因违抗伊塔洛·巴尔博的命令而遭受鞭笞的事件，似乎只不过是一次微不足道的抗命行为。[63] 他们仅仅是没有遵守星期六商店不准营业的规定，而在"星期六照样营业"而已。考虑到林德伯格的喜好，希特勒的指定接班人、德国人自己培养的航空勇士空军中将赫尔曼·戈林在1938年代表德国元首向林德伯格颁发了四星勋章，即德意志雄鹰服务勋章。这是德国颁发给为德意志第三帝国做出贡献的外国人的第二大荣誉勋章。[64]

1940年8月，当时第二次世界大战欧洲战场刚开始11个月，英国战场交战正酣，林德伯格在芝加哥士兵运动场举行的公众集会上发表演讲。他呼吁，如果德国取胜，美国应当与其展开合作，并补充说"与德国签署合作协议可以确保全世界的和平和文明"。[65] 1941年7月，苏联遭受德国侵略以后，林德伯格向旧金山阻止美国参战的孤立主义团体美国第一委员会召集的群众集会表示，尽管德国有这样那样的错误，但他宁愿选择与德国结成盟友，也不选择苏俄。[66] 两个月后，当希特勒征服和占领波兰、比利时、荷兰、挪威、丹麦和法国，并准备实施最终解决方案而对英国造成严重威胁时，林德伯格在衣阿华州首府德梅因举行的美国第一委员会集会上发表演讲。他把矛头直接指向"犹太种族"，声称"犹太种族"是"把美国推向战争深渊的最主要团体之一"。[67]

林德伯格大肆进行孤立主义宣传活动前一年，巴尔博已经神秘地离开人世。与巴尔博同时丧生的还有八位其他意大利官员，时间是1940年6月28日。巴尔博驾驶的飞机在靠近埃及的利比亚东北部港口城市托布鲁克时失事起火。意大利政府像其纳粹盟友一样，极尽捏造事实、逃避责任之能事，无端指责英国皇家空军制造了这起空难，声称巴尔博的飞机参加英国空战时被英国空军击落。[68]事实上,巴尔博驾驶的是一架九座客机。英国皇家空军对德军实施空袭时,根本没有遭遇过这类客机。[69]

空军少校巴尔博牺牲后被授予"民族英雄"的光荣称号。他的尸体从托布鲁克被运抵班加西时,殖民政府在沿途举行了多处公祭活动。巴尔博北非武装部队总司令的职位马上由鲁道夫·格拉齐亚尼接替。[70]特里波利的圣弗朗西斯教堂为巴尔博举行了追思弥撒活动。墨索里尼对巴尔博的英勇行为给予高度赞扬,并命令驻费拉拉的法西斯民兵第七十五军团改名为伊塔洛·巴尔博军团。[71]赫尔曼·戈林代表德国发去了唁电。电文写道:

  第一位法西斯空军元帅的高尚品格将成为当今时代每一位将士走向胜利的精神支柱。值此意大利全国上下沉痛哀悼牺牲将士之际,我谨代表我本人及我所率领的德国空军向您——德国的伟大领袖墨索里尼元帅表示深切的同情。[72]

二

布雷肯里奇·朗和查尔斯·林德伯格对于美国政策所持的观点是不会得逞的,除非富兰克林·罗斯福总统领导下的美国放弃追求自由民主的信念而与欧洲法西斯独裁者同流合污,这当然是不可能发生的事情。随着二战的结束,以及墨索里尼和希特勒的溃败与毙命,1945年秋天世界反法西斯战争胜利的场景与12年前芝加哥和纽约以极尽疯狂的情形欢迎巴尔博的场面形成鲜明对比和讽刺。

盟国管制委员会所在地柏林最高法院办公楼的大会议室是1945年10月18日国际军事法庭开庭[73]仪式的会址。它是战败国领导人首次接受国际法庭[74]审判的标志。四位上诉法官分别是英国的杰弗里·劳伦斯(Geoffrey Lawrence)、法国的亨利·德·瓦布尔(Henri Donnedieu de Vabres)、美国的弗朗西斯·比德尔（Francis Biddle）和苏联的爱奥拉·尼基琴科。当天，上诉法官全部入座后，国际法庭审判程序正式开始。法庭首先进行调查取证，包括已截获的法西斯暴行罪证的胶片资料，这些资料来自于盟国检察机构工作人员的大量调查工作，还包括对死亡集中营幸存者的证言进行集中听证。

有人认为国际法庭只不过是披着跨国法庭外衣的美国法庭。为了部分地消除人们的这类误解，上诉法官们推选劳伦斯担任庭长或主审法官。对这一决定持有异议的尼基琴科被邀请担任柏林开庭仪式的主持人。[75] 尽管尼基琴科不怎么认同西方法理，但当被派往纽伦堡参加法庭审判时，他显然还是凭借自己的睿智，维持了西方法理的基本特征。一位在庭审现场担任观察员的英国外交官认为"尼基琴科坚持了西方法理的最高标准，他对盎格鲁－撒克逊法理真正具有非常浓厚的兴趣，尽全力维持了法庭的尊严"。[76]

尼基琴科身穿镶嵌金色肩章、锁有绿边而且褶皱明显的巧克力色苏联红军制服。其装束与西方法官的法袍形成鲜明对比。上午十点半钟，尼基琴科宣布秋季审判程序正式开始。[77] 第一天的大部分时间用于宣读死刑起诉状。受到指控的22人均来自纳粹德国最高领导集团，包括波兰总督汉斯·弗兰克（Hans Frank）、内务部部长威廉·弗利克（Wilhelm Frick）、盖世太保首领兼德意志三军副总司令赫尔曼·戈林、陆军元帅威廉·凯特尔（Wilhelm Keitel）、外交部长约阿希姆·冯·里宾特洛甫（Joachim von Ribbentrop）、东部占领区事务部部长阿尔弗雷德·罗森伯格（Alfred Rosenberg）、装备部部长建筑师艾伯特·斯佩尔（Albert Speer）、大肆鼓吹反犹思想的周报《先锋报》编辑尤利乌斯·施特莱歇尔（Julius Streicher）。上述战争罪犯共受到了四项指控。第一项指控他们犯有密谋"实施或参与实施反和平罪、战争罪以及反人类罪"。第二项指控他们犯有计划、准备、发起、参与侵略战争罪。第三项指控他们犯有实施战争罪。罪行包括虐杀平民，使用奴隶劳动，野蛮破坏村庄、城镇和城市。这些罪行严重违反了包括《海牙公约》和《日内瓦公约》在内的战争法律和惯例。第四项也是最新的一项罪名，指控他们在政治、种族和宗教方面犯有反人类罪，包括政治迫害和大规模种族灭绝行为。[78] 上述指控中没有涉及谋杀犹太人的具体罪行，但后来所说的"大屠杀"成了这一指控的最重要因素。[79]

国际军事法庭的集结地点设在曾经是德国最具活力的地区——柏林，战后，这里只剩下城市的残壳。战争中，柏林遭受了英军的350多次轰炸，1940年8月以后又不断受到美国空军的轰炸。1943年11月到1944年3月之间的英军联合作战造成大约4,000名平民死亡，450,000人无家可归。1945年2月3日和2月26日美国第八航空队实施的最后一次大规模空袭造成大约3,100人死亡、190,000人失去家园。[80] 一部描写美国空军作战的官方史书记录了这一次空袭的惨烈程度，这只是二战武力攻击中一次中等规模的空袭：

> 第二天，第八航空队三个支队全部出动，对德意志首都柏林实施空袭行动。1,089个部署H2X波段雷达的有效架次共投掷炸药2,778吨。其中44%在总云量10/10的条件下，即阴天条件下燃烧。每个支队努力打击一个单独的袭击站点。西里西亚、亚历山大广场和柏林北袭击站点全部位于距离柏林市中心两英里范围内。爆炸引起大火燃烧，造成无数平民伤亡。英国皇家空军"蚊子号"夜袭者轰炸机报告攻击结束12小时后，所投掷的炸弹还在继续燃烧。2月26日的空袭行动共向柏林投掷燃烧炸弹500,000发。经过这次空袭，即使典型的柏林市民也会分不清英国皇家空军的区域打击行动与美国陆军航空队的精确打击行动。[81]

国际审判法庭很快转到纽伦堡正义殿600号房间。战争中正义殿曾遭空袭，但大部分建筑保留完好。战后政府动用875个劳动力，"耗费5,200加仑涂料、250,000块砖、100,000立方英尺木材和1百万英尺线缆"，来对正义殿进行修缮。未来很有可能还要进行更大规模的战后重建。[82] 曾经的玩具制造业中心巴伐利亚市在 1945 年 1 月 2 日不到一小时的大规模空袭中化成一堆瓦砾。"豪华的城堡、三个装饰有珍贵艺术品的教堂、至少两千多座中世纪时期的房屋瞬间消失在火海中。"[83] 一位庭审开始时进行现场报道的美国记者写道，巴伐利亚古城被夷为平地的场面简直就像"一座有城墙环绕的中世纪城堡在一场天灾、大火或地震中化为灰烬"。[84]

从 1945 年 11 月 20 日到 1946 年 10 月 1 日宣判为止，法庭审判全部在纽伦堡正义殿进行。之所以将审判地点转移到纽伦堡，是因为尼基琴科首先提议，在这个与希特勒的纳粹党诞生密切相关的城市进行国际战犯的审判。[85] 从 1923 年开始，纳粹党就一直在这里举行大规模群众示威。每年一届的纳粹党全会也在这里召开。德意志第三帝国的前六年，即 1933 年到 1938 年，这里是纳粹党举行大型集会的地点。由艾伯特·斯佩尔亲自执导的大型集会和歌舞表演，伴着绚丽的灯光、迎风招展的彩旗和火光闪闪的戏剧火把，在其设计的大型集会区域举行。斯佩尔设计的大规模公共集会场所还包括一个野外行军场地、一条用于开展群众性游行示威的 1 英里长"大道"、一个军事演习场地、一个国会大厅、两个大型露天体育馆。其中一个露天体育馆的柳特波德竞技场一次可容纳 150,000 人。正是在这里，莱尼·里芬斯塔尔（Leni Riefenstahl）的第一部纪录片《信念的胜利》记录下了 1933 年纳粹党第五次大会的实况。她的第二部纪录片《意志的胜利》则捕捉到 1934 年纳粹党第六次大会召开的著名情形。

一年后的 1935 年 9 月，《保护德国血统和德国荣誉法》《德意志帝国国旗法》《德国公民法》在"自由大会"，即第七次纳粹党代会结束时召集的德意志国会特别会议上获得通过，这次特别立法会议正式将种族迫害合法化，它令生活在德国的约 500,000 名犹太人自此恐惧万分。[86] 在这之前虽然也存在严重的种族迫害，但都属于没有系统领导的随意行为。这些后来人们所称的"纽伦堡法"禁止犹太人与"德国公民或与德国公民有血缘关系的人"结婚或发生性关系。同时，法律宣布，犹太人不能再雇佣犹太人以外的妇女做佣人，也不能再悬挂德国国旗或有国旗颜色的旗帜。最关键的是，犹太人被剥夺了公民资格。从此以后，"德意志公民"被定义为"来源于德意志民族或具有德意志血统，并且愿意通过实际行动证明自己有能力为德意志人民和德意志帝国服务的国家主人"。在纳粹第七次党代会的闭幕词中，希特勒宣布了这些立法，并警告说如果"国际犹太人运动煽动组织继续"反对德国对犹太人采取的处置措施，他就代表德国政府将犹太人问题"交由国家社会主义党进行最后解决"。[87] 十年后，这一变本加厉迫害犹太人的行为在纽伦堡的国际法庭上进行了最后决断。

11月21日，美国最高法院法律顾问罗伯特·杰克逊（Robert Jackson）就纽伦堡审判向美国发表了公开声明。杰克逊没读过大学，也没有获取过任何法律学位，但他深知把纽伦堡选为国际法庭最终审判地点的实际意义。他指出，"人们没有必要在这样一个深埋着无数平民尸体的美丽古城的废墟上，为发动和参与侵略战争是不是最严重的道德犯罪这一议题而争来争去"。[88] 就在国际法庭开始审判程序时，3,000多具尸体正在臭气熏天的城市废墟下面一点点腐烂下去。[89] 尽管纽伦堡遭受的破坏和打击不比科隆、汉堡和德累斯顿遭受的地毯式轰炸和燃烧爆破严重，但在最后一次空袭前八个月，即3月16日和17日，这里的市民和城市设施已经遭受过一次严重破坏。500人死于非命，35,000人无家可归。当时还没有被夷为平地的唯一区域斯坦布尔这次也化为灰烬了。[90] 在3月份的一个月时间里，发生了最惨烈的盟国空袭。盟国投向德国的炸弹吨位数是开战以来最大的，超过战争开始前3年的总和——67,000吨（当然盟军并没有对德国或波兰的常规集中营和死亡集中营进行反复空袭）。一个月的大规模密集空袭对德国造成的破坏可想而知。因此，3月28日，英国首相温斯顿·丘吉尔（Winston Churchill）写信给陆军参谋长，询问鉴于德国遭受了如此惨烈的空袭，是否到了"盟军应该重新考虑空袭是不是加剧德国恐怖气氛的时候了，尽管这些空袭是由其他原因导致的"。[91]

这种大规模密集空袭无疑是违反战前公约和国际伦理标准的，但盟军则坚持说这是为了摧毁敌方发动战争的能力，拯救千千万万前方将士的性命，缩短战争周期，进而最大限度地降低战争的破坏性。但是这种空袭把本来完好的城市变成了饿殍遍野的废墟，其行为本身就有损于纽伦堡国际法庭恢复和加强国际法律和道德准则的努力。[92]

采取措施惩治轴心国战犯的决定是在1943年10月30日召开的为期十二天的莫斯科会议结束时宣布的。参加会议的人员包括美国国务卿科德·赫尔、英国外长安东尼·艾登（Anthony Eden）、苏联外长维亚切斯拉夫·莫洛托夫（Vyacheslav Molotov）。当时正值美英两大民主国家与苏联开展反法西斯战争合作的顶峰，而且苏联红军正在抗击法西斯的战争中冲锋陷阵。由罗斯福、丘吉尔和斯大林联合签署的《莫斯科宣言》规定，反法西斯战争将坚持到底，直至轴心国无条件投降，并宣布为了保障战后的全球安全，维持世界和平，战胜国将致力于创建一个新的国际组织。宣言的最后一部分"关于战争暴行的声明"与1945年的纽伦堡审判密切相关。宣言写道：

> 让那些到目前为止双手还没有沾染无辜生命鲜血的人们永远牢记不要加入到战争罪恶的行列里。否则，同盟国即使追赶到天涯海角，也要将其绳之以法，使正义得到伸张。上述宣言不影响对主要战犯的审判。国际法庭对其战争罪行的调查不受地域限制。同盟国政府将联合下达对这些主要战犯的惩治决定。[93]

到1945年中期，随着大批集中营被解放，文明世界开始正视德意志第三帝国长期以来所犯下的难以想象的恐怖暴行。文明世界是应该对这些恐怖暴行进行清算了，但是清算这些恐怖暴行的具体政策尚待制定。自《莫斯科宣言》发表以来，同盟国尚未对战争罪犯的审判问题进行讨论协商。6月26日，美国的罗伯特·杰克逊、已经获得解放的法国政府代表罗伯特·法尔科（Robert Falco）、英国的戴维·麦克斯维尔·法伊夫（David Maxwell Fyfe）和苏联的爱奥拉·尼基琴科在伦敦开始了长达六个星期的艰难磋商，以确定主导未来诉讼程序的协议条款。[94]其中一个重要决定涉及对作为被告人的纳粹战犯的指控范围和具体细节。苏联最初要求侵略战争罪仅限于对欧洲轴心国的犯罪行为进行指控。反对对侵略罪行进行普遍性指控，要求战争罪审判坚持"本次战争中纳粹集团所发动之侵略行为"这一原则。其他代表团认为，苏联提出上述要求，是考虑为本国1939年侵略芬兰的行为开脱罪责，而且为使自己国内即将实施的政治清洗运动免除罪责，苏联还要求对正义的"人民战争"和非正义的帝国主义战争加以区分。与苏联的这一争议最终通过相互妥协得到解决。最后各方采取了一种笼统、抽象的定义，其适用范围仅限于"欧洲轴心国所实施的"战争犯罪。[95]

伦敦磋商会议经过艰苦努力做出了另一个更为重要的决定，即成立国际法庭对战犯进行审判，而不是由军事法庭审判或各国根据公民的受害情况自行决定审判程序。8月8日《伦敦章程》规定，国际法庭的审判程序将按照已有自由法律程序确定，而不是通过即决裁判的形式确定。杰克逊在1946年10月7日写给时任美国总统杜鲁门的关于国际审判程序的报告中指出，《伦敦章程》"制定了审判国际战犯的可行性法律程序。该程序解决了英美法系、法兰西法系和苏联法系之间的基本冲突……而且该章程设立了一系列简单可行的审判制度，以确保与案件审理有关的各方能够获得完整公平的听证权利，包括辩护律师在内"。[96]

这次国际审判处于由战争走向和平的过渡时期，因而虽然难以摆脱胜利者是否正义的质疑，但它的确致力于向以空前屠杀为标志的野蛮战争发动者讨还公道。死亡人员中平民和军人的比例为3:1。上诉法官杰克逊在其公开声明中表示，"战争犯罪的性质决定了起诉和审判应当由战胜方向战败方提起"。他坚持道，考虑到这一性质，审判程序不能超越"公正合理的惩治"与"战争创伤导致的盲目复仇情绪"[97]之间的界限。一个至关重要的问题是，如何定性后纳粹时代的德国，以及如何创建一种多边机制,更广泛地保障自由民主价值理念的充分表达,并以切实有效的方式将战争的威胁转化为和平正当的人类价值理念。[98] 实现这一目标的唯一出路在于"使战争罪犯受到公正合理的惩治——而不是默不做声地赦免或不加区分地复仇"。[99]

作为伦敦磋商会议的谈判人员,态度强硬的尼基琴科与温和机智的罗伯特·杰克逊完全不同。最初,尼基琴科坚持按照苏联法系的原则和特征实施审判,建议迅速裁决,立即执行。"我们现在讨论的是如何处置主要战犯的问题。这些主要战犯的罪行已经被裁定,而且政府首脑们已经在《莫斯科宣言》和《克里米亚宣言》中对其罪行进行宣判",在预审程序磋商过程中,尼基琴科做了上述表示。"纳粹集团领导人属于战犯,已经是确定无疑的事实。国际法庭的任务只不过是对该集团的每个人进行具体量刑,给予必要的裁决和宣判。"他进一步谨慎地表示说,"如果采取这样的程序,由法官一步步进行公正的审判,这将导致不必要的拖延"。[100]

实际上,尼基琴科内心充满了矛盾与冲突,"莎士比亚式的尴尬"会不时地折磨他。他经常投票拒绝辩方听取证人证言的请求,并反对被告被授予与控方证人在同一个证人席上宣誓作证的权利,坚持说控辩双方不应享有同等地位。[101] 或许是为了呼应苏联式审判的简短速决,尼基琴科抱怨纽伦堡审判时间拖得太久。最后,他坚持四名主审法官中有两人投票同意审判结果就足以宣判,反对其他法官投票支持免于起诉或非死刑判决,把合议制度驳斥为"荒谬可笑的事情",并坚决主张对要犯实施绞刑。随着案件审理程序的推进,他不断要求自己的同事们务必记住,法庭是"对案件进行实际判决的机构,而不是开展司法讨论的俱乐部"。[102]

但是,在伦敦磋商会议期间,尼基琴科的法理思想并没有成为主流。在杰克逊法官的领导下,美国谈判人员成功地坚持了自己的主张,即莫斯科和雅尔塔首脑宣言并不是司法判决,而是对犯罪行为的指控。具体犯罪事实应当由法庭审理确定。杰克逊坚持主张美国不同意"仅仅设立一个形式上的司法机构来批准根据政治决定做出的判决"，坚决抵制"政治处决"行为，并主张"如果要对战犯进行审判，就必须是实质性的司法审判"。[103] 经过最初阶段与尼基琴科所持反对意见的斗争与磋商，各方于10月最终达成一致，尽管所有被告均为众人皆知的纳粹活跃分子，法庭仍然允许他们自主选择律师，自主安排法庭辩护。[104]

尼基琴科法官在开幕词中并没有流露伦敦磋商会议上主审法官之间的争议和分歧。他按照杰克逊的观点和《伦敦章程》的精神，强调被告人拥有辩护权，并着重指出即将发布的国际法庭"议事规则"的重要性。这一"议事规则"将决定证人如何出庭，以及哪些文件可以归入案卷中。尼基琴科使用类似于美国公民自由联盟的宣讲语言，坚定地承诺，以公正的审判制度和为被告人提供充分的辩护机会为主要标志的国际法庭将保证每一个被告人得到客观公正的审判。[105]

由于忠于职守，尼基琴科和维辛斯基（Andrei Vyshinsky）被授予列宁勋章。[106] 像尼基琴科一样，维辛斯基也成为战后经常抛头露面的人物。在纽伦堡审判期间，尽管维辛斯基没有什么正式职位，但他却为尼基琴科和苏联代表团提供政策咨询。这实际上也是在替斯大林监督他们的行为。维辛斯基突然到达纽伦堡的第一天，苏联代表团举行了由法官和检察官参加的晚宴，欢迎他作为苏联检察小组成员将与大家一起工作一个月。在晚宴上，维辛斯基提议为伟大祖国苏联干杯。[107]

尼基琴科死于1967年。其死亡方式和原因几乎不为外界所知。美国和英国律师在尼基琴科回到莫斯科后，曾试图接触他，但被阻止了。寄去的书信和礼物从来没有确认过，也没收到过任何回复。关于尼基琴科参加完纽伦堡审判后的生活，除了"苏联关于其死亡的报道"，其他一无所知。[108] 1967年4月《纽约时报》登载的尼基琴科去世的讣告指出，"当他被任命担任……在纽伦堡审判前，尼基琴科少将已经拥有丰富的司法审判经验"。[109]

三

在 1948 年 5 月国会悼念仪式上，人们奉上一束玫瑰花来纪念前参议员西奥多·比尔博的离去。伊利诺伊州共和党议员埃弗雷特·德克森（Everett Dirksen）指出，比尔博是"一个有着坚定信仰的伟大政治家"。[110] 他的确是这样一位了不起的政治家，密西西比州的历史学家切斯特·摩根（Chester Morgan）评价道，"比尔博的政治生涯"选择了他，使他成为"最得力的'新政'福音传播者"。作为"新政"的坚定支持者，比尔博对于"'新政'自由主义的追求……从来没有动摇过"，但必须指出——"他支持'新政'的一个前提条件是，他所代表的州的公民利益不能受到侵害"。[111] 如果自己州的利益受损，比尔博就会成为参议员中最暴虐的法西斯分子、一位狂妄的三 K 党成员。

对比尔博如此严厉的批评实在让人难以理解。他的政治基础既不在密西西比州以种植园为主的黑人区域，也不在城市化水平相对较高的墨西哥湾沿岸都市圈，而在密西西比州中部和北部山区。这些地区农场规模相对较小，土地贫瘠，耕地产值低。比尔博的政治根基还包括密西西比州南部其故乡珠河县所在的松树林区。这是一个贫穷的白人区，主要生活着基督教原教旨主义者。造成这一地区贫困的主要原因是，原本肥沃的林地被木材工业侵蚀，农民被迫在零星散落的小块土地上用非常原始的方式种植棉花。这一地区人口识字率低，学校校舍简陋。用木棚搭建的简易房屋里没有自来水，也没有集中供电。由于国会立法代表席位按人口比例分配，人口密集地区的少数白人，尤其是黑色三角洲县区往往享有人口比例上的优势。大约六十多年前的 1890 年，南方种植园主占主导的民主党就召开制宪会议，决定在大选前两年开展文化水平测试，并向每位选民征收四美元选举税。这一措施不仅剥夺了黑人参加选举的机会，而且也大大减少了贫穷地区白人参与选举的机会。

如果民主党继续在密西西比州通过由三角洲地区的政客控制的提

名大会来确定州长候选人的话,比尔博就不可能成长为一股强大的政治力量。[112] 1902 年,尽管这一地区强烈反对,其他地区的白人代表照样无视黑人选民和其他多民族地区选民的要求,用一种炒作式新型大众政治取代了已有的基本选举制度。这种新型大众政治主要通过吸引多数农村贫困地区白人的支持而获得选举胜利。按照这一制度选出的第一位州长、狂热的种族主义分子詹姆斯·K. 瓦达曼(James K. Vardaman)首次尝试综合运用大众集会拉票造势、发表包括支持私刑在内的反黑人言论、代表普通阶层呼吁反对"富人当政"[113] 等形式,进行选战游说。作为一名出色的政治导师,瓦达曼对于比尔博的早期政治生涯给予了重要关照,成功支持他于 1911 年当选为副州长。1916年瓦达曼升任联邦政府参议员后,比尔博顺利当选为州长,开始了他的第一届州长任期。作为一位全国最贫穷州支持民粹的民主党人,比尔博不惜失掉大量白人选民支持者,在政治上大力渲染阶级仇恨,反对南方三角洲地区的种植园经济和北方的工业资本主义。在州长任内,比尔博"被公认为是密西西比州民主党改革派的领袖"。他启动了引人注目的进步立法计划,包括平衡地价、实施银行业和监狱改革、医院建设、水土保护、道路建设,以及向贫困地区重新划拨公立学校基金,实现密西西比州范围内的教育机会均等化。[114]

尽管出身于美国最南部的非贵族家庭,比尔博却大力支持纽约州州长罗斯福参加 1932 年美国总统大选。罗斯福总统就职后不久,在密西西比州资深参议员帕特·哈里森(Pat Harrison)[115] 的推荐下,比尔博幸运地被提拔到新成立的农业调整委员会任职。后来,他又在1934 年成功地战胜已经连续担任两届参议院议长的休伯特·斯蒂芬斯(Hubert Stephens)。作为"新政"的热情支持者,比尔博"承诺自己坚决支持罗斯福政府带领美国摆脱经济困境,帮助农民和工人改善劳动和生活条件的一切努力"。在赢得民主党初选,确保可以参加 11 月份的正式选举后,他承诺"为普通民众发声","像罗斯福总统那样不断奋起"。他曾回忆自己对民主党的忠诚:即使在 1928 年民主党提名天主教教徒阿尔·史密斯（Al Smith）为总统候选人时，"我也在1928年走遍整个密西西比州进行巡回演讲，为阿尔·史密斯提供支持——我，一位浸礼会成员，有时不是浸礼会成员，有时甚至是三K党成员——但我为民主党挽回了一个州的选票"。[116]

在悼念仪式上，众议院来自密西西比州的议员们也都强调比尔博是一位坚定的"新政"自由主义者。作为"劳苦大众的代表"、众议员最有名的种族主义者，密西西比州议员约翰·兰金（John Rankin）指出，"比尔博心系他所代表的密西西比州的劳苦大众。每当自己的利益受到威胁时，他们都会清楚地知道，比尔博在坚定地支持他们"。威廉·惠廷顿（William Whittington）回忆说，比尔博"作为自由与进步政策的'领导者'……拥护和支持一切有利于普通民众的措施。对他而言，普通民众的福祉才是头等大事"。杰米·惠滕（Jamie Whitten）正确地指出，"与近年来美国大小媒体大肆宣传的一些著名言论相反，比尔博议员认同的是自由主义措施"。[117] 1940年，刚调入罗斯福总统国防顾问委员会（这是一个面对希特勒在欧洲地面战场的节节胜利而代表罗斯福总统监督国防工业力量动员的机构）任职不久的前芝加哥劳工联合会干事约瑟夫·基南（Joseph Keenan）有充分的理由写信给比尔博，表达总统国防顾问委员会对其初选告捷的高兴和感激之情："我非常高兴地得知您取得了巨大胜利……确保了在今后六年中，您继续做自由民主政府的真正朋友。"[118] 当年再次竞选时，比尔博宣布他本人及他所在的密西西比州将"百分之百支持罗斯福总统……百分之百支持'新政'"。[119]

当一位研究20世纪美国政治史的南方著名历史学家回顾"罗斯福总统的领导才能如何鼓舞和指导国会中勤劳顽强的南方自由主义团队埋头工作时"，他所列出的名单包括众议院议员莫里·马维尔雷克（Maury Maverick）和林登·约翰逊（Lyndon Johnson），以及参议院议员阿尔本·巴克利（Alben Barkley）、雨果·布莱克（Hugo Black）、克劳德·派帕尔（Claude Pepper）和比尔博。[120] 他是一位"自由主义魔术大师"，一位政治学家在比尔博去世后不久指出，"尽管他不时为种族主义摇旗呐喊"。[121] 但正如佐治亚州州长尤金·塔尔梅奇（Eugene Talmadge）非常钦佩地给出的评价，比尔博还是"一位致力于保护南方传统风俗的斗士"。[122] 约翰·斯坦尼斯发表的悼词没有回避比尔博在种族隔离问题上的强烈态度，但斯坦尼斯向自己这位已故的同事表示了诚挚的敬意，因为他"以对待任何充满艰难坎坷的政治斗争所必备的勇气和活力去回击所遭遇到的各种挑衅，从而不断为自己所献身的公共事业注入新的活力……每当被提交到国会的改革措施对于密西西比州和其他南方各州的既有风俗和传统产生不利影响时，他都要做出回击"。国会议员兰金同样评价道，"比尔博议员致力于维护南方的特色传统。正是这些传统将现有南方居民与早期定居者严格区分开来；同时比尔博还致力于维护使南方大部分地区的黑人和白人两个种族和睦相处的种族隔离政策"。[123]

相对于比尔博发表过的实际言论，上述各位议员对于比尔博一生的政治主张给予了客观、谨慎的回忆和评价。因为不论是公共生活领域的政治人物，还是其他"新政"支持者，都不可能像比尔博这样公开表达和强调自己的种族主义立场。在他第一届密西西比州州长任期内，《纽约世界报》曾电话采访比尔博，询问他如何制止私刑。他回答说，"现阶段，不付出巨大的生命代价，就很难制止针对黑人强奸犯的私刑。因为不断有南方白人妇女遭受奸淫"，并补充说，美国是一个"完全由白人统治的国家，白人文明占主导地位，任何妄图使黑人与白人享有平等社会和政治地位的梦想最终都必将破灭"。[124]

从 1938 年对《瓦格纳－凡奈斯法》将私刑入罪的思考，到 20 世纪 40 年代关于选举税、士兵缺席投票、公平就业实施委员会等的讨论，比尔博坦然以参议院著名种族主义斗士的形象活跃于公共舞台。在 1938 年关于反私刑的讨论中，比尔博严厉批驳"种族混居"现象，声称这一居住方式会对全球大部分白人文明造成严重破坏。比尔博从希特勒《我的奋斗》一书中摘录一段，来进一步证明，仅仅"将黑人的一滴血注入纯高加索人的血管里,就能够对其头脑中的发明才能造成破坏,进而使他的创造性天赋彻底瘫痪"。[125] 在阻挠和破坏《瓦格纳-凡奈斯法》的过程中,比尔博试图教导他的同事们"搞清楚黑人与白人在智力、大脑发育及思维方面的差别",使"白人始终成为优等种族,成为具有统治地位的种族,成为具有创造力的种族,成为能创造出打动人们心灵的艺术、文学和音乐的种族"。[126]

比尔博在种族主义问题上的极端态度和言论,并不仅限于歧视非裔美国人。对第二年发生的美国打击反犹太主义委员会就比尔博种族主义言论的抗议示威活动,比尔博则撰文攻击"纽约的犹太人为了个人政治目的而与黑人称兄道弟,勾结串通"。[127] 1945 年 7 月,纽约会计师本杰明·菲施勒(Benjamin Fischler)写信反对比尔博阻止国会投票通过设立永久性公平就业实施委员会的提案。比尔博则在回信中,指责犹太人"否认和亵渎基督",而且不遵守"公平交易法则,尤其是在商业往来中表现得最突出"。[128] 比尔博在参议院辩论中,将公平就业实施委员会法案斥责为"一项应该诅咒的、邪恶的赤色法案"。他愤怒地批驳说已经得知"一些天主教徒和犹太拉比相互勾结,为黑人获得种族平等而奔波游说……黑人与纽约的犹太人也在手挽手地从事上述活动"。[129] 在阻挠这项法案的过程中,比尔博还说,"我突然意识到,华盛顿的那位编辑是一个犹太人,他的妻子是一位犹太妇女……他们在背后支持这一邪恶法案。因此,我发现《华盛顿邮报》那位犹太编辑极力反对我,指责和批驳我。同时他也反对、指责和批驳任何不同意这一立法提案的人,称我们是破落的爆发户。我非常厌恶这种人"。[130] 四个月后,纽约亨特学院学生米里亚姆·戈龙贝克(Miriam Golombeck)写信告诉比尔博,"由 600 名亨特学院女生参加的会议已经通过了一项决议,要求国会启动对您的弹劾程序",并谴责他的种族歧视观点是法西斯主义。比尔博在回信中,称这些学生为"赤色分子""黑鬼的后裔""杂种""没教养的人",并辩解称"我所信奉的种族纯洁也是每一个有自尊心的正派黑人应当信奉的。你们不能单凭这

一事实就认定我是法西斯分子"。¹³¹

比尔博善于发表极端言论，喜欢别具一格的着装打扮：招摇夸张的西服款式搭配傲慢不羁的领带风格。¹³² 这一切让包括很多南方议员在内的保守派政治家们感到非常难堪。尽管他在种族歧视和宗教偏执方面表现得非常过分，但这与当时普遍存在的社会歧视没有什么特别明显的区别。区别主要在于歧视和偏执的表达方式。比尔博善于使用极具煽动性的强烈言辞，而别人则可能会选择更谦和的表达方式。但无论比尔博的言论如何极端出格，立法机构照样依照政治阅历于1944年任命其为哥伦比亚特区参议委员会主席，实际上就相当于任命他为市长了。对于这个黑人占据总人口比例1/3的城市，比尔博像当年管理密西西比州一样，实行隔离统治。当选后不久，他就宣布将把华盛顿建成一座"模范城市"，承诺"尽快建立一支全国最好的治安警察力量，建设全国最先进的集中供水系统，消除贫民窟，减少青少年犯罪，并对全市的医疗设施进行翻新改造"。¹³³ 似乎随着权力的上升和职责范围的增加，其天生的排外主义和种族主义倾向均成为得到公众认可的合法行为了。作为参议委员会主席，他的确为这座城市修建了一个新的医疗中心，改善了波拖马可河沿岸的交通运输系统，提高了居民的住房条件，新修了城市公园，但比尔博做这一切就犹如墨索里尼当初培养和经营法西斯老巢一样，是为了把华盛顿变成散布种族主义的基地。比尔博始终不遗余力地履行职责，强化对于黑人居住区的隔离治理。当地的美国有色人种协进会分会主席亚瑟·格雷（Arthur Gray）曾充满忧虑地指出："根据比尔博的工作和言论记录，其统治下的华盛顿特区黑人永远不可能享受到任何形式的公正待遇。"¹³⁴

比尔博曾试图阻挠联邦政府对哈沃德大学拨付资助款项，但最后以失败告终。就在他当选前不久，哈沃德大学学生还发起了一场静坐活动，抗议比尔博在美国首都华盛顿实施种族隔离制度。15年后，也即1960年2月，北卡罗来纳州格林巴勒市伍尔沃斯餐厅发生静坐事件，这次事件引发了大规模非暴力抗议活动浪潮。面对这类静坐示威活动，比尔博试图加强华盛顿联邦公园内的种族隔离设施,并召集参议委员会会议讨论"如何维护弗吉尼亚国家机场"的种族隔离制度(他担心"黑人在白人餐厅吃饭时会聚众闹事")。他强烈反对地方自治,极力阻挠黑人参与投票选举。比尔博称多种族混血儿童是"杂种的杂种"。他极力主张在华盛顿建立禁止种族之间通婚的法律,称"我们伟大的美国民族的盎格鲁-撒克逊人、凯尔特人和条顿人血统的纯正性正在遭受巨大威胁"。[135]

1946年再次参加密西西比州大选时,比尔博在竞选演讲中向格林维尔市的现场听众讲述了他1944年2月会见哥伦比亚特区黑人劳工领袖代表的情形。由B.V.劳森(B. V. Lawson)律师率领的黑人劳工代表团成员包括全美黑人大会华盛顿理事会执行秘书多萝西·斯特伦奇(Dorothy Strange),以及来自黑人教友兄弟会、美国产业工会联合会、卧车搬运工兄弟会、餐饮业劳工联合会、产业工会委员会等民众团体的代表。代表们提醒比尔博,"为了不分种族、信仰和肤色,在全美范围内维护和发展美国的民主政治,黑人'斗士'们将战斗到生命的最后一息"。比尔博则回应说,他将为"把美国黑人'赶回非洲'而继续战斗"。据一位代表团的发言人证实,比尔博继续说,"战后美国黑人可期望得到的唯有持续不断的歧视和压迫。他们能得到安全保障和平等机会的地方只能在非洲的利比亚——而不在美国"。[136] 为了呼应这一"重返非洲"思潮,比尔博诉诸自建国初期的19世纪就开始经历种种波折的种族主义观念。这种观念曾受到"开明"奴隶主托马斯·杰斐逊(Thomas Jefferson)的拥护,也曾得到致力于黑人解放的亚伯拉罕·林肯(Abraham Lincoln)的支持。但进入20世纪40年代以来,这种支持"重返非洲"运动的观点就犯了开历史倒车的错误。这样的错误观点已经得不到全国选民的支持了。即使在南方其他种族隔离地区,支持者也寥寥无几。

比尔博本人对这次会见劳工代表时情形的回忆也很有讽刺意味:

> 各位，你们知道吗？我曾掌管过华盛顿，做过市长……有一次，几位华盛顿的黑人前来见我，要求得到参加当地选举的权利。为首的是一位非常聪明的家伙。当然，他是混血。我告诉他黑人在华盛顿永远不可能得到选举权。天知道，如果我们给予华盛顿的黑人选举权，那么，南方会有一半的黑人涌入这座城市。我们的政府将不得不改换成黑人政府。在当时的情况下，我们不会允许南方黑人占据国会的席位。[137]

比尔博公开的种族歧视立场在1945年密西西比州初选中达到高潮。这时恰逢大批参加过二战的白人和黑人老兵复员回家。他在竞选活动中的表现完全是一位南方传统生活方式的捍卫者形象。作为南方种族主义政策的守护者，他反对任何从外部改变南方种族主义政策的企图。当《生活》杂志将比尔博列为最不受欢迎的参议员时，他的典型反驳是，该杂志出版商的妻子克莱尔·布思·卢斯（Clare Boothe Luce）是"北方最大的黑人支持者"。美国总统罗斯福的夫人埃莉诺·罗斯福（Eleanor Roosevelt）是一位忠实的黑人权利保护者。她于1939年赞助玛丽安·安德森（Marian Anderson）在林肯纪念堂举行了音乐会，并在国会辩论中，支持反私刑立法。对于总统夫人的上述行为，比尔博说她是要强迫"南方的白人女孩与那些该死的感染霉素的黑人女子共坐一条凳子，共用一个马桶"。这次选举的特点就是到处充斥着比尔博尖酸刻薄的种族歧视言论，使得整个选举过程气氛非常紧张。[138]而且之前美国最高法院于1944年裁决的史密斯诉奥尔赖特案（*Smith v. Allwright*）宣布这类完全由白人控制的初选是违宪的。

这一判决结果连同几万黑人老兵复员回到密西西比州，使黑人广泛地获得选举权成为可能。黑人老兵和白人老兵一样，因为有在部队服役的经历而被免除了选举税。这在密西西比州引起强烈反响，让人感觉到黑人权利复兴的伟大时代正在到来。6月22日，"一位黑人老兵指控自己在登记参加选举时，遭到四名白人的毒打和鞭笞"。几个小时后,比尔博通过杰克逊电台向全国发表广播讲话。

之前,这位曾在南太平洋战区服役23个月的老兵,要求在布兰登市登记参加选举。"这位老兵离开后",《纽约时报》报道,"四名白人抓住他,将他拖到一片林区,脱光他的衣服,开始用一根又粗又重的电缆抽打他,还威胁说如果他再试图参加选举,就要了他的命"。比尔博在广播讲话中谨慎表示,"密西西比州的白人现在正坐在一座即将喷发的火山口上"。如果哪怕数量很少的黑人参加了7月2日的初选,那么,第二年就会有更多的黑人参加选举。"以后就会有越来越多的黑人参加选举,最后形成黑人参选的巨浪。"在选战期间,比尔博观察到,"北方的黑人在教来自南方的黑人如何进行选举注册和投票"。[139] 他恳请每一位"密西西比州有血性的盎格鲁-撒克逊男子采取一切手段阻止黑人参加选举"。他非常肯定地说,"白人无论采取什么极端措施来阻止黑人参加选举都是正当合法的。你我心里都明白,什么是阻止黑人参选的最佳手段。选举前一晚你们就要行动。我无须再次重复我的话,任何一位有血性的人都明白我说的话是什么意思"。[140]

1947年,比尔博委托密西西比州当地一家出版机构出版了他的种族主义巨著《请做出选择:隔离还是混居》。但没过多少时日,比尔博就离开了人世。为了纪念比尔博,安德鲁·提布斯(Andrew Tibbs)创作了感人至深的布鲁斯歌曲《比尔博之死》。"绝大多数美国白人还没有认识到全国范围内要求种族平等和废除种族隔离运动的严峻性",因罹患口腔癌而病入膏肓的老参议员比尔博谨慎地告诫人们,"种族问题会持续不断地困扰美国社会。有时它会像一只凶猛狂飙的森林巨兽,吞噬我们的生存活力。如果我们不能以合适的方式彻底解决这一问题,它迟早会榨干我们机体内的一切能量,使我们伟大美利坚民族的生活方式彻底坍塌……解决种族问题的唯一方式是采取种族居住区域间的物理隔离措施"。[141]

比尔博在种族歧视上的极端言论,使他险些丢掉参议员席位,尽管参议院通常支持种族主义的讨论。《美国宪法》第五部分第一条规定,"每个州的众议院应当对本州的选举过程、选举结果、议员资格进行最后裁定"。1946年9月,50名主要由黑人组成的密西西比州居民抗议团体要求判定7月2日参议院选举结果无效,理由是参议员比尔博曾教唆和支持恐怖与暴力行为,以阻止黑人参加选举。从12月2日开始,选举活动支出调查特别委员会在密西西比州召开了四天听证会。两位共和党参议员,即来自新罕布什尔州的斯特尔斯·布里奇斯(Styles Bridges)和来自爱荷华州的伯克·希肯卢珀(Bourke Hickenlooper)支持原告诉求,但在表决票数上他们输给了三位分别来自黑人居住州的民主党参议员,即南卡罗来纳州的伯内特·梅班克(Burnet Maybank)、俄克拉荷马州的埃尔默·托马斯(Elmer Thomas)和特别委员会主席、来自路易斯安那州的艾伦·艾伦德(Allan Ellender)。听取34名白人证词和68名黑人证词后,委员会多数成员认为,尽管比尔博的种族主义言论粗鲁和低俗,但还不至于取消其参议员资格。因此,比尔博最终还是保住了在参议院中的席位。委员会大多数人通过的调查结论写道:

> 我们认为,调查记录最终证明,7月2日初选中,那位黑人选民登记和投票时所遭遇的暴力袭击,系白人与黑人之间传统上的情感隔阂及对法律的认识所致。这里所说的对于法律的认识涉及密西西比州有关黑人参与民主党初选的法律问题。不论谁是候选人,这类问题都难以避免。同时我们认为,比尔博的言论与提交至调查委员会的密西西比州初选暴力违法事件没有任何直接关联。

为了歪曲事实,极力保护同样来自南方的同行比尔博,调查委员会的民主党人士竟然认为比尔博的选举言论是合理合法的。他们所给出的理由是,对密西西比州初选的抗议活动系"外部煽动分子无故干涉密西西比州内部事务。其用意不是为了争取黑人选举权益,而是为了达到个人政治目的"。[142]

月底召开共和党第八次全国代表大会时,国防计划调查特别委员会就"参议员比尔博与各军需品承包商之间的交易"举行听证会。最后查实,比尔博从与三个承包商之间的交易中获益 30,000 美元用于 1946 年的选举活动。参议员艾伦德称这一指控系党派之间"为了博取黑人选票"而展开的恶斗。[143] 2 月上旬,参议院推迟做出有关比尔博议员资格的决议,直至参议院指定医师确认比尔博实施切除下颚癌症手术后,身体条件适合为止。[144] 然而,比尔博再也没有回到华盛顿的参议员席位。1947 年 8 月 21 日,比尔博的心脏停止了跳动。在密西西比州南部比尔博的出生地珠河县政府所在地波普勒维尔市举行的葬礼上,大约 5,000 名哀悼者聚集于桧树林公墓为生前饱受争议的参议员比尔博送行。为首的是即将于第二年靠南方选票竞选副总统的密西西比州州长菲尔丁·赖特(Fielding Wright),以及与比尔博同为顽固的黑人权利反对者的参议员詹姆斯·伊斯特兰(James Eastland)。在众多致辞者中,第一位宣读悼词的是当地牧师 D.W. 尼克斯(D.W. Nix)神父。尼克斯宣称,参议员比尔博"为实践美国民主的真正原则壮烈献出了生命"。[145]

四

"新政"与伊塔洛·巴尔博、爱奥拉·尼基琴科及西奥多·比尔博之间的合作关系凸显了在美国自由民主的力量和命运经历持续不确定性的条件下,罗斯福和杜鲁门政府各项政策和举措的制定和实施过程。像美国这样的新兴大国,很难逃脱各种不确定性的困扰,也无法保证自由民主远离经济崩溃、全面战争、种族灭绝、核武器、冷战等危机和绝望事态的侵袭。

自 1933 年 3 月 4 日新任总统罗斯福在公众集会上发出实施"新政"的号召到六年后纳粹德国入侵波兰,这一时期,"新政"首要关注的是政治经济问题。资本主义到底还有没有被拯救的可能?在什么条件下可以被拯救?需要在多大程度上得到公众支持?在这一初始阶段,"新政"的核心决策人员从来没有指望独裁政权可以提供可行的模式,但他们被自称已经拯救了资本主义的墨索里尼所吸引。[146] 难怪功勋卓著的巴尔博在美国如此有吸引力。不仅像哲学家乔治·桑塔亚纳(George Santayana)和诗人埃兹拉·庞德(Ezra Pound)等强烈反对平均主义的著名人物极力为意大利法西斯主义叫好,也不仅仅是兴奋得上气不接下气的芝加哥和纽约民众涌向街头欢迎飞行明星巴尔博及其队员,就连霍勒斯·卡伦等20世纪20年代著名的实用主义政治家们也认为,意大利政府改革及国家与经济部门之间社团法人的关系模式令人深受启发。卡伦是社会研究新学院致力于种族问题和多元主义研究的学者。甚至连芝加哥大学著名的早期行为主义政治家和公共管理专家查尔斯·梅里亚姆也认为"意大利国家治理实验的特征、反教条主义秉性及道德取向"[147]非常引人注目。另一位对墨索里尼顶礼膜拜的非休·约翰逊(Hugh Johnson)莫属。曾担任陆军军官的约翰逊在"新政"初期是国家复兴总署的主要负责人。他曾向政府内阁成员分发拉斐尔·维寥内(Raffaello Viglione)的法西斯主义宣传手册《法人社团国家》,并在自己办公室里悬挂墨索里尼画像。[148]

为了急于找到破解危局的手段,当然也抱着尝试一下的想法,罗斯福政府在20世纪30年代与意大利法西斯政府建立了联系,以便找到能够在民主条件下运用的政策模式。但这并非采取了亲墨索里尼的立场,而仅仅是为了达到自己的目的,按照事先拟定的条件,这不过是权宜之计。整个20世纪30年代,美国非常崇尚意大利将法西斯乐观主义与追求技术进步密切相连的做法,因而持续不断地发展与意大利的文化交往(比如积极参加1932年威尼斯电影节,以及芝加哥"一个世纪的进步"博览会时为热情迎接意大利而设的最引人注目的展示亭)。同时美国积极与意大利开展贸易往来。但后来美国对意大利实行了铜禁运,目的是促使墨索里尼用一种相对温和的法西斯主义与国家社会主义进行对抗。[149]在意大利征服埃塞俄比亚一年后的1936年夏天,芝加哥大学公共管理中心票据交易所创始人之一梅里亚姆、曾在田纳西州诺克斯维尔市负责城市治理工作的路易斯·布朗洛代表总统行政管理委员会赴意大利学习管理经验。总统行政管理委员会由罗斯福总统设立，其主要职责是向总统提供联邦政府重组方案，以加强行政部门的执行能力，提高行政部门办事效率。[150] 总统行政管理委员会报告指出，"本机构的设立旨在实现这样一个宏伟目标，即在我们的政府中实行民主管理；使我们的政府成为实现国家意志的有力工具，成为一个高效率的现代化管理机构"。[151] 当然，报告对于1935年到1936年之间意大利入侵埃塞俄比亚时设立集体杀戮刑场的事情只字未提。

尽管法西斯政权与崇尚进步的美国政府决策者们之间关系密切，但这种相互迷恋的时日并没有持续很久。这使得驻意大利大使朗等热心支持两国发展关系人士的希望化为泡影。随着欧洲战争和太平洋战争的爆发，意大利不可避免地加入到敌人阵营。当两年后希特勒撕毁与苏联签署的互不侵犯条约时，斯大林政权成为美国最有价值的军事盟友。当梅特涅的现实政治思想成为美国对外政策的主流时，意识形态原则和追求自由民主的誓言均退居从属地位，因为这一现实政治是让美国走向世界的一个新途径，于是美国开始与苏联共同致力于反法西斯事业。在反法西斯的共同旗帜下，苏联于20世纪30年代首次宣布支持人民阵线。曾经被视为自由民主价值宿敌的苏联被迎接到抗击希特勒的国家联盟体系中，与各国一道为捍卫启蒙理念和自由价值而共同战斗。[152]

因此，在明显区分希特勒纳粹主义和自由、平等启蒙价值的同时，将苏联置于全球反纳粹主义联盟阵营中，最终不仅被严酷的军事斗争现实及后来纳粹德国所犯下的滔天罪行证明是正确的选择，而且双方共同的价值观也证明这种选择是正确的。这种同盟关系在战争期间靠有意回避苏联的国内治理方式以及基本的地缘政治和意识形态差异而得以维系。但在法西斯主义被击溃后，这种同盟与合作形式就无法作为一种充满活力的社会秩序模式而延续下去了。从这个角度来看，尼基琴科在纽伦堡审判中的角色实际上为这种同盟与合作形式划上了句号。美国为了保证反法西斯战争的胜利而有意对苏联行政体制弊端视而不见的时代彻底结束了。在共同的敌人被打败以后，西方自由民主世界开始重新正视苏联。这一次采取的是"铁幕"政策。60年后回过头来看"冷战"这一术语，它实际上低估了罗斯福－杜鲁门时代最后阶段美苏之间的激烈对抗给世界带来的严重恐惧和焦虑。随着罗斯福－杜鲁门时代接近尾声，美国仅仅保持了几年的核垄断地位也丧失了。残酷的朝鲜战争让美国大伤元气。它不得不开始借助外交政策攻势、秘密军事行动等手段，构筑一套庞大的永久性国家安全体系。

美国曾经钟情于意大利法西斯主义，其明显标志是对巴尔博飞行队的超规格盛大接待；也曾以尊重尼基琴科在纽伦堡国际法庭上的席位为标志，在反法西斯主义的旗帜下，与苏联达成同盟。但所有这一切最终证明都是权宜之计，都是基于工具实在论的考虑，而不是与之建立长远合作关系。

相比较而言，比尔博及其南方民主党选区构成了"新政"必不可少的永久性组成部分。因为他们控制着国会的表决权。罗斯福和杜鲁门总统所提出的任何国内、国际政策方案都必须通过他们的表决才能依法实施。南方的黑人选区是美国民主党不可缺少的合作者。如果想要理解我们今天所生活的世界，我们就必须认真审视"新政"与比尔博等南方政治家们建立这种同盟关系的长远真实效果。尽管言辞过于极端，但比尔博还是清楚地表达了这些南方政治家们的观点。

注释

1. 墨索里尼曾在巴尔博之前担任意大利航空部部长。这是这位法西斯党领导人担任过的众多内阁职务之一。航空飞行作为"反动的现代主义"的象征曾让墨索里尼痴迷。此外，赫尔曼·戈林、查尔斯·林德伯格也有过担任航空部部长一职的经历。巴尔博自少年时期就痴迷于航空飞行。见 R. J. B. Bosworth, *Mussolini* (London: Arnold, 2002), pp. 142–43. 关于法西斯政治文化的研究，见 Mabel Berezin, *Making the Fascist Self: The Political Culture of Interwar Italy* (Ithaca, NY: Cornell University Press, 1997); 关于意大利政权目标的讨论，见 Edward R. Tannenbaum, "The Goals of Italian Fascism,"

American Historical Review 74 (1969): 1183–204.

2. Robert Wohl, *The Spectacle of Flight: Aviation and the Western Imagination, 1920–1950* (New Haven: Yale University Press, 2005), p. 89.

3. "斯大林发号施令最多的机构是苏联最高法院军事法庭。"见 Michael Parrish, *The Lesser Terror: Soviet State Security, 1939–1953* (Westport, CT: Praeger, 1996), p. 206. 就在审判开始之前，《真理报》于 8 月 13 日发表社论说，"哪怕是给予这些可耻的两面派一丁点自由，我们都是对人民的犯罪，对社会主义的犯罪"；审判一结束，《真理报》又于 8 月 27 日发表社论表示，还会有更多的自由主义犯罪分子遭到审判，并指出，"不幸的是仍然有大批自由主义分子"潜伏于我们党内。引自 Jonathan Haslam, "Political Opposition and the Origins of the Terror in Russia, 1932–1936." *Historical Journal* 29 (1986): 417–18.

4. 关于其早期政治生涯，见 Vincent A. Giroux, Jr., "The Rise of Theodore G. Bilbo," *Journal of Mississippi History* 43 (1981): 180–209.

5. U.S. Congress, *Memorial Services Held in the House of Representatives and Senate of the United States, Together with Remarks Presented in Eulogy of Theodore Gilmore Bilbo, Late a Senator from Mississippi* (Washington, DC: U.S. Government Printing Office, 1950), p. 19.

6. 更深刻、广泛的讨论，见 Alan Brinkley, *The Publisher: Henry Luce and His American Century* (New York: Alfred A. Knopf, 2010).

7. *Time*, June 26, 1933, p. 33.

8. 同上，pp. 50, 49, 18.

9. 人们广泛认为，正是这一缺失导致了 2008 年的经济危机。

10. *Time*, June 26, 1933, p. 9.

11. 一种可能是，其所在的犹太人堂会不允许他登上前台。

12. *Time*, June 26, 1933, pp. 33–34. 洛雷托女神是飞行人员的保护神。卡洛·法拉利牧师（Monsignor Carlo Ferrari）在他们归来时，也"热泪盈眶地与各位飞行勇士拥抱"，对他们表示衷心地祝贺。"格罗塞托的保罗·加莱亚齐（Bishop Paolo Galeazzi）在大教堂举行赞颂仪式，市政当局宣布放假一天。"见 *New York Times*, August 15, 1933.

13. 巴尔博积极鼓励空军士兵对法西斯主义的身份认同。1927 年 12 月，他发表了题为 "Moral and Political Education of Airmen" 的文章，要求每一位飞行人员以己为例，大力宣传法西斯主义。相关讨论见对巴尔博持同情态度的传记：Claudio G. Segré, *Italo Balbo: A Fascist Life* (Berkeley: University of California Press, 1987), p. 177. 巴尔博深受意大利空军的支持者（当然也是墨索里尼的支持者）朱利奥·杜黑（Giulio Douhet）的影响。杜黑也是战略轰炸这一打击方式的预言者。他认为，空战将是大规模摧毁居民区的最有效打击方式。"现行社会组织形式"，杜黑写道，"使得战争具有了全国动员的性质——也就是说，国家的全部人口和其他资源被全部投入战争。由于社会正在沿着这一路线演进，人类可以预见，未来的战争不论性质上，还是规模上都将是全面性的"。引自 Mark E. Neely Jr., "Was the Civil War a Total War?," in *On the Road to Total War: The American Civil War and the German Wars of Unification, 1861–1871*, ed. Stig Förster and Jörg Nagler (Cambridge: Cambridge University Press,

1997), p. 33. 1936 年，杜黑生前有关全面战争的文章集结出版时，巴尔博亲自写了序言。

14. Benito Mussolini, *My Autobiography* (New York: Charles Scribner's Sons, 1928), p. 291.
15. Wohl, *The Spectacle of Flight*, pp. 63, 51.
16. 同上，p. 51. "我可以自豪地说"，墨索里尼表示，"我是一名空军飞行员。我这一职位是在几乎没有人能够驾机飞行的时候获得的，而且是在我经历过坠机事故的考验后获得的；况且，我是在 37 岁时决定当一名飞行员的。坠机事故并没有影响我继续飞行"。(第 105 页)
17. 同上，p. 49.
18. 同上，p. 70.
19. 组织这类大规模飞行的部分原因是为了推行杜黑通过大规模飞行编队，实施有效打击的思想。美国空军词典将"巴尔博"解释为"大规模飞行或编队飞行"，见 Air University, Aerospace Studies Institute, *The United States Air Force Dictionary* (Washington, DC: U.S. Government Printing Office, 1956), p. 69; 引自 Segré, *ItaloBalbo*, p. 146. 巴尔博在 *Da Roma a Odessa* (Milan: Fratelli Treves, 1929) 一书中讲述了自己赴苏联敖德萨的飞行经历。巴尔博称自由民主已经"腐朽到骨髓，其处处宣扬谎言与谬误，暴露出高级文明阴险狡诈的一面"。引自 Segré, *Italo Balbo*, p. 207. 另见 James J. Sadkovich, "The Development of the Italian Air Force prior to World War II," *Military Affairs* 51 (1987). 本文详细论述了当时意大利空军的规模、设施和组织运行状况。
20. Wohl, *The Spectacle of Flight*, p. 77.
21. John Gooch, *Mussolini and His Generals: The Armed Forces and Fascist Foreign Policy, 1922–1940* (Cambridge: Cambridge University Press, 2007), p. 75; Herman Finer, *Mussolini's Italy* (New York: Henry Holt, 1935), p. 145.
22. 穆里尔·科里（Muriel Currey）在为巴尔博的 *Diario 1922* (Milan: Mondadori, 1932) 撰写的书评中指出，1922 年，"绝大多数意大利法西斯军队在巴尔博将军的指挥下参加他所说的四大战役：费拉拉战役、曼图亚战役、博洛尼亚战役和摩德纳战役。在上述战役中，巴尔博亲自指挥了拉韦纳、帕尔玛和博洛尼亚打击共产党军队及其同盟的激烈战斗。与此同时，政府和地方当局的官员们则怀揣着恐惧与冷漠的复杂心情袖手旁观"。科里的书评见 *International Affairs* 12 (1933): 681. 1922 年 5 月，"进军罗马"运动发生前五个月，巴尔博率领的部队已经占领了费拉拉。巴尔博的黑衫军动员起大约四万名农民参加部队组织的游行队伍，充分展示了政府军的重要作用。"7 月底，巴尔博组织领导了第二次进攻拉韦纳的行动，从而保证了法西斯军队在波河河谷东南出口的安全。"见 MacGregor Knox, *To the Threshold of Power, 1922/33: Origins and Dynamics of the Fascist and National Socialist Dictatorships*, vol. 1 (Cambridge: Cambridge University Press, 2007), pp. 364, 365.
23. Segré, *Italo Balbo*, p. 114. 另外三位分别是费奇将军（Cesare De Vecchi）、米歇尔·毕安齐（Michele Bianchi）和艾米立欧·德·波诺（Emilio De Bono）。关于意大利实施法西斯统治以前着重解决政治经济问题的论述，见 Douglas J. Forsyth, *The Crisis of Liberal Italy: Monetary and Financial Policy, 1914–1922* (Cambridge: Cambridge

University Press, 1993).

24. 引自 Finer, *Mussolini's Italy*, p. 139. 原出处为 Balbo, *Diario 1922*. 约翰·根室曾对巴尔博进行过简洁、生动的描述。见 John Gunther, *Inside Europe, Again Completely Revised* (New York: Harper and Brothers, 1938), pp. 209–11. 根室将巴尔博描述为 "身材高大，留着古铜色胡须，说话神采飞扬，目光傲视一切……他表面上看起来还算和气，但实际上是一个十足的恶棍。据说，他亲自发明了用蓖麻油虐待反法西斯主义顽固分子的酷刑。因此，巴尔博'从一开始就是一个恶毒的法西斯分子'，是墨索里尼的'左膀右臂'"。(第 209 页、第 210 页)

25. 引自 Tannenbaum, "The Goals of Italian Fascism," pp. 1186–87.

26. 引自 Finer, *Mussolini's Italy*, p. 140.

27. Zara Steiner, *The Lights That Failed: European International History, 1919–1933* (Oxford: Oxford University Press, 2005), pp. 500–501; Gooch, *Mussolini and His Generals*, p. 373; MacGregor Knox, *Common Destiny: Dictatorship, Foreign Policy, and War in Fascist Italy and Nazi Germany* (Cambridge: Cambridge University Press, 2000), p. 136. 1933 年 1 月 30 日，希特勒当选为德国总理后，戈林的普鲁士警察与黑衫军和党卫队一道，"控制了德国的大街小巷"。见 Knox, *To the Threshold of Power, 1922/33*, p. 404.

28. 《纽约时报》(1940 年 6 月 30 日) 的讣告指出，重提 "这位潇洒的飞行勇士曾发明了'蓖麻油酷刑'，虐待被俘人员"一事，未免是一件"失礼的事情"。关于 2 月至 4 月的演习，见 Gooch, *Mussolini and His Generals*, p. 169. 综合性叙述，见 Giorgio Rochat, *Italo Balbo aviatore e ministro dell'Aeronautica, 1926–1933* (Ferrara: Bovolenta, 1979); Giorgio Rochat, *Italo Balbo* (Turin: UTET, 1986); Carlo Maria Santoro, ed., *Italo Balbo: Aviazione e potere aereo* (Rome: Aeronautica Militare, 1998).

29. *New York Times*, July 13, 1933.

30. 同上, July 3, 1933.

31. 同上, July 14, 1933. 四天后，航空部部长赫尔曼·戈林中止了《德意志报》的发行工作。这是一份发行范围辐射整个德国的民族主义报纸。戈林中止该报发行的原因在于，报纸的报道宣称巴尔博是"一位接受过洗礼的犹太人"。这一消息来源于纳粹党出版物《犹太人问题手册》。三个月后，该报因"编辑失误"而公开向巴尔博道歉。第二天，报纸恢复发行。见 *New York Times*, July 18, 1933; July 19, 1933. 1938 年 8 月，当时担任利比亚总督的巴尔博从的黎波里"直飞柏林，意在突显意德合作关系的重要性"。见 *New York Times*, August 9, 1938.

32. 引自 Knox, *To the Threshold of Power, 1922/33*, p. 377.

33. *New York Times*, July 15, 1933.

34. 同上, July 16, 1933. 电文是由商务部部长助理尤因·Y. 米切尔（Ewing Y. Mitchell）撰写。1935 年米切尔因商务部存在腐败行为而遭到指控，但他拒绝辞去自己所担任的行政职务。最后罗斯福总统解除了他的商务部部长助理一职。米切尔在 *Kicked In and Kicked Out of the President's Little Cabinet* (Washington, DC: Andrew Jackson Press, 1936) 一书中，记叙了有关情况。

35. *New York Times*, July 16, 1933.

36. Wohl, *The Spectacle of Flight*, p. 93.
37. *New York Times*, July 24, 1933.
38. 同上, July 16, 1933.
39. 史蒂文斯大酒店于1927年开业, 是当时全球规模最大的酒店。酒店拥有3000间客房、多功能舞厅和会议设施。在大萧条期间, 酒店走向破产。
40. *New York Times*, June 30, 1940.
41. Segré, *Italo Balbo*, pp. 243–44; *New York Times*, July 16 and July 17, 1933.
42. *New York Times*, July 16, 1933.
43. 同上, July 20, 1933.
44. 同上, July 21, 1933.
45. 同上, July 20, 1933.
46. 同上, July 21, 1933.
47. 同上, July 24, 1933.
48. 朗在1916年威尔逊总统选战期间提供的资金赞助数额在所有赞助商中位居第五。见 "Report Campaign Fund; $1,006,283 Raised by Democrats to Reelect Wilson," *Washington Post*, October 28, 1916. 只有四位赞助商的赞助数额超过了朗5,000美元的赞助数额。其中最大的赞助商是伯纳德·巴鲁克 (Bernard Baruch), 赞助资金为25,000美元。在1920年, 朗成功地被提名为密苏里州参议员候选人, 后来成为一名公开的孤立主义者。再后来朗重新进入了国务院, 负责难民事务。他强烈反对政府放松犹太移民配额, 反对美国对遭受威胁的欧洲移民给予更多帮助。
49. *New York Times*, July 25, 1933.
50. *New York Times*, August 20, 1933; Finer, *Mussolini's Italy*, p. 305.
51. *New York Times*, August 14, 1933.
52. 引自 Amos Elon, "A Shrine to Mussolini," *New York Review of Books*, February 23, 2006, p. 33.
53. *New York Times*, April 18, 1934 and October 12, 1927.
54. 同上, August 30, 1934.
55. 同上, April 5 and May 14, 1935. "远征行动受到教皇庇护六世的高度赞扬。在米兰大教堂, 红衣主教阿尔弗雷德·舒斯特 (Cardinal Alfred Schuster) 为军旗祷告, 祝愿胜利的旗帜将'耶稣的十字架带往埃塞俄比亚'。" Geert Mak, *In Europe: Travels through the Twentieth Century* (New York: Vintage, 2008), p. 294.
56. 国会于1935年4月上旬对授予巴尔博十字勋章进行了投票表决。见 *New York Times*, April 15 and May 14, 1935. 巴尔博当时担任利比亚总督, 这实际上带有被流放的性质。墨索里尼为巴尔博的人气大增而感到担心, 当时意大利国内已经将巴尔博吹捧为"第二领袖"。布雷肯里奇·朗是美国政府官员中力促美国与意大利政权发展友好关系的重要代表人物。他认为, 这不仅有利于美国借鉴意大利的经济模式, 制定国家复兴法案等"新政"举措, 同时也为缓解希特勒造成的地缘政治紧张局面提供了契机。
57. *Time*, June 26, 1933, p. 37.
58. 《纽约先驱者论坛报》的驻欧洲记者约翰·惠特克 (John Whitaker) 曾报道埃塞俄比

亚战争在意大利国内引起的反响。"我走进罗马时，心想意大利的人们上了法西斯者的当，被强行拖入战争泥潭；但当我离开时，我深信这是一场得到广泛支持的人民战争。"1935 年 10 月 2 日，"从西西里岛到阿尔卑斯山，意大利每一个城市、乡村和农舍里的民众均被动员起来。人们为国家的团结和胜利而欢呼"。见 John T. Whitaker, *And Fear Came* (New York: Macmillan, 1936), pp. 233, 255. 关于意大利军队对埃塞俄比亚的残酷决战争的综合论述，见 Gooch, *Mussolini and His Generals*, pp. 252–314. 书中指出，意大利空军在埃塞俄比亚投下 1,853,000 千克炸药和 1,074,000 千克给养。意大利空军投入埃塞俄比亚战场的大约 250 架战机仅仅损失了 8 架。（第 372 页）

59. *Chicago Daily Tribune*, July 1, 1936.
60. A. J. Barker, *The Civilizing Mission: The Italo-Ethiopian War, 1935–36* (London: Cassell, 1936).
61. *New York Times*, February 12, 1937.
62. 引自 Scott Berg, *Lindbergh* (New York: Berkley, 1998), pp. 360, 361.
63. *New York Times*, December 22, 1936.
64. 同上, October 20, 1938. 安妮·默洛·林德伯格在日记中写道，"查尔斯很晚的时候才结束宴会返回家里。戈林将军非常意外地授予他一枚德国勋章。另外一位获得这一勋章的美国人是亨利·福特。写在羊皮卷上的授奖词是由希特勒亲自签发的"。10 月 25 日，林德伯格向戈林写信，"我非常感谢您在威尔逊大使举行的晚宴上授予我这一巨大荣誉。希望您有机会的时候代我向总理先生问好。我真的感到无法表达自己发自内心的感激之情，尤其是您在那样一种场合授予了我如此殊荣。我将终生铭记这一难忘的时刻"。上述两段话引自 Max Wallace, *The American Axis: Henry Ford, Charles Lindbergh, and the Rise of the Third Reich* (New York: St. Martin's Press, 2003), pp. 185, 186. 不久以后，在"水晶之夜"事件发生的第二个星期，有记载说林德伯格正在考虑出使柏林，拟与德国合作方共同开展航空研究项目。《纽约时报》（1938 年 11 月 16 日）指出，"上校先生的德国朋友正急于为先生及其两个处于幼年时期的儿子找到一处带有花园的洋房，以供他们休憩、玩耍……德国朋友说，最近许多犹太人放弃了家园，这样的房子应当能够租得到"。
65. *New York Times*, August 10, 1940.
66. 同上, July 2, 1941.
67. 集会于 1941 年 9 月 11 日举行；引自 Berg, *Lindbergh*, pp. 378, 427.
68. *New York Times*, August 11, 1941.
69. 同上, July 1, 1940.
70. 同上, July 2, 1940. 意大利空军在格拉齐亚尼的指挥下，于 11 月入侵埃及，第二年 1 月在"罗盘行动"中被击退。当月下旬，英国军队与澳大利亚军队及印度军队占领托布鲁克。1942 年 6 月，德军占领该城市。11 月，盟军重新夺回这一城市。
71. 同上, July 4, and July 3, 1940.
72. 同上, July 1, 1940. 2002 年，罗马南部钱皮诺机场前的广场被改名为巴尔博广场。时任西尔维奥·贝卢斯科尼（Silvio Berlusconi）总理军事顾问的伦纳德·特里卡里科（Leonard Ticarico）将军坚决拥护用巴尔博的名字重新对广场命名，并指出这符合空军指战员们的要求。他们强烈呼吁通过这种方式来对自己怀念已久的飞行英雄表示敬意。"这一举动也符合意大利的传统",他同时指出,"我们将时刻牢记伊塔洛·巴尔博将军在意大利空军发展史上的光辉业绩"。见 *Times* (London), August 1, 2002. 值得注意的是,美国也没有忘记这位当年的飞行勇士。我曾偶然看到90岁高龄的裁缝托马西纳·格雷拉·阿莫伊恩(Tomasina Grella Armoian)去世的讣告。阿莫伊恩曾担任新罕布什尔州埃弗雷特市巴尔博女子俱乐部席。见 *Boston Globe*, March 30, 2006.

73. 苏联方面希望审判在苏军所占领的柏林地区进行,但其他代表均选择支持在美军占领区的纽伦堡进行。作为妥协,柏林被指定为"国际法庭的永久性地址"。见 Ann Tusa and John Tusa, *The Nuremberg Trial* (London: Macmillan, 1983), p. 84. 关于这一审判持续影响的研究,见 Richard Wasserstein, "The Relevance of Nuremberg," *Philosophy and Public Affairs* 1 (1971): 22–46.

74. István Deák, *Essays on Hitler's Europe* (Lincoln: University of Nebraska Press, 2001), p. xvii. 作者非常细心地注意到纽伦堡国际审判及后续审判导致的自相矛盾的影响:"几十位纳粹领导人被执行处决,但包括几千名大屠杀凶手在内的绝大多数其他纳粹战犯很快被释放或者根本没有受到指控。他们像往常一样继续生活,甚至得到升迁。"(第17—18页)关于纳粹战犯后续审判的总结性论述,见 Adalbert Rückerl, *The Investigation of Nazi Crimes, 1945–1978*. (Hamden, CT: Archon Books, 1980).

75. 对于尼基琴科的任命在司法惯例方面遇到一些问题,因为他曾代表苏联参与国际法庭设立条件的谈判。

76. Bradley F. Smith, *Reaching Judgment at Nuremberg* (New York: Basic Books, 1963), p. 4; Patrick Dean, 引自 Tusa and Tusa, *The Nuremberg Trial*, p. 207.

77. Joseph E. Persico, *Nuremberg: Infamy on Trial* (London: Penguin, 1994), p. 133.

78. Robert H. Jackson, *The Case against the Nazi War Criminals: Opening Statement for the United States of America by Robert H. Jackson, and Other Documents* (New York: Alfred A. Knopf, 1946).

79. Robert Gellately, ed., *The Nuremberg Interviews* (New York: Alfred A. Knopf, 2004), p. xv.

80. 关于英国皇家空军轰炸德国城市的综合性论述,见 A. C. Grayling, *Among the Dead Cities: The History and Moral Legacy of the WWII Bombing of Civilians in Germany and Japan* (New York: Walker, 2006), pp. 283–328. 关于柏林轰炸的基础资料,见 Reinhard Rurup, *Berlin 1945: Eine Dokumentation* (Berlin: W. Arenhövel, 1995).

81. Richard G. Davis, *Bombing the European Axis Powers: A Historical Digest of the Combined Bomber Offensive, 1939–1945* (Maxwell Air Force Base, AL: Air University Press, 2006), pp. 511–12; 另见 Ian Buruma, "The Destruction of Germany," *The New York Review of Books*, October 21, 2004, pp. 8–12.

82. Joseph E. *Persico, Nuremberg*, p. 128. 令人难以置信的是,纽伦堡最好的酒店格兰德大酒店并没有完全被毁。它足以保证国际法庭相关人员和媒体记者的接待工作。

83. 盟军突袭共计夺走大约300,000名德国人的性命,使大约800,000名德国人受伤。德国近1/5的房屋被毁。Mak, *In Europe*, pp. 561, 563.

84. Peter De Mendelssohn, "The Two Nuernbergs," *Nation*, December 1, 1945, p. 569.
85. 尼基琴科最初担任国际法庭苏联代表团的负责人。9 月份，他被召回莫斯科，10 月 18 日，返回纽伦堡，与其他审判人员共同宣誓，担任主审法官。见 Robert E. Conot, *Justice at Nuremberg* (New York: Harper & Row, 1983), p. 65. 尼基琴科在国际法庭将纽伦堡设为审判地点这一问题上所发挥的作用，见 Arieh H. Kochavi, *Prelude to Nuremberg: Allied War Crimes Policy and the Question of Punishment* (Chapel Hill: University of North Carolina Press, 1998), p. 240. 一些有标志意义的地区最终遭遇了不同的命运。见 Clive James, *Cultural Amnesia: Necessary Memories from History and the Arts* (New York: W. W. Norton, 2007), p. 721.
86. Marion A. Kaplan, *Between Dignity and Despair: Jewish Life in Nazi Germany* (New York: Oxford University Press, 1998), pp. 17–49. 1933 年 7 月，内务部人口与种族政策顾问委员会被授命起草新的德意志帝国犹太公民权利条例。后来的种族条例就是在此基础上形成的。见 Saul Friedländer, *Nazi Germany and the Jews*, vol. 1, *The Years of Persecution, 1933–1939* (New York: HarperCollins), p. 146.
87. 引自 Avraham Barkai, "Exclusion and Persecution: 1933–1938," in *German-Jewish History in Modern Times*, vol. 4, *Renewal and Destruction, 1918–1945*, ed. Michael A. Meyer (New York: Columbia University Press, 1998), p. 211.
88. Robert H. Jackson, *The Nürnberg Case as Presented by Robert H. Jackson, Chief of Counsel for the United States Together with Other Documents* (New York: Alfred A. Knopf, 1947), p. 31.
89. Elizabeth Borgwardt, *A New Deal for the World: America's Vision for Human Rights* (Cambridge: Harvard University Press, 2005), p. 203.
90. Grayling, *Among the Dead Cities*, pp. 12–13.
91. Frederick Taylor, *Dresden: Tuesday, 13 February 1945* (London: Bloomsbury, 2004), pp. 373, 375. 关于第二次世界大战期间盟军突袭行动有说服力的叙述，见 Randall Hansen, *Fire and Fury: The Allied Bombing of Germany, 1942–1945* (Toronto: Doubleday, 2009).
92. 关于战争伦理问题的精辟论述，见 Paul Addison and Jeremy Craig, eds., *Firestorm: The Bombing of Dresden, 1945* (London: Pimlico, 2006) 中的文章；Grayling, *Among the Dead Cities*.
93. 引自 Arieh J. Kochavi, *Prelude to Nuremberg*, p. 57.
94. 关于"伦敦会议与纽伦堡审判"及四大战胜国之间相互争执与妥协的精辟论述，见 Smith, *Reaching Judgment at Nuremberg*, pp. 46–73.
95. 引自 Telford Taylor, "The Nuremberg Trials," *Columbia Law Review* 55 (1955): 500.
96. 引自 Jackson, *The Nürnberg Case*, p. xv. 详细讨论，见 Jonathan A. Bush, "Nuremberg: The Modern Law of War and Its Limitations," *Columbia Law Review* 93 (1993): 2022–86.
97. Jackson, *The Nürnberg Case*, p. 33.
98. 极其深刻细致的讨论，见 Borgwardt, *A New Deal for the World*, pp. 196–248. 1946 年 12 月的《联合国大会决议》将种族灭绝列入国际刑事犯罪行为。1948 年的《预防和惩治种族灭绝犯罪协定》将种族灭绝定义为以彻底毁灭某一人种、宗教、族群或民族为特定目标的犯罪行为。

99. Borgwardt, *A New Deal for the World*, p. 247.
100. 引自 Taylor, "The Nuremberg Trials," p. 499.
101. Smith, *Reaching Judgment at Nuremberg*, p. 103.
102. 引自 Tusa and Tusa, *The Nuremberg Trial*, p. 449; James Owen, *Nuremberg: Evil on Trial* (London: Headline Review, 2006), p. 317; Norbert Ehrenfreund, *The Nuremberg Legacy* (New York: Palgrave, 2007), p. 87. 埃伦弗洛伊德在军事报纸《星条旗》上对审判情况进行了报道。
103. 引自 Taylor, "The Nuremberg Trials," p. 499.
104. Persico, *Nuremberg*, p. 94. 加利福尼亚大学伯克利分校的退休法学教授马克斯·雷丁 (Max Radin) 在审判期间撰文指出，"国际法庭尽最大努力保证所有被告人享有对自己受到的指控进行全面辩护的权利"。他们可以接触全部指控材料，与自己所选定的律师见面；被告人母语以外的证词全部提供同步翻译；控方证词与被告人自己提供的证词可以相互印证。而且被告人享有最后申辩的权利。见 Max Radin, "Justice at Nuremberg," *Foreign Affairs* 24 (1946): 383.
105. International Military Tribunal, *Trial of the Major War Crimes before the International Military Tribunal*, vol. 1 (Nuremberg, Germany: International Military Tribunal, 1947), p. 26; 一些美国代表团成员认为，"尼基琴科是一位个人修养很高的法官，其内心潜藏着自由主义的火焰，但受到自己所服务的政权思想体系的因禁"。见 Persico, *Nuremberg*, p. 182.
106. Vaksberg, *The Prosecutor and the Prey*, p. 101.
107. Tusa and Tusa, *The Nuremberg Trial*, p. 232.
108. Persico, *Nuremberg*, p. 451; Tusa and Tusa, *The Nuremberg Trial*, p. 476; Owen, *Nuremberg*, p. 327.
109. *New York Times*, April 23, 1967.
110. U.S. Congress, *Memorial Services Held*, p. 19.
111. Chester M. Morgan, "Senator Theodore G. Bilbo, the New Deal, and Mississippi Politics (1934–1940)," *Journal of Mississippi History* 47 (1985): 149, 151, 152, 161.
112. William D. McCain, "Theodore Gilmore Bilbo and the Mississippi Delta," *Journal of Mississippi History* 31 (1969): 1–27.
113. William F. Holmes, *The White Chief: James Kimble Vardaman* (Baton Rouge: Louisiana State University Press, 1970), pp. 77–87.
114. Vincent Giroux Jr., "The Rise of Theodore G. Bilbo (1908–1932)," *Journal of Mississippi History* 43 (1981): 198–99; Daniel M. Robison, "From Tillman to Long: Some Striking Leaders of the Rural South," *Journal of Southern History* 3 (1937): 208. 关于促使比尔博政治崛起的历史背景，见 Cortez A. M. Ewing, "Southern Governors," *Journal of Politics* 10 (1948): 385–409; Robert L. Fleegler, "Theodore G. Bilbo and the Decline of Public Racism," *Journal of Mississippi History* 68 (2006): 1–27.
115. 哈里森希望潜在政治对手比尔博远离密西西比州的政治竞选舞台。见 R. G.

Tugwell, "The Compromising Roosevelt, " *Western Political Quarterly* 6 (1953): 338–39.

116. *New York Times*, September 20, 1934.
117. U.S. Congress, *Memorial Services Held*, pp. 71, 74, 76. 这次国会演讲于1947年11月17日举行，距离悼念仪式举行正好一年时间。上述演讲稿也同样被收入悼念仪式文集之中。
118. Joseph D. Kennan to Bilbo, August 28, 1940; 引自 Morgan, "Senator Theodore G. Bilbo, " p. 162.
119. 1940年10月29日竞选新闻稿，见比尔博文集；引自 Chester M. Morgan, *Redneck Liberal: Theodore G. Bilbo and the New Deal* (Baton Rouge: Louisiana State University Press, 1985), p. 230. 对于本书中的记载，两位对"南方政治煽动家"持批评态度的学者在1939年总结指出，比尔博是"参众两院南方国会代表中破坏性影响最小的议员"。见 Allan A. Michie and Frank Ryhlick, *Dixie Demagogues* (New York: Vanguard Press, 1939), p. 107. 戴维·肯尼迪在其严谨细致的历史学著作中写道，罗斯福总统决定对1938年的一系列初选活动进行积极干预，并错误地指出，干预的目的是尽量"减少像比尔博这类反动分子的数量"。见 David M. Kennedy, *Freedom from Fear: The American People in Depression and War* (New York: Oxford University Press, 1999), p. 346. 相比较而言，小亚瑟·斯莱辛格正确地强调了比尔博的进步倾向，尤其是其在农业方面发挥的积极影响，促成《班克黑德法案》通过了国会的审议和讨论。见 Arthur Schlesinger Jr., *The Age of Roosevelt*, vol. 2, *The Coming of the New Deal*, 1933–1935 (Boston: Houghton Mifflin, 1959), pp. 380–81.
120. Dewey W. Grantham, *The Life and Death of the Solid South: A Political History* (Lexington: University of Kentucky Press, 1988), p. 113.
121. William G. Carleton, "The Southern Politician—1900 and 1950, " *Journal of Politics* 13 (1951): 221.
122. 一位传记作家恰当地将其描述为"白人至上主义的保护神"。他所代表的选区内"白人至上是不可争论的事实"。见 A. Wigfall Green, *The Man Bilbo* (Baton Rouge: Louisiana State University Press, 1963), pp. 104, 98, 99.
123. U.S. Congress, *Memorial Services Held*, pp. 59, 72.
124. *Chicago Defender*, July 12, 1919.
125. *Congressional Record*, 75th Cong., 3d sess., February 1, 1940, p. 894.
126. 同上, p. 1554.
127. *Newsweek*, August 6, 1945; 引自 Green, *The Man Bilbo*, p. 105.
128. Victor Riesel, "New Bilbo Blast Revives Old Ku Klux Klan Techniques, " *New York Post*, July 30, 1945. 在公平就业法案辩论期间，比尔博"告诉参议院农业委员会，如果按照第8802号总统行政命令要求，不分种族、肤色、信仰地保证每一个人的权利生来平等，'那么，战争结束时，你们最好不要让军队解散——因为它将来还会派上用场'"。见 *Chicago Defender*, February 24, 1945.
129. 引自 Benjamin E. Mays, "Veterans: It Need Not Happen Again, " *Phylon* 6 (1945): 208.
130. *Congressional Record*, 79th Cong., 1st sess. 1945, 91, pt. 3, p. 6898.

131. *Chicago Defender*, November 10, 1945.
132. Raymond Gram Swing, "Bilbo the Rabble Rouser,"*Nation, January* 30, 1935, p. 124.
133. *Chicago Defender*, February 12, 1944.
134. 同上。
135. Morgan, *Redneck Liberal*, pp. 251–52; *Chicago Defender*, July 7, 1945; Flora Bryant Brown, "NAACP Sponsored Sit-Ins by Howard University Students in Washington, D.C.," *Journal of Negro History* 85 (2000): 274–86. 华盛顿特区成立了一个跨种族团体。霍华德大学的著名公民权利律师和法学院院长查尔斯·休斯顿（Charles Houston）曾参加该团体的集会并发表演讲。这一团体致力于剥夺比尔博华盛顿特区主席的职位。比尔博收到来自该团体的电文，要求他因种族主义言论而下台。但这一切都无济于事。
136. *Chicago Defender*, February 19, 1944.
137. 引自 Hodding Carter, "'The Man' from Mississippi—Bilbo: Portrait of a Senator on the Home Grounds Making His Plea for Another Term in Office," *New York Times Magazine*, June 30, 1946, p. 7.
138. Garry Boulard, "'The Man' versus 'The Quisling': Theodore Bilbo, Hodding Carter, and the 1946 Democratic Party," *Journal of Mississippi History* 51 (1989): 201–17; Richard D. Ethridge, "The Fall of the Man: The United States Senate's Probe of Theodore G. Bilbo in December 1946 and Its Aftermath," *Journal of Mississippi History* 38 (August 1976): 241–62.
139. Senate Special Committee to Investigate Senatorial Campaign Expenditures, *Hearings, Mississippi* (Washington, DC: U.S. Government Printing Office, 1946), p. 13.
140. *New York Times*, June 23, 1946; *Chicago Defender*, June 29, 1946; Boulard, "'The Man,'" p. 211; Senate Special Committee, *Hearings, Mississippi*, pp. 7–11.《纽约时报》在一篇社论中指出，"我们现在可以肯定的是，如果不正式接受任职资格调查，参议员西奥多·G. 比尔博就不能连任参议员一职……真正的问题在于，'比尔博式的种族偏见'已经人所共知。这一名词意味着种族仇视、三K党恐怖、选举威胁以及牺牲国家整体利益的狭隘地区保护主义"。见 *New York Times*, November 18, 1946. 另见 F. Ross Peterson, "Glen H. Taylor and the Bilbo Case," *Phylon* 31 (1970): 344–50.
141. Theodore G. Bilbo, *Take Your Choice: Separation or Mongrelization* (Poplarville, MS: Dream House Publishing Company, 1947), pp. 8, 5, 6, 7.
142. Senate Special Committee, *Hearings, Mississippi*, p. 23.
143. 艾伦德强调，他更倾向于"黑鬼"（*nigger*）一词。引自 Ethridge, "The Fall of the Man," p. 255.
144. Floyd M. Riddick, "American Government and Politics: The First Session of the Eightieth Congress," *American Political Science Review* 42 (1948): 679; L. W. Jr., "The Right of Congress to Exclude Its Members," *Virginia Law Review* 33 (1947): 323.
145. *Time*, September 1, 1947, p. 14.

146. James Q. Whitman, "Of Corporatism, Fascism, and the First New Deal, " *American Journal of Constitutional Law* 39 (1991): 747–78.
147. John P. Diggins, "Flirtation with Fascism: American Pragmatic Liberals and Mussolini's Italy, " *American Historical Review* 71 (1966): 498. 另见 John P. Diggins, "American Catholics and Italian Fascism, " *Journal of Contemporary History* 2 (1967): 51–68; David F. Schmitz, *The United States and Fascist Italy* (Chapel Hill: University of North Carolina Press, 1988); Ido Oren, "Uncritical Portrayals of Fascist Italy and of Iberic-Latin Dictatorships in American Political Science, " *Comparative Studies in Society and History* 42 (2000): 87–118. Maurizio Vaudagna, "The New Deal and Corporativism in Italy, " *Radical History Review* 4 (1977): 3–35. 自由民主政权对墨索里尼的支持不仅限于美国。"温斯顿·丘吉尔……很快认识到意大利领袖墨索里尼的成就。就在墨索里尼进攻埃塞俄比亚前的几个星期，丘吉尔还在称赞墨索里尼是'一位伟大的政治家和英明领袖'。他正在率领'意大利民族走向复兴之路'"。Steiner, *The Lights That Failed*, pp. 331–32.
148. John Garraty, "The New Deal, National Socialism, and the Great Depression," *American Historical Review* 78 (1973): p. 914. 另见 James Q. Whitman, "Of Corporatism, Fascism, and the First New Deal, " *The American Journal of Comparative Law* 39 (1991): 747–78; 见 http://digitalcommons.law.yale.edu/fss_papers/600. 整个1934年的文章全部是赞扬意大利社团主义的内容。《财富》杂志称"社团主义政治之于墨索里尼就如同'新政'之于罗斯福"。(引自第748页)
149. 见 Vaudagna, "The New Deal and Corporativism in Italy."
150. PeriE.Arnold, *Making the Managerial Presidency: Comprehensive Reorganization Planning, 1905–1980* (Princeton, NJ: Princeton University Press, 1986), chap. 4.
151. Louis Brownlaw, *Report of the President's Committee on Administrative Management* (Washington, DC: U.S. Government Printing Office, 1937), p. 4; 引自 Arnold, *Making the Managerial Presidency*, p. 104.
152. 汉娜·阿伦特深刻地领悟到，相对温和的人民阵线政策与国内政治镇压的加剧有着内在联系。见 Arendt, *The Origins of Totalitarianism* (London: George Allen and Unwin, 1951), p. 415.

3. 猛药

1933年初,美国南方地区掀起了一股推行私刑的热潮。3月中旬,全国著名黑人报纸《芝加哥卫报》记录了下列恐怖事件:

1月3日,哈里·罗斯(Harry Ross)被三名白人射杀在田纳西州孟菲斯市郊外。这三名白人报告说他们当时正要带哈里·罗斯去市里,控告他"粗暴地向一名白人女子求婚",但他却"试图从行进中的汽车里跳车逃跑"。于是,他们开枪打死了他。

菲尔·詹金斯(Fell Jenkins),现年20周岁,1月11日在路易斯安那州艾科克市被三名白人农民活活打死,因为詹金斯踩踏了他们其中一家的草场。

1月19日,在佛罗里达群岛的塔韦尼埃岛,一户渔民的三名家人被一伙入室抢劫的白人活活砍死。媒体没有公布这伙人的名字。政府部门尚未就民众对相关细节的质疑做出回应。

2月9日,路易斯安那州巴吞鲁日市的罗伯特·理查森(Robert Richardson)在试图逃脱由当地副警长率领的25人暴力团伙的围攻时，被射杀。后来公布的消息说，这伙人袭击他家是因为有报告说"他骚扰过一位白人女性"。

纳尔逊·纳什（Nelson Nash），现年21周岁，于2月19日在路易斯安那州灵戈尔德市被人吊死在一棵树上。

南卡罗来纳州艾肯市的乔治·奇特（George Cheater）于2月19日被三名白人毒打致死。这三名白人后来说他"偷了他们的威士忌"。

现年19岁的莱翁·卡洛克（Levon Carlock）遭六名警察毒打、折磨，最后被射杀。事件发生地点位于田纳西州孟菲斯市。[1]

3月上旬，艾迪斯·弗兰克（Edith Frank）与她刚刚七岁的女儿玛戈特（Margot）及差三个月过四岁生日的安妮（Anne）在法兰克福的提也兹商场及豪普特瓦赫咖啡馆附近摆姿势照相。黑特·马珂（Geert Mak）报道说：

> 三天后，国民冲锋队将纳粹党的万字旗悬挂在市政大厅的阳台上。三周后，发生了针对大多数犹太人商店和公司的公开抵制活动。复活节过后，玛戈特的非雅利安裔教师似乎在人间蒸发了。同样在那几周时间内，奥托·弗兰克（Otto Frank）开始计划移民。没出一年，全家人就搬到阿姆斯特丹的梅尔韦德广场居住了。后来发生的事情众所周知。[2]

在这样一个野蛮暴行到处肆虐的时代，和国内外到处笼罩着恐惧的时代，富兰克林·罗斯福于1933年3月4日宣布就任美国第32届总统。

一

　　晚冬的天气不时有阵阵寒风袭来，让人感到阵阵寒意。由于多云，天空看起来雾蒙蒙的，不过时而有一缕阳光从云层中透出。也许四年后的 1937 年，罗斯福总统发表再次入主白宫就职演说时的天气更适合总统首次就职仪式当天的恐惧氛围。那天的情形是，寒风刺骨，雨雪交加。总统乘坐的敞篷车地板上飞溅的雨水达半英寸深。

　　富兰克林·罗斯福于 1933 年就职总统时，苏联共产党第十七次全国代表大会雄心勃勃地宣布启动第二个五年计划刚过一年，日本首相犬养毅（Inukai Tsuyoshi）在其官邸被由海军军官和陆军学校学员组成的右翼团伙刺杀刚过十个月。这一事件暴露了日本民主政治摇摇欲坠的脆弱处境；[3] 五个星期前，希特勒刚组建国民冲锋队、纳粹党卫军及由赫尔曼·戈林率领的普鲁士街头治安警察部队；几天前德国总统兴登堡（Hindenburg）和总理希特勒刚根据《魏玛宪法》第 48 条的规定在紧急状态下暂停公民的自由权利；19 天后，德意志帝国议会以 494∶94 的压倒性票数通过了《授权法案》。该法案授权总理和内阁起草、颁布和实施法律，并可通过以发布行政命令的形式进行国家治理，从而使纳粹独裁统治合法化。[4] 与德国纳粹集团对左右两翼政治势力实施独裁统治的表面成功相比，此时的美国总统却要领导一个施政能力和道德权威均面临严重不确定性的民主政权。

　　"恐惧本身"是一个发自肺腑的字眼，它可以勾起人们对往日的回忆，让人重温过去心惊胆战的内心体验。正是这种难以名状的、丧失理性的、毫无缘由的内心恐怖使人们为了扭转倒退局面、变倒退为进步所做出的各种努力彻底瘫痪。罗斯福总统在就职演说刚开始的几分钟内就向公众做出庄严承诺，他将带领美国驱散笼罩在人们心头的一切恐惧。他最有名的一句话就是，"我们唯一感到恐惧的事情，就是恐惧本身"。[5] 也许，"难以名状"和"丧失理性"是对的，但这里所说的恐惧并不是"毫无缘由"，也不是美国人民"唯一感到恐惧的事情"。

当罗斯福总统说这番话的时候，资本主义秩序行将崩溃，恐惧和痛苦在世界各地漫延。自由议会政权正在走向坍塌。由强硬派铁腕人物领导的独裁政权，似乎已经在难以抵挡的思想热情驱使下，彻底主宰了世界的未来。在当时的历史背景下，全面战争的经验教训迫使各国重整装备，以应对随时可能来临的战争。当然，罗斯福总统不可能准确预见到后来发生的侵略势力的疯狂扩张、暴力恐怖活动的急剧升级和大规模集体屠杀的严重罪恶。而且我们可以看到，即使在当时，罗斯福总统"发起一场应对紧急状况的战争"的号召也严重低估了战争罪恶所带来的现实风险及潜在风险。不久以后，这些风险便让人们感到极度恐惧、焦虑和惊慌。

总统发表就职演讲时的国内外现实已经足以导致人们产生"恐惧本身"了，这不是夸张的说辞。"将希特勒推向权力舞台的各种力量"，新闻记者约翰·根室回忆，"与将罗斯福先生推向总统位置的各种力量几乎是完全一样的——空前的经济危机造成的群体性绝望、对现状的极度不满，绝大多数人渴望能有一位救世主给人带来好运"。[6] 这种状况迫使人们对传统制度结构的平衡进行调整。

在这些原因中，首当其冲的是全球经济的崩溃。在总统就职仪式当天，美国1/4的工薪阶层失去了工作机会，银行系统的全面瘫痪将中产阶级的储蓄洗劫一空。作为大萧条的发源地，美国遭受的经济打击比全球任何一个国家都严重。即将崩溃的美国国民经济的下降幅度占全球工业生产总值下降幅度的一半多。研究"新政"的历史学家威廉·洛伊希滕堡断言，"当经济危机来袭时，世界上任何一个大国应对危机的准备都比美国充分"，因为它"既缺乏控制危机的手段，又缺乏国家担当主体责任的传统"。[7]

自1913年开始，罗斯福连续七年担任威尔逊政府海军部长助理，从这时起，直到罗斯福就任美国总统之间的20年中，严重的经济危机是造成民众恐惧和惊慌的最显著原因之一。通过诉诸武力和大量投资军备来换取和平保障、抑制战争风险、重建国际秩序的一切希望均彻底破灭了。1897年，后来担任殖民办公室司法助理的英国律师约翰·舒克伯勒·里斯利（John Shuckburgh Risley）出版了《战争法》一书。该书成为当时律师界和一般公众必读的法律大纲。里斯利瞻望了当时正在采取的各种抑制战争努力的光明前景。他指出：

> 《战争法》一书渗透着这样一条重要的生存原理——通过使敌方或中立方付出最小的代价，迅速获取公正合理的战争结果。按照这一原则，野蛮破坏对方领土、残杀解除武装的战俘、向敌方水井下毒等都被视为严重的暴力违法行为……1864年的《日内瓦公约》和1968年的《圣彼德堡公约》[8]都充分表明交战各国政策的制定不应当以战争恐怖的级别或程度为原则。

当时面向"新时代"的12卷《剑桥现代史》于1910年出版。[9]该书指出，武力保障下的和平是现代社会的主要成就。这一论断是对当时正在进行的各国军备竞赛的认可。该书还注意到，五个大陆强国——法俄联盟、奥、德、意三国同盟——如何将200多万军队武装起来，如何具有动员2,000多万人同时武装参战的能力。该书承认，开始于19世纪80年代的军备竞赛已经开始升级；军工装备的生产正在日益与国民经济的发展密切结合起来；仅仅这五个国家每年的军事开支就已经上升到158,000,000英镑。[10]但是一种乐观主义思想却贯穿全书的各个章节。"大量军事装备的存在"，该书卷首语自信地宣称，"是和平的有力保障。这让每一个家庭随时想到战争的可怕后果；一想到庞大的武装力量之间发生军事冲突的严重性，政治家及全国民众就会对战争感到畏惧颤栗"。该书进一步指出，国民的厌战情绪已经使他们"失去行动力量"。[11]

四年后第一次世界大战爆发，其所得到的广泛支持及将士们的流血牺牲精神给了《剑桥现代史》的编撰者们一个极大讽刺和嘲弄。该书几乎没有预见到大规模战争动员的热潮和将士积极投向战场的热潮，包括普通民众、政治家、军事将领和知识分子在内的社会各阶层人士均迅速呼应，踊跃参战；该书也几乎没有预见到战争作为一种凝聚民众力量的手段，可以将不同阶层、不同地域和不同宗教信仰的人们紧密地团结在一起，共赴国难。同时战争的热情还感染了不少当时最伟大的知识分子们。小说家托马斯·曼曾表达对战争的敬意，因为它能带给人们"净化心灵、解放自我的巨大希望"；社会主义者马克斯·韦伯（Max Weber）则高度评价战争"是伟大的、精彩的壮举……不论它造成什么样的后果"。[12]

但很快，发生的大规模集体屠杀使很多人对这场战争惨烈程度的预料彻底落空。人们原以为，即将到来的战争，其残酷程度不会超过过去欧洲曾发生过的主要战争的杀戮和血腥。比如，虽然短暂却具有决定性意义的1870年到1871年之间的普法战争，以及殖民侵略给殖民地人民留下痛苦印记的杀人现场。这些针对殖民地的屠杀事件主要发生在1880年到1910年之间。但对大多数欧洲人而言，这些恐怖屠杀场面早已从记忆中消失了。根据战地医疗服务机构统计，一战前两个月，西线战场德国士兵伤亡、生病、失踪人数达373,369人。这还仅仅是前两个月的统计数字。比利时共计200,000人的陆军部队，其中，每8人中就有5人战死。117,000人的英国远征军几乎全军覆灭。从萨拉热窝事件到圣诞节时，仅仅6个月的时间内就有747,000名德国士兵、854,000名法国士兵战死或负伤。[13]

战争初始阶段这些惊人的伤亡损失，主要是因为参战方还没有来得及构筑防御工事就被卷入大规模作战或猛烈的火力打击之中。一旦修筑好作战工事，双方军队就开始进入四年多的持续流血作战状态了。比如，在凡尔登作战中，1916年2月到12月之间，大约有800,000名士兵伤亡或失踪；在索姆河作战中，1916年6月到11月之间，伤亡人数达到100多万；[14]意大利士兵全部被困在多洛米蒂山和阿尔卑斯山的冰雪和淤泥之中。到1917年秋季，已经有一半士兵死亡或失踪，而部队的推进距离则只离奥地利1915年的边界线12英里。[15]被动员参加作战的总计 6,500 万士兵中，800 万战死，700 万终生致残，1,500 万负伤。[16]

由于针对平民的暴力恐惧活动可以成为战争的工具，一战中也涉及大量平民的伤亡，共计有 500 万非战斗人员死亡。这些死亡通常是在配合主力部队作战的攻击中造成的。"有足够的理由相信"，一位战后的观察家敏锐地指出，"或许部署这些攻击的指挥员的主要动机是要打心理战。人们一般认为，对当地平民的恐怖袭击能够促使和引导他们对和平提出强烈要求"。[17] 因此，正如历史学家艾兰·克雷默（Alan Kramer）指出的，"作战中的敌人不仅仅是敌方的军队，还包括敌方所属的国家以及这个国家所认同的文化"。[18]

这种战争性质改变的首要标志是对比利时鲁汶大学城及鲁汶大学图书馆的破坏、对大教堂的炮击、对法国兰斯市几百名无辜平民的故意惨杀以及随后发生的 1914 年德国军队在比利时小镇迪南及法国北部阿登高地的大规模集体处决事件。这类暴力恐怖性打击还特别实施了全面空袭这种非接触性屠杀手段。1924 年，当一位著名的外事活动专家提出约束这类空袭的行动时，强调说，"第一次世界大战期间经常发生这样的空袭：在灯光全部熄灭的深夜，飞行员驾着轰炸机从高空实施轰炸"。这时的飞行员不可能对"城市平民和建筑物等轰炸目标进行准确判断"。[19]

不过并非所有杀戮都不分受害对象而见人就杀。1915 年到 1917 年之间亚美尼亚大屠杀就采用种族灭绝的方式夺走了 800,000 万人的性命。有资料说实际死亡人数可能超过 150 万。[20] 种族灭绝这种大规模屠杀形式在 30 年后，也即 1944 年由拉斐尔·莱姆金（Raphael Lemkin）论证确认。1948 年，联合国大会通过的《联合国公约》将"种族灭绝"这种屠杀形式定义为对某一少数民族、某一种族、某一宗教团体或国家集团实施的整体或部分有目的的系统毁灭。[21] 这种极端罪恶不是在一些功利性动机或简单的个人利益驱使下发生的，它超越了真实的直接敌人与所推定的间接攻击目标之间的界限。[22]

尽管第一次世界大战造成了史无前例的破坏和灾难，但许多人也认为这为早已被里斯利彻底放弃的希望带来了重生的可能,即把建立国际组织重新提上议事日程。因此,若干维持和平的全球性机构先后被建立起来。这不仅包括国际联盟,也包括1921年至1922年之间召开的华盛顿海军大会上通过的一系列限制军舰建造规模的条约,以及1928年通过的《凯洛格-白里安公约》,此条约规定,各国"将放弃战争列为国家政策工具"。看来,放弃战争的良好愿望似乎占了上风。到了1931年9月10日,英国切尔伍德第一塞尔西子爵罗伯特·塞尔西(Robert Cecil,1937年诺贝尔和平奖获得者)终于向联合国大会宣布,"我可以肯定,当我说战争从来没有像今天这样远离我们,和平从来没有像今天这样为我们提供可靠的生存保障时,在场的所有人谁也不会站起来反驳我"。[23]

这话说完刚过九天,日本就发动了侵略中国东北(面积占据中国领土的1/4)的战争。到1932年2月,日本完全占领东北。1932年1月至3月,日本还进攻了中国上海,致使几百名中国平民死于战乱。国际联盟对日本的侵略行为最终也无可奈何。[24]国际安全体系瞬间崩塌了。1933年10月,阿道夫·希特勒宣布退出国联和世界裁军大会(1931年发起)。两次世界大战期间各国限制军费开支的努力也开始走向破产。1933年,德国和苏联首先走入世界超级军事大国的行列。随着中国国内动荡的升级和以印度为最典型代表的反殖民统治运动的加剧,全球性的无政府状态愈演愈烈。"1929年至1933年间的'重大转折'时期",左拉·斯坦纳(Zara Steiner)在其关于国际战争史的重要研究中总结道,"见证了过去几十年各国经心培育的和平保障机制面临重大威胁,也见证了许多其他机制的彻底瓦解"。随着国际关系的日益紧张,显然,民族利益超过了各国谋求和平稳定的全球秩序的愿望,之前,各国还在努力尝试以此替代一战前的欧洲政治体系。德国的突然转向和日本以武力保障区域主导地位的行径向世人昭示,未来维持和平的一切举动和努力"都将会发生在《华盛顿条约》《凯洛格-白里安公约》和国际联盟框架以外"。[25]富兰克林·罗斯福总统就是在这样一种黑暗的国际环境中入主白宫的。

在世界和平格局由充满希望到彻底绝望的转折与过渡中，作为旁观者，美国对发生在欧亚大陆的冲突无动于衷。那些年，美国拒绝加入国联，一批接一批地让士兵复员返乡。当政者始终认为，大西洋和太平洋两大天然屏障足以确保美国的永久性安全。[26] 内战结束时，尽管双方损失惨重，美国却已经拥有了世界上最强大的陆军。海军势力也占据世界第二位。由于地理位置处于优势，一战的紧急事态过后，美国开始了大规模裁军。1918 年 11 月，欧洲停战协议签署，另一轮"大规模的裁军开始了，所有维持一支强大军队的努力均告失败"。[27] 长久性世界和平局面似乎即将来临。为避免新一轮军备竞赛，1922 年《华盛顿海军条约》限制军舰建造规模，这也证明了哈丁政府广受欢迎的执政成就。尽管美国拥有巨大的军事潜力，但其陆军规模仅为 230,000 人，1930 年初，其海军规模还不及意大利的一半，然而，美国的人口却是意大利的三倍以上。而且，美国军队的武器和人员开支总额仅相当于苏联的 1/4。[28]

很长一段时期内，人们似乎认为，美国在世界舞台上的缺席是无关紧要的。在一战后的光辉岁月里，好像"全世界都在致力于重建"，小说家斯蒂芬·茨威格回忆道，"似乎饱受磨难的这代人很快又要恢复正常的生活了"。[29] 一战前，《剑桥现代史》对于自由民主在全球取得胜利的设想似乎也不是完全不着边际，它对未来的预见看起来也有一定的"先见之明"：欧洲自由民主的彩虹之门向世界敞开，各国作为欧洲大家庭的一员，亲如兄弟。各国政府采用同样的统治形式；艺术家们创作出同样的作品；商人们采用同样的金融模式，经营相同的商品，开发相同的产业。简言之，各国"稳步走向"自由民主的道路，建立一个完全实行欧洲生活方式的国家集团。[30] 1918 年，美国历史学家詹姆斯·哈维·罗滨逊（James Harvey Robinson）指出，"20 世纪初的那些年，民众对于政府的制约确实在不断加强"，并指出，"英国上院被迫接受将国会立法的最后表决权交给下院；葡萄牙的君主制已经被推翻；土耳其在尝试建立宪法和议会制度；中国早已推翻帝制，实行共和制；俄国也推翻了沙皇统治"。[31]

罗滨逊和《剑桥现代史》均强调，所有这些已有的和潜在的民主国家，其共同特征是，把国家立法放在优先地位。"尽管代议制还有各种缺陷，但所有实行民主宪政的国家，均通过代议制来表达民众的观点和诉求；代议制可以对行政机构进行实际检验，也可以对以往制度和惯例的修正施加影响。"罗滨逊在文章中自信地宣称，"这一制度形式在不引发阶级冲突的情况下，使公众利益成为政治生活的中心议题"。[32]

按照英国自由宪政研究学者詹姆斯·布赖斯（James Bryce）的描述，对于战争的化解能力使得自由民主政治被"普遍接受……成为一种正常的、自然的政府形式"。[33] 随着"欧洲民主地带的形成——自波罗的海，经德国、波兰到巴尔干半岛"，[34] 以及议会民主政权在其他大陆的建立，伍德罗·威尔逊总统于1918年非常肯定地做出的断言似乎得到了确认，他宣称，"民主制似乎要在全球普及了"，并自信地分析"民主制的普及……有可能将全球的政治归结为一种单一的形式……所有的政府都采用民主制"。[35]

早在魏玛共和国轰然倒塌之前，上述乐观预见和期望就已经被残酷地打碎了。魏玛共和国的突然崩溃是欧洲民主政治普遍失败的典型代表。[36] 幻想的破灭使自由民主面临严峻考验，[37] 1926年，一位哈佛大学的政治学家指出，"美国、英国和欧洲大陆的公共媒体都充斥着时下的各种预言,说自由民主的时代已经彻底死亡,自由民主注定要完蛋了"。[38] 这样的预言也具有一定的预见性。在左翼群众性政党和法西斯右翼政党的双重夹击下，民主政治的热情被彻底掏空了。左翼政党深受布尔什维克政治试验、民主主义、天主教、保守主义等势力的影响和鼓舞。而民众对于自由民主的支持却在不断下降。政治和技术精英们经常对议会政府交换妥协的做法忍无可忍，"自由主义的胜利最终被证明是短暂的"，一份时评指出，"到20世纪30年代，议会制似乎在走国王丧失权力的老路"。[39]

尤其是德国民主政权造成的悲剧影响最大,从一开始,政治精英与知识分子之间的紧张关系和矛盾冲突就充斥于政权之中。亚瑟·默勒·凡·登·布鲁克(Arthur Moeller van den Bruck)著的《第三帝国》模仿新兴纳粹运动的思想主题和语言风格宣称,"自由主义得逞之际就是国家消亡之时"。该书把自由民主视为"危险的心理感染","一种政治瓦解的气氛……在国家之间传播伦理道德疾患,使所统治的国家走向毁灭"。[40] 此书成为1934年的畅销书,它浓缩了当时广泛存在而且还在不断上升的一股思潮。这股思潮极力推动历史学家卡尔·休斯克(Carl Schorske)所称的"后理性时代政治",竭尽全力将"自由主义全盛时期被排斥或忽视的民众组织起来"。[41] 虽然程度不同,但当时的每一位独裁者都在极力鼓吹布鲁克关于自由民主走向灭亡的主张。在铁腕式强硬派领导的率领下,这些受激烈的思想冲动驱使的暴政分子似乎已经掌控了世界的未来。

罗斯福总统就职仪式前夕所面临的世界与威尔逊总统当年展望的情景远远不同。到1933年为止,欧洲民主政权的版图已经不再包括德国、意大利、葡萄牙、奥地利、波兰、罗马尼亚、匈牙利、拉脱维亚或爱沙尼亚了。[42] 除了英国、斯堪的纳维亚和当时的法国以外,两次世界大战之间的这些年里,欧洲多国已经变成极权、独裁或法西斯政权了。[43]

1935年,著名外来移民律师卡尔·罗文斯坦由苏黎世大学去哈佛大学前不久,曾发出疑问,"大半个欧洲版图如何突然成为了独裁者的天下,超过一半的欧洲人口如何突然陷入独裁统治之中",为此,他指出道,"今天的人们比往常任何时候都要担心,独裁统治的恶性蔓延趋势有可能发展到不可抵挡的地步"。[44] 他或许已经注意到同时在日本发生的反民主转向,以及整个拉丁美洲发生的针对民族政权的种种限制措施和举动。1937年,罗文斯坦律师又在文章中表示,自己非常担心这种愈演愈烈的反民主浪潮已经"像当年法国大革命后欧洲自由主义浪潮横扫腐朽落后的封建专制主义那样,形成一股不可抵挡的历史潮流"。⁴⁵ 罗文斯坦最后总结说,"或许现在已经到了这样一个时刻:人们如果继续无视自由民主……已经开始在觉醒的民众面前失去往日的风光这一事实的话,那将是极不明智的愚蠢行为"。⁴⁶ 处于单薄弱势和被动防守地位的民主政权,似乎再也无法与充满生机与活力的完全一党制的独裁政权相匹敌了。

五年前,当罗斯福总统准备参加总统竞选时,还没有一个新兴独裁政权完全取得合法统治地位。有的新兴独裁政权还在依恋和回顾过去的独裁统治形式,但罗斯福总统就职后所面临的最新型独裁政权却是对敢于直面未来的现代民主政权,做出了"革命性回应"。这些独裁政权始终排斥传统的统治形式,牢牢抓住群众性政治运动这一工具,以实现各种意识形态目标和乌托邦式的政治规划——铲平阶级秩序、实现种族清洗、重建传统宗教文化、扩大或捍卫领土主权,等等。这些独裁政权跨越左翼和右翼政治派别之间的界限,将对方视为不共戴天的敌人。⁴⁷ 纳粹德国和意大利法西斯政权宣称,对俄国布尔什维克实施全面性打击,对方则予以相同回应。不论是从个体的角度还是从集体的角度,上述独裁政权与自由民主政权都有着鲜明的区别。就连1914年前的欧洲极权主义政权也实行了多党制,并从形式上对议会存有尊重。当然,这种所谓的法制力量是极其微弱的,所谓的民选也是非常有限的。相比较而言,当时的"革命性独裁政权"则采用一党制国家形式,而且将其奉为绝对正确的政治创新。这种政权将意识形态党派视为政治驱动力量,而无视民族国家的力量。这种创新是他们对西班牙著名哲学家奥特加·伊·加塞特(Ortega y Gasset)1930年所称的"民众力量的来临"的回应,"不论是好是坏,民众力量的来临这一事实,都是当今时代中,公众生活最重要的事件"。⁴⁸

这些独裁政权声称是时代的先锋,可以识别和把握历史的潮流和方向。其政党——法西斯政党、纳粹政党——对国家事务负终极责任;对塑造社会成员的思想和行为负终极责任。作为国家的警戒守护者,它们把说服与奖赏手段同恫吓与暴力强制手段结合起来,严厉打击各种颠覆破坏活动。其权力不受任何自由规则和权利的约束。正如1933年5月加入纳粹党后，柏林的法学教授卡尔·施密特（Carl Schmitt）指出的，党执行"最高司法裁决"，"党的最高领袖"作为"国家最高法官和最高立法者"，是"法律的保护神"。[49]

上述独裁政权傲慢地反对议会民主，它们把自己的国家打造成反自由的道德伦理王国，将任何基于权利、政治代表和法律制度的政府拒斥为软弱无力和毫无作为。其政党不需要进行执政权的公开竞争，也不需要通过选战活动到各个选区拉票，更不需要代表特定的利益群体。它们把所有这些与选举有关的活动视为民主国家的弊病。而每一个这类"革命性独裁政权"的政党，都把监视、说服、高压、社会整合等手段，"作为切实有效的工具，通过它们将所有社会成员与国家公民地位紧密捆绑在一起"。[50]尽管这类独裁政权也保留了宪法制度，但宪法常常被置身于宪法之外的国家权力所践踏，其所打出的旗号正如1933年7月希特勒喊出的"党和国家的高度统一"。

上述这些方面基本上是独裁政权的一致特征。[51]暴力倾向所展示的震慑作用使这些政党能够确保公民积极参与政党活动，并确保绝大多数公民支持党的事业，为党献身。而党则声称充当国家和民众之间联系的重要纽带，并致力于促进全社会的愿景得到实现，信仰受到保护，利益得到维护。当然，人们很难断定民众对于这种最新型独裁政权的支持在多大程度上反映了他们自己内心的真正热情，又在多大程度上是出于家庭生活安全保障和就业岗位不被剥夺的考虑而采取的务实性变通策略。研究国际事务的著名移民学者汉斯·摩根索在有关法西斯主义的文章中强调"独裁政权是如何获得被统治者一致拥护这一执政根基的。美国人始终认为得到民众的广泛支持是自己民主政权的独有特色，而法西斯主义也像美国一样打出民主牌，甚至打出美国曾经拥有过的独家牌；因为，这样可以直指美国所致力的民主目标的危机，从而美化自己所信奉的法西斯民主比西方的虚假民主具有无比的优越性"。[52]

然而，在这种"一致拥护"的背后，隐藏着史无前例的镇压。这种镇压的正当性是通过清洗这类刺激性语言威吓而实现的，而且残忍的迫害手段也在不断强化这种镇压的恐吓作用。通过这些手段，独裁政权将中学教师、大学教授、独立劳工领袖、律师和公务员、新闻记者和作家、音乐家和艺术家（尤其看重有说教意义的英雄传奇艺术，而对抽象艺术和表现性艺术不感兴趣）全部纳入到自己的政党之中。由于将自己的统治建立在单一哲学基础之上，独裁政权对于潜在的敌对势力会采取果断清除措施，予以严厉打击。为了促进和加强建立在种族、民族或阶级团结之上的公民集体力量，独裁政权从来不尊重个人隐私和自我认同，拒绝接受独立公民社会的观念。经济活动和社会治理的设计和组织完全服务于党领导下的国家机器。只要对任何一种形式的多样性或多元主义表示出容忍态度，均被视为软弱无力。独裁政权还常常动用军事力量来证明其政策和行为的正当性。

为了按照上述路线建立统治，独裁政权还在日常行为惯例中清除他们所认定的自由民主政府所固有的肮脏与混乱。[53] 他们声称为了公共利益，要纠正政治派别的划分——不论是阶级、宗派、政党之间的划分，还是对国家忠诚度的划分，统统予以纠正。"在任何情况下"，历史学家理查德·奥弗里（Richard Overy）指出，独裁政权都将他们自认为优越无比的反自由主义民主定义为"政治派别划分的本质和民众利益的真正代表。通过纠正政治派别的划分，独裁政权把由各派别联合起来的民众团体打造成能够解决和应对最紧迫社会问题的所谓卓越民族"。[54]

二

1940年逃至美国的历史学家科拉德·海登（Konrad Heiden）曾在其撰写的关于希特勒登上权力舞台的研究报告中强调，德国的民主未能保护这个国家，使其免遭恶意破坏和野蛮暴力侵袭。他指出希特勒是如何"自1933年3月23日下午开始经民主程序和议会任命成为德国独裁者的"。⁵⁵ 实际上，这一过程并未实行自由投票，而是由 2/3 以上多数代表表决通过。就在罗斯福总统就职不到三个星期的某一天，希特勒本人在克罗尔歌剧院亲自要求德国议会通过了《授权法案》。当天，会场内最醒目的位置悬挂着纳粹党的巨幅标识万字旗。希特勒身穿象征其纳粹党最高领袖职位的棕色衬衫，身边环绕着"不计其数的纳粹党旗帜和各种标语横幅"。议会大厅的走廊和过道两侧，并排站立着纳粹冲锋队的值勤哨兵。希特勒登上主席台，用了两个半小时进行慷慨陈词。他描绘了抑制失业、保护农民、建设与其他国家相匹敌的陆海空三军等具体规划。希特勒宣称，一旦《授权法案》获得通过，他将带领政府致力于推行一项道德重建计划。议会大厅的所有出口都有卫兵值守，议会大厦外围则集结了大批身着制服的纳粹拥护者。希特勒威胁议会各党团，如果上述要求被拒绝，他将诉诸武力。他强烈要求国会"在这一关键时刻，授予我通过其他途经照样可以取得的权力"。为了使自己获取最高权力的要求听起来合理合法，希特勒辩解说，"如果政府采取的每一项措施都要没完没了地与议会协商谈判，没完没了地请求国会批准，这将严重违背国民暴动的初衷，影响其预定目标的实现"。⁵⁶ "政府派出的暴恐分子控制了整个首都的大街小巷，投票选举在一种难以形容的恐怖和高压气氛中进行。"⁵⁷ 约瑟夫·戈培尔在第二天的日记中评价道，"按照宪法，现在我们是德意志帝国的主人"。⁵⁸

尽管德意志帝国议会苟延残喘了一定的时日，尽管希特勒经常像 1935 年迫使国会通过反犹太人的《纽伦堡法》那样，不时地把议会用作政府决策合法化的工具，议会政府实际上已经彻底消亡。议会机构最终只剩下一个空壳，被用作希特勒慷慨陈词的场所和舞台。

这类议会权力被转移和剥夺的现象实际上早就有过先例。1922 年，也即意大利法西斯当政的第一年，便剥夺了立法机构的最高权威。历史学家查尔斯·迈尔（Charles Maier）曾回顾意大利议会"如何普遍服从于墨索里尼，并立即同意交出'全部权力'的情景"。⁵⁹ 这种对议会民主的压制是对自由民主政治这一核心原则最大的否认。1690 年，在

《政府论》（下）中，约翰·洛克曾预感到通过选举形式产生的议会有可能将其立法权力转移给某些其他个人或机构，并对这一行为进行了驳斥。他写道，"立法机构通过自愿主动授权的形式按相关制度从人民手中得到的'立法权'，只能是主动授权许可范围内制定法律的权力，而不是决定立法机构本身是否存废的权力。立法机构无权将立法权转移至他人手中"。[60]而且，在民主制度下，立法机构及民意代表的主要任务就是致力于保持和发展与公民之间的良好关系，平衡总体利益与所代表选区的局部利益之间的关系，以个人身份和影响广泛的政治团体成员身份，对事物的是非曲直做出判断，并积极寻求与被动懦弱行为之间的平衡。[61]

早在1936年，卡尔·罗文斯坦就曾回顾"听命于领袖的指示如何取代了议会机构的审议和多数人投票通过的制度"。孟德斯鸠在《论法的精神》（1748年）一书中早已将三权分立原则视为政治自由的保障，然而，在独裁体制下，三权分立原则"被统一指挥原则所取代，权力最终完全集中于最高领袖及其追随者的手中"。[62]

这样，民主政治中的摩擦和相互扯皮现象是不存在了。同样随之消亡的还有公民自由和独立法制精神。尽管从形式上保护自由权利的《魏玛宪法》从来没有被正式废除过，它也只不过是形同虚设。这些"国家无法染指的基本自由权利"，纳粹法官罗兰·弗赖斯勒（Roland Freisler）宣称，"与新型国家的极权主义原则水火不容"。因此，在独裁体制下，法官被授予在法律没有明确规定属于违法犯罪行为的前提下，对所认定的犯罪行为予以惩治的权力。作为德意志帝国的司法部部长，弗赖斯勒要求帝国的法官们在对犯罪分子执行审判程序时，避免他所称的"过度谨慎"。尤其是在审判一些典型案件时，恰当的惩治可以起到杀一儆百的"绝育式"或"阉割式"震慑效果。[63]就这样，纳粹德国和其他独裁政权开始重新起用第一次世界大战期间政府在紧急状态下被授予的临时处置权力，并试图将这些临时处置权力转变成国家的长期治理原则。[64]

德国最后一次公开选举发生在罗斯福总统就职后的第二天。纳粹党在选举中获得44%的选票，远远超过获得18%选票的社会民主党和获得12%选票的共产党，一跃而成为德意志帝国议会中的压倒性多数政党。魏玛共和国时期所培育的民主精神似乎早已经成为遥远的海市蜃楼。与获得8%选票的德国国家人民党组成全国联合政府，保证了希特勒对国会立法过程的掌控。随着《授权法案》的颁布实施，德意志帝国出现了一股立法热潮，但那不是通常意义上的国会立法，而是纳粹集团主导的独裁法令的制定。这些法令奠定了纳粹独裁统治的基本框架，[65] 而且这些法令均未经过司法审查。按照这些法令，曾经的联邦制国家转变成统一的中央集权制国家，一党专制政体取代了原来的多党制议会政体。这些法令也往往包含实行代表制的相关规定，但总体而言，法令的实施由个别政府部门首脑或内阁决定。这实际上使得执法的随意性获得了法律认可。在1933年11月12日和1936年3月28日选举中就普遍存在严重的随意执法的问题。1933年7月的选举只提供了一个政党的选票，其他政党全部被取缔了。在1936年的选举中，犹太人和具有犹太血缘的混血儿都被禁止参加选举，甚至连60年前就已经获得解放的德国犹太人也被野蛮地剥夺了公民身份。这时定义公民身份的标准是是否具有纯德国血统。德国的独裁政治使刚刚就职的罗斯福总统的任期蒙上了一层挥之不去的阴影。1933年3月，纳粹党完全控制了德意志帝国议会，并开始对议会进行清算。各种新的独裁现实随之登场。"3月份选举的第二天，纳粹党的突击队员就开始沿柏林的繁华商业街库达姆大街横冲直撞，到处搜寻和殴打犹太人。"同时，在匈牙利、法兰克福、布伦瑞克、威斯巴登、卡塞尔等地均发生群体性殴打和恐吓犹太人的事件。在上述地方以及其他一些地方，"犹太教堂被捣毁，到处都有身着棕色衬衫的德国纳粹突击队员。他们闯入法庭，将犹太法官和律师从审判席上拽下来，用警棍进行拷打，并威胁他们不准再回到法庭席上"。[66] 历史学家彼德·弗里切（Peter Fritzsche）指出，"1933年3月和4月两个月的时间内，德国犹太人的一切发生了根本改变。3月5日选举后，一股暴力浪潮向犹太人袭来。几千名新的皈依者加入纳粹先锋队准军事组织，其人数规模迅速上升了九倍，由1933年1月的500,000人增加到一年后的450万人。反犹运动的规模迅速扩大。成为一名纳粹党成员就意味着试图成为一名反犹分子"。在那段时期，"近1/4的德国成年男子主动成为纳粹突击队员；许多其他德国人则加入到希特勒青年团或纳粹党的行列之中"。[67]到5月份，犹太人被大大小小的公司解聘，并被要求退出公司董事会。再也没人敢进入犹太人开设的商店买东西。在柏林倍倍尔广场和18个其他城市的大学城内，犹太人的书籍被全部烧毁。反犹分子宣称开展一场反对现代主义和犹太人地位的文化战争（面对柏林倍倍尔广场熊熊燃烧的烈火，戈培尔宣布"犹太文化已经死了"）。[68]到7月份，100,000多名德国犹太人被羁押，26,000人被关进牢房。[69]

墨索里尼曾得意洋洋地宣称，"法西斯主义意味着果敢行动"。他的上述话语与自由民主体制下的协商审议制度形成鲜明对照。自由民主政体将议会的立法过程置于中心地位，尽可能让更多的公民参与国家政策的制定。"法西斯主义国家概念可以包罗万象；除此之外，没有任何人文或精神价值存在，更不用说还有什么其他价值了。这样理解的话"，墨索里尼指出，"法西斯主义就是一种极权主义，法西斯国家——一个包含一切价值的综合单位——解释、发展和掌控民众的全部生活。任何个人和团体（政治党派、文化协会、经济联盟、社会阶层）都不能置身于国家之外"。[70]

墨索里尼行政权力不受限制的政治理论、天命思想和英雄主义崇拜基于这样一种论断：自由民主政权根本无法应对当代大众政治、资本主义经济和全面战争等核心问题。他有充分的理由质疑基于协商一致、多元主义、政治包容、权利意识和立法代表等自由主义核心价值理念的民主政府直面这些复杂挑战和进行有效治理的能力。[71]他曾亲历意大利自由政权的议会立法机构严重缺乏自信的情形，并亲历执政初期意大利自由政权主动表示愿意与法西斯主义政党分享权力的情形。[72]

他或许已经注意到，为什么包括那些不怎么同情和支持法西斯主义的评论家在内的许多国外评论家，把意大利法西斯政权的上台归结于议会制度和自由政治理念在应对国家遭遇的经济困难、持续不断的劳工抗争和大规模移民等问题时，表现出的无能为力和缺乏信心。[73]

墨索里尼在罗斯福总统就职前夕发表的"自由主义之神"即将死亡的言论似乎并非言过其实。"进军罗马"运动以前的意大利自由政权曾经历过"缩微版"或被"矮化"的议会制。这实际上是"影响面很窄的少数精英分子当政事件"。其主要特征是，社会根基肤浅、阶级分裂严重、暴力事件泛滥、政治路线瘫痪、群众性议会政党受外部势力的驱使和操纵。议会根本无法应对和处置自由主义政党、社会主义政党和天主教会之间的严重分裂，更不用说对新兴的法西斯势力的吸纳和应对了。至少在墨索里尼指挥和领导暴力反抗自由主义国家运动前一年，"意大利自由议会制度曾经拥有的权威就已经荡然无存了"。[74]在德国，自第一次世界大战后魏玛共和国建立开始，各种反对既有体制的党团就与魏玛共和国的捍卫者们在同等条件下进行着激烈的角逐。他们试图证实和支持堪称德国20世纪初期著名国际关系学家的奥托·欣茨（Otto Hintze）的战时思想。奥托·欣茨主张，"在全世界的敌人面前"，人们必须果断拒绝"将政府交于游移不定的多数派手中，将军队交由影响恶劣的议会掌控"[75]这一政治体制"转型"论调。与许多同时期的其他学者撰文论述的观点一样，奥托·欣茨担心，与议会政府紧密相联的党派纷争、个人失信、思想分裂等弊端将大大消弱政府治理能力，使得政府难以做出必要的决策。在希特勒上台前的整个魏玛共和国后期，作为欧洲民主最显著标志的国民议会已经严重沦落为无关紧要的摆设。《魏玛宪法》第48条规定，"如果共和国的安全和秩序受到来自内部的严重干扰和威胁，德意志共和国总统有权采取必要措施予以恢复"。这一规定成为250多项宪法赋予民众的自由权利被中止的法律依据，其中绝大多数涉及突发性经济问题。[76] 从1930年开始，国民议会召集会议的次数越来越少，因为很难有多数议会代表同意继续维持当时的政府，并支持政府的立法提议。最终，德国不得不由得到魏玛共和国宪法认可的总统按照紧急状态法令实施统治。[77]

墨索里尼"自由主义神殿的大门正在关闭"、它已经"被无数的戈尔丁死结所缠绕"、"第一次世界大战的利剑也未能将这死结割除"等论调得到柏林的希特勒自信和肯定的呼应。[78] 有记录表明，早在1920年4月，阿道夫·希特勒就发表过类似见解。他认为议会制将导致德国的崩溃和瓦解，"除非哪天出现一位铁腕式人物，他可以是一位从田地里走出来的靴子上仍沾满泥土的农民，但他必须凭着清醒的社会良知和钢铁般的坚强意志，去结束那些内斗式'英雄'们的夸夸其谈……如果我们的国家想重新崛起，就需要这样一位富有天才的独裁者"。[79] 13年后的1933年4月上旬，希特勒作为国家总理向德国农业界的代表发表了公开演讲。这时距离其上台执政仅仅九个星期，距离国民议会被剥夺立法权仅仅两个星期。希特勒在演讲中吹嘘道，"德意志人民第一次从党派纷争中解放出来，我们再也不需要像过去那样为立法代表们的意见而大伤脑筋了"。[80]

持上述信仰和见解者实际上不仅限于独裁者和独裁政权。当罗斯福总统准备就职演讲时，人们对于自由民主的质疑在美国就甚嚣尘上。人们怀疑代议制民主能否在自由宪政的框架内应对资本主义全面崩溃、独裁政权明目张胆的军事野心或极端民族主义者强烈要求领土扩张的国际政治局势。犹豫不决、惊慌畏惧、对民主信心的枯竭等情绪到处蔓延。到20世纪20年代，像卡尔·施密特等德国政治分析家自身的政治主张也往往前后不一。施密特当时主张实行一种比魏玛共和国更具有军事色彩的民主制，但同时他又极度怀疑议会的立法能力。[81] 英国的詹姆斯·布赖斯是一位自由民主的强烈支持者，但他也对大众民主的效果持怀疑态度。这些政治家们对民主法制政体应对执政过程及其合法性所遭遇的各种挑战的能力和愿望持怀疑态度。[82] 他们的质疑与马克斯·韦伯对战后的反思形成强烈呼应。1918年，马克斯·韦伯就曾对国家立法机构的腐朽没落做出自己的判断。[83]

虽然有着长期相对稳固的宪政遗产，但美国也不可能置身于当时的国际局势之外。人们内心的焦虑四处扩散，绝望情绪愈演愈烈，对于自由民主的批评尖锐犀利。曾经支持和捍卫民主政治的人士也开始陷入极度的怀疑和不安之中。这些人不断被自由民主所面临问题的尖锐性以及处置这些问题的难度和紧迫性所困扰。美国民众有理由担心力量微弱、规模瘦小的联邦政府不足以提供有效的措施实施全球治理、恢复资本主义经济，或平复美国民众内心普遍存在的焦虑和不安情绪。独裁政权的崛起及其采取的处置经济问题和重新平衡国际强权之间力量对比的措施表明，美国以往的政策措施已经不足以应对这一全球局面了。

在罗斯福政府初期，美国杰出的新教思想家雷茵霍尔德·尼布尔曾担心"我们的西方社会显然正处于崩溃与瓦解的过程之中"。尼布尔明确指出"曾经在短时间内全面主宰现代资本主义的盲目乐观哲学"已经终结。尼布尔的基本信条是，"现代自由主义文化根本无法为正处于迷茫之中的一代人指明前进方向。这一代人要直面既有社会制度的瓦解，还要担当起重建社会制度的重要使命"。看到大洋彼岸法西斯主义的上升趋势，尼布尔为自由民主的命运感到深深的忧虑。他告诫说，"尽管人们在拼命挽救或延长自由民主的命运，但这样一种垂死的社会秩序仍然在不断加速其死亡的进程"。尼布尔进一步表达了自己的关切，"为了夺过敌人手中的武器，从当前社会的混乱和无序中寻求自救，正在垂死的资本主义不得不废除民主政治或至少对其加以限制"。[84] 第二年，哈佛大学著名哲学家威廉·欧内斯特·霍金（William Ernest Hocking）宣称，政治自由主义的时代"已经彻底结束"，因为它"无法实现社会的团结统一"。霍金预言，自由民主"没有什么前途……它曾经无足轻重的弱点现在已经演变成来势汹汹的罪恶"。在评论为什么全球越来越多的人认为选择自由民主政治行不通和不可靠时，霍金写道，"尽管目前人们对于自由民主的反对过于野蛮粗暴，而且鱼龙混杂，但只要能确保社会整体利益的实现，它就符合历史辩证法的要求"。虽然拒绝承认"当代独裁政权已经轻而易举地以牺牲个人利益为代价实现了社会的团结"这一主张,但霍金仍坚持认为美国应当对社会"整体利益"有更全面的认识,努力建设一个"更加团结稳固的社会。对外,它可以发出自己的声音,施展自己力量;对内,它既要有更加严格的纪律规范,也要保证民众以崭新的面貌和强烈的热情参与国家管理"。[85]

尼布尔及其同事们所表达的关切并不是孤立的言论。如果说这些言论没有产生积极效果,这有些过于贬低事实。他们认为,资本主义的危机远远超过经济困境本身。它的最大问题是导致人们对自由民主产生严重的信任危机。[86]正如汉斯·摩根索回顾的,"经济危机对于美国民众思想意识的影响并不仅限于否认美国实现国家发展目标的能力;它的影响还在于人们对国家发展目标本身产生了质疑"。许多人认为自由民主似乎是空洞乏力的。"自由仍然存在,但现在它似乎沦落为沿街叫卖苹果的自由;权利仍然存在,但它现在似乎沦落为毫无意义的投票举动。"自由民主似乎在上演一部"幻灭与挫折的剧目",使得资本主义在欧洲的失败在美洲大陆重演。它"似乎在嘲笑美国的自由民主目标,让美国的自由民主试验走向终结"。[87]在迎接罗斯福总统就职的那段时间里,对少数民族参选配额制度耳熟能详并严格推行这一制度的哥伦比亚大学校长尼古拉斯·默里·巴特勒教导大学一年级新生说,与选举制度相比,独裁政权提出的人选"头脑更加聪明、性格更加顽强、意志更加坚定"。[88]即使态度相对乐观的哥伦比亚大学政治学家琳塞·罗杰斯(Lindsay Rogers)1934年也认为,立法代表机构"必须适应形势要求,制定总体立法原则,并在原则范围内授予行政部门自由执行的权力"。"人们强烈希望尽快对代议制进行彻底改革。"罗杰斯担心这种改革未必奏效,因为"美国政府所面临的危机远远超过欧洲各国"。[89]

在20世纪30年代早期,这种焦虑情绪即使在实行民主制度的欧洲各国也非常普遍,尤其是在欧洲民主政治的支柱英国和法国更为普遍。英国研究文明兴衰问题的历史学家阿诺德·汤因比(Arnold

Toynbee）曾谨慎表示，"全世界的男男女女都在严肃地思考并坦率地讨论西方社会制度崩溃和终止的可能性"。⁹⁰ 杰出的观念史学家 F. J. C. 赫恩肖（F. J. C. Hearnshaw）指出，"独裁政治似乎很快就会横扫整个西方世界"。尽管非常倾向于民主政治，但赫恩肖自觉地承认"墨索里尼统治下的意大利独裁政权的执政效率远远高于被其取代的腐败无能的意大利民主政权"。⁹¹

民主政权远远落伍于所处历史时代，尤其在大规模动员民众解决实际问题方面它根本无法与独裁政权相比。反自由的独裁政权声称自己能够把握历史潮流，从严重的危机深渊中把人类解救出来。因此它得到民众的广泛支持和一致赞同。独裁政权严格区分朋友与敌人之间的界限，在对仇恨的敌人实施暴力打击时毫不退缩。似乎执掌人类未来命运的正是这些独裁政权，而不是自由民主政权。曾飞越全球的巴尔博飞行队就是独裁政权风靡全球的鲜明标志。

包括美国在内的所有民主政权均面临强烈的压力。后来的美国参议员、著名经济学家保罗·道格拉斯（Paul Douglas）1932 年曾撰文抨击民主政权导致"旧秩序的彻底崩溃"、"经济社会发展所需要的劳动力急缺"、"农民遭受无情的剥削与压榨"，并劝诫自己的同事和支持者们在机会还没有完全丧失前，通过和平民主的方式对现有体制进行改革。"如果每一个人内心都充满这变革精神，那么未来就不会属于墨索里尼……或当今的富豪和财阀们。"但他认为即使以和平民主的方式推进改革，也要冒极大的风险。"即使最后以失败告终，我们仍旧可以在值得自己为之奋斗的民主旗帜下欣然前行。何乐而不为呢？"道格拉斯最后总结说，"我相信自由民主未必就注定陷入失败的命运之中。如果每一个人都能充分发挥自己的聪明才智，并立即行动起来，我们仍然可以在不发生严重社会动荡的情况下，实现社会变革。但是我们已经没有太多的时间可以消耗了"。⁹²

简言之，富兰克林·罗斯福总统即将赴任的时候，恰逢自由民主在欧洲、拉丁美洲和东亚遭遇严重危机，致使人们对自由民主应对危机的能力产生普遍的忧虑。1933年初的某个夜晚，整个美国大陆的上空都被野蛮主义引发的紧张和恐惧气氛所笼罩。罗斯福总统正带领自己的国家思考如何应对这一变幻莫测的紧张混乱局面。民主政治制度能在不放弃统治地位的条件下应对这一最急迫的考验吗？为了应对经济危机，挽救自由民主制度，并对独裁者给予有力回击，美国是否需要超越正常立法程序的限制，组建一届应对危机状态的政府机构呢？在所有这些问题还没有找到有说服力的答案以前，人们的确要面对许许多多比"恐惧本身"更加"恐惧"的危机与混乱。

三

1933年3月4日，当赫伯特·胡佛和富兰克林·罗斯福搭乘总统专车从白宫前往美国国会大厦时，他们一定在想，如果不对国家的传统宪政平衡机制做出适当调整，大萧条造成的经济荒废、社会动荡和政治绝望情绪是否会对美国的民主制度产生严重破坏作用呢？

从1932年11月到1933年3月总统宣誓就职的过渡时期，美国曾发生一场火药味十足的激烈争论。争论的焦点是有没有必要组建一届应对紧急状态的政府，来克服民主制最大的软肋——立法权力产生的问题。从国外来看，德国、意大利等国领导人均宣称已经找到有效的措施引导经济增长，消除阶级矛盾，全面提升国家实力，维护国家安全。由于担心国会无力应对这些挑战，国内一些著名学者和新闻记者主张建立新型的总统制，采取果断措施增加宪法的弹性。他们认为，美国不需要像独裁政权那样彻底废除意义重大的立法机构。美国政府最大的阻碍在于，各项政策都必须无一例外地通过争论不休的公开议会表决程序才能依法签署实施。因此，问题的实质不在于美国是否会永久性丧失民主制度，而在于为了应对严重的危机，美国是否要经历一段时期的紧急状态治理，即采取宪政独裁的方式，由国会授予总统和国家行政机构非常规的临时处置权力。[93]

经济学家斯图尔特·蔡斯以"美国的"新政""为标题在《新共和》杂志连续发表了一系列影响广泛的文章。蔡斯在文章中提供了关于在法西斯暴力与商业独裁制之间"寻求第三条道路的调查"。前者的暴力或革命"道路……已经被阻断",而后者商业独裁的道路则"布满泥泞的坑洞和高低不平的软路肩"。因此,蔡斯呼吁寻求"第三条也是最后一条道路"。第三条道路或许会"引发暂时的独裁",但它不会像德意的黑色独裁那样,造成传统习俗和行为模式的彻底撕裂。[94]

与蔡斯同样具有重要影响力的学者还有沃尔特·李普曼。1933年初,著名历史学家詹姆斯·特拉斯洛·亚当斯(James Truslow Adams)把当时年仅四十几岁的李普曼视为"美国最坚强政治力量的代表之一",是从第一次世界大战时就已经形成的美国声音的真正代表。[95]李普曼在《纽约先驱论坛报》开设的联合专栏广受人们尊重和喜爱。该栏目融知识性、思想性和趣味性于一体。[96]随着胡佛政府任期的结束,大萧条造成的损失和代价在不断扩大,无尽的经济灾难带给人们的恐惧在不断蔓延。李普曼担心美国的议会政治无力快速有效地应对和处置这一紧急状况。

"当前的形势",李普曼写道,"迫切需要一剂猛药"。李普曼极力主张授予即将赴任的总统"特别权力",并坚持说,"我们所面临的危险,不是国会要授予富兰克林·罗斯福总统特殊权力的问题,而是参政两院利用各种手段否决总统处置危机的权力。我们所面临的危险不是自由民主有可能被丧失,而是总统和政府机构无法迅速采取措施,对危机局面进行全面综合的处置"。因此,李普曼建议,"国会在对宪法的自由精神进行深入理解的前提下,授予总统大约一年的'特别权力',对国家当前面临的危机进行最广泛、最充分的处置",而且"国会应当暂停参政两院的运行机制,严格限制国会对行政法令的修正权和辩论权,使参政两院的多数派服从危机应急核心小组的决策"。李普曼总结说,这一放弃正常政治程序的举动,"是当前美国必须采取的措施。如果这个国家想迅速投入行动,并得到理想的危机处置结果,这就是出路".[97] 与此同时,李普曼也向自己的好朋友、即将赴任美国总统的罗斯福提出了相同的建议。当年2月1日拜访乔治亚温泉山庄时,他又向罗斯福提出忠告,"摆在你面前的形势太严峻了,亲爱的富兰克林。除了独裁,你或许别无选择了"。[98]

李普曼从来没考虑过罗马的墨索里尼或柏林的希特勒如何实施独裁统治。他坚持认为,采取上述暂时违反正常立法程序的举动,是出于保护美国民主政治的需要。这正如前总统詹姆斯·麦迪逊(James Madison)在《联邦党人文集》中阐明的观点,来自"宪法的阻碍"不应当影响"自卫精神"的贯彻和实施。[99]李普曼断言,当前的迫切形势,要求总统及行政人员具备在不受议会常规审查和平衡限制的条件下,迅速果断采取应急处置措施的能力和权限。他因此希望宪法关于总统权力模棱两可的语言表述,能够扩大解释范围,将当时经济面临的紧急处境等同于战时状态,授予总统"国家最高执行权力",赋予总统"忠实执法"的职责,宣布总统为"美国三军总司令"。李普曼希望国会能批准总统实施柔性独裁,并保证这一独裁形式的合法地位。这样,新任总统就能够以亚伯拉罕·林肯为榜样,成为布赖斯子爵所称的"近乎一位独裁者"。[100]但这并不意味着总统攫取权力,而是在对《美国宪法》进行更广泛的超常规阅读和理解的情况下,将国家的最高权力授予总统。

李普曼的主张在当时的美国各界引来无数质疑声音。在总统就职仪式的那一个星期,美国《国家》杂志的头版社论以"我们需要一位独裁总统吗?"为题进行了调查。尽管民众给予的答复与李普曼的主张明显不同,但它却表明人们对未来行政与立法权力之间的平衡问题存在深刻忧虑。"当然不要!尽管目前我们面临极其严峻、复杂和危险的形势,但这也不至于要把我们现有的政府体制推翻。""不论国会多么愚蠢可怕",社论编辑们谨慎表示,"如果国会的言论自由被完全封杀,最终被封杀的必定是我们每一个人,尤其是当事态变得更加危急时"。[101]这种明显的焦虑情绪并不仅仅限于民众占据主导地位的左翼派别。1932年10月31日，当年的选战结束时，赫伯特·胡佛总统在纽约麦迪逊广场举行的民众集会上警告说，罗斯福主导的"新政"团体在其就任后将威胁实施中央集权，从而凭借"紧急状态下的特洛伊木马"，"摧毁美国自由民主的大坝"。[102]

四

作为获得哈佛大学少数犹太人录取名额学生中的一位，李普曼入学时，他的首席导师威廉·詹姆斯（William James）刚在几个月前结束斯坦福大学客座教授的职位返回哈佛。詹姆斯是一位伟大的实用主义哲学家和心理学家，著名小说家亨利·詹姆斯的哥哥。1906年4月18日洛杉矶大地震致使詹姆斯缩短了在斯坦福大学担任客座教授的期限。大地震将洛杉矶附近地区大部分建筑夷为平地。斯坦福大学帕洛阿尔托校区大部分被毁。2月份，詹姆斯在众多斯坦福大学学生参加的集会上发表了题为《与战场较量相对等的道义之战》的著名演讲。[103]当时还是1906年，詹姆斯就在演讲中表示，自己担心"恐怖政权"有可能搅动得整个世界不得安宁。詹姆斯凭借其远见卓识准确地预测说，在不久的将来，战争将被奉为"一种神圣事业"。"全民皆兵"的局面将在各国上演。但詹姆斯坚持认为，当时的世界正急需找到一种既能保证公民尊严，又能实现集体规约的和平选择。这最终成为富兰克林·罗斯福总统宣誓就职后马上着手解决的问题。

不像比自己晚六年到哈佛学习的李普曼，也不像自己的堂兄西奥多·罗斯福（Theodore Roosevelt），富兰克林·罗斯福从未与威廉·詹姆斯一起学习过。但像绝大多数哈佛校友一样，曾做过《哈佛深红报》编辑的富兰克林·罗斯福一定熟知詹姆斯的政见及其作为美国最著名学者之一的崇高地位，而且对于詹姆斯1901年到1902年之间的吉福德讲座"宗教经验的多样性"，罗斯福也一定非常了解。詹姆斯首次呼吁开展与战场较量相对等的道义之战。[104]

威廉·詹姆斯的思想和语言风格在罗斯福总统的就职演讲中得到再现与共鸣。罗斯福总统多次引用詹姆斯的话语，一连串与战场作战有关的妙喻在演说现场回荡。罗斯福总统教导人们清醒地意识到追求珍贵的传统道德价值的重要性，提倡人们在恪守自己的职责和义务的过程中获得纯洁的满足感，并凭借"推进民族团结的热情和勇气"，给美国民众以勉励和支持。[105]罗斯福总统承诺将"毫不迟疑地带领美国广大民众在共同纪律的约束下，全力以赴，攻克我们所面临的一道道难关"。作为新任领导人，他号召自己的同胞"像一支训练有素的军队那样忠于自己的国家，并迅速付诸行动；而且愿意为了共同的纪律，牺牲个人的一切，因为如果没有坚强的纪律保障，我们就无法取得事业的进步，也无法带领全国民众有效应对各种危机和困难"。对于当时的危机局面，罗斯福像詹姆斯那样，坚定地呼吁人们开展一场不亚于战场较量的道义之战。"我知道，我们每一个人都准备为了共同的纪律，自愿献出自己的生命和财产，因为只有这样我们才能领导全国民众争取更大的利益。我愿意承担这样的领导责任，并保证我们的远大目标作为一种神圣使命，对我们所有的人都有约束力，使所有的人产生只有战时才能被激起的共同责任感。"

新任总统和广大听众知道美国当时面临的艰难处境。面对有可能对民主政治本身造成严重破坏的紧急事态，美国的宪政民主能挺过这一关吗？[106]罗斯福总统继续大声鼓励人们相信美国人民有智慧在《美国宪法》的框架内找到有效的应对策略。[107]"我们的宪法如此简单实用"，罗斯福故意用极其矛盾的语气宽慰人们，"我们始终有可能在不丧失宪法基本原则的情况下，对其中的约定要点进行适当修订，以满足应对特殊危机的需求"。

但要对哪些约定要点进行修订呢？在严峻的考验面前，人们需要对宪法进行多大程度的调整，进行什么样的调整呢？人们对民主自由价值理念的信仰必须在多大程度上回应"当时的要求……即使冒着违反基本原则的代价和风险，也在所不惜"？[108]实现捍卫民主政治合法性和有效性的基本目标需要多大程度的紧急处置权力和决策程序呢？[109]罗斯福总统将经济上的紧急状态和军事上的紧急状态列为同等地位，把自己作为总统的职位视为三军总司令，并主张在宪法框架范围内最大限度地获得"特别授权"。[110]他是否有可能超越立法机构的授权范围找到依法采取行动的空间呢？如果可能，这一行动空间的范围需要多大，要持续多长时间呢？

为了呼应沃尔特·李普曼超越宪法对总统进行特别授权的提议，罗斯福总统也对国会在传统立法框架内应对紧急事态的能力表示极大的疑虑。在演讲中，罗斯福总统尽量使用经过慎重思考的严肃话语，让人有一种不祥的感觉。他警告说，"史无前例的危机或许要求我们一分钟都不能耽误，迅速采取果断应对措施。这有可能迫使我们暂时偏离正常的公开辩论程序，暂时搁置党派之间的平衡机制"。罗斯福总统还警告说，如果国会不迅速采取果断措施应对危机局面，"我绝不会逃避自己所担负的职责，我将毫不犹豫地要求国会不能再错过可供我们利用的最后一个危机应对手段了——像应对外敌入侵时的紧急状态一样，最大限度地授予总统广泛的国家行政权力，以便带领整个国家向危机宣战"。罗斯福总统在演讲中还说，在刚刚过去的选举中，美国人民已经授予他"直接采取有力措施的光荣使命。他们请求在总统的带领下，加强纪律约束，明确前进方向。他们迫切希望我能帮助每一个人实现自己的美好愿望。我把这视为美国人民赐予我的一份厚礼，我毫不犹豫地收下了这份厚礼"。

"像应对外敌入侵时的紧急状态一样，最大限度地授予总统广泛的国家行政权力"这句话并不只是一句平白无故的抽象的说辞。当新任总统罗斯福表示自己将要求国会授予这一权力时，他回想起了十几年前发生的第一次世界大战。第一次世界大战期间，富兰克林·罗斯福作为海军部长助理，当然不会远离华盛顿的战时指挥机关。他有机会定期接触内阁、军方指挥人员以及总统本人。在美国普通民众和上层精英的历史记忆中，战争并不是发生在遥远的过去，而是眼前刚刚经历的事情。富兰克林·罗斯福一定还记得，1917 年《反间谍法案》规定，对于战争期间煽动对国家"不忠"言论的人判处长达 20 年的有期徒刑；1918 年《移民法案》授权华盛顿政府驱逐无政府主义团伙成员；同样在 1918 年，《制止煽动言论法案》规定，在战争期间，使用"背叛、亵渎、粗俗、诽谤"性语言侮辱国旗、军队和国家属于违法行为。他也一定还记得战争期间国会对总统的各项经济授权，政治学家琳塞·罗杰斯称之为"总统独裁制"。[111]

随着富兰克林·罗斯福对未来获取战时权力的呼吁，《纽约时报》开设了大号标题专栏，对罗斯福的下一步行动进行预测："必要时，总统会要求获得战时授权吗？"《纽约时报》首席政治新闻记者詹姆斯·A. 哈格蒂（James A. Hagerty）[112] 报道说，"公众的普遍反应似乎是，如果需要，国会应当对总统进行授权"，并指出"这一建议实际上受到国会两党议员及其领导人的热烈欢迎"。[113]

的确，正如历史学家弗兰克·弗莱德尔（Frank Freidel）所评论的，总统就职演说中的"强烈言词……没有丝毫表示出罗斯福本人想要成为美国的墨索里尼或希特勒"。[114] 他宣称自己是民意的杰出代表，并提议超越或取代立法机构审批程序等言论，的确向公众表明，他意欲组建一届置身于宪法以外的临时政府以应对紧急事态。这一临时政府无疑会逃避联邦政府传统的三权分立原则的限制。在"新政"刚刚开启的时刻，总统本人也在暗示，以国会为权力中心的美国自由民主很可能要发生改变，或至少需要对立法权与执法权之间的平衡机制进行根本性改革，哪怕只是临时性改革。[115]

在"新政"开始推行的最初几个月里，包括罗斯福总统支持者在内的许多人认为，李普曼的主张赢得了胜利。美国少有的杰出女新闻记者安尼·奥黑尔·麦考密克（Anne O'Hare McCormick）当年 5 月初向《纽约时报》撰文将华盛顿的紧张"气氛"描述为"非常奇怪地让人联想到意大利黑衣社进军罗马几个星期内的情形，或者莫斯科刚开始执行第一个'五年计划'时的情形"。

麦考密克指出，"与对国会的信任程度相比，美国人民更加信任总统指明的方向"。麦考密克同时指出，"新政"追求的临时授权不同于意大利法西斯分子为了达到独裁目的而攫取权力，它是基于广泛民意的"授予总统一位独裁者应有的权威。这种权威是总统被赐予的一份免费礼物，是总统收到的一份毫无争议的法律授权委托书……所有其他权力——工业、商业、金融、劳工、农民、家庭、城市、国家等方方面面的治理权力——几乎全部交付给总统来负责。今天美国真正需要的是维护国家秩序……没有人会过多地被独裁问题所困扰"。[116]

政治学家克林顿·罗西特（Clinton Rossiter）站在为杜鲁门总统任期创造有利条件这一角度回顾了"新政"最初几个月大刀阔斧改革的情形，指出罗斯福总统如何开启了"一届名符其实的危机处置政府"，如何将多项权力从国会转移到白宫。就在罗斯福总统发表就职演说的当天，银行的汇兑抢购风潮将个体私有金融体系推向濒临瘫痪的边缘。这预示着更大的经济崩溃威胁即将来临。两天以后，总统依照国家紧急状态法令，宣布银行休假，停止外汇交易，禁止黄金和白银的出口交易。所有这些禁令都没有经过国会明确授权。罗斯福总统宣称这一权力早已得到1917年《对敌贸易法案》的批准。但实际上这一说法是很难令人信服的，因为在和平时期，这一法案早已经没人问津了。仅过了三天，《紧急银行法案》就出台了。参众两院顺利批准了罗斯福总统采取的上述措施。[117]

总之，在罗斯福总统"百日新政"期间国会颁布的各项紧急法案具有三个前所未有的突出特点。第一，所有的法案几乎都是行政部门详细起草的，包括：3月份通过的《紧急银行法案》《经济法案》和《失业救济法案》；5月份通过的《农业调整法案》《紧急农场抵押法案》和《联邦紧急救助法案》；7月份通过的《业主贷款法案》《农业信贷法案》《紧急铁路运输法案》和《全国工业复兴法案》则完全按照罗斯福总统送往国会山的草案原稿进行发布，未做任何文字上的改动。从这个意义上讲，罗斯福总统似乎更像一位内阁总理，而不是一位传统概念上的美国总统。[118]

第二，在上述法案通过的程序中，既保留了国会的立法形式，也没有违反正式的制度和条例，只是将立法的推进过程大大简化。国会的辩论时间大为缩短。11项最重要的法案的辩论时间也没有超过4个小时。未经国会立法委员会批准，议员席不得对法案进行修改。[119]

第三，这些措施最明显的特点就是大量的权力被立法机构移交给了行政部门。这就极大地扩展了联邦行政机构的权力，其中许多权力是以前从未得到过的。诚然，这种立法机构与行政机构之间权力的再分配远远无法与当年德国的《授权法案》相比。总统及其内阁机构从未发布或制定法案。但我们可以看到，在当时的紧急状态下，总统的确获得了超乎寻常的支配权和决策权。当然这些权力的获得并未超越界定比较宽泛和含糊的紧急状态法案框架。[120]

尽管"新政"在最初几个月显示出上述突出特征，但如果人们因此就得出结论，认为李普曼的主张赢得了最后胜利，那是大错特错的。最初几个月的情形后来证明是非常短暂的。高度简化的立法程序大部分在不久的将来又恢复到紧急状态前的状况了。当然，权力由国会转移至总统及其行政部门，以及公共管理机关的扩大确实成为了联邦政府的一个永久性特征。[121]这些变化虽然只是在"新政"刚开始的几个月里得到快速推进，但却对美国民主政治的形式和内容产生了长远影响。更关键的是，国会确保了其立法权没有丧失，而且它还强化了对日益扩大的行政系统的控制手段。这一点至少在国内事务中有突出表现。

实际上，李普曼所倡导的立法程序改革只是在"百日新政"的最初阶段，当《银行法案》授予总统类似于战时紧急状态的绝对权力时效果最明显。就整个"新政"过程来看，让国会扮演类似于德国《授权法案》通过后的角色，这有些过于夸大事实了。具有讽刺意味的是，得到最广泛行政授权的总统罗斯福在自己认为必要时，利用获得的权力对联邦政府机构人员规模进行了裁减，而不是乘机扩大政府机构。更明确地说，罗斯福总统并没有强迫国会进行立法，而是说服议员们批准他处置紧急事态的方案。有时他要向国会妥协。比如，为了确保《农业法案》获得通过，他被迫接受了一项大规模的公共工程。[122] 1933年5月7日，罗斯福总统通过广播发表第二次炉边谈话时，就上述改革措施向公众做出明确保证。他强调，在通过总统提出的立法建议时，"国会实际上并没有被剥夺立法权，它跟以前一样享有宪法规定的最高权力。没有人有丝毫改变这种权力平衡机制的想法"。[123]

不过，国会将国家复兴方案的制定和实施几乎完全交给总统负责的做法的确显得有些轻率，以至于许多人认为这时的国会实际上跟德国《授权法案》通过后的傀儡国民议会几乎没什么区别了。尽管有些轻率，但议会制度并没有超越底线，而且国会的立法权实际上在不断得到维护。即使在"百日新政"期间，不论紧急经济救助方案形式多么新颖，意义多么深远，立法机构在对其审议时，也履行了正常程序，而不是将立法权交付给行政部门或简单地宣布为例外情况。"百日新政"过后，国会的争议、辩论和决策形式得到完全恢复。立法机构经常在政府作用的发挥、公共政策的特征等问题的辩论中产生严重分歧。来自不同派别的政治精英带着各自的立场和观点在国会的辩论席上相互交锋。虽然争议激烈，但所有的人都把国会视为进行决策的合法场所。因此，立法机构并没有成为国家应对危机的牺牲品，而是国家克服和应对危机的重要工具。甚至从19世纪就已经开始的立法协商理念也没有完全丧失。这一理念强调立法人员通过激烈辩论，相互说服和妥协，最终形成一致意见。[124] 因此，"新政"实施过程不存在陷入独裁统治的问题。即使在"新政"初期政府按照紧急状态法实施国家治理时，也不存在真正意义上的独裁。民众的权利没有受到压制，立法机构也没有被废除。[125] 总之，国会继续保持权力中心的地位，而且国会在立法过程中发挥的关键作用对于那些声称议会制度的时代已经过去的人们做出了响亮的回答。

作为法制社会核心特征的行政执法过程与民主立法过程分离的原则在美国得到继续维护。这是一个显著和非凡的成就。正如一位著名政治学家 1940 年用荷马时代的语言所描述的,"新政"驾驭着美国这艘大船成功地"驶过锡拉岩礁与卡律布迪斯大漩涡之间的起伏颠簸水道。锡拉岩礁上汇聚了应对美国暂时严重危机的充分权力,而在另一侧的卡律布迪斯大漩涡上,这一权力已经成为受到充分控制的永久性权力"。[126] 驶过这条起伏颠簸的水道时,它没有使用极端的宪政措施,而是"开创了一种应急授权模式——一种新型立法模式……它通过正常的法律程序授予国家行政机关临时权力,以应对和处置紧急事态"。[127]

从这一点来看,"新政"可以被理解为民主制度学习和调整的阶段。尽管在某些方面与其他国家走过的道路非常类似,但"新政"有其与众不同之处。或许它与同一时期独裁政权的治理方式有着家族渊源方面的相似特征,但"新政"与独裁政权不完全是一回事。虽然遭遇了一定挫折,但宪政民主还是在美国这样一个世界上历史最久远的自由政体中存活下来了,而且国会的立法权威没有受到任何影响。执法权和立法权继续相互分离和制衡。在 20 世纪 30 年代,为了应对经济困境,"新政"实施了许多制度创新,但国家政府并没有建立一个单独的应急政权与原有三权分立体制并列存在。在"新政"的初始阶段,建立一个独立于宪政体制之外的应急政权的确看起来有很大的必要性。

罗斯福和杜鲁门执政时期,华盛顿政府成功解决了在危机时刻如何长期发挥国会民主制衡作用的问题。这里所说的危机时刻的突出特征是人们内心被严重的恐惧感所困扰,而且需要国家采取紧急措施迅速进行应对和处置。两次世界大战期间,世界格局的一个显著特征是众多的民主政权面对危机的挑战束手无策。实际上,独裁政权的成功与自信来源于它们并不认为需要采取措施应对民主政治所面临的挑战,因为他们早已完全抛弃 18 世纪和 19 世纪三权分立的自由民主理念,并极力将议会制度彻底推翻。相比较而言,在美国,民主制度保证了国会制定法律和监督法律执行结果的权力,因而它得以长期存活下来。国会没有变成陈旧多余的摆设,也没有被时代抛弃。相反,它按照自由原则和民主规范的要求,充分维护和发挥立法监督作用,绝不会随意将宪法赋予的权力转移至行政部门。

罗斯福和杜鲁门执政期间，国会被坚定地打造成一个为寻求解决危机的有效措施而进行详细辩论磋商的场所。许多有史以来最集中、最艰难的巨大挑战在这里找到了应对策略。这种民主制度与生俱来的立法功能在美国得到了坚定的捍卫和保护，有时甚至得到扩大和加强，而且往往为这一时期执政的两位总统带来不少困难和挫折。实际上，这一时期的美国民主政治走了一条许多人认为不可能成功的道路。这就是在复杂多变的恐怖时期，最大限度地使政治代表的观点、自由民主的基本原则与政府治理的需要统一起来。在这一痛苦不安的过程中，立法机构作为决策和监督场所的地位不断得到重塑和复兴。这一巨大成就不可低估。

五

然而，国会中南方议员们在"新政"时期的立法过程中并没有扮演如此重要的角色。这些代表显然有些另类。

整个"新政"时期，所有的国会议员都始终认为南方代表是一个即离散又统一的存在。像其他民主党人士一样，南方议员得到的支持、发挥的影响、受到的尊重取决于他们对于所属党派多数人立场的捍卫。但作为南方种族隔离制度的捍卫者，他们认为"新政"的各项政策应与政府组织白人至上的原则相一致。

当然，南方议员还享有其他的共同利益。作为农业方面的主要代表，他们倾向于支持对棉花、大米、烟草等农作物种植有帮助的项目和规划。他们希望促进自由贸易，以便出售农作物收成换取低成本机械设备和制成品的进口。南方是整个美国贫困现象最严重的地区，因此南方议员也会极力呼吁国会解决农村地区和城市人口的贫困问题。他们大力支持联邦政府采取稳健的开支政策和扩张性财政政策。在19世纪末期和20世纪早期，历史学家C. 范恩·伍德沃（C. Vann

Woodward)所称的"白人至上主义与进步主义的奇怪结合"充分体现了南方政策的一些主要特征。这种观点将铁路、银行、公共工程和其他由北方控制的资本主义企业视为监管和改革的目标。[128] 由于主要在分散和孤立的农村环境中劳作,南方代表们主张为了解决农村地区的贫困问题,农业管理应加快实现现代化,基础设施建设应得到大力发展,社会保障政策应不断得到加强。[129]

但上述政策立场以及其他相关政策立场渗透着一个共同的关注点,即小 V. O. 基(V. O. Key Jr.)1949 年在其划时代著作《南方政治中的州与国家》中所称的"南方团结统一的基础——黑人权益问题"。南方政治的一个突出特点是坚定地致力于保护种族主义制度。"南方的一党制",基指出,"是一种有着双重人格的奇怪制度。在州政治中,民主党除了在多重政治派别之间争权夺利,几乎没有什么党派意识。但在国家政治中,情况恰恰相反,民主党变成了团结稳固的南方党派;它是南方与国内其他地区发展'对外关系'的工具。至少以前是如此"。[130] 这是自从南北战争结束后的重建完成以来,南方白人拼命保持这一地区的白人统治体系,反对他们所认为的联邦政府插手南方事务的根本原因。

不可否认,民主党控制的南方地区提名的政治家涉及范围非常广泛。各种性格和经历的人士一应俱全,既有头脑清醒、为人谨慎的〔如阿拉巴马州参议员李斯特·希尔(Lister Hill)、佐治亚州参议员理查德·拉塞尔(Richard Russell)、阿肯色州参议员威廉·富布莱特(William Fulbright)〕,也有冲动冒进、浮夸张扬的〔如路易斯安那州参议员休伊·朗(Huey Long)、密西西比州参议员西奥多·比尔博〕。他们并非对包括政府预算、急需出台的联邦经济监管措施在内的所有公共政策都持有相同的观点。但在国会辩论中,这些议员们之间的分歧往往消失不见了。与其说分歧消失不见了,倒不如说他们为了保护南方自治权力这一共同目标而相互拥抱在一起了。当种族隔离制度与更广泛的美国价值观和愿景目标发生冲突时,这些南方议员拒绝做出任何妥协。

他们在参与国会立法讨论过程中，极力保证南方所追求的价值目标不被触及，不成为立法讨论的选项。

华盛顿政府对于当时所面临挑战的回应，在很多重要方面取决于各选区选举的立法代表的支持。没有他们的积极带头作用、丰富的立法经验和投票支持，"新政"就不可能领导全国人民捍卫美国民主，抵抗全球独裁。有了南方代表的支持，自由民主才有可能获得挽救。但要获得这一支持，"新政"就必须走一条在许多方面向有组织的种族主义进行妥协的道路。

像其他国会议员一样，南方代表们也深知美国应对当时所面临最主要挑战的紧迫性。他们也在为重建资本主义秩序，解决全球性权力分配问题而付出心血和努力。我们可以看到，在"新政"的整个过程中，南方代表们经常成为参众两院获胜联盟的核心成员。他们可以对公共政策的基本解决方案做出选择。

因此，没有南方的选票，就不会有戳穿"自由民主无能"这一虚假论调的成功立法，美国的宪政民主就会经历更为艰难曲折的道路。有了南方代表积极参与立法过程，"新政"才能取得如此迥然不同的成就。可以说，正因为有南方代表的投票支持，才有了美利坚民族的新生。

注释

1. "Nine Lynchings Reported for 2 Months in 1933," *Chicago Defender*, March 18, 1933. 原文中的地点、名称缩写已经被扩充为全称。3 月 4 日的《芝加哥卫报》详细报道了"大约 40 名当地白人商贩和庄园主"对纳什实施私刑的过程。"虽然没有任何证据，但那些所谓民防队员们毫不担心。他们最初试图将纳什绑在一根木桩上烧死，但发现灌木柴草太湿了，因而无法通过这种漫长的痛苦折磨致其死亡。最后他们将纳什带到树林里，绑到一棵树上吊死了。"
2. 这一照片的拍摄日期为 1933 年 3 月 10 日。Geert Mak, *In Europe: Travels through the Twentieth Century* (New York: Vintage, 2007), p. 244.
3. 关于 1932 年 5 月，首相犬养毅被暗杀后，日本"党团政治的消亡"以及"政党和政治人物影响力急剧下降原因"的研究，见 James L. McClain, *Japan: A Modern History* (New York: W. W. Norton, 2002), pp. 422, 423, 424, 426–31. 1932 年 5 月至 1945 年

8 月之间执政的 12 位日本首相中，有四位是海军上将，四位是陆军上将。见 W. Beasley, *The Japanese Experience: A Short History of Japan* (Berkeley: University of California Press, 1999), p. 243. 关于这次暗杀在日本政坛造成的影响以及随后成立的带有妥协性质的"国民政府"军事权力不断上升原因的研究，见 Edwin O. Reischauer, *Japan: Past and Present*, 3d. ed., rev. (New York: Alfred A. Knopf, 1965), p. 171. 关于日本武力的重要研究，见 Meirion and Susie Harries, *Soldiers of the Sun: The Rise and Fall of the Imperial Japanese Army, 1868–1945* (London: Heinemann, 1991).

4. Alan Bullock, *Hitler and Stalin: Parallel Lives* (New York: Alfred A. Knopf, 1992), p. 316. 民族主义者和中央党团支持《授权法案》，认为它的主要针对目标是共产党和社会民主党。"他们没有认识到，法案一旦通过，自己也很容易成为受害者，希特勒可以随意将他们抛弃。"（第 315 页）81 位共产党代表被禁止参加大会（他们中多数人被秘密关押在集中营或已经被杀害），120 位社会民主党代表中只有 94 人被允许参加会议。

5. 最初的演讲稿语气没有那么铿锵有力。"这种场合的演讲语气不能太温和，不能用一些根本实现不了的希望来安慰听众。"罗斯福演讲中的那句名言到底是谁写的，至今尚不清楚。《罗斯福文集》的编撰者塞缪尔·罗森曼（Samuel Rosenman）认为这是罗斯福本人的手笔。罗森曼指出，在罗斯福就职演说开始前不久，埃莉诺才将亨利·大卫·梭罗撰写的一份演讲稿交给他。而演讲最终举行时，写有"我们唯一感到恐惧的事情，就是恐惧本身"这句话的文稿却是从总统下榻的酒店客房带出来的。相比较而言，演讲稿的最初起草人雷蒙德·莫利（Raymond Moley）认为该文稿是路易斯·豪（Louis Howe）在一则报纸广告中看到"恐惧本身"这一用语后撰写的。到底是谁写的，至今尚无定论。关于这一争论的研究，见 William Safire, *Safire's Political Dictionary* (New York: Oxford University Press, 2008), pp. 481–82.

6. John Gunther, *Roosevelt in Retrospect: A Profile in History* (New York: Harper and Brothers, 1950), p. 19.

7. William E. Leuchtenburg, "The Great Depression, " in *The Comparative Approach to American History*, ed. C. Vann Woodward (New York: Oxford University Press, 1997), pp. 296–97. 直到第二次世界大战前夕，美国的累积失业率仍是法国的 2.5 倍、英国和瑞典的 1.5 倍以上，比最初同样遭受大萧条袭击的德国高出 20%。见 Daniel T. Rodgers, *Atlantic Crossings: Social Politics in a Progressive Age* (Cambridge: Harvard University Press, 1998), p. 412. 关于银行业遭受影响的比较研究，见 Barry Eichengreen, *Golden Fetters: The Gold Standard and the Great Depression, 1919–1939* (New York: Oxford University Press, 1992), 特别是 pp. 222–86.

8. John Shuckburgh Risley, *The Law of War* (London: A. D. Innes, 1897), pp. 73–74. 里斯利的文稿至今仍然具有一定的影响力。比如，大卫·希克斯（David Hicks）2004 年 10 月的人身保护请愿书中就引用了里斯利的话。希克斯是一位澳大利亚公民，在关塔那摩海湾被关押。他是关塔那摩监狱第一位由军事委员会审判并定罪的人。2007 年 4 月，希克斯回到澳大利亚服完最后九个月的刑期后，于当年 12 月份被释放。

9. A. W. Ward, G. W. Prothero, and Stanley Leathes, eds., *The Cambridge Modern History*, vol. 12, *The Modern Age* (Cambridge: Cambridge University Press, 1910). 该系列书籍最

初由艾克顿勋爵（Lord Acton）于 1898 年策划出版。至今人们仍然没有忘记艾克顿 1887 年在给曼德尔·克赖顿主教（Bishop Mandell Creighton）的信中所说的话。他宣称"权力导致腐败，绝对权力导致绝对腐败"。克赖顿 1902 年去世后，该系列书籍由牛津大学的历史学家 A.W. 沃德、G.W. 普洛特洛和斯坦利·利斯继续担任主编。

10. Eric Hobsbawm, *The Age of Empire*, 1875–1914 (New York: Pantheon, 1987), pp. 307–8. "在德国"，他指出，"火炮大王克虏伯（Krupp）1873 年雇佣 16,000 名员工，1890 年雇佣 24,000 人，1900 年前后雇佣 45,000 人。1912 年，当 50,000 支著名枪炮全部销售一空后，克虏伯雇佣员工的数量接近 70,000 人。在英国，阿姆斯特朗·惠特沃思（Armstrong Whitworth）在纽卡斯尔工厂总部雇佣了 12,000 名员工。到 1914 年，人数增加到 20,000 人——占泰因赛德地区全部金属制造业工人总数的 40% 以上。这还不包括与阿姆斯特朗签订分包合同的一千五百多家小型工厂雇佣员工的数量"。（第 308 页）

11. Stanley Leathes, "Modern Europe," in *The Modern Age*, ed. Word, Prothero, and Leathes, pp. 7–8.

12. 引自 MacGregor Knox, *To the Threshold of Power, 1922/33: Origins and Dynamics of the Fascist and National Socialist Dictatorships*, vol. 1 (Cambridge: Cambridge University Press, 2007), p. 170. 马克斯·韦伯在他的原文中着重强调了这一点。

13. Alan Kramer, *Dynamics of Destruction: Culture and Mass Killing in the First World War* (Oxford: Oxford University Press, 2007), pp. 2, 34, 35; John Keegan, *The First World War* (London: Hutchinson, 1998), pp. 3, 6, 7.

14. 关于第一次世界大战的伤亡情况，见 Hew Strachan, *World War I: A History* (New York: Oxford University Press, 1991); Alan Kramer, *Dynamic of Destruction: Culture and Mass Killing in the First World War* (New York: Oxford University Press, 2007); T. J. Mitchell, *Casualties and Medical Statistics of the Great War* (1931; 重印，London: Battery Press, 1997).

15. Knox, *To the Threshold of Power*, p. 167; Mark Thompson, *The White War: Life and Death on the Italian Front 1915–1919* (New York: Basic Books, 2009).

16. Robert Gellately, *Lenin, Stalin, and Hitler* (New York: Alfred A. Knopf, 2007), p. 4. 综合性论述见 Charles Messenger, *Call to Arms: The British Army, 1914–1918* (London: Weidenfeld and Nicolson, 2005); Michael S. Neibeft, *Fighting the Great War: A Global History* (Cambridge: Harvard University Press, 2005).

17. James W. Garner, "Proposed Rules for the Regulation of Aerial Warfare," *American Journal of International Law* 18 (1924): 65; Joanna Bourke, *Fear: A Cultural History* (London: Virago, 2005), p. 195.

18. Kramer, *Dynamics of Destruction*, p. 31.

19. Garner, "Proposed Rules," p. 69.

20. 关于亚美尼亚大屠杀，见 Norman M. Naimark, *Fires of Hatred: Ethnic Cleansing in Twentieth-Century Europe* (Cambridge: Harvard University Press, 2001), pp. 17–56.

21. Raphael Lemkin, *Axis Rule in Occupied Europe* (Washington, DC: Carnegie Endowment for International Peace, 1944), pp. 79–95; United Nations, General Assembly Resolution

260, "Convention on the Prevention and Punishment of the Crime of Genocide," December 1948; 协定文本见 http://www.hrweb.org/legal/genocide.html. 相关讨论见 John Cooper, *Raphael Lemkin and the Struggle for the Genocide Convention* (New York: Palgrave Macmillan, 2008). 另见 Donald Bloxham, "Modernity and Genocide," *European History Quarterly* 38 (2008): 294–311.

22. 这是汉娜·阿伦特对这类屠杀行为的评价。见 Arendt, *The Origins of Totalitarianism* (London: George Allen and Unwin, 1951), pp. 437–59. 预料到形势可能更加严峻，反苏维埃的白军集团在 1918 年至 1922 年战争末期屠杀了大约 100,000 名乌克兰和白俄罗斯犹太人。其中高峰期发生在 1919 年。关于当时这一暴行的记录见 Elias Haifetz, *Slaughter of the Jews in the Ukraine in 1919* (New York: Thomas Seltzer, 1921). "他们对犹太人实施有计划、有步骤地系统屠杀、袭击、灭绝，不放过任何一条街道，不放过一家一户。" 这句话来自关于基辅犹太人被屠杀的报告，第 120 页。另见 Zvi Y. Gitelman, *A Century of Ambivalence: The Jews of Russia and the Soviet Union, 1881 to the Present* (Bloomington: Indiana University Press, 2001).

23. 引自 John T. Whitaker, *And Fear Came* (New York: Macmillan, 1936), p. 40.

24. 对于中国东北危机的重要讨论，见 Zara Steiner, *The Lights That Failed: European International History, 1919–1933* (Oxford: Oxford University Press, 2005), pp. 707–51. 关于上海危机，见 Christian Henriot and Wen-Hsien Yeh, eds., *In the Shadow of the Rising Sun: Shanghai under Japanese Occupation* (Cambridge: Cambridge University Press, 2004). 更广泛的论述，见 Akira Iriye, ed., *The Chinese and the Japanese: Essays in Political and Cultural Interaction* (Princeton, NJ: Princeton University Press, 1980).

25. Hajo Holborn, *The Political Collapse of Europe* (New York: Alfred A. Knopf, 1951), pp. 110, 137; Steiner, *The Lights That Failed*, pp. 800, 810.

26. 斯坦纳展望未来时说道，"美国的经济和政治孤立主义政策将会迎来一个新的高峰"。见 Steiner, *The Lights That Failed*, p. 807.

27. Denis W. Brogan, *Democratic Government in an Atomic World: A Lecture Delivered under the Auspices of the Walter J. Shepard Foundation, April 24, 1957* (Columbus: Ohio State University, 1956), pp. 6–7.

28. Steiner, *The Lights That Failed*, p. 826; 意大利 1930 年的人口数量是 40,900,000；当年美国的人口数量是 123,200,000。美国 140,000 名职业军人中，只有大约 4,000 名黑人。在当时的战争时期，"按照国会的文件要求，绝大多数黑人被强行编入四个黑人军团中：第 9 和第 10 装甲兵团、第 24 和第 25 步兵团"。但实际上，多数黑人被安排作一些无关紧要的非战斗岗位的工作，如清理垃圾、看护草坪、洗涤衣物、驾驶汽车、为上级领导做勤务兵（传令兵），或参加部队文工团进行慰问演出。与在非军事部门工作一样，黑人被剥夺了培训学习和晋升的机会。见 Clay Blair, *The Forgotten War: America in Korea, 1950–1953* (New York: Anchor Books, 1989), p. 148.

29. Stefan Zweig, *The World of Yesterday: An Autobiography* (New York: Viking, 1943), p. 316.

30. Leathes, "Modern Europe," pp. 1–2.

31. James Harvey Robinson, *The Last Decade of European History and the Great War*

(Boston: Ginn and Company, 1918), p. i. 本文是 James Harvey Robinson and Charles Beard, *The Development of Modern Europe: An Introduction to the Study of Current History* (Boston: Ginn and Company, 1907–1908) 一书的增补内容。

32. Leathes, "Modern Europe," pp. 6–7.
33. 引自 Mark Mazower, *Dark Continent: Europe's Twentieth Century* (London: Allen Lane, 1998), p. 2.
34. 同上, p. 2.
35. 引自 Niall Ferguson, *The War of the World: Twentieth-Century Conflict and the Descent of the West* (New York: Penguin, 2006), p. 227.
36. 从更广泛的文化社会历史背景对这一崩溃的深入研究，见 Eric D. Weitz, *Weimar Germany: Promise and Tragedy* (Princeton, NJ: Princeton University Press, 2007), pp. 331–60; 写于 1933 年的一篇极有说服力的同时代文章见 Franz L. Neumann, "The Decay of German Democracy," in *The Rule of Law under Siege: Selected Essays of Franz L. Neumann and Otto Kirchheimer*, ed. William Scheuerman (Berkeley: University of California Press, 1996), pp. 29–43.
37. Jonathan Bell, *The Liberal State on Trial: The Cold War and American Politics in the Truman Years* (New York: Columbia University Press, 2004).
38. W. Y. Elliott, "Mussolini, Prophet of the Pragmatic Era in Politics," *Political Science Quarterly* 41 (1926): 161. 艾略特称法西斯主义为威廉·詹姆斯实用主义政治的杂种。
39. "虽然 1918 年第一次世界大战获胜，但 20 年来胜利成果已经丧失殆尽。" Mazower, *Dark Continent*, pp. 2, 3. "28 个欧洲国家——最广泛的'欧洲'定义——在第一次世界大战期间及大战前后，几乎都实行了某种形式的代议制。但到 1925 年，其中八个国家已经实行独裁统治；到 1933 年，另外五个国家也加入独裁统治的行列。五年后，欧洲只剩下十个民主国家。"见 Ferguson, *The War of the World*, p. 228.
40. Arthur Moeller van den Bruck, *Germany's Third Empire* (London: George Allen and Unwin, 1934), pp. 77–114. 相关讨论，见 Fritz Stern, *The Politics of Cultural Despair: A Study in the Rise of the Germanic Ideology* (New York: Doubleday, 1965), pp. 236–66.
41. Carl E. Schorske, "Politics in a New Key: Schönerer," in *The Responsibility of Power: Historical Essays in Honor of Hajo Holborn*, ed. Leonard Krieger and Fritz Stern (New York: Doubleday, 1967), p. 236.
42. Karl Loewenstein, "Autocracy versus Democracy in Contemporary Europe, II," *American Political Science Review* 29 (1935): 755, 769.
43. Dan Diner, *Cataclysms: A History of the Twentieth Century from Europe's Edge* (Madison: University of Wisconsin Press, 2008), p. 130.
44. Karl Loewenstein, "Autocracy versus Democracy in Contemporary Europe, I," *American Political Science Review* 29 (1935): 571, 574.
45. Karl Loewenstein, "Militant Democracy and Fundamental Rights, I," *American Political Science Review* 31 (1937): 417.
46. Karl Loewenstein, "Militant Democracy and Fundamental Rights, II," *American Political Science Review* 31 (1937): 657.

47. 相关讨论，见 Michael Geyer and Sheila Fitzpatrick, eds., *Beyond Totalitarianism: Stalinism and Nazism Compared* (Cambridge: Cambridge University Press, 2009), p. 21.
48. José Ortega y Gasset, *The Revolt of the Masses* (New York: W. W. Norton, 1932), p. 11. 本书1930年首次在马德里出版，书名为 *La rebelión de las masas*.
49. 引自 Richard Overy, *The Dictators: Hitler's Germany and Stalin's Russia* (New York: W. W. Norton, 2004), pp. 294–95. 关于卡尔·施密特的文献有很多。比较有影响的评价包括 John P. McCormick, *Carl Schmitt's Critique of Liberalism: Against Politics as Technology* (Cambridge University Press, 1997); William E. Scheuerman, *Carl Schmitt: The End of Law* (Lanham, MD: Rowman & Littlefield, 1999); Raphael Gross, *Carl Schmitt and the Jews: The "Jewish Question," the Holocaust, and German Legal Theory* (Madison: University of Wisconsin Press, 2007). 本书表明，格鲁斯内心交织着强烈反自由主义的民主倾向与反犹太倾向；Andreas Kalyvas, *Democracy and the Politics of the Extraordinary: Max Weber, Carl Schmitt, and Hannah Arendt* (Cambridge: Cambridge University Press, 2008).
50. Overy, *The Dictators*, p. 175.
51. Gellately, *Lenin, Stalin, Hitler*, p. 298. 关于纳粹德国这种一致性及其运行机制的深刻论述，见 Peter Fritzsche, *Life and Death in the Third Reich* (Cambridge: Harvard University Press, 2008), 特别是第1章和第2章。同样，理查德·奥弗里对德国和苏联也进行了重要研究。见 Overy, *The Dictators*, p. 650. 关于意大利独裁，见 Victoria De Grazia's fine monograph, *The Culture of Consent: Mass Organization of Leisure in Fascist Italy* (New York: Cambridge University Press, 1981).
52. Hans J. Morgenthau, *The Purpose of American Politics* (New York: Alfred A. Knopf, 1960), p. 115.
53. 这样的独裁政治必然将两种类型的现代国家形式结合在一起。流亡政治家厄恩斯特·弗兰克尔（Ernst Fraenkel）称其为"双重国家"——一种形式是"正常国家"，以尊重法制、规则和程序为主要特征；另一种形式是超越法制的"特权国家"，其主要特征是不受约束的野蛮暴力、威胁、恐吓和秘密监督。这样的国家会永久性地保持紧急状态，而且道德政治的范围会被无限扩大。见 Fraenkel, *Dual State: A Contribution to the Theory of Dictatorship* (London: Oxford University Press, 1941).
54. Overy, *The Dictators*, p. 58.
55. Konrad Heiden, *Der Fuehrer: Hitler's Rise to Power* (Boston: Houghton Mifflin, 1944), p. 579.
56. 引自 Bullock, *Hitler and Stalin*, p. 316; Ian Kershaw, *Hitler, 1889–1936: Hubris* (New York: W. W. Norton, 1999), pp. 465–68.
57. Karl Loewenstein, "Dictatorship and the German Constitution," *University of Chicago Law Review* 4 (1937): 544.
58. 引自 Gellately, *Lenin, Stalin, Hitler*, p. 301. 关于魏玛共和国《授权法案》、1933年纳粹《授权法案》之间的关系，见 Peter L. Lindseth, "The Paradox of Parliamentary Supremacy: Delegation, Democracy, and Dictatorship in Germany and France, 1920s–1950s," *Yale Law Journal* 113 (2004): 1361–71.

59. Charles S. Maier, *Recasting Bourgeois Europe: Stabilization of France, Germany, and Italy in the Decade after World War I* (Princeton, NJ: Princeton University Press, 1975), p. 344.
60. John Locke, *Second Treatise of Government* (1690; 重印, Indianapolis: Hackett Publishing, 1980), p. 75; 引自 Lindseth, "The Paradox of Parliamentary Supremacy, " p. 1356.
61. 我从安德鲁·雷费尔德（Andrew Rehfeld）的文章中总结得出这一区别。见 Andrew Rehfeld , "Representation Rethought: On Trustees, Delegates, and Gyroscopes in the Study of Political Representation and Democracy, " *American Political Science Review* 103 (2009): 214–15.
62. 罗文斯坦恰当地总结道，"独裁政府"放弃了只有受到法律约束和控制的政权才是合法政权这一理念。"只有当政党和公众的自由言论对议会的立法审议和通融不影响国家立法意志贯彻的情况下，独裁政府才会支持和推进国家的立法程序。"见 Karl Loewenstein, "Law in the Third Reich, " *Yale Law Journal* 45 (1936): 779, 787.
63. 同上 , pp. 803, 815.
64. Karl Loewenstein, "The Balance between Legislative and Executive Power: A Study in Comparative Constitutional Law, " *University of Chicago Law Review* 5 (1938): 581.
65. 希特勒上台一年后的 1934 年 1 月 30 日，帝国议会通过了《重建法案》，宣布"帝国政府将实施新宪法"，从而取消了正常立法与宪法修正之间的所有区别。
66. Richard J. Evans, *The Third Reich in Power, 1933–1939* (New York: Penguin, 2005), p. 13.
67. Fritzsche, *Life and Death in the Third Reich*, p. 122.
68. 引自 Stephen A. Norwood, *The Third Reich in the Ivory Tower: Complicity and Conflict on American Campuses* (Cambridge: Cambridge University Press, 2009), p. 75.
69. Ferguson, *The War of the World*, p. 241; Knox, *To the Threshold of Power*, p. 404.
70. Mussolini, *Fascism: Doctrine and Institutions* (New York: Howard Fertig, 1935), pp. 93–94. 另见 Eric Hobsbawm, *The Age of Extremes: A History of the World, 1914–1991* (New York: Pantheon, 1994), pp. 109–41.
71. "19 世纪按照多数人的一致性意见进行政府决策的原则思想正在丧失主导地位……战后和平仅仅维持了几年之后，人们就开始理直气壮地对民主原则和制度能否继续存在提出质疑……作为民主制度体现和标志的议会制度正在失去欧洲多数国家的信任。民主制度在欧洲充其量处于被动防守的地位。毫无疑问，它正在逐渐被击垮。多数人认为民主制是徒劳无益的……人们越来越多地将它与反动制度联系起来，越来越多地将它与当时人们难以忍受的危机现状联系起来……同时，由于同样的原因，包括左翼独裁政治和右翼独裁政治在内的独裁思想在稳步发展。"见 Nathanial Peffer, "Democracy Losing by Default, " *Political Science Quarterly* 63 (1948): 324, 326, 325.
72. "从 1920 年到 1925 年，自由民主政权试图按照对法西斯主义的传统认识，借鉴其治理经验来维护社会秩序。这成为当时意大利政治的主流思想。"见 Maier, *Recasting Bourgeois Europe*, p. 322.
73. 相关研究，见 R. J. B. Bosworth, "The English, the Historians, and the Età Gioliggiana, "

Historical Journal 12 (1969): 353–67. 更深入的论述，见 Donald Sassoon, *Mussolini and the Rise of Fascism* (London: Harper Press, 2008).

74. Knox, *To the Threshold of Power*, pp. 78, 230, 233, 257, 281.
75. Various German Writers, *Modern Germany in Relation to the Great War* (New York: Mitchell Kennerley, 1916), pp. 10, 14–15.
76. Sanford Levinson and Jack M. Balkin, "Constitutional Dictatorship: Its Dangers and Its Design," paper presented at the American Political Science Association Meeting, September 2009, p. 12. 第 48 条进一步规定，总统可以"中止宪法各条款所规定的基本权利"，"必要时，可以动用武力进行干预"。
77. 对于这些趋势的讨论，见 Carl J. Friedrich, "The Development of the Executive Power in Germany," *American Political Science Review* 27 (1933): 185–203. 本文系这位移民学者所写的一篇充满伤感的文章。在希特勒上台前，他就撰文指出，"无论如何，德国整个社会都倾向于保持宪政民主制度。政府工作的主体职能仍然是向公民提供职业化服务"。(第 203 页)
78. Mussolini, Fascism, p. 10. 关于墨索里尼对于议会政治替代方案的探索，见 R. J. B. Bosworth, *Mussolini* (London: Arnold, 2002), pp. 180–83.
79. 引自 Knox, *To the Threshold of Power*, p. 335.
80. Norman H. Baynes, ed., *The Speeches of Adolf Hitler, April 1922–August 1939* (New York: Howard Fertig, 1969), p. 427. 本次演讲发生于 1933 年 4 月 5 日。
81. 甚至在约瑟夫·W. 本德斯基（Joseph W. Bendersky）比较中肯并富有同情意味的评价中，其职业生涯的这些方面也被提到了。见 Joseph W. Bendersky , "Carl Schmitt's Path to Nuremberg: A Sixty-Year Reassessment," *Telos* 139 (2007): 6–34; 另见 Bendersky's *Carl Schmitt: Theorist for the Reich* (Princeton, NJ: Princeton University Press, 1983).
82. James Bryce, "The Decline of Legislatures," in *Modern Parliaments: Change or Decline?* ed. Gerhard Loewenberg (1921; 重印 , Chicago: Aldine Press, 1971), pp. 21–32; Carl Schmitt, *The Crisis of Parliamentary Democracy* [1923; 重印 , Cambridge: MIT Press, 1988（译文对应的原著系 1926 年修订版）]; Carl Schmitt, *The Concept of the Political* (1927; 重印 , New Brunswick, NJ: Transaction Books, 1976). 正如一位评论家指出的，在上述著作中，自由主义被认为是"有问题的。自由主义思想的背后隐藏着资本主义国家的资产阶级霸权思想……其政治欺骗性使得同盟国得以主宰德国这类希望对政治持忠实态度的国家。国际自由主义分子利用所谓普遍道德、反战主义、永久性和平和人权来打压那些忠实于本国具体社会文化特征的国家"。见 John P. McCormick, "Irrational Choice and Mortal Combat as Political Destiny: The Essential Carl Schmitt," *Annual Review of Political Science* 10 (2007): 333. 除了注释 49 引用的著作以外，关于施密特及其对自由主义和议会政治抨击的大量文献还包括奥托·海默尔写于 1933 年的文章 "Remarks on Carl Schmitt's *Legality and Legitimacy*," in Scheuerman, ed., *The Rule of Law under Siege*, pp. 69–98; Paul Edward Gottfried, *Carl Schmitt: Politics and Theory* (Westport, CT: Greenwood Press, 1990); David Dyzenhaus, ed., *Law as Politics: Carl Schmit's Critique of Liberalism* (Durham, NC: Duke University Press, 1998); Chantal Mouffe, *The Challenge of Carl Schmitt* (London: Verso, 1999);

Jeffrey Seitzer, *Comparative History and Legal Theory: Carl Schmitt in the First German Democracy* (Westport, CT: Greenwood Press, 2001); Gopal Balakrishnan, *The Enemy: An Intellectual Portrait of Carl Schmitt* (London: Verso, 2002); Jan-Werner Muller, *A Dangerous Mind: Carl Schmitt in Post-War European Thought* (New Haven: Yale University Press, 2003); Ellen Kennedy, *Constitutional Failure: Carl Schmitt in Weimar* (Durham, NC: Duke University Press, 2004). 议会民主政治的崩溃也成为包括20世纪30年代法兰克福学派著名理论家在内的当代马克思主义学者的研究主题。见 Franz Neumann, *The Democratic and the Authoritarian State* (Glencoe, IL: Free Press, 1957), pp. 101–41.

83. Max Weber, *Economy and Society* (New York: Bedminster Press, 1968), pp. 1381–97.
84. Reinhold Niebuhr, *Reflections on the End of an Era* (New York: Charles Scribner's Sons, 1934), pp. 23, 3, ix, 19, 56.
85. William Ernest Hocking, "The Future of Liberalism," *Journal of Philosophy* 32 (1935): 230–31.
86. 这一股思潮至少可追溯到1922年意大利的"进军罗马"运动。当时人们就开始提出这样的疑问："不计其数"的法西斯主义观念的输出是否会冲破以民主法制为核心的自由主义国家的政治底限。见 Alan Cassels, "Fascism for Export: Italy and the United States in the Twenties," *American Historical Review* 69 (1964): 707.
87. Hans. J. Morgenthau, *The Purpose of American Politics* (New York: Alfred A. Knopf, 1960), p. 52.
88. 引自 Ronald Steel, *Walter Lippmann and the American Century* (Boston: Little, Brown, 1980), p. 299.
89. Lindsay Rogers, *Crisis Government* (New York: W. W. Norton, 1934), pp. 61, 165, 112.
90. Arnold Toynbee, *Survey of International Affairs, 1931* (London: Oxford University Press, 1932), p. 1. 正是由于这个原因，克莱夫·詹姆士的评价显得格外扣人心弦：如果一本关于20世纪的著作"不是专注于探究文化同时走向毁灭的原因的话，这本书就根本不值得去读"。见 James, *Cultural Amnesia: Necessary Memories from History and the Arts* (New York: W. W. Norton, 2007), p. 3.
91. F. J. C. Hearnshaw, "Democracy or Dictatorship?," *Contemporary Review* 146 (1934): 434–36.
92. Paul H. Douglas, *The Coming of a New Party* (New York: McGraw-Hill, 1932), p. 224.
93. 对这一问题最重要的研究来自克林顿·L. 罗斯特。罗斯特从历史背景和全球比较的视野来考察美国政治。见 Clinton L. Rossiter, *Constitutional Dictatorship: Crisis Government in the Modern Democracies* (Princeton, NJ: Princeton University Press, 1948). 罗斯特认为在现代条件下，这类政府必然存在。他试图阐明采取这种治理手段的适用标准和实践条件。另见 The Editors, "Introduction" to "Symposium: Emergency Powers and Constitutionalism," *International Journal of Constitutional Law* 2 (2004): 207–10.
94. Stuart Chase, "A New Deal for America, IV: Survey for a Third Road," *The New Republic*, July 27, 1932, p. 282. 在 Stuart Chase, *A New Deal* (New York: Macmillan,

1932) 中，本文被收录为第 9 章。

95. 引自 Arthur M. Schlesinger Jr., "Walter Lippmann: The Intellectual v. Politics,"in *Walter Lippmann and His Times*, ed. Marquis Childs and James Reston (New York: Harcourt, Brace, 1959), p. 211. 亚当斯在转向历史研究之前曾经是一位非常成功的商人。其成名之作包括 *Our Business Civilization: Some Aspects of American Culture* (New York: A&C Boni, 1929) 和 *The Epic of America* (Boston: Little, Brown, 1931).

96. 李普曼在就读哈佛大学期间专攻哲学，其导师是威廉·詹姆斯。詹姆斯对李普曼具有持久的影响。另外，李普曼还曾担任过审美哲学家、诗人、小说家乔治·桑塔亚纳的助理。毕业后，他于 1931 年帮助创立了《新共和》杂志。后来，他担任《世界》杂志的专栏作家和编辑。在 20 世纪 20 年代停刊前，该杂志可以说是全美国最具影响力的期刊。李普曼的著作包括 *Drift and Mastery: An Attempt to Diagnose the Current Unrest* (New York: Mitchell Kennerley, 1914); *Liberty and the News* (New York: Harcourt, Brace and Howe, 1920); *Public Opinion* (New York: Macmillan, 1922); *The Phantom Public* (New York: Harcourt, Brace, 1925); and *A Preface to Morals* (New York: Macmillan, 1929).

97. 1 月 17 日、1 月 24 日、2 月 10 日、2 月 14 日和 2 月 24 日的专栏文章被收入 Walter Lippmann, *Interpretations, 1933–1935*, ed. Alan Nevins (New York: Macmillan, 1936), pp. 1–13.

98. 引自 Steel, *Walter Lippmann and the American Century*, p. 300; Jonathan Alter, *The Defining Moment: FDR's Hundred Days and the Triumph of Hope* (New York: Simon & Schuster, 2006), pp. 5, 187.

99. Clinton L. Rossiter, ed., *The Federalist Papers* (New York: Mentor Books, 1999), p. 225.

100. 布赖斯引自 Arthur M. Schlesinger Jr., "War and the Constitution: Abraham Lincoln and Franklin D. Roosevelt,"in *Lincoln the War President: The Gettysburg Lectures*, ed. Gabir S. Borrett (New York: Oxford University Press, 1992), p. 159.

101. "Do We Need a Dictator?" *Nation* March 1, 1933, p. 220.

102. Herbert Hoover, *The Memoirs of Herbert Hoover: The Great Depression, 1929–1941* (New York: Macmillan, 1952), pp. 336, 351, 357. 从右翼的角度对罗斯福总统第一任期实行的"新政"破坏古典自由主义的行为提出批评的一个典型例子是 Arthur A. Ekirch Jr., *The Decline of American Liberalism* (New York: Longmans, Green, 1955). 另见 Marquis Childs, "They Hate Roosevelt,"in *The New Deal: The Critical Issues*, ed. Otis L. Graham Jr. (Boston: Little, Brown, 1971).

103. 詹姆斯演讲稿的修订版最早出现在 1910 年国际调解委员会的宣传册里，后来在《麦克卢尔杂志》发表。见 William James, "The Moral Equivalent of War," *McClure's Magazine*, August 1910, pp. 463–68. 这一术语最近经常被使用。吉米·卡特总统曾使用这一术语来宣传和推动新的能源政策。见"Carter Asks Strict Fuel Saving; Urges 'Moral Equivalent of War' to Bar a 'National Catastrophe,'" *New York Times*, April 19, 1977. 但卡特总统对威廉·詹姆斯并不欣赏；James Reston, "Moral Equivalent War," *New York Times*, April 20, 1977 对威廉·詹姆斯观点的持续影响进行了探讨。

104. William James, *The Varieties of Religious Experience: A Study in Human Nature* (New York: Longmans, Green, 1902); 重印，William James, *Writings, 1902–1910*, ed. Bruce Kuklick (New York: Library of America, 1987), pp. 332–33.
105. 这句话引自口头录音，而非书面资料。
106. The Editors, "Introduction" to the "Symposium: Emergency Powers and Constitutionalism," p. 207.
107. Franklin D. Roosevelt, "Inaugural Address," March 4, 1933, in *The Public Papers and Addresses of Franklin D. Roosevelt*, vol. 2 (New York: Random House, 1938), pp. 11–16.
108. Karl Loewenstein, "Militant Democracy and Fundamental Rights, I," p. 432.
109. 从保守主义的角度对民主制度下的紧急授权的研究讨论，见 John Ferejohn and Pasquale Pasquino, "The Law of the Exception: A Typology of Emergency Powers," *International Journal of Constitutional Law* 2 (2004): 210–39.
110. 吉奥乔·阿甘本曾指出这种类似性。见 Giorgio Agamben, State of Exception (Chicago: University of Chicago Press, 2005), pp. 21–22.
111. 他对威尔逊总统关于宪政的文章及 Edward S. Corwin's *The President's Control of Foreign Relations* (Princeton, NJ: Princeton University Press, 1917) 进行了评价；同时，他还对 *Congressional Record* of the 65th Congress, meeting from April 2, 1917, to November 21, 1918 进行了研究。见 Lindsay Rogers, "Presidential Dictatorship in the United States," *Quarterly Review* 231 (1919): 127–48.
112. 他的儿子詹姆斯·C. 哈格蒂（James C. Hagerty）后来担任艾森豪威尔两届总统任职期间的新闻秘书。
113. *New York Times*, March 5, 1933.
114. Frank Freidel, *Franklin D. Roosevelt: A Rendezvous with Destiny* (Boston: Little, Brown, 1990), p. 205.
115. "特殊紧急状态的一个中心特征是立法、执法和司法三权分立的暂时取消。" Agamben, *State of Exception*, p. 7.
116. Anne O'Hare McCormick, "Vast Tides That Stir the Capital: Behind the Revolutionary Experiments in Washington There Is an Impetus That Derives Directly from a People Demanding Immediate Steps to Meet the Crisis," *New York Times Magazine*, May 7, 1933, pp. 1–3. 麦考密克因其在新闻报道方面的卓越成就获得了1937年的普利策奖。她在评价政治经济计划时写道，"这一庞大工程让人眼花缭乱"，它"设想借鉴意大利社团制国家的形式，建立工业、农业和政府之间的联合体"。同时代的评价，见 Carmen Haider, "The Italian Corporate State," *Political Science Quarterly* 46 (1931): 228–47. 综合性论述，见 Edward R. Tannenbaum, "The Goals of Italian Fascism," *American Historical Review* 74 (1969): 1183–1204.
117. Clinton L. Rossiter, *Constitutional Dictatorship: Crisis Government in Modern Democracies* (Princeton, NJ: Princeton University Press, 1948), pp. 257–58.
118. 同上，p. 259.
119. 同上，p. 260.

120. 同上，p. 262.
121. 在战争期间，来自伯里的休厄特勋爵（Lord Hewart of Bury）的主张非常有影响力。他认为，特殊紧急授权属于一种专制主义行为。见 Lord Hewart of Bury, *The New Despotism* (London: E. Benn, 1929).
122. Anthony J. Badger, *FDR: The Hundred Days* (New York: Hill and Wang, 2008), pp. 169–71; 另见 Alter, *The Defining Moment*, p. 8.
123. Franklin D. Roosevelt, "Second Fireside Chat," Washington, DC, May 7, 1933, in Franklin Delano Roosevelt, *Great Speeches* (New York: Dover Publications, 1999), p. 41.
124. Joseph M. Bessette, *Mild Voice of Reason: Deliberative Democracy and American National Government* (Chicago: University of Chicago Press, 1994).
125. Rossiter, *Constitutional Dictatorship*, p. 263.
126. 罗伯特·达尔（Robert Dahl）的老师弗雷德里克·沃特金斯（Frederick Watkins）曾给出判定标准。见 "The Problem of Constitutional Dictatorship," in *Public Policy*, ed. Carl Friedrich and Edward Mason (Cambridge: Harvard University Press, 1940), p. 329, and by Arend Lijphart, "Emergency Powers and Emergency Regimes: A Commentary," *Asian Survey* 18 (1978): 404.
127. Ferejohn and Pasquino, "The Law of Exception," p. 217.
128. C. Vann Woodward, *Origins of the New South, 1877–1913* (Baton Rouge: Louisiana State University Press, 1951), pp. 373–74.
129. William A. Link, "The Social Context of Southern Progressivism, 1880–1930," in *The Wilson Era: Essays in Honor of Arthur S. Link*, ed. John Milton Cooper Jr. and Charles E. Neu (Arlington Heights, IL: Harlan Davidson, 1991), p. 77; Arthur S. Link, "The Progressive Movement in the South, 1870–1914," *North Carolina Historical Review* 23 (1946): 172, 179–92, 194–95.
130. V. O. Key Jr., *Southern Politics in State and Nation* (New York: Alfred A. Knopf, 1949), pp. 315, 5.

Part II 第二部分　南方的牢笼

4. 美国的"另类"

  1909年3月4日，威廉·霍华德·塔夫托（William Howard Taft）在总统宣誓仪式上，发表了罕见的长篇演说。演说内容由六个十分冗长的段落组成。当时距离最高法院对"普莱西诉弗格森案"（*Plessy v. Ferguson*）判决刚过去十几年时间。该案在判决中批准了南方在公共设施和场所中实行种族隔离制度的请求。24年后的同一天，富兰克林·罗斯福宣誓就任美国第32任总统。虽然篇幅冗长，但塔夫托总统的演讲内容却非常引人注目。他郑重宣布共和党——曾产生林肯总统和《解放宣言》的政党，实施第十三、十四、十五次宪法修正案的政党，内战后推动美国全面重建的政党——将不再支持和拥护黑人权利运动。"这不属于联邦政府的工作取向，也不属于联邦政府的职责范围"，塔夫托宣称，"联邦政府不能干涉南方各州的内部事务"。

  塔夫托担任总统的时候，南方各州正在形成一种完全"另类"的种族主义秩序。种族主义偏见遍布生活的各个领域。人们的言行中，处处表现出白人主导一切，黑人处于被人摆布的劣等地位的思想倾向。有了法律的保护，以及明目张胆或躲在背后的暴力手段的支持，南方黑人地区把凡是打上黑人标签的每一个人均视为劣等公民，对他们划定活动区域，实施隔离政策。

政治扮演了维护这种隔离政策的工具。到1908年，南方已经建立起完善的政治制度。即使在黑人占据人口多数的县区，白人的优先地位也能得到保障。一系列运行机制使得非裔美国人根本没有机会获得选举权，而白人则因黑人的低参选率而获得选举中的优势地位。[1]这些机制和手段包括规定只允许白人参加初选，宣布政治党派为有严格条件限制的私人俱乐部，实施选举税，进行财产检查和文化水平测试，并要求选民理解州宪法的条款，对其中晦涩难懂的部分进行检测，等等。[2]

当然，在当时的条件下，全国各地的白人和黑人几乎普遍希望实施种族隔离制度，并尽可能为这一制度的实施创造条件。但有一点非常重要，必须引起人们的注意：南方地区以外的绝大多数白人对种族平等事业没有表现出特别的热情。其中多数人反对在生活上与黑人做邻居，在工作中与黑人做同事，更反对把自己的孩子送到隔离区学校就读。新闻记者雷·斯坦纳·贝克（Ray Stannard Baker）曾向《美国杂志》撰文，详细总结其20世纪初去南方考察的情况，并指出，"北方人的态度与南方人没有什么两样，他们不相信会有能给予黑人适当地位的民主"。[3]但南方普遍僵化的种族主义制度的确使这一地区被封闭隔离起来。在那里，严重的种族不平等现象与整个国家以公民自由权利为根本的政治制度之间的紧张关系变得越来越尖锐。实际上，这种紧张关系自建国之初开始，就一直困扰着这个国家。

政治学家理查德·本塞尔（Richard Bensel）在《美国怪兽》一书中，对现代美国民族国家如何从内战大屠杀的血腥中走向崛起这一问题进行了严肃讨论。在这部书的结尾部分，本塞尔提醒人们，"19世纪后期的美国，实际上是南北两个民族靠武力强行结合在一起的"。[4]塔夫托总统宣布已经完全结束的正是这一南北分裂局面。"曾经有一个时期"，塔夫托指出，"同情黑人为改善生活状况而进行必要斗争的北方人支持给予这些黑人选举权,强化他们的权利意识,并以此来抵制南方普遍盛行的种族主义思想倾向"。但这样的事情后来再也没有发生过。那次"维护黑人权利的运动最终还是失败了"。宪法第十五次修正案规定,"努力保障黑人的权利,反对以任何形式剥夺黑人选举权的行为",但塔夫托坚持说,南方已经成功地找到防止被"无知者和不负责任者控制"的手段,他们通过州立法的形式,将"学历水平和其他资格达不到选举条件的黑人和白人全部排除在外,从而避免了无知选民控制政坛的危险"。而且,由南方自己选择适合的应对手段,还能促进南方白人与工会之间的和解,使南方所有人感觉到"联邦政府是他们的政府,联邦政府官员是他们的官员"。

"黑人,"塔夫托继续说,"现在是美国公民中的一员"。拥有了公民权,"我们的国家就是他们的国家,我们的国旗就是他们的国旗"。但在作为政治舞台一员的"我们"与还没有成为政治舞台一员的"他们"之间,的确还存在着明显的分歧和隔阂。"我们必须帮助他们顺利、从容地步入政治舞台,这是我们所肩负的神圣职责。"为了完成这一历史重托,塔夫托总统告诫并要求人们谨慎地对待黑人权利问题,"因为种族情感是一个极其普遍和尖锐的问题"。政府在任命黑人为联邦工作人员时,必须保持克制,防止"这种任命可能引发的种族主义情绪反弹和上升"压力超过"对于种族平等的鼓励和倡导产生的积极作用"。更直白地说,塔夫托总统反对任何影响"南方地区与全国其他地区已经建立的良好情感关系"发展前景的行为。[5]

塔夫托总统的这一宣言,开启了联邦政府对南方种族主义问题不作为的时代。在一直持续到"新政"时期的二十多年时间里,联邦政府对于南方种族关系问题始终持袖手旁观的立场。除了个别南方黑人靠自己努力迁往北外,南方地区的黑人们发现自己没有任何权利,有的只是深深地陷入有系统、有组织地被羞辱、被恐吓之中。华盛顿政府要采取行动,保障和加强黑人作为美国公民合法地位的承诺,没有让南方地区的黑人看到任何可能实现的前景。[6]

一

当富兰克林·罗斯福总统1933年3月在总统就职演说中谈到需要对"恐惧本身"进行克服时，南方地区仍然处于高度的"另类"状态之中。联邦政府的故意不作为，使得这一"另类"状态持续了近1/4个世纪。文化传统、人口构成、心理恐惧等多种因素交织在一起，使得南方地区社会、经济、政治中心地区的种族问题呈现出任何其他地区均不存在的"另类"特点和形式。尤其是当绝大部分仍然生活在这一地区的非裔美国人继续按照传统和法律经历和忍受严酷的隔离制度折磨时，这一地区的种族制度就显得更加"另类"。

随着"新政"大戏的开场，梅森－狄克逊线似乎成为了南北方之间的现实分界线。这一分界线与亚历克西斯·托克维尔一百多年前访问美国时，所划定的边界非常相像。1832年1月4日，托克维尔与古斯塔夫·博蒙（Gustave de Beaumont）开启了沿马车行进路线穿越美国最南部的旅程。托克维尔按照法语中法国南部地区的通常叫法，称这次旅行为"迷笛之旅"（Midi），即美国南部之行的意思。托克维尔在12天内走完了1,000多英里路程，他最终发现奴隶制度的地理界线将美国南北地区进行了清晰鲜明的分割。[7]托克维尔写道：

> 俄亥俄河的两岸，高低不平的土地沿着河流的趋势向远处延伸，这些一望无际的土地源源不断地为辛苦劳作的人们提供宝贵的丰收果实；俄亥俄河两岸的空气一样清新，气候一样适宜；俄亥俄河的两岸分别构成美国两个面积庞大的州的边界：弯弯曲曲的河道左侧，是肯塔基州；右侧则是以河流名字命名的俄亥俄州。这两大州之间只有一点明显不同：肯塔基州允许奴隶制度存在，而俄亥俄州则坚决反对奴隶制度。[8]

20世纪20年代末期，当南方历史学家乌尔里希·菲利普斯（Ulrich

Phillips）研究和搜寻"南方历史的核心主题"时,他与托克维尔一样,为俄亥俄河两岸的风光所深深吸引。"河的北岸",菲利普斯写道,"是当今的美国,这毫无异议;而河的南岸,则是'另类'的美国"。[9]我们将看到,正是这一南部的"另类"情形决定"新政"是否要对"恐惧本身"采取措施加以应对,以及应当采取什么样的措施进行应对。

托克维尔的巨著《论美国的民主》发行 100 年后,这条地理分界线依然横亘在美国南北之间。但这次除了奴隶制这一特征以外,这条分界线又加载了另一鲜明特征,即黑人权利问题。这条分界线涉及的区域包括阿拉巴马州、阿肯色州、特拉华州、佛罗里达州、佐治亚州、肯塔基州、路易斯安那州、马里兰州、密西西比州、密苏里州、北卡罗来纳州、俄克拉荷马州、南卡罗来纳州、田纳西州、德克萨斯州、弗吉尼亚州,以及西弗吉尼亚州。[10]其中 15 个州在南北战争前夕还在实行奴隶制度。这 15 个州加上当时仍属于弗吉尼亚州一部分的西弗吉尼亚州和 1907 年成立的俄克拉荷马州,在 1954 年布朗决议案宣布在公立学校依法取缔种族隔离制度前,全部要求实行种族隔离制度。而且,直到 1967 年最高法院在"洛文诉弗吉尼亚州案"(*Loving v. Virginia*)[11]判决中宣布禁止种族之间通婚为非法行为时,这些州一直禁止黑人与白人之间通婚。

在 19 世纪 30 年代,托克维尔就已经着重指出奴隶制度对经济和社会生活的恶劣影响。他说,"在俄亥俄河湍急的河水中,旅行者只能漂流而下,直到俄亥俄河与密西西比河交汇处,才有帆船可乘。可以说,这是一次从奴隶制到自由制的漂流;人们只需要沿途随便看一下,就能迅速知道哪一种制度对人类最好"。人们会看到,"在俄亥俄河左侧的肯塔基州,人口非常稀少;不时有一群奴隶在半荒废的田地里逛来逛去;不断有大片原始森林出现在眼前;人们也许会说,整个社会似乎进入睡眠状态了;只有大自然在呈现出生机和活力,而人类则似乎被闲置下来了"。但在河流右侧的俄亥俄州,"远处传来的一阵阵轰鸣声表明人们正在忙碌地工作;田野上到处是一片片绿油油的庄稼;

外观精美的房舍似乎见证了工人们的生活品味,这是他们工作勤勉带来的回报;这里的方方面面都在诉说着生活在这片土地上的人们的舒适与安逸;人们看起来非常富裕和满足;他们在不停地工作。"[12]

菲利普斯教授以终生致力于证明托克维尔观点的错误而闻名。他反驳说,南方并没有因实行奴隶制而造成工业凋敝。作为高效的经济单位,南方种植园与美国其他商号和企业一样利润丰厚。[13]作为一个政治实体,南方"并没有按照条约、宪法或法律对其边界进行明确划分"。[14]如果经济上没有太大差别,又没有明确的政治边界,人们又怎能说南方被孤立和封闭起来了呢?又怎么能说它是美国的"另类"呢?

菲利普斯继续坚持说,答案在于南方坚持白人至上的政策。这是南方地区唯一没有商讨余地的价值观,也是它被称为"一片团结稳固的陆地"的根本原因。[15]全面重建开始几十年后,南方作为一个团结统一单位的独特意义仍然与这一因素密不可分。[16]从特拉华州到佛罗里达州,从南卡罗来纳州到俄克拉荷马州,"整个南方地区的白人毫不动摇地坚持这样一个共同决心——南方应当是,而且永远是一个由白人占主导地位的国家"。菲利普斯赞同上述观点,并总结说,这是"检验一个人是不是属于南方的根本标志",也是"贯穿整个南方历史的中心议题"。人们对于这一中心议题的态度可能"像一位煽动家一样狂热",也可能"像一位贵族绅士一样平心静气"。[17]

在罗斯福总统和杜鲁门总统执政期间,很少有人对上述观点持有异议。菲利普斯算不上是对种族主义持中间立场的人。他的种族主义立场比当时的许多著名学者还根深蒂固,但他的观点代表了当时整个意识形态领域和种族主义思想方面的共同特征。20世纪40年代初期,拉尔夫·本奇(Ralph Bunche)正是以此对南方地区这一另类特征进行定义的。本奇是贡纳尔·默达尔有重要影响的研究项目"美国的尴尬"[18]研究团队中最著名的非裔美国学者。在撰写关于这一时期黑人政治地位的扩展报告时,本奇注意到南方地区存在严重的异质性,"除了坚持传统的白人至上信条……以及与之相关的政治倾向,南方地区对一党制存在盲目崇拜现象"。[19]

在"新政"的实施阶段，十分关注非裔美国作家作品出版发行工作的北卡罗来纳大学出版社社长 W. T. 考伍奇（W. T. Couch）为设在该校的南方自由区域研究运动中心提供了主要活动场所。考伍奇对南方的白人种族主义思想做出了类似总结：

> 毫无疑问，主流观点坚持认为黑人的地位永远无法与白人相比。在近两个世纪的时间里，黑人一直被迫生活在这一主流观点的阴影里。他们既经历过公开支持奴隶制的"德里德·斯科特决议案"（Dred Scott Decision）这种极端不公的待遇，也遭遇过一些相对不那么极端的种族主义歧视言论。不太极端的种族主义言论认为，虽然黑人处于劣等地位，但他们有权在白人文化的基础上发展与白人文化处于同等地位的黑人文化，而且黑人应当被鼓励发展自己的特色文化。[20]

10 年后，考伍奇所在的出版社出版了《黑人要什么？》一书——这是一本由非裔美国历史学家雷福德·洛根（Rayford Logan）编辑的文集。文集的作者都是著名的黑人学者和社会活动家，包括 W. E. B. 杜波伊斯、兰斯顿·休斯（Langston Hughes）、A. 菲利普·伦道夫（A. Philip Randolph）和罗伊·威尔金斯（Roy Wilkins）。作为出版商，考伍奇感到出版社有责任为本书撰写一篇序言，申明出版人的立场并对洛根及其同事们提出的要求给予回复。洛根等要求结束种族隔离制度，"黑人不仅要承担同等的责任和义务，而且要在投票选举、法律地位、就业、入学、住房、社会保障等方面与白人享有同等的权利和机会"。[21]更明确地说，洛根等学者同意见多识广的非裔美国作家詹姆斯·韦尔登·约翰逊（James Weldon Johnson）1935 年公开表达的立场。约翰逊为黑人指明了一条"成为国家不可分割的一部分"的必经之路。他告诫黑人从"被迫实施的种族隔离制度"中吸取力量和经验，并充分利用这些力量和经验,尽快消灭种族隔离制度。[22] 为了有效地为自己辩护,同时也是为自己所在的出版社及北卡罗来纳大学辩护,考伍奇对上述观点表示强烈反对。虽然感到非常难为情,但考伍奇还是对文集的作者表示了感谢。随后,他宣布,"我不同意编辑和多数作者的基本观点"。[23]

像南方许多对种族主义制度持中立态度的学者一样,考伍奇拒绝根据外观长相等生物学特征的判断对黑人进行歧视,但他也同时拒绝接受米达尔的研究团队不久前发表的观点。考伍奇将米达尔研究团队观点的核心主题归结为"黑人不比白人差,黑人只是表面上看起来不如白人,黑人的目前状况完全是种族歧视的后果,完全是白人对黑人进行虐待和残害的后果"。1854年10月16日,亚伯拉罕·林肯在伊利诺伊州皮奥瑞亚市发表的公开演讲中,对奴隶制度进行了强烈抨击,但拒绝承认黑人与白人享有同等权利("我们下一步要做什么?解放黑人,使之享有与我们同等的政治和社会权利?从个人感情上来说,我不能接受这一观点")。考伍奇引用林肯演讲中的观点,支持第三种立场,"黑人的处境是由其本身的劣势造成的,这种劣势是可以克服的,由此引发的种族歧视问题也是可以解决的"。但他谨慎表示,人们在努力改善黑人处境的同时,"绝不能造成种族隔离政策被消弱"。[24]

20世纪40年代后期,一部影响巨大的著作要求南方脱离民主党,因为它已经成为一种不可救药的工具,为实现某种更加邪恶的目标服务。阿拉巴马州著名律师、种族隔离制度最大的倡导者查尔斯·华莱士·柯林斯(Charles Wallace Collins)像菲利普斯一样,在1947年高调指出南方为什么不能像美国其他地方一样实现种族平等。在南方,"白人至上的信条已经像宗教信仰一样深入人们的骨髓……它根植于人们内心每一个纤维组织之中"。柯林斯并不是一个爱发表奇谈怪论的边缘化人物。1927年以前,他一直在华盛顿政府担任重要职务,包括最高法院图书馆员、国会法律图书馆员、国家预算局和货币控制办公室法律顾问总监。后来,他还曾在美国银行担任要职,并担任美国银行协会特别顾问。他撰写《稳固的南方将走向何处？》的一个主要目的是分析他所称的南方面临的"三大主要障碍"造成的影响。"三大障碍阻挡着南方黑人全面融入美国社会各个领域的道路，使他们成为美国大家庭一员的强烈愿望无法实现。"这三大障碍是血缘关系障碍、选举权障碍和种族隔离障碍。[25]

作为第一大障碍，血缘关系因素[26]对黑人融入社会的影响遍及美国各个州。柯林斯指出，血缘关系障碍的一个重要标志是，全国各地的红十字会都将黑人献血单独存放，因为他们认为尽管黑人血液与白人血液不存在任何化学成分方面的差异，但不管来自哪个地区的白人都会拒绝接受黑人的血液。柯林斯强调，尽管这种血缘歧视存在于全国各地，但血缘关系障碍在南方表现得更加普遍、更加极端。相对而言，"血缘障碍的整体表现形式……产生于白人至上的信条……只是集中在黑人大规模居住区域，以及英国后裔的主要居住区。这些英国后裔早已经失去其出生在英国的祖先的痕迹"。柯林斯兴奋地表示，在南方，"白人至上……是理所当然的事情。这已经是不需要进行公开争论的事实"。"白人至上是一种政治信条，是一个不需要进行科学论证的问题。"[27]

柯林斯写道，如果说与种族血缘相关的思想行为障碍不仅限于南方存在的话，黑人所面临的另外两大障碍则是南方地区独有的。选举权的障碍来源于南方对白人至上主义的绝对追求，因为"白人至上信条的一个固有原则"，是"黑人不能参与对白人的管理"。限制黑人的选举权是保护南方地区政治现状最重要的手段，因为黑人参选预示着回归到重建时期的恐怖情形之中。"如果像许多人倡导的那样，仅仅根据公民身份、年龄、住址和心智健全等资格条件，让黑人参加选举，他们就会获得对美国南端最富裕的农业地区政治的控制权——古老棉花王国的土地……在阿拉巴马州、南卡罗来纳州、密西西比州、乔治亚州和路易斯安那州，许多县区将被黑人控制。县政府办公室将落入他们的手中"，最终，"这些地区白人的命运将任由黑人摆布"。[28]

第三大障碍，依法对黑人实施隔离政策，并不意味着完全阻断黑人和白人在生活上的接触。尤其是在城市或农村的公共场所，黑人与白人之间的日常接触毕竟还很多。柯林斯尖锐地指出，正规意义上的隔离旨在确保"黑人不能渴望在与白人的交往过程中，获得平等的社会地位"。在所有有可能导致黑人与白人享有平等社会地位的场所，均实施隔离制度。因此，在就餐、参加或观看比赛、看电影或出席重大活动、乘公交车和火车时，黑人与白人被隔离开，甚至公共厕所里也建有隔离设施。[29]

柯林斯本来或许还打算增加第四大障碍，但最终选择不公开表述了——南方地区盛行的公共暴力事件或私人场所暴力事件，包括治安巡逻人员动用私刑事件。一位研究三K党历史的学者称之为"种族主义思想的行为表现"。[30] 1900年至1930年之间，美国发生了1,886起私刑致死事件。尽管只有九个州没有发生私刑事件记录，但绝大多数这类事件都发生在南方各州，包括佐治亚州（302起）、密西西比州（285起）、德克萨斯州（201起）、阿拉巴马州（132起）、田纳西州（76起）、肯塔基州（68起）、密苏里州（41起）。[31] 到20世纪30年代，这种暴力形式已经逐渐消失，但并没有完全绝迹。"新政"刚开始的1933年，美国发生28起私刑事件。罗斯福当选总统的第二年11月，劳埃德·华纳（Lloyd Warner）在一万多人的欢呼叫喊中被活活烧死在马里兰州安尼公主镇。这些人起初准备对其实施绞刑，但没有成功，最后又选择了火刑。大卫·格雷戈里（David Gregory）在德克萨斯州的孔茨市被动用私刑致死，尸体被焚烧，心脏和生殖器被残忍地用刀从尸体上割下。在田纳西州哥伦比亚市，因大陪审团拒绝指控考德·契科（Cord Cheek）犯有猥亵一名12岁白人女孩的罪名，人们将其吊死在一棵树上。弗雷迪·穆尔（Freddy Moore）在路易斯安那州的阿桑普申·帕里斯市被杀，原因是曾谋害一位白人女孩（后来，一位白人男子承认自己杀了那位女孩）。[32]

像W. T. 考伍奇等对种族主义持中间立场的人都非常憎恨私刑这

一暴力行为。但在"新政"的初始阶段,这一私设公堂的处决形式是南方种族主义秩序的显著特征。这非常类似于自重建结束以来就一直存在的私人暴力形式。动用私刑表明南方对白人至上信条的极端追求,同时也表明这一地区对黑人性骚扰行为的高度关注与防范。柯林斯的文笔完全不同于格调粗俗的三K党种族主义学者或西奥多·比尔博这类政治人物,但即使像柯林斯这样的饱学之士,也特别强调对于混淆种族界限的忧虑在南方白人思想中所占据的重要地位。

二

如果说私刑是南方白人用于保护种族霸权地位的最不文明手段,那么政治选举制度和国会代表制度可能是最文明的手段了。在政治学的语言中,"在国家日常工作议程的改变与国家政策的改变之间,立法机构实施的关键性干预或介入过程就是所谓的国会立法程序"。[33] 正是这一立法程序,为南方提供了凭借选举制度及其国会立法程序经验和资历的影响来左右国会立法机构的空间。

"70年来,南方一直在投票质疑黑人问题",在1930年发表的以南方为主题的著名系列文章中,安妮·奥黑尔·麦考密克总结说。"黑人永远被禁止参选。黑奴对此的报复手段是,想方设法将白人主子置于被控制地位,以致于如果不考虑黑人的诉求,这些白人主子就很难做出政治、社会、经济和伦理道德方面的决议……虽然没有投票权,但黑人还是有掌控政治的手段。"十几年后,马里安·伊瑞希(Marian Irish)在其关于南方一党制问题的研究中,强调"南方模式中有一个决定性因素"不容回避。伊瑞希将这一因素称为"一种强烈的黑人恐惧症在作怪……这一黑人恐惧症自重建开始以来,几乎没有减弱的趋势……南方最关键的问题就是将黑人排除在公共事务以外。所谓团结稳固的南方实质上是白人的南方;当初制定一党制方针的主要目的就是为了确保白人永久性占据主导地位"。[34]

这一独裁主义和种族主义政治制度压制来自各种不同团体的观点和意见。在谈到19世纪最后二十多年的历史时,历史学家摩根·库塞尔(Morgan Kousser)指出:

> 1/3到1/2的南方选民属于冥顽不化的黑人权利反对者。尽管实施了各种巧妙的欺骗手段,但各州每一届立法会议都有一些白人共和党员、无党派人士、民粹主义者,甚至黑人坐在立法机构的席位上参与会议讨论。一些非民主党人士占据了国会、州政府机构和参议院的职位。1900年以后的南方政治制度显得多么合理啊!但实际上每一位当选的官员都是白人民主党成员。35

南方所控制的政坛在形式上属于民主政体。虽然民主党一党执政,但它没有形成独裁体制。因为在南方,民主党的统治实际上极其混乱无序,没有形成集中统一的管理体制,也没有严格的思想组织意识。不过民主党确实表现出强烈的极权主义趋势和明显的排外倾向。它所制订的压制黑人参与政治事务的规则和制度也将一些白人群体排除在政治选举以外,造成白人参选率下降。比如,选举税的实施,可以说,造成失去选举权的贫困白人数量远远大于被剥夺选举权的非裔美国人口数量。选举税制度还经常促使南方上演"一幕幕滑稽的选举欺诈法"。有些党派机器或个体候选人通常以花钱买选票的形式,代替支持自己的选举人支付选举税。就全国整体参选情况来看,在1940年的总统选举中,具备资格的近60%选民参与投票。但在南方,没有一个州的参选率超过50%。在阿拉巴马州、佐治亚州、密西西比州和南卡罗来纳州,参选率不足20%。36

中期选举所吸引的投票参选人数就更少了。1938年,密西西比州拥有2,183,796人,其中49%为非裔美国人。当年参议院选举中胜出的七位民主党人士均没有遇到竞争对手。这七位当选者包括罗斯·柯林斯(Ross Collins)、威廉·科尔默(William Colmer)、沃尔·多克塞

(Wall Doxey)、亚伦·福特（Aaron Ford）、丹·麦吉（Dan McGehee）、约翰·兰金以及威廉·惠廷顿。柯林斯获得 11,540 张选票，远远高于科尔默的 4,873 张选票。麦吉获得 4,834 张选票，兰金获得 4,384 张选票，多克塞获得 4,134 张选票，福特获得 3,502 张选票，惠廷顿获得 2,172 张选票。这次选举密西西比州共投出 35,439 张选票。在相邻的阿拉巴马州，四个席位参与竞选（非民主党参选人共获得 28,127 张选票，不到总票数的 1%），获胜候选人在九个选区保住了 10,266 到 17,903 张选票。位于边远地区的各州投票率也相对较低。比如，肯塔基州的每一位胜选者都参加了公开竞选（其中一位是共和党人），平均获得 38,000 张选票。相比较而言，在加利福尼亚州，所有众议院议员均参加了 20 个选区的竞选，得票数没有低于 52,516 张的，绝大多数候选人获得的选票都超过了这一数字。最多的候选人获得 119,5236 张选票。后来被理查德·尼克松（Richard Nixon）打败的杰瑞·沃里斯（Jerry Voorhis）在 12 个选区中获得支持选票 75,003 张，即得票率占三方选举总票数 123,363 张中的 61%。[37] 在约翰·兰金当选的密西西比州第一选区的选民中，共有 25 人把自己的选票投给了兰金在加利福尼亚第十二选区的竞争对手沃里斯。[38]

各地区选出的立法代表一旦进入国会，就变成了全国政治舞台上的独特单位。查尔斯·华莱士·柯林斯正确地指出，"一个众所周知的事实是，如果不采取种族隔离形式以阻碍黑人获得平等社会权利，从而对白人至上信条表示同意和支持，那么，任何一个南方人都不可能当选为政府机构官员"。即使"黑人种族最温和的南方朋友"，柯林斯还正确地指出，"也不同意废除南方的种族隔离统治模式"。[39] 这里，柯林斯所说的最温和的南方朋友是指当时南方白人中对黑人权利问题持中立态度的人士和一些自由主义人士。这些人支持逐渐改善种族歧视现状，废除选举税，并逐渐扩大黑人的选举权。

柯林斯的观点无疑是正确的。罗斯福总统就职刚一个月，《弗吉尼亚季刊》就发表了一篇文章，明确表示，南方自由主义人士不能越过种族隔离这条红线。文章的作者 R. 查尔顿·赖特（R. Charlton Wright）刚从《哥伦比亚、南卡罗来纳纪事》编辑的岗位上退休。赖特曾极力谴责和讨伐"几千起私刑案件造成的悲剧性代价、无数的种族暴力事件和一桩桩针对黑人的令人发指的虐待和不公行为"。从 1929 年开始，他一直在致力于一部大型文献《南方人与黑人》的写作。赖特在这部文献中表示"敌视任何形式的混淆种族差别的行为"，严惩提出"过分"要求的黑人领袖。有些黑人领袖的要求"超出了白人在能够阻止的前提下给予接受或容忍的限度"。赖特同时强调，"对于任何有损南方长期以来世代相传的种族主义态度和信条的行为，白人种族绝不能有半点妥协，更不能视为安全行为而加以默许"。[40]

柯林斯回顾了《路易斯威尔信报》自由主义编辑马克·埃斯里奇（Mark Ethridge）在 1942 年刚被罗斯福总统任命为新成立的战时公平就业实施委员会第一任主席后不久，在伯明翰言辞犀利地抚慰一位对种族主义持怀疑态度的听众的情形。"世界上没有任何强权"，埃斯里奇说，"甚至也没有任何来自协约国或轴心国的机械化部队，能够迫使南方白人放弃种族隔离社会制度和原则。那将是一个残酷的幻灭"，埃斯里奇继续说，"如果某个黑人领袖告诉黑人士兵说，作为战场流血牺牲代价的回报，他们可以获得公平社会权利或他们可以要求获得这一权利，这些士兵就怀揣着这一梦想而浴血奋战，甚至战死杀场"。[41] 他或许还应当引述一下佛罗里达州众议院议员克劳德·派帕尔在 1937 年 8 月解释其反对联邦政府反私刑立法时的观点。作为南方的自由主义人士和最顽固的种族主义者，派帕尔宣称，"不管宪法是怎么规定的，不管美国的法典全书是怎么规定的，也不管有多少士兵被部署在南方选举现场进行值守，黑人都不可能参选，原因在于这样做……将严重威胁白人的主导地位。上帝赋予了白人执掌美国大陆命运，乃至整个世界命运的职责"。[42]

南方政治家们拒绝在种族隔离制度和更广泛的美国价值与愿景之间做出任何妥协，他们试图保证立法程序不把他们的种族主义价值目标列为讨论的选项。早在"新政"实施前,许多南方政治家就向华盛顿政府积极提交各种行动议案。南方团体强烈敦促联邦政府执行联邦铁路条例,支持修改1887年《州际商业法案》,并强化这一法案的执行力度。南方团体还力争降低关税,努力加强对银行信贷系统的控制,并在联邦储备制度的建设中发挥了关键作用;支持联邦政府对农业教育和培训进行资助。尽管对劳工组织态度暧昧,南方议员们也有意保障和促进工会利益,希望在民主党内形成紧密的工农联盟关系。[43]总之,南方在国会中提交的许多议案是具有积极进步意义的。

这些世纪之交的项目规划在1912年伍德罗·威尔逊当选总统时,达到高潮。上任后威尔逊紧接着就打着"新自由主义"的招牌,推进这些政策和项目的实施。在获得最高法院审批后,南方种族主义制度和剥夺黑人选举权制度正式实现合法化和制度化。随后威尔逊总统在其任期内,确保了南方白人成功回归到联邦政府的怀抱。"很久以前,我曾对南方出生的人担任总统一事非常绝望",1913年3月,本杰明·F.朗(Benjamin F. Long)在给沃尔特·赫因·佩奇(Walter Hines Page)的信中写道。朗是北卡罗来纳州的一位资深法官,而佩奇则是出生于北卡罗来纳州的一位著名记者和出版商。当时佩奇刚被任命为美国驻英国大使。朗指出,这一前所未有的事件标志着"我们国家的政治生活开始了一个新时代,它使出生和居住在南方的人们也可以在国家权力和职责中占据支配地位,这是当今时代从未见过的事情"。[44]作为一位弗吉尼亚人和内战后第一位出生于南方地区的总统,威尔逊将美国的进步主义与南方激进的种族主义团结和融合在一起。他采取的措施包括:在联邦政府部门工作场所、餐厅、浴室安装隔离设施;将大多数黑人排除在联邦内务部监管岗位之外;总统内阁会议开始前,在白宫播放《一个国家的诞生》并对三K党表示赞扬;对《凡尔赛条约》中一项谴责种族不平等的条款进行了成功抵制。[45]

在威尔逊总统执政期间,种族主义与自由进步主义的团结融合趋势逐渐在民主党占据主流地位。这种团结融合也逐渐成为社会改革内容和范围的主要决定因素。⁴⁶威尔逊是在三方竞选中当选总统的。其绝大多数获胜选票均来自南方各州及另一个不属于南方的亚利桑那州。他就职时，参议院中一半以上的民主党多数派来自南方，而众议院中民主党多数派占据的比例则刚刚超过40%。来自密苏里州的钱普·克拉克（Champ Clark）担任众议院发言人，来自阿拉巴马州的奥斯卡·安德伍德（Oscar Underwood）则担任多数党领袖。南方参议员主持了参议院14个委员会中的12个，而南方众议员则主持了众议院13个委员会中的11个。

南方代表推动威尔逊政府向着干预主义方向发展，偏离以前强调降低关税和开放市场的温和路线。阿瑟·林克（Arthur Link）强调，南方立法代表主导了一场改革运动，支持"政府"承担直接干预经济事务的职责，以保护生活贫困群体和政治上的劣势群体的经济利益。为此，"他们帮助和支持威尔逊沿着这一方向大踏步前进，帮助和支持他所领导的联邦政府致力于涉及范围更广的福利项目立法"。尽管历史学家们对于国会中南方代表是不是推动威尔逊总统采取上述路线的唯一主导因素存在争议，但南方代表的政策取向及投票支持显然在威尔逊总统立法项目的制订和批准过程中发挥了核心作用。⁴⁷总之，"南方的强大力量给威尔逊新自由主义路线的国内改革议程打上了深刻烙印"，历史学家迈克尔·珀曼（Michael Perman）正确地指出，"这一点是毫无争议的"。涉及关税、经济垄断、货币政策、银行改革、农场救济、铁路条例、童工问题等的立法"都是由南方议员提出，并在国会辩论中努力争取通过的，尤其离不开的是众议院中南方代表的压倒性支持"。⁴⁸

当时，共和党更关心的是获取南方白人选票，而不是如何改善和提高黑人支持者的权利，而民主党则密切关注这一地区种族隔离秩序的维护。因此，南方国会成员基本上可以按照自己的真实意愿投票，而不用过于关注白人至上原则的维护问题。⁴⁹但他们也清楚地知道，联邦政府地位和作用的不断加强必然会导致国家对南方事务更严密的监管与控制，所以他们会调动和部署南方在立法机构中的力量构成，以阻止任何对南方进行监管和控制的企图。

一个最明显的例子是,通过科学教育与培训向农民普及现代技术的立法。这是第一个由联邦政府提供补助金的资助项目。[50]佐治亚州参议员霍克·史密斯(Hoke Smith)和南卡罗来纳州众议员阿斯伯里·赖弗(Asbury Lever)对这一资助项目给予了大力支持。项目的最初方案以由各州农学院经营的联邦农场站为基础,但法案最终通过时,扩大了项目资助范围,并按照各州的农业人口比例划拨资助款项。这样,由南方支持者们设计的农业资助法令,以合法形式,使得联邦政府大量资金流向南方地区。[51]

1914年1月,众议院通过这一法律。法律被提交至参议院时,赖弗增加了一个条款,事实上是批准南方各州将联邦资金全部直接拨付给白人所控制的管理机构。条款原文规定,"在任何已经设立或即将设立两个或两个以上本法所提及农学院的州,拨付款项由农学院按照本州相关立法指示要求管理"。有批评家正确地指出,这一规定的初衷就是把黑人农业学院获得管理补助金和黑人农民获得补助金的权利排除在外。在参议院辩论期间,参议员霍克·史密斯明确坚持资金的管理权应交到白人手里。因为白人"管理给黑人带来的好处远远超过黑人自己管理"。这一主张得到来自密西西比州的詹姆斯·瓦达曼的支持。瓦达曼坚持,"只有已经被证明具有判断力和创造性、具有智慧和经验的盎格鲁-撒克逊人"才适合承担农业的推广促进工作。[52]全国有色人种协进会和来自华盛顿的参议员韦斯利·琼斯(Wesley Jones)倡导和支持对法案进行修改,保证黑人农业学院享有平等权利,但投票表决时以32票反对,23票支持而被否决。只有两位民主党人士[53]支持向黑人院校敞开这一资助项目。最后国会采用了一个力度更小的替代方案,把"避免种族偏见"的责任由州立法机构转移给州长及其农业助理,但即使这样一个没有任何执法机制作为保障的方案也是在没有公开唱票表决的情况下批准通过的。[54]可悲的是这一修改方案没有在参众两院联合会议上通过。会上,法案的倡导者史密斯和赖弗阻止这一对南方自治权略加限制的修改方案。1914年5月，法案最后通过国会审批并分布实施时，支配农业推广补助金的职责完全授予各州的立法机构，而且原文中反种族歧视的文字被删除。

20世纪20年代，阿拉巴马州的奥斯卡·安德伍德和阿肯色州的约瑟夫·鲁滨逊（Joseph Robinson）在众议院担任民主党领导人；1923年以前，参议院民主党领导人由北卡罗来纳州的克劳德·基钦（Claude Kitchin）担任，后来由来自田纳西州的费尼斯·加勒特（Finis Garrett）担任。在对种族隔离制度没有潜在的现实威胁的情况下，南方议员通常能够成功地与西部的共和党进步力量结成联盟。这支西部共和党进步力量由威斯康星州的罗伯特·拉福莱特（Robert LaFollette）和内布拉斯加州的乔治·诺里斯（George Norris）领导。这一立法联盟推动了多项立法改革的实施，包括1920年的《水电法案》和《商用船只法案》，以及多项税收法律的制定。这些税收法律很好地维持了累进收入、继承所得、超额利润等第一次世界大战期间就曾提出的税收条款。[55] 同时，这一立法联盟还促使1921年《母婴福利法案》获得通过。这一法案在众议院得到德克萨斯州民主党人士莫里斯·谢泼德（Morris Sheppard）和爱荷华州共和党人士贺瑞斯·汤纳（Horace Towner）的联合支持。这两位议员所在州的管理模式对南方黑人家庭存在严重的歧视现象。[56] 南方的民主党人士还支持工会在铁路运输业和大型工程项目建设方面实行集体谈判制度，包括直到1931年才开始建设的划时代工程项目科罗拉多河顽石坝建设。在1924年共和党取得压倒性胜利后，南方的税收政策基本上变得趋于温和。这一压倒性胜利大大消弱了该党的进步势力，但在整个20世纪20年代，即使像安德伍德这样更加保守的南方民主党人士"在投票记录上也比新英格兰和美国中部各州的共和党人士激进得多"。

三

"新政"实施前的这几年,南方白人对刚建立不久的黑人种族制度安排的维护与关注达到顶点。上一次立法机构试图保障非裔美国人政治权利的重要尝试还是40年前的事情。在1890年和1891年,马萨诸塞州共和党人亨利·卡伯特·洛奇(Henry Cabot Lodge)[57]提交联邦选举法案,意在将各州的选举纳入众议院管理范围,接受全国统一监督。这样将保障选举公平的责任由原来的各州选举委员会转移至联邦巡回法庭。立法机构就这一法案进行了艰难复杂的辩论与交锋,期间还有过持续33天的阻挠与延宕,但这一"强制性法案"最终在参议院被宣告流产。"法案失去国会多数议员支持的主要原因在于,一小撮来自西部银矿主要产区的'银币共和党人'进行阴谋阻挠。这些人所关心的不是公民权利问题而是有利于自己的货币立法,因此需要与民主党保持密切合作关系。"[58]围绕这一法案的各种争议终于落幕了。这就是19世纪末期的美国政治生态。

1894年,民主党取得支配地位后,在参众两院废除了从1870年和1871年开始实施的《重建执行法案》尚未执行完的项目任务。《重建执行法案》规定联邦政府对各州的选举实施统一监督。这使得南方更加确信在华盛顿政府中,种族问题的重要性远远排在其他政策之后。于是,南方政治家们开始极力推进全面剥夺黑人选举权的行为,并实行严格的种族隔离制度。与此同时,南方政治家们还坚定地支持和推动其他全国性政策纲领的实施。在梅森—狄克逊线以北,共和党认为必须确保得到黑人的投票支持。虽然这些投票没有什么决定意义,但至少能保证把这些黑人留在共和党阵营,而不会成为死死抱住奴隶制度和白人至上信条不放的民主党支持者。这样就足够了!而在这条分界线以南,共和党的默许使得种族隔离和选举权限制成为理所当然。正如塔夫托总统1909年所预言的,这一新立场放弃了种族平等事业的追求,使得民主党的一些议员尽可能到南方一些边远地区的州寻求选票上的支持。[59]

在"新政"开始前整整半个世纪的时间里,美国政治经历了艰难曲折的发展过程。在这期间,国会旨在保护黑人权利的一切努力均告失败。其中特别有代表性的例子有两个:一是世纪之交的时候,国会曾试图因非裔美国人被排除在投票选举活动以外而减少南方代表名额,最终以失败告终;二是1922年国会曾试图通过联邦反私刑立法,原因在于当年发生了57起因私刑致死的惨剧,但最终还是以失败告终。自1890年和1891年,马萨诸塞州共和党人亨利·卡伯特·洛奇提交的联邦选举法案在其朋友和同事们的漠视以及政治对手们的阻挠延宕中被迫流产以来,种族问题便从国家政策议程中彻底消失和蒸发了。[60]虽然种族隔离和私刑等针对黑人的不公现象不断加剧,但"新政"开始前国会再也没有付出过应对这些问题的尝试和努力。

到1933年3月,这一问题至少在政治层面已经不存在了。随着重建结束后南方地区传统投票选举模式的恢复,南方的种族主义自信似乎变得更加安全稳固。作为极力反对禁酒令的清教徒,纽约州州长富兰克林·罗斯福在除了特拉华州以外所有实施种族隔离制度的州的选举中,均获得绝大多数支持选票,而且国会也开始沿着民主党的政治取向发生大幅摇摆。实际上1932年的大选是一个常常被人们忽视的分水岭。正是这次选举将南方推向国会立法的关键位置。

在国会中,南方议员持有三张王牌:每个人都超乎寻常的高寿、议员人数与实际参选人口比例严重失调、对种族等级制度的执着追求远远超过竞争对手。许多有重要影响的人物都变成注定为国会服务几十年的长期议员。担任议员多年的参议员有,被称为"棉花爱德"(Cotton Ed.)的南卡罗来纳州的艾里森·史密斯(Ellison Smith)、佐治亚州的沃尔特·乔治(Walter George)和田纳西州的肯尼斯·麦凯勒(Kenneth McKellar);众议员有,德克萨斯州的马丁·戴斯(Martin Dies)、佐治亚州的罗伯特·兰斯佩克(Robert Ramspeck)和弗吉尼亚州的霍华德·史密斯(Howard Smith)。南方议员们的提案很少遭到反对，因为国会参众两院集中了众多来自南方的德高望重的杰出人物。这是南方代表可以进入国会许多有重要影响力的委员会，并担任重要职务的关键性因素。罗斯福当选总统时，国会中南方代表在各委员会的地位和作用比威尔逊时代更加稳固，更具有影响力。在众议院 47 个委员会中，29 个委员会主席由南方代表担任，包括拨款委员会、金融货币委员会、司法委员会、外交事务委员会、农业委员会、军事委员会以及掌管一切税收事务的筹款委员会。同样，南方代表在参议院中也占据支配地位。33 个委员会中，13 个最重要的委员会主席由南方代表担任，包括农业委员会、拨款委员会、金融货币委员会、商业委员会、财政委员会，以及军事委员会。[61]

多年的议员资历能够积累丰富的经验；丰富的经验和娴熟的立法工作技巧又为充分利用立法条例、掌握处理问题的主动权奠定了基础。"这些处理国内事务的知识和经验"，使得"他们顺理成章地取得国会党派领导人的职位"，马里安·伊瑞希于 1942 年指出。当时由德克萨斯州的山姆·雷伯恩（Sam Rayburn）担任众议院发言人，肯塔基州的阿尔本·巴克利担任多数党领袖。总之，伊瑞希总结说，"毫无疑问，与其他任何政治手段相比，一党制使南方在国会中的影响力更加巨大无比"。[62]

尽管南方地区实际参加选举的人数比例相对小得多，但其代表在华盛顿的影响力却丝毫没有受到影响。按照宪法规定，每个州自动获得两个参议院代表席位。与参议院不同，众议院代表席位是按照各州人口比例分配的——不管哪些人被排除在选举范围以外，也不管多少具备参选资格的人实际参与了选举日的投票活动。结果，南方代表在每一次立法会议上的参会人数和影响力都远远超过实际选民的比例。而且，参加参众两院立法会议的南方代表实际上都已经进行了政治洗脑。一旦宣誓就任国会议员，立法代表在参加每一次立法会议时，都会刻意压制和隐瞒所属地区种族排斥、缩小选举权授予范围、限制具备选举资格的人参选、排除竞争对手等情况，更不用说许多地区，尤其是偏远农村地区投票举行过程中普遍存在的暴力恐怖气氛了。国会对于每一个当选的议员都一视同仁。每一位议员都享有同样的权利，而且可以按照同样的制度条例发挥代表作用。

经历19世纪后期的经济和政治动荡后，民主党在国会中的议员主要由来自南方地区的代表组成。从1896年大选溃败到1932年富兰克林·罗斯福当选，民主党在南方地区以外的国会议员候选人只能保住大约40%的民众选票。但在南方地区以内，民主党的得票率从来没有低于过86%。[63]结果，在20世纪的前30年里，国会中2/3的民主党代表来自南方选区。

20世纪20年代和30年代早期，沃伦·哈丁（Warren Harding）、卡尔文·库利奇（Calvin Coolidge）和赫伯特·胡佛执政期间，共和党长期占据参众两院多数席位，而且通常占据的比例很大。这样，民主党在国会参众两院中的席位就主要被南方代表占据了。其间，民主党参议院全部席位的67%、众议院全部席位的72%为来自南方的代表所占据。[64] 1932年民主党在大选中取得压倒性胜利之前的最后一届国会中，该党参议院47个席位中的30个和众议院216个席位中的136个由南方选区产生的代表占据。

1932年党派力量对比的逆转改变了南方地区在立法机构中的地位。就全国而言，民主党罕见地取得了众议院72%的选票和参议院63%的选票。1930年中期选举后众议院席位分配中共和党218席、民主党216席（1个独立席位）的格局被民主党311席、共和党117席这一新的分配格局所取代。大萧条和罗斯福总统选举的压倒性胜利对美国政治格局的影响竟然如此巨大。[65]在参议院，民主党获得12个席位，使得该党以59∶36的比例占绝对多数地位。[66] 1933年3月第73届国会召开时，南方地区已经不再占据民主党多数席位了。民主党在众议院中46%的席位和在参议院中49%的席位来自南方地区各州。随着1934年和1936年民主党多数派阵容的进一步扩大，南方占据席位的比例继续下降。

虽然占据席位在下降，但南方议员在国会中的实力还继续保持。没有南方代表投票支持，南方各州以外的民主党代表不可能通过任何立法议案。在"新政"期间，南方阵营占据的民主党参议院席位和众议院席位从来没有低于44%和41%，这一数字就足以保证，只要是南方不同意的议案，休想在国会顺利获得通过。在罗斯福政府"新政"立法的高潮期，每一项法律都必须通过南方的审查批准。即使1936年大选后共和党在众议院中的代表降至区区88个席位时，民主党192位非南方代表也无法独自获得多数选票。那次被民主党击败后召集的参议院会议上，共和党尽管仅保住了16个席位，民主党43位非南方代表也只能占据少数席位。因此，没有南方代表的默许，民主党不可能通过任何全国性计划和议案。

1938年共和党突然东山再起。那一年的中期选举正好发生在罗斯福总统扩大最高法院规模的努力失败之后，而且正赶上劳工动乱频发，经济严重下滑等乱象丛生的时候（1937后连续9个月失业率增加接近一倍，农产品价格下降约30%），而且当时的外交政策也无法令民众满意。许多人认为美国缺乏应对独裁政权的策略。[67]尽管共和党获得众议院80个席位，但民主党仍然轻松占据多数。不过代表的构成发生了很大变化。南方代表再次占据民主党众议院席位的多数，比例达54%。在罗斯福和杜鲁门执政期间，南方代表占据民主党众议院席位的比例从来没有低于过50%。由于共和党获得8个席位，参议院中的政党轮替速度也放缓了。直到1940年的下一届选举，南方才再次占据民主党多数席位。到杜鲁门政府末期，参议院中民主党的席位足足有63%由来自南方的代表占据。

四

20世纪20年代南方代表参加国会投票时的想法、制度和惯例很快就过时了。当时国内政治形势面临许多新的特征，包括全国性经济繁荣、远离世界事务的战后孤立主义政策以及新的联邦制度将财产权和经济组织的管理权限移交给48个州具体实施。在当时新的形势下,南方议员产生了对北方资本主义制度进行改革的强烈愿望。[68]"新政"的开始使这一形势发生了彻底改变。南方面临艰难的政策取向选择。随着"新政"各项规划的展开,这一选择变得愈加艰难。

"新政"期间的多数政策性质和内容实际上取决于南方代表的意愿。当然南方无法单独靠自己的力量控制参众两院的多数席位。从数据统计的角度来看,能对立法审批通过起核心作用的不是南方代表,而是其他民主党或共和党议员。但从技术的角度来看,这三方代表中的哪一方都起着核心作用。每一方的选票都至少是另外两方中任何一方取得胜利的筹码。但总体来说,南方阵营在立法审批过程中发挥的作用更关键,而且南方代表的立场和观点比较灵活,其投票结果往往难以预测。这一点不同于参众两院其他议员。这些议员投票的倾向性比较明显,一般界于左翼和右翼政治势力之间,投票结果比较容易预测。南方代表还有一点不同于其他议员,他们的决策依据不是来源于一个方面,而是来源于党派利益和地区利益两个方面。当后者即地区利益被触及时,南方议员几乎总是首先考虑南方的地区利益,而将民主党的整体利益及其政策取向置于其后。这两个方面在南方议员心目中的重要程度显然无法做到均等。[69]

每当他们在参议院或众议院代表席上参加投票时,南方议员都必须选择与哪一方结成选举联盟。这样的选择会产生四种不同的投票结果:当其选举立场与北方民主党人高度一致,[70]但与共和党立场不同时,其投票结果属于"具有党派立场";当其选举立场与另外两方大体相当时,其投票结果属于"跨党派立场";当南方代表的选举立场既不同于非南方的民主党人士,也不同于共和党人士时,其投票结果属于"维护地区利益立场";当南方代表选举立场与共和党一致,而反对非南方的民主党同事时,其投票结果属于"叛党立场"。

在罗斯福和杜鲁门执政期间,众议院就公共政策投票表决共1,898

次，参议院投票表决 2,533 次。[71] 当把这些投票结果按照党派立场、跨党派立场、维护地区利益立场和叛党立场进行分类时，我们发现"新政"实施第一个十年和第二个十年之间，投票表决结果发生了戏剧性变化。在第一个十年内，南方代表压倒性地选择党派立场和跨党派立场。第二个十年则展示出明显不同的情形，相当大的投票份额落入维护地区利益立场和叛党立场。尤其是叛党立场格外引人注目。

"新政"前半期，南方代表在国会投票表决中主要坚持维护地区利益立场，叛离民主党立场的机率大概为 5%。相对而言，"新政"后半期，南方议员维护地区利益立场的机率上升一倍，占全部投票表决次数的 10%。叛离民主党立场的机率高达 19%。投票表决立场的这一巨大变化导致三类问题浮出水面。为什么南方议员的投票立场发生如此巨大的改变？南方议员在哪些问题上由党派立场、跨党派立场转向维护地区利益立场和叛党立场？南方议员这些立场选择对国会立法性质和内容会产生什么影响，对美国民主的走向和前景又会产生什么样的影响？我们将在接下来的章节中分析这些问题，并探寻南方是不是真正促成了"新政"的实施，以及是如何促成"新政"实施的。

注释

1. 即使在深南部，登记的黑人数量也没有减少至零。比如在 1940 年，阿拉巴马州、密西西比州、路易斯安那州登记的黑人数量分别为大约 2,000 人；南卡罗来纳州大概为 3,000 人；佐治亚州大约为 20,000 人，主要集中在亚特兰大。这些数据当然只占成年黑人人口很小的比例。见 Steven F. Lawson, *Black Ballots: Voting Rights in the South, 1944–1969* (New York: Columbia University Press, 1976), p. 134.
2. 关于限制公民权利的规则条例的详细论述，见 Ralph J. Bunche, *The Political Status of the Negro in the Age of FDR* (Chicago: University of Chicago Press, 1973), pp. 47–68, 181–378, 以及 Lawson, *Black Ballots* 中的描述；Alexander Keyssar, *The Right to Vote: The Contested History of Democracy in the United States* (New York: Basic Books, 2000); Michael Perman, *Struggle for Mastery: Disfranchisement in the South, 1888–1908* (Chapel Hill: University of North Carolina Press, 2001); Richard M. Valelly, *The Two Reconstructions: The Struggle for Black Enfranchisement* (Chicago: University of Chicago Press, 2004).

3. 引自 Virginius Dabney, *Liberalism in the South* (Chapel Hill: University of North Carolina Press, 1932), p. 247. 另见 Ray Stannard Baker, *Following the Color Line: American Negro Citizenship in the Progressive Era* (New York: Doubleday & Page, 1908); Desmond King and Stephen Tuck, "De-Centering the South: America's Nationwide White Supremacist Order after Reconstruction, " *Past and Present*, no. 194 (2007): 219–57.

4. Richard Bensel, *Yankee Leviathan: The Origins of Central State Authority in America, 1859–1877* (Cambridge: Cambridge University Press, 1990), p. 425.

5. 塔夫托认为，如果联邦政府不从南方种族事务中摆脱出来，共和党获胜的希望就非常渺茫，而且共和党"改变南方各州选举格局"或在"南方各州产生重要政治影响"的可能性将几乎为零。

6. 塔夫托演讲举行五年后，南非的种族主义者莫里斯·埃文斯走访了美国南部各州。其旅行札记引人瞩目地描绘了南非黑人殖民地位与拥有正式公民身份的美国黑人政治地位的惊人相似之处。见 Maurice S. Evans, *Black and White in the Southern States* (Columbia: University of South Carolina Press, 2001). 有关这一时期的回顾性评论，见 Anthony J. Marx, *Making Race and Nation: A Comparison of the United States, South Africa, and Brazil* (Cambridge: Cambridge University Press, 1998).

7. 相关讨论，见 Leo Damrosch, *Tocqueville's Discovery of America* (New York: Farrar, Straus and Giroux, 2010), pp. 165–81.

8. Alexis de Tocqueville, *Democracy in America*, trans. George Lawrence (1835; 重印，New York: Anchor Books, 1969), p. 345.

9. Ulrich B. Phillips, "The Central Theme of Southern History, " *American Historical Review* 34 (1928): 30. 小查尔斯·格里尔·塞勒斯的一部重要文集强调了美国南方各州既属于南方地区，同时又属于美国。见 Charles Grier Sellers Jr., ed., *The Southerner as American* (Chapel Hill: University of North Carolina Press, 1960).

10. U.S. Bureau of the Census, *United States Census of Population, 1960. United States Summary, Number of Inhabitants, PC(1)-1A* (Washington, DC: U.S. Government Printing Office, 1964), p. 52.

11. 南方当然不只是一个地区，也不只是存在种族制度的问题。正如马里安·伊瑞希于1952年所指出的，南方是"一种神话、一种梦想、一种情结和一种偏见"。见 Marian D. Irish, "Recent Political Thought in the South, " *American Political Science Review* 46 (1952): 121. 另见 Michael O'Brien, *The Idea of the South, 1920–1941* (Baltimore: Johns Hopkins University Press, 1979). 奥布莱恩阐述了南方文化是如何由本土知识分子阶层逐步建立和发展起来的，而南方文化的本土性却经常被其他文化特征淹没。关于本书所引起反响的讨论，以及关于"南方是一种关系概念，而不是一种存在物"的认识，见 Michael O'Brien, *Rethinking the South: Essays in Intellectual History* (Baltimore: Johns Hopkins University Press, 1988), pp. 207–18.

12. Tocqueville, *Democracy in America*, pp. 345–46.

13. Ulrich Bonnell Phillips, "The Plantation as a Civilizing Factor, " *Sewanee Review* 12 (1904): 257–67. 其核心主张领先于罗伯特·威廉·弗格尔（Robert William Fogel）和斯坦利·L. 恩格尔曼（Stanley L. Engerman）在 *Time on the Cross*, 2 vols. (Boston:

Little, Brown, 1974) 一书中对种植园经济开展的计量经济学研究。菲利普斯的重要著作包括 *American Negro Slavery: A Survey of the Supply, Employment, and Control of Negro Labor as Determined by the Plantation Régime* (New York: Appleton, 1918); *Life and Labor in the Old South* (Boston: Little, Brown, 1928). 菲利普斯极力为南北战争前的南方制度辩护，认为它有效地将种族家长制与经济发展动力结合在一起，并认为种植园作为一种"文明元素"，对"异教野蛮人"进行了"训服"和"控制"，使得他们适应了"基督教社会的文明生活规范"。为了表达自己对这一制度的赞赏，菲利普斯的另一部著作 *History of Transportation in the Eastern Cotton Belt* (New York: Columbia University Press, 1908) 重点记录了"南方统治阶级发展交通运输的历史"。相关总结评价，见 Fred Landon and Everett E. Edwards, "A Bibliography of the Writings of Professor Ulrich Bonnell Phillips," *Agricultural History* 8 (1934): 196–218; Richard Hofstadter, "U. B. Phillips and the Plantation Legend," *Journal of Negro History* 29 (1944): pp. 109–24; Daniel Joseph Singal, "Ulrich B. Phillips, The Old South as the New," *Journal of American History* 63 (1977): 871–91; John David Smith and John C. Inscoe, eds., *Ulrich Bonnell Phillips: A Southern Historian and His Critics* (Westport, CT: Greenwood Press, 1990).

14. Charles S. Sydnor, "The Southerner and the Laws," *Journal of Southern History* 6 (1940): 2.

15. 珍妮特·哈德森对于第一次世界大战时期的南卡罗来纳州进行了深入研究，并注意到白人至上是南方"没有任何妥协余地的文化价值观念"。见 Janet G. Hudson, *Entangled by White Supremacy: Reform in World War I–Era South Carolina* (Lexington: University Press of Kentucky, 2009), p. 4; Phillips, "The Central Theme of Southern History," *American Historical Review* 34 (1928): 31.

16. Ulrich B. Phillips, "The Central Theme of Southern History," p. 30.

17. 同上，p. 31. 关于南方的政治模式，见 Allan Michie and Frank Ryhlick, *Dixie Demagogues* (New York: Vanguard Press, 1939).

18. Gunnar Myrdal, *An American Dilemma: The Negro Problem and American Democracy* (New York: Harper and Brothers, 1944).

19. Bunche, *The Political Status of the Negro in the Age of FDR*, p. 10. "南方的独特性"这个概念本身经常引起人们的广泛争议。一方面，它强调这一地区的多样性；另一方面，它又强调这一地区与美国其他地区的各种相似特征。典型研究见 Jack Temple Kirby, "The South as Pernicious Abstraction," in *Perspectives on the American South*, vol. 2, ed. Merle Black and John Shelton Reed (New York: Gordon and Breach, 1984), 167–79. 这一立场的两个方面均有一定的合理性，但这两个方面既不违背这一地区的自觉意识，也不违背将南方作为美国生活中一个连贯、完整实体的坚定主张。

20. W. T. Couch, "The Negro in the South," in *Culture in the South*, ed. W. T. Couch (Chapel Hill: University of North Carolina Press, 1934), p. 434.

21. Rayford Logan, "The Negro Wants First-Class Citizenship," in *What Does the Negro Want?* ed. Rayford W. Logan (Chapel Hill: University of North Carolina Press, 1944), p. 7.

22. James Weldon Johnson, *Negro Americans, What Now?* (New York: Viking, 1935), pp.

98–99.

23. W. T. Couch, "Publisher's Introduction, " in *What Does the Negro Want?* ed. Logan, p. xxiii.
24. 同上 , pp. xii–xiii.
25. Charles Wallace Collins, *Whither Solid South? A Study in Politics and Race Relations* (New Orleans: Pelican, 1947), pp. 77, 75. 关于柯林斯的独到研究，见 Joseph E. Lowndes, *From New Deal to the New Right: Race and the Southern Origins of Modern Conservatism* (New Haven: Yale University Press, 2009), pp. 11–44.
26. 这不只是由肤色决定的，因为"每一个美国人都被认为具有黑人血统"。不只在文化层面上，而且在官方的人口普查层面上，黑人被"划分为了黑人"。
27. Collins, *Whither Solid South?* pp. 75, 76.
28. 同上 , pp. 83, 84, 85.
29. 同上 , p. 80.
30. Nancy MacLean, *Behind the Mask of Chivalry: The Making of the Second Ku Klux Klan* (New York: Oxford University Press, 1994), p. 165.
31. H. C. Brearly, "The Pattern of Violence, " in *Culture in the South*, ed. Couch, p. 679.
32. Ralph Ginzburg, *100 Years of Lynching* (Baltimore: Black Classic Press, 1962), pp. 211–15. 另见 Arthur F. Raper, *The Tragedy of Lynching* (Chapel Hill: University of North Carolina Press, 1933); Michael J. Pfeifer, *Rough Justice: Lynching and American Society, 1874–1947* (Urbana: University of Illinois Press, 2004); Philip Dray, *At the Hands of Persons Unknown: The Lynching of Black America* (New York: Modern Library, 2003); Christopher Waldrep, *Lynching in America: A History in Documents* (New York: NYU Press, 2006).
33. Barbara Sinclair, *Congressional Realignment, 1925–1978* (Austin: University of Texas Press, 1992), p. 9.
34. Anne O'Hare McCormick, "The Promise of the New South, " *New York Times*, July 20, 1930; 再版于 *The World at Home: Selections from the Writing of Anne O'Hare McCormick*, ed. Marion Turner Sheean (New York: Alfred A. Knopf, 1956), p. 60; Marian D. Irish, "The Southern One-Party System and National Politics, " *Journal of Politics* 4 (1942): 80. 伊瑞希补充指出，南方政治的其他一些特征还包括"明显的本土化特征""狂热的福音主义"，以及显著的农村社会结构特点。这一地区是国家大部分地区经济发展的主要动力，但它本身的工业化和城市化进展非常缓慢。
35. J. Morgan Kousser, *The Shaping of Southern Politics: Suffrage Restriction and the Establishment of the One-Party South, 1880–1910* (New Haven: Yale University Press, 1974), p. 261.
36. Bunche, *The Political Status of the Negro in the Age of FDR*, p. 28; V. O. Key Jr., *Southern Politics in State and Nation* (New York: Alfred A. Knopf, 1949), pp. 578–618. 另见 Frederic D. Ogden, *The Poll Tax in the South* (Tuscaloosa: University of Alabama Press, 1958).
37. 这一数据来自 Michael J. Dubin, *United States Congressional Elections, 1788–1997:*

The Official Results (Jefferson, NC: McFarland, 1998), pp. 522–25.

38. 在 1938 年的时候，并不是每一个州都选举一位参议员。在选举产生参议员的州当中，阿拉巴马州的李斯特·希尔获得 113,413 票；阿肯色州的哈蒂·卡拉韦 (Hattie Caraway) 获得 122,883 票；佛罗里达州的克劳德·派帕尔获得 145,757 票；佐治亚州的沃尔特·乔治获得 66,897 票；肯塔基州的阿尔本·巴克利获得 346,735 票；路易斯安那州的约翰·奥弗顿 (John Overton) 获得 151,585 票；密苏里州的班尼特·钱普·克拉克获得 757,587 票；北卡罗来纳州的罗伯特·雷诺兹获得 316,685 票；俄克拉荷马州的埃尔默·托马斯获得 307,936 票；南卡罗来纳州的"棉花爱德"艾里森·史密斯获得 45,751 票。这些数字部分反映了各州的人口规模；与众议院不同，并不是所有的参议院议席都按各州的人口数量平均分配。南方的投票率远远低于全国平均水平。其中密苏里州的投票人数最多，该州 1940 年的普查人口为 3,784,664 人，投票人数为 1,248,278 人。相比较而言，北方人口较少的印第安纳州有 3,427,796 人，其南部地区与种族主义更加盛行的南方地区面临同样的情形。该州投票人数高达 1,581,490 人。密苏里州的选民每投出三张票，同样的情形下，印第安纳州的选民则会投出四张。南方多数选区的投票情况差距甚至更大。

39. Collins, *Whither Solid South?* pp. 77, 81. "南方令人恐怖的种族主义问题"，拉尔夫·本奇指出，"使得这一地区的自由民主面临严峻考验。可以理解，对于难以应对的黑人问题，他内心深处继承了许多传统观念。这一传统地域背景传承下来的情感认知与新兴的自由社会哲学更加理性化的要求形成了激烈的冲突"。见 Bunche, *The Political Status of the Negro in the Age of FDR*, p. 39.

40. R. Charlton Wright, "The Southern White Man and the Negro," *Virginia Quarterly Review* 9 (1933): 179, 182, 179, 177.

41. 引自 Collins, *Whither Solid South?* p. 81; 另见 Michael J. Klarman, *From Jim Crow to Civil Rights: The Supreme Court and the Struggle for Racial Equality* (New York: Oxford University Press, 2004), p. 180.

42. *Congressional Record*, 75th Cong., 1st sess., August 12, 1937; 引自 William E. Leuchtenburg, *The White House Looks South: Franklin D. Roosevelt, Harry S. Truman, Lyndon B. Johnson* (Baton Rouge: Louisiana State University Press, 2005), p. 59.

43. 伊丽莎白·桑德斯在农业计划的研究过程中，对南方关于这类问题的立场进行了非常精辟的论述。见 Elizabeth Sanders, *Roots of Reform: Farmers, Workers, and the American State, 1877–1917* (Chicago: University of Chicago Press, 1999). 但令人感到不解的是，桑德斯对农业模式及南方在推进这一模式中所发生作用的研究却只字未提种族问题。同时，戴维·萨拉索恩也对淡化种族和地区问题进行了有益的研究。见 David Sarasohn, *The Party of Reform: Democrats in the Progressive Era* (Jackson: University Press of Mississippi, 1989). 关于区域保护主义、农业问题和劳动力问题相互关系的描述，见 Arthur N. Holcombe, *The Political Parties of To-Day: A Study in Republican and Democratic Politics* (New York: Harper and Brothers, 1924).

44. Benjamin F. Long to Walter Page Hines, March 15, 1913; 引自 Dewey W. Grantham Jr., "An American Politics for the South," in *Southerner as American*, ed. Sellers, p. 159.

45. 约翰·密尔顿·库珀对威尔逊的种族主义思想及其"道德良知的丧失"进行了深入细

致的研究。见 John Milton Cooper, *Woodrow Wilson: A Biography* (New York: Alfred A. Knopf, 2009). 进一步的讨论，见 Henry Blumenthal, "Woodrow Wilson and the Race Question, " *Journal of Negro History* 48 (1963): 1–21; Nancy J. Weiss, "The Negro and the New Freedom: Fighting Wilsonian Segregation, " *Political Science Quarterly* 84 (1969): 61–79; Arthur S. Link, "Woodrow Wilson: The American as Southerner," *Journal of Southern History* 36 (1970): 3–17; Stephen Skowronek, "The Reassociation of Ideas and Purposes: Racism, Liberalism, and the American Political Tradition," *American Political Science Review* 100 (2006): 385–401.

46. Skowronek, "The Reassociation of Ideas and Purposes, " pp. 309–10 对这一观点进行了重点论述。

47. Arthur S. Link, "The South and the 'New Freedom': An Interpretation, " *American Scholar* 20 (1951): 316. 理查德·M. 艾布拉姆斯对这一主张持保留态度，但他充分论述了南方民主党派内部关于威尔逊式激进主义影响的紧张关系。见 Richard M. Abrams, "Woodrow Wilson and the Southern Congressmen, " *Journal of Southern History* 4 (1956): 417–37. 总体而言，艾布拉姆斯认为林科对于南方激进主义的论述有些过于夸张，但他不否认南方与威尔逊激进主义存在一致性关系。莫尔顿·索斯纳对于这一争议给出了更加谨慎细致的判断。见 Morton Sosna, "The South in the Saddle: Racial Politics during the Wilson Years, " *Wisconsin Magazine of History* 54 (1970): 35. 另见 George Brown Tindall, *The Emergence of the New South, 1915–1945* (Baton Rouge: Louisiana State University Press, 1967). 廷德尔对于南方国会代表特点的研究强调南方在制定和实施关键性立法过程中所发挥的核心作用。（第 4–18 页）

48. Michael Perman, *Pursuit of Unity: A Political History of the American South* (Chapel Hill: University of North Carolina Press, 2009), p. 215.

49. 这种认识至今仍然受到人们的重视。关于第一次世界大战期间南方国会选票构成模式的一项综合性研究表明，除了宗教问题以外，"对于南方思想束缚更严重的是种族问题……如果当时暂时忽略种族问题的话，关于妇女选举权、禁酒、义务兵役制等立法的投票表决就有可能完全是另一种结果"。见 Richard L. Watson, "A Testing Time for Southern Congressional Leadership: The War Crisis of 1917–1918, " *Journal of Southern History* 44 (1978): 37.

50. W. Elliot Brownlee, *Federal Taxation in America: A Short History* (New York: Cambridge University Press, 1996), p. 62.

51. 这一研究的基础来源于 Sosna, "The South in the Saddle, " pp. 42–45. 另见 Philip A. Grant Jr., "Senator Hoke Smith, Southern Congressmen, and Agricultural Education, 1914–1917, " *Agricultural History* 60 (1986): 111–22.

52. *New York Tribune*, February 6, 1914; *Washington Post*, February 8, 1914.

53. 来自内布拉斯加州的吉尔伯特·黑希柯克（Gilbert Hitchcock）和来自俄亥俄州的阿特利·波默林（Atlee Pomerene）。

54. *New York Times*, February 8, 1914.

55. "增加富人税收的政策继续执行"，但在哈丁和柯立芝政府的号令下，虽然南方激进主义者付出了一切努力，但"激进主义势头却有所减缓，大的税收漏洞不断增加，反社团主义的锐气也受到挫伤"。见 Brownlee, *Federal Taxation in America*, p. 65.

56. 随着"美国战时和非战时联邦税收来源进入由海关税和消费税向收入税转变的时期",围绕税收问题的斗争也相继产生。见 Kenyon E. Poole, "The Problem of Simplicity in the Enactment of Tax Legislation, 1920–1940, "*Journal of Political Economy* 49 (1941): 900. 关于谢泼德 - 汤纳与种族问题,底波拉·E. 沃德进行了精辟论证。见 Deborah E. Ward, *The White Welfare State: The Racialization of U.S. Welfare Policy* (Ann Arbor: University of Michigan Press, 2005).

57. 30 年后,洛奇担任参议院外交委员会主席时,成功地领导国会抵制了美国加入新成立的国际联盟的议案。其本人也因此而为世人所知。

58. Gregory J. Wawro and Eric Schickler, *Filibuster: Obstruction and Lawmaking in the U.S. Senate* (Princeton, NJ: Princeton University Press, 2006), pp. 76–87. 关于联邦选举法案与众议院规则条例之间错综复杂关系的精辟论述,见 Richard M. Valelly, "The Reed Rules and Republican Party Building: A New Look, "*Studies in American Political Development* 23 (2009): 115–42.

59. 其中包括小约翰·汤森德、菲利普斯·李·戈尔兹伯勒、罗斯科·帕特森(Roscoe Patterson)和亨利·哈特菲尔德(Henry Hatfield)四位已经被多数人遗忘的共和党议员的名字。这些名字对于民主党占据主导地位的选区当然是非常陌生的。在"新政"初期的美国参议院中,他们分别代表特拉华州、马里兰州、密苏里州和西弗吉尼亚州。上述四人于 1928 年当选为参议员。当时,面对作为总统候选人的纽约州州长阿尔弗雷德·E. 史密斯,大部分南方选区选择了退却。史密斯是一位对禁酒法案持反对态度的天主教徒。第五位南方共和党参议员、来自特拉华州的丹尼尔·黑斯廷斯(Daniel Hastings)于 1928 年被任命为参议员,以填补参议员 T. 科尔曼·杜·邦(T. Coleman du Pont)辞职造成的职位空缺。黑斯廷斯于 1930 年当选为正式议员,开始其参议员的任期。1936 年,黑斯廷斯在参议员竞选中输给了民主党议员詹姆斯·休斯。20 世纪 30 年代,史密斯一跃成为一位重要的"新政"批评家。在 1936 年秋季和冬季的一系列演讲中,史密斯历数罗斯福"新政"的种种"罪恶",批评罗斯福的"新政"方案是典型的机会主义政策,严重践踏了宪法精神,并造成了社会阶层之间的分裂。见 Charles W. Calhoun, Concerning a New Republic: The Republican Party and the Southern Question, 1869–1900 (Lawrence: University Press of Kansas, 2006); Vincent DeSantis, *Republicans Face the Southern Question: The New Departure Years, 1877–1897* (Bloomington: Indiana University Press, 1962); Richard M. Valelly, "Partisan Entrepreneurship and Policy Windows: George Frisbie Hoar and the 1890 Federal Elections Bill, " in *Formative Acts: American Politics in the Making*, ed. Stephen Skowronek and Matthew Glassman (Philadelphia: University of Pennsylvania Press, 2007), pp. 126–52.

60. Robert L. Zangando, *The NAACP's Crusade against Lynching, 1909–1950* (Philadelphia: Temple University Press, 1980), p. 69. 另见 Ira Katznelson, *Black Men, White Cities: Race, Politics, and Migration in the United States, 1900–1930, and Britain, 1948–1968* (London and New York: Oxford University Press, 1973), pp. 55–60; Jeffrey A. Jenkins, Justin Peck, and Vesla M. Weaver, "Between Reconstructions: Congressional Action

on Civil Rights, 1891–1940, "*Studies in American Political Development* 24 (2010): 61–63, 66–77. 这些学者认为北方民主党以7∶6的投票结果赞成这一法案预示着北方黑人选民将对民主党后来转向关注公民权利问题产生重要影响。但在当时，众议院以公开投票的方式最终通过戴尔反私刑法案是党派路线和地区利益因素共同作用的结果。"11月下旬，参议院再次召集辩论时（国会改选完成后），反私刑议案终于被提交讨论。不出人们的所料，南方议员极力进行立法阻挠。但出乎意料的是，由来自阿拉巴马州的参议员安德·伍德领导的立法阻挠运动持续的时间并不长。在12月2日（星期六）晚上，共和党骨干成员决定实施该党团领导成员7月份达成的一致意见，要求参议院放弃反私刑议案，而继续讨论和审议其他议案。"(Katznelson, *Black Men, White Cities*, p. 59).

61. 在"新政"初期，金融委员会具有举足轻重的作用。该委员会在哈里森的领导下，于1933年酝酿起草了《全国工业复兴法案》的报告，1934年起草了《互惠贸易协定法案》的报告，1935年起草了《社会保障法案》的报告——这几项法案成为了"新政"的核心举措。

62. Irish, "The Southern One-Party System and National Politics, " pp. 84–85. 关于南方民主党在国会中地位与作用的讨论及相关数据，见David W. Brady, *Critical Elections and Congressional Policy Making* (Stanford, CA: Stanford University Press, 1988); Sinclair, *Congressional Realignment*, 特别是本书第19页关于国会成员地区构成情况的汇总表格非常有用。另外，Richard L. Watson Jr., "From Populism through the New Deal: Southern Political History, " in *Interpreting Southern History: Historiographical Essays in Honor of Sanford W. Higginbotham*, ed. John B. Boles and Evelyn Thomas (Baton Rouge: Louisiana State University Press, 1987) 对南方地区长远优势的不断增强进行了详细研究。

63. 共和党在参议院的竞争优势比在众议院更强一些。但在1912年至1930年之间，民主党候选人在参议院选举中的获胜率平均高达86.4%（只有1920年低于85%）。这期间除了南方地区以外，民主党和共和党全部候选人的平均得票率为58%。见Donald Gross and David Breaux, "Historical Trends in U.S. Senate Elections, 1912–1988, " *American Politics Quarterly* 19 (1991): 295, 300.

64. 在参议院，第67届国会为70%、第68届国会为66%、第69届国会为63%、第70届国会为65%、第71届国会为67%、第72届国会为64%。众议院的比率分别为86%、66%、71%、69%、72%和63%。这些比率是根据Kenneth C. Martis, *The Historical Atlas of Political Parties in the United States Congress, 1789–1989* (New York: Macmillan, 1989), pp. 174–85 的数据计算出来的。

65. 同时有五名农民劳工党成员。这是1933年3月4日众议院的构成情况。

66. 同时有一名农民劳工党成员。这是1933年3月4日参议院的构成情况。

67. Milton Plesur, "The Republican Congressional Comeback of 1938, " *Review of Politics* 24 (1962): 525–62; Clyde P. Weed, *The Nemesis of Reform: The Republican Party during the New Deal* (New York: Columbia University Press, 1994).

68. 西奥多·J. 罗维对"新政"前的历史背景进行了简要总结，见Theodore J. Lowi, "The Roosevelt Revolution and the New American State, " in *Comparative Theory and*

Political Experience: Mario Einaudi and the Liberal Tradition, ed. Peter J. Katzenstein, Theodore J. Lowi, and Sidney Tarrow (Ithaca, NY: Cornell University Press, 1990), pp. 192–95. 本书是站在比 Mario Einaudi, *The Roosevelt Revolution* (New York: Harcourt, Brace, 1959) 更高的角度展开论述的。

69. 1943 年至 1952 年"新政"的第二个十年间，南方在国会中的力量达到顶峰。共和党平均占据 43 个参议员名额（45%），南方民主党占据 30 个名额（31%），非南方民主党仅占据 23 个名额（24%）。在众议院，共和党平均占据 203 个席位（47%），南方民主党占据 133 个席位（31%），而非南方民主党占据 97 个席位（23%）。结果，南方地区代表远远不只是一支在国会中起否决作用的力量，他们实际上在整个民主党中占据了主导地位。他们可以有效地控制国会将通过什么法案，也能对国会不通过什么法案进行有效控制。詹姆斯·帕特森在对"新政"期间国会保守主义势力的增强进行具有里程碑意义的评论时，曾不止一次地强调，"许多问题产生的原因可以归结为一个事实"，即民主党内部对"新政"的强烈反对主要来自于南方。他同时告诫说，"削弱南方在保守派中的作用并不是什么难事"，并指出"人们不应过于强调这一因素的影响"。而且，帕特森正确地指出，如果没有种族问题及造成种族恐惧的相关问题，南方几乎无法紧密地团结凝聚起来，并经常对"新政"给予支持。但这只是我作为本书作者所强调的观点。南方从"新政"初期的核心发起者与支持者转变为一支必须在政党路线以及地区利益两个方面进行协调的平衡力量。我本人非常赞同帕特森的观点，即南方并不像人们想象的那样是一个可靠的保守主义联盟。见 James T. Patterson, *Congressional Conservatism and the New Deal* (Lexington: University of Kentucky Press, 1967), pp. 132, 278, 322–23. 帕特森首先在下列两篇文章中提出了自己的主张："The Failure of Party Realignment in the South, 1937–1939," *Journal of Politics* 27 (1965): 602–617; "A Conservative Coalition Forms in Congress, 1933–1939," *Journal of American History* 52 (1966): 757–72.

70. 对立法团体表决行为的"相似度"进行简单测定的方法是由斯图尔特·A. 赖斯 (Stuart A. Rice) 于 1925 年最先提出的，后来被议会研究学者们广泛采用。正如大卫·梅休指出的，"相似度指数可以测量两大投票团体政治观点的相似程度。就某一特定议案而言，相似度指数等于 100 减去两大团体赞成票的差额。比如，如果共和党议员中'农民'团体与'非农民'团体一致同意某一议案，其相似度指数为 100。如果某一团体一致反对另一团体的主张，其相似度指数则为零。如果一个团体的赞成票和反对票的比例是 90∶10，而另一个团体的比例为 70∶30，则其相似度指数为 80"。见 Stuart A. Rice, "The Behavior of Legislative Groups: A Method of Measurement," *Political Science Quarterly* 40 (1925): 63–64; David R. Mayhew, *Party Loyalty among Congressmen: The Difference between Democrats and Republicans, 1947–1962* (Cambridge: Harvard University Press, 1966), p. 9.

71. 这一统计包括与重大政策问题密切相关的程序性投票表决。工作人员在对每一次的国会投票表决记录进行总结审查后，确定某一表决是程序性表决还是非程序性表决。程序性表决指选举众议院发言人这类纯程序性的表决行为；非程序性表决指与某一特定公共政策领域密切相关的表决行为，如在对某一重要法案进行激烈辩论的过程中，通过表决决定是否休会或延期审议。

5. 黑人国会

卢修斯·昆图斯·辛辛纳特斯·拉马尔（Lucius Quintus Cincinnatus Lamar）的名字来源于某一位古罗马执政官和独裁官的名字。拉马尔是19世纪的种植园主、律师、士兵、外交官和学者。他于1860年辞去众议院代表职务，专心致力于起草密西西比州的《脱离联邦法令》。内战期间，拉马尔在布尔朗参加作战，先后担任军法检察官和南方邦联驻英国、法国特使。在战后重建接近尾声时，拉马尔又回众议院任职，并在1877年"妥协案"后，当选为参议院议员。1877年"妥协案"规定，恢复南方各州自治，联邦军队从南方撤出。1885年，拉马尔被格罗弗·克利夫兰（Grover Cleveland）总统任命为内务助理。三年后，他又前往最高法院任职，成为1853年后在最高法院任职的第一位南方法官。[1]

因为"在内战后各种恶意中伤到处弥漫的条件下，勇敢地致力于实现南北双方的和解"，拉马尔被约翰·F. 肯尼迪（John F. Kennedy）总统列为《当仁不让》[2]之"名流人物"中的八位参议员之一。作为一位南方至上信条的强力支持者，重建结束后，拉马尔不辞劳苦地为恢复南方民主党白人统治而奋斗。因此,对于许多"新政"时期的南方白人——其中包括以田纳西州首府纳什维尔为活动中心的南方重农学派知识分子群体来说,拉马尔也是一位了不起的英雄。这些重农学派知识分子于1930年出版了《我将坚持自己的立场》[3]一书,阐明他们的主张,拒绝接受把南方建设成为一个工业化"新南方"的观点,努力使南方继续保持原有的传统稳固区域特征。重农学派知识分子们称赞拉马尔是"美国历史上一位真正的伟大英雄"。[4] 拉马尔对南方具有现代精神的自由主义人士也同样具有极大的激励作用。这些人希望南方在将来不要太过囿于狭隘的地域观念。南方自由主义团体领导人、《里士满时讯报》记者弗吉尼厄斯·达布尼(Virginius Dabney)于1932年回忆了拉马尔是如何支持联邦政府采取强硬措施,发展地区经济的,包括支持联邦政府对南方实行铁路运输补贴,以降低运输成本。达布尼还回忆了拉马尔如何在重建结束时预言"南方人现在可以把黑人问题抛在脑后,而专注于解决其他更重要的问题了"。[5]

20世纪30年代,主导包括参众两院议员在内的早期南方思想家和政治家的一系列政治观念的核心主题之一是,人们普遍相信,实现拉马尔预言的时机已经到来。南方政治家们已经完全相信种族问题不再是国内政治的关键因素。于是,他们积极推进各项经济调整和改革政策,以满足实现南方地区长期发展的要求。1874年,拉马尔在参议院的同事、来自北卡罗来纳州的奥古斯都·梅里蒙(Augustus Merrimon)要求"国会启动一项新的政策",重新调整和分配"国家产业和资本利益布局",将"东部各州大量密集的资金和人口资源"向南方转移。[6] 梅里蒙当时就已经认识到杰出经济学家威廉·帕克(William Parker)一个世纪后所观察到的问题。帕克指出,重建结束后南方所处的不利地位"几乎不可能发生改变……除非国家把全国范围内的劳动和资金的重新分配视为经济和社会发展政策的一部分"。[7] 因为即使在其他地区已经开始快速推进工业化的时代,南方仍然无法摆脱落后农业造成的贫困命运。农民们依然靠过分消耗土地资源生存。这是一种建立在债台高筑风险基础之上，类似于封建土地占有制的落后农业制度。这种制度经常造成农民破产、抵押物无力收回等悲剧。[8] 因此，对于面临许多经济发展障碍的贫穷地区来说，"新政"是一个福音。经济贫穷地区发展的主要障碍包括，人口普遍教育水平和劳动技能低、道路设施差、高素质人口外流、地方政府的投入缺乏长远目光、矿产资源稀缺、产业研发设施严重不足。南方还面临运费和关税过高、商品价格低廉等问题。南方独有的所有制模式使得美国东北地区工业资本家牢牢操控了这一地区的金融、矿产、制造、运输、通信等行业的法人财团。许多南方评论家认为这一所有制模式实质上带有殖民性质。[9]

绝大多数南方地区政治领袖拼命推动"新政"实施激进的经济改革政策，通过这些经济改革规划，使南方在保持已有种族秩序安全稳固的前提下，摆脱经济上的殖民地位。

由于这些改革规划在政策取向、人事任用和种族问题等方面与威尔逊的新自由主义政策非常类似，南方政治领袖们感到信心十足。有威尔逊自由主义改革的历史经验可借鉴，南方代表看到"新政"是推动地区利益和国家利益同时发展的难得契机。经济问题可以最终取代一切种族问题。来自德克萨斯州的自由主义议员莫里·马弗里克（Maury Maverick）1936年称赞这一改革是"南方的再次反叛"。相比较而言，在这次反叛中，"北方人——曾经被称为该死的北方佬——给予内战中衣衫褴褛的南方士兵后代莫大的支持与帮助。那些衣衫褴褛的南方士兵们曾经与南军著名将领托马斯·杰克逊（Thomas Jackson）和罗伯特·李（Robert Lee）出生入死，并肩作战。这一次，南北双方均发现彼此面临着共同的敌人——不是派别斗争意义上的敌人，而是经济实力发展道路上的敌人"。[10] 十年后，霍华德·奥德姆（Howard Odum）在北卡罗来纳大学的教授岗位上，怀着对过去的无比依恋之情，回顾了1933年后南方地区如何在没有出现严重地区冲突和种族问题的情况下，"正当合理地参与到全国经济建设的行列之中"。[11] 参议员拉马尔和梅里蒙或许正站在某个地方，面带微笑地注视着周围所发生的一切。

他们或许也会非常欣喜地得知，在"新政"实施前的这一代人中，南方已经产生了一股强烈情绪——"抑制种族主义烈火的复燃，使种族主义不再成为公众讨论的话题"。反过来说，民主党新兴的非南方实力所关注的种族主义改革根本没有市场，这一点当然会在他们心里打上更深的烙印。[12]

在"新政"初始阶段，种族隔离制度自然让人感到无法撼动。国家的政治阶层已经就按照种族来源授予美国民众不同的公民身份这一制度达成一致意见。按照这一制度，一些被视为不可救药的"劣等种族"的公民权利受到限制。高度赞扬内战后不同派别之间重新走向团聚的和解文化依然盛行于党派路线之间。虽然南方制度模式的许多方面与美国的自由主义理念和民主政治文化最基本的价值追求存在严重冲突，但已有的种族主义模式不得动摇这一美国白人之间所达成的共识似乎要长期存在下去了。

"新政"初期，南方的公民社会显得非常安全稳固。这为南方一些激进改革政策的确定提供了有利条件。国会中的南方议员根本不需要担心参众两院人数众多的非南方民主党新成员会对他们的政策取向造成何种威胁。作为一个普通立法代表，这些新议员对于种族隔离制度没有什么特别关注，他们也没有兴趣与立法机构中的南方领袖作对。不过在国会的民主党议员中，没有一位非裔美国人。[13] 非南方民主党选民或共和党选民中也几乎没有黑人。因此，这些民主党非南方新议员认识到，有效的立法程序要求他们与经验更加丰富的南方同事结成联盟。反过来说，除非在国会讨论中回避和忽视黑人问题，否则他们就无法得到南方民主党议员的支持。

国会参众两院的南方议员也不需要担心刚上任的罗斯福总统除了应对大萧条这一头等大事外，还有时间和精力关注其他事情。况且罗斯福的当选完全凭借了南方选民的大力支持。为了确保南方选票，罗斯福曾长时间在佐治亚州的温泉大酒店开展选战活动，而且上任不久，他就任命来自德克萨斯州的种族主义者约翰·南斯·加纳（John Nance

Garner）担任副总统。¹⁴ 罗斯福的当选让同时当选的南方政府官员们感到欣慰。这些南方官员认为，罗斯福执政的成败取决于他能否带领民主党克服1928年总统选举导致的民主党南北阵营之间的严重撕裂。在长期的执政过程中，罗斯福从来没有推动过民权立法。¹⁵ 他的政府工作人员也都明显倾向于维护南方利益。来自南卡罗来纳州的新任参议员、被人称为"吉米"（Jimmy）的詹姆斯·伯恩斯（James Byrnes）在1932年选战期间担任罗斯福的主要演讲撰稿人和策划人。伯恩斯"坚定不移地信仰高加索人种的绝对优势"。¹⁶ 弗吉尼亚州政府新闻助理斯蒂芬·厄尔利（Stephen Early）"始终保持高度戒备心理，防止任何一项立法、政府任命和公司通告引发人们对种族歧视问题的特别关注"。¹⁷ 司法部在"新政"初期也有意对非裔美国人的所有司法求助申请予以回避。

包括民用资源保护队、田纳西河流域管理局在内的"新政"时期标志性机构的设立，都是由公然要求限制黑人参与的种族主义者主导的。美国有色人种协进会秘书沃尔特·怀特（Walter White）曾在报告中令人满意地解释了罗斯福总统为何在参议院阻挠反私刑法案时保持沉默的态度。该法案于1934年1月由两位民主党参议员——科罗拉多州的爱德华·科斯蒂根（Edward Costigan）和纽约州的罗伯特·瓦格纳（Robert Wagner）——首次提出。"我必须首先使国会通过拯救美国的各项立法……如果我站出来反对他们提出的反私刑法案，这些南方议员就会阻止国会通过我提交的任何防止美国崩溃的法案。我不能冒这样的风险。"¹⁸

总之，南方议员没有理由相信种族隔离政策和白人对南方政治的掌控会受到什么样的威胁和挑战，只是在个别情况下需象征性地做出一些姿态。在"新政"初期，南方议员没有受到来自非南方议员和总统本人的民权压力，他们"不仅要求南方地区实施"新政"项目时必须始终如一地坚持白人至上原则，而且还把种族主义偏见施加到整个国会山"。¹⁹ 由于白人至上原则与美国民族主义理念高度融为一体，包括许多政治家在内的绝大多数南方议员几乎没有发现南方系统的种族主义制度与联邦政府自由民主制度之间存在什么冲突。双方的高度融合确保了南方地区借助民主党这一工具,保留在国家政治阵营里。"难怪南方议员认为他们可以很好地使'新政'为本地区服务。"[20]

但这种融合与平衡最终证明并不是一成不变的。奥德姆曾非常悲伤地回忆这一平衡崩溃时的情形。"当时",他写道,"发生了一件非常奇怪的事情。过去的派别冲突一夜之间复活了","南方、北方这两个术语"重新挂在人们嘴边。由于"过去的种族主义冲突"重新被提起,国家政治中的派别纷争,尤其是民主党内部南北方之间的种族冲突,将"南方带入最严重的危机之中,同时也使整个国家面临内战以来最大的国内问题之一"。[21]

奥德姆所提到的南方地区利益与国家利益之间平衡被打破时所发生的各种事态,的确改变了"新政"的历史进程。南方陷入各种难以预料的压力包围之中。南方白人的处境变得越来越充满不确定性。他们最大的困惑在于,如何在保持种族主义价值追求的同时,适应南方的永久性政治家园——民主党——的变化发展。南方对未来的各种顾虑不断增加,其政策取向也不得不开始趋于谨慎。"新政"由大踏步改革的第一阶段转入社会民主力量受到严重消弱的第二阶段。紧接着是具有决定意义的第三阶段。20世纪40年代,国会中的南方力量逐渐发展成独立的政治力量,其政策选择着决定具有双重立法程序的美国民族国家改革的方向与成败。可以说,发展成为国会的支配力量后,南方议员的政策选择开始左右国家的现实制度和伦理道德发展趋势。

一

1932年,民主党取得决定性胜利,此后,将种族主义问题搁置起来,这为"新政"的实施打开了光明前景。华盛顿政府制定的经济政策有可能在不触及黑人问题的条件下,扭转南方地区令人绝望的经济困境。当然,并不是每一位南方议员都持这种积极乐观的态度。在左翼势力中,来自路易斯安那州的参议员休伊·朗认为限制商业发展和调整收入与财富分配格局的计划和议案无法彻底实行下去。由朗发起的"分享财富"运动,呼吁对财富价值超过100万美元者开征没收性赋税,并要求政府确保每个家庭的收入达2,000美元以上。这一运动不仅得到南方的支持,而且在全国范围内赢得大力支持。[22] 然而,国会却从来没有对该运动给予认真的对待和支持。南方意识形态领域中左翼势力的政治对手——人数不多的右翼团体——也没有对"分享财富"运动给予支持。右翼团体成员包括弗吉尼亚州参议员卡特·哥拉斯和哈里·F.伯德(Harry F. Byrd)、俄克拉荷马州参议员托马斯·戈尔(Thomas Gore)、马里兰州参议员米勒德·泰丁斯(Millard Tydings),以及为联邦政府实力的不断壮大而深感忧虑的北卡罗来纳州参议员约西亚·贝利(Josiah Bailey)。在"百日新政"刚过不久,哥拉斯就写信给沃尔特·李普曼,谴责"新政""完全是联邦政府向全国各个角落移植希特勒野蛮独裁主义的危险行径"。[23]

不论是朗还是其右翼对手们均没有为南方大多数人的利益进行辩护。由于种族问题的牵制,他们无法很好地控制参众两院的多数派。这些多数派热情支持"新政"各项宏伟的立法议案,"对于白宫提交的立法议案给予惊人的支持,使这些改革议案顺利获得国会批准"。[24] 罗斯福总统曾精心培植南方的国会领袖们,并给予他们极大的赏识。对于他们在立法过程中的能力与作用,总统当然非常清楚。能够得到总统的庇护和认可,他们当然非常乐意继续留在多数派阵营,共享立法权力。总之,南方议员的支持使"新政"初期的改革项目能够有力推进,原本就有的各种阻碍也大为减少。

只要种族自治方面不出问题,南方地区代表就可以有更多的精力随心所欲地追求自己所钟爱的其他目标。在"新政"初期,他们与白宫紧密合作,实现了自己多年的愿望——对市场经济进行管控。这些南方代表采纳了有关经济规划与社团主义的观点,制订和批准了"新政"医治病态经济的补救方案。这一补救方案使得国家对于经济实行前所未有的干预。国会中的南方议员与其他民主党议员一样对控制商业和股市运营表现出极大的热情，有时他们甚至比民主党其他议员表现得还激进。他们还与民主党其他议员一道，帮助工会争取权利和地位、支持大规模就业项目和基础设施建设工程、推动农业结构调整、促进国际贸易渠道的畅通和现代福利国家的发展。这一时期，在南方代表的支持下制定和实施了一系列具有里程碑意义的法律。1933年的《国家工业关系法案》促使国家经济远离自由放任模式，尽快走向复苏轨道；1933年的《银行法案》拯救了濒临瘫痪的全国金融体系；1934年的《证券交易法案》对华尔街和其他股票交易市场进行了监管；1934年的《互惠贸易协定法案》促使全国形成了更加开放的全球贸易格局；1935年的《国家工业关系法案》为工会组织力量的加强提供了机会；1935年的《公用事业控股公司法案》作为"一项惊人的立法改革"，被罗斯福总统称为""新政"立法中最辉煌的胜利"。[25]这一法案对燃气和电力工业实施了严格监管；1935年的《税收法案》将收入超过50,000美元的纳税人的附加税率由59%提高到75%；1935年的《社会保障法案》不仅保障了老年人获得养老保险金，而且制定了在更大范围内对失业人员提供生活保障和对承担抚养子女责任、生活困难的单身女性提供经济救助的相应制度框架。

艾森豪威尔执政早期，理查德·霍夫施塔特（Richard Hofstadter）关于"新政"立法成就产生深远影响的断言至今言犹在耳。"1933年至1938年之间，'新政'倡导实施了一系列立法改革。这些改革与之前'进步时代'的政府治理状况形成鲜明对照。"[26]"新政"实施的这些改革若放在除第一次世界大战以外几十年的"进步时代"里，那简直是不可想象的。"新政"改革项目吸纳了类似于布尔什维克的计划经济特征，支持与意大利法西斯主义密切相联的社团主义经济模式。同时，它支持和拥护国会授予行政机构强大权力，加强对私有经济的监管。这种监管模式与纳粹德国实施的政府积极干预下的经济项目有着族缘上的相似性。南方对这些改革项目的大力支持表明，每一项"新政"规划都向着民主的方向发展，而没有走向独裁和专制。[27]这样，南方政治家帮助联邦政府对独裁政权的嘲笑做出了有力回应。当时的独裁政权认为"自由民主政治无法有效应对阶级冲突，无法迅速恢复资本主义秩序"。

这一时期，南方议员要做的已经不仅仅是通过阻止改善黑人权利状况的各种企图，维护已有的种族隔离制度。而且，随着"新政"各项经济立法的推进，他们开始设法加强对南方黑人的隔离统治，以确保南方雇佣者可以继续随意利用巨大的廉价黑人劳动力资源。为了达到这一目的，他们设法保证劳动关系法等涉及南方敏感问题的"新政"议案在国会通过时，要符合南方的利益，并不触及南方种族制度结构这一底线要求。南方议员为实现这一目的所采取的一个主要计策是，最大限度地要求联邦政府向地方分权，将具体管理权限转移至各州和地方官员手中，要求联邦政府从法律上认可不同地区实施不同的工资标准，而且把占据南方黑人全部劳动人口2/3的女佣和农民排除在"新政"项目以外。[28]

南方议员们很清楚，这一地区的农业得失与种族主义制度结构是相互交织、密不可分的。美国其他任何地区都不会像南方地区这样，地区经济命脉取决于农民的劳动。在全国农业人口中，1930年南方占53%，1940年南方占50%。在南方庞大的劳动力中，1940年人口普查时被归类为"劳动者"的，黑人占40%。南方地区的佃农中，黑人占55%。[29]只有大约1/10的少量黑人农民拥有自己的土地，其他绝大多数黑人都是佃农。把这些黑人排除在"新政"立法范围以外，南方白人就可以继续支配这些非裔美国劳动者，并在南方劳动力市场保持种族歧视制度。[30]如果国会没有按照南方议员的要求对上述条件做出变更，他们会做出什么举动，不得而知。但国会按照他们的意愿对"新政"做出调整后，这些南方议员们便团结起来，在国会和其他场合辩论，一致拥护和支持"新政"改革方案。正如一位评论家在谈论来自

5. 黑人国会 219

阿肯色州的参议院多数派领导人约瑟夫·鲁滨逊时所说,"只要"新政"推行者打击金融富商和工业巨头——只要"新政"推行者倾向于南方农民,而不触动黑人隔离制度,他就与他们为伍。"[31]

如果不允许南方大肆推行种族隔离制度,在"新政"这一"乱局中的试验"[32]时代,"新政"推行者们所考虑和采纳的众多超乎寻常的思想和策略决不可能得以顺利实施。如果南方议员不是坚信民主党将继续维护种族歧视制度,"新政"早期的改革方案也不可能推行下去。一旦南方所提出的修改条件真正被列为"新政"立法的完整组成部分,他们就可以放心地将国会投票行为看成是涉及党派忠诚和思想信仰的主要问题了。既然联邦政府对黑人种族制度没有任何威胁,南方民主党人对党的忠诚就变得空前高涨,参与投票的积极性与来自全国各地的其他民主党人没有什么差别。1933年至1936年之间的众议院选举中,共计96%的选票属于党派立场和跨党派立场。在同一年的参议院选举中,这一比率达到95%。这一时期,维护地区利益立场的选票主要涉及民权问题。人们普遍认为,在当时的形势下,这类问题根本不可能通过参议院的激烈角逐,区区可数的持叛党立场的选民想极力保护的是南方特有的劳动力市场。否则,这些人也会与其同僚一样,肩并肩地团结在一起,维护民主党的事业。

南方这些决策对于"新政"和罗斯福总统的支持,在民众投票表决中得到验证。"经常将自己视为佐治亚人"[33]的罗斯福总统,赢得了南方地区选民的信赖。他的成功之处在于以一名南方人的身份,领导"新政"这一伟大的政治改革规划,向着自己所设定的核心目标前进。1936年10月,约翰·霍普斯金大学的经济学家、后来作为社会党候选人竞选马里兰州州长的布鲁德斯·米切尔(Broadus Mitchell)回顾了这一愉快经历。"自从富兰克林·罗斯福执政以来",他写道,"南方地区变成了全国性项目和投资的受益者……但在诚恳、热情地接受这些外来资金和企业以后",米切尔赶紧补充说,"我们仍然应坚持南方的问题不同于其他任何地区;这些问题不能由外来投资人口进行论证;所有的关键性调查和协商必须获得南方地区相关人员的许可和确认"。米切尔所说的这一切的确由"新政"做到了。34

在1936年的总统大选中,罗斯福以61%的得票率击败竞争对手、堪萨斯州州长阿尔夫·兰登(Alf Landon),获得压倒性胜利。罗斯福再次高票当选,一个重要原因是南方各州平均75%的支持率使最终得票率被大幅度拉升。更引人注目的是,美国最南端各州给予罗斯福强力支持。其中,阿拉巴马州、佐治亚州和德克萨斯州对其再次当选的投票支持率为87%;路易斯安那州的支持率为89%。令人不可思议的是,在密西西比州和南卡罗来纳州,对罗斯福总统再次当选的投票支持率竟然分别高达97%和99%。相比较而言,1916年伍德罗·威尔逊总统的第二届任期胜选时,南方各州的支持率平均为61%,而且在特拉华州和西弗吉尼亚州以微弱劣势负于查尔斯·埃文斯·休斯(Charles Evans Hughes)。

如此高的支持率显示出南方各州对于"新政"经济政策的感激之情。随着"新政"大幕的拉开,南方所要求的种族高度自治权力也原封未动地保留了下来。只是人们对于最容易遭受批评和攻击的私刑问题继续给予关注。后来,私刑问题与其他一些悬而未决的问题几乎成了导致民主党分裂的导火索,好在这种分裂最终并没有发生。民主党两翼之间采取了相互默许的态度,他们非常清楚彼此之间的姿态和诉求。而且每一方都知道反私刑立法真正获得通过并实施的希望是非常渺茫的。

当1922年最后一次国会试图限制治安人员动用私刑滥杀无辜的努力失败时,南方各州宣称,处置这类法律管辖范围以外的谋杀事件不需要联邦政府干预。35 但在随后几十年中,有文字记录的私刑案件就发生了277桩。在南方所有州中,只有阿拉巴马州强化了反私刑立法。霍华德·奥德姆1931年在文章中向非南方美国人解释了为什么"有着崇高宗教良知的"南方人没有对"私刑暴力和人性堕落"事件开展成功的抵制运动。奥德姆解释说,"一大批遭受私刑威胁的人们……不敢站出来抗议，不敢要求立法部门采取措施，也不敢推行法律和自由……在极端暴力恐惧之中，我们最合理的做法只能是听之任之，不敢采取任何举动。没有任何人胆敢例外，教师、牧师、医生、律师、商人、农民、工人、艺术家和手工艺从业者、诗人、梦想家——所有人都不敢反抗。在黑人中间"，他补充说，"恐惧……已经全然变成恐怖。黑人更不敢采取任何举动。他们有什么理由不感到恐怖呢？"[36]

1933年的私刑案件特别骇人听闻，南方地区私刑案件记录达到26起。这一年私刑案发量在整个20世纪30年代的十年中位居第二。[37] 到这一年年末，"发生了美国历史上从来没有过的事情——私刑案件的报道占据各大媒体头条位置"。[38] 私刑蔓延是经济危机所造成的黑暗与恐惧在种族罪恶上的反映。1934年初，参议员瓦格纳和科斯蒂根提出私刑立法议案，规定州政府官员对于私刑置之不理或与私刑犯罪分子同谋属于联邦犯罪行为。各州政府必须在30天内做出回应；如果州政府不按时给予回应，司法部将进驻该州进行处置。任何允许监狱服刑人员被暴徒分子拉出去动用私刑虐待的州政府工作人员将被判处五年监禁，并处罚金5,000美元；与私刑犯罪分子同谋的州政府工作人员将被判处长达25年的有期徒刑；任何发生私刑案件的县将被处罚金10,000美元，作为受害者家庭的经济补偿。

尽管这一法案被提出时，全国各地仍在接连不断地发生私刑案件，尤其令人发指的是，被指控犯有强奸和谋杀罪的克劳德·尼尔（Claude Neal）于1934年被动用私刑残忍杀害，但瓦格纳和科斯蒂根的立法议案并未获得国会批准。在克劳德·尼尔一案中，尼尔在众目睽睽之下，被刀刺、火烧、阉割。对尼尔施暴的照片以50美分一张的价格对外出售，照片上是尼尔被砍下的脚指和手指。[39]

尽管尼尔从阿拉巴马州一家监狱被抓出去动用私刑这一事实已经属于跨越两个州的案件了，[40] 但在随后半年内，司法部仍然拒绝介入。1935年4月，瓦格纳和科斯蒂根又采取行动，力图使国会通过这一法案，但罗斯福总统对此保持沉默。在3月份的时候，总统夫人埃莉诺·罗斯福向沃尔特·怀特解释说,"总统认为,私刑是各个州的公民教育问题。各州应当团结文明守法的公民,创建良好的公共舆论氛围,最终依靠当地的公民自觉消除这一野蛮行为。但如果由北方人出面做这件事,就有可能在南方人中产生对立情绪"。[41] 南方参议员极力阻止这一立法提案在国会中进行投票表决。最后,提案在这些南方议员的阻挠下,再一次被扼杀掉。他们的主要目的不是维护治安司法权力,而是坚持主张国会没有权力通过这一法律;他们认为这一立法提案侵犯了各州的权力,属于违反宪法的行为。[42] 他们再次声称,南方地区可以自行对私刑案件进行掌控,并指出一些州长已经介入处理并制止了不少私刑案件的发生。这些南方议员还坚持说,以亲情友爱为标志的南方种族关系远远好于北方。詹姆斯·伯恩斯将南方的家长制模式与纽约的黑帮进行对比。另一位后来的最高法院法官雨果·布莱克则担心重建时期的情形将再次上演。[43]

为了阻止法案通过,南方议员在国会发起了一轮又一轮的阻挠立法行动,声称"如果必要,他们可以日夜不停地进行辩论",从而"拖延其他重要立法的通过"。[44] 辩论是南方激进主义者的"天赐之物"。通过这样的辩论,这些南方议员可以向所在选区的选民表明,尽管他们有时强烈支持甚至主导"新政"立法在国会通过,但当联邦对南方种族问题进行干预时,他们的立场是不可动摇的。[45]

在参议院审议期间,人们广泛认为这种辩论不可能就投票表决达成一致意见。《纽约时报》在报道"反私刑立法如何遭遇顽强抵制"时评论说,这一议案发起者的愿望是好的,但如果他们认为议案会最终提交国会投票表决,[46] 那就错了。

罗斯福总统显然被民主党内坚持把反私刑法案提交国会讨论的议员们的行为所激怒,他进而"加快了推进'新政'立法项目的速度",[47] 其中包括由密西西比州参议员帕特·哈里森发起的老兵补贴妥协法案。多数党领袖鲁滨逊发起了一系列与国会立法程序有关的提案,最终通过休会表决扼杀了反私刑立法提案的表决。4月26日的表决以失败告终，但本次表决以33∶34的微弱劣势失败说明，这一立法提案的支持者还达不到阻止南方议员阻挠立法所必需的2/3人。

这次表决最引人注目之处不在于南方民主党议员的压倒性支持或者共和党议员相当程度的反对，而在于北方的民主党议员对休会提案的关键性支持：几乎一半北方民主党议员投票支持南方议员鲁滨逊提出的休会提案。上述各种表现，使得鲁滨逊精心策划的用于抵制反私刑立法提案的休会表决以48∶32的支持率顺利获得批准。投票支持的多数派包括44位民主党人和四位共和党人。[48] "没有北方民主党议员的支持，旨在取代瓦格纳-科斯蒂根立法提案的努力根本不可能获得成功。"[49] 抵制反私刑立法的议员的南方同僚们始终清楚，他们这样做是表演给所在选区选民看，而不是要严肃认真地将反私刑立法提案搁置起来。南卡罗来纳州的"棉花大王"史密斯恳求民主党团结一致，将南方的利益视为耶和华带领信徒逃离苦难的"白天的云柱"和"夜间的火柱"来加以保护。史密斯的恳求的确引起了民主党同僚们的注意。[50]

二

对于种族问题，罗斯福政府尽最大可能采取实用主义的遗忘策略。按照霍华德·奥德姆等南方学者和其他在经济社会问题上坚持地区保护主义的学者们的思想观点，这一政策在口头表述和学术研究方面包含两大关键要素。第一大要素是在沉默中求得平衡。"新政"尽可能避免在黑人权益方面与南方产生尖锐矛盾。这样从理论上讲，南方就可以更大程度地转变为美国的一个正常地区。虽然可能还摆脱不了贫穷的状况，但它却能像一块精美的马赛克一样，镶嵌在美国的版图之中。这些学者们强调，南方人口本身的内在思维判断能力并不比其他地区差。比如，特拉华州和马里兰州与路易斯安那州和佐治亚州之间的差异，与康涅狄格州和科罗拉多州之间的差异，本质上没有什么两样。

从这个角度考虑,许多"新政"时代的人主张说,南方"例外论"的日子已经过去了。其中奥德姆就特别注意到,"新形势下不断发展的美国社会现实已经远远不同于'新政'初期'北方'和'南方'的概念了,除非人们执意要回忆这个国家想要忘记的那段苦难经历"。[51] 虽然地区问题仍然存在,但这些问题与中西部地区、西北地区或美国其他任何地区的问题一样,已经不再像过去那样独特和引人注目了。研究美国内战的历史学家埃拉·隆(Ella Lonn)在南方历史学会会长任职演说中强调,内战和战后重建以来,美国社会的相似性远远大于南北方之间的差异性,"从根本上讲,我们是一个民族。我们之间不存在两个完全不同的民族在交战时所呈现出的语言障碍。而且,盎格鲁-撒克逊传统已经成为南北两个地区共同的主流文化。两者拥有共同的英语背景,有着共同的殖民开拓经历"。除此之外,"两者共同致力于统一的政府管理体制"。[52]

这一策略的第二大要素涉及政策研究的开展。借助现代社会科学工具,奥德姆带领北卡罗来纳大学教堂山校区社会科学研究所等机构中的学者们进行了前瞻性、实用性的研究。这些研究所收集的大量数据除了根据种族问题进行分类外,还采用许多其他方法进行分类。研究充分利用南方地区的统计资料,对这一地区的独有特征和条件进行了归纳整理与记录。[53] 像奥德姆一样,许多著名的南方白人学者对种族问题持温和立场,他们清楚任何抵制种族问题的企图都注定会失败。[54]在这种情况下,他们转而探寻一种既可以回避种族主义这一棘手问题,又可以对南方的现实问题开展研究的有利方法。他们认为这样一种途径在学术伦理方面也具有一定的优势。这样一种沉默中的平衡,可以改变占据主导地位的话语,即将对白人至上信条直言不讳的尴尬辩护转为对南方地区种族主义以外的其他问题给予关注。种族隔离问题继续存在,但人们没有必要继续对之争论不休。

这一立场使得"新政"推行者们可以在不直接冒犯种族主义立场的情况下讨论和评估南方如何实施"新政"改革项目。1938年6月22

日，罗斯福写信给国家紧急状态委员会执行主任洛厄尔·梅利特（Lowell Mellett），吩咐他按照这一立场撰写一份有关南方经济状况的报告。国家紧急状态委员于 1935 年成立，其主要职责是协调"新政"初期设立的经济复苏部门之间的工作关系。作为罗斯福总统的一位政治盟友，梅利特曾任《华盛顿每日新闻报》的编辑，曾因支持罗斯福总统 1937 年扩充最高法院规模的计划而对其在霍华德·斯克利普斯报业连锁集团的老总们大动肝火。为了 1938 年的中期选举，罗斯福准备在民主党初选中肃清国会议员中的南方顽固分子，进而认为"关于南方问题与需求"的报告或许能够发挥重要的政治作用。他在撰写报告时，采用十分高调的姿态指出，"在国会和其他场合，对与国家经济福利事业有关的立法讨论已经指明，全国不同地区存在不同的问题与需要"。在报告的撰写过程中，总统曾强调"他的兴趣主要集中于涉及南方地区的所有问题"。他指出，这包括方方面面的问题，"不仅限于对你所在区域的大量住宅问题的深切关注，也不仅限于对你所在区域人口及其亲朋好友们的深切关注"。7 月 4 日，南方经济形势研讨会在华盛顿召开。一批南方自由主义人士参加了会议。在会上，这些人一味强调南方地区经济形势极度恶劣，但在种族问题上却始终保持沉默。罗斯福在会议演讲中正式宣布，他本人"坚信南方现在正面临全国最严重的经济问题——这是整个国家所面临的问题，而不仅仅是南方的问题"。[55]

罗斯福总统的报告强调南方地区研究所得出的结论，即只有通过实施"新政"的振兴计划，这一地区才能摆脱半殖民状况。"的确，如果南方面临全国头号经济问题"，历史学家 B. B. 肯德里克（B. B. Kendrick）在 1941 年 11 月阿肯色州举行的南方历史协会会议开始之前，争辩说，"那么从历史上说，造成这一半殖民地状况的根本原因在于，这一地区曾经历过三百多年的殖民统治"。[56] 在 19 世纪最后三十多年和 20 世纪前三十多年里，大部分南方农民的生活相当贫困。他们无形之中按照由北方资本家操控的依附条件，被纳入美国的整体经济格局里面。在这种情况下，南方白人，尤其是种植园经济精英们，形成了一种特有的政治体系：他们既可以扩大地区利益，抵制国内统治阶级的压迫，又可以维护这一地区特有的种族文明。

1938年7月25日，长达59页的《南方地区经济状况报告》出版发行。报告只强调了这一地区殖民统治造成的经济问题，而没有触及种族主义问题，尤其强调南方地区的贫困状况，以及人力、物质资源没有得到充分发挥等问题。报告详细描绘了南方的贫困状况。"自从南北战争开始，南方地区就一直是全国最贫穷的地区。这一地区最富裕的州人均收入低于其他地区最贫穷州的人均收入。"1937年全国人均收入为604美元，南方仅为314美元，大约相当于全国人均收入的一半。南方农民的年均总收入仅为186美元，而其他地区为528美元。南方一半以上的农民没有自己的土地，只能做佃农或与他人合伙租赁农场主的土地。这部分人的收入也低得可怜。在种植园地区，"佃户每年的人均劳动收入为73美元。合伙租赁户人均总收入在38美元到87美元之间。年收入87美元意味着每天的生活消费刚刚超过10美分"。在同一年，美国国会通过了《公平劳动标准法案》，确定每小时最低工资标准为25美分，后来很快提高到40美分。在南方各州的坚持和要求下，报告中有关农场工人和女佣的收入情况被有意删除掉了。[57] 报告总结说，南方的贫困"堪比欧洲最贫穷的农民"。[58]

南方地区的公共服务设施，尤其是学校条件也极端简陋，远远低于"任何文明社区所需要"的最低水平。这一地区每年的税收也少得可怜。南方各州的平均税收仅为28.88美元，而全国的总体水平为51.54美元。也就是说，南方人口占据全国28%的比例，但每年的收入所得税只占全国的12%。税收负担最终通过销售税转嫁到最无支付能力的劳动者身上。税收之所以如此低，一个重要原因在于为了寻求资金投入，南方地区承诺向外来投资者提供低工资成本务工人员和低税收投资环境。教育状况就更加可怜了，南方地区适龄入学儿童占全国儿童的1/3，但这一地区的教育投入却只占全国教育投入的1/6。阿肯色州的教师工资水平比纽约州低80%。纽约州1936年平均教育支出为

141.43美元，密西西比州1936年平均教育支出却仅为27.47美元。"密西西比州实际拥有1,500所学校教育中心……没有校舍，学生在客栈的大厅、被废弃的租赁厂房、农村教堂等地方上课。有的地方甚至要求学生在存放棉花的围栏里上课。"难怪南方地区文盲率如此高，几乎每十个人中就有一个不识字。[59]

南方人口的健康状况就更加悲惨了，尤其是最底层的贫困人口居住区——简直成了"疾病、贫困和死亡地带"。南方地区严重缺乏医务人员、医院和诊疗机构。"许多县没有任何诊疗机构。"因严重营养不良导致的糙皮病到处肆虐。同样严重流行的还有肺结核、肺炎等疾病。虽然南方地区水源充足，但水质污染极其严重。洪涝灾害也经常发生，伴随洪涝灾害的是疟疾流行——每年感染疟疾的人口达200万，尤其是在没有排水设施的地区病情爆发得更加严重。"南方因疾病无法医治而死亡的人口数量远远大于其他地区。"[60]这一地区健康状况恶劣的一个主要原因在于住房条件过于简陋，一半人口居住在不适合人类居住的简易棚屋里，这些棚屋远远达不到最低居住标准。绝大多数家庭没有自来水供应，饮用水污染严重。所有的农民家庭中，只有5.7%的家庭接通了自来水管道，3.4%的家庭安装了浴室，其余绝大多数家庭缺乏室内卫生间，也没有任何卫生设施和系统。[61]

这份报告读起来的确扣人心弦，但它实际上很容易对读者造成误导。报告中的全部数据毫无例外地把黑人与白人混为一谈，也根本没有提及种族隔离问题。报告罗列了大量与南方地区经济问题有关的数据，读起来使人觉得南方根本不存在种族歧视问题。然而，不合理的种族秩序是一个不容忽视的因素。它导致这一地区工业发展缓慢，农业生产落后，居民收入低，公共服务设施差。种族问题导致南方强烈抵制联邦政府，并采取狭隘的经济发展策略。实际上，白人对整个南方有组织的垄断，是造成这一地区经济、政治、社会问题的根本性原因。

报告反映了部分南方学者的观点。该报告之所以对种族问题保持沉默，是因为这些南方学者和全国各地的民主党领袖们怀有一个天真的动机——一个发自内心虔诚但注定要破灭的希望,即继续搁置南方的种族问题,以换取"新政"的顺利推行。到报告公布时,事实开始证明搁置种族问题这一方法已经行不通了。由于报告过分关注南方地区的经济贫困问题,"新政"不得不把南方经济问题作为工作的核心目标,结果严重阻碍了全国性改革规划目标的推进。而且,报告还引发南方政治家做出强烈回应,极力进行自我辩护,最终促使"新政"推行者不得不对南方问题进行更加严密的调查审视。这次调查审视主要集中在种族歧视如何助长了报告所描述的各种经济贫困问题。到1938年,"新政"领导者对于南方种族问题所坚持的有意健忘和平稳妥协立场已经变得越来越站不住脚了。

三

正如上文指出的,南方的种族主义制度并不是牢不可破的。在20世纪40年代末期,人们的内心虽然还没达到极度狂躁,但显然已经陷入深度焦虑恐慌之中了。其中最主要的原因是,各地先后爆发了比1935年国会通过《全国劳工关系法案》时的预测更加激烈的劳工运动,而且这些运动的目标追求更加高远,运动形式更具军事挑战性。

工人暴动导致混乱和危险不断加剧。在制造业经济中心地区——汽车、橡胶、纺织、钢铁等产业集中的地区——工人占领了厂房,要求得到新成立的产业组织大会分会的承认。俄亥俄州亚克朗市的橡胶工人分别在1935年11月、1936年1月和1936年2月接管了古德伊尔橡胶厂。工人们组织了大规模的纠察阵线,用棍棒和锯断的台球杆作为武器,与前去制止骚乱的军警展开对抗。3月21日,参加这一"史诗般的斗争"的工人与新成立的橡胶工人联合工会最后达成和解。[62]当年年末,从12月30日开始,要求得到新成立的汽车工人联合会承认的工人们占领了通用汽车公司设在密歇根州福林特市的汽车制造厂。费希尔第一汽车制造厂和雪佛兰第四汽车制造厂的工人将自己锁在厂房里静坐，以抵挡军警的催泪瓦斯袭击。他们拒绝接受法院要求离开的指令，直到2月11日承认他们的工会组织后才散去。到1937年年底，汽车工业联合会已经接纳了50万会员。[63]那一年还爆发了共和钢铁公司和扬斯顿钢铁公司集体静坐和罢工事件。这一事件最后被俄亥俄州军警平息下去。总之，在1936年到1937年之间，"直接参加静坐罢工的产业工人达到484,711人，所关闭的工厂雇佣其他工人总数达到600,000人"。[64]根据政府官方统计数据，仅1937年就发生了2,200起要求自己的工会组织得到承认的罢工事件，参加人数达到941,802人。其中成功被承认的会员人数达到711,060人。另外有262,000人于同一年通过1935年《全国劳工关系法案》批准的选举程序获得承认。[65]

1935年为劳工组织提供法律支持制度框架的《瓦格纳法案》通过前夕，12%的非农工人已经加入工会。到1939年，这一比例翻了一倍多，达到29%。这样美国就有可能像斯堪的纳维亚地区各国、法国和英国一样，使劳工组织在国家的政治事务中发挥核心作用。美国劳工组织的发展和壮大的确迅猛异常，尤其是产业组织大会的迅猛发展更引人注目。正如当时一位工人运动积极分子对"前进中的劳工运动"进行的激动人心的描述，"到1937年年底，产业组织大会的分会已经从当初的10个发展到32个；会员从1935年12月的不足100万人发展到1936年7月的1,296,500人；当年12月达到1,460,000人；1937年3月达到1,804,000人；到1937年9月会员人数已经达到3,718,000人"。美国劳工联合会也得到快速壮大。更确切的统计数据是，会员从1935年的3,218,000人发展到1939年的3,878,000人。[66]这两大劳工联合组织明确宣布，其政策主要关注工作场所协议以外的劳工权益保障。1939年11月，美国劳工联合会宣布启动"社会保障后续步骤"综合方案；5个月以后，产业组织大会宣布了影响深远的"全民劳动保障"计划。[67]

在国会中，民主党南方势力注意到劳工的利益似乎要取代民主党农民劳动者联盟中农民的利益。新成立的工会组织强化了"社会改革的基础","使得后来的'新政'改革方案具有了美国过去历次改革运动从未有过的社会民主色彩"。[68] 新成立的工会组织在20世纪30年代后期,开始在黑人和南方白人劳工中发展会员。有些工会组织还与南方倡导种族制度改革的进步人士紧密合作。在1934年,主要由南方白人组成的大约2/3的纺织工人参加了美国劳工联合会纺织工人分会召集的罢工运动。最后当地政府动用国民警卫队,通过武力将罢工镇压了下去,同时政府还设立了关押罢工人员的设施。当地的产业组织大会分会认为这次罢工事件被政府有效处置是一个例外,因而没有提高"警报级别"。[69] 在1936年到1938年之间,美国汽车工人联合会成功地在亚特兰大通用汽车公司费希尔汽车制造厂和雪佛兰汽车制造厂组织了静坐罢工;阿拉巴马州加兹登市爆发了工人与橡胶工人联合会负责人之间的暴力冲突;田纳西州与美国钢铁工人联合会签署了煤炭与钢铁合同;服装工人联合会和时装工人联合会这两大服装产业工会组织在南方各地分散的服装厂房成功吸纳会员;纺织工人联合会成功吸纳会员;国际石油工人联合会在俄克拉荷马州和德克萨斯州成功发展组织。据保守估计,到1939年,整个南方地区已经有627,000名工会会员。其中60%属于建筑、贸易、道路运输、印刷、烟草及其他美国劳工联合会分会;大约15%属于独立的矿业工人联合会;其余25%属于新成立的产业组织大会。[70]

工会与非裔美国人之间的关系经常问题不断。20世纪40年代初期进行的一项调查显示,美国劳工联合会有13个分会拒绝黑人加入,理由包括入会章程条款限制、会员一致默认排斥黑人等,另有七个分会仅给予黑人劳动者与其他会员相隔离的辅助会员地位。"在大多数工会组织中,这种对黑人劳动者的排斥和歧视已经实施多年。毫无疑问,这种行为得到了绝大多数工会会员的支持。"尽管许多工会继续支持种族主义行为,尽管无数的南方地方政府部门继续实施种族隔离政策,但仍然有劳工团体在美国人的日常生活中积极做种族之间紧密融合的先锋。这类劳工团体中有不少是美国劳工联合会的分会。比如包括砖瓦匠、水泥工、建筑辅助工在内的各工种建筑工人工会、码头工人工会以及各种服装工人工会均不管种族身份，一律给予会员平等待遇。有些工会甚至对存在种族歧视的会员给予经济处罚。[71]

最引人注目的是，新成立的产业组织大会积极从非裔美国人中培养和发展会员，并在建立"城市自由主义者与黑人权利斗争之间的联系"方面发挥了重要的桥梁作用。在美国人日常生活中，这些工会组织很快成为倡导加强种族融合的最重要机构。总之，工会组织成为南方继续全面支持"新政"的最大阻碍力量。不断发展的劳工运动大力支持反私刑立法、取消选举税等种族歧视制度，并在五十多年内首次促使国会严肃认真地对待公民权利问题，并将这一问题列入议事日程。[72]

除此之外，还有更多的其他原因使得南方政治家们开始为种族主义制度的脆弱性感到焦虑。种族之间的界限面临严重挑战，黑人主张权利的呼声越来越高，他们的自信心也越来越强。在政治意识方面，人们不断把民主制与独裁制进行对比，更加关注非裔美国人在生活中遭受的种族排斥与德国犹太人的遭遇在本质上的相似之处。南方白人注意到国民对于白人的看法已经开始出现转变迹象，也注意到总统的法院改组方案。同时他们也看到1939年司法部设立了公民自由权利部门，受理与种族问题相关的诉讼案件。[73] 对于南方来说，罗斯福总统本人似乎越来越靠不住了。尤其是1938年罗斯福企图在国会中肃清抵制立法议程议员的努力失败后，南方就更无法指望获得总统的支持了。[74]的确，"在涉及白人至上问题时，总统的真实想法是任其发展"。但他也不想失去来自北方的白人和黑人的支持。尤其是在非裔美国人开始参与投票的情况下，总统就更需要他们的支持。1932年，2/3的非裔美国人投票支持胡佛当选总统。但在两年后的中期选举中，情况发生了突然逆转。许多黑人非常沮丧地认识到，其他任何的制度安排都远远不如"新政"提出的改革方案对黑人有利。到1936年，选举变化的倾向性变得更加明显。这一年，罗斯福总统参加美国主要的黑人高等教育机构霍华德大学新建化学教学楼启用仪式时宣称，"在美国的大地上，不应当有被遗忘的公民,更不应当有被遗忘的种族"。启用仪式没过几天,黑人选民对于罗斯福总统的支持率就超过了其所获得的60%的全国平均支持率。[75]《巴尔的摩太阳报》专栏作家弗兰克·肯特(Frank Kent)宣称,"黑人投票率逆转这一事件的深远意义胜过多年来美国政治生活中发生的任何事件"。[76]

黑人投票选举的重大逆转充分暴露了这一时期美国黑人所面临的艰难处境。他们被"新政"的经济振兴项目所吸引。不论"新政"的种族歧视色彩多么严重,它都为处于绝望之中的美国黑人带来了实实在在的物质利益。1933年以前被完全排除在政府项目之外的黑人现在可以分享一些公共项目的益处了,尤其是联邦救济项目、公共工程项目和住房援助项目都可使黑人获益。[77] "他们说,罗斯福解救了他们,没让他们饿死;在他们处于危难之中时,是罗斯福给了予支助",一位来自南卡罗来纳州的选民登记工作人员如是说。[78] 例如,民用资源保护队实行种族隔离制度,但它的确安置了大约200,000名年轻黑人就业。[79] 联邦政府对于种族主义者的诉求采取了有限制的悬而不决态度,这也让黑人感到欣慰。黑人尤其感激联邦政府史无前例地允许他们进入白宫和联邦政府机构工作,并首创"黑人内阁"。同时,他们还感谢联邦政府下达指令延缓或阻止种族歧视行为。比如1935年罗斯福总统给工程进度管理局下达指令,要求工作人员"不能以任何理由对符合条件的工作人员实行种族歧视"。[80] 他们还注意到埃莉诺·罗斯福在公开场合大胆支持扩大种族平等的举动。她把非裔美国人受教育水平的提高视为终极性公民权利;同时,她公开反对私刑,并倡导政府通过立法限制私刑犯罪行为。[81] 黑人们还注意到,1933年到1946年期间的内务部长、罗斯福的主要心腹哈罗德·伊克斯(Harold Ickes)担任过全国有色人种协进会芝加哥分会会长;国家青年管理局局长奥布里·威廉姆斯(Aubrey Williams)等行政机构领导人将本部门预算的1/3用于黑人学生的教育支出;"新政"吸纳了十几位杰出非裔美国人到华盛顿政府任职,其中包括拉尔夫·本奇、雷福德·洛根和威廉·黑斯蒂（William Hastie）。他们甚至还注意到一位黑人部长被推选召集民主党1936年全国代表大会。[82]

南方民主党人也注意到这一切了。他们知道，最近几十年中，没有伊利诺伊州、纽约州、俄亥俄州和宾夕法尼亚州的投票支持，任何一位总统都无法当选。因为这几个州握有135张选票，几乎占据了全国选票总和的1/3。这几个州的黑人选民在与派别分歧严重的白人选民共同参加投票选举时，可以控制4%到5%的选票，这对大选来说至关重要。[83] 更明确地说，南方政治家们认识到，他们的处境正变得越来越令人尴尬和难堪。自重建结束到"新政"开始这段时期，几乎每一次选举中，民主党都遭遇失败。原因在于他们只保住了南方这块民主党唯一的选票基地，而共和党则稳固地获得了全国其他地区选民的支持。民主党只有在牢牢保住南方选区的同时，扩大在其他地区的竞选支持率，才能最终将"获胜联盟"团结在一起，使南方议员在国会选举中占据突出地位，成为立法机构的核心力量。

南方政治家们还注意到，黑人的理想抱负在不断提升，许多人移民到北方地区寻求发展；他们要求得到更好的教育；形形色色的激进主义组织、工会组织、共产主义党派、社会主义党派活动越来越频繁。他们同时注意到黑人与白人之间的种族关系问题不可能得到全面解决。[84] 他们开始吸纳一些工会组织和北方政治家们的经验。例如，钢铁、橡胶、汽车、石油、采矿等主要产业的工会组织在不断增加不限种族身份的会员数量；当北方政治家们早已开始培育和发展黑人选民时，[85] 南方政治家们却还在担心设置全国最低工资标准会破坏南方的种族秩序。"南方存在很重要的种族秩序问题"，1937年德克萨斯州民主党议员马丁·戴斯在众议院向与会者宣称，"我们不能规定黑人与白人实行统一的最低工资标准"。[86] 至少在近期内，南方面临的问题不在于种族制度是否崩溃，而在于上述一切事态的发生是否预示着南方的政治格局在未来会发生根本性变化。[87]

这些担心促使人们重新开始关注南方各州的权力问题，并加剧了参众两院民主党党团内部的关系紧张。曾经被长期搁置的种族问题突然转变成相互责难和质疑的导火索。这些担心甚至使曾经倾向于"新政"的南方议员开始对联邦政府权力的强大变得警惕起来,实际上他们曾为政府力量的强大出过不少力。1938年,即将出任最高法院法官的詹姆斯·伯恩斯对"新政"进行了猛烈抨击,因为不少有关工会活动和工资标准的决策破坏了南方的种族制度模式。伯恩斯当时担任美国国务卿,曾长期被视为"总统最青睐的参议员",他坚持说,民主党已经完全"被北方的黑人控制了"。他极度悲哀地说,相对而言,"南方已经被民主党抛弃了"。[88] 许多其他南方政治领袖和新闻记者也开始认识到,从农业调整到工业复兴,"新政"各方面的议案都严重威胁到南方种族秩序的稳定。这有可能成为后来大批南方民主党人士完全脱离该党的最初预兆。

随着工会会员和包括非裔美国人在内的北方城市选民对政党选举变得越来越重要,一些人甚至开始对南方与民主党之间的长期隶属关系产生质疑。[89] "南方各州",1937年9月《密西西比费耶特纪事报》发表的社论评价道,"长期以来一直对民主党表现出绝对忠诚……这种忠诚是被一个因素激发起来的——南方应当维持白人至上信条"。社论认为,由于民主党致力于发展和培育黑人选区,南方各州的这一信条开始遭受质疑。因此,社论告诫说,"新政"已经"使得南方无法继续对民主党履行义务。作为民主党最忠实的支持者,南方已经将它彻底背叛了"。[90] 1940年1月,来自密西西比州的议员约翰·兰金从众议院的议席上站起来,警告民主党同事不要试图通过支持民权运动议案来检验南方的忍耐性。"请记住",他警告说,"南方民主党议员是参众两院最大的平衡力量。你们的行为有可能让我们永远不再支持你们所在委员会的任务分配方案,也不再支持你们获得所期望的其他职位"。在对南方制度进行攻击时,他果敢地说,"你们这些民主党人士……在自掘坟墓"。[91]

1937年上半年,当国会就两项争议激烈的议案提交讨论时,民主党中形形色色的党团成员之间的同盟关系显然正变得非常脆弱。2月份，罗斯福提出一项司法改组议案，允许总统任命一位新的最高法院法官。更明确地说，当连续任职十年以上、年龄超过70岁的法官还不退休时，总统可以任命一位新的联邦法官。罗斯福总统提出这一议案的目的是阻止最高法院对始于1935年的"新政"立法进行反对。最高法院曾判决《全国工业复兴法案》违宪，后来紧接着又做出《农业调整法案》税收条款和1935年《烟煤养护法案》定价条款无效的判决。一些南方议员，尤其是少数长期反对"新政"的南方人士，开始动员本地区的国会代表进行抵制。他们声称种族关系的转变是黑人扩大权利日程中的第一步。对于罗斯福总统提交的最高法院改组方案，约西亚·贝利坚持说，"罗斯福决意要获得黑人选票，这意味着什么我就不必再说了"。卡特·哥拉斯坚持说，这一改组方案证明罗斯福比"除了林肯以外的任何一位总统"都讨好和帮助非裔美国人。对他们来说，那可恶的法院改组方案"是摧毁白人至上统治地位的首要步骤"。这一法院改组请求使得过去一直支持行政立法的密苏里州的钱普·克拉克和德克萨斯州的汤姆·康纳利（Tom Connally）等参议院著名领袖与罗斯福之间的关系走向破裂。[92]

另一个让人感到惊讶的提案是，1937年春，纽约州民主党众议院白人议员约瑟夫·加瓦根（Joseph Gavagan）试图让瓦格纳-科斯蒂根的反私刑立法提案"重新复活"。加瓦根所在选区的哈莱姆黑贫民窟居住着大量黑人。直到1944年，该选区才有第一位当选的非裔国会代表——亚当·克莱顿·鲍威尔（Adam Clayton Powell）。由于一直牵挂着被法律委员会搁置下来的反私刑立法提案，加瓦根在德克萨斯州议员哈顿·萨姆纳（Hatton Sumners）的带领下，向众议院提交了由多数代表签字的搁置提案"释放申请书"，签字代表总计218人。在"新政"初期的反私刑立法过程中，这类程序性议案还从来没被提交过。[93] 三天后，1937年4月15日，这一法案在众议院以277：120的压倒性支持顺利通过。非南方的民主党议员几乎全部投了赞成票。这是众议院第一次通过由民主党发起的公民权利法案。但遗憾的是,这一法案还是没有躲过1937年11月由民主党占据绝对多数的参议院发起的长达六个星期的立法阻挠程序。由于南方议员的强烈反对,1938年1月27日和2月16日举行的两次结束立法辩论的投票表决均告失败。参议院16位共和党议员中,投赞成票的最初只有一位,后来增加到三位。其余的均投票反对结束立法阻挠。共和党议员投反对票的理由不同于南方民主党议员,他们对于反私刑法案本身表示支持,但却宣称不愿放弃共和党领袖查尔斯·麦克纳里（Charles McNarry）所称的"防止暴政的最后一道屏障"——立法阻挠程序对于处于绝对劣势的少数派的保护。[94]黑人报刊推测评论说,共和党处于多数派地位时发起的立法提案因民主党的阻挠而告失败；倘若获得多数地位的民主党再次发起同样的立法提案,共和党当然还会投反对票加以阻止；同时,由于大量黑人选民抛弃共和党转而支持民主党,故共和党对罗斯福和国会中的民主党议员进行报复。《华盛顿邮报》分析认为,共和党已经预料到,反私刑立法问题会不断给民主党造成困扰。这样,在分裂趋势日益明显的民主党面前,共和党就能处于有利地位；共和党议员还认识到,他们可以通过对这一法案表示强力支持而向黑人选民示好,同时,他们还可以通过立法阻挠不让这一法案最终获得国会批准,从而促使黑人谴责民主党多数派无能。[95]

南方焦虑不断增加的一个明显标志是,与以前的国会辩论相比,参众两院辩论的火药味更加浓烈。[96]跟过去一样,南方议员在辩论中经常强调,其所提交的反私刑法律只针对一个特定地区的一种暴力行为。作为一项法律,它涉及的问题和范围应当更加广泛。所以说这一立法不符合宪法规定,也缺乏必要性和公正性。来自佐治亚州的爱德华·考克斯（Edward Cox）宣称,"南方的种族界限是一项永久性制度"。他把反私刑立法视为"企图动员整个国家的力量打破南方地区白人至上统治精神的一系列举动之中的第一步。其最终目的是实现所谓的社会平等"。[97]佐治亚州参议员理查德·拉塞尔同样强调说,这一法案预示着未来"南方各州的权利"将会遭受更大的侵害。这种侵害将在"中小学、大学、教堂、医院、家庭及所有的公共场所完全消除种族隔离,实现所谓社会平等"的过程中达到顶峰。南卡罗来纳州的伯恩斯同意上述观点,并指出"南方如果投票同意这一法案……那就要默默接受……随之而来的这一系列消除种族隔离的要求"。[98] 公然的种族主义言论变得越来越多。路易斯安那州的艾伦·艾伦德(Allen Ellender)和密西西比州的西奥多·比尔博强烈抗议"种族之间的混居"。艾伦德讲述了种族之间的混血导致的文明堕落。比尔博则告诉反私刑法案的支持者们,"在你们以及法案发起者的衣服上,留下了南方各州子女遭遇黑人暴徒强奸和残害的血迹,也留下了那些施暴凶手的血迹。南方有血性的盎格鲁-撒克逊人绝不会容忍这一切罪恶"。[99] 密西西比州的约翰·兰金表示,"有尊严的南方白人绝对不会袖手旁观,任凭这些暴徒们如此残害毫无防卫能力的妇女同胞们,还有没有王法?"这些经常发表种族主义言论的人并不是单枪匹马地进行个人行动。包括众议员萨姆纳和参议员伯恩斯在内的许多通常保持克制的国会领袖也加入到他们的演说行列。[100]

  1935年,南方议员还在指望民主党同事们共同阻止这一立法的通过。几年后,这种可能性已经几乎不存在了。佐治亚州的马尔科姆·塔佛(Malcolm Tarver)质问道,"当民主党通过'维护地区利益立场'的投票,以压倒性多数支持加瓦根所提出的这一'魔鬼立法'时,南方人就应当问一下自己,'当我们处置种族问题的权利遭到非法干预时,我们如何来保护自己?'"[101] 佐治亚州的保罗·布朗(Paul Brown)将这一立法视为"只是民主党为获得北方大批黑人的选票而表现出的情感诉求。兰金称之为"确保哈莱姆黑人投票支持民主党坦慕尼派的法案"。许多南方议员谴责他们的民主党同事背弃了自己的南方同伴。[102] "一百多年来",考克斯宣称,"南方人一直生活在民主党阵营里面。甚至有时候南方是民主党的唯一盟友。现在,民主党变得比以前强壮有力了,于是就开始掉头攻击自己的盟友,提出如此邪恶卑劣的法案来打击他们"。[103] 甚至参议院最激进的南方议员、佛罗里达州新上任的民主党人士克劳德·派帕尔也为各州的权利鸣不平,对民主党进行抱怨。他用更慎重和确切的话语表示,"这一悲剧性立法提案与1933年3月4日以来全国范围内国民生活中普遍流行的'新政'这一术语所代表的原则精神格格不入"。[104]

南方在国会中的投票模式开始发生迅速改变。他们对民主党的忠诚程度变得更难以把握了。与罗斯福总统执政初期直线上升的选民"党派立场"的投票相比,第二次世界大战前的几年里,选民投票趋势明显发生了一定程度的变化。[105] 在众议院,立法代表投票表决时采取"党派立场"和"跨党派立场"的比例下降了10%;各项表决中,14%的投票结果显示,南方已经背弃民主党而投靠共和党或者采取"保护地区利益立场"。在参议院,这一比例已经上升到9%,是"新政"初期的两倍。总体而言,"党派立场"仍然占据主导地位。但在第10章我们会看到,越来越多的南方代表在投票表决时背离"党派立场",尤其是在劳动力市场、工会组织和社会福利等方面,不支持民主党。这使得"新政"初期与欧洲社会民主制度最相似的一些特征陷入问题和麻烦之中。同样,在第11章中,我们会看到,南方对于德国呼吁种族团结持否认态度;当有国会议员支持对军事实力不断增长的德国、意大利、日本独裁政权采取积极、强硬措施时,南方站在了支持者的最前列。这些变化使人们初步认识到,南方代表在塑造美国这个明显具有正反两方面特征的民族国家的过程中,将发挥关键作用。

四

战争年代见证了对于种族问题始终保持警惕的南方议员内心不断加剧的焦虑情绪。随着南方对于种族问题控制能力的丧失,民主党在这一地区的掌控也变得松懈起来。"新政"初期,人们表现出来的热情其背后所蕴藏的凝聚力已经大大减少,因为南方地区早已习惯的自由采取行动的权力已经很难维持下去了。内战前夕,南方地区领导人曾"严重夸大北方废奴主义的力量,非常令人奇怪地贬低自己在全国范围内的政治实力"。[106] 在20世纪30年代末期和40年代初期,南方国会代表的实力不但没有加强,反而变得更加脆弱。第二次世界大战对南方经济造成严重冲击,黑人运动不断加剧,经济流动性日益增强,公民权利运动激进分子的热情得到鼓励,工会组织获得巨大利益。这一切使得种族问题严重的南方地区面临更大的思想和行动压力。

战后,北方和南方都发生了巨大转变。战争致使大量黑人劳动力被征召到北方许多已经成立工会组织的工厂工作。在1940年,大约有77%的黑人生活在南方,这一比例与1930年相比仅下降了2%;到1950年,全国1500万非裔美国人中,有1/3生活在南方以外的地区。[107] 作为选民,这些生活在南方以外的非裔美国人与民主党中的自由主义势力结成盟友。尽管许多北方白人在公民权利问题上还有些摇摆不定,但北方的大众政治逐渐形成几种因素并存的格局,包括对民主党的认同问题、对"新政"经济政策的支持和不断增强的种族自由主义。[108] 而且,到20世纪40年代中期,民主党中的非南方激进分子和政府工作人员已经成为支持公民权利的最大政治力量。[109] 不认真对待黑人权利问题,党派竞争就无法继续下去。

第二次世界大战期间,南方也发生了巨大变化。[110] 1/4的农民脱离了土地,[111] 劳动力市场极度的供不应求使工会力量得到壮大。1935年,国会在南方议员支持下通过《国家工业关系法案》时,南方的工会力量还非常弱小。二战开始以前的几年里,全国性工会运动主要集中在东北地区和中西部地区那些实施工业化大生产的城市里。在南方,除了新奥尔良的码头和伯明翰的包装车间及钢铁企业的工会运动得到发展外,其他大部分地区的工会运动都远远落后于20世纪30年代全国范围内的工会发展势头。南方工会组织的发展面临很大的障碍,这一地区的工业化水平远远低于全国其他地区。大部分工厂散落在工业发展阻力重重的中小城镇上。大量极端贫穷剩余劳动力的存在使得工人工资低得可怜,工会组织的活动也步履维艰。南方地区的种族制度将工人隔离管制,这样,雇主就可以采取分而治之的策略应对工会运动的崛起。包括美国劳工联合会在大萧条时举行的较大规模的工会组织运动在内,许多试图建立南方工会组织的努力最终都未成功。[112] 因此,尽管个别地方的工会运动得到发展,"1938年南方地区的工会运动……远远落后于在"新政"项目刺激下不断发展的美国东北地区、中西部地区和西部沿海地区"。[113]

第二次世界大战期间,美国劳工联合会和产业组织大会两大工会组织均得到巨大发展。在战时工业扩张和大规模联邦政府投资的刺激下,劳工市场得以壮大,从而促进了工会组织的发展。从珍珠港事件到1943年年末,仅仅两年时间内,南方地区产业工人的数量从160万增加到230万,增长速度更加接近全国的增长水平。在1938年和1948年这两个研究劳工运动发展趋势的重要时间点之间,南方地区工会会员的数量增加了两倍以上,由不到50万人增加到100万人以上。[114] 实际上,在第二次世界大战接近尾声的时候,美国劳工部著名经济学家H. F. 多蒂(H. F. Douty)就注意到,"至于南方,现在的形势不同于以往任何时期"。棉花加工厂的工会组织已经开始发挥作用;工会与各大烟草公司(涉及烟草业90%的从业人员)达成了重要的集体谈判协议;钢铁工会已经牢牢地建立起来;石油、橡胶、服装以及一大批与战争有关的产业工会组织也取得很大成功。由于"黑人在烟草、木材、钢铁等南方产业劳动力中始终占据非常大的比例",多蒂指出,"……这些产业的工会要想获得成功发展,就必须把黑人劳工纳入工会组织"。他补充道,根据战时经验,以及推行种族融合制度的地方工会组织的经验,"有证据表明,黑人和白人劳工们已经认识到,两大种族之间的经济合作不仅是可能的,而且是必需的"。[115] 1946年,展望未来工会发展趋势时,多蒂总结道,"从本质上讲,南方的工会组织是极其重要的,它已经不再局限于道路运输、出版印刷,等等"。[116] 这些剧烈变化显然威胁到南方的传统制度,因而也促使一部分人疯狂反对劳工组织。

他们把工会组织与种族制度的变化和动荡联系起来。

战时的劳工运动经验只是更深刻、广泛的劳工运动变化格局中的一角。[117] 南方农业机械化步伐也在加速发展。几百万南方地区以外的美国人在南方的军营里得到训练,其中仅德克萨斯州就有一百多万人。南方致力于吸引工业企业到该地区投资建厂的努力最后获得成功,[118] 这迫使南方地区的产业结构和技术水平发生了根本性变化。其中,国防部一项超过100亿美元的军事设施和战争产业投资促进了南方地区的道路建设,帮助这一地区克服了"由封闭导致贫困"和"因贫困加剧封闭"的恶性循环。兵工厂生产飞机、轮船和军火,为工业生产提供了动力,使南方地区形成更加持久的工业发展基础。同时军工企业的发展还创造了超过100万个民用就业岗位。就在新的经济结构促进城市快速发展的时候,许多农民前往战场服役,导致不少城镇和乡村被彻底"清空"。从实施种族隔离管制的军营退役后,黑人士兵便在军营附近制造种族骚乱,勇敢地反抗南方地区对黑人权利的限制。

在过去的几十年中,美国最高法院开始陆续做出更倾向于权利平等的判决。1938年,最高法院查办了一起密苏里州将一位黑人公民排除在法律学校之外的违法行为。尽管州政府愿意资助这位公民在其他学校接受法律教育,但这也属于剥夺公民依法享有平等教育权利的行为。同样的例子也发生在阿肯色州,1941年,该州在没有为黑人提供同等交通设施的情况下,拒绝非裔美国人乘坐普尔曼式卧铺火车。最终,最高法院判决阿肯色州违反宪法。更重要的是,最高法院解决了总统选举中初选是否属于联邦宪法管辖范围的问题,这一问题在民主党一党主导的南方地区尤为重要。南方地区的总统选举初选实际上沦为了由民主党独自裁决的选举活动。在1935年德克萨斯州"格鲁伊诉汤森德案"(*Grovey v. Townsend*)中,法院裁决白人控制的初选排除黑人参加选举的行为,不属于宪法第十四次修正案保障公民平等权利条款的保护范围,也不属于宪法第十五次修正案选举权利条款的保护范围,因为这是民主党在未事先征得德克萨斯州立法机构监督或批准的前提下擅自组织的选举活动。但在 1944 年"史密斯诉奥尔赖特案"中，法院却给出了不同的裁决，宣布这类初选违反宪法。理由是，德克萨斯州法律规定这类政党选举属于州立法机构选举过程的内在组成部分。[119] 这一裁决一经宣布立即对黑人参加政治选举活动产生重要影响。在三年时间里，南方地区黑人登记参选的比率增加了一倍以上，达到 12%。[120]

不论是在南方地区还是在非南方地区，非裔美国人均被激进的黑人报刊和民权组织动员起来。全国有色人种协进会会员队伍不断壮大，它动员、支持非裔美国人在国内和国外开展争取自由民主"双重胜利"的运动。在南方地区内部，持不同政见的白人数量也在不断增加。南方地区的自由主义派别不断尝试在一定限度内对种族主义秩序的残暴本质进行批评，并提倡搭建支持种族主义改革的异端思想平台，使教育水平的提高、医疗条件的改善等公民权利问题相互联系起来。这样的异端思想平台还可以把一系列其他公民权利运动相互联系起来：支持州政府现代化建设，在"新政"项目管理过程中消除种族歧视；打击剥夺黑人经济机会的极端不平等现象；抵制对于黑人选举权利的限制——自由主义派别试图将上述一切争取公民权利的运动与战时反法西斯斗争联系起来。[121]

第二次世界大战还见证了联邦政府首次把限制种族歧视作为工作重点。黑人工会组织卧车搬运工兄弟会会长 A. 菲利普·伦道夫计划发动和实施"进军华盛顿"运动，集体抗议军队中的种族隔离制度，并呼吁结束国防工业中的就业偏见。罗斯福总统担心这一运动可能会引发大规模群众骚乱，便于 1941 年 6 月 25 日签发了第 8802 号总统令。按照该命令，联邦政府设立了由五人组成的公平就业实施委员会，以"受理和调查有关种族歧视问题的投诉"，并"采取适当的步骤，对情况属实的投诉案件予以纠正和补偿"。第 8802 号总统令禁止"政府部门、国防工业、工会组织录用工作人员时，因种族、肤色、信仰、国籍不同而对求职者实行就业歧视"。[122] 从南方白人的角度来看，新成立的公平就业实施委员会既缺乏资金支持,又没有什么实际权力,况且还没有国会下达的授权法令。南方应坚持在军队中实施种族隔离措施,以减轻工会力量加强、劳工市场供不应求和种族冲突三大矛盾交织而造成的"恶梦般的"混乱局面。公平就业实施委员会的确有可能唤起劳工人员参加民权运动的热情,对以黑人劳动为基础的南方经济造成严重侵害。因而,南方地区对公平就业实施委员会越来越感到恐惧和担心。[123] 1949 年,理查德·霍夫施塔特撰文对 20 世纪 40 年代和第二次世界大战以前危机年代的形势进行了研究和对比,指出,在二战前的危机年代,"北方出现普遍的社会动荡,南方的黑人奴隶制度则受到广泛的批评和抨击。南方与北方之间的矛盾变得越来越尖锐"。霍夫施塔特继续指出,"刚刚过去的这些年,短期内集中爆发剧烈社会变革的动荡趋势已经形成。同时,黑人劳动者在非南方地区的盟友不断增加,使得他们获得了改变种族地位的无穷动力。南方不得不再次做出强烈反应"。[124]

对于黑人和那些已经认识到南方种族秩序陷入尴尬、过时、遭人唾弃和严重错误的少数白人而言,第二次世界大战是一次"解放战争"。[125]但对于绝大多数南方白人而言,正如奥德姆 1943 年撰文写到的,第二次世界大战使"南方陷入深刻危机的痛苦经历"。奥德姆历数了南方所遭受的种种危机。他指出,这些痛苦经历包括,"普遍的种族主义运动压力迫使南方废除种族隔离制度"、黑人团体领导人的立场变得越来越强硬、黑人民众对于种族隔离制度变得越来越憎恨。总之,奥德姆坚持说,第二次世界大战增加了南方白人与有着合理诉求的黑人之间难以估量和不可逾越的障碍。结果,南方不得不面临有史以来"最大的考验",最终结果如何不得而知。在对"不断上升的紧张趋势"进行一一叙述时,奥德姆富有远见地预测道,"种族危机的最终结局"将对战后的美国国内政治产生直接影响,尤其是对"劳工团体问题"和联邦政府在经济生活中的地位问题更是如此。"上述每一个问题,不论是在思想上还是在行动上",奥德姆继续预测说,"都无法摆脱种族问题的严重困扰"，南方"可能会成为党派之争的一种平衡力量"。[126]

奥德姆的文章表现了一位关注种族主义但对此保持中立态度的学者的观点。他希望能找到一种方法，为未来现实的不确定性指明方向。其他学者的反应则充满严重的暴力色彩和对抗性。"由于担心黑人老兵可能发展成为一股革命力量，致使黑人普遍地不再接受现状，南方白人便到处制造恶意谋杀事件，进而导致动用私刑残害黑人的狂潮席卷整个南方地区。"多年来，三K党第一次在佐治亚州的石头山公园集结，熊熊燃烧的十字架照亮了方圆60英里的土地，向人们昭示，南方将采取一切必要措施，加强和维护这一地区的传统制度。1945年8月15日，日本投降，对日战争结束，此后的三个月里，南方发生了六起私刑残害事件。紧接着在1946年又连续发生七起类似案件，至少五位黑人老兵被以尤金·康纳（Eugene Connor）[外号为"公牛"（Bull）]为首的阿拉巴马州伯明翰市警察杀害，康纳对于民权示威人员的野蛮对待将在20年以后，使整个国家陷入动荡与骚乱之中。[127]

南方对黑人民权运动持抵制态度的主要理论家、阿拉巴马州的律师查尔斯·华莱士·柯林斯试图反对他所认为的黑人在全国范围内对民主党的控制，以及"为黑人争取全面平等行动纲领提供强力支持的"劳工组织。柯林斯写道，正是"民主党内部产生的新情况和新问题"使得南方的焦虑达到疯狂地步。他继续说，"民主党的北方势力坚持为黑人争取平等权利，包括赋予黑人选举权、废除南方种族隔离制度"。柯林斯宣称这是"一个火烧眉毛的紧迫问题，南北双方不可能达成妥协"。他补充说，南方所遭遇的政治困境是史无前例的。"在美国历史上，南方第一次发现自己在梅森－狄克逊线以北丧失了政治盟友。"[128]由于担心立法阻挠在国会辩论中受挫，从而无法保住南方的利益，柯林斯赞成通过两种途径发挥南方的政治影响力：即重新组建一个独立的南方政党，"像现在的南方民主党派别一样，在国会中充当各党派之间的平衡力量"；或者创建一种新的两党并存模式，在这一模式下，南方"虽然在组织上属于民主党，但在思想逻辑上成为共和党的盟友"，在参与投票表决时,逐渐与共和党保守派势力站在一起。[129]

当国会支持更广泛的民权运动,从而致力于将公平就业实施委员会变成联邦政府永久性机构时,南方领导人的焦虑与不安达到了顶峰。第二次世界大战期间的公平就业实施委员会在战争末期被撤销,但这一机构的确在战争期间发挥了重要作用,充分保障了军工企业中的黑人劳工获得公平就业前景。不过这些军工企业大部分集中在北方地区。[130]在南方,公平就业实施委员会还很难打破种族隔离制度对黑人就业模式的束缚。因为,公平就业委员会所仰仗的美国就业局还在照常运行。美国就业局还在维持办公场所的种族隔离制度。它与往常一样,只安排黑人从事简单的重体力工种,从未指导黑人从事技术含量高的蓝领工作或白领工作。在重要的军工企业中,黑人电焊工和其他掌握一技的黑人劳工只被允许从事搬运工和勤杂工等非技术工种。公平就业实施委员会的确对南方国防工业进行过调查,受理过大量针对美国就业局存在种族偏见的投诉,并在1942年5月召开的听证会上发布了所查处的就业歧视案件的调查结果。然而,公平就业实施委员会实际上困难重重。它面临严重的资金短缺,不断遭受到南方官员的坚决抵制,而且其上级主管部门战时人力资源委员会对于公平就业委员会的案件查处采取"防止翻船"的暧昧态度。所有这些因素的制约,使得公平就业实施委员会的工作不可能在南方取得重大进展。[131]

随着第二次世界大战的结束,南方白人的焦虑情绪持续加剧。因为几十万退伍老兵回到南方,他们迫不及待地要改变过去的种族歧视状况。在他们准备重新谋求就业机会时,一项共涉及六位以上雇主的公平就业法律于1946年1月被提交参议院议席讨论。这项法律承诺联邦政府将采取更激进的措施,保障种族平等,故其意义比战争期间的公平就业实施委员会更加深远,因为战争期间设立的公平就业委员会只涉及联邦政府及签署公平就业合约公司的公平就业问题。[132]设立永久性公平就业实施委员会的立法提议禁止种族、信仰、肤色、国籍、族缘等各种形式的歧视行为。它所涉及的用工机构既包括联邦政府部门和州政府部门,也包括工会组织和私有企业主,甚至各地的农业劳动组织也不例外。理查德·拉塞尔很快就认识到这一法案的激进性,并正确指出,"按照第8802号总统令设立的战时公平就业实施委员会和本立法提案建议设立的公平就业委员会,两者间的差距如同耗子和大象的差距一样,不属于同一个重量级,故无法比较。战争期间设立的公平就业实施委员会像耗子般渺小,而本立法提案建议设立的公平就业委员会如同一头大象,将践踏全国所有私营企业主的权利"。[133]

设立永久性公平就业实施委员会的法案对于种族隔离制度的威胁远远大于反私刑法案。用拉塞尔的话说,这一法案"将唤醒人们的阶级和种族意识",因而引发了南方参议员一系列批判性的辩论。这些辩论既涉及合理的反对声音,也包含对联邦政府插手私营经济的夸大性指责,暴露出南方政治家对永久性公平就业实施委员会歇斯底里的恐慌情绪。罗素坚持说,南方白人对于人们种族意识和阶级意识在同时觉醒感到极度焦虑,而这一法案便是引起焦虑的根源,它将"促使国家对工业、商业、农业和其他行业的就业实施全面控制",剥夺"企业主对从业人员进行雇佣、提拔和解聘的权力"。阿拉巴马州的李斯特·希尔同样渲染这一法案是造成人们恐慌的"幽灵","它是官僚小人把美国商业企业收归国有的第一个步骤","这位官僚小人将披着联邦政府权力和威严的外衣,走出华盛顿,进入某一位企业主的城堡——他的企业和厂房——听取这位企业主汇报自己雇佣员工的标准"。来自弗吉尼亚州的伯德把这些官僚小人描述为"自诩为乐善好施者,实则却是打探个人隐私者和爱管闲事者、窃取情报者和惹是生非者"。[134]

有学者认为,这种联邦政府权力对企业的直接干预,是国家走向独裁与极权的预兆。许多南方政治演说家就这一议题进行含沙射影的批评,并对找出的"替罪羊"进行大肆攻击。在佐治亚州的乔治看来,公平就业实施委员会法案代表"极权政治哲学最简单、最极端的表现形式……一个最新的典型就是纳粹德国";在德克萨斯州的威尔伯特·奥·丹尼尔(Wilbert O'Daniel)看来,"公平就业实施委员会法案的哲学理念是纯共产主义性质的。对此，我毫不奇怪，因为它来源于莫斯科"。[135]

这些还属于相对慎重的批评言论。密西西比州的詹姆斯·伊斯特兰用违反天主教和犹太教教义的术语驳斥说，"公平就业实施委员会法案是对《大宪章》本身的公然强暴"。他谴责"美国产生的这一思想派别表达了欧洲南部和东部地区人们的思想意识"。这一思想派别伴随着欧洲移民的到来，已经有五十多年历史了，而且还衍生出了摧毁盎格鲁-撒克逊法理体系和自由、公正理念的企图。这一思想派别的发展在公平就业实施委员会法案中达到顶峰。这是部分别有用心的人所发动的企图摧毁美利坚民族的运动中的一个步骤，他们要摧毁的是无数先烈抛洒热血建立和维护了的我们深深热爱着的这个伟大国家。

正处于第一届参议员任期之内的南卡罗来纳州前州长奥林·约翰斯顿（Olin Johnston）也不甘示弱，他强烈抵制这种破坏自然秩序的行为。约翰斯顿解释说，"种族隔离是与生俱来的……它不可能通过立法加以改变"。来自密西西比州公然的种族主义者比尔博同样描述说，"种族隔离在本质上是极其自然的事情。这是动物世界的自然法则。在满是奶牛的草场上，马不会去抢食……这一普遍法则也适用于人类"。比尔博强调最令他担心的是，他遗憾地看到"在美国有许多白人无视自己种族血统的纯洁性，而鼓励、帮助、支持旨在混淆种族界限的一系列斗争、战役和运动。我敢说，公平就业实施委员会是部分人用来实现所谓社会平等的一个工具。它最终将导致白人与黑人之间的血统混杂、种族混杂和文化混杂"。[136]

许多夸大其词的言论指向工会组织，尤其是产业组织大会。有人指责产业组织大会中的堕落分子和激进分子试图从外部煽动南方的种族主义运动。南卡罗来纳州的伯内特·梅班克称这些煽动分子为"导致未来事态升级的罪魁"，"这些来自美国其他地区的人对黑人的情况一无所知。他们竭尽全力挑起南方种族之间的冲突与成见。他们这些行为最终只能导致更严重的失业，而不是公平就业"。参议员伊斯特兰与梅班克在一场谈话中认为产业组织大会中的某些人类似于重建时期利用南方的不稳定局势而投机谋利的人。正如梅班克所说的,"产业组织大会的领导者们所反对的主要是南方人所拥护的事情"。[137]

这些立法代表们认识到,种族问题和劳工问题相互交织必定会威胁和破坏种族隔离制度。梅班克坚持说,公平就业实施委员会法案"纯粹是一项针对种族隔离制度的法案……目的是废除南方的种族隔离制度"。不论是对种族主义持温和立场者还是持激进立场者,这些人最终都将联合起来,形成南方团结稳固的力量。他们将共同捍卫南方的传统习俗和历史悠久的种族自治制度。约翰斯顿解释了"很久以前南方人如何找到了解决种族问题的唯一明智方式,即实施种族隔离制度",以及为什么"种族隔离制度不是对黑人的歧视,而是对黑人和白人都有利的制度"。在讲述这些愉快经历的同时,梅班克谨慎地表示,"南方不会接受旨在破坏种族制度、实现所谓种族平等的任何措施。我们认为,黑人应当有自己的大学、小学和教堂。如果希望得到社区服务,黑人也完全可以自己建立社区。让他们自己解决自己的问题,其他人不要干涉"。[138]

战争导致了美国社会的深刻变化。南方所坚持的"不干涉"政策显然已经行不通了。南方对"新政"的忠诚与信仰同白人至上原则之间的冲突变得愈加尖锐起来。在阻止公平就业实施委员会法案进行投票表决时,南方只动员和影响了36位议员投票同意维持阻挠辩论(有48人投票同意结束辩论)。这一事实充分说明南方面临的形势不容乐观。[139] 面对变幻不定的紧张局面,即使比公平就业实施委员会法案温和得多和没有什么直接挑战性的立法提案,南方人也将其视为一种对抗行为。他们甚至对每一项有可能成为法律的议案都要进行认真评估,以确认是否对种族自治制度造成不利影响。似乎战争的阴云再次笼罩了大地。不过,这一次战场转移到了南方。这一地区的整个生活状态似乎面临着严重威胁。

南方议员对局势的评估极大地影响了南方民主党这一时期所取得

5. 黑人国会 249

的成果。在以前的政党竞争中，民主党中的南方派一般通过"向本党北方派别施压"而"防止本地区利益受到严重侵害"。现在南方议员如果再沿用过去应对民主党北方派别的手段，显然已经远远不足以维护南方的利益了。最终，在20世纪40年代，南方的势力明显变得更加稳固和自信了，以至于在南方成功阻挠1949年2月和3月公平就业实施委员会法案的表决后，霍夫施塔特对这两次立法阻挠给予了积极评价，他最后指出：

> 南方显然仍具有平衡力量。南方政治家们已经下决心随时动用这一平衡力量，与共和党保守派联合参与投票表决，不经过南方议员同意，任何有关经济改革和种族关系的立法都不可能获得国会的批准……民主党作为一个"自由主义"党派的地位变得越来越尴尬。它能否成功获胜取决于敌对派别在国会中是否投反对票。[140]

192　南方在国会中作为中间选民的地位迅速上升。南方派别逐渐发展成为介于民主党北方派别和共和党之间的第三方独立政治力量，但绝大多数时候，在南方的思想意识中，民主党仍然占据中心地位。当他们认为种族秩序没有受到威胁时，南方议员还是愿意投票支持民主党，而且他们经常会这样做。不过当南方的利益受到影响时，极度焦虑的情绪通常会使他们感到大难临头。一旦认为某一特定的重大议题会威胁南方种族秩序，他们在投票表决时就会主动站到共和党阵营，或者独立选择自己的立场。这种叛离民主党的情况时常发生。这时他们就会按照自己的判断对哪些议案可以成为法律，哪些不能获得通过做出裁决。

193　美国内战前夕，在每一个主要政党中均安插南方力量这一策略显然已经不足以保护奴隶制度这一南方最大关切了。由于担心南方因过分维护地区利益而遭遇政治上的彻底失败，约翰·C. 卡尔霍恩（John C. Calhoun）提出了"联合多数"的宪政思想。他主张，当一个州或由几个州组成的联合团体核心利益受到损害时,他们有权在国会否决相应的联邦法案。在20世纪40年代,南方对于能否继续牢固地坚守"优等种族理论和一党制相结合"的南方制度模式丧失了信心,因为种族关系和白人至上信条都已经变得风雨飘摇和脆弱不堪了。这时南方政治家们再次将卡尔霍恩的策略派上用场——当然,他们不是要实施联邦宪政主义,而是把它作为巩固南方团结和保住议会否决权的策略。对于南方来说,这一策略的基本做法是,根据某一特定法案的具体内容,选择和变换所支持的盟友。[141]

在公平就业实施委员会立法辩论期间,控制弗吉尼亚政坛的参议员伯德强调"南方为什么是民主党的中坚力量。谁也无法否认这一事实。没有南方的支持,民主党就无法作为一个全国性政党而生存下来"。他补充道,"令人难以理解的是,为什么来自西部和北方的民主党同事们反复提出一些既有失公允,又毫无根据的法案,来刺激和伤害南方的情感"。来自路易斯安那州的奥弗顿(Overton)想弄清楚"民主党如此恩将仇报还能持续多少年"?许多人认为这样下去一定会产生严重后果。奥·丹尼尔示意共和党加入南方民主党阵营,共同组建新的联盟,以限制民主党滥用联邦权力。"这样,我们就可以让信奉这一政治哲学,即离开黑人选民就无法参与选举的北方民主党派去对面议席占据那些空余位置了。"比尔博也加入到谴责声讨中来,指着参议院议席上共和党与民主党之间的界限,警告说,"如果北方民主党派别继续这样耍弄我们南方派别,我们就在这一侧跟他们划清界限"。[142]

南方民主党派的确做出了这样的选择。我们将发现,南方在更加独立地发挥作用方面做出的举动,不仅限于反对种族秩序的根本变化。由于全国其他地区都存在自由派与保守派、民主党与共和党之间的纷争,团结统一的南方民主党派还可以通过决定立法辩论的结果来捍卫自身的利益。

南方民主党派别的选举策略和行为,以及其针对不同的公共政策寻求不同表决获胜联盟的做法,对一大批国家政策的出台产生了广泛影响。在过去,国家制定国内政策的视野非常开阔,要经过全面规划,还要在力量不断增强的工会组织支持下,谋求不同团体利益代表的参与。现在的情况是,政策视野狭窄,政策工具缺乏果断性。这将决定美国立法程序的根本面貌。同时,我们将看到,华盛顿的南方国会代表将控制实现国家奋斗目标和保证国家安全的一切手段。这是当时美国政治面貌的另一面。

随着这段历史的展开,南方民主党所采取的精于考量的务实取向对国会中另外两大选举阵营造成严重影响。我们已经看到,在始于20世纪30年代末期的"新政"第二阶段,一大批经过认真考量的"新政"议案开始陆续被提出来。这些"新政"议案的提出比纯粹的党派纷争更加复杂,后果更加难以预料。因为这时南方民主党派为了自身的某些利益加入到了共和党阵营,与"新政"唱起反调。在后来的第二次世界大战期间直到战后,政党竞争出现了完全不同的形式。共和党抓住天赐良机,与议席对面的民主党南方多数派组成选举联盟,这些民主党南方多数派一直在谋划着背离民主党的既有立场。反过来,民主党中的非南方成员却迫切需要南方投票支持他们实现自己的发展目标,他们不得不对南方的容忍底线进行更加仔细的考量。可能的时候,他们会尽力调整自己的立法提案,以迎合南方的诉求。

接下来要讨论的主题是,1942年和1944年在国会中引起两次震动的士兵投票权问题,从中我们可以看到,"新政"第三阶段中各阵营进行利益考量和判断的过程。

注释

1. 这是一项具有争议性的任命。拉马尔的任命表决结果是42比38。
2. John F. Kennedy, *Profiles in Courage* (New York: Harper and Brothers, 1956), p. 273. 一件引人注目的事情是,1874年4月25日,拉马尔在众议院向查尔斯·萨姆纳亲致悼词。萨姆纳是一位来自马萨诸塞州的废奴主义者,同时也是一位激进的共和党议员,他呼吁尽早结束南北分裂局面。肯尼迪称其为"自内战结束到世纪之交南方向国家贡献的一位最具天才的政治家"。(第188页)

3. Twelve Southerners, *I'll Take My Stand* (New York: Harper and Brothers, 1930).
4. 这是该团体主要领导人弗兰克·奥斯利（Frank Owsley）给出的评价。见 Richard H. King, *A Southern Renaissance: The Cultural Awakening of the American South, 1930–1955* (New York: Oxford University Press, 1980), p. 58.
5. Virginius Dabney, *Liberalism in the South* (Chapel Hill: University of North Cardina Press, 1932), pp. 265, 428; Hans L. Trefousse, *Historical Dictionary of Reconstruction* (New York: Greenwood Press, 1991), pp. 126–27. 另见 Wirth Armisted Cate, *Lucius Q. C. Lamar: Secession and Reunion* (Chapel Hill: University of North Carolina Press, 1935); James B. Murphy, *L. C. Q. Lamar: Pragmatic Patriot* (Baton Rouge: Louisiana University Press, 1973).
6. 引自 Elizabeth Sanders, "Ballots and Bounty: Suffrage Expansion and Policy Change in the South"（博士论文, Cornell University, 1978), p. 217. 爱德华·L. 埃尔斯对与种族隔离相伴而来的经济发展在南方政治和政策制定过程中的作用进行了有益讨论，见 Edward L. Ayers, *The Promise of the New South: Life after Reconstruction* (New York: Oxford University Press, 1992).
7. William N. Parker, "The South in the National Economy, 1865–1870, " *Southern Economic Journal* 46 (1980): 1045.
8. 同上, p. 1032. 另见 George B. Tindall, *The Emergence of the New South, 1913–1945* (Baton Rouge: Louisiana State University Press, 1967), pp. 111–42.
9. Calvin B. Hoover and B. U. Ratchford, *Economic Resources and Policies of the South* (New York: Macmillan, 1951); Clarence Heer, *Income and Wages in the South* (Chapel Hill: University of North Carolina Press, 1930); Richard Sterner, *The Negro's Share: A Study of Income, Consumption, Housing and Public Assistance* (New York: Harper and Brothers, 1943); B. B. Kendrick, "The Colonial Status of the South, " in *The Pursuit of Southern History: Presidential Addresses of the Southern Historical Association, 1935–1963*, ed. George Brown Tindall (Baton Rouge: Louisiana State University Press, 1964), pp. 90–105. 本文系肯德里克教授于 1941 年 11 月 7 日发表的主席演讲词。
10. Maury Maverick, "The South Is Rising, " *Nation*, June 17, 1936, p. 772. "尽管具有强烈的激进主义思想，这位性格好斗的德克萨斯人却迟迟不愿放弃其对黑人所持有的传统家长制观点……马维尔雷克有时甚至极端地将黑人排斥在党派政治之外——因此，直到 1944 年'白人至上'被宣布违宪为止，作为德克萨斯州'白人至上原则'自由卫士的马维尔雷克始终表现得很矛盾和尴尬。"见 John Egerton, *Speak Now against the Day: The Generation before the Civil Rights Movement in the South* (Chapel Hill: University of North Carolina Press, 1995), p. 223.
11. Howard W. Odum, *The Way of the South: Toward the Regional Balance of America* (New York: Macmillan, 1947), pp. 229–30.
12. 在不对南方种族主义制度造成威胁的情况下，南方采取了默认态度。这与很久以前的早期废奴主义者和激进的共和党反对者形成了鲜明对比。见 George B. Tindall, "The Central Theme Revisited, " in *The Southerner as American*, ed. Charles Grier Sellers Jr. (Chapel Hill: University of North Carolina Press, 1960), p. 114.

13. 其中共和党人奥斯卡·德普里斯特（Oscar DePriest）于1928年在芝加哥南部地区首次当选。1934年，德普里斯特在任职竞选中输给了黑人民主党议员亚瑟·米切尔（Arthur Mitchell）。关于种族与芝加哥政治问题的讨论，见 Ira Katznelson, *Black Men, White Cities: Race, Politics, and Migration in the United States, 1900–1930, and Britain, 1948–1968* (New York: Oxford University Press, 1973).

14. 见 J. B. Shannon, "Presidential Politics in the South, " *Journal of Politics* 10 (1948): 464–89.

15. William E. Leuchtenburg, *The White House Looks South: Franklin D. Roosevelt, Harry S. Truman, Lyndon B. Johnson* (Baton Rouge: Louisiana State University Press, 2005), p. 56. 艾伦·布林克利曾敏锐地指出，"罗斯福是一个善于构筑政治同盟的人"，他善于"协调各政治派别之间的利害关系，扩大自己的支持者群体，从而赢得现有领导人对自己的信赖。在南方，这不仅意味罗斯福可以通过资助的分配和工程项目的管理使政治精英们热情支持自己的政治主张，而且意味着其可以凭借自己的政治才能成功避免有可能造成南方地区产生对立情绪的问题。因此，新政尽量避免对南方种族隔离制度构成威胁；在对救济计划的开展进行管理时，尽量对种族歧视问题进行包容；接受不同种族之间实施差异工资标准的做法；拒绝批准反私刑立法；在支持南方地区工会组织的发展方面明显缺乏热情"。见 Brinkley, "The New Deal and Southern Politics, " in *The New Deal and the South*, ed. James C. Cobb and Michael Namorato (Jackson: University of Mississippi Press, 1984), pp. 101–2.

16. Egerton, *Speak Now against the Day*, p. 115.

17. David Levering Lewis, "The Appeal of the New Deal, " *Reviews in American History* 12 (1984): 554. 刘易斯指出，"罗斯福政府似乎在刻意关注如何避免关于公民权利问题的讨论"。（第556页）

18. Walter White, *A Man Called White: The Autobiography of Walter White* (Athens: University of Georgia Press, 1995), pp. 168–69. 然而，怀特"高兴地离开会议室，相信自己已经胜券在握"，因为他知道罗斯福已经"答应与参议员瓦格纳讨论如何促使法案获得通过，并且答应亲自告诉参议院中的民主党议员，他本人希望法案能够获得批准"。但目前没有任何证据表明罗斯福的确这样做过。见 Kenneth Robert Janken, *White: The Biography of Walter White, Mr. NAACP* (New York: New Press, 2003), p. 210. 罗斯福在这一问题上并没有多少选择。"如果总统打破了南方对黑人设置的限制和障碍"，洛伊希滕堡指出，"不仅黑人不会给予他所需的支持（他们之中甚至很少有人参加投票），而且在种族问题上持坚定立场的少数白人也不会给予他所需的支持"。见 Leuchtenburg, *The White House Looks South*, p. 59.

19. Leuchtenburg, *The White House Looks South*, pp. 56–57. 另见 Raymond Wolters, "The New Deal and the Negro, " in *The New Deal: The National Level*, ed. John Braeman, Robert H. Bremner, and David Brody (Columbus: Ohio State University Press, 1975).

20. Frank Freidel, *F.D.R. and the South* (Baton Rouge: Louisiana State University Press, 1965), p. 41. "关于南方在国会中的领导地位"，弗莱德尔指出，"罗斯福或许准备在这几个月里，给予他们几乎全部自由，因为他不想让这些问题影响民众对自己的全面支持"。（第45页）

21. Odum, *The Way of the South*, p. 231.
22. 1945年9月8日，朗在路易斯安那州巴吞鲁日遭到暗杀人员枪击，并于四天后离开人世。
23. Carter Glass to Walter Lippmann, August 10, 1933; 引自 James T. Patterson, *Congressional Conservatism and the New Deal* (Lexington: University of Kentucky Press, 1967), p. 13.
24. Freidel, *F.D.R. and the South*, p. 46; "南方反对者们对'新政'进行大肆抱怨与指责，但其对立法过程的影响是微不足道的。" 见 James T. Patterson, *Congressional Conservatism and the New Deal* (Lexington: University of Kentucky Press, 1967), p. 31.
25. Patterson, *Congressional Conservatism and the New Deal*, pp. 57, 58.
26. Richard Hofstadter, *The Age of Reform: From Bryan to F.D.R.* (New York: Vintage, 1955), p. 302.
27. 南方学者常常争相从符合自由民主原则的角度论证计划的合法性，并要求在自己所处的贫困地区进行推广。例如，Vanderbilt economist John V. Van Sickle's *Planning for the South: An Inquiry into the Economics of Regionalism* (Nashville: Vanderbilt University Press, 1943). 本书对"自由计划"（liberal planning）与"总体计划"（total planning）进行了对比。
28. 见 Ira Katznelson, *When Affirmative Action Was White: An Untold History of Racial Inequality in Twentieth-Century America* (New York: W. W. Norton, 2005).
29. Bureau of the Census, U.S. Department of Commerce, Fifteenth Census of the United States: 1930 (1933); Bureau of the Census, U.S. Department of Commerce, Sixteenth Census of the United States: 1940 (1943).
30. 非裔美国人没有选择的余地。不对农业工人的劳动时间和工资标准进行约束和限制，可能意味着无休止的劳役；如果提高工资标准，限制劳动时间，又经常意味着丧失就业机会进而陷入更加贫困的境地。
31. Travis M. Adams, "The Arkansas Congressional Delegation during the New Deal, 1933–1936"（硕士论文，Vanderbilt University, 1962), pp. 248–49; 引自 Patterson, *Congressional Conservatism and the New Deal*, p. 65.
32. Hofstadter, *The Age of Reform*, p. 307.
33. Leuchtenburg, *The White House Looks South*, p. 2.
34. Broadus Mitchell, "Southern Quackery," *Southern Economic Journal* 3 (1936): p. 143. 米切尔呼吁南方支持这样一项综合性方案：将结束私刑等种族主义犯罪行为与"我们面临的普遍问题是资本主义的剥削"这一认知结合起来。（第145页）他认为，对南方而言，否认这样一个核心问题，无异于是一种欺骗行为。
35. 1892年，一位暴徒在新奥尔良对11位意大利人用私刑进行残害，引发了国际性的抗议和声讨。随后，本杰明·哈里森总统提议国会开展相关立法工作。其第一份立法提案主要是对外来人口采取保护措施。但在第二份提案中，保护范围扩展到了非裔美国人。见 Will Maslow and Joseph B. Robinson, "Civil Rights Legislation and the Fight for Equality, 1862–1952," *University of Chicago Law Review* 20 (1953): 380.
36. Howard W. Odum, "Lynchings, Fears, and Folkways," *Nation*, December 30, 1931, pp. 719–20.

37. 见 http://www.law.umkc.edu/faculty/projects/ftrials/shipp/lynchingyear.html.
38. Philip Dray, *At the Hands of Persons Unknown: The Lynching of Black America* (New York: Random House, 2002), p. 335.
39. *New York Times*, October 28, 1934. Walter White, *The Lynching of Claude Neal* (New York: NAACP, 1934). 这一宣传手册得到广泛发行。关于私刑的记述，见 Robert L. Zangrando, "The NAACP and a Federal Anti-Lynching Bill, 1934–1940," *Journal of Negro History* 50 (1965): 110.
40. 首席检察官声称华盛顿政府对这些没有管辖权力，因为联邦反绑架法与金钱动机有关。Tindall, *The Emergence of the New South*, p. 551.
41. Eleanor Roosevelt to Walter White, March 19, 1936, ER Correspondence, Franklin D. Roosevelt Library, Hyde Park, NY; 引自 Dray, *At the Hands of Persons Unknown*, p. 344.
42. 《纽约时报》的专栏作家阿瑟·克罗克（Arthur Krock）称赞南方宪政制度健全。见 *New York Times*, May 2, 1935. 威廉·D. 福特（William D. Ford）从学者的角度对南方的立场给予支持，见 "Constitutionality of Proposed Federal Anti-Lynching Legislation," *Virginia Law Review* 34 (1948): 944–53.
43. George C. Rable, "The South and the Politics of Antilynching Legislation, 1920–1940," *Journal of Southern History* 51 (May 1985): 201–20 对这次辩论进行了分析。1938 年布莱克被任命法院的职务时，其原来的职务由李斯特·希尔接任。希尔"对于贫穷的白人阶层来说，是一位自由主义者；对于贫穷的黑人阶层来说，则是一位种族主义者"。见 Gary Boulard, "The Failure of the Southern Moderates," *American Quarterly* 40 (1988): 416.
44. *New York Times*, April 26, 1935. 文章引用了来自北卡罗来纳州的约西亚·贝利的话。
45. Rable, "The South and the Politics of Antilynching Legislation," p. 212.
46. *New York Times*, April 28, 1935.
47. 同上，April 29, 1935.
48. *Congressional Record*, 74th Cong., 1st sess., May 1, 1935, p. 6687; *Chicago Daily Tribune*, May 2, 1935.
49. Jeffrey A. Jenkins, Justin Peck, and Vesta M. Weaver, "Between Reconstructions: Congressional Action on Civil Rights, 1891–1940," *Studies in American Political Development* 24 (2010): 81.
50. Rable, "The South and the Politics of Antilynching Legislation," p. 210.
51. Odum, *The Way of the South*, p. 229.
52. Ella Lonn, "Reconciliation between the North and the South," in *The Pursuit of Southern History: Presidential Addresses of the Southern Historical Association*, ed. George Brown Tindall (Baton Rouge: Louisiana State University Press, 1964), pp. 207, 208. 见 Carol Bleser's "Tokens of Affection: The First Three Women Presidents of the Southern Historical Association" in *Taking Off the White Gloves: Southern Women and Women Historians*, ed. Michele Gillespie and Catherine Clinton (Columbia: University of Missouri Press, 1998), pp. 145–57.
53. 这一方法"几乎没有关注种族正义问题，而是抛开种族因素对南方人进行评价"。见

"Introduction: The Report in Historical Perspective," in *Confronting Southern Poverty in the Great Depression: The Report on Economic Conditions of the South with Related Documents*, ed. David L. Carlton and Peter A. Coclanis (Boston: Bedford Books, 1996), p. 26.

54. 区域研究运动最主要的成果是 Howard W. Odum, *Southern Regions of the United States* (Chapel Hill: University of North Carolina Press, 1936). 奥德姆作为当时国内的一位重要学者，于 1930 年担任美国社会学研究会主席。

55. "Request for Report," June 22, 1938, and "The President's Letter," July 5, 1938, in The National Emergency Council, prepared for the president, *Report on Economic Conditions of the South*, p. 1; 报告再版于 Carlton and Coclanis, *Confronting Southern Poverty in the Great Depression*, pp. 41–82; 原文最初发表于一份发行量很大的小册子，第一版发行数量达 100,000 份。Leuchtenburg, *The White House Looks South*, pp. 102–12 对这一问题进行了有益的探讨。

56. B. B. Kendrick, "The Colonial Status of the South," in Tindall, *The Pursuit of Southern History*, p. 90. 关于南方殖民状况及地区问题的研究，见 Numan Bartley, "Beyond Southern Politics: Some Suggestions for Research," in *Perspectives on the American South*, Vol. 2, ed. Merle Black and John Shelton Reed (New York: Gordon and Breach, 1984), pp. 40–41.

57. 相关讨论，见 Katznelson, *When Affirmative Action Was White*, pp. 25–52.

58. National Emergency Council, *Report on Economic Conditions of the South*, p. 22.

59. 同上，28. 1930 年，南卡罗来纳州每位黑人儿童的教育支出是 5.2 美元，但每位白人儿童的教育支出却高达 52.89 美元。密西西比州、佐治亚州、阿拉巴马州和路易斯安那州的对比数据分别是：5.94 美元与 31.33 美元、6.98 美元与 31.52 美元、7.16 美元与 37.50 美元、7.84 美元与 40.64 美元。见 W. T. Couch, "The Negro in the South," in *Culture in the South*, ed. W. T. Couch (Chapel Hill: University of North Carolina Press, 1934), p. 459.

60. *Report on Economic Conditions of the South*, pp. 29–32. "需要就医的黑人有可能被阻挡在白人医院外面，即使进了这样的医院他们也找不到一位黑人医生为自己治疗疾病。多数情况下，即使病情危及生命，黑人也无法进入白人医院接受治疗。完全由黑人开办的医院或由部分黑人参与开办的医院均分散在南方的不同区域，只有黑人到这些医院里接受治疗，而这些医院的治疗条件和设备往往差到极点，以致于白人无论再怎么自我克制也难抑制自己的情绪而愤然远离这些地方。"见 Couch, "The Negro in the South," p. 472.

61. *Report on Economic Conditions of the South*, pp. 33–36. 关于这一时期南方经济数据更详尽的研究，见 Richard Sterner, *The Negro's Share: A Study of Income, Consumption, Housing, and Public Assistance* (New York: Harper and Brothers, 1943); Rupert B. Vance, *All These People: The Nation's Human Resources in the South* (Chapel Hill: University of North Carolina Press, 1945); Maurice R. Davie, *Negroes in American Society* (New York: McGraw Hill, 1949). 长远性研究，见 John C. McKinney and Edgar T. Thompson, *The South in Continuity and Change* (Durham, NC: Duke University Press,

1965). Couch, *Culture in the South* 对于"新政"初期南方农业、工业和城市化问题进行了大量的研究,并给出了充分的定性评价。

62. Robert H. Zieger, *The CIO, 1935–1955* (Chapel Hill: University of North Carolina Press, 1995), pp. 32–34.
63. Sidney Fine, *Sit-Down: The General Motors Strike of 1936–1937* (Ann Arbor: University of Michigan Press, 1969).
64. Edward Levinson, *Labor on the March* (1938; reprint, Ithaca, NY: Cornell University Press, 1995), p. 169.
65. Richard B. Freeman, "Spurts in Union Growth: Defining Moments and Social Processes," in *The Defining Moment: The Great Depression and the New American Economy in the Twentieth Century*, ed. Michael D. Bordo, Claudia Goldin, and Eugene N. White (Chicago: University of Chicago Press, 1998), p. 282.
66. Levinson, *Labor on the March*, p. 236; Michael Goldfield, *The Decline of Organized Labor in the United States* (Chicago: University of Chicago Press, 1987), p. 10.
67. American Federation of Labor, *Next Steps in Social Insurance* (Washington, DC, 1939); Congress of Industrial Organizations, *Security for the People* (Washington, DC, April 1940). 这两项计划包括国民医疗综合保障方案。
68. Hofstadter, *The Age of Reform*, p. 308.
69. "编织业的衰败……是南方邦联主义走向经济停滞的开端。"见 Tindall, *The Emergence of the New South*, p. 512.
70. J. Wayne Flynt, "The New Deal and Southern Labor," in *The New Deal and the South*, ed. Cobb and Namorato, p. 71. 按照密尔顿·德伯1938年的估计,原南部邦联11个州的会员大概有50万人。见 Milton Derber, "Growth and Expansion," in *Labor and the New Deal*, ed. Milton Derber and Edwin Young (Madison: University of Wisconsin Press, 1957), p. 28.
71. Herbert R. Northrup, *Organized Labor and the Negro* (New York: Harper and Brothers, 1944), pp. 3–8.
72. Harvard Sitkoff, *A New Deal for Blacks: The Emergence of Civil Rights as a National Issue* (New York: Oxford University Press, 1978), p. 169. 佛林特同时指出:"20世纪30年代劳工团体在新政立法的支持下发起的劳工组织运动从四个方面改变了南方社会的基本面貌。第一,产业的联合对未实施联合的大型企业造成了严重威胁。这些大企业曾经反复击退美国劳工联合会的抵抗运动。第二,产业工会联合会对作为南方社会基石的种族主义原则造成重大挑战。第三,产业工会联合会中的议会联盟和知识分子联盟不断对否认公民权利的行为给予历史性的打击。最后,20世纪30年代的劳工运动拓宽了政治参与的范围。"见 Flynt, "The New Deal and Southern Labor," P72. "1935年以前",诺思拉普总结指出,"工会运动对黑人而言与其说是一种帮助还不如说是他们争取权利的障碍。即使工会组织最健全的产业——铁路运输业、建筑业和出版印刷业——其工会组织也对黑人实施歧视性政策,或黑人会员所占的比例极其微小。从1936年开始,这一状况逐渐有了转机。通过集体协商制度的实施,几千名黑人的工资得到提高,劳动条件得到改善,并享受到了劳动保障"。见

Northrup, *Organized Labor and the Negro*, p. 255.

73. 见 Robert K. Carr, *Federal Protection of Civil Rights: Quest for a Sword* (Ithaca, NY: Cornell University Press, 1947); Kevin J. McMahon, *Reconsidering Roosevelt on Race: How the Presidency Paved the Road to Brown* (Chicago: University of Chicago Press, 2004), especially chapters 3–5.

74. 然而，格伦达·吉尔摩在罗斯福获得连任后给予的评价未免有些过于夸张。"他试图博取南方实业家对民主党政治力量的支持。这些南方实业家靠雇佣廉价劳动力以及盘剥贫穷的白人和非裔美国人而起家，并获得了巨大的政治话语权。" 见 Glenda Elizabeth Gilmore, *Defying Dixie: The Radical Roots of Civil Rights, 1919–1950* (New York: W. W. Norton, 2008), p. 233.

75. Franklin D. Roosevelt, "Address at the Dedication of the New Chemistry Building, Howard University, Washington, D.C.," October 26, 1936, in *The Public Papers and Addresses of Franklin D. Roosevelt*, vol. 4 (New York: Random House, 1938), p. 537.

76. Frank R. Kent, "The Swing of the Negroes," *Baltimore Sun*, November 12, 1936; 引自 Nancy J. Weiss, *Farewell to the Party of Lincoln: Black Politics in the Age of FDR* (Princeton, NJ: Princeton University Press, 1983), p. 208. 威斯强调经济变革如何促使黑人转向支持民主党。其他学者还同时强调罗斯福政府采取的举措如何导致种族状况发生了有限而真实的变化。关于这一观点的论述，见 Sitkoff, *A New Deal for Blacks*, and John B. Kirby, *Black Americans in the Roosevelt Era: Liberals and Race* (Knoxville: University of Tennessee Press, 1980).

77. "多数黑人知道，他们得到的资助比白人少，实际上他们需要更多的资助。但问题是，他们毕竟得到了这些帮助，这使得他们的家人避免了被饿死的命运。" Weiss, *Farewell to the Party of Lincoln*, p. 211.

78. Tindall, *The Emergence of the New South*, p. 557. 另见 Shannon, "Presidential Politics in the South," p. 469.

79. John A. Salmond, *The Civilian Conservation Corps, 1933–1942: A New Deal Case Study* (Durham, NC: Duke University Press, 1967), pp. 91–101.

80. Leuchtenburg, *The White House Looks South*, p. 62.

81. 见 http://www.gwu.edu/~erpapers/teachinger/lesson-plans/notes-er-and-civil-rights.cfm.

82. Freidel, *F.D.R. and the South*, p. 80; Lewis, "The Appeal of the New Deal," p. 558; Tindall, *The Emergence of the New South*, p. 556.

83. 1940 年的选举结果表明，"在这几个州中，黑人的潜在选票几乎均超过了罗斯福的胜出票数，只有俄亥俄州例外。该州的选票优势被杜威占据，但罗斯福与杜威的差距远远小于黑人的潜在选票数"。见 Shannon, "Presidential Politics in the South," p. 470.

84. 见 Egerton, *Speak Now Against the Day* 对南方激进主义的讨论；Patricia Sullivan, *Days of Hope: Race and Democracy in the New Deal Era* (Chapel Hill: University of North Carolina Press, 1996); and Gilmore, *Defying Dixie*.

85. 相关讨论，见 Sean Farhang and Ira Katznelson, "The Southern Imposition: Congress and Labor in the New Deal and Fair Deal," *Studies in American Political Development*

19 (2005): 1–30. 另见 Michael Goldfield, *The Color of Politics: Race and the Mainsprings of American Politics* (New York: New Press, 1997), pp. 176–261.

86. 引自 Leuchtenburg, *The White House Looks South*, p. 128.
87. 1938 年，著名诗人、评论家唐纳德·戴维森指出，"随着新政逐步失去新意，我们在一步步走向混乱的深渊"。戴维森帮助创建了南方重农学派，他后来领导了田纳西州的白人公民委员会。见 Donald Davidson, "An Agrarian Looks at the New Deal," *Free America* 2 (1938): 4; 重印于 *The Southern Agrarians and the New Deal: Essays after "I'll Take My Stand,"* ed. Emily S. Bingham and Thomas A. Underwood (Charlottesville: University Press of Virginia, 2001), p. 125.
88. 引自 Egerton, *Speak Now against the Day*, p. 117.
89. 关于这一时期政党联盟和选举动态的系统研究，见 Alan Ware, *The Democratic Party Heads North, 1877–1962* (New York: Cambridge University Press, 2006), 特别是第 6 章和第 7 章。
90. *Fayette Chronicle*, September 28, 1937; 引自 Leuchtenburg, *The White House Looks South*, p. 127.
91. 当时正在讨论和审议反私刑立法。*Congressional Record*, 76th Cong., 3d sess., January 10, 1940, p. 248.
92. Patterson, *Congressional Conservatism and the New Deal*, pp. 98–99, 111–13. 1937 年 3 月下旬、4 月份和 5 月份，法院发布了一系列支持"新政"的裁决，其中包括支持《全国工业关系法案》和《社会保障法案》。随后在 7 月份参议院举行的"重新提交审议"的表决中，罗斯福方案以 70∶20 决决结果，免于"重新提交审议"。
93. 关于"审议请愿"和公民权利立法问题的研究，见 Eric Schickler, Kathryn Pearson, and Brian D. Feinstein, "Congressional Parties and Civil Rights Politics from 1933 to 1972," *Journal of Politics* 72 (2010): 672–89. 感谢埃里克·谢克勒（Eric Schickler）与我分享了关于"审议请愿"的数据资料。
94. *Congressional Record*, 75th Cong., 3d sess., January 27, 1938, p. 1165.
95. Jenkins, Peck, and Weaver, "Between Reconstructions," p. 85.
96. 迈克尔·珀曼指出，南方议员为保护种族隔离社会制度而制定的策略，似乎类似于一个世纪前密苏里危机爆发期间奴隶制首次受到攻击时所采取的应对策略。"人们还记得当时的情形。南方议员们采取顽固的立场，最大限度地保留了这一制度。同样，为了保留实际上令多数南方人感到悲哀的私刑制度，他们也采取顽固的立场，最大限度地维护白人至上原则。" Michael Perman, *Pursuit of Unity: A Political History of the American South* (Chapel Hill: University of North Carolina Press, 2009), p. 244.
97. *Congressional Record*, 75th Cong., 1st sess., April 15, 1937, p. 3550.
98. 同上, 3d sess., January 26, 1938, pp. 1101–02; January 11, 1938, p. 310.
99. 同上, January 21, 1938, p. 873.
100. 同上, January 14, 1938, pp. 506–7; February 2, 1938, pp. 1391–99, 1390; 同上, 1st sess., April 13–14, 1937, pp. 3447–48, April 15, 1937, p. 3524; 同上, 3d sess., January 11, 1938, p. 305. 关于沃尔特·怀特和多数派领导人阿尔本·巴克利，伯恩斯曾抱怨道："巴克利首先要做的事情就是跟那位黑鬼讲话。"引自 Rable, "The South and the

Politics of Antilynching Legislation," p. 218.
101. *Congressional Record*, 75th Cong., 1st sess., April 13, 1937, p. 3437.
102. 同上, p. 3444; April 15, 1937, p. 3547.
103. 同上, 1st sess., April 15, 1937, p. 3550.
104. 同上, 3d sess., January 24, 1938, p. 973.
105. 关于这些结构变化的论述, 见 John Robert Moore, "The Conservative Coalition in the United States Senate, 1942–1945," *Journal of Southern History* 33 (1967): 370–72.
106. David Brion Davis, *Challenging the Boundaries of Slavery* (Cambridge: Harvard University Press, 2003), p. 77.
107. 见 http://www.census.gov/population/www/documentation/twps0056/twps0056.html.
108. Eric Schickler, "Public Opinion, the Congressional Policy Agenda, and the Limits of New Deal Liberalism, 1935–1945," paper prepared for the Congress and History Conference, University of Virginia, May 2009.
109. Brian D. Feinstein and Eric Schickler, "Platforms and Partners: The Civil Rights Realignment Reconsidered," *Studies in American Political Development* 22 (2008): 1–31.
110. 相关研究, 见 Neil R. McMillan, *Remaking Dixie: The Impact of World War II on the American South* (Jackson: University of Mississippi Press, 1997); Pamela Tyler, "The Impact of the New Deal and World War II on the South," in *A Companion to the American South*, ed. John B. Boles (Oxford: Blackwell, 2002); Morton Sosna, "More Important Than the Civil War? The Impact of World War II on the South," in *Perspectives on the American South: An Annual Review of Society, Politics and Culture*, ed. James C. Cobb and Charles Reagan Wilson (New York: Gordon and Breach, 1987).
111. 关于人口统计及相关变迁的综合性论述, 见 Numan Bartley, *The New South: 1945–1980* (Baton Rouge: Louisiana State University Press, 1995), pp. 1–12.
112. Tindall, *The Emergence of the New South: 1913–1945*, pp. 318–53对此进行了简明讨论。
113. Derber, "Growth and Expansion," p. 28.
114. Frank Traver De Vyver, "The Present Status of Labor Unions in the South," *Southern Economic Journal* 5 (1939): 485–98; Frank T. De Vyver, "The Present Status of Labor Unions in the South—1948," 同上, 16 (1949): 1–22. 关于1939年至1953年南方工会会员情况的一项调查同样表明, "这一阶段中的每一年, 南方工会会员数量的增长均比其他地区快", 而且大部分增长发生在战争期间。见 Leo Troy, "The Growth of Union Membership in the South, 1939–1953," 同上, 24 (1958): 407–20. 另见 Derber, "Growth and Expansion," p. 34.
115. H. M. Douty, "Development of Trade-Unionism in the South," *Monthly Labor Review* 63 (1946): 581. 一部大型文献对南方工会种族包容状况的特点及范围进行了讨论, 但毫无疑问, 与当时的通行惯例相比, 尽管种族歧视行为仍然存在, 劳工运动, 尤其是产业工会联合会在20世纪40年代对种族歧视产生了跨越种族界限、最普遍有效的影响。
116. 同上, pp. 576–79.

117. 关于南方转型的综合论述，见 Rupert B. Vance, *All These People: TheNation's Human Resources in the South* (Chapel Hill: University of North Carolina Press, 1945); John M. Maclachlin and Joe S. Floyd, *The Changing South* (Gainesville: University of Florida Press, 1956); McKinney and Thompson, eds., *The South in Continuity and Change*.

118. James C. Cobb, *The Selling of the South: The Southern Crusade for Industrial Development, 1936–1980* (Baton Rouge: Louisiana State University Press, 1982); Bruce J. Schulman, *From Cotton Belt to Sunbelt: Federal Policy, Economic Development, and the Transformation of the South, 1938–1980* (Durham: Duke University Press, 1994).

119. Carl Brent Swisher, "The Supreme Court and the South, " *Journal of Politics* 10 (1948): 291–92, 298–99. 德克萨斯州1923年的法律规定："无论在什么情况下，黑人都不得获取参与德克萨斯州民主党选举的资格。如果黑人参加了民主党选举，其所投选票无效，同时相关选举工作人员所投选票一并作废。"法院对这一规定提出质疑后，该法律于1927年被废除，由另一项法律所取代。新的法律规定："德克萨斯州的每一个政党经州执行委员会批准后，制定和实施本政党相应的成员资格条件。"见 V. O. Key Jr., *Southern Politics in State and Nation* (New York: Alfred A. Knopf), pp. 621–22.

120. Alexander Keyssar, *The Right to Vote: The Contested History of Democracy in the United States* (New York: Basic Books, 2000), p. 249.

121. Kimberley S. Johnson, *Reforming Jim Crow: Southern Politics and State in the Age before Brown* (New York: Oxford University Press, 2010), 特别是第3章和第4章。Anthony J. Badger, *New Deal/New South: An Anthony J. Badger Reader* (Fayetteville: University of Arkansas Press, 2007), 特别是第2章和第3章对"新政"在南方的影响进行了杰出的研究。

122. Maslow and Robison, "Civil Rights Legislation and the Fight for Equality, " p. 394.

123. Lois Ruchames, *Race, Jobs, and Politics: The Story of the FEPC* (New York: Columbia University Press, 1953); Merl E. Reed, *Seedtime for the Modern Civil Rights Movement: The President's Committee on Fair Employment Practice, 1941–1946* (Baton Rouge: Louisiana State University Press, 1991); Anthony S. Chen, *The Fifth Freedom: Jobs, Politics, and Civil Rights in the United States, 1941–1972* (Princeton, NJ: Princeton University Press, 2009); Kenneth M. Schultz, "The FEPC and the Legacy of the Labor-Based Civil Rights Movement of the 1940s, " *Labor History* 49 (2008): 71–92.

124. Richard Hofstadter, "From Calhoun to the Dixiecrats, " *Social Research* 16 (1949): 135.

125. Tindall, *The Emergence of the New South*, p. 716; Egerton, *Speak Now against the Day*, p. 201.

126. Howard Odum, *Race and Rumors of Race: Challenge to American Crisis* (Chapel Hill: University of North Carolina Press, 1943), pp. 3, 6, 7, 9, 13, 11.

127. Egerton, *Speak Now against the Day*, 365, 358–63.

128. Charles Wallace Collins, *Whither Solid South? A Study in Politics and Race Relations* (New Orleans: Pelican Publishing Co., 1947), p. 254. 柯林斯在Hofstadter's "Calhoun

to the Dixiecrats"一文的研究中，发挥了重要的作用。Joseph E. Lowndes, *From the New Deal to the New Right: Race and the Southern Origins of Modern Conservatism* (New Haven: Yale University Press, 2009), pp. 11–44 对柯林斯进行了深入研究。

129. 同上, pp. 264, 256. 类似的观点, 见 Peter Molyneaux, *The South's Political Plight* (Dallas: Calhoun Clubs of the South, 1948).
130. Andrew Edmund Kersten, *Race, Jobs, and the War: The FEPC in the Midwest, 1941–1946* (Urbana: University of Illinois Press, 2000).
131. Merl E. Reed, "FEPC and Federal Agencies in the South, " *Journal of Negro History* 65 (1980): 43–56.
132. 这一法案或许比 1964 年《民权法案》中的就业条款意义更深远。这一具有里程碑意义的法案涉及员工数量超过 50 人（包括 50 人）的企业主。1971 年的修正案将适用范围扩大到员工数量超过 15 人（包括 15 人）的企业主。
133. *Congressional Record*, 79th Cong., 2d sess., January 23, 1946, p. 251.
134. 同上, January 22, 1946, p. 179; January 21, 1946, p. 158; January 28, 1946, pp. 455, 457; February 1, 1946, p. 723.
135. 同上, January 29, 1946, p. 492; January 24, 1946, p. 321; January 31, 1946, p. 655.
136. 同上, January 23, 1946, p. 253; January 30, 1946, p. 563; January 31, 1946, p. 632.
137. 同上, January 23, 1946, p. 242.
138. 同上, January 23, 1946, p. 252; January 30, 1946, p. 565; January 23, 1946, p. 245; February 1, 1946, p. 696; January 30, 1946, p. 565.
139. 杜鲁门总统在 1949 年的国情咨文中，推动涉及废除选举税和私刑立法的公民权利议程。1949 年和 1950 年，国会开始重新审议公平就业实施委员会的相关问题。由于南方民主党派别叛离民主党的政治立场，上述问题在国会引发了特别激烈的争论。正是在这次立法阻挠过程中，新当选的德克萨斯州州长林顿·贝恩斯·约翰逊铿锵有力地发表了首次演讲。在持续约一个半小时的演讲中，约翰逊多次提到"我们南方"这个词组。他极力为南方的自治权力辩护，认为联邦公民权利法案将"使得过去仇恨与偏执的火焰不停地燃烧"。Katznelson, *When Affirmative Action Was White*, pp. 8–9 对这次演讲进行了深入的讨论。
140. Hofstadter, "Calhoun to Dixiecrats, " p. 150.
141. 同上, p. 141.
142. *Congressional Record*, 79th Cong., 2d sess., February 1, 1946, p. 719; February 4, 1946, p. 813; February 1, 1946, p. 708; January 31, 1946, p. 632.

6. 士兵投票

1944年1月11日,罗斯福总统发表了国情咨文炉边谈话。¹用他自己的话说,在这之前,总统先生刚从一场严重的流感中康复过来,而且,兴许还没摆脱长途奔波的劳顿。1943年11月底,罗斯福赴开罗会见了丘吉尔和蒋介石;然后赴德黑兰与丘吉尔和斯大林举行了英、美、苏三国峰会。在德黑兰会议期间,三国首脑就盟军解放法国的部署、未来德国的安排以及战后东欧和中欧的势力划分问题进行了讨论磋商,会议于1943年12月1日结束。三国首脑联合发表了《德黑兰宣言》,确定了"摧毁德国力量的计划"。1944年1月6日,苏联红军突破边界后,在波兰境内长驱直入,欧洲第二战场即将建立起来;付出巨大代价和牺牲的太平洋逐岛争夺战激战正酣。总统在这个时候发表国情咨文,其目的是动员全国力量,争取民众对战时政策的支持。

与1933年3月发表"恐惧本身"的演说,号召美国人民发现和认知一种与战争相匹配的道德相比,罗斯福总统这次的国情咨文急于说服整个国家,不要对激烈的全球战争造成的负面情况感到厌倦。他要求加快战时生产步伐,准备推行国民义务劳动计划,并号召"个人和团体的利益服从于国家利益"。针对各地接连发生的骚乱和民众对于食糖、咖啡和轮胎配额的焦虑、物价持续上涨、食品严重短缺、住房过分拥挤、劳动时间延长等问题，罗斯福总统呼吁全国人民团结一致，共度难关。他同时强烈抨击某些国会成员，利用自己的身份优势，"像一只只害虫，蜂拥到国会议事大厅，穿梭于华盛顿的鸡尾酒巴里……牺牲周围邻居的利益，为自己谋取私利"。罗斯福总统承诺，战后推行《第二权利法案》，以保障劳动和经济安全，为国民提供医疗保障和体面的住房，并提高公共教育水平。他还要求国会批准实施"保留士兵、水手和海军基本公民权利的立法——即要保留参战人员的选举权利"。罗斯福总统指出，"签署宪法的国父们，肯定不希望任何一项法律文件剥夺那些为保护宪法而浴血奋战的每一位将士的基本权利，即使战时法律文件也不例外"。[2]

关注一下第二次世界大战期间美国军人投票权的历史命运，我们就可以更多地了解美国在制订战后国内外政策方案时，南方是如何决定国家的公共政策选择的。尽管从原则上讲，任何一位国会议员都不应该反对在战场上冒着生命危险浴血杀敌的战士应当拥有投票选举权，但南方代表非常担心的是，总统提交的联邦法案将威胁和破坏他们苦心经营了几十年的对黑人投票选举的限制政策。由于他们在国会立法过程中动用各种手段加以阻挠，最终通过的士兵选举法案还是满足了南方议员的要求。

在提出联邦政府对士兵选举权问题加强掌控的法案时，罗斯福总统一定想到了1918年6月底他任海军部长助理期间，美国作战部发表的一份声明。声明指出，几乎没有一个州采取"切实可行的措施，推行欧洲已经普遍实施的士兵选举权制度"。所有的州都没有达到作战部部长牛顿·贝克（Newton Baker）所宣布的标准：保证300万美国海外远征军的选举权利，并要求各州制订的选举方案不应妨碍部队的战斗力。[3]总统提出有效保障士兵选举法案的另一个动机必然是，考虑到了没有任何操作性的1942年《军人投票法案》软弱无力的执行效果。直到距离选举日仅剩一个半月,也即 1944 年 9 月 16 日,这一法案才最后获得通过。该法案的执行程序繁琐复杂,要求每个州政府的秘书长将选票寄送给符合本州法律规定有参选资格且有意愿参选的士兵。士兵通过部队发放的明信片将选票寄回。填写好的选票寄至各州议会大厦的秘书办公室,并随附一份在部队首长面前宣誓过的参选资格誓词。收到选票后,工作人员迅速将其转送相应选区的选举负责人。"时间紧张;选票的运送遇到严重问题",在国会商定 1944 年的选举方案时,《新闻周刊》指出了上述问题。"在南方,与大选同样重要的民主党初选自从做出选举决定以来,已经持续了很长时间。"[4] 本次初选共计收到 78,589 份投票申请;[5] 在全部 29,448,5320 份选票中,只有 28,051 份士兵选票被统计为有效选票。[6]

  1944 年,士兵选举问题变得更加紧迫。自南北战争以来,还从未有过如此众多的美国年轻人被送上战场,经历生与死的考验。1941 年 12 月,美国宣布参战时,陆军兵力还不到 170 万人,海军、海军陆战队和海岸警卫队共计 486,000 人。两年以后,国会决定士兵如何参选时,陆军兵力已经增加到 7,582,000 人,海军、海军陆战队和海岸警卫队共计 2,968,000 人。[7] 1943 年圣诞节前夜,罗斯福总统发表广播演说,报告了开罗会议和德黑兰会议的决议,并宣布任命德怀特·艾森豪威尔将军为指挥进攻德军"霸王行动"的盟军最高司令。罗斯福总统同时警告说,"现在战争已经进入最艰苦的阶段。所有人都应当作好接受部队大规模伤亡的心理准备"。[8] 到他第四次成功连任时,140,000 名美国人已经战死,另外 70,000 多人在战场上失踪,后来被宣布死亡。[9]

  罗斯福总统在 1 月份的国情咨文中坚持说,如果没有统一的联邦士兵投票选举法律框架,"军队中的男女战士"就会遭受"不公正的歧视",因为"如果完全由各州按照当地现行法律组织选举活动,这些战士中的绝大多数人将被剥夺投票选举的机会"。[10] 罗斯福总统说道,陆军和海军战士的投票参选情况表明,"48 个州不可能按照 48 个不同的士兵投票法案有效组织士兵选举"(这暗示选举活动的组织实施一般是各州的特权)。[11]因此,他坚持认为,联邦政府有必要制定统一的士兵选举法案,以保留参军服役士兵的基本公民权利。[12]

接下来的几个星期里,罗斯福没能实现自己的目标。考虑到这一法案不可能被国会否决,况且当时正在实施的唯一的士兵选举法律还是1942年通过的软弱无力的《军人投票法案》,罗斯福总统最终于当年3月底,在总统不签字的情况下,勉强允许这一法案颁布实施。他自己承认这是一项"完全无法适用的""充满瑕疵的"法案。[13]"参众两院反复辩论协商最终产生的",历史学家弗兰克·弗莱德尔正确地总结道,"竟然是一项与现有《军人投票法案》没什么两样的法律文件"。[14]费城民主党人迈克尔·布拉德利(Michael Bradley)向众议院代表们指出,如果说这一法案与现行《军人投票法案》有什么不一样的话,那就是"新通过的法案使士兵更难参加投票选举"。[15]尽管有不少人在行动和道义上努力推动和支持国会出台一项程序简单、直接的士兵选举法律,但最终形成的法律文件还是民主党与背叛其立场的南方议员之间反复拉锯较量、妥协退让的结果。

3月31日,罗斯福总统在讲话中表示,他是在不得已的情况下勉强同意了这一法案,但他要求尽快对其进行修订,以确保"向战场上浴血奋战的将士们提供……简单易行且全国统一的士兵投票选举法案"。[16]一听到总统的上述表态,正带领立法机构制订行政管理法案替代方案的密西西比州民主党人约翰·兰金"从议席上站起来表示,他不想再'与总统就这一议题争吵下去'",并以非常强硬的语气表示,"这已经是现有条件下最完善的法律了"。[17]

罗斯福总统在号召前方将士为捍卫公民最基本的民主权利而努力时,到底是什么力量在试图阻止呢?为什么会把一位坚定自信的总统置于如此尴尬的地位呢? 在被迫允许这一法案发布实施前,总统要等待12个小时,到了决定接受、否决或同意签字的最后期限,他才能作出最终决定。《纽约时报》把这一法案称为即将生效的"士兵投票过程中'各州的权利'法案"。它不仅违背了总统本人的意愿,而且与全国多数政治精英以及广大民众的共识背道而驰。他们都在盼望着士兵们尽快获得平等投票的权利。

一

最初，在立法委员会和国会议席讨论士兵投票立法问题时，参众两院的议员们无一例外地支持士兵保留投票权利，而且正如《国会摘要》指出的，"参议员或众议员认为，即使得不到已经离开选区的士兵的投票支持，不管是出于主动还是被动，起码的政治意识也会使他们不再反对士兵的投票权利"。[18]"所有人都承认，为保卫国家而参军入伍的士兵服役期间应当参与国家的选举"，曾经的独立媒体《芝加哥论坛报》发表社论说。[19]谁能不同意？谁想不同意？1944年1月，全国民意调查中心就"你是否认为在11月份的总统选举期间，年龄超过21岁、赴海外执行远征任务的男女士兵应当获得投票选举权？或者难道你不认为他们应当获得投票选举权吗？"等问题举行了问卷调查。对此，给予肯定答复的占92%。[20]

1942年的《军人投票法案》首先以134∶19的压倒性优势通过众议院表决；在参议院最终表决时也获得了47∶5的压倒性优势。[21]战后，在1946年，国会参众两院举行语音表决时，士兵投票法案获得一致通过。国会从来没有提出过反对士兵投票权利的法案，也从来没有哪一位政治家或评论家反对士兵、水手和海军拥有投票权利。"我一直认为是战争把士兵由其所在选区的投票点调往战场"，众议院选举委员会主席、德克萨斯州的尤金·沃利（Eugene Worley）在众议院会议上做出上述表示，并指出，"没有一位真正的美国人会拒绝接受这一观点……国会和各州的庄严使命就是，在法律和宪法赋予的权力范围内尽一切努力做到，凡战士作战处，皆有投票箱"。[22]主要由于这个原因，在人们记忆中，第二次世界大战期间的军人投票议案通常就是努力保护和扩大士兵的投票选举权利的。[23]

尤其值得赞扬的是，这一立法取消了士兵的选举税。1942年，中止了过去南方邦联八个州（阿拉巴马州、阿肯色州、佐治亚州、密西西比州、南卡罗来纳州、田纳西州、德克萨斯州和弗吉尼亚州[24]）对入伍士兵收取1—2美元的选举税。尽管这只是暂时中止部分人员的选举税——只针对战争期间的士兵，而且仅限于全国大选中的联邦制州[25]——最南部各州的强烈反对充分表明了南方势力在联邦立法中举足轻重的地位和作用。在这些州，人们普遍认为，黑人入伍士兵获得投票选举权一事表明，正处于与别国交战状态的美国在黑人权利问题上向前迈进了一大步，这是一个非常值得关注的情况，因为当时的美国南方还存在种族主义与共和主义在公民权利价值标准和言语主张方面的冲突和对立。自19世纪末20世纪初开始的一波又一波剥夺黑人选举权的立法浪潮以来，这种"有限制地取消选举税制度"[26]尚是第一个由国会通过并颁布实施的保护黑人公民权利的立法议案。1943年11月29日，牛津大学的以赛亚·伯林从英国驻华盛顿大使馆特别调查科向英国外交部提交了一份系列定期报告，其政治摘要部分写道，"在总统大选期间（应当不包括初选），对赴海外作战士兵授以投票选举权的法案已经激起南方民主党人士的强烈反对"。尤其令他们感到忧虑的是，"选举税的取消会造成重大威胁。因为这样，南方黑人士兵就无法被排除在投票选举之外了。黑人与白人共同参选，将创造历史上前所未有的先例"。[27] 1944年政府立法提案起草工作的主要负责人、法学教授赫伯特·威克斯勒（Herbert Wechsler）在约五十年后回顾说，"南方观点"的一个突出特征是，"担心取消黑人士兵的选举税将成为国会介入各州选举事务的开端。这意味着剥夺黑人权利的选举制度将最终走向崩溃。实际上，南方的这一担心是绝对有道理的"。[28] 对于长期被剥夺重要政治参与权利的非裔美国人来说，废除选举税似乎是一件极其不平常的事情，或者说这简直是一个奇迹。诺顿公司联邦工人联合会黑人财产委员会主席埃德加·布朗（Edgar Brown）曾担任民用资源保护队黑人事务顾问。他称赞这一举动是"宪法第十三、十四、十五次修正案首次被真正贯彻实施……是林肯总统签署《黑人解放宣言》以来，国会对民主政治进程做出的最大贡献"。[29]

在评价战争对于自由民主的影响时，罗纳德·克雷布斯（Ronald Krebs）强调20世纪40年代全面战争所造成的压力扩大了公民的政治参与范围。[30]大卫·梅休（David Mayhew）关于战争对美国政治历史产生影响的研究，把包括取消选举税在内的士兵投票选举权列为第二次世界大战引发的美国九大进步政策之一。[31]不少其他学者也进行了更广泛的研究。历史学家里夫·休斯顿（Reeve Huston）写道，"在战争期间，国会通过了士兵投票法案，从而保障了所有士兵，不分种族，全部享有投票选举权"。[32]梅休和休斯顿的研究结论来源于亚历山大·基沙尔（Alexander Keyssar）对美国公民选举权发展演进历史的宏观研究。基沙尔的研究强调，在整个美国政治历史的发展过程中，战争及人们为追求民主价值做出的牺牲与奉献，增强了被剥夺选举权利的公民进行抗争的勇气，使得反对者处于被动防守地位。基沙尔认为，第二次世界大战期间的立法措施将部队参战人员的投票权问题纳入"联邦统一管理"之中。他评价说，在爱国热情和民族凝聚力空前高涨的时刻，民权运动这一发展态势"不足为奇"。他还高度评价说，士兵获得投票权是在全国范围内普及和推广投票权利所迈出的关键一步。[33]

读了上述评价后，下面这些情形就会显得有些不可思议了：阅读只关注立法机构"激烈争吵"这一主题的枯燥无味的所谓学术专著；察看一位研究士兵投票权的学者如何总结这一问题存在的争议性；《新闻周刊》的一篇报道说，"士兵投票选举有可能成为第78届国会最具爆炸性的辩论议题之一，进而使得1944年大选成为有史以来最具争议的选举"；新闻记者（后来的小说家）艾伦·哲瑞（Allen Drury）在同时期的参议院杂志中报道说，"士兵投票法案并非公众所期望的'爱国竞选'法案"；1943年到1946年之间担任罗斯福总统首席顾问和白宫法律顾问的赛缪尔·罗森曼（Samuel Rosenman）回顾说，"与国会议员就士兵投票权问题展开的激烈争斗"表明，总统"已经失去了对党内国会议员的掌控能力";《芝加哥论坛报》报道说,"这些年来辩论最激烈的一次国会",议员之间的争吵持续了"近四个小时,密西西比州的约翰·兰金竭力阻止其同事投票支持士兵投票法案,该法案允许在美国本土及阿拉斯加服役的士兵,在即将到来的11月份大选中,不在本选区的投票点参加投票";国内媒体纷纷把士兵投票权问题描述为"美国历史上最激烈的党派纷争之一"。[34]

更令我们出乎意料的是:在1942年9月的众议院表决中,共计53位国会代表投票反对《军人投票法案》;1944年7月的参议院表决中,新法案以47∶38的得票率获得批准。这一切表明在全国处于危难之机,人们对于自由权利、民主诉求、共和主义公民身份等问题并没有形成压倒性共识。

确切地说,导致国会分裂并最终让罗斯福总统蒙羞的激烈争议在于,基沙尔所描述的将黑人投票选举权纳入"联邦统一管理"这一实质性问题,但基沙尔错误地把这一问题视为士兵投票法案的主要特征。问题的实质在于,这些争议破坏了罗斯福总统早在珍珠港事件以前就开始呼吁和倡导的民族团结精神。在1941年1月关于"四大自由"的国情咨文中,罗斯福总统满怀信心地强调,欧洲和亚洲的形势要求所有美国人团结一致,构筑一道超越特权利益和党派纷争的民主屏障,呼吁"全面发展国防力量",并表达了"反抗侵略"和拒绝"接受侵略者治下的和平,以及绥靖主义者口头承诺的和平",让战争"远离美洲大陆"的坚强意志。总统使用这样一个短句开始了接下来的三段论述:"我们决心代表包括各党派、各团体在内的美国全体公众的坚强意志,让自由民主事业的阳光普照大地。"[35]为了回应总统的这一表达,马萨诸塞州共和党议员约瑟夫·马丁(Joseph Martin)强调说,"在激烈紧张的战争面前,党派政治已经失去了表演空间"。[36]马丁当时担任众议院少数派领袖、共和党全国委员会主席,他后来带领共和党对士兵投票法案给予了大力支持。

士兵投票法案把联邦政治和士兵投票资格等问题摆在首要位置。

这样，它就可以强烈呼吁民族团结，反对其他狭隘的信条和价值取向，尤其是南方最突出的限制联邦政治和保护种族隔离制度等倾向。随着参众两院南方议员焦虑情绪的不断加剧，这些不良倾向有时会联合起来抵制联邦政治，因为南方议员担心战争会严重影响白人至上种族制度的存续问题。在这样的氛围下，国会进行的辩论往往暴露出团结稳固的南方内部通常在种族问题上的紧张与冲突。在 1942 年和 1944 年，众议院曾两度对南方抵制选举税的思想倾向保持沉默，这与过去明确强调选举税应由各州自行处置的态度完全相反。众议院态度的变化暴露了南方内部在公民权利问题上存在的冲突，即具有象征意义的言论主张与真实的投票表决行为之间的冲突。

与基沙尔的经典论断恰恰相反，1942 年《军人投票法案》繁琐的立法过程和 1944 年相对简单、及时的立法过程，其最突出的特征实际上在于，它们并没有把士兵选举权利纳入联邦统一管理，也没有将至关重要的监督、实施和审批的权力交给联邦政府。即使在面临紧迫的全面战争形势时，联邦政府也没有被赋予上述权力。

从技术角度讲，1944 年的法案对已有法案进行了一系列修订，设立了三方联邦投票委员会（作战部长、海军部长和战时运输管理局局长）。联邦投票委员会代表联邦选举办公室制作、发放和回收选票。这一机构的设立的确意味着联邦立法机构对于投票选举问题的统一管理作用。但联邦投票委员会的主要职责在于向这些士兵提供应急选票服务。如当有些州不提供服役人员选票寄送服务时，或当某一位士兵在 10 月 1 日以后进行投票宣誓，而他向州立法机构申请的选票尚未寄达时，联邦投票委员会可安排相应人员为其提供选票。士兵使用联邦选举委员会提供的选票所投出的票将被转寄给各州辖区内的全国投票办公室，该办公室将其计入当地投票总额，而且，经过修订的法案并没有废除原有的士兵选举税减免政策，至少没有明确废除这一政策。

然而，新法案最突出的问题并不是扩大现役士兵选举权这一"老掉牙"的议题，而是"一项本来改革力度应当更大的士兵投票法案[37]，在国会的联合抵制下,被'阉割'和'瘦身'成现在的样子"。这意味着,罗斯福总统及其领导的联邦政府力图在全国范围内实现所有士兵享有平等投票权利的一切努力均化为泡影。

总之,1944年法案的许多外在特征给人们造成一种假象——联邦政府要统一保障士兵的投票选举权。然而,当法案在密西西比州众议员约翰·兰金和参议员詹姆斯·伊斯特兰的支持下于1月底公布初稿时,作为一项士兵投票法案,其条款定义特征被罗斯福总统指责为"欺骗了正在为国家浴血奋战的士兵、水手和海军,欺骗了美国人民"。[38]"这一法案将美国战争投票委员会的地位降低为印刷、编辑和记录部门。它没有对士兵投票资格进行裁定的'总体监督权力'。"[39]法案条款要求士兵对投票资格进行宣誓,并规定"根据本法,各州按照本州相关法律对士兵的投票资格进行自由裁定"。法案仅仅非强制性地建议各州取消对部队服役人员的参选登记要求,同时建议各州在初选和大选中,允许士兵不在本选区的投票点对州、地方和联邦职位进行投票表决。[40]只有当士兵所属的州不向部队提供选票寄送服务时,联邦投票委员会才向赴海外服役的士兵提供选票(当时符合这项规定的只有肯塔基州和新墨西哥州)。更重要的是,法案第三章规定,联邦投票委员提供选票的条款应当由各州的立法机构——批准。每一个州的州长应当确认"按照本章规定,由联邦投票委员会提供的选票获得本州法律的授权",并保证只有7月15日前正式公开批准的州才能对联邦投票委员会提供的选票进行统计。一旦联邦投票委员会提供的选票与州法律相抵触,联邦投票委员会就要服从州的法律规定。

当时48个州中,只有20个批准了联邦投票委员会选票的法律效力。不到85,000名士兵通过联邦投票委员会提供的选票进行投票。1944年,军队中达到参选年龄的军人有9,225,000人,其中2,961,160人参加了投票。绝大多数士兵按照各州的一般投票程序进行缺席投票。这一参选数额显然比1942年有了巨大进步,但远远没有达到公众的普遍期望值。美国民意研究所几个月前提供的调查数据显示大约

6,000,000名士兵会参加投票。[41]1952年3月,朝鲜战争期间,杜鲁门总统向国会发表的有关士兵参选的讲话表示,这一士兵投票记录"不太令人满意",但杜鲁门总统没有对具体原因进行详细讲述或解释。[42]杜鲁门还指出,"在第二次世界大战期间,各州和国会都曾努力采取行动,促进在部队服役的男女士兵投票权利的改善,但所收到的效果从来没有令人满意过"。[43]在1944年,南方士兵的参选情况远远落后于其他地区。表现最差的州有阿拉巴马州、南卡罗来纳州、特拉华州、德克萨斯州、阿肯色州、密西西比州和路易斯安那州。除了佐治亚州和弗吉尼亚州两个州的政府积极争取白人士兵参加投票外,其他南方各州士兵的投票记录表现也只比上述各州稍好一些。[44]在最差的各州中,只有德克萨斯州批准了联邦投票委员会选票的法律效力。

1942年,开始实施的联邦投票委员会选票制度和选举税免除制度均需要各州州长最后确认。当爱荷华州的共和党人卡尔·勒孔特（Karl LeCompte）询问过去法律规定的选举税条款是否已经被取消时,尤金·沃利回答说,"我敢说虽然这些条款还没有被专门取消,但它们已经没有什么实际作用了。我们对这些条款限制得非常严格,除非州长出具必要证明,否则,它们已经名存实亡了……1942年的相应条款已经被彻底废弃,直到某一天州长证明这些条款重新被启用为止"。[45]总之,随着上述条款和规定的废弃,投票权利范围已经被象征性地扩大到了所有美国服役士兵,但士兵投票权利的问题还没有从根本上得到解决。

二

自始至终,南方一直对士兵投票选举问题怀有疑虑。各种统计资料均能证明,参议员伊斯特兰和众议员兰金领导下的南方议员在不断致力于促进南方地区的团结稳固,掌控国会议事规则,并激发人们对于限制中央政府权力这一联邦政治原则和价值取向的珍爱之情。他们还致力于在各州制订韦克斯勒司法部法案的替代方案，以确保联邦政府实施的任何立法不能颠覆南方地区独有的投票制度，保证南方各州对这一基本公民权利的掌控。韦克斯勒司法部的法案后来逐渐受到罗德岛州民主党参议员西奥多·格林（Theodore Green）和伊利诺伊州民主党参议员斯科特·卢卡斯（Scott Lucas）的支持和拥护。[46]

约翰·兰金曾担任密西西比州第一选区立法代表达24年之久。他在众议院领导1933年田纳西河流域管理局立法的制定工作，并始终支持公共电力设施的扩建工作。作为世界大战老兵立法委员会主席，他支持为第一次世界大战牺牲人员的遗孀及战争造成的孤儿普遍提供养老抚恤金。在1944年士兵投票权辩论期间，兰金对于《退伍军人权利法案》的起草和撰写工作发挥了关键作用。[47]他同时也是一位公然的种族主义狂热分子，曾发表许多著名的种族主义言论。他把反私刑立法称为是一项助长强奸案件的议案，曾威胁说如果联邦政府取消选举税制度，"几千名黑人将被枪毙"；支持因种族背景而对日本人实施关押政策（"白人文明与日本野蛮主义发生了尖锐冲突……日本人永远也无法改变其本色"）；公然支持激烈的反犹主义政策。[48]在1942年《军人投票法案》辩论期间，兰金的讲话可以说完全是口无遮拦。他称这一法案是"对联邦统一的侮辱"，是"由共产党通过产业组织大会推动的，目的是通过选举制度使那些激进分子获取权力"。[49]相比较而言，在1943年和1944的士兵投票权辩论期间，兰金则高度强调宪法的重要性，反对联邦投票制度，称其"破坏各州对选举过程的控制权，破坏选举的独立性以及各州的选举制度"，是"国会曾经收到的所有立法提案中，对于美国的福利和安全制度威胁最大的立法措施之一"。[50]兰金解释了众议院与会人员如何千方百计地促使联邦禁止选举税的法律条款进入立法程序，并肯定地说那一切都是徒劳。他更直截了当地指出，"我们在尽最大努力把这一法律限制在美国宪法范围内"。[51]

詹姆斯·伊斯特兰关于士兵投票法案的言论更是毫无掩饰。伊斯特兰的政治生涯在长期担任参议院司法委员会主席和参议院主席期间达到顶峰（20世纪70年代参议院副主席一职曾两度出现空缺）。伊斯特兰曾连续五届担任上述职务。从第一届任期开始，他就站出来"表达几十万密西西比州和南方其他各州身着戎装的年轻人的心声。当他们退伍回到家乡接替相关工作时"，"他们最想看到的是完善的南方社会制度没有受到任何损害。他们渴望看到白人至上原则得以保持"。伊斯特兰断言，"我们将保持对选举事务的控制权，维护我们已有的选举制度，永远保护和捍卫白人至上原则"。伊斯特兰在三角洲地区黑人占据人口大多数的森弗劳尔县掌管着自家6000英亩种植园。他坚持说，他只代表自己所属的士兵选区，代表"密西西比州及南方其他各州在军队服役的年轻人们"。伊斯特兰指出，几百名士兵已经写信表示，"他们最不想看到的是，南方的选举法律以及南方各州裁定投票人参选资格的权利受到损害。这些孩子们在奋力保持南方各州的权利，并奋力维护白人至上原则"。[52]

这种毫不掩饰的种族主义情绪充斥于整个辩论过程。"因体内流淌着纯正白人血脉，我们——南方人从内心深处感到骄傲"，人称"皮特"（Pete）的彼德森·布莱恩特·贾曼（Peterson Bryant Jarman）在1942年《军人投票法案》第一次被讨论时，在众议院公开作了上述表示。贾曼争辩说，这一联邦措施"将严重破坏我们南方的生活方式，以及我们有充分的理由为之自豪的白人至上原则"。他总结说，"联邦政府将这样一个《军人投票法案》插入南方现有制度结构中，目的是要破坏由各州法律监督实施的选举制度，破坏我们的现有生活秩序，威胁白人的统治地位……它实际上是直接射向南方人心脏的一只毒箭。过去南方人内心一直装的是白人至上原则，现在如此，将来也仍然如此"。[53] 1908年，当选南卡罗来纳州参议员以前，艾里森·杜兰特·史密斯一直是南方棉花种植协会的主要领导人（他因此获得"棉花爱德"的绰号），他在1924年移民限制法案中一直冲在最前面（"我认为我国有充足的人口资源，我们完全可以关闭国门，培育血统纯正的美国公民"[54]）。史密斯另一件非常有名的举动发生在1936年召开的民主党全国大会期间：当一位黑人牧师准备作祈祷时，他竟愤然离场。1943年辩论期间，史密斯发言抨击联邦士兵投票制度"只不过是一场经过伪装的闹剧，让那些对此毫不理解的黑人感到恼怒"。[55]

然而，在士兵投票权立法的历史上，南方的地位和作用比上述史密斯的种族主义言论更加复杂多变，更加难以捉摸。南方地位和作用的变化有三大突出特征。

第一，1942年所发生的一切特别值得关注。南方持中间立场的国会议员在田纳西州众议员埃斯蒂斯·基福弗（Estes Kefauver）和佛罗里达州参议员克劳德·派帕尔的带领下，力图代表稳固的种族进步势力，发展独立的话语权。他们与温和派新闻记者、知识分子、进步主义者和政治家持有相同的观点，赞同将促进工业发展，加快城市化建设步伐作为提高南方现代化水平的力量来源。[56]

第二，士兵投票法案预示着大规模抵抗运动和温和派将不可避免地面临更大的失败。[57]因为士兵投票问题与美国的基本价值取向有着深刻的共鸣——这正是贡纳尔·默达尔此时所标榜的"美国的信条"[58]——这一问题同样与《大西洋宪章》以及罗斯福总统关于四大自由的演讲所宣称的权利主张有着深刻共鸣。联邦政府在投票权问题上可能会发挥更强有力的作用，这无疑会促使南方中坚分子的焦虑情绪达到极点。伊斯特兰的言论正反映了南方极端分子们的这种极度恐慌情绪。在这种形势下，民主党内的同盟关系面临巨大压力。然而，正是这种同盟关系将有着不同诉求的"同床异梦"者令人不可思议地凝聚起来。这时，南方民主党派别和共和党正在谨慎地寻求双方结成联盟的有利契机。

第三，士兵投票法案与战时劳工组织立法一道，[59]为人们提供了最显而易见的政治观察场景。透过它们，人们可以密切注视政治联盟的关键变换过程，这一过程大大扩展了国内政治的博弈范围。1942年，非南方民主党派别与南方温和派找到了共同的事业追求，他们努力促使国会通过符合自己诉求的《军人投票法案》。这一法案不应当公开支持限制种族主义的行为，要保证各州的权力和种族隔离制度不受侵害。在随后的两年内，南方民主党与共和党组成的联盟逐渐采取有效措施，抵制罗斯福总统的联邦投票方案。南方地区的投票为两大获胜联盟提供了关键性支持。

三

1942年5月21日，南卡罗来纳州民主党大会规则委员会在哥伦比亚召开会议。会议代表通过投票表决，以40∶1的压倒性多数，决定当年9月份即将举行的民主党初选仍然维持只允许白人参加选举的惯例。尽管决定做出时，少数白人自由主义团体成员正在举行请愿示威，与会者却全然不顾。请愿示威者要求关注战争及其影响，并提出士兵投票问题。考虑到时局紧张，大会最终将维持现状的决定合并成为一项动议，暂时搁置"一切具有争议"的行动。[60] 接下来的一个月，两位州长候选人温德姆·曼宁（Wyndham Manning）和奥林·约翰斯顿在6月9日列克星敦群众集会上，就战争与和平问题展开辩论，主要讨论第二次世界大战对南卡罗来纳州的影响。曼宁后来于1947年被南卡罗来纳州州长斯特罗姆·瑟蒙德任命为南卡罗来纳州监狱系统总监；"新政"的狂热支持者约翰斯顿曾于1935年到1939年担任州长办公室主任，并在民主党初选中继续战胜曼宁。据美国主要黑人报纸《匹兹堡信报》报道，当天晚上，辩论接近尾声时，被人们称为"白人自由主义者"的A. B. 霍根（A. B. Hogan）提到涉及黑人市民和军人参加初选的规则委员会的决定，并询问两位州长候选人对此的观点。"我非常高兴回答这一问题"，约翰斯顿说，"我赞同白人选民留在民主党内。如果黑人也要有政党，那就让他们自己重组一个。"曼宁的回答是，"我感到非常惊讶，居然有人提出这样的问题。民主党是一个白人政党，而且它应当永远保持白人政党的本色"。[61]

在国会选举即将来临的重要关头，200,000名非裔美国人正在国家武装部队服役。接下来的两个夏天，在国会山参众两院会议上，黑人投票问题的确成为被频繁提及的话题。这时，国会正在为1942年大选讨论制定《现役军人投票法案》。值得注意的是，这次的选举税问题是由南方温和派政治家提出的，而不是共和党议员或非南方民主党议员。

非南方议员们费尽心思地向南方保证，他们无意触动南方既有的制度习俗。印第安纳州共和党人雷蒙德·斯普林格（Raymond Springer）在众议院明确指出，"这一立法提案只涉及符合州法律规定的具备投票资格的现役士兵……它并不是要修改或改变任何一个州的参选资格条件"。[62] 规则委员会将其所倡导的法案提交国会讨论后，西弗吉尼亚州民主党代表罗伯特·拉姆奇（Robert Ramsay）做出了同样的保证。他宣称，这一法律不会影响各州"支付选举税"[63] 等参选资格要求。拉姆奇的民主党同事、罗德岛州的西奥多·格林当时担任参议院立法议席负责人。格林解释说，"为了使这一法案尽快通过，与其冒险拖延下去，等待实施选举税的各州一一表明拥护立场，不如先解决士兵投票权问题。让各州同意给予士兵投票权可能更容易些，而且这一问题更加急迫"。[64] 格林认为这一做法是合理的，他本人与其他倾向于公民权利保障的民主党人士一道支持这一做法。格林坚持说，选举税问题争议性太大，规则委员会已经决定删除所有这类具有争议的议题。[65]

相比较而言，参议员派帕尔坚持主张："让士兵缴纳选举税不符合美国的法制精神……这不是民主国家应有的表现。"毕业于哈佛大学法学院的派帕尔是一位激进的"新政"支持者，同时也是一位温和的种族主义者。毕业于耶鲁大学法学院的立法代表基福弗则坚决主张，"有投票意愿、远离家乡的入伍服役人员不应当被要求缴纳任何选举税"，因为"选举权是每一位公民应当享有的基本权利之一，公民实施选举权不应当附加任何经济条件"。[66] 自从被田纳西州的保守派政敌比喻为一只狡猾的浣熊后，基福弗无论走到哪里，都戴着一顶浣熊皮帽。在介绍其提出的暂停收缴选举税的投票法修正案时，基福弗讲述了南方温和派的矛盾冲突立场，并指出，"我知道自己就这一法案及其他类似法案所持有的立场与许多南方同事严重不符",但他仍然坚持说,"如果我们认识到,这些孩子们奔赴战场是为保卫国家和我们每一个人的生命安全,我们就应当认识到他们同样能够在不需要注册缴税的情况下,参加投票选举"。[67]

《军人投票法案》于 7 月 23 日在众议院第一次获得通过时,选举税问题并未引起人们的热议。基福弗的选举税修正案被空虚、冷漠的众议院以 33∶65 的投票结果否决。[68] 这一问题被排除后,《军人投票法案》以 139∶19 获得通过。[69] 但最终结果公布前,以约翰·兰金和彼德森·贾曼为首的反对派顽固分子提出了"不起任何作用的强烈反对意见"。他们迫使工作人员进行了四轮唱票,以确认最终票数。他们还对规则委员会报告的合法性提出质疑(兰金声称报告内容是"伪造"的。会议系秘密召开,没有通知其他议员参加会议)。虽然本次表决系"站立式"投票,没有个人投票情况分布记录,但有媒体报道说,19 位投反对票的议员都来自南方——美国最南部几个州中最顽固的种族主义中坚分子。他们与兰金持有相同的观点,认为这一法案"只能产生试图牵一发而动全身的结果,破坏美国联邦各州的选举法"。但他们却全然不顾下列事实:兰金同事们的努力已经失败,选举税问题最终也被搁置起来;法案明确保障各州制定投票资格的权力;法案的这一稿仅适用于驻扎在美国的士兵;对各州选举法律提出的修改意见,法案仅推翻了要求投票者本人必须亲自到场注册投票这一条。[70] 兰金及其支持者对联邦政府在投票权力问题上所采取的任何一项行动都感到担心。[71]

困难在于,一旦南方温和派在选举税问题上占据参议院主导地位,格林和其他大多数民主党人士就再也不能不支持搁置这一议案了。反过来,共和党这时看到一个绝佳的契机来制造民主党分裂,破坏其内部安定,争取和拉拢黑人选民。[72] 于是,他们便抓住选举权问题做文章。正在为谋求连任而进行激烈角逐的伊利诺伊州参议员查尔斯·韦兰·布鲁克斯(Charles Wayland Brooks)极力推出了反选举税修正案。布鲁克斯的修正案不同于民主党人派帕尔的修正案。多数人认为派帕尔的修正案已经被搁置在参议院的立法程序中。[73] 黑人报刊对布鲁克斯给予广泛好评。1942 年 9 月，孟菲斯全国浸礼会召集由 3,500 名牧师参加的宗教集会。与会人员"全体起立向伊利诺伊州共和党参议员韦兰·布鲁克斯公开致谢，感谢他针对士兵投票法案成功发起了反选举税修正案"；全国浸礼会主席 D. V. 贾米森（D. V. Jamison）博士引用布鲁克斯的话，"号召黑人把投票支持共和党国会议员候选人作为有色人种捍卫正义和自由的唯一途径"；1942 年的国会选举的确显示非裔美国人开始转向投票支持共和党。全国有色人种协进会执行秘书沃尔特·怀特很快就宣称共和党在黑人中的信誉正不断上升，在一次新闻发布会上，他指出，"许多国会选区的黑人选民由支持民主党转向支持共和党，主要原因在于，南方反动派对于国家黑人政策的控制引起了全国黑人的反感"。怀特所说的反动派是指"令黑人讨厌的南方民主党人士"。社会学家小贺拉斯·R. 凯顿（Horace R. Cayton Jr.）把芝加哥黑人转向支持布鲁克斯及其所属共和党的原因归结为，"布鲁克斯凭借其勇气和机敏，致力于废除南方八个州中士兵和水手的选举税"。[74]

布鲁克斯修正案在参议院以 33∶20 的投票结果获得通过，成为参议院对众议院提交法案裁决做出的三大放宽性变更之一。另外两大放宽性变更是：参议院批准士兵投票法案也适用于初选，这主要涉及南方各州。这一变更最终以 28∶25 的接近票数勉强通过；同时，参议院通过口头表决，将缺席投票的适用范围扩大到驻扎在海外的士兵和水手。缺席投票范围扩大可以被视为一种技术操作层面的问题，它不属于选举原则问题。至少就这次选举而言，它只是表明一种姿态。"即使服役人员不能马上拿回自己的投票权"，罗伯特·拉姆奇在总结参议院对众议院这一裁决行动的意义时说，"这至少让在战场上服役的孩子们看到将来投票选举的可能性，也可以让国会大胆地说我们将赋予每一位公民投票选举的权利"。[75]

就这一法案的时间范围来看，在初选中士兵能否被允许投票的问题只是一个抽象概念。因为在法案付诸实施前，南方各州的初选就已经全部结束了。然而,康涅狄克州共和党人约翰·丹纳赫(John Danaher)提交的关于士兵投票方式的修正案却非常具有启发意义。关于这一法案,在28个支持票中,有15票来自共和党,这15票构成了获胜联盟的核心力量。这一获胜联盟对士兵投票法案持更加宽容开放的态度。毫不奇怪,投票反对的核心力量来自于南方。或许更令人想不到的是,与南方所投的14张反对票相比,非南方民主党议员竟然投了11张反对票,占据了反对票中的多数,其中包括罗德岛州的格林。格林此时正奋力保持南北方地区之间民主党的团结,以应对势力不断增强的共和党带来的挑战。[76]

参议院对众议院士兵投票法案提出的三处变更中,选举税问题争议最大。"士兵投票这一简单问题",《华盛顿邮报》指出,"实际上已经被南方选举税问题和一党制问题所淹没"。[77]反对者不仅包括密西西比州的西奥多·比尔博和南卡罗来纳州的史密斯等美国最南部各州敌对中坚分子,也包括参议院领袖、肯塔基州的阿尔本·巴克利和密苏里州的哈里·杜鲁门。五位来自边缘地区的参议员与南方共识彻底决裂,而加入到派帕尔的阵营,支持其士兵投票权修正案。这五位参议员分别来自西弗吉尼亚州、北卡罗来纳州、田纳西州和特拉华州。他们代表没有实施士兵选举税的各州。[78]

议会中的共和党议员在投票表决时做到了团结一致,支持布鲁克斯修正案。南方民主党派则是12票支持、7票反对,这一表决结果显示出其内部已经产生分裂,投反对票的议员分别来自亚利桑那州、爱达荷州、印第安纳州、爱荷华州、宾夕法尼亚州和罗德岛州,他们既不是实施选举税各州的支持者,也不是这些州的代表。他们之所以选择投反对票,其动机在于担心批准这一修正案可能最终使这一立法前功尽弃,并导致民主党内部分裂。南方与非南方民主党[79]表决立场的一致程度远远高于共和党与非南方民主党[80]。正如人们所预料的,南方民主党与共和党表决立场的一致程度相对较低。令人惊讶的是,南方与非南方民主党之间表决立场的一致程度也相对较低。[81]总之,这一表决使共和党团结一致对抗不同地区的民主党派别。这些民主党派别之间在政治原则和立场上分歧严重，他们所持的立场主要取决于工具性的利益算计。

在接近半个世纪的时间里，众议院对于公民权利问题的投票表决几乎都是一种政治表演。对于私刑问题和选举税问题进行投票的议员们很清楚，参议院的南方议员将会对这些立法议案进行阻挠。几十年来，士兵投票权这一议题第一次逃离被参议院否决的命运。南方参议员与众议院的南方同胞一样明白，他们绝不能让世人看到自己在阻挠士兵投票权立法。而且，大多数南方代表经常听到一些直截了当的负面宣传言论，说白人至上令人感到不安，对种族和谐没有积极作用。他们意识到，发表反对士兵投票权的言论存在很大风险，因为这不同于宪法辩论时发表个人见解。这类言论容易给人缺乏爱国心、对反独裁战争缺乏献身精神的印象。前最高法院法官、东德克萨斯的众议员纳特·巴顿（Nat Patton）在8月底表达了这一矛盾心理："我不想阻挠选举税立法，但我也不想剥夺在战场浴血奋战的孩子们的投票机会。"[82]实施选举税的南方八个州的代表感到这种矛盾心理相互交织造成的压力，并且意识到"反对这一法案将对民主党在北方的选举活动造成致命打击"。"北方城市的黑人选票自1933年开始远离共和党而投向民主党阵营。但由于选举税问题引发争议，[83]现在这些黑人选票又要重新回到亚伯拉罕·林肯曾经领导过的共和党阵营。"因此，实施选举税的南方八个州的立法代表同意，将不再对众议院讨论提交的士兵投票法案进行立法程序上的阻挠。最后，参议院一致同意将这一法案提交参众两院联席会议最终表决。[84]非南方民主党议员敏锐地意识到，当时的大移民运动正将大批黑人带入他们所在的选区。这些人对实力相当的对手之间的竞选会起到决定性作用。[85]选举税问题尤其值得这些民主党人士关注，因为这可以为他们提供支持和保护黑人思想诉求的机会，而且也不会挑战或冒犯白人选民的利益。反过来说，多数南方代表心里也明白，对黑人投票法案来说，选举税是最微不足道的障碍，而且在战争时期，他们也很难为保留选举税进行辩护。[86] 因此，他们把主要精力放在寻找其他影响比较小而实质作用比较大的途径，来维护这一地区排除黑人选举权的政策。

而且，南方议员基本明白，大部分情况下，当时人们已经默认"不干涉梅森-狄克逊以南地区事务"这一共识。有时人们甚至对其持明确拥护态度。他们如果仅因为选举税这一特定条款而表现得太过分，毫不妥协地反对士兵投票法案，就有可能危及这一不干涉政策。尤其是在战争期间，国会没兴趣强迫南方改变排斥黑人选举权的政策。正是由于同样的原因，军队也把种族隔离制度作为一种合法制度保留了下来。当时的作战部部长助理约翰·J. 麦克洛伊（John J. McCloy）担任黑人部队政策咨询委员会的领导人。麦克洛伊在1942年7月写道，"不管是白人的责任还是黑人的责任"，现在不是处置种族偏见和歧视问题的时候。麦克洛伊补充说，"我怀疑你们能否使美国人民相信，种族隔离制度涉及自由的根本问题"。这一立场重申了罗斯福总统1940年批准的种族隔离政策，这一政策强调，"现在改变种族隔离制度将破坏作战士气，对国防备战造成不良影响……作战部的意见是，在对敌作战的关键时期，不能拿这些部队的组织机构设置进行试验"。[87]

1942年5月，非裔美国专栏作家老查尔斯·霍华德（Charles Howard Sr.）在关于士兵投票权的辩论刚开始时，向南方主要黑人报纸《亚特兰大世界》撰文表示，自己感到非常疑惑，"为了阻止几千名黑人士兵行使公民权利，国会立法代表是否会剥夺几百万年轻白人士兵的选举权"。霍华德指出，"赋予一部分人投票权而剥夺另一部分人相同的权利是很难做到的"。他很有远见地预测说，"国会中的反黑人团体非常机智"。[88] 事实证明他的预见是正确的。面对各种不同言论主张和价值取向的冲突，南方议员在制定政策、做出选择和提出依据时，尽量与民主党的基本准则保持一致，或至少在表面上保持一致。他们与种族主义顽固派和温和派怀有同样的目标，即在没有外来干预的情况下，保持种族隔离制度，并决定这一制度变化的性质和程度。

即使搁置了选举税条款，1942年的《军人投票法案》也经过了上述过程的考验。民主党多数派得到了全国其他地区民主党员的一致支持。但他们制定士兵投票法案的过程，时间冗长，程序繁琐。而且各州的权力保护措施将联邦政府的作用降至最低。最终形成的法案，对于本身存在严重问题的士兵投票权，只起到一些表面上的补救作用。

民主党最初就考虑到要避免上文提到的不同主张之间的冲突问题。1942年4月，约瑟夫·马丁首次提交的法案也阐明了为什么会发生这类冲突。马丁是共和党少数派领袖和共和党全国委员会主席。他宣称，300万服役至11月份的士兵"不应当被剥夺"投票机会。[89]相比较而言，罗斯福总统"对这一点根本没有多少把握"，他认为士兵投票权问题是一项有待完成的迫切任务。5月份，罗斯福直接建议作战部和海军部"张贴告示，提醒士兵参加投票……简要说明各州的选举法律"。罗斯福总统还考虑发布一道行政命令，要求各部队根据各州现有的选举条例协助做好士兵缺席投票的工作。[90]

正如马丁所表达的，士兵投票法案是国会必须认真对待的问题。美国参战以前，1940年的《选择性兵役法案》已经允许入伍人员按照各州的法律规定参加所有选举活动。入伍士兵本人可以亲自投票，但不可以为了参加投票而请假离开部队一天以上；入伍士兵的另一选择是缺席投票（反过来说，士兵没有资格在部队所驻扎的州投票）。1942年时的各州法律形形色色，互不相同。这使得联邦政府有必要按照马丁提出的原则进行适当的引导和监督，以便有士兵获得实际投票机会时，增进各州政府与军事部门之间的合作。而且，当年春季，整个世界处于战争的恐惧气氛中。最典型的事件包括：美国军队在菲律宾巴丹半岛和科雷希多岛向日本军队投降；德国陆军元帅欧文·隆美尔（Erwin Rommel）率领的部队从利比亚向亚历山大港进发；法国公开禁止犹太人出入饭店、图书馆、公园等公共场所；以及当时很少有人知道的奥斯威辛大屠杀野蛮行动正在开始。[91]在这种严峻形势下，美国的民主制度能否成功运行下去，成为人们高度关注的议题。只有兰金还在反对士兵投票法案("我似乎觉得我们有足够的人力来战胜德国、意大利和日本。我们不必刻意迎合邪恶分子的要求。正是他们不断挑起事端,攻击私有企业和南方白人")。[92] 众议院与会人员接受了参议院最终通过的士兵投票法案。选举税条款被搁置,法案适用范围扩展到初选。法案还中止了要求投票人亲自到场注册的条款。该法案于9月中旬以压倒性票数获得表决通过(参议院表决结果为47∶5;众议院表决结果为248∶53)。这一次表决的最大特点是,共和党和非南方民主党派别罕见地一致投了赞成票。不过人们都清楚,法案的这些特定条款实际意义不大,因为只有1%的部队服役人员最终成功按照这些程序进行投票。法案丝毫没有触动各州设定投票资格条件和裁定公民是否具备投票资格的权利。马里兰州的米勒德·泰丁斯问道:"参议员先生是否坚持主张这次通过的法案,不会废除原有对一切公民投票资格限制的条件?"参议员格林回答说:"是的……这一法案不牵涉原有的选民资格条件。不论这些资格条件是正确的还是错误的,也不论这些资格条件是否符合宪法规定,它们都必须原样保留下来。"[93]

四

1944年,当国会再次对士兵投票法案进行辩论时,投票方式已经发生了巨大变化。众议院进行的两项重要表决均获由共和党和南方民主党所结联盟的审批通过——兰金提交的保护各州权力的表决以328∶69的投票结果获得通过;大会报告的投票支持率稍低,最终以273∶111的投票结果获得通过,而且这一报告多少有些倾向于罗斯福总统的立场。只有非南方民主党人士支持自己所提交的联邦投票方式。

随着辩论的展开,为保持党内团结,南方与非南方民主党派别最初还尽力寻求共同立场,但这一努力并没有成功。南方可接受的最大让步与非南方民主党的容忍底限差距甚远。从另一个角度讲,共和党得到了建立获胜联盟的良好契机,它完全背离了1942年所坚持的投票表决形式，转而选择支持各州权力的立场，以迎合南方民主党的诉求。结果，士兵投票权问题在南方民主党与共和党发展联盟关系的最初阶段起到了关键作用。南方民主党担心本地区的社会秩序被动摇；而共和党则特别讨厌"新政"打破了劳资双方的平衡，反对联邦政府权力过度集中，并渴望再次得到执政机会。一份关于战时公共政策研究的详细报告总结指出："在战争期间发生的所有政坛纷争中，关于士兵投票权问题的争议是助长南方民主党与共和党结盟的首要因素。"[94]"言归正传"，"棉花爱德"史密斯说道，"当我想得到美国宪法的根本保护时，我就会转向支持共和党"。[95]

1942年，地区和政党利益与民族团结需求之间的冲突降至最低，而且各方的利益也得到了维护。代价是，经过讨价还价，最终形成的《军人投票法案》没有任何实际效力。到了1944年，政局发生了显著变化，国会中三大党团之间的利害关系也随之发生重大变化。共和党正在经历奇迹般的复兴，许多观察家认为，共和党快速复兴是因为1942年几百万士兵尚未获得投票权。当时共和党拥有209名众议员，占居47个众议院议席。议员数量已经接近民主党220名众议员的数量。[96]而且共和党还增加了10名参议员，使参议员总数达到了38人。这一数量足以控制是否结束立法阻挠辩论的表决权。10年来，民主党第一次在政党选举中得票少于半数。共和党控制参众两院表决权已经是近在咫尺的事情了。更加令人关注的是，1944年大选的最终结局。由于罗斯福的参选资格尚未确定，共和党预计会与一位新候选人展开竞争，或者与年老体弱的罗斯福展开竞争。罗斯福若参加竞选，这将是他谋求第四次连任机会，是美国历史上破天荒的事情。反过来看，这时的民主党比1932年以来的任何时候都更加倾向于南方，因为它在南方地区以外的竞选多数都遭遇了失败。

由于战时生产计划与劳动力配置不合理、价格控制与配额管理不当、贪污腐败与利用战争牟利的现象严重蔓延，社会诚信体系受到普遍指责，人们内心的焦虑情绪不断加剧。另外，难以避免的战时国家经济管理水平下降以及紧急状态下行政权力配置不合理也引起人们强烈不满。人们对于联邦政府管理能力的怀疑情绪不断增加。这时，共和党所主张的"小政府"理念更加迎合公众的幻灭情绪和怨恨心理。与南方民主党派别结成联盟后，共和党开始关停一系列"新政"管理机构，包括全国资源规划委员会、全国青年管理局、民用资源保护队以及工程进度管理局。他们还力图使国会恢复"新政"前的地位和作用，"与各州、各地区开展协商谈判，对总统倡导的国家政策提出调整意见"。[97]

人们广泛认识到，士兵投票选举活动的组织动员对 1944 年的大选起着至关重要的作用。联邦政府显然不会不采取措施，促使驻扎在全国各地的现役士兵积极参与政治选举活动，但立法机构各党团对于如何促使士兵积极参与政治选举有着各自强烈的利益考量。距离大选还有 11 个月的时候，乔治·盖洛普（George Gallup）发表自己对大选结果的判断，认为"两大政党在普通选民之间的得票实力将会并驾齐驱"。选举结果表明，谋求再次连任的富兰克林·罗斯福及其副总统哈里·杜鲁门以 25,613,916∶22,017,929 的得票数险胜共和党候选人托马斯·杜威（Thomas Dewey）和约翰·布雷克尔（John Bricker）。盖洛普预测道，"如果现在举行总统选举，最终选举结果将取决于士兵的投票立场选择"。[98] 由于许多美国民众对战争感到疲惫不堪，而且他们对于罗斯福谋求连任持怀疑态度，1944 年 6 月，盖洛普民意调查结果显示，罗斯福与杜威之间的得票差距仅为两个百分点。当年夏天，两位研究大选的学者认为，21 岁至 29 岁年龄组的选民"对于民主党的支持率高于全体选民 11 个百分点"，他们进而总结说，"民主党在大选中丢失票数的多少取决于现役士兵不参加投票人数的多少"。[99] 盖洛普较早做出的另一项调查分析预计，两大政党在军队选民中的得票差距会非常大，61% 的士兵会投票支持民主党，而只有 39% 的士兵支持共和党。[100] 8 月份的一项分析也表明，两大政党关于选举人票的竞争会进入白热化程度，预测罗斯福获 248 票，杜威获 229 票。[101] 即使 1000 万现役士兵中有 200 万因年龄因素而被取消选举资格，士兵的选票也会成为决定大选胜负的关键因素。

南方民主党有充足的理由担心战争对于白人至上这一基本原则造成冲击。珍珠港事件爆发前 11 个月，罗斯福总统就把第二次世界大战称为"武装保卫民主价值存在"的"重大紧急事件"。它对"每一位现实主义者"构成严重挑战。这些现实主义者自己"清楚地知道，此时此刻，在全世界各个不同的角落里，民主的生活方式正在遭受敌人的直接攻击"。罗斯福称"对我们国内所有同胞权利和尊严的充分尊重"是国家统一的基础，并称其外交政策的信誉"基于对所有国家权利和尊严的应有尊重"。[102] 美国参战一年后，总统更加充满自信地谈到"必须特别警惕任何形式的种族歧视，对这一丑陋制度给予坚持抵制"，并告诫说，希特勒将试图"在不同的种族之间……埋下怀疑和猜忌的种子"。[103] 越来越多的非裔美国人认真牢记总统讲话，以前所未有的方式和热情，积极组织动员起来，参加全国性的"双重胜利"运动："既要战胜国内敌人，也要战胜国外战场上的敌人。"[104] 1943 年春夏，在南方地区军事基地及周边区域，种族暴力事件不断增多。到了初夏，"各部队驻地发生了严重的种族暴力骚乱，包括：密西西比州的范·多恩军营、佐治亚州的斯图尔特军营、路易斯安那州的查尔斯湖、加利福尼亚州的马琪机场和圣路易斯·奥比斯波军营、德克萨斯州的布里斯军营、堪萨斯州的菲利普斯军营、肯塔基州的布雷肯里奇军营，以及宾夕法尼亚州的希南戈军营"。[105] 一份统计报告记录了发生在 47 个城市中的 242 起种族暴力事件。其中人身和财产损失最严重的骚乱是，1943 年夏天发生在纽约和底特律的暴力事件。[106] "进军华盛顿"运动的威胁迫使罗斯福总统于 1941 年 6 月发布了第 8802 号总统令，设立公平就业实施委员会，第一次实现了联邦政府对发生在工作场所的种族歧视事件进行调查，并给予纠正。司法部公民自由科增设了专门处理公民权利案件的律师。在劳动力市场高度供不应求的情况下，南方一些跨种族联盟反对种族歧视的斗争取得了前所未有的进展。国会积极开展了限制选举税的立法辩论。贡纳尔·默达尔即将完成经过深入调查和严肃思考的巨著《美国的尴尬》。默达尔组织编写该书的目的是全面揭示当时美国社会面临的种族矛盾。因此,这部书的副标题被命名为"黑人问题与现代民主"。[107]最高法院已经开始重新考虑"白人初选"的地位问题,并在即将宣判的"史密斯诉奥尔赖特案"中,宣布"白人初选"原则违反宪法。

士兵投票权问题将南方置于非常尴尬的处境,因为南方政治家希望维护本地区的种族制度模式,或者说至少做到要改变这一模式的话,也要由南方内部自行改革,而不应由联邦政府从外部施加压力。他们也不想再次被视为士兵投票法案的反对者,只顾维护本地区的种族等级制度而不履行国家义务。正如关于1944年大选士兵投票权问题的辩论开始时以赛亚·伯林就认识到的,反对联邦投票制度"是一件非常尴尬的事情,因为我们不能在总统和联邦政府极力赋予士兵这一权利时被指责试图剥夺年轻士兵的这一参选机会"。[108]但是南方政治家担心,实施全国统一的士兵选举标准将开一个难以打破的先例。当遇到有关选举权问题的其他更重要挑战时,他们有可能无法抵挡联邦政府的干预。

在这种情况下,转向共和党或许能改变南方未来的命运。这或许能提供一种新的解决方案,做到既有利于士兵参与投票选举,又能维护各州的权力。共和党参众两院议员在1942年曾言辞激烈地进行辩论,对《军人投票法案》持强硬立场,但现在却迫切地对其进行重新评价和审视,力图避免法案条款影响共和党再次获得执政机会。共和党议员担心,如果士兵在三军总司令、作战部和海军部监督下,实施联邦投票程序,他们将有可能失去重新夺回总统职位和众议院议席的机会。因此,他们转而倡导弱化联邦地位,并提议限制向海外服役士兵传递选举信息。为实现这些诉求,共和党需要南方选民的支持。两大团体之间的信息交流不断加强。俄亥俄州的共和党参议员罗伯特·塔夫托(Robert Taft)的言论与民主党参议员伊斯特兰的告诫几乎没有什么区别。塔夫托警告说,联邦政府地位的加强有可能把美国置于"非常危险的境地",并坚持说,战争没有理由取代他所称的"宪法的条文规定";伊斯特兰则告诫说,"士兵投票立法提案是联邦控制各州选举的第一步,最终将实现联邦政府对全国选举机制的官僚控制",因此,这一行为违反了宪法赋予有关各州对选举进行监督的权力的条款。[109]

两位研究和观察南方与共和党联盟关系发展过程的立法代表埃斯蒂斯·基福弗和约翰·斯帕克曼(John Sparkman)对共和党诉求的转变感到极度困惑与不安。两人后来都成了参议员,而且曾是阿德莱·史蒂文森(Adlai Stevenson)竞选总统时的副总统人选。斯帕克曼和基福弗分别是1952年和1956年总统选举中的副总统人选。基福弗支持联邦投票制度,他以讽刺的口吻指出,"在1942年9月的选举中,当我们取消现役军人登记注册和交纳选举税等选举资格条件时,那些投票反对这一措施的人并没有'大声呼吁保护各州的权力'。奇怪的是,许多当年投票支持这一措施的人却突然转而支持各州的权力"。[110]阿拉巴马州的民主党人约翰·斯帕克曼也以讽刺的口吻回应共和党人关于宪政联邦主义的言论。最近一次发表这类言论的是来自纽约州的共和党众议员汉密尔顿·菲什(Hamilton Fish)("近年来,我们发现'新政'实施过程中,各州的权力在接二连三地消失")。[111]菲什指出,关于私刑和选举税的辩论中,正在向自己的同事大肆宣讲各州权力的民主党议员没有提及各州的权力问题。[112]反过来看,特拉华州的民主党议员詹姆斯·滕内尔(James Tunnell)也支持联邦投票制度。他同样注意到一种奇怪的"同床异梦式"的联盟已经产生。"密西西比州的参议员",滕内尔指出,"在介绍这一法案时,非常坦诚。他的立场不应当受到指责。但他的确有着自己的问题。他竟然说这一法案是维护白人至上原则的"。但讽刺的是,滕内尔坚持说,虽然"南方参议员们一直关注白人至上原则",但他们现在却与"萨德·斯蒂文斯(Thad Stevens)曾经领导过的共和党"议员关系密切。萨德·斯蒂文斯来自宾夕法尼亚州,是一位持强硬立场的共和党议员,他于1859年至1868年之间担任众议员时,致力于动用联邦政府权力,促进自由民获得平等权利。[113]

尽管多少有些别扭,但南方民主党与共和党的联盟也有一定的共同基础。他们都在利用民主党的言论主张,反对联邦投票制度,认为这一制度的设计存在缺陷,因为其适用范围只包括全国性办公机构的选举和全国大选。不论从行政管理的角度,还是从政治路线的角度,包括总统在内的民主党自由主义人士都认为,他们还不具备长期实施联邦投票的条件:缺乏在地方办事机构和各州办事机构全面实施士兵投票的管理手段,若把县以上政府机构的所有候选人清单印制成选票分发给士兵,至少无法解决物流运输问题。这就为反对联邦政府干预选举事务的人提供了借口,他们反驳说,这种"被剪掉尾巴的投票方式"是对服役人员的歧视。南方提出的辩驳理由是,联邦投票制度被贴上了歧视军人的标签,因为其适用范围不包括州一级的初选。[114] 共和党提出的辩驳理由是,联邦投票制度没有为军人提供参加至关重要的地方和各州政府机构投票选举的手段。[115]

已经长期为人们所熟知的投票联盟发生改变的第一个转折点在于,1943年11月下旬,《格林-卢卡斯联邦投票法案》和建立强有力的投票监督委员会的议案提交至参议院议席讨论。进入12月上旬以后,团结统一的民主党使选举委员会的权力大为削弱,并且将法案的适用范围扩大到下列人员:商务船只工作人员、红十字会员工、基督教公谊会成员、美国劳军联合组织员工、女子航空兵飞行员、妇女辅助运输中队成员。这标志着法案的发起者成功获得了足够数量的投票支持者,以克服共和党的抵制。上述人员参加投票,再加上投票期间规范政党宣传材料和党派文件在部队中的派发活动、禁止由父母或指定亲属代理投票等措施,使得选举活动沿着民主党的党派路线向前推进。

剧烈的转变发生在12月3日。伊斯特兰提交了一份替代性方案"要求士兵缺席投票的方式必须由各州提出,并由各州进行规范管理"。这一方案以42:37的投票表决结果获得通过。全国统一监管的联邦士兵投票制度遭遇"惊人失败"。[116] 替代性方案废除了联邦战时投票委员会,仅建议各州提供具备资格的士兵进行缺席投票的方式。方案还采纳了参议员塔夫托提出的修正意见,规范和限制向士兵分发书面选举材料。[117] 支持削弱和修正联邦统一士兵选举标准的南方议员转而投票支持这一替代性方案。在 42 张赞成票中,24 张由南方民主党议员投出,18 张由共和党议员投出;包括一些来自边远地区州的议员共 25 位民主党议员投反对票,12 位共和党议员投反对票。共和党、南方民主党和非南方民主党可能形成联盟的三大党团中,最强有力的党团联盟是南方民主党和共和党。[118]

在众议院,兰金对伊斯特兰方案的修正版本以 328∶69 的压倒性优势获得表决通过。意见几乎完全一致的南方党团[119]又加入了更加团结统一的共和党,[120]以及大约一半的非南方民主党[121](非南方民主党分裂为反对这一方案的派别和支持至少建立某种士兵投票机制的派别),最终形成多数派联盟。[122]《芝加哥论坛报》欢欣鼓舞地称赞这一表决结果是"自由主义的胜利",全然忘记了该报 1942 的社论谴责南方为了自己所在州的权力而阻止士兵投票权的有效实施。[123]

参议院做了最后的努力,对于联邦政府的地位和作用给予一定的维护。看到总统呼吁联邦各州支持的士兵投票法案被"宰割"得面目全非,陷入尴尬局面的罗斯福政府不得不支持经过整合而形成的格林-卢卡斯方案的最新版本。这一版本将伊斯特兰的方案条款与弱化联邦投票地位的版本进行了有效结合。"新法案所采取的措施",《匹兹堡信报》失望地评价道,"在回应人们建立士兵投票法案要求的同时,完全使黑人投票问题在城镇、县区和其他州立机构的选举中遭受'特殊对待'。这一法案满足了除了黑人以外的所有团体的要求……我们的立法人员还没有明白这样一个道理——他们不可能在这个国家让民主与白人至上统治同时存在"。[124]

经过一轮轮复杂的立法操纵,士兵投票法案中,已经被严重弱化的联邦政府的地位和作用,将进一步被削弱,[125]即士兵投票时,应亲自书写所支持候选人的名字,而不是简单地由党团指定候选人或事先将候选人的名字印制在选票上。经过上述修改，法案最终以 47∶38 的投票结果获得通过，成为付诸法律的士兵投票法案的最终版本。结果，只有3%的现役士兵选民按照法案授权的联邦投票方式参加了投票选举。

两年以后，战争结束。1946 年初，由北卡罗来纳州民主党众议员赫伯特·邦纳（Herbert Bonner）和罗德岛州民主党参议员西奥多·格林分别在众议院和参议院提出的士兵投票法案取消了联邦投票条款。4月份，这一法案在参众两院以口头表决的形式获得一致通过。[126]

注释

1. 罗斯福认为"这将是他所发布的最重要的信息之一"，于是打算亲自发表国情咨文。"总统本人花了很长时间，非常用心地准备这次国情咨文。大部分的起草内容都是我们（塞缪尔·罗森曼和罗伯特·舍伍德）围坐在他的床边共同商定的。由于当时染上了严重的咳嗽，总统不得不躺在床上工作。"罗森曼说："德黑兰会议的交锋一定异常激烈……总统在这次会议期间染上了支气管炎，咳嗽得非常厉害……这一病痛持续的时间很长。虽然德黑兰会议是总统作为三军总司令和国家元首外交生涯的制高点，但我认为这似乎也是他身体状况的转折点。尽管当时我们没有意识到，可我后来觉得总统身体健康的恶化可以追溯到德黑兰会议。"见 Samuel I. Rosenman, *Working with Roosevelt* (New York: Harper and Brothers, 1952), pp. 417–18, 411–12.

2. Franklin D. Roosevelt, "Annual Message to Congress," January 11, 1944, in *Nothing to Fear: The Selected Addresses of Franklin Delano Roosevelt, 1932–1945*, ed. B. D. Zevin (Boston: Houghton Mifflin, 1946), pp. 388–97. 关于投票权问题的动员见第 395 页。Cass Sunstein, *The Second Bill of Rights: FDR's Unfinished Revolution and Why We Need It More Than Ever* (New York: Basic Books, 2006) 对这次国情咨文进行了详细的研究。士兵投票问题在关于富兰克林·罗斯福第三次总统任期的历史中通常只被简单提及。下列著作对此进行过有益的探讨和总结：Boyd A. Martin, "The Service Vote in the Elections of 1944," *American Political Science Review* 39 (1945): 720–32; Michael Anderson, "Politics, Patriotism, and the State: The Fight over the Soldier Vote, 1942–1944," in *Politics and Progress: American Society and the State Since 1865*, ed. Andrew E. Kersten and Kriste Lindenmeyer (Westport, CT: Praeger, 2001), pp. 84–100; Christopher DeRosa, "The Battle for Uniform Votes: The Politics of Soldier Voting in the Elections of 1944," in *Beyond Combat: Essays in Military History in Honor of Russell F. Weigley*, ed. Edward G. Longacre and Theodore J. Zeman (Philadelphia: American Philosophical Society, 2007), pp. 129–52.

3. P. Orman Ray, "Military Absent-Voting Laws," *American Political Science Review* 12 (1918): 461, 469; *New York Times*, May 19, 1918.

4. "Should Soldiers Have the Vote? They Say Yes, Congress Maybe," *Newsweek*, December 4, 1943, p. 54.

5. 另外，新泽西州按照本州的选举方案寄出了 58,000 张选票。见 *New Republic*, September 6, 1943, p. 803.

6. Anderson, "Politics, Patriotism, and the State," p. 90; Martin, "The Service Vote in the Elections of 1944," pp. 725–26. 安德森指出，人口普查局将投票权利普及范围受限的原因归结为时间仓促，各州没有足够的时间制订选举程序，以及士兵（尤其是在海外服役人员）没有足够的时间得到选举信息并返回选票。人口普查局同时指出，"在南方，11 月份的选举一般不如初选对公众具有吸引力。尤其是中期选举更是如此"。见 Anderson, "Politics, Patriotism and the State," p. 90. 30 年后，国防部撰写的一份报告指出，选举法案"几乎没有产生多大影响"，因为刚宣布实施没几个星期，大选就开始了。见 U.S. Department of Defense, *The Federal Voting Assistance Program, 11th Report* (Washington, DC: U.S. Government Printing Office, 1977), p. 2. 哈里·杜鲁门总统授权美国政治学研究会士兵选举特别委员会开展了专项研究。特别委员会 1952 年的报告认为，1942 年立法机构"促进军队投票选举的工作开展得太迟了"。法案"对于大选中参加投票的士兵人数几乎没产生什么影响"。见 "Findings and Recommendations of the Special Committee on Service Voting," *American Political Science Review* 16 (1952): 513. 特别委员会的主席为保罗·戴维（Paul David），成员包括罗伯特·喀特勒（Robert Cutler）、塞缪尔·厄尔德斯维德（Samuel Eldersveld）、伯特仑·格罗斯（Bertram Gross）、亚历山大·赫尔德（Alexander Heard）、爱德华·利奇菲尔德（Edward Litchfield）、凯瑟琳·斯通（Kathryn Stone）和威廉·普伦德加斯特（William Prendergast）。杜鲁门对美国政治学研究会表示感谢，认为"国家和人民需要这样一个机构潜心从事政府治理和政治方面的科学研究，而不追求轰轰烈烈的舆论和宣传效应"。(第 512 页) 总统根据这一报告的内容发表了 1952 年 3 月 28 日的国会年度国情咨文，并就朝鲜战争期间的士兵投票问题给出了具体建议。

7. I. C. B. Dear, ed., *The Oxford Companion to World War II* (New York: Oxford University Press, 2001), pp. 931, 936, 938. 详细论述见 Russell F. Weigley, *History of the United States Army* (New York: Macmillan, 1967), pp. 421–50.

8. Franklin D. Roosevelt, "Christmas Eve Speech—Report on the Teheran Conference," December 24, 1943, in *Nothing to Fear*, ed. Zevin, pp. 378–87.

9. 美国军队共计损失作战人员 291,557 人，非战斗人员 113,182 人。见 U.S. Bureau of the Census, *Historical Statistics of the United States: Colonial Times to 1970*, part 2. (Washington, DC: Bureau of the Census, Department of Commerce, 1976), p. 1140.

10. Franklin D. Roosevelt, State of the Union address, January 1944, in *Nothing to Fear*, ed. Zevin, p. 395.

11. 宪法第 1 条第 2 款规定，在众议院选举中，"每个州的选民应当具备该州多数立法部门所规定的必备资格条件"。第十七次修正案规定参议院应当使用统一的工作语言。而且，第 1 条第 4 款规定，"每个州参议员和众议员的选举时间、地点和形式应当由州立法机构决定"。但这一条同时规定，"美国国会可以随时依法制定或改变除了参议员选举地点以外的其他选举规定"。最高法院通常具有控制联邦议会选举的最高权力。比如在涉及明尼苏达州重新划分选区的"斯迈利诉霍尔姆案"(*Smiley v. Holm*) 中，最高法院裁决认为，依据宪法的相关规定，它拥有制定完整的议会选举条令的权力，包括决定选举时间、地点，规定选举通告的发布、选举登记的程序，监督投票过程，依法保护选举人安全，防止选举过程中的欺诈和舞弊行为，统计选票，公布监票人和计票人义务以及公布选举结果。总之，它拥有发布和实施各种选举条件规定，保障选民基本选举权利的职责和权威。见 *Smiley v. Holm, 285 U.S.* 355 (1932)。士兵选举权辩论期间，关于宪法问题的研究综述，见 Charles M. Boynton, "A Study of the Elective Franchise of the United States," *Notre Dame Lawyer* 20 (1945): 230–302.

12. Roosevelt, State of the Union address, January 1944, in *Nothing to Fear*, ed. Zevin, p. 395.

13. *New York Times*, April 1, 1944.

14. Frank Freidel, *Franklin D. Roosevelt: A Rendezvous with Destiny* (New York: Little, Brown, 1990), p. 503. "会议通过法案"，迈克尔·安德森总结道，"等同于反对联邦选举的势力最终获得了胜利"。见 Anderson, "Politics, Patriotism, and the State," p. 94.

15. *Congressional Record*, 78th Cong., 2d sess., March 15, 1944, p. 2623.

16. Franklin D. Roosevelt, *The Public Papers and Addresses of Franklin D. Roosevelt*, vol. 13 (New York: Macmillan, 1945), pp. 111–15.

17. *New York Times*, April 1, 1944. 据我所知，最早提倡联邦政府针对第二次世界大战期间无法直接参加投票的士兵统一制定选举标准和办法的人是厄尔班·莱弗里。莱弗里于1942年5月向联邦政府提出上述建议。莱弗里本人是芝加哥的一位著名律师、民主党杰出领导人。他后来担任了一部重要行政管理法律的起草人。莱弗里建议国会起草"一部统一的选举法案，废除许多州过于严苛的选民条件限制"，由一个跨越党派的全国选举委员会对各地大选进行监督。见 *Chicago Daily Tribune*, May 1, 1942.

18. "Should Absentee Soldier Voting Be Federally Controlled?," *Congressional Digest*, January 1944, p. 4. "有了这些政治法则"，《国家》杂志的社论指出，"就像不能幻想支持一夫多妻制一样，那些国会议员们也不要再幻想反对士兵和水手们的投票权利了"。"要让士兵们参加投票。" *Nation*, December 4, 1943, p. 655.

19. *Chicago Daily Tribune*, April 18, 1942.

20. "不——不应当"的支持率为5%。回答"不确定"的占3%。见"Public Opinion Polls," *Public Opinion Quarterly* 8 (1944): 131. 3/4 的被调查者认为这一方案是可行的。58% 的被调查者赞成"联邦政府赋予年满21周岁的军队服役人员投票选举权"；30% 的被调查者支持"各州按照相应法律，向年满21周岁并具备选举资格的部队服役人员寄送选票"。芝加哥大学的全国民意调查中心于1944年1月16日开展的一项调查问道，"你认为年满21周岁的黑人士兵是否应当被授予投票选举权呢（在1944年总统大选中）？"如果士兵在所属的州获取参选资格，77%的被调查者答复"完全同意"，另有 2% 的被调查者答复"同意"。12% 的被调查者答复"反对"，另有 5% 的被调查者答复反对任何种族的士兵参与投票选举。（第 131 页）

21. 1942年7月23日和8月25日进行选举时，参加众议院投票的议员不到1/3，参加参议院投票的议员也只是刚刚超过50%。在投票场所还没有安装空调的年代，许多议员为逃避华盛顿难以忍受的夏季炎热和潮湿而没有参加投票。关于安装空调后，投票人数的变化，见 Nelson Polsby, *How Congress Evolves: Social Bases of Institutional Change* (New York: Oxford University Press, 2003), pp. 84–86.

22. *Congressional Record*, 78th Cong., 2d sess., March 15, 1944, p. 2617.
23. 一个例外是戴维·肯尼迪关于士兵选举问题的简要论述。肯尼迪强调1944年选举法案的局限性。见 David M. Kennedy, *Freedom from Fear: The American People in Depression and War, 1929-1945* (New York: Oxford University Press, 1999).
24. 在1937年的"布里德洛夫诉萨特尔斯案"(*Breedlove v. Suttles*)中，一位白人公民对佐治亚州的选举税提出挑战。最高法院认为，选举税是增加财政收入的合法举措，而不属于违反宪法第十四、十五、十九次修正案的剥夺公民权利的行为。见 *Breedlove v. Suttles* 320 U.S. 277 (1937).
25. "现行法律"，参议员格林在讨论1942年的法案时指出，"根本不涉及收取选举税是否符合宪法的问题。投票支持这一法律的人反对取消选举税也是完全符合逻辑的。这完全是两码事。问题只在于，在战争期间向军队服役人员收取选举税的行为是否能够阻止他们参加选举。这才是问题的根本所在"。见 *Congressional Record*, 78th Cong., 1st sess., November 22, 1943, p. 9794.
26. Joseph E. Kallenbach, "Constitutional Aspects of Federal Anti-Poll Tax Legislation," *Michigan Law Review* 45 (1947): 719.
27. 报告日期为1943年11月29日。Isaiah Berlin, *Washington Despatches, 1941–45: Weekly Political Reports from the British Embassy*, ed. H. G. Nicholas (Chicago: University of Chicago Press, 1981), p. 280. 值得注意的是，温德尔·威尔基支持罗斯福1944年1月的立法议案，并指出，"我认为在实际操作中，各州法律不可能做到使每一位部队服役人员都获得投票选举权……但如果我参加总统选举的话，也不想在没有全体军队将士投票支持的情况下当选"。见 *New York Times*, January 20, 1944. 来自俄亥俄州的参议员塔夫托则告诫说，士兵选举法案"有可能使整个选举陷入立法问题的泥潭之中"。见 *New York Times*, January 24, 1944.
28. 在第二次世界大战期间被任命为司法部作战司的首席检察官助理以前，威克斯勒曾参与士兵投票法案的起草工作。威克斯勒还清楚地记得当时的情形。他回忆道："这是一项非常艰巨的任务……我期望1944年的总统选举……能够就一千多万驻扎在海外的美国公民无法参加选举的问题找到一种解决办法。否则的话，这些海外人员无法达到各州选举法规中一般性缺席人员的投票条件。"见 Norman Silber and Geoffrey Miller, "Toward 'Neutral Principles' in the Law: Selections from the Oral History of Herbert Wechsler," *Columbia Law Review* 93 (1993): 879. 下面两篇文章对此进行了详细的评价：Ruth Bader Ginsburg, "In Memory of Herbert Wechsler," and Henry Paul Monaghan, "A Legal Giant Is Dead," appeared in the *Columbia Law Review* 100 (2000): 1359–61 and 1370–76.
29. *New York Times*, September 2, 1942. 同样是美国黑人委员会缔造者和领导人的布朗撰写了 *What the Civilian Conservation Corps Is Doing for Colored Youth* (Washington, DC: Federal Security Agency, Civilian Conservation Corps, 1940).
30. Ronald R. Krebs, "In the Shadow of War: The Effects of Conflict on Liberal Democracy," *International Organization* 63 (2009): 190–92. 另见 Ronald R. Krebs, *Fighting*

for Rights: Military Service and the Politics of Citizenship (Ithaca, NY: Cornell University Press, 2006). 迈克尔·雪利在战争期间关于"社会变革中的军事化问题"撰写过一篇文章,但他并没有将士兵投票权问题作为战争对美国黑人社会地位影响的例证加以讨论。见 Michel Sherry, *In the Shadow of War: The United States since the 1930s* (New Haven: Yale University Press, 1995), pp. 101–2. 同样, John Morton Blum, *V Was for Victory: Politics and American Culture during World War II* (New York: Harcourt Brace Jovanovich, 1974) 一书也没有对此进行讨论。

31. David Mayhew, "Wars and American Politics," *Perspectives on Politics* 3 (2005): 479; 另见 David Mayhew, "Events as Causes: The Case of American Politics," *Political Contingency: Studying the Unexpected, the Accidental, and the Unforeseen*, ed. Ian Shapiro and Sonu Bedi (New York: NYU Press, 2007), p. 114. 在这些论著中,梅休论述了"第二次世界大战如何通过 1942 年的《军人投票法案》为美国南方黑人带来了另一微小却真实的进步"。

32. Reeve Huston, "Battling over the Boundaries of the American Electorate," *Reviews in American History* 29 (2001): 632. 关于罗斯福政府及其实施的种族关系政策一项最新的肯定性评价,强调罗斯福 1942 年签署的《军人投票法案》"建立了一种允许具备资格的服役人员免交选举税并在联邦选举中进行缺席投票的机制。这使得许多南方士兵(包括非裔美国人)首次获得了投票权"。见 Kevin J. McMahon, *Reconsidering Roosevelt on Race* (Chicago: University of Chicago Press, 2004), p. 158. 关于美国历史中种族问题的另一项重要研究,在评价 1942 年的《军人投票法案》时认为,"和美国独立革命和南北战争期间一样,黑人服役最终为美国黑人获得政治权利提供了有益帮助",并指出"《军人投票法案》自 1870 年以来首次扩大了黑人依法参加政治选举的资格范围"。见 Philip A. Klinker and Rogers M. Smith, *The Unsteady March: The Rise and Decline of Racial Inequality in America* (Chicago: University of Chicago Press, 2002), pp. 174–75. 同样,一部关于南方种族隔离制度和投票权限制的历史学著作也强调 1942 年的《军人投票法案》带来了公民权利的"进步"。"尽管南方竭力阻止臭名昭著的选举税被修改——这只不过是阻止黑人参加选举的手段而已——认为修改选举税会对'南方的生活方式和白人至上原则'造成侵害,联邦立法机构还是于 1942 年通过了《军人投票法案》,规定现役军人可以不交纳选举税而获得选举权利,并允许在外地服役的军人进行缺席投票。自战后重建以来,非裔美国人首次获得了更加轻松自由地参加投票的权利。"见 Jerrold M. Packard, *American Nightmare: The History of Jim Crow*, rev. ed. (New York: Macmillan, 2002), p. 202.

33. Alexander Keyssar, *The Right to Vote: The Contested History of Democracy in the United States* (New York: Basic Books, 2000), p. 246.

34. ProQuest 数据库对 1942 年初至 1944 年的报纸进行检索,得到了 94 则关于"士兵投票"问题引起"争议"的典型案例报道: John W. Malsberger, *From Obstruction to Moderation: The Transformation of Southern Conservatism, 1838–1952* (Selingsgrove, PA: Susquehanna University Press, 2000), p. 107; Martin, "The Service Vote in the Elections of 1944," p. 727; *Newsweek*, December 6, 1943, p. 59; Allen Drury, *A Senate Journal, 1943–1945* (New York: McGraw Hill, 1963), pp. 11–12; Rosenman, *Working*

with Roosevelt, p. 28; *Chicago Daily Tribune*, July 24, 1942; Arthur Brody, "Soldiers' Votes and 1944," *Nation*, February 19, 1944, p. 207; *New York Times*, January 30, 1944; *New York Times*, February 22, 1944. 哲瑞为美联社撰写参议院新闻报道期间所写的日记于 1963 年发表，之前他凭借两部畅销小说 *Advise and Consent* (1959) 和 *A Shade of Difference* (1962) 而名声大噪。人们对士兵投票问题的抱怨和争论也成为当时"国会蓝调音乐会"（Congressional Blues）关注的主题。David Brinkley, *Washington Goes to War: The Extraordinary Story of the Transformation of a City* (New York: Alfred A. Knopf, 1988), pp. 220–23 对此进行了回顾和研究。

35. Franklin D. Roosevelt, "Annual Message to Congress," January 6, 1941, in National Archives and Records Administration, *Our Documents: 100 Milestone Documents from the National Archives* (New York: Oxford University Press, 2006), pp. 170–71.

36. *Chicago Daily Tribune*, April 17, 1942.

37. Steven F. Lawson, *Black Ballots: Voting Rights in the South, 1944–1969* (New York: Columbia University Press, 1976), p. 74.

38. 塞缪尔·罗森曼起草的声明同样预言道，伊斯特兰法案"不会比《第 712 号公共法律》（1942 年的《军人投票法案》）为士兵投票提供更多的便利。按照伊斯特兰法案，真正能够投票的士兵数量微乎其微"。见 Memorandum, Samuel I. Rosenman to President Roosevelt, January 21, 1944, Samuel I. Rosenman Papers, box 25, Soldier Vote Folder, Franklin D. Roosevelt Library, Hyde Park, NY; *New York Times*, January 27, 1944.

39. Anderson, "Politics, Patriotism, and the State," p. 94.

40. Boynton, "A Study of the Elective Franchise of the United States," p. 301.

41. 记票情况收录在 APSA, "Findings and Recommendations," p. 513; Edward G. Benson and Evelyn Wicoff, "Voters Pick Their Party," *Public Opinion Quarterly* 8 (1944): 172 对此发表了评价。

42. Harry S. Truman, "Special Message to the Congress on Absentee Voting by Members of the Armed Forces," March 28, 1952, in *Public Papers of the Presidents of the United States: Harry S. Truman, 1952–53* (Washington, DC: U.S. Government Printing Office, 1966), 217–20.

43. 引自 "Findings and Recommendations of the Special Committee on Service Voting," pp. 512–13.

44. 同上, pp. 513–14. 这样一种构成情况与南方各州的总体投票率是一致的。在 1940 年，"梅森-狄克逊线以北各州的投票率均高于 65%"，而密西西比州和南卡罗来纳州年满 21 岁公民的投票率均低于 15%；阿拉巴马州、佐治亚州和弗吉尼亚州均低于 25%；路易斯安那州、田纳西州和德克萨斯州均低于 35%；佛罗里达州和北卡罗来纳州均低于 45%；肯塔基州、马里兰州和俄克拉荷马州均低于 65%。在南方所有的州中，只有密苏里州、特拉华州和西弗吉尼亚州的投票率高于 65%。见 Gordon M. Connelly and Harry H. Field, "The Non-Voter—Who He Is, What He Thinks," *Public Opinion Quarterly* 8 (1944): 176.

45. *Congressional Record*, 78th Cong., 2d sess., March 15, 1944, p. 2619. 法案的支持者勒

孔特立即指出，1942 年《军人投票法案》中"明确规定暂时取消选举税"的两个部分仍然有效。因此，"如果说联邦政府还没有暂时取消选举税及相关选举登记规定，是因为联邦政府不能这样做。这就是我个人的坦诚意见"。（第 2619 页）

46. 卢卡斯在第 81 届国会担任多数党领袖。
47. 南方在国会中的势力对 1944 年的《退伍军人权利法案》产生了重要影响，尤其是兰金的地位和作用举足轻重。相关研究见 Ira Katznelson, *When Affirmative Action Was White: Am Untold History of Racial Inequality in Twentieth-Century America* (New York: W. W. Norton, 2005), pp. 113–41.
48. 引自 Kenneth W. Vickers, "John Rankin: Democrat and Demagogue" (M.A. thesis, Mississippi State University, 1993). 关于担任法案起草人一事，赫伯特·威斯勒回忆说："我的主要竞争对手是我一生中遇到的最难对付的人。他就是来自密西西比州的国会议员约翰·兰金。约翰·兰金是头号种族主义分子，是当时来自全国各地的国会议员中种族偏见最强烈的人。"当威斯勒于 1944 年 2 月被委任司法部职务时，兰金对此给予了强烈抨击。"他说我是'自称威斯勒'的家伙……在华盛顿有一个威斯勒家族。亚当·威斯勒不是来自犹太家庭。言外之意，我的名字是从犹太发音的名字改成非犹太发音的。"见 Silber and Miller, "Toward 'Neutral-Principles' in the Law," pp. 881, 882. 兰金还强调这一名字与"今天下午文章的作者詹姆斯·威斯勒几乎相同，以此攻击昨天的国会选举投票"。见 *New York Times*, February 3, 1944. 关于兰金反犹主义的文献，见 Russell Whelan, "Rankin of Mississippi," *American Mercury* 49 (1944): 31–37.
49. *Washington Post*, September 4, 1942.
50. *Congressional Record*, 78th Cong., 1st sess., November 17, 1943, p. 9629.
51. 同上，2d sess., March 15, 1944, p. 2620. 就在经 1944 年的国会联席会议修正后的士兵投票法案最终获得通过前，兰金在其总结发言中，一改过去异常冷静的讲话风格，极力攻击"出生在国外的共产主义狂热分子西德尼·希尔曼"支持联邦投票法案，并回忆说，"自从南方民主党派把整个民主党团结凝聚在一起后，我与民主党共同经历了无数个艰难时刻。我们沿着民主党的路线奋斗了这么多年。现在法兰克福派、希尔曼派、温歇尔派和产业工会联合会的狂热分子们都无法将我们逐出民主党阵营"。来自纽约的查尔斯·巴克利（Charles Buckley）打断兰金的讲话，问道："请问那位来自密西西比州的先生是不是说民主党都是由犹太人组成的？"兰金回答道："谁也没有这样说，除非这位来自纽约的先生这么认为。"（第 2638—2639 页）
52. *Congressional Record*, 78th Cong., 2d sess., January 31, 1944, pp. 908, 911. 1941 年，伊斯特兰被任命为参议员，添补因参议员帕特·哈里森去世而造成的职位空缺。当时他已经任职 88 天，但拒绝参加特别选举。最终，来自同一个州第二选区的国会议员沃尔·多克塞获得选举胜利。在 1942 年民主党初选中伊斯特兰击败了得到总统罗斯福和参议员比尔博支持的多克塞，并在大选中获全胜。1943 年 1 月，伊斯特兰开始正式担任参议员。关于密西西比州山区"三角洲种植园区业主与农民之间的政治斗争"具有启发意义的研究，见 V. O. Key Jr., *Southern Politics in State and Nation* (New York: Alfred A. Knopf, 1949), pp. 229–53. 在 20 世纪 50 年代，伊斯特兰全力支持反对废除种族隔离制度的主张，并告诫自己所在选区的人民，他们可以自由地违反最高法院通过的布朗决议案，因为这一决议案是基于政治需要和社会学依据判定的，而不是按照宪法的法理原则判定的。

53. *Congressional Record*, 77th Cong., 2d sess., September 9, 1942, pp. 7073–74.
54. 同上, 68th Cong., 1st sess., April 9, 1924, pp. 5961–62.
55. 同上, 78th Cong., 1st sess., November 29, 1943, p. 10067.
56. Key, *Southern Politics in State and Nation*, pp. 311, 664–75.
57. 关于南方中立原则特点及局限性的敏锐分析，见 Anthony J. Badger, *New Deal/New South* (Fayetteville: University of Arkansas Press, 2007), pp. 102–26.
58. Gunnar Myrdal, *An American Dilemma: The Negro Problem and Modern Democracy* (New York: Harper and Brothers, 1944).
59. 相关研究，见第 12 章。
60. *Atlanta Daily World*, May 27, 1942.
61. *The Pittsburgh Courier*, June 13, 1942. 在 1938 年，州长约翰斯顿曾肯定白人至上原则的合理性，认为这一原则是防止民主党选战运动出现种族主义煽动情绪的必要手段。"由于这些规则变化已经完全消除了黑人参加南卡罗来纳州初选投票的可能性，候选人如果再提及黑人问题，只能说明他为迎合无知、偏见和情绪冲动而在回避选战的要害问题，这不会吸引勤劳智慧的南卡罗来纳人。"见 *Pittsburgh Courier*, August 13, 1938. 后来在参议院任职时，"这位来自南卡罗来纳州的参议员奥林·约翰斯顿宣称自己将对所有涉及重建运动以来南方'黑人问题'的公平就业实施法案发起为期三周的立法阻挠，以便全国民众都了解问题的全部真相"。见 *Pittsburgh Courier*, May 26, 1945.
62. *Congressional Record*, 77th Cong., 2d sess., July 23, 1942, p. 6552.
63. *New York Times*, July 23, 1942.
64. *Washington Post*, August 15, 1942.
65. *Congressional Record*, 77th Cong., 2d sess., August 17, 1942, p. 6859.
66. 同上, August 20, 1942, p. 6901; September 9, 1942, p. 7074.
67. 同上, July 13, 1942, p. 6553.
68. 相关研究，见 Lawson, *Black Ballots*, p. 66; *New York Times*, July 24, 1942. 没有进行唱票表决。基福弗要求瓜分选票。投票结束后，来自俄亥俄州的共和党人约翰·马丁·沃里斯要求由记票员记录。但选举委员会主席在选票统计完后宣布，"只有九位成员起立表示同意——没有达到规定人数。由记票员记录的要求将不被采纳"。见 *Congressional Record*, 77th Cong., 2d sess., July 13, 1942, p. 6561.
69. 这是站立投票。《国会议事录》中没有记载投同意票和反对票人员的名字。但记票人会根据实际站立人数记录同意和反对的票数。
70. *Congressional Record*, 77th Cong., 2d sess., July 23, 1942, p. 6451; *Washington Post*, July 24, 1942; *New York Times*, August 18, 1942.
71. 兰金和其他反对中止选举税的人坚持主张宪法赋予各州决定参选资格的权力；征收选举税是各州针对投票选举问题而实施的合法权力；要中止或取消选举税就必须对宪法进行修改。支持在战争期间中止选举税的人则坚持认为，选举税不属于选举资格的范畴；最高法院已经形成的惯例认为公民参加议会选举的权利是宪法赋予的，而不是各州赋予的；选举税不仅过分限制了公民的选举权，而且违反了宪法第十五次修正案的精神。

72. Louis Martin, "The Negro in the Political Picture," *Opportunity: Journal of Negro Life*, July 1943, pp. 104–7, 137–42 对北方黑人参加竞选的情况进行了深入研究。这一期的《城市联盟》杂志主要关注"黑人及黑人政府"。

73. 这件事情的可笑之处在于："布鲁克斯抢在来自佛罗里达州的民主党参议员派帕尔之前提出了修正意见。派帕尔指责这位来自伊利诺伊州的共和党人'不公正地'利用了自己过去支持的反选举税修正案的内容。但布鲁克斯拒绝为迎合派帕尔的意见而放弃自己的立场。"见 *Washington Post*, August 23, 1942."布鲁克斯先生提交的修正案与派帕尔先生的修正案条文几乎完全一样。两位参议员就修正案的提交权利问题进行了激烈的争执。最后主持人赫林参议员裁决布鲁克斯的修正案符合法定程序。"见 *New York Times*, August 25, 1942.

74. *Chicago Daily Tribune*, September 12, 1942; *Chicago Daily Tribune*, October 25, 1942; *Atlanta Daily World*, November 10, 1942; Horace R. Cayton, "Negro Vote: New Deal Conservatism Delivered the Race Vote to Reactionary GOP," *Pittsburgh Courier*, November 21, 1942. 值得注意的是，麦考夫（Mckeough）是一位芝加哥民主党大佬，他在民主党初选中击败了保罗·道格拉斯。

75. "然而，国会议员们普遍质疑，参议院将缺席投票方案的适用范围扩大到整个美国大陆以及驻海外的现役军人决不是简单地做出一种姿态。"见 *New York Times*, September 2, 1942; *Congressional Record*, 77th Cong., 2d sess., September 9, 1942, p. 7075.

76. 在这次选举中，民主党的"赖斯"相似度得分为 85 分。非南方民主党与共和党相似度的得分是 42 分，而南方民主党与共和党相似度的得分仅为 22 分，与之都有巨大差距。

77. 社论认为，"国会无法理清这些问题是一个很大的遗憾"。见 "Votes for Soldiers," *Washington Post*, August 28, 1942.

78. William M. Brewer, "The Poll Tax and Poll Taxers," *Journal of Negro History* 29 (1944): 260–99.

79. 相似度得分为 80 分。

80. 相似度得分为 55 分。

81. 相似度得分为 33 分。

82. *Washington Post*, August 27, 1942.

83. *Chicago Daily Tribune*, September 2, 1942.

84. *Washington Post*, September 1, 1942.

85. "到 1944 年，在北方各重要的州，非裔美国人的投票对于势均力敌的总统选举可起到决定性的作用。"见 Simon Topping, "'Never Argue with the Gallup Poll: Thomas Dewey, Civil Rights, and the Election of 1948," *Journal of American Studies* 38 (2004): 179. 拓普因对 1944 年选举中非裔美国人投票的详细情况进行了研究，见 Topping, "The Republicans and Civil Rights, 1928–1948"（博士论文，University of Hull, 2002), pp. 315–38.

86. 关于选举税的详细研究，见 Key, *Southern Politics in State and Nation*, pp. 578–618.
87. 麦克洛伊于1942年7月2日向作战部部长的非裔事务助理威廉·黑斯蒂提交备忘录（黑斯蒂的主要职责是协助应对来自黑人组织的压力）；1940年10月8日麦克洛伊按照总统授权撰写备忘录并于当年10月6日印发至军队各单位。这两份备忘录的内容引自 Ulysses Lee, *The Employment of Negro Troops* (Washington, DC: U.S. Army, 1994), pp. 158–59, 76. 这一重要著作被视为美国军事史研究中心系列研究的第八大"特别研究成果"。
88. Charles P. Howard Sr., "The Observer," *Atlanta World*, May 9, 1942.
89. *Chicago Daily Tribune*, April 17, 1942.
90. Memorandum, FDR to General Fred Osborn, May 14, 1942, Franklin D. Roosevelt Papers, Official File 1113, box 4, Soldier Vote 1940–1943, Franklin D. Roosevelt Library, Hyde Park, NY. 同时，一份作战部的通知于一周后的5月21日向军队各单位公布，建议有意参加选举投票的现役人员"向所属各州的政府秘书长写信，按照州法律规定获取相关选举信息"。见 "Summary of War Department Actions and Policy," Franklin D. Roosevelt Papers. 这一备忘录附在作战部副部长罗伯特·帕特森写给总统秘书 M. H. 麦金太尔（M. H. McIntyre）的信中。
91. 当拉姆齐在政府的支持下，于7月份提交法案，规定缺席投票选票分发和记录的程序时，一些州——肯塔基州、密西西比州、佛罗里达州和路易斯安那州——还没有制定类似的规定条款。一份报告一针见血地指出，在这些地方，"不仅全部黑人士兵，全部的白人士兵也被剥夺了参加全国以及州一级大选和初选的权利"。见 Arthur Shears Henning, "Few Southern States Permit Soldier Votes," *Chicago Daily Tribune*, April 2, 1942.
92. *New York Times*, September 2, 1942.
93. *Congressional Record*, 77th Cong., 2d sess., August 25, 1942, p. 6959.
94. Richard N. Chapman, *Contours of Public Policy, 1939–1945* (New York: Garland Publishing, 1981), p. 266.
95. *Newsweek*, February 14, 1944, p. 39. 当伊斯特兰提交的法案于1943年12月获得参议院通过时，史密斯宣布："我以自己的生命起誓，我将忠诚于宪法，忠诚于州的权力，忠诚于白人至上原则。"见 *Nation*, December 25, 1943, p. 748.
96. 根据这一指导思想对士兵缺席投票问题开展的详尽分析，见 "Why Soldiers Votes Are Feared," *New Republic*, December 13, 1943, pp. 837–38.
97. Barry D. Karl, *The Uneasy State: The United States from 1915 to 1945* (Chicago: University of Chicago Press, 1983), p. 181.
98. George Gallup, "Soldiers' Ballots May Name President in '44," *Los Angeles Times*, December 5, 1943.
99. Benson and Wicoff, "Voters Pick Their Party," pp. 167, 170, 172.
100. *Newsweek*, December 13, 1943, pp. 44–45.
101. 这是美国公共舆论研究会估计的结果。见 "Public Opinion Polls," *Political Science Quarterly* 8 (1944): 439.
102. Franklin D. Roosevelt, "'Four Freedoms' Speech," January 6, 1941, in *Nothing to*

Fear, ed. Zevin, pp. 258–67.

103. Franklin D. Roosevelt, Annual Message to Congress, January 6, 1942, *The Public Papers and Addresses of Franklin D. Roosevelt*, vol. 11. (New York: Macmillan, 1943), p. 39. 早在冷战之前，人们就开始担心国内的种族歧视问题将影响美国外交政策所追求的目标。有关战后对这一问题的讨论，见 Mary Dudziak, *Cold War Civil Rights: Race and the Image of American Democracy* (Princeton, NJ: Princeton University Press, 2000); Thomas Borstelmann, *The Cold War and the Color Line: American Race Relations in the Global Arena* (Cambridge: Harvard University Press, 2001).

104. Blum, *V Was for Victory*, p. 208. 这一运动由《匹兹堡快报》发起。

105. Lee, *The Employment of Negro Troops*, p. 366.

106. 相关综述，见 Harvard Sitkoff, "Racial Militancy and Interracial Violence in the Second World War," *Journal of American History* 58 (1971): 661–81. 南卡罗来纳州描写自然与南方的小说家、诗人阿奇鲍尔德·拉特利奇（Archibald Rutledge）为美国精神研讨会撰写的 "The Negro Problem Reaches a Crisis" 一文对种族暴力问题进行了反思。他认为，"没有明显的迹象表明，黑人作为一个种族得到了维护黑人种族利益法律的特别帮助。更没有迹象表明他们受到了选举法律的保护"，拉特利奇同时悲哀地反思道，即使是那些通过建立 "由白人统治的等级制度，制止种族混乱，恢复种族秩序" 的 "聪明" 和 "善良人士" 也正在遭受 "种族暴力和敌对思想" 的侵袭。见 Archibald Rutledge, "What if the South Should be Right?" *American Mercury* 59 (1944): 681, 684. "人们关于民主问题的讨论变得越来越抓不住重点了"，拉特利奇总结说，"我们几乎完全忘记了美国是一个共和国；如果说这是一个民主国家的话，其民主也具有很大的局限性"。（第 686 页）

107. Myrdal, *An American Dilemma*.

108. Berlin, *Washington Despatches*, 1941–45, p. 280.

109. *Congressional Record*, 78th Cong., 1st sess., November 22, 1943, p. 9796; November 29, 1943, p. 10064.

110. 同上, 2d sess., February 1, 1944, p. 1012.

111. 同上, p. 1007.

112. 同上, p. 1008.

113. *Congressional Record*, 78th Cong., 2d sess., March 14, 1944, p. 2567.

114. 值得注意的是，来自佐治亚州的马尔科姆·塔佛曾极力反对 1942 年的《军人投票法案》。塔佛抱怨说："在我所在的佐治亚州……这类选举发生在初选之中。任何法案如果不能促进联邦政府与州政府选举官员密切合作，向现役军人提供参加所在州初选的方式与途径，它就不会对我所在的佐治亚州和全国其他地区的选民有效参加投票选举带来什么实际帮助。"同上, p. 1029.

115. 在许多这类的反对声音中，有两人的言论值得注意。内布拉斯加州的共和党人卡尔·托马斯·柯帝斯（Carl Thomas Curtis）在众议院宣称，"除了各州的权力以外，还有值得注意的事情……这就是作为美国公民一员的士兵应当享有参加包括乡镇官员、县政府官员、州政府官员、国会参众两院议员和总统大选等一切选举的权利"；来自北达科他州的共和党议员杰拉德·奈伊抱怨说，"法案向现役军提供的选举权利非常有限……选票是空白的，上面没有候选人的名字，而且只允许士兵参加总统选举和国会议员选举"。见 *Congressional Record*, 78th Cong., 2d sess., February 8, 1944, p. 1404.

116. "来自密西西比州的民主党参议员詹姆斯·伊斯特兰在第一届参议员任期内因带领支持者反对《卢卡斯—格林法案》而获得赞誉。他与来自实施选举税各州的 16 位参议员中的 13 位民主党参议员，以及另外 10 位民主党议员和 18 位共和党议员共同努力，投票否决了《卢卡斯—格林法案》。"见 *Chicago Daily Tribune*, December 4, 1943.

117. 最初法案严格限制海外人员接触"任何旨在影响联邦政府官员选举结果的政治辩论和政治宣传"。俄亥俄州的参议员罗伯特·塔夫托所策划的修正案，目的是限制富兰克林·罗斯福总统作为三军总司令将选举信息向海外选民传递的控制权。相关讨论，见 John Jamieson, "Censorship and the Soldier," *Public Opinion Quarterly* 11 (1947): 367–84; William M. Leary Jr., "Books, Soldiers, and Censorship during the Second World War," *American Quarterly* 20 (1968): 237–45; Betty Houchin Winfield, *FDR and the News Media* (New York: Columbia University Press, 1994), pp. 182–84. 这一条款实施两个月后，国会不得不因为公众抵制和图书馆界的抗议运动而放宽对这一条款的限制。

118. 共和党和南方民主党的相似度得分竟然高达 84 分；相比较而言，民主党内部的南方派别和非南方派别之间的相似度得分仅为 51 分，而共和党和非南方民主党之间的相似度得分为 64 分。

119. 凝聚力得分为 93 分。

120. 凝聚力得分为 93 分，而且没有反对意见。

121. 意见分歧明显，凝聚力得分特别低，仅有 11 分。

122. 共和党与南方民主党形成的联盟之间政治立场相似度的得分高达 98 分，比民主党内部两大派别之间的相似度得分（48 分）整整高出 50 分。

123. "在众议院，支持法案于下一年 11 月授予士兵和水手有效选举权的议员"，该报社论指出，"获得了胜利，而且是巨大胜利"。社论呼吁参议院"用同样的热情支持和捍卫宪法精神"。见 *Chicago Daily Tribune*, February 5, 1944. 相比而言，1942 年 5 月 4 日、7 月 18 日、8 月 3 日、9 月 16 日和 10 月 18 日的《芝加哥论坛报》均刊登了大量热情支持联邦政府在选举中发挥积极作用，并谴责南方民主党派的文章。一篇有代表性的社论强调"'新政'派别的支持者们将在下个月的选举中前往全国各地。他们坚持认为只有这一派别具有凝聚力，只有它值得人们依赖，也只有它才能真正履行将自由民主带到'世界各地'的承诺。但民主党的中坚力量——南方派别坚决反对参议员布鲁克斯成功将取消选举税作为士兵参选资格条件的士兵投票法案的修正案……战死在印度的将士们和被吊死在密西西比大桥上的孩子们从这些言辞中没有得到任何安慰。只有这些满口仁义道德的政客们的双手不再沾满鲜血，这些言辞才会对生活在各地的人们具有真正的意义"。见 "The Words and the Music," *Chicago Daily Tribune*, October 18, 1942.

124. "Soldier Voting Deal," *Pittsburgh Courier*, January 29, 1944.

125. *Chicago Daily Tribune*, February 9, 1944.

126. *Congressional Record*, 79th Cong., 2d sess., April 1, 1946, p. 2914. 就在同一周，来自田纳西州的众议员布雷兹拉·卡罗尔·里斯女士（Brazilla Carroll Reece）接替后来担任艾森豪威尔总统首席检察长的小赫伯特·布朗尼尔（Herbert Brownell Jr.）领导共和党全国委员会。里斯曾长期担任众议员，她后来因担任安德鲁·约翰逊总统的传记作者而受人羡慕。在当年的竞选中，里斯是一位保守主义倾向最严重的候选人。见 "GOP Names Southerner as National Chairman," *Pittsburgh Courier*, April 6, 1946. 另见 B. Carroll Reece, T*he Courageous Commoner: A Biography of Andrew Johnson* (Charleston: West Virginia Education Foundation, 1962).

Part III 第三部分 紧急状态

7. 激进时刻

富兰克林·罗斯福总统宣誓就职刚过 6 个月，芝加哥和纽约欢迎伊塔洛·巴尔博的盛典刚过 2 个月，纽约又一次迎来规模罕见的盛大游行。接近 200 万人涌向街头，观看 20 多万纽约市民沿第五大道游行。沿街道两旁站立的人群有 7 到 14 排。游行队伍从华盛顿广场一直行进到第 72 街。这一次游行集会不是为了欢迎一位飞行表演英雄或一位体育明星，而是庆祝一项法律的实施——《全国工业复兴法案》。几天来，公众的热情不断高涨，游行集会组织者不得不对参与人员实施名额限制。罗斯福总统打电报给集会组织者，非常肯定地表示："这充分证明了公众对'新政'的支持，是非常令人欣慰的事情。公众的支持使华盛顿政府工作人员深受鼓舞，他们正在努力筹建国家复兴管理局，使整个国家重新回到美好的时代。"1

美国劳工节的喜庆时刻刚过没几天，1933 年 9 月 13 日，随着五颜六色的彩纸从空中缓缓飘落下来，总统夫人埃莉诺·罗斯福走向位于第 42 街南侧的纽约公共图书馆大理石立面正前方的看台。陪同总统夫人观看游行盛况的各界要员包括：国家复兴管理局局长休·约翰逊将军、纽约州州长赫伯特·雷曼、前纽约州州长阿尔弗雷德·E.史密斯（Alfred E. Smith）、劳工部部长弗朗西斯·珀金斯（Frances Perkins）、纽约州参议员罗伯特·瓦格纳以及总统秘书路易斯·豪（Louis Howe）。在总统大选期间，豪日夜操劳，为此体重减少了32磅，豪也就此成为一位能干高效的总统办公室主任。当天下午，游行活动开始得很早，持续时间远远超过预期，直到午夜才结束。游行领队为艺术家霍华德·钱德勒·克里斯蒂（Howard Chandler Christy）[2]的两位模特——来自布鲁克林的伊莉斯（Elise）和多丽丝·福特（Doris Ford），两人分别装扮成"自由天使"和"国家复兴管理局形象天使"。当天的游行队伍分成了77个行业代表队——包括律师事务所、出租车修理厂、花卉业、毛皮加工业、理发店、银行，以及洗衣店等行业企业的代表队——许多代表队成员都穿着统一的制服（"餐饮业代表队中的50位中国女孩穿着别具特色的民族服装，仓储和煤炭行业员工穿着煤矿工人的工作服"）。第五大道两旁几乎所有建筑物都挂满了彩旗、横幅和庆贺标语。在第34街北侧的B.阿特曼百货商店外侧悬挂着一只90英尺长、75英尺宽的蓝色老鹰的巨幅画像，这是国家复兴管理局的徽标，当时这一徽标遍布全国各地。B.阿特曼百货商店后来成为纽约城市大学研究生院的教学楼。从全国各地调来的200多支乐队，欢快地为游行队伍演奏小夜曲。43架陆海军飞机和30架民用飞机在空中表演各种高难度飞行动作，表演技术水平不亚于当年的飞行英雄巴尔博。"空中飞行绝技表演……堪称无与伦比。"《纽约时报》以"激情席卷游行队伍"为题对游行盛况进行了报道：游行队伍对国家复兴管理局所迸发出的激情和信念让人想起了曾经签署的停战协定。第五大道的夜空灯光璀璨。在金色灯光的照耀下，[3]来自各行各业的人们不论身份高低，随着游行队伍共同向前行进。风格更严肃冷静的《华尔街日报》将这一次"庆典"描述为"美国历史上规模最大的一次游行集会"。[4]

这次游行集会由白宫组织召集。游行场面的多彩壮观似乎证明罗斯福总统所称的"美国国会有史以来所通过的最重要的具有深远意义的立法"⁵的确得到了民众的广泛支持。这次游行集会最显著的一个特征是,公众自觉参与政治运动的热潮达到顶峰。7月24日,罗斯福总统在向全国发表的广播讲话中,再次把努力战胜经济困难比作应对一场大规模战争。⁶"在战争中,发动夜间袭击时",他告诉全体美国民众,"士兵要佩戴颜色鲜亮的肩章,以确保不误伤自己的战友。全国工业复兴计划的每一位参与者,也应当按照战场上士兵的做法,通过辨别共同的标识,认清自己的阶级兄弟"。⁷"恪尽职守"这一口号,以及蓝色老鹰这一徽标正是大家相互认知的共同标识。

到游行集会开始的时候,全国上下已经掀起了追捧"蓝色老鹰"的热潮。⁸新颁布的工业复兴法案涉及范围广,解决问题的针对性强。罗斯福总统指出,这一法律体现了基于"联邦政府"对经济问题实行"全面领导"的美国资本主义复兴计划,计划涉及的各方面是"彼此联系,互为一体"的。⁹尽管最初持怀疑态度,但现在总统对于这一复兴计划的"全面性产业发展规划"热情更高、信心更强。¹⁰总统专家小组的重要成员雷克斯·塔格维尔(Rexford Tugwell)解释了这一无与伦比的立法提案如何授权"联邦政府对私有企业行使领导权"。¹¹面对利润损失导致的深刻焦虑情绪,许多企业领导人欢迎铅笔协会主席纳尔逊·加斯基尔(Nelson Gaskill)所称的"前所未有的国家经济主导权",用"限制竞争或系统化的民主管理"体制取代"过去的野蛮竞争理论"。同样,美国商会主席亨利·哈里曼(Henry Harriman)也表示欢迎"国民经济计划哲学"。¹²《纽约时报》正确地评价道,这些措施的实施将有助于实现国家对经济进行一定程度的监管,这是"美国从未实施过的全新举措"。¹³

《全国工业复兴法案》宣布,"国家紧急状态导致了大规模失业和工业产生混乱……本法在此声明,这些情况的确存在"。法案力图解除反垄断法对企业的束缚,抑制无序的市场竞争,并通过增加消费者的工资性收入,快速启动经济复苏。这一切措施中的核心手段是倡导公共管理机构支持下的大规模自愿行动。这种大规模自愿行动不能靠个别公司来完成，而是要充分发挥全国行业协会的作用，如美国药物研究所、全国煤炭协会、全国纺织机械协会以及全国汽车协会。法案要求这些组织与工会密切合作，制定"公平的职业行为准则"，确定合理的生产目标以及工资和价格水平。经过协商制定的协议和准则每一部分都应当由工业咨询委员会、劳工咨询委员会和消费者咨询委员会进行审查。之后，再由国家复兴管理局的工作人员送交总统确认。[14] 国会已经授权，如果这些协议和准则不能通过自愿协商达成，总统将强制发布行业标准和守则。[15] 法案特别规定，濒临破产的石油工业，在出现严重生产过剩、不良行业竞争和恶劣工作条件时，政府将强化监督职能。石油价格已经大幅下滑，东德克萨斯州每桶原油的价格仅为4美分，"还不如一瓶酒精含量为3.2%的啤酒的最新法定价格"。考虑到石油公司之间的合作可能遇到困难，法案对石油运输管道的经营进行监管，对石油产品运输统一定价。如果管道石油运输公司不遵守这些指导方针，总统已经获得国会授权，将对这些公司进行罚没。[16]

而且，这一富有雄心的法案保障工人组建和加入工会的权利。第七部分（a）款规定，"劳动者有权建立工会组织，并通过自行选出的代表与企业主就涉及职工权益的事务进行集体谈判"，禁止企业主与劳动者签署不允许后者加入工会组织的"霸王"合同。矿业工人联合会主席约翰·L. 刘易斯评价这些劳工权利条款是自《解放黑人奴隶宣言》发布以来，美国人权事业最显著的进步。美国劳工联合会主席威廉·格林（William Green）以更富有特色的温馨言辞评价说，《全国工业复兴法案》"促使工会形势几乎在瞬间发生了天翻地覆的变化"，[17] 工会有机会派"工薪阶层代表……在劳动条令制定的每一个阶段发出声音"，参与企业管理运营制度的制定过程。[18]

由于许多重要国会议员坚持抵制罗斯福总统的财政保守主义，法案最后做出让步，启动投资规模达33亿美元的公共工程项目，建设道路和桥梁，维修河流和港口设施，控制洪水灾害以及建设其他基础设施工程。为了落实这些项目资金，政府增加了收入所得税，取消了企业分红免税规定,并对资本损失的扣除加以限制。国会还授权总统动用特别权力。在执行这些强制性政府采购订单的过程中,联邦政府可以在不经过所有者同意的情况下,征用完成《全国工业复兴法案》规定的经济刺激计划所需要的土地、厂房和原材料。而且,法案授权联邦政府出售或租用国家复兴管理局建设或购得的全部资产。

5月26日,未经修正的法案初稿在众议院获得通过。6月9日,参议院批准了经过修正的法案。有关对法案各版本进行综合修正的会议报告第二天就得到众议院批准,两天后又得到参议院批准。6月16日,罗斯福总统签署了为期两年的《全国工业复兴法案》实施命令。法案实施期限还有可能根据具体情况进行延长。罗斯福总统被授予在规定期限内组织落实法案项目任务的权力。

国家复兴管理局很快就投入工作了。签署《全国工业复兴法案》刚刚五个星期,罗斯福总统就在7月份发表的炉边谈话中高度赞扬《棉纺织工业法令》迅速取消了童工制度——一项"古老的邪恶制度","哪一位雇主也无法独自铲除这一制度"——并讲述了他如何向全国的企业主发布了一道模范"统一指令",要求立即实施每小时30美分的最低工资标准和每周35小时工作制度,并完全杜绝雇佣童工现象。到9月初,共计690项法令草案被提交至国家复兴管理局,包括起草过程争议不断的钢铁、汽车和木材工业条例。[19]

像美国这样通过国家权力来对资本主义市场经济进行全面综合调整的案例在民主宪政制度下还从未发生过,甚至在由社会民主党掌权的国家也没有发生过类似情况,而且国家复兴管理局并没有原样复制独裁国家的做法。总之,它综合借鉴了独裁国家的计划经济和社团主义模式,并融入了美国关于企业管理和劳工权利的进步理念。这一宏伟的工业复兴计划在保留这些企业组织经营自主性的同时,试图按照民主管理的价值理念发展更具活力和更加公平的资本主义经济。比如,纳粹政府为了重新激活当时的闲置生产能力,采取了通过促进国家采购包括武器在内的重要战略物资的形式,重振德国的工业实力。但德国在采取上述措施的同时，却解散了工会，并强行要求工资和物价不能高于大萧条时期的水平。而在美国，国家复兴管理局通过发挥国家的调节作用，维护人们的民主价值感受，捍卫私有权和宪政程序，以此实现资本主义经济复苏与私有经济的平衡发展。[20]

复兴法案并不是当时唯一激进的经济政策，实际上，它开启了美国历史上最激进的经济政策阶段。为了纪念"新政"实施一周年，《纽约时报》列举出了国会批准设立的40个"由大写字母构成简称的'新政'管理机构"，从AAA（农业调整署）到USES（美国就业局）。[21]紧随"第一年新机构不断涌现"的是立法热潮的到来。

总之，通过批准最新银行和投资条例，集中启动大规模基础设施建设和水土保持工程，广泛提供公共就业机会，全面扩大劳动权利保护范围，以及建立美国历史上第一个现代化全民社会保障计划，"新政"的执行者们有力回击了新总统在就职演说中所称的坚持市场自我校正政治经济理念的"陈腐传统"。经济崩溃使得这些陈腐观念的吸引力乃至合法性大打折扣。至少在当时，反对联邦政府加强经济监管的学者及其政策主张被严重边缘化了。好几十篇有关这一主题的文章通过大众传媒和学术传媒刊登出来。雷克斯·塔格维尔在其中一篇文章中表示，随着独立、自由市场理念吸引力的丧失，政府对经济采取新的干预措施变得非常必要。"把戏已经被戳穿，真相已经大白于天下，世上根本没有那只看不见的手，过去也从未有过。如果我们不能从大萧条中得到这些启示，那可真是不可教也。"塔格维尔宣称，华盛顿"再次展示出政府应有的远见，动员一切力量，战胜和克服经济崩溃。使政府变得强大，依法赋予行政首脑充分的权力"，塔格维尔总结说，"是国家走出经济困境，实现社会经济发展的一个重要手段"。[22]

积极热情的"新政"支持者们所制定的这一系列复兴规划，试图最大限度地把国家经济崩溃造成的恐惧降低到更加可控的风险范围内。这些规划引导工业发展决策，调节经济发展最高指标，组织和调动劳动阶层应对危机与风险的力量，为因年龄、疾病或失业而被劳动力市场拒之门外的弱势群体提供生活保障。国家复兴管理局总法律顾问、后来成为休·约翰逊继任者的唐纳德·里奇伯格（Donald Richberg）宣称，这些项目方案的核心目标是"促进国家走向更加稳定、更加公平的繁荣发展道路，防止民众赖以生存的商业企业因管理和调控不当而走向必然崩溃的命运"。[23] 通过上述措施，这些项目规划不仅否认和取代了已经严重失控的资本主义市场经济，而且向世人表明，在宪政民主体制内，严重困境也可以激励人们为实现符合公众利益的经济发展目标而奋斗，从而抨击了独裁国家有关民主法制国家无法应对时代最大挑战的言论。[24] "复兴法案最大的风险挑战"，里奇伯格证实说，"在于找到一种真正具有美国特色、体现民主精神的危机解决方案。自第一次世界大战以来，这一探寻过程促使三个世界性大国走向独裁道路"。[25]

非常重要的一点是，人们应当理解：这些席卷全国的宏伟规划如何区别于独裁国家的类似规划和政策；这些规划如何在美国这样一个标榜市场、个性、财产权和建设真正民族国家的国度里实施；另一方面，为什么影响如此广泛的经济复兴方针只能是暂时性的，不可能长期坚持下去。研究"新政"的学者和政治家们敏锐地意识到，他们引入的这些思想理念在某些方面可能比美国早期从欧洲借鉴的思想观念要激进得多。[26] 他们同样意识到，不论多么合理可行，自己所支持的政策和方案都必须获得国会多数派的支持。尽管民主党在参众两院议席中占据绝对优势，但民主党作为多数派的立场有时却充满了不确定性。人们清楚地知道，不论上述规划和方案多么富有独创性，其合法性都离不开参众两院议员的大力支持。

在"新政"的第一阶段，绝大多数南方国会议员一致主张将民主制模式与独裁主义计划经济模式和社团主义经济模式截然区别开。虽然部分南方议员相信联邦政府的立法方案并非过于激进，但仍有少数其他议员认为"新政"的项目规划远远偏离了民主模式的轨道。总体而言，"新政"初期联邦政府重组资本主义经济结构和重构政府在经济管理过程中的地位与作用的一切关键性举措，都是在南方政治家的推动和支持下展开的。

然而，这样的时刻并没有一直持续下去。尽管这一局面是由多种原因促成的，这些"新政"方案最终失败的主要原因在于，南方对"新政"经济项目支持率的下降，而且这一下降趋势随着"新政"第一个十年的结束而不断加剧。在种族秩序不断遭遇挑战的形势下，南方民主党人士越来越不愿意支持国家复兴管理局强化国家经济实力、削减地区自治权力的举措。一旦南方政治家们对"新政"产生焦虑情绪，这些相关项目就不得不搁浅。这是"新政"崇高愿望遇到的一个新的现实问题。

南方对"新政"支持立场的转变标志着这样一个时刻的到来：国内政策开始偏离真正表达公众利益关切的努力方向；政府的角色定位趋向于避免过于冒进，更加强调立法程序的严肃性。

一

在1933年的就职仪式上，罗斯福总统打破了人们对政治文化的"幻想"。* 理查德·霍夫施塔特恰如其分地把这一"幻想"描述为充满"极端个人主义和资本主义色彩"。27 没有任何一位美国领导人曾经如此谴责"人类商品交换的统治者们"因"顽固无能而彻底失败"；没有任何一位美国领导人曾经如此抨击"贪得无厌的货币交易商。他们应当受到公众舆论法庭的指控。每一位正直善良的人都会从内心对他们进行唾弃"；也没有任何一位美国领导人曾经如此指出"个人利益极度膨胀的一代人"只顾"疯狂追求眼前的利润而丧失道德良知"；更没有任何一位美国领导人曾经如此呼吁采取"国家计划支持下"的"统一救济行动"，并呼吁联邦政府发挥坚定作用，对于"一切公共交通运输、通信和其他基础设施"进行监督管理。

---

* 原文"broke through the carpace of a political culture"中的"carpace"一词，疑似"caprice"的笔误。译者注。

促使人们尽快探寻新的手段,以应对经济困难的原因不仅在于资本主义经济的突然崩溃,还包括大萧条前夕所推行的主要经济政策的失败。这些主要经济政策包括三个方面——笃信自由市场的作用,限制政府在保护经济合同执行方面的监督作用;各项反垄断法律试图维持有效市场竞争;坚持胡佛总统所称的"关联主义"政策方针,联邦政府向企业和经济领域领导人搜集、传递经济信息,防止因信息沟通渠道不畅造成市场失灵,[28] 以消除人们对市场崩溃的顾虑。

然而,"新政"前夕的市场政策最终还是失灵了。"新政"领导者们必须重新制定挽救市场经济的政策,但他们并不是要实行集权主义制度,即由国家来取代私有企业,成为经济活动的唯一主角,也不是让人们完全放弃私有财产。虽然在"新政"的最初阶段,的确有大量财政政策被废除,但距离约翰·梅纳德·凯恩斯1936年发表《就业、利息和货币通论》还有三年时间的时候,"新政"仍然在坚持传统的经济思想,采取保守的财政政策。[29] 绝大多数担任罗斯福总统政府经济顾问的智囊团成员和高校学者担心,联邦财政赤字过于庞大容易引发美元贬值、国家储蓄下降和消费物价过度上扬。美国商会主席亨利·哈里曼和美国劳工联合会主席威廉·格林1933年2月下旬同时请求即将赴任的富兰克林·罗斯福总统大幅削减联邦政府支出。[30] 几周之内,罗斯福总统就要求国会通过《经济法案》,削减5亿美元的政府财政支出,并要求国会批准政府降低联邦工作人员工资,削减退伍军人津贴。罗斯福总统指出,"在刚过去的几十年中,自由政府时常因财政政策过于宽松而触礁。我们必须防止这一危险再度发生"。[31]

因而"新政"的一揽子经济政策强调两大原则。第一,制订宏观经济计划。政府作为经济的一个主要行为者,制订资本和劳动的运行条件,对经济的各个领域进行直接干预。第二,实施社团主义经济模式。为了减少阶级冲突,达成政策共识,政府参与企业与劳动者之间的经济协商、谈判与决策。塔格维尔解释说,美国公共干预两大特征的共同目的是,通过"经济协调与谈判","消除无序竞争","控制和

维护经济秩序"从而"应对迫在眉睫的灾难"。³²

当然"新政"的计划性与苏联实施的"五年计划"和意大利法实施的社团主义非常类似。在《全国工业复兴法案》刚实施一年的时候，前总统赫伯特·胡佛就对"新政"的各项政策做出了上述解读。胡佛在其发表于《星期六晚邮报》上的文章《挑战自由》中，哀叹美国开始了如此可悲的过程，"民众与政府一道，盲目伤害甚至毁坏自中世纪以来，作为进步根基与灵感来源的人类基本自由"。同时他为"行政首脑权力过分集中"而感到遗憾，并特别提到"新政""对经济的严格管制"和他所称的强行"限制企业经营行为的法令"。他总结道，"新政"的激进主义特征可归结为"政府对每个城镇、每个村庄每个星期内人们每一天的日常生活进行管制"。这表明"自殖民时期以来，美国所见证的一切自由精神均受到了最严重的侵犯"。³³

令国会中对"新政"持反对立场的议员们感到不安的是，1933年设立的国家复兴管理局采取的政策似乎与独裁国家的反自由政策非常类似。"与《全国工业复兴法案》授予总统的权力相比……最大的独裁者墨索里尼有点像古埃及的木乃伊了"，纽约州共和党议员弗兰克·克劳瑟（Frank Crowther）在众议院发言时如是说。³⁴ 这一法案"使美国的企业俄罗斯化了"，宾夕法尼亚州共和党议员哈里·兰斯利（Harry Ransley）宣称。³⁵ 同样是宾夕法尼亚州共和党议员的詹姆斯·贝克（James Beck）也表示，这是在"效仿莫斯科"。³⁶ 纽约州共和党人约翰·塔伯（John Taber）断言，这一法案"对于希特勒和他的独裁者同道肯定具有强烈的吸引力"。³⁷ 宾夕法尼亚州共和党人亨利·沃森（Henry Watson）总结说，不论是在华盛顿还是在欧洲，"独裁体制似乎已经成为这一时代的主流政治模式"。³⁸

然而，罗斯福总统却谨慎地将他所推行的"新政"方案与柏林、莫斯科和罗马的相应政策区别开。1933年5月7日，就在向国会提交成立国家复兴管理局立法方案前夕，罗斯福总统发表了第二次炉边谈话。罗斯福总统充分认识到这一法案在本质上具有自愿的特征，而且它强调维护公民社会的生命力。"一个完全错误的认识是",他坚持说,"把我们所采取的'新政'方案视为政府对农业、工业和交通运输业的控制。'新政'方案强调的是政府与农业、工业和交通运输业之间建立相互合作的伙伴关系,而不是一种获取利润的伙伴关系。生产利润仍然归公民所有。这种伙伴关系是经济规划上的,旨在保证这些经济规划得以实施"。[39]

总之,正如北卡罗来纳州民主党议员罗伯特·李·道尔顿(Robert Lee Doughton)在众议院辩论中指出的,"新政"是类似于"走钢丝"的危险举动。[40]包括塔格维尔和安道夫·贝利(Adolph Berle)、雷蒙德·莫利(Raymond Moley)等其他智囊团成员在内的政府政策制定人员均非常熟悉意大利和德国的独裁经济模式。他们必然将这些独裁国家的经济模式作为"新政"方案设计的思想来源和可能的参考依据。但是,"他们没有一个人表现出丝毫的反民主思想。'新政'方案与反民主也没有任何关联",阿隆佐·汉比(Alonzo Hamby)如是说。[41]虽然"新政"借鉴和遵循了"法西斯意大利、纳粹德国和军国主义日本的国家经济计划模式",帕特里克·里根(Patrick Reagan)同样写道,但"新政"的国家计划"并不是基于传统模式下的支配性、控制性计划,也不是由国家主导经济计划与蓝图的制订,更没有建立起一种全新的经济、社会和政治模式"。[42]

在国家复兴管理局短暂的运作期限内,人们目睹了"新政"领导者们努力沿着既定的路线推进各项工程任务。休·约翰逊上任第一周,就要求生产制造业,尤其是一些主导产业,迅速实施工业复兴法律。他从正反两面告诫企业领导人,既要争做国家复兴繁荣的主力军,又要积极配合新实施的工业复兴法律,否则,将面临严重的惩罚。[43] 1933年7月上旬,唐纳德·里奇伯格再次向商会保证,国家复兴管理局"并不是将私有企业纳入公共管理的范畴"。里奇伯格像他的老板约翰逊一样警告说,如果工业战线在国家复兴中不能发挥应有的作用,"国家将不可避免地从政治上对私有企业进行控制"。[44]

政府政策咨询专家团体清楚地知道，要想让企业精英和公众对"新政"给予充分支持，就必须对"新政"经济规划与社团主义的区别以及为什么"新政"是真正具有美国特色的经济改革规划，进行令人信服的解读。里奇伯格经常强调，"为了使工业企业有目标、有计划地整体协调发展，保证商品生产与服务交易持续正常开展"，国家复兴管理局必须"鼓励支持企业采取自律性措施，真正实现产业自治管理，而不是对企业实施政治上的控制"。因此，里奇伯格宣称，"新政"计划"本质上使企业实现民主化、个性化管理"。"新政"的自愿非强制特征使得它既不同于意大利的社团主义，也不同于"卡尔·马克思社会主义学说中的计划管制"。[45]

"新政"的国家复兴方案远远不是"总统对工业的独裁管制"。企业、劳动者与政府之间的关系体现在"劳资双方真诚合作，制定共同的规划方案，实现共同的利益"。里奇伯格肯定地说，这种经济管理形式的主要特征在于"它是一种折中性方案——一种民主合作与自我约束相结合的方案——它是介于不负责任的个人无政府主义与国家社会主义暴政之间的一种过渡性方案"。[46] 这种过渡性方案本身存在很大风险。但"如果我们不确立这一过渡性方案"，里奇伯格警告说，"民主政府可能很快就会崩溃"。[47] 布鲁金斯学会的经济学家刘易斯·洛温（Lewis Lorwin）同样警告说，民主制度下的计划经济政策是"独裁政府的唯一替代性方案"。[48]

洛温将国民经济计划定义为"将一个国家分散经营的厂矿、企业或其他各种类型的产业视为单一经济体系下的协调单元，而进行整体规划的过程。其最终目标是在特定的期限内最大限度地满足人民的生活需求"。他承认，"最符合这一定义的是苏联的经济模式"，其次是意大利和德国的经济模式。但洛温坚持说，经济规划并不仅限于一种类型。法西斯经济模式的主要特征可以说是国家经济利益高于一切，通过强制实施国家层面的合作来解决阶级冲突；而"新政"期间美国所实施的"社会进步计划"则是在民主制国家制度框架内实施经济发展规划。

国会中国家复兴管理局的支持者们主张,在国家经济处于紧急状态的时刻,这样的行动方案是民主制度生存所必需的。"在正常情况下,这一措施是难以想象的;但目前的形势既非正常情况,也非正常时期",来自马萨诸塞州的民主党参议员大卫·沃尔什宣称,因为目前美国正处在"一场经济战争的关键时刻……它直接关系到美国政治制度的存亡"。[49] 来自北卡罗来纳州的民主党议员、众议员规则委员会主席爱德华·普(Edward Pou)坚持认为,担心独裁统治是对"新政"的误解。因为"新政"方案的宗旨是"致力于美国人民的福祉,保护民主生活的合法存在"。[50] 总之,在"新政"方案的规划中,"计划"由独裁统治的工具变成了维护美国民主制度的武器。

二

随着复兴法案很快进入漫长的国会审批程序,没有人会低估当时美国民主制度所面临的巨大危险。新泽西州共和党议员查尔斯·伊顿(Charles Eaton)将复兴法案定义为"新政"对美国资本主义进行"全面重构"的举措。[51] "我们都清楚,美国目前正处于紧急状态,原有的经济结构已经崩溃",肯塔基州民主党议员弗雷德·文森(Fred Vinson)在众议院表示。文森后来担任了1945年7月到1946年6月期间的美国财政部长,1946年到1953年期间又担任了美国最高法院首席大法官。他强力支持工业复兴法案将经济计划、社团主义和公共工程有机结合,从而实现"在战争的废墟上重建美国经济"的承诺。[52] 正如"新政"在众议院的发起人罗伯特·道顿(Robert Doughton)所宣称的,大家一致认为,被提交国会的复兴法案"是不同寻常的措施,是了不起的壮举"。[53]

这一影响巨大的立法提案在不到一个月的时间里就通过了国会的审批。其间,国会中绝大多数普、文森和道顿的南方同事们给予了大力支持。普是一位传统的种族主义者,曾先后有 34 年担任众议员。在 1934 年 4 月去世前,普是国会议员中"新政"最坚决的拥护者之一。尽管遭到众议院中一些共和党和民主党议员的反对,普仍然坚定地领导规则委员会通过了禁止对复兴法案再提出修正意见的"封闭式规则"。国会中每一个对这项立法有重要管辖权的委员,都受一位热情的南方支持者的领导:众议院方法与措施委员会主席道顿。此外,来自密西西比州的参议院金融委员会主席帕特·哈里森也在其中发挥了关键作用。

总之,南方立法代表与非南方民主党议员一样强力支持和推进工业复兴法案。他们像非南方议员一样,强调《全国工业复兴法案》在立法过程中得到了企业和劳动者的大力支持和广泛认同。在推进法案通过参议院的修正程序时,哈里森指出,"参与金融委员会讨论的劳工代表了解法案的内容,而且他们一致表示同意法案的实施。美国重要产业部门的代表以及工会组织的代表也参加了讨论,并一致表示同意法案的实施"。[54] 道顿也指出,工业复兴法案"受到工业、农业和劳动部门的欢迎和支持",而且"美国政府上述三大机构均表示坚决拥护法案的实施"。在讲述法案技术层面的一些特定条款时,尤其是在讲述税收和资金分配等条款时,他强调这些条款带来的益处,强调它们如何"满足几百万公民要得到一份工作这一基本需求"。道顿宣称,工业复兴法案"将确保满足公民的基本就业需求"。[55]

参议院一共进行了 15 次修正案的表决,其中,14 次表决都没有通过,因为它们都只获得了民主党的反对或支持。民主党南方议员与非南方议员几乎以同样的方式对这些修正案表示了反对或支持。密苏里州民主党参议员乔尔·班尼特·克拉克(Joel Bennett Clark)所提交的一份修正案对法案的制定过程持有异议,并反对以反垄断条例对企业的约束力度不够为由而中止该条例。这些来自右翼团体的批评代表了反殖民和反大企业的言论。克拉克说服当时 29 位南方民主党参议员中的八位加入到他的阵营,共同要求废除法案的第一部分,即整个法案的核心内容。理由是这一部分将导致工业生产的过分集中。[56] 此时包括弗吉尼亚州参议员哈利·伯德（Harry Byrd）和北卡罗来纳州罗伯特·雷诺兹在内的大批南方保守派参议员正担心联邦权力过分膨胀。同时，他们与未来的参议员、阿拉巴马州最高法院法官雨果·布莱克以及德克萨斯州的汤姆·康纳利共同为法案感到忧虑。他们担心该法案对商业企业的限制过于宽松，不利于"新政"民主化共识的实现。

5月26日，法案以323：76的压倒性表决结果获得众议院批准。众议院一共进行了五次投票表决。其中，两次是程序性的，一次涉及公路建设资金分配方案，另外一次涉及重新提交表决方案。最后一次，也是最重要的一次表决，是最终通过了议案的表决（以口头形式通过了对会议报告的表决）。除了关于不同地区之间道路建设资金分配方案的表决明显表现出维护地区利益的立场外，该法案的表决结果表现出明显的党派立场，充分体现了民主党的空前团结。[57]当参议院于6月9日以58：24的表决结果通过这一法案时，除了四人投反对票外，其余的民主党议员全部投票支持这一法案。民主党南方议员与非南方议员之间的政治立场再次表现出非常高的一致性。[58]像其他民主党议员一样，绝大多数参众两院的南方议员一致同意道顿的观点，认为"'新政'在毁灭性的完全垄断时代与恶性竞争时代之间成功开辟了一条过渡路线。毁灭性的完全垄断在《休曼法案》颁布之前盛行于美国各地，当时的恶性竞争正在扼杀众多的商业企业，因而'新政'制订了灵活的机制。总统可以利用这一机制防止垄断和恶性竞争的发生"。[59]

尽管民主党议员的言论和投票立场相似，南方民主党议员仍然发出了一些不同的声音。他们关注反垄断措施能否得以维持，并希望对商业行为进行控制。对这一立场表达最强烈的是固执、激进的参议员布莱克。布莱克对失业问题、缩短每周工时可能造成的影响等进行了深入研究，并提议设定每周30个小时的最长工作时限，以便腾出更多工作岗位，使更多的普通民众获得就业机会。他的提案于1933年4月6日通过了参议院表决，但没有被众议院采纳。部分原因在于，罗斯福总统已经盼咐其政策制定人员在复兴法案相关条款中规定更加灵活的工作时间上限。被众议院拒绝后，布莱克便不再支持"新政"提交的复兴法案。即使联邦政府提出让其担任上交参议院提案的主要发起人，布莱克仍不为之所动。[60] 布莱克出身于阿巴拉契亚山麓一个非常贫穷的家庭，与罗斯福总统相比，出身低微，也因此更加关注工业复兴法律能否增强商业企业的经济实力，而不是对其加以限制。而且他担心像自己的家乡阿拉巴马这样经济欠发达的州遭受来自经济发达地区各州的法案制定人员的控制。[61] 这些经济欠发达的州工业基础薄弱，结构不合理，而且大部分属于当地的严重贫困地区。布莱克迫切希望加强对工业利润的控制，使劳动者和消费者获取更多的报酬。他尤其担心工业复兴法案中止反垄断法的实施。在最后的通过阶段，参议院增加的一项修正案被去掉了。尽管布莱克对法案持保留意见，他还是投了赞成票。由爱达荷州共和党激进主义者威廉·博拉（William Borah）发起的这一参议院修正案，禁止按照国家复兴管理局的法令设置固定价格。当这一修正案在参众两院联席会议上被取消时，布莱克与包括4位南方议员[62]在内的另外11位参议员改变了投票立场。最后表决时该法案以46∶39的微弱优势获得通过。[63]

在这些问题上，布莱克发现自己与所在地区的多数派意见一致。他与自己的同事们紧密团结，成功地坚持了自己的主张，不允许国家复兴管理局损害南方的种族制度。这一制度的核心是农业和农村劳动的地位问题。

在参众两院议席对法案进行辩论期间，南方立法代表们表达了自己的忧虑，他们担心法案的条款有可能扩展，进而包括农村劳动问题。路易斯安那州参议员休伊·朗和密苏里州参议员乔尔·克拉克抱怨该法案没有对"产业"一词的定义范围进行明确界定，因而担心这一法案会被用于农业生产活动。[64] 朗表示，从字面意义上来说，这一法案适用于"每一位劳动者"。[65] 由于担心丢失南方地区选票，国会中这一法案的主要起草人、纽约州的罗伯特·瓦格纳对此进行了回应，并确认说，"法案本身特地将农业问题排除在外了"。[66] 尽管法案条文本身没有明确宣布将农业问题排除在外,但瓦格纳的上述表态后来被证明是确切的。最终结果是,国家复兴管理局亲自对"产业"一词的定义进行了解释,表示本法案所指的"产业"不包括农业,并明确宣布,"国会无意使公平竞争法令……涉及农民或从事农业生产劳动的个人"。没有一项全国复兴法令是为农村雇佣劳动者或农场工人而设立的。这样,绝大多数南方黑人劳动者就被排除在最低工资标准和每周最长工作时间的标准之外了。而且在这里,农业的定义被扩展到包括罐头生产企业等相关产业。这些产业的从业人员大部分是黑人劳动者,工资待遇非常低微。另一方面,复兴法案明确授权总统可以委托农业部长决定法案是否适用于相关产业。

罗斯福总统在发布一系列行政命令时,采纳了这一授权做法。结果,柑橘包装、轧花等产业被排除在国家复兴管理局下达的产业复兴法令之外,造成这些产业的劳动工人得不到法律保护。在法律范围涉及的产业,国家复兴管理局允许相关法令承认地区之间的工资标准存在差异,南方工人的最低工资标准可以低于其他地区。1934年4月,罗斯福总统在一份关于煤炭工业的声明中解释说:"政府的目的并非突然改变原有的制度,也不是拒绝承认传统差异的存在,更无意损害南方的产业发展。"此外,一个行业是否被划分为南方的,主要取决于其就业结构。如果一个州的某个产业大多数的从业工人都是非裔美国人,那么这一产业就可以被视为南方产业。这一惯例将受到法律保护的白人所从事的工资收入高、工作时间短的职业岗位与黑人所从事的没有任何法律保护的岗位区别开。比如,特拉华州的化肥生产企业中,90%的从业者为黑人,因而该州的化肥产业被确定为南方产业。当产业工人绝大多数是白人时,该州的相关企业则被指定适用于北方法令。[67] 尽管国家复兴管理局从未承认过任何按照种族背景对产业工人进行区分的合法性,但法案允许各州根据就业岗位人员主要由黑人组成还是由白人组成,决定南北分区的做法,实际上极大地强化了南方的传统制度,从而消除了南方政治家的疑虑。

三

纽约州州长雷曼指出，9月全国复兴大游行参与人员的规模之大和参与者及观众的热情之高，"充分证明，国家复兴管理局受到了广大民众的热情欢迎"。大游行的组织者丹尼斯·诺兰（Dennis Nolan）指出，"人们的整个精神面貌发生了彻底改变"。[68] 大游行前一天晚上在麦迪逊广场花园举行的群众集会上，约翰逊将军宣称，"四年来，美利坚民族饱受的磨难和危机终于要接近尾声了"。[69]

在随后的四个月里，一批杰出的政治领导人和政策研究学者在斯沃斯莫尔学院举行的系列讲座中，对于复兴法案给予了积极评价。商务部长助理约翰·狄金森（John Dickinson）谈到"复兴法案如何唤醒了各团体、各阶层对于国家利益的共同认知"。雷克斯·塔格维尔探讨了国家复兴管理局如何引导和鼓励"国家制定长期的发展政策"。国家复兴管理局高级官员希思·奥森克（A. Heath Onthank）自豪地指出，"每一位与国家复兴管理局有关的民众都深刻地认识到，他正在为美国的未来而战斗"。赫伯特·蒂利（Herbert Tily）赞扬国家复兴管理局"致力于使企业和产业界获得更大的自我管理和控制权"。蒂利当时担任全国零售业协会主席，其麾下有美国东海岸著名的连锁服装商店"斯特劳布里奇"（Strawbridge and Clothier）。国家复兴管理局劳工咨询委员会主席利奥·沃尔曼（Leo Wolman）热情洋溢地说，产业复兴法律"使得现行工资标准和工人每周的工作时限得到空前的改善"。[70]

在回顾复兴法案的历史时，多数历史学家和社会科学家提出了不同的观点。1935年5月最高法院对A. L. A. 谢克特家禽公司诉美利坚合众国案做出一致判决。这一具有里程碑性质的判决宣布，《全国工业复兴法案》授予总统及行政部门的权力违反宪法。实际上，早在最高法院做出这一判决前，几乎所有人就一致认为，国家复兴管理局所推进的复兴法案并未获得成功。[71] 国家复兴管理局研究中心主任之一、经济学家查尔斯·鲁斯（Charles Roos）1937年的一项研究为复兴法案的成败定下了基调。鲁斯认为,人力资源缺乏、统计数据不充分以及拙劣的经济干预行为制约了复兴法案作用的有效发挥,"尽管复兴法案采取了一些值得称道的改革举措,如废除童工制度、消除严重的不公平交易行为、通过明码标价保证有序的商业竞争,以及促进经济问题的民主协商这一最重要措施","但总体而言,这一法案应被视为是一项热情很高但收效甚微的抑制经济萧条的举措"。[72]

鲁斯的这一评价已经广为流传。埃利斯·霍利(Ellis Hawley)影响巨大的研究报告记录了复兴法案的各种失误,包括"复兴法案实施过程中的管理失误、管理者试图一蹴而就的冒进行为、公共工程项目推进时机不当……对商人利他主义思想的误判"以及许多"其他错误或疏漏"。[73] 大卫·肯尼迪(David Kennedy)评价说,蓝鹰标志与其说是一种"荣誉标识",还不如说是"'新政'想象力贫乏和应对经济萧条手段穷尽"的标志。鲁斯进一步总结说,"'新政'作为一种复兴措施,从一开始实施就失灵了"。[74] 乔纳森·阿尔特(Jonathan Alter)在关于"百日新政"的研究中总结道,"回顾'新政'历程,人们可以深刻地认识到,成立国家复兴管理局是一个有着严重瑕疵的糟糕主意"。[75]

重新回顾一下"新政"的历史,我们也可以认识到全国复兴管理局要实施的目标充满了多种变数。它的机构过于复杂庞大,以致于不能有效地进行监督管理。它不可能在短短几个月的时间里保证几百条法令同时得到有效贯彻,也不可能将全国的经济整合到一个包容一切的金字塔式的庞大体系内。富兰克林·罗斯福本人在 1937 年 1 月的国情咨文中表示,"现在我们知道,复兴法案实施过程中的困难主要是由于设定的目标方案不切实际造成的"。虽然在复兴法案颁布实施三年后,美国经济年增长率分别达到 9%、10% 和 14%,全国失业率由 1933 年的 25% 下降到 1936 年的 17%,[76] 复兴法案的确发挥了独特的作用,但许多富有说服力的分析论证都支持这样一种主张:国家复兴管理局远远没有实现成为经济复兴主要驱动力的目标。更清楚的一点是,复兴法案试图平衡企业与劳动者之间的利益关系、努力创造公平竞争就业环境的目标并没有实现。《全国工业复兴法案》的确代表了"劳工组织合法地位的伟大胜利",促进了富有战斗性的独立工会组织[77]的快速发展,但不同阶级之间仍存在严重的不平等现象,这使以相互合作为主要特征的资本主义市场经济规划的推进非常艰难。正如在 1944 年"新政"第一阶段时人们所观察到的,被几家全国最大的贸易公司操纵的各类贸易协会"不仅制定法令,而且还主宰法令听证、修正和实施的全部过程,而小企业主、劳动者、消费者的影响力则微乎其微"。[78] 路易斯·高拉姆博什(Louis Galambos)和约瑟夫·普拉特(Joseph Pratt)总结说,《全国工业复兴法案》是"新政"规划中"最广为人知而又最没有实际意义的改革方案"。[79]

然而,"新政"刚一实施时,人们并不这样认为。当时国家复兴管理局得到包括许多商业部门在内的全国多数经济部门的热情支持。不论是持拥护态度,还是持反对态度,绝大多数观察家都一致相信,国家复兴管理局将对当时的美国资本主义经济进行全面革新。新的复兴法案通过一周后,通常以市场为导向的《华尔街日报》称赞复兴法案的通过是"值得举国欢庆的事件",并高度评价国家复兴管理局承诺结束"国家曾强制实行或姑息纵容的野蛮竞争和导致大批工人饥饿而死的工资制度……如果'政府干预'或'产业管制'是抑制恶魔般萧条的唯一途径,不论复兴法案多么可恶,我们都必定会欣然接受这种紧急措施"。[80] 1933 年 9 月,亨利·卢斯的商业杂志《财富》赞扬国家复兴管理局"旨在将民主化手段从政治领域移植到……工业领域",并宣称"最终的结果不仅能够实现美国工业的救赎,还能够实现对腐朽过时的民主思想本身的救赎"。[81] 四个月后,通用电气公司总裁杰拉德·斯沃普(Gerard Swope)称赞复兴法案是一项伟大的成功举措。斯沃普对国家复兴管理局的设立给予了积极支持和帮助,他曾担任商务部商业咨询理事会执行委员会主席,并在新成立的全国复兴委员会商业咨询委员会中任职。斯沃普认为,《全国工业复兴法案》的成功之处在于,它创立了一种经济规划和组织形式,"使得工商企业的不同竞争单位之间能够相互合作，共同发展"。他把这一收获称为"建立全国经济委员会，实现国家经济长远规划"的"第一个步骤，而且是非常重要的一个步骤"。[82]

我们必须承认，总结思考工业复兴法案的成就并不等于完全肯定其稳健性和可靠性。人们在强调复兴法案的缺点和令人失望之处时，可以暂时忽略其基本目标以及它可能导致的思想观念的改变。在人们的主流历史记忆和学术评判中，对于持续时间短暂的国家复兴管理局的消极评价通常忽略了两方面的重要事实。第一，复兴法案本身所体现出的大胆冒险精神。复兴法案本身是在极度恐惧的形势下制订的应对举措，其宏伟目标、创造性改革措施的安排，以及经过精心设计的方案落实手段在当时所发挥的作用不能被低估。第二，这一开创性试验与"新政"的其他宏伟蓝图是密切相关的。

我们知道，美国行政机构提交国会的复兴法案是由至少三大政策研究团体在十分仓促的时间内起草完成的。三大政策团体之所以能够密切相连，共同促成复兴法案，得益于一个非常引人注目的事实。三大团体在民主制度的庇护下，对当时的美国经济进行最完全、彻底的重构时，充分利用了反民主独裁政体曾经发明并广泛使用的"经济计划"工具和手段。在大胆进行改革转型的过程中，他们对这些工具和手段进行了彻底修正。国家复兴管理局的宗旨是尊重非政府组织的诉求和权力，它倾向于以乐观的态度向世人表明，以法制精神为核心的民主宪政，即使在国家面临最严重的危机时，也能够采取有效措施，维护广大民众的利益。复兴法案的支持者们坚持强调，在已经彻底崩溃的资本主义市场经济和独裁政体的反自由政策之间，有着广阔的空间供人们发现和开垦。这就是约翰·狄金森于1933年10月在美国商务部任职时所阐明的观点，即把美国的资本主义经济置于公众的监督之下，通过民主法制的道路，实现濒临崩溃的美国经济的全面复兴。[83]

国家复兴管理局将有目的的规划与基于自愿原则的产业立法相结合，但它的权力因自身的局限性而被中止。当然，其权力被中止的根本原因还在于最高法院的果断决定。一份 1936 年的报告记录了国家复兴管理局复兴法案在石油产业的实施情况，并指出，"如果不是受到法律的制约，工业复兴法案有可能成为政府最终控制整个石油工业的工具"。[84] 国家复兴管理局刚成立时，石油工业正面临着经营混乱的严重局面，产量严重过剩，油价大幅下跌，作业条件恶劣。当时即使存在国家对石油工业的管理，其措施也非常薄弱。包括海湾石油公司、壳牌石油公司、标准石油公司在内的大型石油企业与一些独立经营的中小型石油公司竞相呼吁加强产业监控、稳定石油价格和促进产业组织建设。石油钻井的争夺导致恶性竞争的发生，最终导致环境问题几乎被完全忽视。显然，这种恶性竞争蕴藏着巨大的风险——对石油工业来说，这关系到整个行业的生存和利润的多少问题；对于国家来说，这关系到经济的成败和国家安全问题——在这一关键时刻，《国家复兴管理局石油工业公平竞争法令》的出台，将公共权力与相互协调、相互合作的发展规划密切结合起来，使得石油生产走上了安全、高效发展的全新轨道。[85]

　　肯尼斯·芬戈尔德（Kenneth Finegold）和西达·斯科克波（Theda Skocpol）对复兴法案进行了正确的回顾。他们认为，尽管复兴法案存在种种瑕疵，且实施效果不一，但国家复兴管理局的确"为美国政府开辟了新的执政途径。这一途径的非凡之处在于，美国政府放弃了过去'最大限度地减少对国内市场经济进行干预'的立场，转而对经济进行全面的行政干预"。[86] 唐纳德·布兰德（Donald Brand）在进行了一番细致研究后，正确地评价说复兴法案是非常时期国家所采取的一项"激进"措施。通过这一措施，国家实现了对私有权力的掌控，使得企业和劳动者转变成为民众谋取福利的公仆。[87] 正如艾伦·布林克利指出的，复兴法案的一个关键缺陷在于，它"没有解决经济规划与产业自治管理模式之间的冲突"。产业自治管理模式旨在通过行业协会的支持，实现企业的自主性管理，并"将这种自主性管理模式与新的管理机制相结合"。[88] 虽然复兴法案存在上述缺陷，但从相反的角度来看，自主性管理模式与新管理机制的结合,也正是复兴法案的优势所在。事实已经证明,国家复兴管理局在使私人消费者、劳工和商业团体为公共目标服务时,并没有超越民主化公共政策的约束范围。

产业复兴法案这一改革试验于1935年被最高法院裁决叫停。我们无法得知如果这一法案继续执行的话,会产生什么样的结果。塔格维尔在晚年回忆说,由于领导成员的工作思路反复无常,"国家复兴管理局的工作最后陷入严重的混乱"。"翱翔蓝天之后",塔格维尔总结说,"蓝色苍鹰最终落到折翼的下场"。[89] 但它毕竟有过壮观的翱翔经历。国家复兴管理局在关停时显然遭遇到各种问题的困扰,遗憾的是,它再也没有学习和校正的机会,再也无法展示其组织管理能力,或调动公共权力全面建设更加协调平衡的经济体制,将这一体制的内在张力转变成富有创造性的摩擦力场和压力场,而不是成为经济发展的阻碍力量。尽管全国复兴管理局很快就被最高法院叫停,但它所传递的思想和精神是无法被消除的。这种思想和精神永远具有强大的生命力。值得注意的是,1937年和1938年美国经济遭遇严重下滑时,正如布林克利指出的,"许多人对恢复国家复兴管理局等机构具有特殊的兴趣"。这些人试图"重新使联邦政府成为一个强有力的经济规划机构,协调和策划企业的价格、工资和投入政策",[90] 从而"抑制恶性竞争,促进经济'协调'发展"。后来,"新政"时期持续时间短暂的民主式经济计划模式和社团主义经济模式被战后许多西欧国家吸纳为本国的经济发展模式。这些国家成功地运用行政干预工具,实现了经济协调均衡发展的目标。[91] 尽管国家复兴管理局有许多明显不足记录在册,但它的确在成立前后对美国经济发展规划起了最重要的引领作用,并对社会进步政策的制定与实施产生了最深远的影响。

当时人们过分强调国家复兴管理局的功能失灵和令人失望之处,使得"新政"的时间节点有了政治上的划分。詹姆斯·帕特森(Arthur Schlesinger)在关于"新政"时期国会政治行为的一项重要研究中指出,"历史学家对于第一次和第二次'新政'中哪一次更为'激进',还没有定论"。他补充说,"在通常情况下,历史学家们一致认为,至少在第二次'新政'开始时,政府工作的侧重点就发生了转移"。[92] 事实上,"新政"历史学一个最广为人知的特征是,第一次"新政"和第二次"新政"之间有明显的界限。第一次"新政"的主要成就是1933年国家复兴管理局和农业调整管理局的设立;第二次"新政"的主要成就是1935年全国劳动关系委员会和社会保障局的设立。老亚瑟·斯莱辛格1937年发表的具有重要影响力的文章首次明确了促进经济重组的起始时间。这次经济重组防止了大面积饥荒的发生,减轻了人们在下一个危机时遭受的痛苦,建立了美国现代福利国家制度。同时,这次重组还通过支持劳工组织发展,重新划定了国家权力的界限和影响范围。[93] 大约1/4世纪以后,小亚瑟·斯莱辛格同样表示,"1935年是美国'新政'的一个重要分水岭"。[94]

历史学家们对采取激进措施的时机选择提出了两方面的争议。一方面,巴兹尔·劳奇(Basil Rauch)对1944年"新政"历史的全方位开拓性研究,为关于"新政"激进主义措施的争议定下了一种基调。劳奇认为第一次"新政"对于企业持谨慎和友好的态度,第二次"新政"的影响范围更加广泛,主要面向工人阶级。也有一些历史学家表达了自己的观点,认为"新政"只是在"谢克特决定"(*Schechter decision*)撤销国家复兴管理局后才真正获得解放,并迅速发展成为一种激进力量。工人阶级战斗性的日益增强促使"新政"倾向于左翼,即采取保护劳工利益的措施,建立和实施社会保障计划。[95] 然而,另一方面的立场则恰恰相反。小亚瑟·斯莱辛格最早提出反对意见,否认"新政"沿着激进主义的轨迹发展,认为其朝着相反的方向发展,第二次"新政"从第一次"新政"的激进冲动中向后倒退了。斯莱辛格争辩说,"新政"初期破除传统束缚、对失去约束的市场进行限制、对失去控制的商业企业进行监管这一愿望和理想已经让位于"理想的沉沦、希望的消弭和能力的下降"。斯莱辛格认为,第二次"'新政'实质上更加保守",只是"表面上显得更加激进"而已。[96]

这一争论迫使人们做出"不真实"的选择。尽管立场不是始终如一，但斯莱辛格的主张更加符合当时美国的政治状况。他强调，两次"新政"的"目标是一致的"。斯莱辛格写道，任何所谓的目标改变，只是侧重点和"实现目标的方式"发生变化。[97] 在强调两次"新政"之间具有连续性而非差异性时，斯莱辛格注意到，列昂·凯泽林（Leon Keyserling）在1958年给他的一封信中，也强调1933年到1936年之间"新政"历史的连续性和一致性。凯泽林曾是罗斯福总统第一任期内参议员瓦格纳的司法助理。[98]

与上述两方面的争议不同，我本人支持第三种立场，认为第一次"新政"和第二次"新政"之间的划分并非表明"新政"经历了重大断裂，而是表明"新政"发生了小小的转折。艾伦·布林克利在关于"新政"改革者们如何定义"新政"目标、表达"新政"理想的研究中，也对这一观点进行了有力阐述。布林克利令人信服地指出，美国国内自由主义政策偏离了卡尔·德格勒（Carl Degler）所称的"对于革命形势做出革命性反应"[99]的"第三次美国革命"。这一政策的影响范围在1937年到第二次世界大战期间[100]变得更加萎缩和封闭。正如布林克利和斯莱辛格所揭示的，在"新政"历史研究方面更有意义的事情应当是，不要过分关注罗斯福总统第一任期内国内政策的差异性，而应重点思考这四年如何构成了"新政"历史上紧密相连的一段历史时期。这期间所采取的一切史无前例的举措都基于这样一种始终如一的认识：缺乏约束和失去平衡的资本主义经济再也无法持续有效地存在下去了。

我们可以想到，罗斯福当年由纽约州州长被提名为总统候选人正是基于这一系列的分析。1934年9月23日，在旧金山联邦俱乐部举行的一次标志性演讲中，罗斯福哀叹"我们所熟知的机会平等再也找不到了"，他试图解释为什么"我们现在只能为自己的同胞提供了无生机的生活"。罗斯福的演讲从产业结构的角度进行了分析。他认为，产业发展思路封闭、产业结构老化、"朝着经济寡头的方向步步紧逼"是导致大萧条发生的罪魁祸首。在当时的形势下，美国迫切需要"对旧的社会契约条款进行更新"……需要重建"宪政经济秩序",需要"我们的政府"来"规范和限制投机商、市场操纵者,甚至银行家的经营行为"。罗斯福宣称,为了抑制市场的无序竞争,规范企业经营范围,政府需要根据维护公共利益的需要,对经济发展进行全面规划。

这一标志性演讲明确否认了将产业政策与社会福利制度进行剥离的做法,这种两分法正是不少历史学家对"新政"初期的两个阶段进行划分的方法。作为总统候选人的罗斯福坚持说,国家制订的经济发展方针必须防止发生"经济陷入混乱",但它无法独立发挥作用,必须与福利国家政策协调发展(三年后美国国会果然通过了这些福利国家政策立法)。"除此之外,人们将无法承担经济混乱时所面临的生活重担。因为它无法为人们提供劳动就业机会,无法帮助人们应对童年、疾病和衰老带来的负担。在所有关于财产权利的思想理论中",罗斯福继续用激动人心的语言宣称,"基本生活条件的保障是最重要的财产权利;所有其他财产权利都必须服从于这一权利"。[101]

两年后,当许多人已经认同"由第一次'新政'向第二次'新政'的转折"这一说法时,罗斯福总统接受了电视采访,对第七十三届国会第二次会议的成就进行了回顾。自从在旧金山联邦俱乐部演讲以来,罗斯福总统一直在使用铿锵有力的语言发表演讲。1934年6月28日,他用同样铿锵有力的语言向全国发表广播讲话。罗斯福总统在讲话中高度赞扬立法机构通过的一连串法令,坚定地推进了"新政"方案的实施,重新建立起政府职能与经济发展之间的关系。罗斯福总统知道"新政"议案仍然面临严重阻力。他把"新政"的反对者视为"少数自私的人"。这些反对者们不断对自由的丧失这一问题提出反驳意见,"用一些奇怪的名字丑化'新政',称之为'法西斯主义''独裁管制'"。他们把"新政"视为"大难临头的先兆",声称"'新政'让人们丧失了个体自由",并试图吸引人们关注"新政"与"其他独裁政体之间的相似之处。这些独裁政体以牺牲民主制度为代价,试图刺激古老、腐朽的独裁制度暂时复活"。为了抨击和戳穿这些反对者们的上述言论,罗斯福总统在讲话中要求听众"回答这样一个问题……你失去过权利和自由吗？你失去过宪法赋予的行为自由和选择自由吗？……罗斯福总统对《权利法案》条款进行了逐一朗读"，并告诫说，"扪心自问一下，这些具体的权利保障条款是否遭受到丝毫的损害"。[102] 这一次讲话发生在罗斯福总统签署实施《全国劳工关系法案》和《社会保障法案》的前一年。他在演讲中以类似于旧金山演讲般铿锵有力的话语向民众保证说，"政府将采取措施为人们变化多端的现代生活提供健全和充分的社会保障"。

罗斯福总统的这类分析阐述始终带有激进时刻的鲜明特征。1936年6月27日，在费城召开的国会代表会议上，罗斯福总统发表讲话，接受民主党再次提名其为总统候选人。他高度赞扬"新政"全面重建美国资本主义经济秩序的规划和方案已经彻底战胜"经济保皇主义者"。这些"经济保皇主义者"一心"渴望攫取权力"，妄图重新"建立专制主义"和"经济暴政"。在这种专制和暴政下，"私有企业太'私有化'了"。"新政"有力回击了"这些新型经济王朝中的特权君主"。它拒绝推行过去将"政治自由"与"经济奴役"截然分开的制度条令。过去的经济保皇主义者认为，保障"政治自由"是政府的职责，而"'经济奴役'则不受任何人干涉"。[103] 1937年年初，对当时的形势进行回顾和评价时，罗斯福总统继续重复其旧金山演讲和就职演说中的语言逻辑，详细阐明了"新政"如何做到"以更加民主的方式行使一切权力"，创立"现代世界最先进的民主模式"。罗斯福的讲话从未脱离"全国复兴法案的总体目标"。他称全国复兴法案是一项"健全"的改革举措，并回顾了华盛顿政府如何"开始使私人专制权力服从于联邦政府"，以及如何通过构建福利国家和支持劳工权利，重建"社会公正的物质基础"。[104]

罗斯福总统还对比分析了这一"维护民主制度"[105]的成功举措是如何通过国会与行政部门之间的通力合作而得以实施的。正是这种通力合作，使美国在应对经济危机时，与独裁制国家表现出了不同的因应之道。罗斯福强调"'新政'尊重各经济实体在民主制度下应有的职责管辖范围",并最大限度地杜绝"政府两大分支机构之间不必要的争执"。[106] 他对"新政"初期的改革举措进行了明确定位,认为这些举措是美国应对空前经济危机的前线作战方式,从而对"自由民主政府无法有效应对危机"的说辞进行了有力反驳。罗斯福解释了"我们为什么要通过战胜恐惧"来展示"自己如何在独裁体制的包围中对民主制度的健全与完善保持信念的"。[107] 他坚持说,"新政"的实施已经充分表明,"民主国家能够最有效地应对现代文明的变迁所带来的种种问题……"罗斯福总统于1937年1月6日在国会发表演说时宣称,"我们的使命是证明民主制度在当今世界可以通行",并补充说"由于我们都坚信民主政府可以充分应对现代社会所产生的种种问题",摆在我们面前的一件至关重要的事情是,"代表当今世界一切民主政体向其他非民主制国家传递这一重要信息,这些非民主国家也许能因此产生更加壮观的民主政治。现在已经到了我们满怀信心地推广民主制度的时刻了"。[108]

在这一许多政治观察人员认为议会毁掉了自由民主的时刻,罗斯福总统强调,事实恰恰相反,议会不但没有毁掉自由民主,反而是在捍卫自由民主。他指出,美国正"按照历史上宪政民主制度的框架,颁布和实施新的法律制度",以应对严重的经济萧条和动荡。他进一步强调"政府执法部门的中心任务"是,应对经济萧条,"抑制权力滥用,积极救助需要帮助的群体,改善和平衡经济实体之间的相互依存关系"。[109] 罗斯福总统讲话中对国会权力的强调突显了美国需要通过法制手段解决所面临的问题。这次讲话实际上部分地充当了政府即将提出的扩大最高法院规模议案的前奏。当然这一议案注定不会成功。这之前,最高法院已经撤销了国家复兴管理局,并废除了许多其他的"新政"法令。

事实上,重建美国资本主义经济秩序靠的不是政府的行政命令,而是一系列"新政"法律的迅速出台。每一项将联邦政府置于经济事务中心、对公民社会中各方势力进行再平衡的开创性举措,都是通过国会的立法程序推行的。"新政"创造了许多立法记录。除了国家复兴管理局将工业发展作为工作重点,"百日新政"还启动了《农业调整法案》,规定通过农民补贴计划,限制农作物种植和家畜饲养数量,以应对农产品产量过剩、价格偏低等问题,最终实现农业生产结构的全面重组。为了挽救面临绝境的金融体制,1933年实施的《银行法案》将投资银行与储蓄银行分离,并要求联邦储备局的一些机构拥有充足的资金储备,允许联邦储备局对银行储蓄利率进行监管,并通过联邦储蓄保险公司保障银行储蓄安全。

各项"新政"法律继续万箭齐发式地相继出台。经历1929年到1933年股市价格接近90%的暴跌后,联邦政府采取措施对证券市场进行了清理。1933年实施的《证券法案》强制规定,股票发行必须事先进行登记,并要求券商在股票出售前,详细披露相关信息。1934年的《证券交易法案》进一步扩大了联邦法律的管辖范围,将所有公开交易的证券公司纳入其中。同时法案还规定成立证券交易委员会这一新的机构,负责对证券市场交易活动的监管,以强制性法令形式,防止和避免"市场操纵行为,以及证券价格的突然大幅波动"。[110] 国会还于1933年通过了《田纳西河流域管理法案》,规定以第一次世界大战期间阿拉巴马州在马斯尔肖尔斯所建设的拦水大坝和其他防洪设施为基础,修建大规模拦水工程。作为拥有国家土地征用权的大规模资源规划机构,田纳西河流域管理局逐渐发展成为了一家公共电力公司。美国联邦政府是唯一股东,三名公司董事经参议院同意后由总统任命。1934年参众两院还对企业从事国际贸易的规则条例进行了根本性修改。《互惠贸易协定法案》鼓励企业按照总统授权磋商达成的关税协定更加自由地开展国际贸易。第二年,又有两项具有里程碑意义的法律被国会通过:《全国劳工关系法案》确立了支持工会积极吸纳会员,在更加平等的基础上与企业进行集体协商的统一制度框架;《社会保障法案》规定对需要帮助的家庭有针对性地进行扶持,建立联邦政府失业保险制度框架,保障美国公民退休后的基本生活收入。

四

"新政"在激进时刻开展的不同寻常的高效立法活动——这一时刻政府怀有强烈的公共政策目标意识——得到了参众两院南方代表和其他政治团体的鼎力支持,这一时期通过的每一项法律都需要他们的支持,否则,就不可能顺利通过。最终的结果是,每一项法律不仅从一开始就得到了国会南方议员的积极投票拥护,而且后来还更加广泛地赢得了国会其他议员的热情支持。由于南方议员占据国会议席的主导地位,并控制国会的各个委员会,因此即使当某一特定法律对南方地区利益没有特殊影响时,南方也通常在投票表决时占据主导地位。

当然,《田纳西河流域管理法案》的侧重点是发展地区经济。这一法案于1933年5月18日颁布实施。几个星期前,国会刚成立了民用资源保护队,为250,000名失业人员提供了就业岗位;几天前,国会则刚批准了《农业调整法案》和《联邦紧急救济法案》。这两项法案向各州拨款,救济生活陷入极度贫困的公民。《田纳西河流域管理法案》规定实施大规模资源开发和经济规划行动。法案批准在田纳西河建设大型水电大坝和导流坝,从而控制洪水,并且在过去被洪水淹没的土地上重新植树造林,特别是向落后地区提供低成本电力。同时,法案批准修建厂房,由田纳西河流域管理局经营,向当地农民提供廉价化肥。毫不奇怪,南方国会代表对这一法律给予了热情支持,他们欢迎罗斯福总统一反库利奇总统和胡佛总统在田纳西河流域问题上的态度,广泛支持有关田纳西河流域治理开发的议案。罗斯福总统兑现了他在马斯尔肖尔斯登台演讲时做出的承诺,他提出的田纳西河流域治理议案使南方的支持者们深受鼓舞,他们看到了这一月牙地带的开发为广袤的南方地区所带来的希望。夸张一点说,田纳西河及其流域40,660平方英里的开发治理项目,有望为这一地区600万人口中的100万提供就业岗位。[111]这一月牙地带的面积相当于英伦三岛面积的大小。它起源于密苏里州,穿越田纳西州、阿拉巴马州、佐治亚州、北卡罗来纳州、肯塔基州和弗吉尼亚州。来自密西西比州的众议员约翰·兰金在众议院表示，田纳西河流域治理项目"通过水力发电产生的价值将超过美国内战后全部被解放的黑人奴隶劳动力所创造价值的总和"。[112]

1933年4月，罗斯福总统呼吁"对涉及多个州、影响几百万人未来生活福祉的整个田纳西河流域开展全国性的开发治理规划"。[113] 南方代表，尤其是各南方众议员，对总统的号召给予高度赞扬，并以带有民粹主义色彩的主题言论，表达了自己对这一立法提案的支持。"利用这一项目的发电量为美国农民生产优质廉价的化肥，其次，利用这一项目来保护民众利益不受美国电力信托公司的侵害"，田纳西州议员约翰·里德利·米切尔（John Ridley Mitchell）做出上述表示，他同时表示，"利用这一项目多年生产运行的结果确立全国用电成本标准，从而使民众了解公平、合理、真实的用电价格"，并补充说，"除非怀有自私的动机，没有人会反对这一全国性的工程项目"。[114] 同样来自田纳西州的塞缪尔·麦克雷诺兹（Samuel McReynolds）指出，这类具有民生价值的工程项目远远超出了私有资本主义的关注范围。"没有哪家以获取私有利润为目标的企业能够或愿意从事如此巨大的开发工程。这类关系国计民生的重要自然资源只有始终由政府掌控，才能最大程度地服务于人民。"[115] 阿肯色州的戴维·格罗弗（David Glover）指出，这一法案"遭到化肥生产商的严厉抵制，原因是他们清楚这一项目一旦完成，就无法以现有价格向农民出售化肥了"，格罗弗称，"我们作为辛苦劳作的农民的代表来到国会议席，有职责为他们辩护，也有职责倾听他们的声音，而不是一味倾听那些只担心个人利益受损，而在国会游说的说客之说辞。"[116] 德克萨斯州的罗伯特·托马森（Robert Thomason）称，田纳西河流域治理法案将结束"私有利益者"对公众利益的盘剥。多少年来，上帝赐予世界上每一位子民的河流，一直被这些"私有利益者"掌控在自己手中。托马森非常欣喜地看到，"每一位美国人都将有机会以自己可承担的价格"像使用"水、天然气和石油等日常生活必需的原料"一样，享用电力资源。[117]

田纳西河流域工程被《华盛顿邮报》称为美国"最伟大的社会改革试验"。田纳西河流域管理局总裁亚瑟·E. 摩根（Arthur E. Morgan）则将整个田纳西河流域称为"巨大的国家试验室"。[118] 这一法案以压倒性的党派支持而获得国会表决通过。所有南方议员均高度赞扬联邦政府成功抵制了电力运营控股公司和当地大型化肥生产厂家的强烈反对。工程项目与当地政府密切合作，提高了当地的健康服务水平以及道路和其他工程项目开发所需要的配套基础设施的建设条件。[119] 南方议员为工程项目给当地带来的这些实际收益而感到深受鼓舞，他们中除了三人投反对票，其他议员均对《田纳西河流域管理法案》投了赞成票[三名投反对票的南方议员是德克萨斯州的众议员乔治·特雷尔（George Terrell）、俄克拉荷马州的参议员托马斯·戈尔[120]和马里兰州的参议员米勒德·泰丁斯]。

这些南方支持者们预计，《田纳西河流域管理法案》对种族秩序不会有丝毫影响。他们的判断是正确的。像威尔逊时代的《史密斯－利弗法案》一样，《田纳西河流域管理法案》规定的化肥扶持项目根本没有考虑黑人农业学院所在的区域。[121] 1949年关于《田纳西河流域管理法案》实施15年成效的一项典型评估指出，"田纳西河流域管理局的农业专家们所持的立场是典型的白人至上信条"，其明显标志是这些专家们经常以轻蔑的口吻谈及"这个黑鬼表现好，那个黑鬼表现不好"，而且他们还兴奋异常地认为，白人雇主对他们的黑人佃农照顾得非常周到，"人们一般认为，这些佃农应当对自己的命运感到心满意足"。后来的一项分析表明，当黑人从业人员申请工作岗位时，"他们被安排在最卑微低下的岗位。管理部门禁止他们参加从事高一级技能岗位所必需的职业院校学习和职业课程培训"。此外，田纳西河流域管理局所辖社区还实行极其严格的种族隔离制度。诺克斯维尔都市区郊外所规划的模范社区田纳西诺里斯社区，根本不允许黑人在此生活。[122]

《田纳西河流域管理法案》这样一个明显对南方地区有益的联邦政府项目，得到南方政治家的支持可能没有什么令人感到不解的，除此，他们还集中参与了"新政"初期的其他改革议案,并对这些方案最后获得国会批准起到了至关重要的作用。两位长期担任国会议员的南方代表——每个人都强烈支持种族隔离制度——在挽救银行体制的过程中发挥了主导作用。弗吉尼亚州的参议员卡特·哥拉斯和阿拉巴马州的众议员亨利·斯蒂格尔通过他们所在的国会委员会提交了《银行法案》,并组织本人所领导的委员会对法案进行了讨论。这一法案使人们恢复了对银行系统的信心,为后续其他经济改革政策提供了资金基础。没有健全的资金清偿制度,资本主义经济就无法运行。与当时许多关键性法案主要靠民主党压倒性支持获得国会投票表决批准不同的是,《银行法案》获得了多个党派的强烈支持,包括'新政'忠实支持者斯蒂格尔、[123] 保守主义者哥拉斯等南方国会议员。格拉斯曾于1933年8月向沃尔特·李普曼写过一封简短的书信,抱怨"'新政'完全是联邦政府将希特勒独裁主义统治移植到美国各个角落的危险措施"。[124] 南方一些思想冷静的进步人士担心这一立法对银行及银行家的支持力度过大。约翰·兰金在对这些人的演讲中指出,通过储蓄保险,恢复人们对银行的信任,以期克服"有史以来最大的经济危机"造成的灾难与"噩梦"。[125] 斯蒂格尔所提交的法案以262:19的压倒性优势通过众议员表决(没有进行公开唱票);哥拉斯提交的法案以口头表决的形式通过参议院审批。议员们之间的分歧消除后,参议院再次以口头表决的形式批准了这一法案,众议院以191:6的压倒性优势通过了该法案(没有进行公开唱票)。

国会辩论中,地域特征非常鲜明。众议院里,密西西比州的威廉·科尔默、德克萨斯州的威廉·麦克法兰(William McFarlane)和赖特·帕特曼(Wright Patman)仍旧抱着过去的民粹主义思想不放。他们为银行从业人员过高的薪资标准而感到愤愤不平,对《银行法案》提出修正意见,成功地将联邦储备局的薪资水平限制在15,000美元以内。[126] 南方议员的关注焦点是,那些未经联邦政府特许,而只有各州特许的银行可以维持多长时间。他们还对主要服务于小额储户的邮政储蓄系统的命运表示担心。帕特曼担心《银行法案》将"动用联邦政府资金保护国家银行系统高达 160 亿美元的储蓄资金,而把高达 250 亿美元的各类州立银行储蓄资金排除在外"。[127] 阿肯色州的格罗弗同样担心,州立银行得不到联邦储备局的保护。不过,后来他承诺这些银行一定会被列入联邦储备局的保护范围之内。解除上述顾虑后,民主党南方派别与其他派别对于《银行法案》达成了压倒性共识。[128] 一份典型的声明中,德克萨斯州参议员汤姆·康纳利在参议院表示,他本人不会投票支持银行,但会"支持银行的广大储户",之所以如此,是因为法案"将建立货币和信贷储备资金,供全国民众开展正常的商品交易"。[129] 最有趣的或许是,连兰金这样的种族主义巨子也没有对联邦政府权力扩大流露出丝毫的担忧。在排除了对《银行法案》议程的种族主义顾虑之后,南方议员们的目标便是,显著提高完全按照种族隔离原则运行的州一级银行的资金安全保障。

"百日新政"过后,随着这一激进时刻的改革议程逐步得到落实,南方政治家继续对"新政"项目规划给予支持,前提是他们对"新政"的支持能换取继续维持种族秩序。1934 年的《证券交易法案》由众议院州际和对外商务委员会提交至众议院议席(德克萨斯州的山姆·雷伯恩时任主席),并由参议院银行货币委员会提交至参议院议席〔佛罗里达州的邓肯·弗莱彻(Duncan Fletcher)为其领导〕。除托马斯·戈尔以外的每一位南方参议员和除密西西比州的詹姆斯·克莱本(James Claiborne)以外的每一位南方众议员均支持国会通过这一法律,以保证证券市场有一个诚实的交易环境,防止 1929 年金融崩溃的再次发生。克莱本之所以不支持这一法案,是因为他认为法案条款没有很好地顾及商业企业的利益。法案通过国会表决时,众议院党派票数比分是 281∶84,参议院为 62∶13。[130] 最终表决结果的书面报告又由参众两院联席会议通过。其中,三位众议院代表中有两位来自南方,即德克萨斯州的雷伯恩和阿拉巴马州的乔治·赫德尔斯顿(George Huddleston);四位参议院代表全部来自南方,即肯塔基州的阿尔本·巴克利、南卡罗来纳州的詹姆斯·伯恩斯、佛罗里达州的邓肯·弗莱彻和马里兰州的菲利普斯·戈尔兹伯勒（Phillips Goldsborough）。

南方地区投票团体内部对于监管责任的分配存在严重分歧，争论的焦点主要是，将监管责任分配给现有的联邦贸易委员会还是交由应负监管责任的新设证券交易委员会。南方代表对于《银行法案》的宗旨表示广泛认同。从南方地区的角度看，这一法案将对可恶的美国金融资本进行限制。自内战结束以来，美国北方金融资本家一直是盘剥南方地区、导致南方民众陷入贫困的罪魁祸首。雷伯恩解释说，问题在于，联邦政府如何"为了公众利益"，利用自己的"威望、权力和导向作用"，抵制"市场操纵行为"。[131] 这里，南方代表言论主张的基调再次倾向于民粹主义，其颇类似于肯塔基州众议员维吉尔·查普曼（Virgil Chapman）在众议院辩论中曾表达的观点："华尔街的金融资本家及其爪牙们已经全副武装，准备披甲上阵了。"[132] 来自佐治亚州的爱德华·考克斯（后来成为南方反对派中的一名重要人物）补充说，人们希望这一法案所采取的措施将"防止联邦政府资金被集中在庞大的证券交易中心"，而且考克斯用俄克拉荷马州查尔斯·特鲁阿克斯（Charles Truax）极具反犹色彩的语言表示，这一法案将对"华尔街的金融强盗们"进行管控。它等同于美国的"又一个《独立宣言》，宣布美国人民从此不再遭受摩根公司、库恩-洛布公司以及华尔街其他金融诈骗公司等杀人恶魔的侵害。这些有着长长骨刺的杀人恶魔榨取了全国民众数十亿美元的血汗钱"。[133] 尽管摩根公司不是犹太人开设的，考克斯言谈中提到犹太美国人开办的库恩-洛布公司，其反犹立场已然昭然若揭了。

在"新政"的激进阶段，美国采取了进一步重构资本主义经济的国内政策。就在最高法院裁决国家复兴管理局违反宪法，将之撤销后六个星期，《全国劳工关系法案》，即《瓦格纳法案》于1935年7月5日被签署实施，该法案批准了劳工团体建立工会组织的措施。实际上工会暴动早已在国家复兴管理局的庇护下发生过。但直到《全国劳工关系法案》宣布实施，工会活动才在法律框架内获得授权。[134] 这一法律重申劳工有发展工会组织和集体谈判的权利，并详细规定了工会组织的选举程序，确保被雇佣人员可以按照少数服从多数的原则自由选举工会代表。关键是，正如法案所阐明的，劳工关系法案的宗旨是"推进雇员与雇主之间的平等协商"，禁止雇主通过种种"不正当手段"破坏工会组织建设。这些不正当手段包括干涉工会罢工和组织工人纠察队；对工会活动进行监视；对工会会员或积极分子给予工作上的歧视；对承诺停止工会活动的雇员给予小恩小惠。[135] 同时，《全国劳工关系法案》禁止雇主通过提供资金支持等手段控制劳工组织，[136] 进而俘获对公司发展具有主导作用的工会组织的核心力量。从行政管理的层面来看，该法案规定设立全国劳工关系委员会。这是一个准司法性质的专家委员会，成员由总统任命，其职责是根据法案规定对大多数劳工纠纷进行调查和裁决。这一机构独立于美国劳工部，具有结束和中止纠纷的权力，其调查结果被视为联邦法院调查结果的一部分。[137]

通过劳工关系法案，联邦政府向劳工组织提供了广泛的法律保护措施。[138] 几乎在一夜之间，工会组织得到迅猛发展，两大工会组织，即美国劳工联合会和美国产业组织大会迅速发展壮大起来。1929年，全国工会会员总数还不到400万人。10年后，尽管长期存在大规模失业问题（1939年仍然有900万人没有工作岗位），仅新成立的美国产业组织大会会员就达400万人。同时，美国劳工联合会会员的数量也发展到了400万人以上。另外，还有100多万人加入了其他的独立工会。即使在第二次世界大战期间因劳动力供不应求而引发工会组织扩张浪潮以前，工会组织规模的惊人发展已经在改变劳资双方的力量平衡。[139] 1930年到1940年之间，工会会员中制造业工人所占的比例从9%提高到了34%，矿业工人所占的比例从21%提高到了72%。[140]

1935年8月14日，罗斯福总统签署了有史以来第一项《社会保障法案》，法案规定建立联邦政府统筹下的老年养老金和失业保险制度。这一法案极大地改变了美国劳动力市场的格局，老年职工因此可以离开工作岗位，靠退休金生活。同时，法案承诺连续16周向失业人员发放一半工资，每周的数额可达到15美元。[141]这样，员工即使失业，也能保证有起码的购买力。未来出现经济下滑时，其基本生活保障不会受到严重影响。最引人注目的是，在当时65岁以上的老人中，只有大约一半可以靠政府的救济金生活，[142]《社会保障法案》规定建立社会保障制度后，退休工人可以领取养老保险金，这对他们老年生活的质量意义重大。法案还通过实施社会福利计划，解决贫困问题。此外，法案规定政府对于因从业年限不够而不能获得退休金的贫困老人和盲人提供现金扶持，同时，对于贫穷的未成年儿童给予生活资助，实施儿童社会福利支出转移方案，由州政府和联邦政府共同分担儿童福利费用，费用标准由各州分别制订。与《全国劳工关系法案》一样，《社会保障法案》使美国人的生活发生了深刻变化。与此同时，美国社会的性质也发生了根本性变化。

从表面来看，《瓦格纳法案》和《社会保障法案》不像《银行法案》那样需要南方议员的支持。毕竟《瓦格纳法案》以63∶12的压倒性优势通过了参议院表决，并且通过了众议院口头表决；《社会保障法案》以77∶6的压倒性优势通过了参议院表决，两大党派没人提出反对意见，并且以372∶33的结果通过了众议院表决。然而，这一结论下得有些为时过早。当这两项法案通过国会的立法程序时，在关键时刻，因为有南方的支持，使得法案在严峻的挑战面前，保持了其基本特征。比如在参议院审议《瓦格纳法案》时，多亏了南方民主党派别与其他民主党派别的高度团结，[143]才使得马里兰州的泰丁斯在提交他那份伤筋动骨似的修正意见时，其他团体没有足够的票数来通过。而且，正因为南方民主党派的支持，其他团体才不可能对法案发起阻碍和延宕程序。[144]泰丁斯的修正意见本来是，将"在没有受到来自任何方面的威胁和恫吓的情况下"，加在法案关于赋予劳动者自由加入工会和集体协商的权利这一关键段落的最后。泰丁斯解释说，不增加这些文字，雇主对劳动者的胁迫也可能转变成劳动者对雇主的胁迫。

如果这一条款被采纳，工会权力将受到极大的限制。公司在选举和决定工会代表时，如果会员反对就会被定性为胁迫，与雇主对参加工会组织的员工提出解雇威胁的性质一样。正如瓦格纳所指出的，当时"最高法院已经明确表示，以罢工相要挟的行为也属于胁迫"。按照泰丁斯的修正意见，工会活动就得接受最高法院的监督。[145] 而且这一修正案还有可能引发人们对"封闭式工会会员制工厂"这一劳工关系法案最核心内容产生质疑。这一制度规定，当绝大多数员工同意加入某一工会组织时，全厂员工都应强制性地加入该工会组织。泰丁斯修正案最终以21票同意、50票反对的表决结果遭遇失败。除了泰丁斯本人及其马里兰州的同事乔治·拉德克利夫（George Radcliffe）外，只有5位南方民主党议员投票支持这一修正案。但是如果另外17位投反对票的南方民主党议员也加入泰丁斯阵营的话，该修正案就会以38：33的表决结果反败为胜（还有8名南方民主党议员没有参加这一表决的投票）。

南方议员在推动《社会保障法案》通过国会立法程序过程中发挥的作用也不能被低估。一项重新将该法案提交到众议院方法和手段委员会讨论的修正案投票表决，获得了几乎所有共和党议员的支持（只有一人投反对票）。这一修正案最终以149：253的表决结果宣告失败。表决失败的主要原因在于，南方民主党议员与其他民主党同事在党派立场上达到了高度统一。[146] 如果来自17个南方州的141位民主党议员表示反对，这一法案很可能就无法获得通过。

但南方议员还是对法案提出了一些并不过份离谱的修正意见。如果法案完全按照白宫拟定的初稿提交国会讨论，那么，南方代表很可能会表示反对。按照总统经济保障委员会的建议，社会保障的受益范围应当包括农民和仆役。总统经济保障委员会明确反对将这部分群体排除在社会保障范围以外，因为它清楚这部分劳动者才是真正需要社会保障的群体："这一群体中的许多人都是处于社会经济条件最底层的劳动者。"[147] 即使如此，法案在经过参议院金融委员会和众议院方法和手段委员会审议时，还是将农民和仆役排除在了社会保障范围之外。两个委员会中，南方代表的势力都很强大（参议院15位代表中有9位来自南方，包括密西西比州的金融委员会主席哈里森；众议院18位代表中有8位来自南方，包括北卡罗来纳州的方法和手段委员会主席道尔顿）。法案还规定由各州决定对失业保险和未成年儿童福利计划的支持额度。联邦政府将按照各州对这两个项目的支持额度给予配套资助。法案既保证了南方贫困地区得到所需要的扶持资金，又保证了种族主义秩序的性质没有发生改变。最终，南方议员对法案投了赞成票。

南方立法代表同样利用自己在国会中的代表职权对《瓦格纳法案》实施阻挠。参议员瓦格纳提交的法案原稿不包含"排除任何劳工群体"的文字，但参议院金融委员会报告中的版本却明确指出，"雇员一词的含义……不包括以任何形式被雇佣的个体农业劳动者"。在解释"全国范围内对法案进行宣传发动"时，委员会报告重申该委员会起草的法案版本"与接受雇佣的家奴和农业劳动人员无关"。[148] 参众两院议席对法案进行审议时，没有任何人试图建议取消上述不合理条款。这样就确保了南方代表与其他民主党议员一样支持法案。[149] 来自俄勒冈州的共和党议员詹姆斯·莫特（James Mott）注意到了这一切，在谈及民主党在国会关于《社会保障法案》的辩论期间立场如何坚定一致时，莫特悲哀地指出，民主党"党团机器运转得如此顺利"，以致于众议院提起的44次修正案均以失败告终。"尽管民主党的高度团结使其在实际投票立场上占据了明显优势，但在辩论时，每一位民主党议员仍然为法案能顺利通过而大声疾呼。"[150]

五

美国资本主义经济结构的重组不仅限于国内政策方面的变革。1934年，国会通过了《互惠贸易协定法案》，法案得到了田纳西州的新任国务卿科德·赫尔的坚定支持。作为一位奉行威尔逊主义的进步人士和南方种族主义政策的积极拥护者,赫尔在1907年至1930年担任众议员和1931年以后担任参议员期间,强力支持低关税政策。像多数奉行进步主义事业的南方议员一样,赫尔长期认为过高的关税壁垒"将政府财政负担由富人阶层转嫁给了穷人阶层;将财富集中到影响力大、产品受消费者喜爱的实业家手里;提高关税不但不是增加财政收入的有效措施",反而"导致了贸易额下降,减少了财政收入"。[151] 赫尔在1934年还向国会表示,他认为1929年至1933年之间,美国进出口总额出现大约70%的大幅下滑造成了美国民众消费能力和生活水平的严重降低。这期间,美国进口数额占全世界进口总额的比例由大约12%下降至9%;出口由14%下降至11%。[152]

《互惠贸易协定法案》没有实施前,关税项目均由国会逐项审批。国会的立法审批过程受为特殊利益集团游说的立法代表的操纵,通常倾向于支持保护这些立法代表所属地区产业的贸易政策。[153] 结果,国会在制定贸易政策时,往往支持实施较高的消费税率。尤其是在共和党执政期间,这一政策更是如此。在后重建时期,国家加速推进工业化步伐。共和党主张保护国内商业免受国外竞争的影响;而民主党则更倾向于关注农民和其他消费者的利益,主张降低关税,探寻其他财政收入来源。如果关税上升,共和党的局部经济利益往往会随之提高,而民主党的局部经济利益则会相应下降。[154] 19世纪末和20世纪初,共和党控制立法过程的机会远远多于民主党,因此国际贸易政策变得越来越倾向于保护主义。1890年的《麦金莱关税法案》和1897年的《丁格利关税法案》大幅度提高了关税。当时关税是财政收入的主要来源。

1913年的第十六次宪法修正案批准联邦政府征收所得税,进出口的监管政策,首次将经济利益之争和党派冲突置于相互竞争的地位。竞争的核心问题是税收标准的设定。1922年,共和党控制白宫和国会时通过的关税修正案对88%的进口产品增加了进口税率,彻底扭转了民主党执政时期的关税政策。民主党于1913年对91%的进口产品降低了进口税率。[155]

以犹他州共和党参议员里德·司莫特（Reed Smoot）和俄勒冈州共和党众议员威利斯·霍利（Willis Hawley）的名字命名的1930年关税法案，即《司莫特-霍利法案》，对20,000多种商品的税率进行设定，创造了美国历史上最高的关税税率。[156] 其"颁布实施时，共和党正处于或接近执政地位的巅峰，共和党议员占据国会参众两院的绝对多数。在随后的总统大选中，胡佛先生以6,000,000张选票的优势击败民主党竞选对手"。[157] 在1928年大选中，全国上下一致拒绝接受天主教徒总统候选人纽约州州长阿尔·史密斯。共和党增加了30个众议院议席和7个参议院议席，分别以267∶167和56∶39的比例占据了参议院和众议院的绝对多数。民主党的支持者则大幅减少，最后只剩下南方对关税法案持反对意见的议员了。共和党以绝对优势表决通过了新修订的关税税率表（民主党只有17位众议员和5位参议员投票支持）。[158]《司莫特-霍利法案》是"美国最后一项"以国会为中心的保护性关税法案，其宗旨是保护美国巨大的国内市场免受国外竞争的影响，但它最终因导致了各国针锋相对地提高关税壁垒而名声狼藉。当时正值全球性资本主义经济崩溃，亟待降低关税壁垒，促进贸易增长。[159]

审议《司莫特-霍利法案》时，多数辩论围绕某些特定产业的经济条件展开详细探讨，包括制糖、玻璃、金属、木材、化工、皮革和纺织等产业。这些问题，以及其他广泛涉及贸易保护主义的问题引发了激烈的辩论。最终表决时，党派立场极其鲜明。最大的反对声音来自南方和其他民主党议员。他们反对法案采取的关税措施导致产品价格上涨，而且这只代表部分人的利益，而不是全国民众的利益。俄克拉荷马州的杰德·约翰逊（Jed Johnson）抗议木材、羊毛和"大型钢铁与金属工业"因为几乎"没有任何竞争"，故势必垄断产品定价，这无疑等同于典型的贸易保护主义。"什么才是英格兰绅士心目中的贸易保护主义？美国公众希望得到答案。这些人得意洋洋地吹嘘自己参与了这一可耻法案的起草工作。他们制定该法案的目的，只不过是为了使几百万美元的资金流入贪婪的东部工业巨头的腰包里。"[160] 密苏里州的拉尔夫·洛兹（Ralph Lozier）对约翰逊的民粹主义立场给予了积极回应。他试图揭露"这一法案如何满足生产制造业阶层对财富梦寐以求的贪婪追逐"。[161] 在南方议员的反对浪潮中，关于贸易自由最具有持久说服力的分析论证来自科德·赫尔。在华尔街金融崩溃前五个月，他就富有远见地预测说，《司莫特-霍利法案》的"极端贸易保护制度"将导致农业和石油产品因无法在国际市场找到销路而严重过剩。"只允许保留国内市场"，他告诫说，"将导致有史以来最大的市场萧条与恐慌"。[162]

　　四年后，赫尔在美国国务院为降低关税而积极抗争，而且民主党要求组建团结统一的联邦政府。在这一背景下，"新政"开始着手通过取消国会制定详细税率的做法，彻底改变已有的国际贸易制度规则。罗斯福总统请求国会重新制定一套贸易政策，快速恢复美国贸易，重振陷入严重萧条的出口工业。他接受赫尔的观点，认为制定税率的权力应当由国会移交给总统。国会授予总统行使与他国开展贸易协定谈判的权力。国会立法机构在制定新的贸易政策时，不是单方面设定关税税率，而是根据美国与国外贸易伙伴双方经谈判商定的贸易协定，制定与贸易伙伴国相互降低关税的规程。这将使得国会在未来撤销国际贸易协定的难度加大，因为关税不再仅仅由国内政策影响，还将由国际交易价格谈判规则来制定。国会撤销已经签署的互惠贸易协定，将导致国家付出昂贵代价。赫尔向国会传递的信息强调，全球其他民主制国家和独裁制国家均把这一权力交由行政部门实施，并告诫说，如果不采取这样的制度安排，美国与世界各国进行交易时，将无法"保护本国贸易商免受歧视，也无法防止国际交易价格谈判伤害美国的利益"。[163] 赫尔坚持说，这样一个互惠贸易协定的谈判过程是重振美国贸易市场"唯一切实可行的步骤"，也是美国资本主义经济恢复正常运转的必需步骤。[164]

　　从技术层面来讲，"新政"制定的国际贸易政策改革方案是针对《司莫特-霍利法案》的修正案。它将通过消除政治博弈对贸易政策的影响，增加自由贸易的机会，使支持贸易保护主义的政客之间相互拉票变得更加困难。而且，高关税的代价变得更加显而易见，因为以后不会存在几百个不同选区分散设置关税的情况了。[165] 由于降低进口关税与国外市场的扩大紧密相连，这一政策变化顺利得到民主党的支持。甚至最近新当选的共和党国会议员也对此表示赞成。这些议员来自过去由共和党控制的工业区，其人口组成中包括大批的产业工人。[166]

毫不奇怪，南方民主党议员在国会山的辩论中占据主导地位。他们指责国会过去制定关税政策的做法像洛兹指出的，将"国会辩论大厅……变成了交易市场"。在这个"交易市场"上，"许多这一商品关税的投票表决与另一商品关税的投票表决之间相互交易"。[167] 他们讨论开拓国外市场的必要性，以及贸易战争导致的后果；他们抱怨共和党主导下的贸易政策如何使农民，尤其是南方农业遭受损失，因为这些贸易政策一方面提高了进口农业机械的价格，另一方面又增加了棉花、烟草和大米打开海外市场的困难。赫尔的回应像阿肯色州的立法代表克劳德·富勒（Claude Fuller）所说一样切中要害，"在公平、互惠、互利的基础上"开展国际商务活动，既是"恢复经济繁荣"的首要手段，也是"加强文明建设，维护世界和平"的重要途径。[168] 南方的民主党议员热情支持新提交的贸易互惠政策，道顿称这是一项非常必要的措施，它可以帮助美国在国际贸易中有效抗衡其他国家。"欧洲大陆上的每一个国家、英格兰及其自治领，以及部分南美洲国家均将互惠贸易协定的谈判权力授予本国政府的行政部门。"[169]

南方议员主导了民主党贸易政策联盟的胜利。小 V. O. 基在其经典著作《南方政治中的州与国家》中指出，他对 1933 年至 1945 年美国历史的全面研究表明，"平均 94.8% 的南方议员投票支持贸易协定，而非南方民主党议员对贸易协定的投票支持率平均仅为 84.1%。另一方面，平均 86.6% 的共和党议员则投票反对这一贸易协定"。[170] 当《互惠贸易协定法案》于 1934 年以 57∶33 和 271∶111 的表决优势分别通过参议院和众议院的表决时，民主党的团结凝聚力在两院都很高。面对共和党几乎一致的反对,南方议员和非南方民主党议员在投票表决中,紧密团结在一起,支持美国激进时刻的全球贸易政策。[171]

六

1936年2月,爱荷华州共和党参议员李斯特·狄金森(Lester Dickinson)在评价第74届国会期间"新政"在立法方面的突出成就时抱怨说,"仅去年颁布实施的对社会和经济影响深远的法律超过以往历次国会通过的法律"。狄金森悲哀地指出,就自由宪政而言,"这种现象是自17世纪斯图亚特王朝统治下的残缺议会严重破坏英国自由以来,对自由宪政的最大践踏"。展望未来,狄金森预言民主党将在11月份的大选中获胜。他担心"新政"似乎正要果断展开更加激进的改革运动。[172]

1936年大选中,富兰克林·罗斯福赢得48个州中46个州的支持,获得全面胜利,成功连任。这一压倒性胜利使得民主党在国会中占据绝对多数地位。大选结果还造成共和党国会代表锐减至只有89个众议院议席和16个参议院议席。民主党一党控制的南方代表保持数量不变,民主党在国会的席位总数分别增加5个参议员席位和12个众议员席位。也就是说,民主党完全控制了众议院3/4的席位。这是自重建开始以来,所有党派中最大的多数党。狄金森所预言的最糟糕结局似乎得到了证实。随着第75届国会即将举行会议,《纽约时报》的会议报道记者特纳·卡特利奇(Turner Catledge)评论说,"民主党多数派在新一届国会中的势力如此庞大,至少在最初的时候,罗斯福总统的话就会成为法律"。[173] 而且,就在罗斯福提议扩大最高法院规模,以扫除联邦政府在果断行动中所遭遇的障碍时,3月,最高法院批准了华盛顿州最低工资标准法案,并决定于4月批准《瓦格纳法案》符合宪法规定;5月,最高法院又对《社会保障法案》给予支持。当年春天,人们似乎没有理由认为果敢自信的"新政"立法势头会受到削弱。

但这样的成功最终证明是虚幻的,充其量也就昙花一现。虽然不存在立法或司法方面的障碍,但"新政"立法的成功势头最后发生了动摇。民主党的团结最后被证明并非牢不可破,南方开始逐步有选择地拒绝支持"新政"。尽管民主党非南方派别的势力在不断壮大,[174] 但它还是无法占据多数。它要想占据多数,就需要共和党或南方民主党的支持。它得到后者支持的可能性当然更大。从富兰克林·罗斯福 1937 年 3 月第二次执政开始到美国 1941 年 12 月宣布参加第二次世界大战的这些年里,南方民主党派别对"新政"的支持变得越来越差强人意,越来越缺乏可靠性。在民主党 1936 年大选取得全胜后召开的第一次国会会议上,这一危险迹象暴露无疑。民主党内部对于"新政"方案的反对人数增加了一倍。这一趋势是由不断增加的地区利益分歧导致的。[175]

实际上,1936 年是南方民主党特别顺利的年份。这一年它继续主导南方地区的政治形势。阿拉巴马州的参议员约翰·班克黑德、阿肯色州的约瑟夫·鲁滨逊、弗吉尼亚州的卡特·哥拉斯分别以 87%、82%、92% 的投票结果重返参议员岗位。在特拉华州,民主党参议员詹姆斯·休斯(James Hughes)以 12% 的优势取得曾经被共和党占据的议席。克劳德·派帕尔在佛罗里达州成功连任,没有出现任何反对声音。同时,里查德·拉塞尔、帕特·哈里森、艾伦·艾伦德分别在佐治亚州、密西西比州和路易斯安那州成功连任,对此没有任何人反对。整个南方地区,只有一位共和党人,即特拉华州的小约翰·汤森德(John Townsend)继续留在参议院。[176] 在众议院,南方民主党派本次选举和前两次选举取得了完全一样的议席名额。在南方地区的 17 个州中,141 位民主党人士继续以压倒性多数对阵四位共和党人士(肯塔基州和密苏里州各有一位,另外两位来自田纳西州的山地选区)。

新一届国会组成之后,许多问题都强调民主党地区利益联盟的重要性。德克萨斯州甚至出现了分裂。同样,在救济物资分配、公共设施监管、住房分配、退伍军人抚恤金等问题上也强调维护地区利益。

尤其是罗斯福总统提出改变最高法院人员构成，扩大联邦司法人员队伍，以防止最高法院继续否决"新政"法令时，引发的争执更加严重。一些南方议员，尤其是卡特·哥拉斯、约西亚·贝利等从来不支持"新政"的南方议员，被说服和警告说，1936年大选中总统成功吸引北方黑人的选票预示着他要对司法机构进行重组，从而加强对未来公民权利诉讼案件的成功查办力度。这些南方议员伙同部分共和党人召开会议，策划阻止总统提议的这一方案。他们说服一些包括"新政"忠实支持者在内的其他南方同事，在反私刑法案被重新提上国会立法议程的关键时刻，与总统的"新政"分道扬镳。[177]

最重要的是，一系列涉及劳动力市场和工会组织的问题对民主党分裂具有决定性作用。南方凭借其劳动力成本优势招募投资者到就业岗位严重缺乏的贫困地区投资设厂。南方的企业家和政治领导人强调，只有遵循低工资发展策略，他们才能逐步克服北方工业和金融业在经济中的支配地位。[178]南方地区的棉花、烟草和水稻种植业主要依赖底层劳动力，尤其是黑人劳动者的付出。这些底层劳动者受到各种经济、政治势力的联合控制，甚至还到处遭受暴力威胁。

南方普遍实行的农业种植分成制和租佃制是种族主义秩序的内在组成部分，它们是南方议员们竭力维护的制度。[179]国会最终批准的《公平劳动标准法案》规定了最低工资标准和每周最长劳动时限。在对这一法案进行辩论时，佛罗里达州的民主党众议员詹姆斯·马克·威尔考克斯（James Mark Wilcox）表示，"白人与黑人之间的工资标准一直存在差异"，"联邦政府根本不知道南方存在严格的种族界限，只知道消除种族差异的必要性"。威尔考克斯担心，"当我们把设定工资标准的权力交给联邦政府部门时，它会为黑人和白人确定统一的工资标准"，在威尔考克斯看来，这种工资待遇的平等"在南方行不通。你们不能将黑人与白人一视同仁，更不能对此放任不管……这一法案，与反私刑法案一样，是上天送给黑人的又一个政治陷阱"。[180]

在国家复兴管理局被判定违背宪法而撤销后，由于劳动力市场的工资和工作时限失去了联邦政府的监管,白宫便向国会提交了《公平劳动标准法案》。1936年,民主党在政治舞台上的优势地位保证了立法机构对该法案的积极回应。1937年5月24日,罗斯福总统宣布"我们采取行动,进一步向前推动社会进步运动的时机终于来到了"。当时1/3的美国劳工每小时薪水低于31美分。[181]罗斯福呼吁国会保证工人"每天在公正合理的工作条件下得到公正合理的工作报酬"。他在一次国会特别会议的讲话中宣称,自己希望"会议能够通过劳动标准法案,从而进一步帮助那些在工厂和田间辛勤劳作的工人和农民"。[182]

这一法案在国会的审议走过了一段艰苦的路程,最终在罗斯福总统向国会发出请求的31个月后,终于要签署了。然而,在经历了一次"国会有史以来最激烈的辩论斗争"后,最终搁浅。[183]即使"新政"最终获得了对劳动力市场进行监管的权力,这一艰苦斗争的过程表明,"新政"的激进时刻正在走向终结。新通过的劳动标准法案表面上看起来只不过是此前实施的《全国工业复兴法案》借尸还魂,它只是替换了其中已经废弃很久的劳动标准。[184]与《全国工业复兴法案》相比,该法案的"雄心"大为减小。当时由于南方议员在国会占主导地位,并且对"新政"给予积极热情的支持,《全国工业复兴法案》迅速通过了国会审批,而这次总统提交的《公平劳动标准法案》则引发了激烈争议。这一次,南方议员严重背叛了民主党的政治立场。

1937年7月31日,参议院以56:28的表决结果通过这一法案时,国会审批过程的艰难程度还没有完全显现出来。南方议员与非南方民主党议员的投票支持情况十分接近,[185]但与之前"新政"其他国内改革方案在通过时,双方坚定一致的立场相比,还是表现出了一定的差距。

像往常一样,南方议员对法案的支持取决于它能否将有关农业条款排除掉,这一点与以前所有"新政"法案通过时的情形一样。虽然这次总统亲自呼吁将农业劳动力纳入法案的保护范围,但最后还是无济于事。尽管没有明文指出,家奴还是被排除在外了。法案将"劳工"所包含的人员范围严格限定为"从事商务活动或从事商品生产制造的劳动者"。[186] 而且只是当阿拉巴马州的雨果·布莱克成功地提议搁置纽约州的民主党议员罗亚尔·塞缪尔·科普兰（Royal Samuel Copeland）提出的反私刑立法条款时，南方才开始投票对法案表示支持。由于共和党议员一致支持科普兰的反私刑条款，而南方民主党议员不出所料地投票搁置这一条款，反私刑条款最终以46∶39的投票表决结果宣告失败。如果能获得另外四名非南方民主党议员的投票支持，这一条款就会通过投票表决。这些民主党议员关于这一条款的立场出现了严重分歧。投票支持南方同事的议员清楚，如果反私刑条款修正案被采纳，大部分南方议员就会背离民主党立场，最终必然导致意义更大的《公平劳动标准法案》惨遭失败。

在参议院听政会议初期，支持劳工运动的全国农村社会规划委员会主席加德纳·杰克逊（Gardner Jackson）义正词严地对参议院教育和劳动委员会表示，"农业劳动者已经被明确排除在'新政'所有的立法受益范围之外。从过去的《全国复兴管理法案》（但这不是最令人悲哀的）到《农业调整法案》，再到《瓦格纳－康纳利劳工关系法案》和《社会保障法案》，无一不将农业劳动者排除在受益范围之外。一个简单而又实际的政治原因是，如果不将农业劳动者排除在外，'新政'所有的立法必然都会被国会枪毙"。杰克逊继续指出，"在本次提交的《布莱克－康纳利工资和工时标准法案》中，农业劳动者再次被明确排除在外"。[187]

虽然如此，南方参议员们却还是犹豫不决，他们不仅希望农民被排除在最低工资标准之外，还希望他们被排除在工作时限标准之外。他们担心农业的定义范围不够广泛。同时，他们担心法案将设定工资和工作时限的权力授予由五人组成的委员会显得过于草率，但随后对法案的修正使他们彻底放心了。法案的最终版本增加了将农业劳动者排除在工作时限标准以外的内容。另外，虽然多数非南方民主党议员反对，[188] 法案最终还是增加了一个补充条款，规定将被排除在外的农业劳动者的范围扩大到包括在农忙季节主要从事农产品包装或加工的黑人劳动者。再者，南方议员考虑到他们已经否决了总统的法院改组计划，因此不希望再次表现出对总统方案的反对。况且，反私刑条款已经被否决了。在这种情况下，相当多的南方议员对法案投了赞成票。但法案的审议的确经历了不平凡的道路。德克萨斯州的自由主义者汤姆·康纳利再次提出动议，要求将这一法案提交国会审议，其目的是通过再次表决将法案最后置于死地。康纳利的动议得到半数南方代表的支持，但最后以36∶42的接近票数被否决。这一表决预示着有关劳工问题的法案将遭到越来越多的反对。[189]

在劳动标准法案的审议道路上，的确还有很多困难和阻力摆在面前。政治立场变化无常的南方议员与对法案持反对态度的共和党议员联手为法案在众议院的审议设置障碍。8月6日，教育和劳动委员会报告了参议院拟提交审议的法案。但规则委员会却阻止将该法案提交至议席讨论。规则委员会的成员由10名民主党议员和4名共和党议员组成，其中半数民主党议员来自南方。[190] 由于民主党成员形成了5∶5的分歧格局，法案的最终命运就掌握在了共和党成员的手里，他们与南方民主党成员联手拒绝将该法案提交众议院审议。这是规则委员会首次成功阻止"新政"法案通过国会审议。

这还不是最后结局。10月12日，罗斯福总统向全国发表广播讲话时解释说，他将要求国会召开特别会议。他仍然使用激进时刻"金融寡头们"充满自信的语言，哀叹美国工人阶级"试图捍卫享受合理最低工资水平和最长劳动时限权利的努力如何受到压制"，并要求国会迅速采取措施。[191] 尽管民主党控制众议院的绝对多数席位，罗斯福总统的这一努力还是以失败告终。最后联邦政府威胁将阻止一项急需的农业法案的实施，这才使得众议院中超过半数的218名议员于12月2日在一份放行请愿书上签名，法案也才得以绕过规则委员会，被提交至众议院议席讨论。但在讨论过程中，它又遭到南方代表的坚决反对。

新泽西州的共和党议员傅瑞德·哈特利（Fred Hartley）提交了一份动议，即对重新提交的法案进行讨论，这一动议引发了南方代表的激烈辩论。其中,阿肯色州的约翰·麦克莱伦(John McClel)认为,法案关于农业问题的"原有条款"中,将农业劳动者排除于受益范围的规定不够充分。密西西比州的威廉·惠廷顿支持麦克莱伦的观点,"如果农业劳动人员被排除在外,那么与农产品密切相关的生产、加工、销售、经营人员也应当被排除在外"。惠廷顿补充说,"南方没有能力按照技术工人的标准向不掌握任何技术的简单劳动者支付工资"。阿拉巴马州的乔·斯塔恩斯(Joe Starnes)为这一法案即将带来的"独裁"而感遗憾,"我宁愿挥起右拳,在这一官僚主义法案处于萌芽状态时将其砸碎,也不想用自己的血汗来将其浇灌成盛开在民主制度坟墓上的花朵"。阿肯色州的韦德·基钦斯(Wade Kitchens)认为这一法案"行不通。它失去了美国本色,严重脱离实际,是对我们现有制度的最大威胁"。当然,他说的"现有制度"指的是南方的种族主义制度。基钦斯解释说,这一法案"将严重破坏各州的独立管辖权力和地方政府的自治权力"。另一方面,哈特利则对民主党冷嘲热讽。他指出,"所有工种当中,劳动报酬最低的农业劳动者"因"政治的权宜和考量"而被排除在法案的受益范围之外。每个人心里都明白,把农业劳动者包括在内的话,这一法案必然无法通过国会的审批。"[192] 鉴于此,他要求将法案发回重审的动议成功获得批准。

《芝加哥论坛报》头版头条对这一结果表示赞扬:罗斯福的工资法案被毙!众议院否决了总统对全国劳动市场实施独裁统治的企图![193] 众议院216:198的表决结果,是1933年3月以来主要"新政"经济立法提案遭到的最严重否决。这是一次引人注目的投票表决。跨地区"新政"联盟走向了解体。216张支持发回重审的票中,133张由民主党议员投出,占据了否决票中的多数。这些投否决票的民主党议员主要来自南方地区。梅森-狄克逊线以南的10位议员中有8位投票支持发回重审(其他支持者多数来自西部农村地区)。[194] "这一表决结果",《洛杉矶时报》报道说,"令南方地区欢呼雀跃"。[195]

《公平劳动标准法案》于1938年春天最终通过国会审批,并被宣布实施。法案规定实施后的第一年最低工资标准为每小时 25 美分，第二年每小时 30 美分，随后 6 年内，每小时 40 美分。[196] 同时，法案规定实施后的第一年每周最长工作时限为 44 小时，第二年为 42 小时，之后则为 40 小时。[197] 而且，法案禁止从事各州之间交易商品的生产企业雇佣童工。[198] 这一法案最后转败为胜的过程也非常具有启发意义。最终形成的法案版本"与总统的最初请求相去甚远"。这充分表明当时"新政"面临的危险和挑战开始上升，[199] 因为它已经果敢地越过了南方白人阶级可容忍的底线。尤其是"新政"对南方种族制度的挑战，引起了南方白人的极度恐惧和焦虑。

来自各方的压力，再加上支持法案的南方候选人在初选中的明显成功，促使法案在投票表决中取得了 314∶97 的满意结果。5 月下旬，佛罗里达州的克劳德·派帕尔等南方候选人在众议院对法案表决前几天的初选中取得重大胜利。法案之所以最终获胜，下列的实质性原因更是必不可少的。在整个制定和审议过程中，为了得到南方代表的支持，尤其是为了赢得边远各州代表的支持，法案经历了多次重大修正。被排除在受益范围之外的农业劳动者数量大大提高。法案的最初版本实际上并没有对被排除的农业劳动者的范围进行明确界定，其解释权归华盛顿政府的法案起草委员会。但"随着法案审议过程的推进，起草委员会进行解释的余地越来越小，范围的界定越来越明确"。[200] 除了"农业各部门的劳动者"外，法案对这一定义的最终界定还包括"与农业生产经营相关的每一项具体工作，如仓储人员、产品至仓库或产品至市场之间的递送人员，或产品至市场之间的长途运输人员"。[201] "农业"的定义不仅被拓宽，而且对"从事农业生产的个人"的定义也被拓宽，它广泛地涵盖了从事季节性农业劳动服务的轧花或棉花打包工作的任何个人。这一定义显然是专门针对南方黑人劳动者而设定的。[202]

法案经历的关键性修正，促进了各方利益关切之间的平衡。它通过依法设定工资和工作时限标准，解除了不少代表的顾虑。这些代表担心华盛顿政府强加的工资和工时条件会遭到南方议员的反对。更重要的是，法案规定了不同行业之间实施不同最低工资标准的具体操作程序。法案授权由各行业任命的产业工资委员会根据"产品运输花费、工人生活条件和生产成本等要素的竞争实力"设定产业最低工资标准。[203] 尽管不完全是按照地区划分最低工资标准，但上述条款已经足以使南方议员放心，他们可以继续维持低工资成本的竞争优势。

实际上，最终的障碍还是出现在地区差异问题上。国会最后召集会议，根据众议院审议通过的法案版本和很久以前就已经由参议院审议通过的法案版本，制定法案的最终通行版本。肯塔基州的参议院多数派领导人、后来哈里·杜鲁门总统执政期间的副总统阿尔本·巴克利为了聚集南方议员的支持力量，承诺法案的最终版本将包括有关地区性工资标准的指导方针，并对支持这些指导方针的南方和北方与会者给予任命。当会议刚一传出这些优惠条件只是针对部分人的消息时，18位南方参议员威胁要发起立法阻挠程序。"面对上述议员立法阻挠的威胁，与会人员不得不重新开会，讨论地区性工资标准差异问题。"他们一致同意提议设立产业工资委员会决定工资标准。这一提议最终以10∶4的表决结果获得通过（三名共和党议员和一名马萨诸塞州沃尔什市的民主党议员反对）。[204]

《公平劳动标准法案》是"新政"激进时刻的最后一次立法胜利。有关工资和工作时限立法的艰难历程表明，民主党的内部分裂在加剧，而且在20世纪40年代这一加剧状况将更加明显。从许多方面来说，该法案是20世纪30年代民主党转变政府工作的目标和角色、加大对资本主义经济的调控力度、强化经济安全等宏伟纲领的绝笔之作，但它也是南方更加背离民主党政治立场的一系列典型事例的前奏——是前奏，但并不是第一个暴露民主党裂痕的法案。《公平劳动标准法案》在1937年和1938年走过的曲折历史表明，只要"新政"的制度安排在制定过程中照顾到地区利益关切，相当数量的南方代表虽然在政治立场上有所保留，但尚能沿着"新政"的立法趋向给予支持和配合。毕竟，保持民主党多数派的广泛团结和统一能给南方带来不少益处。但这同时表明，当这些制度安排被认为不能充分维护南方利益时，尤其是当种族制度面临的挑战升级时，南方就会随时准备背离民主党的政治立场。[205]

1938年5月24日，距离罗斯福总统要求国会采取特别行动的日子整整一年以后，《公平劳动标准法案》最终获得众议院审批通过。表决时，97张反对票中有56张出自民主党议员，民主党议员占据了持反对意见议员中的绝大多数。在民主党投出的56张反对票中，共有52张出自南方代表。三个星期后，众议院以291∶89的投票结果，批准了表决会议报告。[206] 值得注意的是，南方代表投票立场的分歧与地理界线密切相关。美国最南端七个州代表的投票立场与南方另外十个州截然不同，他们几乎一致对表决会议报告投了反对票。这七个州是1860年最早脱离美国联邦的，现在它们的非裔人口数量最大。[207] 不过，在两年时间里，这一政治立场分歧就消失了。1940年，北卡罗来纳州的格雷厄姆·巴登（Graham Barden）试图通过大幅度缩减《公平劳动标准法案》的受益范围，来阻止法案的正常通过。众议院表决时，巴登要求将法案发回重审的提案以206∶175的投票结果宣告失败。整个南方地区的议员几乎一致加入了巴登的阵营，[208] 因而造成民主党在投票表决时，分裂成了两大阵营。[209]

七

另一个更强有力的信号是，不仅激进时刻的"新政"政策，而且这些政策所依赖的政党联盟都面临巨大的压力。

1935年通过的《全国劳工关系法案》——一旦农民和家庭雇佣人员被排除在外，这一法案就得到了南方的支持——开启了前所未有的劳工战斗和团结时代。大卫·格林斯通（David Greenstone）称之为"无产阶级的政治时代"[210]。在工人占领工厂厂房运动以后，一股静坐罢工浪潮迫使通用汽车公司、美国钢铁公司和其他过去拒绝设立劳工组织的企业纷纷承认了美国产业工会联合会的合法地位。同时，为了加大对工会组织建设的支持力度，美国劳工联合会1937年至1939年之间的工会组织经费预算增加了三倍。[211]

《公平劳动标准法案》于1938年通过国会审批后，南方议员们更加关注劳工组织建设对南方地区造成的影响。与此同时，民主党的内部分裂变得日益明显，因为南方议员开始了对《瓦格纳法案》法律制度框架的疯狂破坏活动。这一试图限制劳工权利的运动最突出的事件是，1939年众议院成立了弗吉尼亚州霍华德·史密斯领导的特别委员会，由它对全国劳工关系委员会的工作展开调查。

成立伊始，全国劳工关系委员会就采取强有力的措施，严格执行《瓦格纳法案》，依法促进工会组织积极开展活动。它果断采取行动，制止了许多大型企业反对工会开展组织活动的行为。这些企业包括美联社、古德伊尔公司、西联公司、标准石油公司、壳牌石油公司、内陆共和钢铁公司、蒙哥马利—沃德公司、美国铝业公司、雪佛兰汽车公司、福特汽车公司和联合水果公司。全国劳工关系委员会所采取的行动似乎已经超越为工会争取公平劳动环境的范畴。通过实施这一系列行政措施，全国劳工关系委员会似乎恢复了国家复兴管理局当年的权力——联邦政府有权采取行动重构资本主义经济，对其关键特征的培育和发展进行限制和引导。为了维持劳资双方的力量平衡，全国劳工关系委员会致力于阻止企业广泛雇佣"职业间谍、武装警卫干涉劳工组织活动，打击寻衅闹事、破坏罢工等活动"。同时，该委员会竭力阻止企业反对工会组织活动的行为，如贿赂工会领导人干扰工会会员的维权行动、对于不服从劝说的工会组织者实施暴力打击，以及对参加工会活动的工人给予解雇处罚等。[212]

直到1940年，史密斯领导的众议院特别委员会在调查时，都在绕开以工会支持者为主要成员的全国劳工委员会，以"构筑针对劳工委员会的反对势力，妄图通过法律层面的约束，削弱工会组织建设所取得的最新成果"。[213]霍华德·史密斯与来自印第安纳州的共和党新秀人物查尔斯·哈勒克（Charles Halleck）密切合作，召集各种会议，进行种种游说宣传，几乎很快就主导了国会内外的南方人在劳工问题上的态度和取向。他们的游说主题在第二次世界大战期间及随后的一段时期成为南方的主流政治取向。这些政治取向包括谴责政府偏袒产业工会联合会以及反对种族歧视制度，指责政府被共产主义分子阴谋颠覆，抨击政府过分支持劳工运动而对企业家的阶级偏见越来越深。为了推动国会通过《全国劳工关系法案》的修正案，进而严格限制全国劳工关系委员会的自治权力，史密斯解释说，全国劳工关系委员会"必然倾向于产业工会联合会组织的激进劳工运动"，而且该委员会的"成员中充斥着许多根本不信仰财产私有制的企业员工。别忘了，私有制是美国整个产业制度的基础"。[214]

《全国劳工关系法案》不只是劳工立法争议的前奏，而且它本身就是一个开放式法案。众议院对于史密斯各种修正提议的表决表明，日益深陷困境的南方政治团体将在忠诚于民主党传统政治立场的派别和忠诚于白人至上政治信条的派别之间产生严重撕裂。1940年6月7日，当众议院以246：137的投票结果决定由新成立的、运行制度更加严格的三人委员会替代原有的全国劳工关系委员会时，南方议员脱离民主党阵营[215]而加入了全力支持这一动议的共和党阵营。[216]这一次表决中，南方议员与共和党组成的联盟首次崭露头角。在整个20世纪50年代，这一反对工会运动组织的联盟将会反复多次地进行这样的政治合谋。

四个星期前的5月10日，德国征服了波兰。随后，德国军队迅速入侵了低地国家和法国。德军以迅雷不及掩耳之势占领了上述国家，令整个世界震惊。"太不可思议了"，当时的英国外相哈里法克斯伯爵（Earl of Halifax）回忆道，"人们几乎难以相信这是真实发生的事情。越是难以相信，灾难来得越快"。[217]到6月14日，纳粹军队横扫了巴黎。6月17日，第一次世界大战期间法国西部战线的战斗英雄贝当元帅（Marshal Pétain）要求签署停战协议。五天后，停战协议签署完毕。很快，法国就被分成两部分：德军占领区和贝当领导的维希政府控制区。

德国军队占领法国六天后，罗斯福总统向国会参众两院联席会议发表演讲。"欧洲这些天的遭遇是一种不祥的征兆"，总统开始就说，"事态发展的速度震惊了整个世界"。罗斯福总统注意到"拥有新型破坏力量的现代侵略战争的推进速度和杀伤力令人难以置信"，其"野蛮性已经让整个世界陷入恐惧之中"。罗斯福谈到美国国防力量的薄弱，并要求国会采取措施应对这一新危机。他要求国会为应对这一前所未有的威胁，紧急拨款 896,000,000 美元，用现代化设施装备陆军和海军；深化备战演习；提高国家建造军用飞机的能力，在原来的基础上翻两番，达到每年生产 50,000 架；加快已经签约和即将签约的武器生产制造任务，做到"全天候生产"。[218]

在这样一个强权世界，人们对于能否成功抑制独裁政治持有怀疑态度。现在美国的民主政治重新面临一个必须解决的重大问题。"有些人说道"，罗斯福指出，"民主制度无法应对和挑战近年来一些国家实施的新型政府治理手段和技巧——这些国家否认我国民主生活必须坚持的自由原则"。

罗斯福总统郑重宣告，"我不同意这些人的观点"。演讲结束时，他宣布美国人民的亲密融洽关系将受到严峻考验："国会和政府首脑"，必须"携手组成保卫国家的战斗团队"。就在民主党的团结稳固因劳工和种族问题而趋向崩溃时，总统号召国会展开一场"为捍卫美国的自由而服务国家、献身国家"的运动。人们将很快认识到，没有南方地区的坚定支持，美国各派政治力量就无法建立开展这一运动所需要的亲密协作关系。

注释

1. 游行开始前五天，担任游行委员会主席的丹尼斯·诺兰少将宣称"自己从来没有经历过人们情绪如此高昂的游行活动，包括年度大游行在内"。见 *New York Times*, September 8 and; September 10, 1933.

2. 克里斯蒂是纽约家喻户晓的艺术家。他于 1934 年创作的六幅关于林中仙女的版画被镶嵌在位于西 67 街的艺人咖啡馆里。他在 1940 年以美国宪法的签署为背景创作的更加纯洁、宏伟的画卷被悬挂在美国众议院大楼东侧楼梯的墙壁上。
3. *New York Times*, September 14, 1933.
4. *Wall Street Journal*, September 15, 1933.
5. Franklin D. Roosevelt, *The Public Papers and Addresses of Franklin D. Roosevelt*, vol. 2 (New York: Random House, 1938), p. 246.
6. 关于战争期间罗斯福总统和"新政"支持者们曾使用隐喻的重要研究，见 William E. Leuchtenburg, *The FDR Years: On Roosevelt and His Legacy* (New York: Columbia University Press, 1995), pp. 35–75.
7. 1933 年 7 月 24 日的广播节目为《全国工业复兴法案》进行宣传和呼吁；见 http://teachingamericanhistory.org/library/index.asp?document=2562.
8. Arthur Schlesinger Jr., *The Age of Roosevelt*, vol. 2, *The Coming of the New Deal, 1933–1935* (Boston: Houghton Mifflin, 1959), p. 116.
9. 见 http://www.mhric.org/fdr/chat3.html.
10. Frank Freidel, *Franklin D. Roosevelt: A Rendezvous with Destiny* (Boston: Little, Brown, 1973), p. 105.
11. Rexford G. Tugwell, "Design for Government," *Political Science Quarterly* 48 (1933): 323.
12. *New York Times*, June 15 and June 17, 1933. 他声称《全国工业复兴法案》使得美国资本家们得到了他们想要的一切。关于《全国工业复兴法案》商业保守主义倾向的相关研究，见 Colin Gordon, *New Deals: Business, Labor, and Politics in America, 1920–1935* (New York: Cambridge University Press, 1994), pp. 166–203. 这一观点进一步阐明了 Ellis W. Hawley, *The New Deal and the Problem of Monopoly* (Princeton, NJ: Princeton University Press, 1966) 中主张。
13. *New York Times*, June 18, 1933.
14. T. H. Watkins, *The Hungry Years: A Narrative History of the Great Depression in America* (New York: Holt, 2000), p. 188.
15. 总体而言，对该法律性质和影响分析最透彻的当属 Donald R. Brand, *Corporatism and the Rule of Law: A Study of the National Recovery Administration* (Ithaca, NY: Cornell University Press, 1988)。关于《全国工业复兴法案》的价格目标，以及这一法案如何被融入对大萧条时期消费低靡问题的经济分析，见 Meg Jacobs, *Pocketbook Politics: Economic Citizenship in Twentieth-Century America* (Princeton, NJ: Princeton University Press, 2005), p. 107。
16. Frank Freidel, *Franklin D. Roosevelt: Launching the New Deal* (Boston: Little, Brown, 1973), p. 428. 俄克拉荷马州民主党议员厄内斯特·马兰（Ernest Marland）在 5 月中旬提出一项法案，这一法案成为《全国工业复兴法案》中石油资源开发条款的基础。见 *New York Times*, May 20, 1933。6 月上旬，内务部部长哈罗德·伊克斯在罗斯福总统的支持下，建议将这一关于石油开发控制的特别条款列入《全国工业复兴法案》之中。同上，June 2, 1933。

17. Melvyn Dubofsky and Warren Van Tine, *John L. Lewis: A Biography* (Urbana: University of Illinois Press, 1986), p. 133. 刘易斯宣称,"劳工组织是唯一对《全国工业复兴法案》的目标给予大力支持的组织……从根本上说,劳工组织对这一法案的支持是毫无保留的"。见 John L. Lewis, "Labor and the National Recovery Administration," *Annals of the American Academy of Political and Social Science* 172 (1934): 58。格林的观点被 Marjorie R. Clark, "Recent History of Labor Organization," 同上,184 (1936): 161 引用。同样,美国服装业工人联合会主席西德尼·希尔曼也强调,《全国工业复兴法案》成功规范了劳动时间,从而保证了以合法手段抑制导致工人工资过分下降的不正当竞争。见 Hillman, "The NRA, Labor, and Recovery," 同上,172 (1934): 70–71。另见 Edwin E. Witte, "The Background of the Labor Provisions of the N.I.R.A.," *University of Chicago Law Review* 1 (1934): 572–79。威特强调法案对劳工权利的具体特征界定不清,对企业是否可以通过创立和重新组建内部工会来保障和维护法案所规定的劳工权利也没有明确说明。
18. 引自 Ruth L. Horowitz, *Political Ideologies of Organized Labor: The New Deal Era* (New Brunswick, NJ: Transaction Books, 1977), p. 101. 回顾一下历史,我们可以做出判断:这些条款对工会权利的保障还远未达到工会领导者们所期望的程度,部分原因在于,法案对于工会代表的选举产生办法没有给出明确规定。
19. Schlesinger, *The Coming of the New Deal, 1933–1935*, pp. 116–18.
20. 相关比较研究,见 J. P. Mayer, *Political Thought: The European Tradition* (London: J. M. Dent, 1939), pp. 407–14. 爱因斯坦的挚友、魏玛政府的顾问和纳粹经济制度的分析专家奥托·内森(Otto Nathan)曾对《全国工业复兴法案》对稳定当时的美国经济所发挥的作用给予积极评价。见 Otto Nathan, "The N.I.R.A. and Stabilization," *American Economic Review* 25 (1935): 44–58. 关于法案借鉴国外经济发展模式,并汲取国内经验教训方面的论述,见 Glenn Lowell Clayton, "The Development of the Concept of National Planning in the United States"(博士论文,Ohio State University, 1948).
21. "The Washington Alphabet: New Deal Agencies," *New York Times*, March 4, 1934.
22. Tugwell, "Design for Government," pp. 327, 328, 325.
23. Donald R. Richberg, "Progress under the National Recovery Act," *Proceedings of the American Academy of Political Science* 15 (1934): 25.
24. 当时美国金融研究院对此给出了简洁明了的肯定性评价。见 American Institute of Banking, *Anti-Depression Legislation, 1933* (New York: American Institute of Banking, 1934). 关于资源保护,见 Sarah T. Phillips, *This Land, This Nation: Conservation, Rural America, and the New Deal* (New York: Cambridge University Press, 2007).
25. *New York Times*, July 7, 1933.
26. Daniel T. Rodgers, *Atlantic Crossings: Social Politics in a Progressive Age* (Cambridge: Harvard University Press, 2000).
27. Richard Hofstadter, *The American Political Tradition and the Men Who Made It* (New York: Alfred A. Knopf, 1949), p. x.
28. 相关讨论,见 Ellis W. Hawley, "Herbert Hoover, Associationalism, and the Great Depression

Relief Crisis of 1930–1933," in *With Us Always: A History of Private Charity and Public Welfare*, ed. Donald T. Critchlow and Charles M. Parker (New York: Rowman & Littlefield, 1998), pp. 161–90.

29. 在 1932 年 10 月 19 日的匹兹堡竞选演讲中，总统候选人富兰克林·罗斯福阐释了预算平衡这一主题。他将联邦预算比喻为家庭开支预算。见 http://www.presidency.ucsb.edu/ws/index.php?pid =88399#axzz1sJL6a7rt.

30. 引自 Julian E. Zelizer, "The Forgotten Legacy of New Deal Fiscal Conservatism and the Roosevelt Administration, 1933–1938," *Presidential Studies Quarterly* 30 (2000): 335. 本文强调 1938 年以前的"新政"政策在这方面的作用，并强调刘易斯·道格拉斯（Lewis Douglas）和小亨利·摩根索（Henry Morgenthau Jr.）在这方面发挥的作用。1933 年 3 月至 1934 年 8 月期间道格拉斯担任联邦政府预算管理局局长；摩根索在 1934 年至 1945 年期间担任联邦政府财政部部长。详细讨论，见 James D. Savage, *Balanced Budgets and American Politics* (Ithaca, NY: Cornell University Press, 1988); Michael K. Brown, *Race, Money, and the American Welfare State* (Ithaca, NY: Cornell University Press, 1999).

31. Roosevelt, *The Public Papers and Addresses of Franklin D. Roosevelt*, vol. 2, p. 50.

32. Tugwell, "Design for Government," pp. 326, 330.

33. Herbert Hoover, "The Challenge to Liberty," *Saturday Evening Post*, September 8, 1934, pp. 6, 69.

34. *Congressional Record*, 73d Cong., 1st sess., May 26, 1933, p. 4333.

35. 同上，May 25, 1933, p. 4188.

36. 同上，May 5, 1933, p. 4217.

37. 同上，May 25, 1933, p. 4211.

38. 同上。

39. 引自 Freidel, *Franklin D. Roosevelt: Launching the New Deal*, p. 433.

40. *Congressional Record*, 73d Cong., 1st sess., May 25, 1933, p. 4207.

41. Alonzo L. Hamby, *For the Survival of Democracy: Franklin Roosevelt and the World Crisis of the 1930s* (New York: Free Press, 2004), p. 116.

42. Patrick D. Reagan, *Designing a New America: The Origins of New Deal Planning, 1890–1943* (Amherst: University of Massachusetts Press, 1999), pp. 6–7.

43. *Washington Post*, June 21, 1933.

44. *New York Times*, July 7, 1933.

45. Richberg, "Progress under the National Recovery Act," p. 25. 这一分析预言约翰·杜威在随后的十年中将如何对极权主义经济学与民主主义经济学进行区分。见 John Dewey, *Freedom and Culture* (New York: G. P. Putnam's Sons, 1939), pp. 74–102.

46. Richberg, "Progress under the National Recovery Act," pp. 6, 29. 在对"新政"价值和主要立场的总结中，里奇伯格先于菲利普·施密特提出了国家社团主义与社会社团主义之间的"鲜明区别"。国家社团主义主要依靠强行管制进行统治，而社会社团主义则主要依靠引导激励进行统治。施密特在大约 40 年前对这一观点进行了精辟的阐释。见 Philippe Schmitter, "Still the Century of Corporatism?," *Review of Politics* 36

(1974): 103, 93, 103–4, 105. 另见 Ruth Berins Collier and David Collier, "Inducement versus Constraints: Disaggregating 'Corporatism,'" *American Political Science Review* 73 (1979): 967–86.

47. Richberg, "Progress under the National Recovery Act," pp. 28, 30. 另见 Roger Shaw, "Fascism and the New Deal," *North American Review* 238 (1934): 559, 562, 561, 560, 562; Lewis L. Lorwin, "The Plan State and the Democratic Ideal," *Annals of the American Academy of Political and Social Science* 180 (1935): 114–18. 本文是对"社会主义、法西斯主义和民主主义"特刊的投稿内容。

48. Lewis L. Lorwin, "Some Political Aspects of Economic Planning," *American Political Science Review* 26 (1932): 727.

49. *Congressional Record*, 73d Cong., 1st sess., June 7, 1933, p. 5306.

50. 同上, May 25, 1933, p. 4188.

51. 同上, May 26, 1933, p. 4358.

52. 同上, May 25, 1933, p. 4223.

53. 同上, June 10, 1933, p. 5700.

54. 同上, June 7, 1933, p. 5185.

55. 同上, May 25, 1933, p. 4202.

56. 关于这一"替代性哲学"的研究,见 Anthony J. Badger, *FDR: The First Hundred Days* (New York: Hill and Wang, 2008), pp. 95–98.

57. 该政党的相似度得分分别是 96 分、99 分、96 分 和 93 分。关于这一道路建设补贴分配表决的相关研究,见 Richard Bensel, *Sectionalism and American Political Development: 1880–1980* (Madison: University of Wisconsin Press, 1984), pp. 155–56.

58. 其相似度得分为 92 分。在金融委员会中,除了关于公共工程的条款以外,法案所有条款均被投票联盟否决了。联盟成员包括:两位非南方民主党议员,即犹他州的威廉·金(William King)和加利福尼亚州的威廉·麦卡杜(William McAdoo);两位保守派南方民主党议员,即北卡罗来纳州的约西亚·贝利和弗吉尼亚州的哈利·伯德,以及三位要求法案加强商业限制的南方民主党议员,即密苏里州的钱普·克拉克、德克萨斯州的汤姆·康纳利和俄克拉荷马州的托马斯·戈尔。

59. *Congressional Record*, 73d Cong., 1st sess., May 25, 1933, p. 4202.

60. Roger K. Newman, *Hugo Black: A Biography* (New York: Pantheon, 1994), pp. 159–61.

61. 参议员布莱克提出一项修正案,允许所有的州在讨论工业法案的每一个小组中都有代表参加,并且这些代表具有同等的表决权利。修正案还试图对同一行业的企业授予同等的代表权,不论企业的规模大小和势力强弱。布莱克解释说:"75% 的企业集中在 134 个县中,而全国总计有三千多个县;其中 50% 的企业又集中在这三千多个县中的 34 个县里。这就意味着,除非在新的行业立法组织中对各州的立法代表名额进行平均分配,否则大多数州都没有立法表决机会。"这一修正案以 25∶41 的表决结果未获通过。支持这一修正案的代表主要来自西部和南部经济欠发达的州。见 *Congressional Record*, 73d Cong., 1st sess., June 8, 1933, pp. 5285–5286.

62. 这包括来自阿肯色州的哈蒂·卡拉韦(Hattie Caraway)、来自路易斯安那州的休伊·朗、来自西弗吉尼亚州的马修·尼利(Matthew Neely)和来自北卡罗来纳州的罗伯特·雷诺兹。

63. 多数派由 20 位南方民主党党员、21 位非南方民主党党员和 5 位共和党党员组成。
64. *Congressional Record*, 73d Cong., 1st sess., June 8, 1933, 5241.
65. 同上, p. 5243.
66. 同上, p. 5241.
67. 这一讨论以及罗斯福的引文来自马克·林德的精辟论述。见 Marc Linder, "Farm Workers and the Fair Labor Standards Act: Racial Discrimination in the New Deal," *Texas Law Review* 65 (1987): 1354–61.
68. *New York Times*, September 14, 1933.
69. 同上, September 13, 1933.
70. Clair Wilcox, Herbert F. Fraser, and Patrick Murphy Malin, eds., *America's Recovery Program* (New York: Oxford University Press, 1934), pp. 42, 65, 85, 196, 180, 102.
71. *A. L. A. Schechter Poultry Corp. v. United States*, 295 U.S. 495 (1935).
72. Charles Frederic Roos, *NRA Economic Planning* (Colorado Springs: Cowles Commission for Research in Economics, 1937), p. 472.
73. Hawley, *The New Deal and the Problem of Monopoly*, p. 135.
74. David M. Kennedy, *Freedom from Fear: The American People in Depression and War, 1929–1945* (New York: Oxford University Press, 1999), pp. 184, 179. 阿隆佐·汉比认为，《全国工业复兴法案》"简直可以被定义为犯罪"。法案"盲目乐观地定位其自身所产生的作用，但各利益集团之间存在根深蒂固的矛盾，它不可能从中协调。因此这一法案根本不符合美国的社会状况"。它也远远不会"成为解救危机的工具"。经济新闻记者阿米蒂·什莱斯（Amity Shlaes）认为，法案使得本来就危机深重的美国经济雪上加霜。它错误地将美国经济面临的整体挑战作为单个部门和企业所遭受的具体挑战来处置。肯尼斯·芬戈尔德和西达·斯科克波给出的重要社会科学评价同样认为，"国家复兴管理局没有对国家复兴做出任何贡献，它甚至成为了国家复兴的实际障碍"。见 Hamby, *For the Survival of Democracy*, p. 165; Amity Shlaes, *The Forgotten Man: A New History of the Great Depression* (New York: HarperCollins, 2007), pp. 150–52; Kenneth Finegold and Theda Skocpol, *State and Party in America's New Deal* (Madison: University of Wisconsin Press, 1995), pp. 10, 12. 上述引文只不过是众多关于《全国工业复兴法案》批评性文献的典型代表而已。另一更具有影响力的著作是 George McJimsey, *The Presidency of Franklin Delano Roosevelt* (Lawrence: University Press of Kansas, 2000), pp. 55–84.
75. Jonathan Alter, *The Defining Moment: FDR's Hundred Days and the Triumph of Hope* (New York: Simon & Schuster, 2006), p. 303. 本书引发了强烈的反思与批评。
76. U.S. Bureau of the Census, *Historical Statistics of the United States, Colonial Times to 1970, Part 2* (Washington, DC: Bureau of the Census, Department of Commerce, 1976), pp. 226–27, 135. 同时期的研究评价，见 Arthur Robert Burns, "The First Phase of the National Recovery Act, 1933," *Political Science Quarterly* 49 (1934): 161–94. 1936 年 3 月，罗斯福总统授权开展的一项总结评估研究发现，国家复兴管理局扩大就业、增强购买力、限制残酷无序竞争、禁止使用童工以及壮大劳工组织力量的政策对短

期内经济的迅速复苏和资本主义经济的长远发展做出了实质性的贡献。见 House, *The National Recovery Administration: Report of the President's Committee of Industrial Analysis*, 75th Cong., 1st sess., 1937, H. Doc. 138, pp. 1–240. 即使是一些更善于提出质疑的独立经济学家也强调国家复兴管理局所发挥的积极作用，当然这一积极作用不可能与其他因素完全没有关系。见 Leonard Kurvin, "Effect of N.R.A. on the Physical Volume of Production," *Journal of the American Statistical Association* 31 (1936): 58–60.

77. Brand, *Corporatism and the Rule of Law*, pp. 229–89; 更多的批评性评价，见 Bernard Bellush, *The Failure of the NRA* (New York: W. W. Norton, 1975). 本书主要论述劳工问题，其对国家复兴法案长篇累牍的批评显然不如前者更深入、严谨的评价说服力强。

78. Basil Rauch, *A History of the New Deal: 1933–39* (New York: Creative Age Press, 1944), p. 97.

79. Louis Galambos and Joseph Pratt, *The Rise of the Corporate Commonwealth: United States Business and Public Policy in the 20th Century* (New York: Basic Books, 1988), p. 107.

80. *Wall Street Journal*, June 21, 1933.

81. 引自 Alan Brinkley, *The Publisher: Henry Luce and His American Century* (New York: Alfred A. Knopf, 2010), p. 162.

82. Gerard Swope, "Planning and Economic Organization," *Proceedings of the Academy of Political Science* 15 (1934): 455.

83. John Dickinson, "The Recovery Program," in *America's Recovery Program*, ed. Wilcox, Fraser, and Malin, p. 32. 本章根据狄金森于 1933 年 10 月 22 日在斯沃斯莫尔学院举行的威廉·J. 库柏基金会讲座内容改编而成。

84. René de Visme Williamson, *The Politics of Planning in the Oil Industry under the Code* (New York: Harper and Brothers, 1936), p. 81.

85. Donald R. Brand, "Corporatism, the NRA, and the Oil Industry," *Political Science Quarterly* 98 (1983): 99–118 对此进行了详细论述。修订版见 Brand, *Corporatism and the Rule of Law*, pp. 175–206.

86. Theda Skocpol and Kenneth Finegold, "State Capacity and Economic Intervention in the Early New Deal," *Political Science Quarterly* 97 (1982): 255–256. 关于《全国工业复兴法案》与第一次世界大战后经济政策的比较评价，见 Robert F. Himmelberg, *The Origins of the National Recovery Administration: Business, Government, and the Trade Association Issue, 1921–1933* (New York: Fordham University Press, 1976).

87. Brand, *Corporatism and the Rule of Law*, p. 288.

88. Alan Brinkley, *The End of Reform: New Deal Liberalism in Recession and War* (New York: Alfred A. Knopf, 1995), p. 38.

89. Rexford G. Tugwell, *In Search of Roosevelt* (Cambridge: Harvard University Press, 1972), p. 299.

90. Brinkley, *The End of Reform*, pp. 40, 39.

91. 围绕这一路线的争论，见 Anne-Marie Burley, "Regulating the World: Multilateralism,

International Law, and the Projection of the New Deal Regulatory State," in *Multilateralism Matters: The Theory and Praxis of an Institutional Form*, ed. John Gerard Ruggie (New York: Columbia University Press, 1993).

92. James T. Patterson, *Congressional Conservatism and the New Deal* (Lexington: University of Kentucky Press, 1967), p. 37.
93. Arthur Schlesinger Sr., *The New Deal in Action, 1933–1937: A Continuation of A. M. Schlesinger's Political and Social Growth of the United States to the Special Session of the United States Congress, November 15, 1937* (New York: Macmillan, 1938).
94. Arthur Schlesinger Jr., *The Age of Roosevelt*, vol. 3, *The Politics of Upheaval, 1935–1936* (Boston: Houghton Mifflin, 1960), p. 385.
95. Rauch, *A History of the New Deal*. 斯莱辛格在研究和评价与这两大关键时刻有关的保守主义和乐观自信情绪时注意到，"劳赫的思想观点……不同于这里所论述的思想观点"。（第 690 页）关于劳赫及"新政"时代更广泛特征的讨论，见 Otis L. Graham Jr., "Historians and the New Deal, 1944–1960," *Social Studies* 54 (1963): 133–40.
96. Schlesinger Jr., *The Politics of Upheaval*, p. 397.
97. 同上，p. 385.
98. Leon Keyserling to Arthur Schlesinger Jr., April 9, 1958; 引自 Schlesinger Jr., *The Politics of Upheaval*, pp. 690–92. 经济学家们的一项分析认为，这一时期包括实施《全国工业复兴法案》《农业调整法案》《田纳西河流域治理法案》和《瓦格纳法案》等严重的"政治性冲击"，挫伤了人们重振商业的信心，减缓了国家复兴的步伐，因而这一分析并不承认"新政"第一阶段和第二阶段之间的区别。见 Thomas Mayer and Monojit Chatterji, "Political Shocks and Investment: Some Evidence from the 1930s," *Journal of Economic History* 45 (1985): 913–24. 基于约瑟夫·熊彼特（Joseph Schumpeter）分析的反驳性论述，见 Antony Patrick O'Brien, "Were Businessmen Afraid of FDR? A Comment on Mayer and Chatterji," 同上，50 (1990): 936–41.
99. Carl N. Degler, *Out of Our Past: The Forces That Shaped Modern America* (New York: Harper and Brothers, 1959), p. 416. 第三章的名字是"The Third American Revolution."
100. Brinkley, *The End of Reform*.
101. 见 http://www.americanrhetoric.com/speeches/fdrcommonwealth.htm.
102. *Los Angeles Times*, June 29, 1934; http://www.mhric.org/fdr/chat5.html.
103. 见 http://www.austincc.edu/lpatrick/his2341/fdr36acceptancespeech.htm.
104. Franklin D. Roosevelt, "Annual Message to Congress," January 6, 1937; "Second Inaugural Address," January 20, 1937, in *Nothing to Fear: The Selected Addresses of Franklin Delano Roosevelt, 1932–1945*, ed. B. D. Zevin (Boston: Houghton Mifflin, 1946), pp. 79–87.
105. 同上。
106. Roosevelt, "Annual Message to Congress," in *Nothing to Fear*, ed. Zevin, p. 81.
107. Franklin D. Roosevelt, "A Rendezvous with Destiny," June 27, 1936, in *The Public Papers and Addresses of Franklin D. Roosevelt*, vol. 7 (New York: Macmillan, 1941), p. 235.

108. Roosevelt, "Annual Message to Congress," in *Nothing to Fear*, ed. Zevin, p. 86.
109. 同上。
110. 法律同时禁止股票交易逃避市场监管,对通过借贷筹集资金购买股票的行为进行限制,通过调查、处罚和禁止交易等措施规划证券中介市场,禁止操纵股价、内部交易和股市欺诈行为,强制要求上市公司定期公开运行报告,并建立证券诉讼条例和法规。在 1936 年,国会进一步加大了证券交易委员会的监管职责,包括对越过证券交易所直接发售股票的行为进行监管。
111. *New York Times*, June 28, 1933; "Comments: The Tennessee Valley Authority Act," *Yale Law Journal* 43 (1934): 815–26.
112. *Congressional Record*, 73d Cong., 1st sess., April 24, 1933, p. 2273.
113. *New York Times*, April 11, 1933.
114. *Congressional Record*, 73d Cong., 1st sess., April 24, 1933, pp. 2257, 2273.
115. 同上, p. 2276.
116. 同上, 73d Cong., 1st sess., April 22, 1933, p. 2202.
117. 同上, April 24, 1933, p. 2255.
118. 引人注目的是,民主党内部对于会议报告通过和赞成的相似度分数在众议院高达 99 分和 94 分,在参议院高达 98 分和 97 分。见 *Washington Post*, March 1, 1934; *New York Times*, March 25, 1934. 同时代的论述,另见 Thomas R. Henry, "Muscle Shoals: Proving Ground of the New Deal," *Los Angeles Times*, April 28, 1934.
119. 有关田纳西河流域管理局一位负责人对这一合作项目的回顾与评价,见 FLawrence L. Durisch, "Local Government and the T.V.A. Program," *Public Administration Review* 1 (1941): 326–34.
120. 小说家戈尔·维达尔(Gore Vidal)的祖父。
121. Philip Selznick, *TVA and the Grass Roots: A Study in the Sociology of Formal Organization* (Berkeley: University of California Press, 1949), p. 112.
122. Daniel R. Goldfield, *Black, White, and Southern: Race Relations and Southern Culture, 1940 to the Present* (Baton Rouge: Louisiana State University Press, 1991), p. 29. 关于这一问题全面精辟的研究,见 Nancy Grant, *TVA and Black Americans: Planning for the Status Quo* (Philadelphia: Temple University Press, 1991). 这类问题在很大程度上受到了忽视,相关研究见 Walter L. Creese, *TVA's Public Planning: The Vision and the Reality* (Knoxville: University of Tennessee Press, 1990); and Erwin C. Hargrove, *Prisoners of Myth: The Leadership of the Tennessee Valley Authority, 1933–1990* (Princeton, NJ: Princeton University Press, 1994).
123. 1928 年,当阿拉巴马州北部的政治家们组织发动宗教狂热运动,反对民主党总统候选人阿尔弗雷德·E. 史密斯关于禁酒法案的主张时,"阿拉巴南部的民主党支持者们"在斯蒂格尔的带领下,"以种族主义、地区保护主义和杰克逊式民主主义捍卫公民根据自己的喜好决定是否饮酒的权利,保护公民各自的宗教信仰,并最终战胜了上述背叛地区利益的主张和狂热的节制主义主张。亨利·B. 斯蒂格尔甚至指责史密斯的共和党竞争对手赫伯特·胡佛为进化主义者,并质疑为什么正统派的新教牧师们竟然支持这样一个人竞选总统"。见 Wayne Flint, *Alabama in the Twentieth*

Century (Tuscaloosa: University of Alabama Press, 2004), p. 46.

124. Carter Glass to Walter Lippmann, August 10, 1933; 引自 Patterson, *Congressional Conservatism and the New Deal*, p. 13. 哥拉斯保存于弗吉尼亚大学的信件中充斥着这类主张和判断。

125. *Congressional Record*, 73d Cong., 1st sess., June 13, 1933, p. 5896.

126. 同上, May 22, 1933, pp. 3930, 3935.

127. 将国家银行纳入其中的修正案未获表决通过, 表决结果为 30∶68。斯蒂格尔解释说, 问题在于如何保护储户资金的安全, 而且按照这一条款, 包括国家银行在内的所有银行都应当接受联邦政府的偿付能力审查。同上, May 23, 1933, pp. 4034–36.

128. 同上, May 22, 1933, p. 3925.

129. 同上, May 25, 1933, p. 4170.

130. 民主党的相似度分数分别为 95 分和 99 分。

131. *Congressional Record*, 73d Cong., 2d sess., April 30, 1934, pp. 7695, 7696.

132. 同上, May 2, 1934, p. 7926; May 4, 1934, p. 8097.

133. 同上, p. 7941; May 4, 1934, p. 8090. 与对待其他的"新政"立法一样, 来自堪萨斯州的共和党众议员哈罗德·麦古吉恩 (Harold McGugin) 等反对者强调, "这一法案与许多所谓的'紧急立法'一样, 具有暴政的特征。并非只有俄国、德国和意大利因违反政府号令而随意对公民进行监禁"。同上, May 3, 1934, p. 8012.

134. 相关讨论, 见 Michael Goldfield, "Worker Insurgency, Radical Organization, and New Deal Labor Legislation," *American Political Science Review* 83 (1989): 1257–82.

135. National Labor Relations Act of 1935, §§ 7–9, 重印于 *Legislative History of the National Labor Relations Act, 1935*, comp. National Labor Relations Board (Washington, DC: U.S. Government Printing Office, 1959); 74th Cong., 1st sess., 1935, H. Doc. 1147, pp. 15–23; William B. Gould, *A Primer on American Labor Law* (Cambridge: MIT Press, 1993), pp. 45–46. 标准历史读本见 James A. Gross, *The Making of the National Labor Relations Board: A Study in Economics, Politics, and Law: 1933–1937*, vol. 1 (Albany: State University of New York Press, 1974). 有关法案实施过程的讨论, 见 James A. Gross, *The Reshaping of the National Labor Relations Board: National Labor Policy in Transition, 1937–1947*, vol. 2 (Albany: State University of New York Press, 1981). 另见 Murray Edelman, "New Deal Sensitivity to Labor Interests," in *Labor and the New Deal*, ed. Milton Derber and Edwin Young (Madison: University of Wisconsin Press, 1957), 157–91; David Plotke, "The Wagner Act, Again: Politics and Labor, 1935–1937," *Studies in American Political Development* 3 (1989): 104–56; Mark Barenberg, "The Political Economy of the Wagner Act: Power, Symbol, and Workplace Cooperation," *Harvard Law Review* 106 (1993): 1379–406.

136. National Labor Relations Act of 1935, § 8(a)(2), 重印于 *Legislative History of the National Labor Relations Act, 1935*, comp. National Labor Relations Board, 74th Cong., 1st sess., 1935, H. Doc. 1147, pp. 17–19; Gould, *A Primer on American Labor Law*, p. 47.

137. National Labor Relations Act of 1935, §§ 3–6, 10–12, 重印于 *Legislative History of the National Labor Relations Act, 1935*, comp. National Labor Relations Board; 74th

Cong., 1st sess., 1235, H. Doc. 1147, pp. 11–15; 23–25. 见 Frank W. McCulloch and Tim Bornstein, *The National Labor Relations Board* (New York: Praeger, 1974). Gross, *The Reshaping of the National Labor Relations Board*, pp. 132–36, 讨论了《全国劳工关系法案》实施后, 全国劳工关系委员会与过去相比权力的扩大和独立性的增强。

138. 早期评价见 Lois MacDonald, "The National Labor Relations Act," *American Economic Review* 26 (1936): 412–27.

139. 尽管重点强调价格变化与工会力量增强之间的关系, 阿申费尔特和蓬卡沃同时相对冷静地承认"有利的政治环境"的重要性。见 Orley Ashenfelter and John H. Pencavel, "American Trade Union Growth: 1900–1960," *Quarterly Journal of Economics* 83 (1969): 446.

140. Leo Wolman, "Concentration of Union Membership," *Proceedings of Fifth Annual Meeting of the Industrial Relations Research Association* (Madison: University of Wisconsin Press, 1952); 引自 Milton Derber, "Growth and Expansion," in *Labor and the New Deal*, ed. Milton Derber and Edwin Young (Madison: University of Wisconsin, 1957), p. 17.

141. 水平和持续时间各不相同, 由各州具体规定。

142. Kennedy, *Freedom from Fear*, p. 261.

143. 相似度得分为 85 分。

144. 关于国会这次至关重要的立法阻挠的精辟分析, 见 Brian R. Sala, "Time for a Change: Pivotal Politics and the 1935 Wagner Act," unpublished paper presented at the Midwest Political Science Association Annual Meeting, April 2002.

145. *Congressional Record*, 74th Cong., 1st sess., May 16, 1935, p. 7657.

146. 相似度得分为 88 分。

147. U.S. Committee on Economic Security, *Report to the President* (Washington, DC: U.S. Government Printing Office, 1935), p. 49; 引自 Robert Lieberman, *Shifting the Color Line: Race and the American Welfare State* (Cambridge: Harvard University Press, 1998), p. 31.

148. Congressional Research Service, "Legislative History of the Exclusion of Agricultural Employees from the National Labor Relations Act, 1935, and the Fair Labor Standards Act of 1938" (Washington, DC: Library of Congress, 1966), pp. 1, 4.

149. 在参议院, 南方民主党派别与其他民主党议员共同促使劳工法案获得通过, 两者的相似度得分为 92 分。在众议院和参议院表决通过《社会保障法案》时, 两者的相似度得分高达 98 分。在参议院和众议院对劳工法案进行跨党派表决时, 南方民主党—共和党联盟的相似度得分分别为 72 分和 86 分。参议院对《社会保障法案》进行表决时, 该联盟的相似度得分为 75 分。

150. *Congressional Record*, 74th Cong., 1st sess., April 19, 1935, p. 6041.

151. Michael Anthony Butler, *Cordell Hull and Trade Reform, 1933–1937* (Kent, OH: Kent State University Press, 1998), p. 7.

152. House, "Amend Tariff Act of 1930: Reciprocal Trade Agreements," 73rd Cong., 2nd sess., 1934, H. Doc. 1000, pp. 1–3.

153. 关于1930年《司莫特-霍利法案》关税法修正案审议过程的缜密分析与典型研究，见 E. E. Schattschneider, *Politics, Pressures, and the Tariff* (Englewood Cliffs, NJ: Prentice-Hall, 1935). 最新的一项深入研究，见 Douglas A. Irwin, *Peddling Protectionism: Smoot-Hawley and the Great Depression* (Princeton, NJ: Princeton University Press, 2011).

154. 这一点有"巨大的预见性"，因为关税是"19世纪末期和20世纪初期党派政治的关键性问题"。见 Michael A. Bailey, Judith Goldstein, and Barry R. Weingast, "The Institutional Roots of American Trade Policy: Politics, Coalitions, and International Trade," *World Politics* 49 (1997): 311.

155. John Mark Hansen, "Taxation and the Political Economy of the Tariff," *International Organization* 44 (1990): 543.

156. 在该法案实施前的十年迅猛发展期里，由于过高关税的影响，美国进口下降31%，出口下降44%。见 Judith Goldstein, *Ideas, Interests, and American Trade Policy* (Ithaca, NY: Cornell University Press, 1994), p. 94. 关于1870—1930年贸易保护主义时代及随后贸易自由化时代的敏锐分析和论述，见 pp. 81–182. 关税立法党派立场的分析图表，见 Michael J. Hiscox, "The Magic Bullet? The RTAA, Institutional Reform, and Trade Liberalization," *International Organization* 53 (1999): 692.

157. Schattschneider, *Politics, Pressures, and the Tariff*, p. 7.

158. 从党派立场的角度对贸易立法的论述，见 Robert Pastor, *Congress and the Politics of United States Foreign Economic Policy, 1929–1977* (Berkeley: University of California Press, 1980; Colleen M. Callahan, Judith A. McDonald, and Anthony Patrick O'Brien, "Who Voted for Smoot-Hawley?" *Journal of Economic History* 54 (1994): 683–90.

159. 目前尚无定论。一项争议严重的修正案导致《司莫特—霍利法案》名誉扫地，见 Alfred E. Eckes Jr., *Opening America's Market: U.S. Foreign Trade Policy since 1776* (Chapel Hill: University of North Carolina Press, 1995), pp. 100–139. Douglas A. Irwin, "The Smoot-Hawley Tariff: A Quantitative Assessment," *Review of Economics and Statistics* 80 (1998): 326–34 所作的深入研究认为《司莫特—霍利法案》导致1930年至1932年之间的美国贸易损失25%。

160. *Congressional Record*, 71st Cong., 1st sess., May 10, 1929, p. 1134.

161. 同上, May 11, 1929, p. 1159.

162. 同上, May 13, 1929, p. 1208.

163. House, "Amend Tariff Act of 1930," p. 5.

164. 1934年3月8日，科德·赫尔向众议院方法与手段委员会全文宣读了自己关于实施积极贸易政策的文章，认为积极的贸易政策是世界和平和经济复苏的促进力量。1934年3月9日的《纽约时报》刊登了赫尔文章的原文。

165. Susanne Lohmann and Sharyn O'Halloran, "Divided Government and U.S. Trade Policy: Theory and Evidence," *International Organization* 48 (1994): 595–632.

166. Bailey, Goldstein, and Weingast, "The Institutional Roots of American Trade Policy," p. 318.

167. *Congressional Record*, 73d Cong., 2d sess., March 27, 1934, p. 5547.

168. 同上, March 26, 1934, p. 5451.
169. 同上, March 23, 1934, p. 5258.
170. V. O. Key Jr., *Southern Politics in State and Nation* (New York: Alfred A. Knopf, 1949), p. 353.
171. 参议院和众议院的党派立场相似度得分分别为 94 分和 96 分。南方民主党与共和党的相似度得分仅为 3 分，民主党与共和党的总体相似度得分仅为 6 分。
172. Lester J. Dickinson, "What's the Matter with Congress?," *American Mercury 37* (1936): 129; 引自 Patterson, *Congressional Conservatism and the New Deal*, pp. 69–70.
173. *New York Times*, January 5, 1937.
174. 众议员和参议员的总数分别为 193 和 43。
175. Patterson, *Congressional Conservatism and the New Deal*, p. 160.
176. 他连续任职到 1940 年民主党议员詹姆斯·腾内尔获得这一职位为止，这使得参议院中的民主党成员均由南方地区议员构成。
177. Patterson, *Congressional Conservatism and the New Deal*, pp. 97–99, 110, 156–57. 帕特森正确地指出，民主党的缺陷不仅存在于南方，共和党的对手中没有一位来自南方。但他认为这种投票结构预示着党内地区利益的分歧将不断加剧。这一点在 20 世纪 40 年代中期和晚期更加明显。
178. Bruce J. Schulman, *From Cotton Belt to Sunbelt: Federal Policy, Economic Development, and the Transformation of the South, 1938–1980* (Raleigh, NC: Duke University Press, 1994), pp. 57–58, 63–87.
179. Lee J. Alston and Joseph P. Ferrie, "Paternalism in Agricultural Contracts in the U.S. South: Implications for the Growth of the Welfare State," *American Economic Review* 83 (1993): 852–76. 农业分成制本身并不带有种族歧视的性质。1880 年到 1940 年之间的每一次人口普查结果均显示，南方实行分成制的白人和佃农数量多于黑人，但是这部分黑人占黑人总人口的比例却非常之高。
180. *Congressional Record*, 75th Cong., 2d sess., December 13, 1937, p. 1404. 来自德克萨斯州的民主党议员马丁·戴斯表达了同样的关切。戴斯指出，《公平劳动标准法案》涉及到"种族问题"，因为按照该法案的"最低工资标准"条款，"不论来自哪个种族的劳工均实行统一的最低标工资准。但黑人不可能与白人享受同等标准"。作为对威尔科克斯和戴斯的呼应，来自佐治亚州的民主党议员爱德华·考克斯抱怨道，"美国黑人组织支持这一法案，因为它将轻而易举地消除种族和社会差别……将界定南方种族关系标准和惯例的任务抛给了政府部门。"见 Patterson, *Congressional Conservatism and the New Deal*, p. 195. *Congressional Record*, 75th Cong., 2d sess., 1937, p. 442 (appendix).
181. John W. Tait, "The Fair Labor Standards Act of 1938," *University of Toronto Law Journal* 6 (1945): 193.
182. 见 http://publicpolicy.pepperdine.edu/faculty-research/new-deal/roosevelt-speeches/fr052437.htm.
183. Tait, "The Fair Labor Standards Act of 1938," p. 197.
184. "Ghost of the NRA" 是乔治·E. 保罗逊（George E. Paulsen）的杰出历史学著作 *A Living*

Wage for the Forgotten Man: The Quest for Fair Labor Standards, 1933–1941. (London: Associated University Presses, 1996) 第四章的标题。

185. 相似度得分为 80 分。
186. Suzanne Mettler, *Dividing Citizens: Gender and Federalism in New Deal Public Policy* (Ithaca NY: Cornell University Press, 1998), pps. 185, 204, 209.
187. Congressional Research Service, "Legislative History of the Exclusion of Agricultural Employees," p. 11.
188. 相似度得分为 60 分。
189. Patterson, *Congressional Conservatism and the New Deal*, pp. 152–53. 关于法院改组计划，见 Jeff Shesol, *Supreme Power: Franklin Roosevelt vs. the Supreme Court* (New York: W. W. Norton, 2010).
190. 佐治亚州的爱德华·考克斯、北卡罗来纳州的乔尔·班尼特·克拉克、德克萨斯州的马丁·戴斯、阿肯色州的威廉·德来佛（William Driver）和弗吉尼亚州的霍华德·史密斯。
191. 见 http://www.mhric.org/fdr/chat10.html.
192. *Congressional Record*, 75th Cong., 2d sess., December 17, 1937, pp. 1786, 1812–13, 1832, 1834.
193. *Chicago Daily Tribune*, December 18, 1937.
194. 在过去的 90 年代，当有关经济问题的重要法案被表决时，民主党表决立场的相似度得分下降到了 55 分。相关讨论，见 James MacGregor Burns, *Congress on Trial: The Politics of Modern Law Making* (New York: Harper and Brothers, 1949).
195. *Los Angeles Times*, December 18, 1937.
196. Fair Labor Standards Act of 1938, § 6, 重印于 Irving J. Sloan, ed., *American Landmark Legislation: The Fair Labor Standards Act of 1938* (Dobbs Ferry, NY: Oceana, 1984). 与之后的版本相比，法案第一版直接规定了 40 美分的工资标准。
197. Fair Labor Standards Act of 1938, § 7, 重印于 Sloan, ed., *American Landmark Legislation*. 法案最长劳动时限的条款没有设置最长劳动时限，而是规定了超过某一标准就应当发放加班工资（原工资标准的一半）。
198. Fair Labor Standards Act of 1938, § 12, 重印于 Sloan, ed., *American Landmark Legislation*.
199. Patterson, *Congressional Conservatism and the New Deal*, p. 246. 根据这一历史论述，兰登·斯托斯（Landon Storrs）称之为"尴尬的胜利"，见"Ambiguous Victory: The Fair Labor Standards Act of 1938," in Landon R. Y. Storrs, *Civilizing Capitalism: The National Consumers' League, Women's Activism, and Labor Standards in the New Deal Era* (Chapel Hill: University of North Carolina Press, 2000), pp. 177–206. 本书重点强调了全国劳动委员会的作用。该委员会长期向"血汗工厂"施加压力，促进了劳动工资标准的提高。
200. John S. Forsythe, "Legislative History of the Fair Labor Standards Act," *Law and Contemporary Problems* 6 (1939): 19.
201. Robert F. Koretz, ed., *Statutory History of the United States: Labor Organization* (New York: Chelsea House, 1970), p. 401.

202. Forsythe, "Legislative History of the Fair Labor Standards Act," p. 21.
203. Fair Labor Standards Act of 1938, § 2, "Findings and Declaration of Policy,"（法案通过时的文本）重印于 Sloan, ed., *American Landmark Legislation*.
204. Paulsen, *A Living Wage for the Forgotten Man*, pp. 126–27.
205. Robert K. Fleck, "Democratic Opposition to the Fair Labor Standards Act of 1938," *Journal of Economic History* 62 (2002): 25–54 所作的精辟、系统分析和论述确定了南方在《公平劳动标准法案》立法史上的中心地位。本文的目的是解决安德鲁·J. 赛尔脱兹（Andrew J. Seltzer）之前的分析论证所出现的偏差。赛尔脱兹的分析将南方在《公平劳动标准法案》立法过程中发挥的作用降到了最低，强调各选区的政治经济特征，但没有按照区域的不同而对它们加以区分。见 Andrew J. Seltzer, "The Political Economy of the Fair Labor Standards Act of 1938," *Journal of Political Economy* 103 (1995): 1302–42. 弗莱克轻而易举地赢得了这场辩论的胜利，因为赛尔脱兹的反驳太缺乏说服力了。见 "Democratic Opposition to the Fair Labor Standards Act: A Comment on Fleck," *Journal of Economic History* 64 (2004): 226–30.
206. 这刚刚超过了较高相似度得分的最低分数——70 分。
207. 南方内部的相似度得分仅为 54 分。
208. 南方这 7 到 10 个州之间的相似度得分达到 98 分。
209. 相似度得分为 56 分。
210. J. David Greenstone, *Labor in American Politics* (New York: Alfred A. Knopf, 1969), p. 408.
211. James A. Gross, *The Reshaping of the National Labor Relations Board*, pp. 5–6.
212. 同上, pp. 17–18. Gilbert J. Gall, "CIO Leaders and the Democratic Alliance: The Case of the Smith Committee and the NLRB," *Labor Studies Journal* 14 (1989): 2–27 从工会与民主党之间关系的大背景出发，对史密斯领导的委员会的立法努力进行了精辟论述。
213. Eric Schickler, "Entrepreneurial Defenses of Congressional Power," in *Formative Acts: American Politics in the Making*, ed. Stephen Skowronek and Matthew Glassman (Philadelphia: University of Pennsylvania Press, 2007), p. 302.
214. *Congressional Record*, 76th Cong., 3d sess., June 6, 1940, p. 7715.
215. 相似度得分为 55 分。
216. 相似度得分较高，为 80 分。
217. Edward Frederick Lindley Wood, Earl of Halifax, *Fullness of Days* (New York: Dodd Mead, 1957), p. 215.
218. 见 http://www.airforce-magazine.com/MagazineArchive/Documents/2009/June%202009/0609fullkeeper.pdf.

8. 第一次考验

1939年8月31日，星期四，《财富》杂志的编辑人员刚完成10月份期刊的排版付印任务，就惊恐地获知希特勒的部队正在向波兰进发。"整个晚上，电传打印机嘀嗒嘀嗒不断，传来令人难以置信的消息"，他们报道说，"少部分作者和研究人员站在编辑部办公室里，阅读电传打印机长长的纸带上打印出来的消息。他们平生第一次磕磕巴巴地读出那些听起来怪怪的波兰名字。"下班后，员工们"走出了这座位于城市偏僻一隅的灰色建筑，他们内心感到不只是一期杂志的付印工作，而是人类生活的一个重要时代结束了"。[1]

编辑部很快决定，增加一个名为"1939年战争"的增刊。这一增刊不仅是一则关于欧洲事件的报道，而且是《财富》杂志介入公共事务的开端。由于即将发生的战争引起了人们的广泛关注，这一杂志将不得不扩展自己的业务范围，不再只报道商业事务，其出版商亨利·卢斯决定利用该杂志"纠正美国商人（和一些自由主义者）在绥靖政策上所犯的重大过失"。他甚至在慎重考虑，准备将其由一本商业出版物改为"一本关于美国如何成为世界强国的杂志"。[2]

为了帮助读者从思想上认识这场比中世纪十字军东征更引人注目的战争的重要性，《财富》杂志10月份的增刊向读者直接展示了一张令人震惊的地图：1939年的欧洲。这一地图突显了贪婪成性的德国的地缘优势。其地理范围被涂成了红色，包括1938年吞并的奥地利和1939年吞并的捷克斯洛伐克。除了英国、法国和波兰这三个德意志第三帝国的宿敌被涂成蓝色外，其他国家都用浅黄色着重标示出来。杂志的评论员文章注意到"眼前这张地图最大的一个特征是多国对于战争持中立态度"。文章指出，"未来的历史学家对于战争的评价几乎完全取决于各中立国在不久的将来所采取的行动"。文章继续指出，交战各国的外交使节正"穿梭于世界各地"，竭力获取各中立国政府方面的援助。这些中立国包括爱尔兰、西班牙、葡萄牙、荷兰、瑞典、挪威、芬兰、丹麦、匈牙利、罗马尼亚、爱沙尼亚、拉脱维亚、立陶宛、意大利、瑞士、南斯拉夫、保加利亚、希腊、土耳其和苏联。

中立国名单中，显然缺少一个国家。人们没有找到全球最重要的中立国——美国的名字。美国首都位于柏林以西大约4200英里的美洲大陆，但正如《财富》杂志指出的，那只是一种错觉。杂志编者坚持说，欧洲版图的轮廓和欧洲战争的进程将取决于华盛顿即将做出的决策。"该期增刊出版发行时，美国国会正要召集会议，讨论如何在世界事务两大发展路线之间做出抉择。"注意到一场争取公众支持的舆论战正激烈展开，增刊开展了一项关于民众对中立、军事准备和使用武力所持观点的简单调查。有关这次调查的报道认为，各选区的观点将影响国会议员拟采取的行动。报道评论说，舆论战"对于整个世界来说是最至关重要的。正如美国人所认识到的，美国对于整个世界来说也同样至关重要，其对战争所采取的行动能够扭转世界历史的潮流"。

《财富》杂志的报道显示，公众对于战争的态度存在不同的声音。约83%的公众站在法国、英国和波兰一方，只有1%的公众站在德国一方（16%的公众不"选边站队"或回答"不知道"）。相比较而言，公众的主流立场是"毫不含糊地选择'中立'，却又内心感到不安"。[3]

调查提供了四个选项。第一，直接介入战争（立即参战，支持英国、法国和波兰抗击德国入侵）。第二，如果盟国面临失败，美国将暂时参战，并向盟国运送粮食和战争物资。第三，保持"有利于盟国"的中立，停止一切积极参战行为（"向英国、法国和波兰提供战争物资和食物，拒绝向德国运送任何物资"）。第四，严格坚持中立原则。以同等条件与交战各方开展贸易，或对所有交战方实施跨境经济制裁。最终的调查结果显示，只有3%的美国民众支持政府果断直接参战；另有14%的民众支持政府在盟国面临失败危险时参战；更多的人（约20%）支持不均衡的中立政策；绝大多数民众（54%）同意政府坚持现有的严格中立原则；另有9%的民众表示没有明确立场。

民众对于上述问题的选择倾向表现出明显的地区差异。南方做出的回应显示，他们对纳粹德国的侵略行为持强烈抵制的态度。共计92%的南方受访者支持英国、法国和波兰联盟。其中，10人中有3人愿意立即参战或同意美国出兵，阻止德军的胜利。[4]另外，18%的受访者表示支持美国积极援助英-法-波三国同盟。没有其他地区比南方更倾向于参战。[5]

当德国军队进军波兰时，包括美国在内的民主国家的军事力量显然远远落后于独裁政体。乔治·凯南于1951年回忆当时令人震惊的力量悬殊时指出，"全世界的主要陆军和空军力量都集中在三大政治实体手中——纳粹德国、苏联和日本帝国"，西方民主国家"的军事实力远远落后于这三者"。[6]在1938年，罗斯福总统派遣伯纳德·巴鲁克（Bernard Baruch）出使欧洲，考察德国和英国的备战情况。除了确认德国的合成石油和橡胶生产已经取得巨大进步外，巴鲁克还了解到后来很快被总参谋部情报处证实的有关欧洲各国空军力量对比的残酷现实：

> 总参谋部报告确认德国拥有3,353架中型和重型轰炸机……第二大空军力量苏联的轰炸机编队拥有大约1,300—1,900架飞机……处于第三位的法国拥有956架轰炸机。德国的盟友意大利紧

随法国之后，拥有 916 架轰炸机。英国只拥有 715 架轰炸机，而日本却拥有 660 架轰炸机。美国的轰炸机数量不及日本的一半，是当时世界上空军力量最弱的国家。[7]

另外，美国防空火炮的弹药供应和反坦克机枪的数量都很有限。[8]

1940 年 5 月，德国入侵低地国家和法国后，作战部告知罗斯福总统，纳粹德国仅在西线就部署了超过 200 万兵力，分成约 160 个野战师，而德国的总作战兵力共有 800 万。相比较而言，美国的作战兵力总计不足 25 万，且只能用其中的 8 万兵力武装其 9 个师中的 5 个（每师还要缺员 1/4）。美国的兵力规模仅与被德国迅速征服的比利时相当。相反，德国则拥有 90 个师，日本有 50 个，意大利有 45 个。美国的军力排名为世界第 18 位，拥有不到 350 辆作战坦克。[9] 美国海军规模比较庞大，而且作战能力强，但它几乎只适合于半球防御作战。[10] 一份外交理事会的报告详细指出，"今天，欧洲所有的交战国，不论是独裁国家还是民主国家，都将国家的经济支配权赋予政府"，以备全面战争之需。[11] 只有美国仍然明显地属于例外。

由于世界的军力平衡发生了"彻底翻转"，美国要修复和弥补自己的军力差距，就必须做到以下三点：积极重整军备、与英国结盟、最终与苏联合作。[12] 在美国参战的准备阶段，罗斯福总统首先必须做到的是扩充军力、结束孤立主义和中立原则。但没有立法机构的批准，这两项任务都无法完成。由于当时民众对美国是否参战存在严重分歧，《财富》杂志严重怀疑国会是否会同意放弃孤立主义立场。支持孤立主义立场的人称孤立主义是"捍卫国内和平的重要手段"。人们当时已经注意到"美国是多么地急于维护国内和平，但这似乎并没有使人们坚定地认为，美国能够恰如其分地置身于战争之外"。《财富》杂志希望美国能够参战，但却又质疑立法机构会反对美国迅速采取措施，帮助盟国阻止纳粹军队的进攻。[13] 这一担心并非凭空想象的。尽管行政机构本身有权实施对外政策、指挥陆海空三军、开展对外信息交流，但像是否保持中立或积极征兵备战这样的重大决定均需要国会作最终决策。[14]没有国会授权并拨付款项，华盛顿政府就无法加入抗击轴心国的行列。

对国会能否表决通过这一决定，《财富》杂志有充足的理由表示忧虑，因为人们对当时动荡不安的外交和军事政策充满争议和质疑。杂志的各位编辑深知国会在美国外交政策制定过程中的作用绝不亚于行政机构。[15]当1939年10月的事件发生时，参议院正在着手重新提出《中立法案》，以停止对交战国的武器禁运。经过简单修改而形成的《中立法案》修正案在6月份勉强通过了众议院表决，但在参议院议席的表决中失败。最终结果是，大多数国际主义者和孤立主义者广泛支持开展军事备战（前者为欧洲民主制度，尤其是英国的民主制度而担心；后者担心美国能否按照门罗主义有效保障西半球安全防御范围不受侵犯）。但在1939年至1941年美国参众两院所采取的所有其他外交政策均表明，美国上下对于国际政策所持有的态度存在明显的两极分化趋势。这些政策在表决通过时均经历了激烈争论，而且均以微弱优势获得通过。

在艰难坎坷的审议过程中，国会作为最高权力机关做出了明智选择，开始成功地应对过去被长期搁置的问题。这一举动所引发的激烈争议提醒人们，即使战争和外交问题迫在眉睫，国会也不会放弃制定国家政策的权力。有些人美其名曰制定国家政策的职责。在讨论和审议这些问题时，国会议员们几乎夜以继日地工作。在第76届国会第三次会议期间，战争问题被列为中心议题首先讨论。本次会议是美国历史上持续时间最长的一次会议，从1940年1月3日到1941年1月3日，开会进行审议和讨论，几乎天天如此，从不间断。仅《义务军事训练法案》就占据了众议院国会辩论报告书中302页的篇幅、参议院辩论报告书中665页的篇幅。[16]

在讨论上述问题时，南方的表现截然不同。自从第一次世界大战以来，南方地区产生了一种奇怪的区域性国际主义——它是在地方利益关切的驱使下形成的，但表面上看起来又全然超越了地方关切。当全球问题变得日益紧迫时,南方地区的国会代表将"毫无疑问地按照本地区的分析框架"对这些问题进行讨论。在这一分析框架内,"所出现的任何重大问题都要按照本地区特定的方式评价,并按照南方特定的方式找到解决问题之法"。[17]

由于民众意见与精英层的决策达成了广泛一致,南方民主党领导选举联盟成功抵制了绝大多数共和党成员反对美国参与海外战事的企图,并抵制了来自德国、意大利和爱尔兰族裔所在城市选区的非南方民主党代表的孤立主义倾向。虽然这种孤立主义倾向已经有所收敛,但依然保持着一定的势头。[18] 正当许多南方议员对国内实施的"新政"及其对种族秩序的影响进行认真思考的时候,罗斯福总统请求他们对其日益强硬的外交政策给予支持。果然,在表决过程中,他们给予了总统关键性的支持。[19] 南方控制了国会对外关系委员会和军事委员会等重要机构,他们几乎一致支持罗斯福总统积极的海外政策,从而使得国会参众两院有可能通过一些重要决策,如大规模建造战舰和飞机,并向美国的盟友提供几千艘战舰或飞机、支持美国在首次和平时期募兵的初始阶段快速征召 900,000 名士兵。[20] 倘若没有南方议员坚持反对,美国对于战争持有的严格中立原则就会继续存在下去,对于美国盟友的援助也不会如此轻而易举地推行下去,也不会有被征召入伍的士兵同意服役期限超过一年。没有南方的支持,英国抗击纳粹进攻的战斗将会更加惨烈,1941 年 12 月上旬,美国面临日本攻击和德国宣战时,将会表现得更加脆弱。[21]

一

在美国参与第二次世界大战的准备阶段,当时最具影响力的民众施压团体美国第一委员会坚持主张,只有远离欧洲战争,美国才能捍卫其民主制度。奇怪的是,美国第一委员会的政策主张竟然赢得了左右两翼政治团体的支持。其中最著名的是左翼团体的诺曼·托马斯与右翼团体的赫伯特·胡佛和查尔斯·林德伯格。[22] 尽管主要起源于中西部地区，但这一机构却试图动员全国各地的支持者加入其中，包括南方地区。它在伯明翰、诺福克、亚特兰大、休斯敦、杰克逊和新奥尔良注册了组织章程，建立了多个活动俱乐部。

该委员会在南方的组织活动招致了最引人注目的失败。它在南方招募的成员几乎全部来自南方政治派别的边缘地带，主要包括新近来自北方的商人、部分共和党员和"一小撮反犹分子和德裔美国人"。总之，"美国第一委员会在南方所遭遇的持续、强烈、有效的抵制远远超过其他任何地区……早在珍珠港事件之前，该委员会就在南方失去了进行外交政策辩论的舞台"。[23]《里士满时讯报》的编辑弗吉尼厄斯·达布尼在1940年下半年评价道，南方在感情上"不仅完全赞成全面快速重整军备计划"，而且"支持铲除任何希望美国对希特勒和墨索里尼实施绥靖政策的人"。[24]

南方地区对孤立主义的拒斥对于德意志第三帝国的领导人来说一定是难以理解的。其独裁统治曾经令无数美国南方地区的政治家所痴迷，而且它曾经反复强调新生的德意志帝国与南方地区的种族主义制度有着许多共同之处。[25] 南方的拒斥无疑代表了纳粹外交政策的失败。在德意志第三帝国开始的七年里，柏林曾积极地在美国梅森-狄克逊线以南的地区结交盟友，寻求支持。纳粹官员对于美国纯正白人社会的种族团结表示赞赏，并注意到德国"先进"的种族法律与美国种族法律的亲缘关系。这些纳粹官员以及相关报纸、杂志大肆吹捧美国南方的种族制度。他们不断地要求美国政府废除宪法第十四、十五次修正案。这两次修正案承诺对于全体美国公民的平等投票选举权和相应法律给予保护。同时他们要求美国将黑人驱逐出境。

希特勒曾严重诋毁黑人，对美国的种族制度大加赞赏，并为美国南方1865年的溃败感到惋惜。他尤其为"建立在奴隶制度和种族不平等基础上的新型社会秩序刚一开始就被战争摧毁"而感惋惜。[26] 他抱怨法国军队将非洲士兵部署在莱茵地区，对军队中的种族混杂现象提出警告，并严厉谴责"黑人音乐"。希特勒关于美国南方的直接信息来源是，佛罗里达州一位德裔居民凭借主观臆断所写的一系列关于犹太人如何谋划动员美国黑人消灭白人种族的歪曲报道。像其他纳粹领导人一样，1937年的希特勒也痴迷于德文版《乱世佳人》，[27] 这部关于美国内战和战后重建的戏剧诗史在当时是畅销书。毫不奇怪，根据该书改编的电影也曾轰动一时。[28] 1941年6月22日夜晚，约瑟夫·戈培尔（Joseph Goeb）紧张地等待着第二天拂晓发起对苏联的进攻。这一行动将开启德国进攻苏联的巴巴罗萨计划。尽管如此，他仍然邀请了一帮朋友，共同观看该影片德文版的预映。他也许并不知道，片中一位叫莱斯利·霍华德（Leslie Howard）的影星就是一位英国犹太人。[29]

当美国人抱怨纳粹反犹主义时，政党官员们再次提起南方的种族制度，声称这和反犹主义有着血缘关系。最早的纳粹党报纸《人民观察家》经常发文诋毁非洲人和非裔美国人。像很多德国报纸一样，它经常印发反对黑人的卡通画，提醒读者注意在美国南方的公共设施中实施种族隔离制度。同时，它经常乐此不疲地报道，在美国，黑人如何像德国犹太人一样，不能乘坐普尔曼式卧铺车，也没有选举权。美国南方地区的私刑是最经常被提及的话题。《新民族》赞扬南方私刑保护白人女子免受放纵不羁的黑人淫欲的侵害。《人民观察家》发表了大量图片报道，支持将私刑视为一种保护白人女子贞节的有力武器。"党卫军杂志《黑衣军团》惊呼如果美国南方地区的私刑发生在德国，全世界都会纷纷抱怨。"

当然，德国的种族制度主要是针对犹太人的，但也包括黑人在内。20世纪20年代中期纳粹党开始动员民众时，其宣传纳粹意识形态的杂志《世界的奋斗》重印了三K党的"帝国向导"关于种族混杂问题的演讲。杂志编辑阿尔弗雷德·罗森伯格宣布，新生的德意志将禁止任何黑人入境。三年前，图林根州的纳粹内务部长威廉·弗利克在还没有掌权时，就将爵士乐视为黑人文化的主要组成部分而加以禁止。弗利克掌权后，按照《1935年纽伦堡法律》对黑人参与德国社会生活实施了种种限制，并于 1937 年，对莱茵地区非洲士兵的混血子女实施绝育手术。

1941 年冬末，战犯汉斯·哈贝（Hans Habe）报告了非裔部队中的阿拉伯和黑人士兵被德军俘虏后所遭受的歧视性对待。在 200 万被俘的法国士兵中，非裔黑人占据了 40 万。"即使在被赶往关押地点的路途中——当然是徒步行进——黑人也遭受虐待……天热得难以忍受。如果没有水的话，我们就会因疲劳和缺水而崩溃。德军的押解士兵显然得到命令，禁止黑人在行进途中喝水。尽管我们被允许每经过一个村庄时补充水分，黑人却被明晃晃的刺刀逼着继续前进。"在居住营地，黑人士兵被隔离关押。可以说，黑人的牢房与外界的一切联系均被切断，并被铁丝网包围起来。这些关押营地非常拥挤，食品配给量非常低，病号也得不到医治。[30]

关押集中营的口译人员哈贝参与了培训课程的翻译。"开设这些课程的目的是使德国士兵和非职务干部熟悉'德意志作为殖民帝国的使命'。全部课程均以种族主义理论为基本原则；我们所在集中营的黑人经常被带到课堂作现场'标本'展示。"这些课程由德军占领区总参谋部组织开设，它告诫受训人员，法国军队失败的一个主要因素就在于，作战部队没有对士兵实行隔离制度。同时课程还讲授德国作为殖民强权国家所奉行的原则。这些原则包括白人至上原则（"黑人为劣等种族，其活动场所应当由白人优等种族确定"）、职业限制、活动空间隔离、禁止黑人与白人发生性接触以及跨种族婚姻、禁止黑人享有选举权、禁止黑人前往白人出入的"火车、轨道电车、餐馆、影院以及所有其他公共场所"；还包括禁止黑人加入国家社会主义党及其相关组织机构，同时禁止黑人入伍参军（特殊劳动营的士兵除外）。[31]

罗斯福执政初期，得知美国南方形势的德国人都期望当地会欢迎德国元首的种族政策。[32] 希特勒的副官费利克斯·凡·勒克纳伯爵（Count Felix von Luckner）在与鲁道夫·赫斯（Rudolf Hess）的通信中，预言南方将"最容易接受纳粹种族宣传"。勒克纳曾在德国海军服役，多次赴美访问。他相信,"纳粹主义的种族观点将会在美国中西部地区受到百分之百的欢迎。这些地区的黑人和亚洲人问题已经在白人中间引起巨大焦虑和恐慌"。勒克纳认为,南方将对纳粹集团的反犹宣传作出积极回应,因为"在白人女子遭受黑人奸淫的案件中,南方白人极其憎恨犹太人对这些黑人提供法律援助"。1934年,《亚特兰大宪政报》驻欧洲记者皮埃尔·凡·帕森(Pierre van Paas)报道说,德国水手们在航行穿越大西洋时告诉他,"希特勒的思想观点在美国南方地区'非常受尊重'"。[33]

尽管两种形式的种族统治密切相连,美国南方地区基本上没有对纳粹的赞赏给予积极呼应。的确有少部分政治人物,如北卡罗来纳州的著名参议员"鲍勃"罗伯特·雷诺兹等,对德国的反犹主义观点表示过同情。雷诺兹综合种族主义和反犹主义的观点,于1939年1月创建了美国辩护者协会。该协会致力于反对外来移民,以阻止美国白人和清教徒的血统遭受外来污染,并极力主张美国远离欧洲抗击德国的战争。协会禁止黑人和犹太人加入,与包括反犹主义者杰拉尔德·L. K. 史密斯(Gerald L. K. Smith)和著名诗人乔治·菲尔埃克(George Viereck)在内的右翼党派的主要成员密切合作。史密斯曾经领导基督教民族主义运动,而菲尔埃克则是美国著名的亲纳粹时事评论家。菲尔埃克与德国对外办公室关系密切,1942年,因其为德国作间谍而被判处五年监禁。[34]

当然,雷诺兹的所作所为并不是孤立的。部分亲南方的报纸时常发表对于纳粹集团给予积极评价的言论。南方报纸的亲纳粹言论有的持相对温和的立场,如密西西比州斯塔克维尔市《新闻报》1934年的社论表达了对德国无线电委员会"禁止黑人爵士乐的同情态度……因为这属于种族文化博物馆的收藏范畴";也有的持激进立场,对纳粹政权给予强烈支持,如密西西比州尤波拉市的《韦伯斯特进步时讯报》,1935年,其惊人地发表了《希特勒万岁》的文章,因为他"让一个深受压迫的民族重新崛起!希特勒万岁,打倒共产主义和无政府主义!"

同年,《孟菲斯商业诉求报》呼吁人们理解纳粹德国"争取可以容忍的生活条件"的愿望。毕竟第一次世界大战让德国蒙羞,它不得不接受《凡尔赛条约》强加给它的一切条件。《孟菲斯商业诉求报》指出,希特勒对这些战后安排所表达的不满,"类似于南北战争后美国南方的想法"。35 "我们南方人与希特勒一样对民主存有敌意",1938 年 2 月的《查尔斯顿新闻快报》直截了当地指出,"因为我们不想让黑人民众参与投票选举,更不想让他们成为政府人员来统治我们"。36

不过,上述立场观点属于少数例外。凡·帕森曾报道说,"几个星期前我访问了一些南方城市,并没有听到这类言论"。凡·帕森的话道出了事情的本质,"尽管它们存在相似之处",尽管少数南方人对纳粹纲领表现出一定的兴趣,但"美国南方并没有支持纳粹德国"。37 总体而言,南方地区的新闻社论与美国多数报纸持有相同的反纳粹立场。南方报纸主要对德国的反犹政策表示强烈不满,并反对德国军国主义的复活及其对外扩张政策。有些人把纳粹组织比作三 K 党。1933 年,《伯明翰新闻报》称三 K 党是"美国任何组织机构通往德国纳粹党最便捷的渠道"。五年后,阿拉巴马州的《克拉克县民主党人报》指出了纳粹德国反犹主义与三 K 党种族主义的相似之处,并谨慎告诫说,"两者的相似程度如此之高,足以使有自尊的美国人含羞上吊自尽"。南方报纸曾不止一次地拒绝比较德国反犹暴力事件与南方种族歧视事件,毕竟私刑是一种非法行为,而"发生在几千英里之外的德国的反人类罪行",正如《罗利新闻观察家报》指出的,是经国家支持和批准的行为。38 参议员雷诺兹离南方的主流政治潮流越来越远,以致于他没有勇气参加 1944 年谋求连任的选举。美国辩护者协会也逐渐式微了。39

系统回顾一下当时南方报刊的种种言论,人们就会注意到这些报刊"发表社论抨击国外的种族主义行为",而"对于国内的种族歧视却极力通过公开讨论为其进行辩护,或者坚持说种族自豪感是白人和黑人的共同诉求,其目的同样是为种族歧视制度进行辩护"。40 南方报刊谴责纳粹的种族主义行为时,总是强调当地的种族主义观点和行为与德国的情况截然不同。尽管"根本谈不上是黑人事业的拥护者",《华盛顿邮报》却严厉"谴责 1936 年奥运会期间纳粹集团歧视非裔美国运动员的行为"。《亚特兰大宪政报》发起了对这次运动会的抵制活动。南方报刊不断地批评纳粹集团的反犹主义罪行,而对于发生在自己身边的反犹主义行为却置之不理。1933 年 7 月,《蒙哥马利广告商报》注意到纳粹集团对犹太人的袭击行为,并告诫说,"希特勒要想得到美国人的尊重,就必须停止对少数族裔的迫害行为"。[41] 1936 年,德国驻华盛顿大使注意到美国南方报刊这类自相矛盾的言论和立场,他尖锐地指出,绝大多数的美国南方白人否认种族主义制度与纳粹集团反犹主义之间存在可比性。尽管"对纳粹种族歧视感到义愤",但即使是南方的自由主义者,也"始终如一地支持种族隔离制度,以拯救白人种族"。[42]

总之,南方认为种族主义与支持英国的事业并不矛盾。"由于南方的种族主义行为没有得到有效抵制",历史学家乔治·廷德尔(George Tindall)指出,"南方人产生了一种强烈情绪",他们纷纷要求"抑制种族情感火焰的复燃,阻止人们公开讨论种族问题"。[43] 当时的情形与纳粹统治初期德国的政治状况极为相似。纳粹主义者曾呼吁美国南方积极应对当时的形势,但这使得绝大多数南方政治舆论界的领导人更加强调南方人是具有爱国情怀的美国公民。他们提出要积极保卫南方的种族制度,这一制度使得美国南方地区不同于纳粹德国的反民主独裁制度。正如杰出的非裔美国历史学家约翰·霍普·富兰克林(John Hope Franklin)恰如其分地指出的,南方人的思想言论表明,"这一地区的民众始终保持了南方人和美国人的双重特征,他们不断地通过自己的恶行制造种种悲剧"。[44]

二

如果说南方的行为让纳粹德国失望的话,1938 年末到 1939 年初,它本身也没有在国际舞台上发出自己的声音。在罗斯福总统领导美国介入全球事务前,南方的政治立场与美国的其他地区基本上是一致的。在"新政"的前六年,南方并没有积极推动美国在国际事务中采取坚定地保持中立、适度发展军事力量和积极保护美国海上贸易通道的防御策略。这里需要解释的不是为什么南方始终坚持国际主义,也不是南方为什么如此强烈地希望挑战德国的独裁统治,而是在欧洲阻止希特勒扩张领土野心的努力失败后,南方政治家为什么在20世纪30年代末组织领导了美国的干涉主义联盟。[45]

第二次世界大战初期,《伯明翰时代先驱报》专栏作家约翰·坦普尔·格拉夫斯(John Temple Graves)提出同样的问题。为了更好地理解"珍珠港事件以前南方强烈主张参战"的原因,格拉夫斯对其他南方白人新闻记者、著名作家和学者进行了调查走访。[46]他们给出的原因可分为三类:文化渊源、政治算计和经济驱动。

有些受访者指出,南方人为自己的习武传统感到自豪。绝大多数南方人都是新教教徒,他们憎恨纳粹集团极力反对基督教的企图。

其他受访者将南方地区的亲英国立场视为种族团结的表现。90%以上的南方白人祖先来自英格兰、苏格兰、威尔士和新教占统治地位的爱尔兰,这说明1880年以后,来自南欧和东欧的大规模天主教和犹太教移民对这一地区的影响是无足轻重的。许多南方人认同英国的自由主义价值观。他们对于英国在南北战争期间给予南部邦联的同情和支持仍然记忆犹新,而且他们时刻会想起遭受军事占领带来的痛苦。

还有几位受访者强调党派利益的考量。孤立主义使得共和党紧密团结在一起,而罗斯福总统领导的民主党则倾向于相反的政治立场。第一次世界大战后,国会讨论美国是否加入国际联盟时,这种党派立场的分歧导致两党无法达成政治上的一致。当时,南方作为民主党的重要组成部分,坚定地支持威尔逊总统的立场。现在,他们同样支持罗斯福总统。"南方的一党制",格拉夫斯解释说,"像德国、意大利和俄罗斯一样,是一种全面性的治理机制。在上述国家,党始终保持对全国的统治,而且这种统治是一种自上而下的统治模式"。"在南方",

格拉夫斯坚持说,"民主党内部的分歧与其他地区的共和党与民主党间的分歧一样尖锐"。诚然,"在每一次选举过程中,南方都将民主党的总体利益看得高于党内任何形式的派别竞争"。一个重要的结果是"当国家面临战争威胁时,全国上下能做到同仇敌忾"。格拉夫斯补充说,"也许这是南方更希望美国参战抗击希特勒的另一个原因"。[47]

更重要的是经济方面的考量。南方的棉花和烟草主要依赖海外市场进行销售;俄克拉荷马州和德克萨斯州的石油工业、佛罗里达州的磷矿和硫矿,以及阿拉巴马州的钢铁工业均同样严重依赖海外市场。杰克逊维尔、坦帕、新奥尔良、萨凡纳、莫比尔、查尔斯顿和诺福克等港口城市的经济也有赖于上述农作物和工业产品的出口贸易。而且,这些城市也是咖啡、可可、香蕉、锰和橡胶的进口基地,更是制成品和机械设备的进口基地。毫不奇怪,南方长期以来一直支持政府采取低关税和开放全球贸易的政策。

希特勒的征服政策对南方地区的经济繁荣造成了直接威胁。在20世纪30年代末期,南方地区每年生产的120亿捆棉花中,50亿捆供出口海外。但战前的紧张形势以及海上运输风险的增加使得南方地区棉花产品的货仓过分积压,销售商蒙受严重损失。另外,纳粹占领区的市场被迫关闭。例如,在1938年9月份按照《慕尼黑协定》将苏台德地区割让给德国以前,捷克斯洛伐克曾经是美国南方地区棉花的重要进口国。捷克斯洛伐克2/3的纱厂都集中在西部和西南部的苏台德地区,该地区并入德意志第三帝国后,捷克斯洛伐克实际上就停止从美国南方地区进口棉花了。一年后战争的爆发使南方地区的烟草贸易也遭受打击。"当希特勒开始横扫波兰平原时",马里安·伊瑞希指出,"南方货栈里正在举行烤烟拍卖会。英国的进口商突然接到政府命令,要求停止采购烟草"。11月份,南方地区的烟草市场被迫暂时关闭,因为欧洲大陆和英国已经没有客商了。[48]相较而言,南方的军需用品和与战争物资生产相关的产业在1939年后获得联邦政府的大量投入,包括田纳西河流域管理局的水力发电量猛增、大的港口城市及附近区域的造船和飞机制造订单迅速增加、钢铁产量快速提高、纱厂不断接到军服生产订单。显然，积极的对外政策有利于南方获取经济利益。

像其他地区的政策需求一样，只有在南方地区所推行的反孤立主义行动与本地区所追求的白人至上原则相一致时，上述因果分析才能成立。在第一次世界大战期间，南方已经知道，反孤立主义行动可以与白人至上原则相结合，从而使这一地区在保证种族制度不受影响的前提下，通过积极参与全国性的爱国工程项目而获利。上述经验同样表明，如果白人至上这一关键性原则得不到保障，经济需求、对党派的忠诚以及种族团结就无法沿着国际主义的方向顺利向前推进。

1914年第一次世界大战爆发后，英国发起了针对奥匈帝国和德国的货物禁运，以阻止美国的棉花出口流入这些国家。因此，当时美国南方首先充斥着严重的反英情绪，而不是反德情绪。南方的经济也因此迅速衰退。由于威尔逊总统被视为亲英派领袖，他在南方地区受到广泛谴责。人们认为总统背叛了南方，并警告说，民主党在南方的政治主导地位可能会面临问题。[49] 只是在英国同意购买原来打算出口到敌对国的棉花时，危机才得到化解。1915年5月，德国击沉了英国卢西塔尼亚号邮轮，导致120名美国乘客丧生，威尔逊总统于是发出了开展军事备战的动员令，由此引发了威尔逊总统与多数南方国会代表之间的第二次冲突。南方国会议员担心，军备的大部分开支将由南方地区的农民买单，而军火生意的获利将流入可恶的北方资本家的腰包里。同时，他们担心联邦权力的扩大将会触及南方地区的各个角落，直接威胁其种族主义制度。尤其是如果共和党重新执政，事态将会更加严峻。1916年众议院就扩军问题进行投票表决时，216张否决票中有123张是由南方代表投出的。在征兵问题上，南方地区的反对声音超过美国任何其他地区。[50]

反过来说，威尔逊总统深知其政策亟须南方的支持。他呼吁南方地区的爱国人士积极响应政府号召，并表示，支持美国参战将使南方不再遭受对联邦政府缺乏忠诚的指责。1918年8月，约翰·坦普尔·格拉夫斯在写给《杰克逊日报》的文章中，称第一次世界大战给予了"南方忠于联邦政府的三项桂冠。我们在马尼拉湾取得了第一顶桂冠，在圣地亚哥取得了第二顶桂冠。现在，我们又将在法国平原为取得第三顶桂冠做出最后的牺牲。因此，南方地区与合众国是一个不可分割的整体"。[51] 与此同时，威尔逊总统指示政府对南方地区进行大规模的战争设施投入。15个大规模军事营地中有6个设在南方，16个国民卫队营地中有13个也在南方选址，海军军用设施和军火生产厂家也同样设在南方。另外，更重要的是，南方地区可以坚信，对于美国参战的支持将使这个地区羽翼未满的种族制度得到强化。1917年国会对《选择性兵役法案》举行听证时，美国作战部部长牛顿·贝克承诺将严格加强部队训练场所和作战单位中的种族隔离制度。威尔逊总统也一再表示，美国军队可以"为海外的民主事业和民族自决而战斗，国内所实行的种族隔离制度不会受到任何威胁……南方民众可以支持总统捍卫海外民主事业的使命，他们不必担心这会导致国内黑人也将享有民主"。[52] 后来，虽然未必如愿，南方政治家们却争先恐后地站在支持美国加入国联和国际法庭的行列中。如果当初不是威尔逊总统凭借自己的高度威望确保南方的种族制度不被动摇，南方代表们在上述问题上会做出怎样的表现，还很难说清楚。

　　南方的表现令人深受启发。在承诺强权政治不会挑战南方种族制度的前提下，美国政府就可以基于文化、政治和经济利益的关切，充分调动南方民众支持和参与国际主义事业的热情。总之，南方在政治立场上对于美国参战给予的果断支持，开启了第一次世界大战期间新的政治主题。其结果并没有导致作为一个南方人与作为一个美国人之间的矛盾与冲突。南方的种族制度继续得以维护，成为维持社会安宁、保护黑人与白人公民、确保全体南方白人公民享有平等权利的手段。而南方为民主事业斗争的意志也丝毫没有被削弱。[53]

三

美国在欧洲战争中保持中立是国会面临的第一大国际问题。[54] 到 1935 年夏天，意大利在埃塞俄比亚边境调动和集结的士兵人数达 100,000，德国和苏联也开始紧锣密鼓地重整军备。美国民众越来越担心自己的国家被拖入欧洲战争的泥潭。就在国会忙于审议《社会保障法案》《瓦格纳法案》及其他重要的国内立法提案时，美国爆发了大规模的反战运动。当时正值 9 月 15 日纽伦堡大会前夕。反战运动得到包括联邦教会委员会和全国预防战争委员会在内的多个民众团体的广泛支持。其目的是推动国会尽快立法，保证美国对战争持严格公正的中立立场。[55] 许多民众（约 3/4）支持路易斯安那州民主党议员路易斯·洛德罗（Louis Ludlow）提出的决议案，要求修改宪法。修改后的宪法应当明确规定，在国会批准美国参战以前，必须进行全民公投。[56] 1935 年 8 月 31 日，罗斯福总统签署的《中立法案》旨在排除美国被无端卷入战争的可能性。它禁止美国向交战国出口武器，并禁止美国商船运输供交战国使用的武器。同时，法案要求武器生产商和运输商执行许可经营制度，限制美国公民乘坐交战国的船只出行。当总统宣布战争已经开始时，上述法案条款将被启动实施。它们同时适用于侵略国和受害国。[57]

不论是在国会，还是全国上下，1935 年的《中立法案》均没有引起任何争议。当然，罗斯福总统内心并不赞成绝对中立原则，但经过一番犹豫后，他选择支持该法案通过并实施。[58] 签署该法案后几个星期，罗斯福总统在圣地亚哥举行的一次演讲中向全国宣布，"尽管海外国家发生了战事，美利坚合众国必将按照祖先向上帝祈祷过的原则，作为自由国家，置身事外，绝不卷入其中"。[59] 参众两院举行的关于 20 年前军备、金融资本和战争收益的听证会[60]引发了广泛争议。该听证会由北达科他州共和党激进主义者杰拉德·奈伊（Gerald Nye）领导的参议院军火调查委员会主持。国会议员们的意见高度一致，不允许美国像卷入第一次世界大战一样再次卷入战争。这促使众议院以口头表决的形式顺利通过了新的《中立法案》。参议院也以79∶2的压倒性优势通过了这一法案。[61] 路易斯安那州民主党参议员休伊·朗在9月10日遇害前一个月的时候曾提醒参议院,"美国与欧洲的战争已经结束17年了",但"我们根本没有采取任何措施以避免再次卷入欧洲战争,难道不是吗? 17年过去了,我们还待在原地不动"。[62]

1935年的《中立法案》通过时设置了"落日条款",规定该法案的有效期截止到1936年3月1日。这一条款不断引起人们的质疑,尤其是南方代表担心棉花贸易受到限制。[63] 随着法案到期日的来临,以及大片的埃塞俄比亚国土被意大利占领,1936年1月和2月,美国又实施了三项法案,以确保自己的国家不会丧失中立原则的保护。值得注意的是,墨索里尼对于东非的野蛮征服并没有使美国的中立原则受到质疑,而是恰恰相反,当年2月28日罗斯福总统签署法案,延长了1935年法案的有效期限,并增加了一个条款,禁止延长交战国借款、信贷或证券的期限,并规定,美国与交战国之间的货物贸易必须以现金方式结算。1936年的法案以口头表决的形式获得参议院批准,并以355∶27的压倒性优势通过众议院表决。

从后来事态的发展看,参众两院的立法辩论过程有两个特点非常耐人寻味。第一,许多南方代表在言论上对上述法案给予了强烈的支持。阿肯色州民主党议员约翰·麦克莱伦(John McClellan)的政治生涯始于担任众议员,随后一直到1978年的大部分时间他都担任参议员。麦克莱伦坚持说:"我们不可能去保证全世界的和平;这样做无异于愚蠢地自杀。"[64] 另一位首次担任众议员的民主党人士、佐治亚州的本杰明·维尔切尔(Benjamin Whelchel)认为:"像美国这样的基督教国家允许自己的公民卷入有史以来就从未停息过的人类冲突,到外国的土地上抛洒热血,只能让冲突变得更加剧烈。这样做是不公平的,也是不正确的。在我看来,这种人类冲突不可能完全避免。"[65] 第二,新生的善于发表政见的少数派——后来发展成为多数派——担心《中立法案》将导致美国政府在严重的战争威胁面前无动于衷。至关重要的问题是认清侵略者的面目,积极保卫全球的民主政治。这一政治立场深受包括南方和非南方政治家在内的民主党人士的欢迎。因此,在众议院,密西西比州的威廉·科尔默呼吁美国采取"武装中立"的立场,从而使美国"凭借强大的军事力量赢得那些好战国家的敬畏。这些国家一方面口头上宣称要求和平,另一方面又将和平肆意抛弃,一心追求经济扩张和侵略政策"。科尔默希望警告"那些意欲破坏世界和平的人,这样做的一个必然结果就是,侵略者将被彻底消灭"。[66]

1936年6月20日,第74届国会休会。不到一个月,西班牙内战爆发。这是当时美国面临的所有国际性事件中最令左派人士恼火的。8月中旬,罗斯福总统承诺"其本人将花费大量时间思考和谋划美国如何避免卷入战争"。他重申,"我们将极力避免做出有可能使美国卷入战争的任何政治承诺;避免与国际联盟的政治活动家们产生联系……我们将尽全力使自己的国家摆脱战争泥潭"。[67]由于西班牙内战是共和政府与民族叛乱分子之间的战争,而不是两个独立国家之间的战争,从技术层面上说,1936年的《中立法案》不适用于这场战争。美国或美国公民通过第三国向交战双方的任何一方转运武器、弹药或其他战争设施也不属于违法行为。1937年1月,第75届国会一开幕就讨论了这一问题。《纽约时报》报道说:"一方面,美国总统与国会之间存在激烈的争执;另一方面,一些美国商人与武器、弹药及包括飞机和飞机零部件在内的其他战争设施的出口商之间也存在严重的利益冲突。"在国会讨论针对西班牙的中立立场问题时,美国国务院核准了针对西班牙政府军的战争设施出口许可,包括机枪、4,000万发子弹、500架飞机发动机和47架军用飞机。[68]

当时的参议院对外关系委员会主席、内华达州民主党参议员基·皮特曼(Key Pittman)向参议院议席提交的决议案很快获得通过。这一决议案"直接规定从美国或美国的属地向西班牙出口武器、弹药和其他战争设施属于违法行为。在当前西班牙爆发激烈内战时期,经第三国向西班牙转运上述物资，供交战双方中的任何一方使用，也属于违法行为"。[69] 皮特曼解释说："在西班牙'内战'中，两种形式的政府军在交战。但这里所说的'政府'不是一般政治理论中提到的'政府'概念，它不属于民主政府。世界上的强国往往出于各自不同的目的对交战双方的某一方给予同情和支持。"[70] 众议院外事委员会主席、田纳西州的塞缪尔·麦克雷诺兹表达了美国国会山的压倒性共识："我想拯救美国，以免使她卷入欧洲战争。"麦克雷诺兹继续解释说，"我不会成为正发生在西班牙的屠杀和灾难的当事人，我想从各位议员的眼神中看出谁愿意成为其中的一员。这就是我对西班牙内战的看法"。[71] 由于这一提案的影响范围小，针对性强，提交当天它就在参议院获得一致通过。众议院则以411∶1的压倒性优势表决通过该提案。[72] 罗斯福总统很快签署了这一决议。正当总统签署决议并停止已经装船待运的武器出口时，J.埃德加·胡佛（J. Edgar Hoover）则展开了一项调查，以确认美国征召自愿者支持西班牙政府军作战是否违反联邦政府禁止美国为国外武装力量征兵的禁令。[73]

美国对战争没有任何觊觎。1937年国会首次讨论永久性《中立法案》时，中立原则继续赢得了不同地区和党派的压倒性支持。这一法案比以往法案的规定和限制更加严格。在这之前的两年内，全球军备竞赛的步伐突然加快。[74] 看到遥远的欧洲军事动员规模的升级，国会延长了1936年《中立法案》的期限。3月份的参议院表决结果为63∶6，众议院表决结果为377∶12。[75] 除了1939年5月1日到期的现购自运条款外，其他条款没有终止期限。关键是，这一法律将中立原则的范围扩大到包括所有爆发内战的国家，而且一旦总统认为某些国家处于战争状态，它就适用于所有交战方。法律授权总统禁止向交战国运送一切货物，吊销针对交战国的一切出口许可证件，并禁止商船配带武器装备，以免引起交战国注意。同时，法律扩大了过去设置的现购自运条款的适用范围。《洛杉矶时报》报道说，新的《中立法案》"警告海外处于战争状态的国家，美国与他们之间的战争毫无干系"。[76]

1935年至1937年之间,《中立法案》之所以在国会获得一致性通过,其根本原因在于国会中的两大政治联盟出于各自不同的目的对法案给予了坚决支持。第一大政治联盟关注国内国际安全问题,其组成人员包括极力主张美国远离海外战争泥潭的孤立主义者和支持倡导集体安全的国会代表。这些集体安全的倡导者们主张,为了防止战争和震慑侵略者,美国应当与相关国家开展多边合作,而不应当只采取单边行动。[77] 第二大政治联盟对国际政治经济感兴趣,与担心全球贸易前景会受到影响的代表们一道,他们致力于同希望在战争期间提供人道主义援助的客商们开展贸易交流。尽管动机不同,但两大政治联盟的代表们必须找到共同诉求。他们选择的最终解决方案是采用现购自运的贸易方式。美国可以在不选择支持任何交战方的前提下,捍卫其海外商业利益,保护海外收入,并提供必要的人道主义援助渠道。加利福尼亚州的众议员杰瑞·沃里斯(后来于1946年被理查德·尼克松击败)解释说,这一条款"是一种妥协。我们被迫接受这样一种妥协条款,因为我们认识到要切断与交战国之间的全部贸易,几乎是不可能的。我们妥协的另一个原因是,即使能切断与交战国之间的全部贸易,我们也不想阻止交战国获得食物、药品等人道主义物资援助。因此,现购自运的贸易方式是我们做出的最好选择"。[78]

四

随着形势的变化,上述联盟关系变得越来越难以维系。尤其是1937年的形势发展已经清楚地表明,通过法律保障广大民众对于和平的诉求,避免第一次世界大战造成的人身和财产损失,必须以有利于全球安全的国际环境条件为前提。当时这一前提已经完全不存在了。

罗斯福总统于1937年5月1日签署了永久性的《中立法案》,但到7月份,这一法案就已经面临严重危机。法案的制定者们对发生在世界另一个地方的事态始料未及,它对美国的永久性中立原则提出了重大挑战和考验。7月7日，在中国北京西南部地区爆发了"七七卢沟桥事变"。到7月末，这一事变已经演变成中日两国军队在中国大陆开展的全面战争。

7月底，北京已经完全落入日本人手中；到8月中旬，淞沪战役开始。中国政府强烈要求国际联盟出面解决这一严重争端，指责日本的侵略行为严重违反了《国际联盟条约》和1928年美国国务卿弗兰克·B.凯洛格（Frank B. Kellogg）极力支持签署的《凯洛格－白里安公约》。该公约宣布把战争作为解决国际争端的工具为非法行为，包括英国、德国、意大利、日本以及美国和法国在内的公约签署国承诺，将公开宣布"放弃"战争这一"国内政策工具"。尽管中国政府代表在国际联盟受到热情接待，但中国却没有看到国际联盟采取任何有意义的行动去制止这场战争。

中日战争对美国政策的影响尚不明朗。中日双方均未正式宣战，而《中立法案》只有在罗斯福总统宣布战争已经正式爆发的情况下才能启动。北京陷落后的1937年8月上旬（当时国会正在审议罗斯福总统提交的《公平劳动标准法案》），安妮·奥黑尔·麦考密克所撰写的国际形势报告简要总结了即将在欧洲发生的类似战争冲突的进展情况。麦考密克注意到，虽然"已经有几位美国公民在中国上海爆发的战争灾难中丧生"，但罗斯福总统却尚未宣布中国已经处于战争状态，从而启动《中立法案》。她清楚地分析了为什么"每一天的战事都突显了中立政策本身所遭遇到的棘手问题"。具有讽刺意味的是，只有在不启用《中立法案》条款的情况下，美国才能保持实际上的中立。因为法案条款启动生效后，美国就无法再向中国提供武器和贷款援助，这将让日本侵略者获益。简言之，仅仅被批准生效几个星期后，《中立法案》就变成了一种强加的负担，几乎没有人感到满意。"我们要实施的中立政策的一个显著特点是"，麦考密克有力地总结到，"国内外没有人相信它会产生什么作用"。[79]

1937年12月，日军占领南京，其主要目的是想以此来强行束缚罗斯福总统的手脚，但罗斯福总统继续对日本的侵略行径提出异议。[80] 两个月后，在回应部分民众对其远东政策的批评时，罗斯福总统仍旧为中立原则辩护。他坚持说，中立原则使美国远离了西班牙内战和中日战争的泥潭。但罗斯福总统同时承认，尽管《中立法案》旨在使美国避免在海外爆发战争时，援助或惩治其中的任何一方，但这一法案的确"难以真正落到实处"。[81] 不久，议员中的孤立主义者要求总统公开宣布这一立场，而国会中的反孤立主义团体则发起了废除《中立法案》的运动。[82] 两者之间已经不存在共同诉求了。

官方的中立原则不论是在理论上还是在实践中均接连不断地遭遇各种困扰。1919年签署的和平条约曾设想构建一种通过和平方式全面解决民主国家之间争端、实施全面裁军和确保集体安全的国际秩序。作为一种保障和平的正当渠道，这类具有积极意义的国际法规已经被彻底抛弃。当20世纪30年代欧洲和亚洲陷入严重敌对和混乱之中时，上述国际法做出的各种设想均已荡然无存。和平与战争、国内事务与国际事务之间的明显区分变得越来越模糊了。[83] 法西斯主义者的话语中不存在"和平"一词，"当他们嘲笑和诅咒民主制度时，他们才会使用这一词语"。[84] 和平条约被肆意践踏。对《凡尔赛条约》做出的国际安排不满意的国家宣称，国际法不过是第一次世界大战中战胜国为保证本国之既得利益而设计的一块可笑的遮羞布而已，而且多数战争均没有进行正式宣战。许多战争被视为国家治安警察的行动，而不被作为战争对待。随着战争手段和目标的变化，战争规则变得越来越难以维系。尽管许多国际文件仍然对这些规则做出了各种规定，但都形同虚设。[85]

总之，《中立法案》所规定的条件和期望达到的目标，在整个世界所面临的形势下，已经失去实现的可能性，确保海外战争产生的后果不会损害美国利益这一假设很快就变得难以维系了。[86] 正如一位研究1937年至1941年国际政治形势的学者所指出的，当时正值"已经沉睡多年的恐惧意识"被"再次唤醒"。[87] 在为由新学院研究生院研究人员中的难民撰写的论文集《我们所处时代的战争》（1939年卷）序言中，汉斯·施佩尔（Hans Speier）和艾尔弗雷德·凯勒（Alfred Kahler）指出："今天，战争一词不是意味着一种记忆，而是一种恐惧和焦虑。人们脑海里所浮现的全是明天即将发生的战争的惨烈场面。"[88]集体安全已经完全丧失，人们"靠集体安全保障解决争端的希望已经破灭"，[89]国际无政府主义和军国主义势力迅速膨胀。在所有这些事态变化面前，中立策略似乎成了一种过于抽象的概念。对于具体的战争冲突来说，它显得尤其遥不可及。再者，《中立法案》规定的条件也过于苛刻，它使美国政府按照具体原则和国与国之间的友好关系做出决断，并采取行动的权限大为缩小。[90]

全球性大规模冲突最终导致的结果"已经不是国与国之战，而是意识形态之战了"。[91]不论是选择回避还是介入，美国必须对自己的立场做出明确选择。1938年6月，助理国务卿弗朗西斯·塞尔（Francis Sayre）迫切要求美国人民理解"发生在欧洲和中国的战事是对现有国际秩序的严重挑战"，它使得当时"混乱的国际秩序"[92]面临巨大威胁。武力已经取代法律，成为解决国际争端的手段。美国只有积极参加军备竞赛，并抛弃关于全球秩序安排的过时观念，才能继续维持其保护和强化民主政权的策略。

正如沃尔持·李普曼撰文指出的，当时美国面临的艰难处境使得广大民众深受"严重不确定性的困扰"，其内心"始终处于一种紧张不安和犹豫不决之中"。正是由于上述原因，美国国会围绕中立原则和征兵备战问题展开了激烈的辩论。[93]20世纪30年代末和40年代初，研究国际问题的学者弗雷德里克·舒曼（Frederick Schuman）等不断地大声呼吁，美国迫切需要搁置"自1931年以来，甚至说自1919年以来就一直占据民众内心主导地位的思想情绪"。这是一种"恐惧与战争相互交织"的思想情绪。舒曼告诫，美国应当克服过去对全球事务持回避态度的做法，形成一种新的"政权设计"理念。在这一理念下，政府的"中心"工作不是"被动防御或默默接受其他强权体制所主导的国际秩序，而是要重塑这一国际秩序……通过在全球范围内动用自己的武力"。[94]

实际上，美国积极参与国际事务的希望非常渺茫，它无法保证完全满足维持民主政体与独裁政体之间的平衡"所需要的严格条件"。[95]后来变得摇摇欲坠的孤立主义的思想基础来源于美国的历史传统、全球协议以及使1914年至1918年之间的灾难永远不再重演的理想目标。在美国政治发展演变的历程中，置身于欧洲事务之外的地缘政治观念可以说"形成了美国外交政策的最基本原则"。从美国建国到第一次世界大战，美国政治生活的一个人所共知的事实是，远离欧洲的冲突，不让欧洲染指南北美洲的事务，以利于美国的独立发展。第一次世界大战期间及随后的一段历史时期，美国的孤立主义立场发生了转变——之前面对英国的海上霸权和全球称雄的格局，孤立主义立场是美国外交事务的根本前提；而在美国成为平衡全球力量的"决定性因素"之后，孤立主义立场成了美国众多外交政策选择之一。[96]在罗斯福总统执政初期，美国外交政策的核心前提是孤立主义，即美国与欧洲的冲突没有任何利害关系。1938年3月，前任总统胡佛的欧洲14国之行结束后，向对外关系委员会发表的演讲所阐明的正是这一思想。他严正警告美国，不要参与英国和法国组建的任何反对法西斯独裁政体的同盟。"我们不应当采取这样的做法"，胡佛补充说，"其他民族所选择的与他们命运攸关的政府形式与美国根本无关"。[97]

事态的发展使得胡佛的立场观点越来越站不住脚。1935年、1936年和1937年的《中立法案》的宗旨是，使美国远离海外战事。但政府部门开始质问，如果各武力强国判定违反美国的中立原则对自己有利，"美国维护这一立场并获益的唯一选择是，使自己有能力参与交战双方的任何一方，而且成为交战双方之间进行军事谋划的关键因素"，在这种情况下，美国应当做出怎样的选择呢？[98]具有讽刺意味的是，德国、意大利、日本三大强国于1937年组成了轴心同盟。该同盟极力赞成美国的中立原则，因为法案中自动启用武器和弹药禁运的条款将明显有利于军事化程度高、武器生产设施齐备的国家。然而，自从1935年以来，不论交战双方的对抗情形如何，也不论双方的交战对美国的价值观及国内安全造成什么挑战与威胁，美国一直固守远离海外战争泥潭的政策。

美国的中立政策虽然动机美好，但却把自己带入了死胡同。如果迅速让其掉头转向，操作起来也不是一件轻而易举的事情，毕竟《中立法案》在保证美国不受战争困扰方面发挥过巨大作用。丹尼斯·布罗根曾指出，长期以来，美国就像中世纪的欧洲一样，"处于战争恐惧的阴影之中。死亡天使如果不是徘徊在国外的土地上，那么，我们耳边将会萦绕它拍打翅膀的声音"。99 埃塞俄比亚、西班牙、中欧和中国的战事爆发后，国际事态发展造成的威胁迫使美国做出新的决定，包括重整军备、处置好对战争具有制止作用的武装力量的发展问题。随着人们恐惧心理的加剧和国际形势的戏剧性变化，"新政"不得不针对美国曾长期坚持中立的国际事务领域，迅速采取行动。中立原则是对美国政府的第一场关键考验。它与美国在国际战事中选边站队的立场是否相容呢？

五

1939年1月4日，罗斯福总统向国会参众两院联席会议发表国情咨文。这是一个风云突变的时代，此时，距德国将一贯软弱驯服的奥地利并入德意志第三帝国刚刚过去大约十个月；距墨索里尼和希特勒断然拒绝罗斯福要求两人公开宣布十年内不挑起侵略战争过去九个月；距埃维昂会议解决犹太难民无国籍问题的努力宣告失败过去约六个月；距《慕尼黑协议》将捷克斯洛伐克苏台德地区割让给德国过去仅仅三个月；距"水晶之夜"德国大规模屠杀犹太人事件过去两个月。当时的新闻界也一片哗然，争相报道纳粹德国对拉丁美洲的影响不断扩大，而且阿道夫·希特勒刚刚发表新年贺词，承诺加强德国的军事实力，致力于"将德国人民全面打造成国家社会主义的战斗集体"。100

总统希望自己的讲话能够避免引起争议。他主要讲述了扩军备战问题，并明确宣布他将不再支持自己曾经极力拥护的《中立法案》。"我们周围的国家都在不经宣战而疯狂地挑起战争——既包括军事战争，也包括经济战争"，总统强调说，这些"国家都在更加疯狂地重整军备——既包括军事方面的准备，也包括经济方面的准备。它们也都在制造新的侵略战争的威胁——既包括军事方面的威胁，也包括经济方面的威胁。"罗斯福总统的演讲围绕独裁政权和民主政权之间的对比展开。他警告说，美国"不可能心安理得地漠视发生在世界各地的践踏国际法的行为"，也"不可能永远没有任何抗议地放过对兄弟国家无端发起侵略战争的行为"。除了号召全国为即将大幅度增加的防卫开支作准备，罗斯福总统表示，美国需要认真对待《中立法案》带来的教训。"最起码"，他坚持说，"我们能够而且应当避免任何鼓励、助长和壮大侵略者的行为，也能够而且应当避免自己有任何不作为的现象发生"。罗斯福总统进一步强调，"当我们竭尽全力实施《中立法案》时，法案本身就有可能对交战的某一方造成不均等和不公正的对待——这实际上等于向侵略者提供了援助，而受害者却又无法得到我们的援助"。他呼吁国会"以后不要再发生类似的事情"。[101]

美国现在需要为它的严格中立原则寻求一种替代方案：将侵略国家排除在严格中立原则以外。在3月7日举行的新闻发布会上，罗斯福总统"表示自己相信美国这些年来所实施的《中立法案》严重助长了战争的威胁，而没有对和平事业做出什么贡献"。[102] 希特勒并没有被《慕尼黑协定》和国际舆论所震慑，德国军队于3月15日入侵了捷克斯洛伐克。第二天，罗斯福总统对来自德克萨斯州的参议员汤姆·康纳利表示，美国应做出的正确反应是取消武器禁运，否则，"当我们启用《中立法案》的相应条款时，就等于站在了希特勒一边"。[103] 到4月份，人们开始盛传希特勒很快就会侵占波兰。[104] 由于1937年的现购自运条款即将于5月1日到期，国会必须就《中立法案》未来的性质作出关键性决定。国会于罗斯福总统的催促下所通过的法案并没有违背这样一种观念：对美国公民的行为进行限制，禁止他们进入交战区域以及对于发生在海外的战争保持中立立场可以帮助美国维持现有的和平。当路易斯安那州民主党代表艾莎·艾伦（Asa Allen）提出废除《中立法案》时，国会未予批准（表决时，仅有68票赞成，而反对票则高达195票。投赞成票的议员几乎全部来自南方）。但国会同意对法案进行重大修正，取消过去的武器禁运条款。这一修正促使美国"更加果敢地在即将发生的海外战事中'选择立场'，并慎重考虑美国中立原则的因果关系问题"。[105]

最初，国会对法案进行修正的努力实际上并没有取得成功。俄亥俄州共和党议员约翰·沃里斯（John Vorys）提出的修正案在众议院获得通过。该修正案继续保留了武器和军火的禁运条款，但出于妥协的需要，准许其他战争物资出口。[106] 6月29日，众议院以159∶157的投票结果勉强通过这一提案。德克萨斯州民主党议员卢瑟·约翰逊（Luther Johnson）试图带领对这一修正案持有异议的议员通过操纵投票表决来将其推翻。但在第二天的表决中，这一企图以176∶180的表决结果宣告失败。虽然经过修正后，法案的影响已经被严重削弱，但孤立主义者仍然强烈反对禁运条款被有所放宽。该修正案以194∶196的表决结果侥幸躲过重新提交审议的表决。[107] 最终，修正案在众议院以201∶187的表决结果勉强获得通过。这一修正案成功地朝着弱化孤立主义政策的趋向迈出了第一步。南方的支持是保证这一努力取得有限成功的主要驱动力量。当众议院对这一措施进行表决时，共和党试图使出一切力量将其推翻。非南方民主党议员之间存在明显分歧。只有南方民主党派的高度团结统一，才能保证这一修正案最终成功获得通过。[108]

孤立主义运动的重要领袖、纽约州共和党议员汉密尔顿·菲什当时担任众议院对外事务委员会首席代表。菲什对于众议院通过《中立法案》的修正案反应强烈。他借用丹尼斯·布洛根三年前所做的形象比喻宣称，"今晚，当死亡天使掠过英格兰、法兰西、德意志、意大利和波兰上空时……在坐的每一位几乎都能够听到她拍打翅膀的声音。通过这样一个不实行武器禁运的《中立法案》,无异于让美国重新回到22年前的交战状态,无异于让美国再次卷入世界大战"。[109]菲什及其同事们支持严格实行武器禁运的主张并没有在众议院占据优势。因此,他们的反对并没有影响这一修正案获得众议院批准。众议院通过的这一修正案实际上已经做出重大妥协,但它最终还是没有被提交至参议院对外关系委员会。该委员会以12∶11的投票结果决定推迟参议院议席对这一修正案的审议和讨论。直到1940年,由40多位议员组成的抗议团体明确表示要发起司法阻挠后,参议院议席才对这一法案进行审议。[110]到7月份,德国并未入侵波兰。这使得废除《中立法案》的难度更大。话题再转回欧洲。沃尔特·李普曼告诉罗斯福总统,欧洲实现和平的前景非常乐观;"法国和英国作战非常顽强";"希特勒越来越不得人心了"。[111]7月18日,白宫与参众两院的国会领导人共同召集会议,双方展开了激烈的争论。罗斯福总统被告知废除武器禁运条款的努力已经失去希望,参议院不会做出任何响应。《纽约时报》的新闻标题是,"总统终于承认失败了";《芝加哥论坛报》则鼓噪说,"总统放弃了废除武器禁运条款的努力"。[112]

德国对波兰发起的闪电攻击为《中立法案》的修正案赢得了转机。《华盛顿邮报》注意到"难以置信的事情突然成为现实","后果难以想象……一切我们最珍视的东西都变得难以预料了"。9月2日,该报头版刊登的社论强调说,中立原则已经无法再维系下去了。社论宣称,这一战争不同于以往发生的全球冲突,"不仅因为它对人类的威胁更加恐惧可怕",更因为"这实际上是一场意识形态领域里的战争"。[113]没过多久,这一过去引发广泛争议的观点变成了美国民众共同的真知灼见。

9月5日,罗斯福总统宣布德国、波兰、法国和英国为交战国,[114]并公开宣布启用《中立法案》,禁止向以上国家直接或间接出口货物。罗斯福总统在广播讲话中宣布,他将遵照1937年的《中立法案》,执行上述禁运措施。他称这一法案为"所谓的《中立法案》"。但罗斯福在讲话中同时表示,他想结束武器禁运条款,实施一项确保"美国在国际战事中,真正采取中立立场"的政策。¹¹⁵ 六天后,他写信给当时的英国首相内维尔·张伯伦(Neville Chamberlain),表示:"我希望并相信美国将于下个月废除禁运政策,这无疑是美国政府决策中的一个重要组成部分。"¹¹⁶ 9月21日,罗斯福总统向参众两院联席会议发表讲话。为保证其人身安全,警方采取了特殊的警戒措施。¹¹⁷ 罗斯福总统从未在"正式讲话"中提到向英国和法国提供武器援助。但在这次讲话中,他宣布,全体美国人民属于爱好和平的阵营,他们不只是现有《中立法案》的支持者。因此,罗斯福总统将结束禁运的理由归结为这是使美国远离战争泥潭的有效手段。他呼吁国会禁止美国船只驶入交战海域,并要求凡是购买美国商品的交战国都要在驶离美国海岸前取得货物的拥有权。同时,总统批准政府有关部门执行已有《中立法案》中禁止美国公民乘坐交战国船只出游的条款,以及禁止延长交战国信贷期限的条款。但核心问题是总统要求废除武器禁运条款,这是总统提议中唯一没有妥协余地的内容。¹¹⁸《华盛顿邮报》的新闻标题写道,"纳粹的批评者罗斯福总统的提议令不列颠人欢呼不止"。¹¹⁹

国会中的南方民主党议员迅速振奋起来,"这是一个了不起的演讲",密苏里州参议员哈里·杜鲁门说道。"这是对国际政策所作的最精彩的诠释",德克萨斯州的汤姆·康纳利也说。阿拉巴马州国会议员乔治·格兰特(George Grant)回顾了罗斯福总统的演讲如何"令人信服地阐述了废除《中立法案》的原因"。格兰特的同事、佐治亚州的卡尔·文森(Carl Vinson)到1964年为止先后担任议员超过50年。文森宣称:"我赞成废除《中立法案》。如果实在废除不了,我支持对其进行修正,取消武器禁运条款。"甚至连不断对罗斯福总统的南方政策提出批评的南方政治家们也为这一演讲感到振奋。曾经在1938年被罗斯福总统列为竞选对手及清除目标的佐治亚州议员沃尔特·乔治认为,罗斯福总统对废除武器禁运提出了"极为强烈的要求",他的演讲表明总统本人会坚持拥护这一立场。弗吉尼亚州的卡特·哥拉斯宣称,总统的演讲"非常棒，非常有针对性，非常令人信服。我不明白人们如何还会选择支持其他立场"。[120] 这是当时南方地区普遍流行的观点。乔治·盖洛普很快报告说，全国民众对于总统的支持在不断上升。尤其是在南方地区，民众对于总统的支持上升更快。[121]

但是，也有许多其他政治家对总统的立场持有相反的观点。反对罗斯福总统立场的孤立主义者们预计到总统会提出结束武器禁运的要求，故而一直拼命指责这一倒退行为将促使美国直接介入欧洲战争。在距罗斯福总统发表上述演讲不到一个星期的时候，查尔斯·林德伯格刚退役一天，就于9月15日发表公开演讲，告诫说"如果介入海外保卫民主的战争，美国将有可能最终连本国的民主制度也丧失掉"。林德伯格警告人们在路线选择上不要受内心思想情绪的左右，并进一步告诫说美国有可能经历"失去100万或几百万人性命的痛苦——这些都是美国青年的中坚力量。我们的后半生将在战争重建重负的压迫下艰难度日"。[122] 罗斯福总统的号召发出刚过几天，林德伯格就与查尔斯·比尔德、亨利·福特（Henry Ford）和赫伯特·胡佛共同发起了一场"保持中立"运动。[123]

《中立法案》的支持者和反对者双方展开了大规模的民众动员和宣传资料邮递运动，国会不得不着手讨论这一问题。9月29日，对外关系委员会以17∶7的表决结果同意将《中立法案》的修正案提交参议院议席讨论。一个月后的10月27日，经过漫长的讨论与争执，参议院以63∶30的投票结果通过了这一修正案，禁运条款被取消。关于这次立法会议的记录超过了100万字。[124] 8位共和党议员支持这一法案；12位民主党议员持反对态度；南方议员几乎一致赞成，这保证了修正案最终胜利获得通过，从而避免了反对者再次发起《华尔街日报》所称的"坚决抵制法案通过"的司法阻挠活动。[125]

不过，在法案讨论过程中，众议院也曾陷入激烈争论之中。最关键的表决涉及众议院于6月份通过的沃里斯提出的修正案。当众议院代表与参议院代表共同参加国会联席会议时，众议院是否仍要坚决支持这一原封保留禁运条款的修正案呢？众议院于 6 月 30 日对这一议案进行了投票表决，结果是，196 票支持，228 票反对。南方派别几乎一致投了反对票。于是，法案在没有对参议院的修改规定作任何更改的情况下被原封退回。

当众议院准备批准结束禁运条款时，汉密尔顿·菲什指出："据我所知，北方各州中没有一个能做到立场一致。但在南方，人们会发现弗吉尼亚州、北卡罗来纳州、佐治亚州和阿拉巴马州团结一致，共同反对武器禁运。如果这一表决立足于从北部、东部和西部地区获得突破，我们定能获得压倒性多数。"[126] 这一敏锐观察后来被证明是正确的。11 月 3 日，众议院以 243：181 的表决结果同意取消禁运条款。"团结稳固的南方派别……对于废除武器禁运条款提供了决定性支持。"[127] 事实上，南方在反对武器禁运方面的共同声音一直是这一修正案获得批准的最持久、最坚定的支持力量。在法案的讨论过程中，南方议员曾进行了十几次干预。德克萨斯州的多数派领袖山姆·雷伯恩在其中一次干预中质问众议院代表们："当意欲称霸全球的强权政府的野心家们妄图践踏自由和民主政治时，我们向弱势国家提供武器援助，从而让独裁者及其领导的独裁政府知道，尽管这些弱势国家自己没有工厂制造武器，但他们可以从其他地方获得武器来保卫本国的自由政治，难道这也属于不道德的行为吗？"[128]

在参议院，南方代表类似的言论也占据主流地位。德克萨斯州的汤姆·康纳利回忆道："我们在通过这一禁运法案时，一点也不明智，对以后的事态没有任何预见性。这真是太缺乏远见了，没有考虑到以后的长远道路上会遇到的问题；我们在通过这一法案时，将其视为美丽、优雅的和平姿态，但现在我们发现这一国内法律的运行……已经使我们无法在战争中保持真正的中立，而是出于种种意图和目的，在帮助希特勒和他的独裁者同道。"1911 年，先于文森两年赴华盛顿任职的田纳西州首席议员肯尼斯·麦凯勒解释说，他本人拥护"废除禁运条款，因为这一条款最终有利于纳粹主义和另一种极权主义。我本人对这两种'主义'都不赞成。实际上我非常厌恶他们……我反对禁运条款,因为不久以前,我阅读了希特勒的著作《我的奋斗》。读过这本书后,我知道希特勒的目标是在其有生之年尽最大努力实现对整个世界的控制"。[129]

《财富》杂志关于公众舆论会影响国会政治决策的制定这一预测将得到证实。"1939年的《中立法案》",历史学家罗伯特·戴维恩(Robert Divine)指出,"实际上充分体现了美国人民的矛盾思想。他们强烈拥护英格兰和法兰西的反纳粹事业,但他们不想让美国冒险卷入欧洲战争"。[130]将更温和的现购自运贸易形式与结束武器禁运相结合,是一项充满矛盾的政策选择。原先法律条款中的限制性内容仍继续生效,但这一法案还是给了英国巨大的支持。内维尔·张伯伦告诉英国人民,美国废除禁运条款"为同盟国打开了世界上最大的战争物资供应仓库"。[131]

但,英国已经没有购买这些战争储备的硬通货了。由于皇家海军急需船只,美国于1940年9月同意向英国提供50艘第一次世界大战时期的驱逐舰,以交换对以加勒比海域为主的英国殖民地的基本权力。但这些资助选项很有限,远远不足以应对纳粹德国对欧洲大部分地区的征服。德国军队已经将世界版图上标记为黄色的大片中立国国土合并到纳粹德国的绿色版图之中,英国显得更加孤立无援了。1941年3月11日签署的法案为这一问题提供了答案:向英国提供武器租赁。由于武器禁运条款已经终止,该法案准许美国向任何军事行动有利于美国国家防御的国家转让大规模武器弹药供应,但这一提供武器弹药租赁的政策不提供商品采购信贷。这让面临严重货币危机的伦敦政府极为恼火。但这一政策的确保证了一旦英国无力通过现金方式支付购买武器弹药的费用,美国就通过所设想的正式租赁条款向英国提供武器弹药,从而使大量武器源源不断地运往英国。当英国为民族生存而与纳粹德国奋战的时候,大批船只、飞机、坦克和自动火炮接连跨越大西洋运往英国。观察家和历史学家们对于这些军用设施如何快速提升了英军战斗力的意见存在分歧。即使在1941年春季,美国上述租赁政策的象征意义仍然不容忽视。[132] 正如《华盛顿邮报》专栏作家马克·沙利文（Mark Sullivan）指出的，"美国租赁政策的心理作用"将对德军如何认识战争的成败产生强烈影响。"希特勒在美国的所有代理人、所有为希特勒跟踪美国报刊情报的专家，以及美国国会所采取的一系列行动一定会让希特勒知道，英国将源源不断地从美国得到实际的战争物资援助。"[133]

国会关于租赁法案的记名投票，与1939年首次偏离中立立场的投票过程几乎完全一样。当众议院于2月8日以95票的多数票优势批准这一提案时，南方代表给予了压倒性支持，为多数派贡献了决定性的102票。在参议院，南方议员为3月8日投票的多数派贡献了25票，其投票结果是27：2。南方贡献的票数仅略低于多数派最终29票的得票优势（具体得票比例为62：33），但南方给予的上述投票支持发挥了关键性作用，因为它使得强烈反对这一提案的孤立主义分子们无法发起立法阻挠程序。[134] 罗斯福总统心满意得地警告独裁政体，不要把美国立法过程中的意见分歧与一个国家内部公民之间的分裂相混淆。"作为一个团结凝聚的国家"，罗斯福总统于3月15日宣布，"美国的民主政府开始对独裁战争采取行动了"。[135]

人们在回忆租赁法案的表决过程时，内心仍充满恐惧。1941年2月，沃尔特·李普曼撰文提出"一个可怕的主题供人们讨论"——英国可能战败这一人们难以释怀却又完全符合当时现实情况的事实。"这对美国将意味着巨大的危险——我们应当认识到——我们不只是从支持英国反纳粹斗争的意义上援助英国。从最后的分析中可知，如果英国被击溃，我们将面临生死存亡的更大危险。我们将不仅失去英国、法国和荷兰的全部抵抗力量的保护，而且还会因其落入德国之手而掉头向我们进攻。"[136]

这一表决过程是紧随着美国开始强军备战进行的。1940年3月16日，罗斯福总统强烈要求国会调拨近10亿美元特殊款项，使每年的军费投入总额史无前例地达到37.87亿美元，用于加强陆军、海军和海军陆战队的力量,并建设一支拥有50,000架飞机的空军。月底,劳工界表示同意上述军力建设计划,工业企业也表示将全力配合政府的强军计划。政府采取各种措施,加快了军事设施的生产步伐。有些措施是技术层面的,包括决定实行飞机发动机的标准化生产,还有些措施是属于组织管理层面的,这包括避开武器生产合同的竞标要求,重新设立重建金融公司(Reconstruction Finance Corporation),作为负责实现工业向国防生产转型,以及战略性原材料采购的专门机构,还包括暂停反垄断法条例对上述武器生产的限制。同时,政府吸纳了国防顾问委员会所任命的工作人员,包括服装业的劳工领袖西德尼·希尔曼(Sidney Hillman)和美国钢铁理事会的主席小爱德华·斯泰提涅斯(Edward Stettinius Jr.)。希尔曼负责人力资源的调配使用、劳工问题(这说明在第一次世界大战期间,劳工在美国经济动员中发挥了积极作用),以及战略原材料问题。斯泰提涅斯则与美国产业工会联合会签署了第一届任期合同,并在国家复兴管理局任职。1941年,斯泰提涅斯当选为美国武器租赁机构的负责人。[137]

随着大量资金的流入(从1940年6月1日到当年年底,政府以每个月15亿美元[138]的速度批准国防建设项目合同),美国的工业生产企业迅速繁荣起来。武器的生产为不断陷入萧条的美国经济注入了强大的活力。"新政"初期,国家复兴管理局在激进时刻对工业生产和劳动力市场的干预和监管得到恢复,但形式与过去有所不同。政府干预的范围有所扩大,程度有所提高,但主要限制在涉及国防力量建设的问题上。像国家复兴管理局当年的做法一样,1943年达到顶峰的全国动员计划将公民社会的专注目标引向公共事业的发展和建设。正如艾略特·珍尼维(Eliot Janeway)在其典型研究中指出的,"对罗斯福总统来说,随着危机的加深,以及反对孤立主义的斗争不断加剧,美国政府面临的重要问题是,国家要从整体上投入自我防御的战争之中"。[139]

在增强美国实力方面,政治领袖和广大民众之间非凡地达成了一种全国性共识。这一政策不仅得到了赞成向同盟国提供大量直接援助的民众的一致拥护,而且得到过去不赞成这一政策的孤立主义者的拥护。这些孤立主义者们现在开始担心美国能否有效保护自己的海岸线和自己所处的半球不受外敌侵犯。"我非常惊骇地得知",持孤立主义立场的共和党议员约翰·卡尔·欣肖(John Carl Hinshaw)向众议院表示,"整个加利福尼亚州只有三门高射炮,而且辅助设备均已严重老化……洛杉矶县有 3,000,000 人,如果我们所唯一拥有的舰队驶往其他地方,当外敌进攻时,我们就失去了一切防御手段"。[140] 同样,汉密尔顿·菲什也大声抱怨美国缺乏军事准备,他从党派立场批评说:

> 希特勒在德国上台伊始,罗斯福总统也开始担任美国总统。在过去的七年当中,美国没有任何人能够比罗斯福总统更有机会了解和观察德国的军备计划。他完全有条件优先获得来自其位于柏林的陆军和海军助理提供的情报信息。然而,明知德国正在调动军队,罗斯福总统却没有对这些事实进行认真研究,更没有为美国军队提供相应的现代化装备。我说的都是实情,不怕任何人提出反驳意见。[141]

相比之下,对于持国际主义立场的人而言,正是希特勒的进攻驱动军费开支和军工生产大幅度增长。南方的声音再次在国会中占据主流。俄克拉荷马州参议员乔舒亚·李(Joshua Lee)试图再次对孤立主义者们经常挂在嘴边的关于"德国在欧洲获胜后,将无力继续进攻美国"的言论进行回击。"有些人说德国征服欧洲后,将陷入极度疲惫之中。哪位胜利者会有疲惫感啊?……相反,德军就像禽兽一样,每斩获一块新鲜的肉食,都会获得更大的攻击力量。随着侵略活动不断取得新进展,它会视野大开。直到今天,不断有新的土地被德国征服,这个国家已经到达成功获胜的顶峰。它现在一心想着要征服全世界。"[142] 在同一场辩论中,佛罗里达州的克劳德·派帕尔最坚定地支持民主党的立场,他对德国的迅速扩张发表了同样的看法,"我们可以从新闻报刊的每一个标题中获取希特勒军事机器拼命膨胀的证据",派帕尔坚持说,美国国会面临的问题是"如何最切实有效地保卫自己的国家及其所在的半球不受攻击,保证美利坚神圣的国土不被侵略者染指一步"。[143]

国会似乎一反常态地在扩军备战问题上取得压倒性的一致意见。各方面的主张虽然多种多样,但完全表达了对扩军备战的积极支持态度。于是,国会在扩军备战问题的表决上表现出了罕见的团结一致:众议院和参议院分别于1940年5月和6月以391∶1和80∶0的结果对《促进国防力量建设法案》进行了表决;5月底,众议院和参议院还分别以401∶1和78∶0的结果对促进海军建设的法案进行了表决。[144]6月初,《纽约时报》注意到"国会对于需要扩充国防实力的意见高度一致",但它同样注意到"对于国防开支的分配,国会各个政治派别之间存在严重分歧"。尽管国会代表在大规模增加国防预算和武器生产方面意见一致,但在具体项目的安排方面,各派的意见又难以调和。《纽约时报》社论提出的中心问题是:"北美能否靠自己的力量对南美的海岸线提供足够的防卫,以确保巴拿马运河不受攻击?或者,美国有必要为了本国的安全而拼命去阻止同盟国在西欧被击败吗?"[145]

尽管欣肖、菲什和全国各地孤立主义者付出了最大努力,但真正对上述问题给出决定性答案的还是武器租赁条款。它使得一次空前引人注目的和平时期的军事动员转变成了加强英国实力和决心的手段。美国还没有进入战争状态,但《中立法案》已经被搁置起来了。仅仅几个月后,阿拉巴马州的李斯特·希尔领导了参议院议席关于征兵问题的激烈辩论。希尔在辩论讲话中提醒自己的同事们,在加强美国军力建设和向海外输送武器的过程中,"我们所做的一切,在坐的各位在两三年前可能连想都不敢想。这件事在两三年以前对于在坐的各位来说绝对是荒诞不经的。我们已经向英国、中国和其他国家提供了价值几百万美元的武器、装备和其他军事物资……我们向每一个勇敢地站出来帮助和支持反法西斯阵线,并抗击和阻止希特勒企图征服整个世界野心的国家提供军事援助,以便将希特勒阻止在美国海岸线以外"。[146]

如果说军事备战赢得了广泛支持的话,《中立法案》就不是这么回事了。即使在武器禁运条款结束后,美国希望援助英国作战的努力仍遭遇各种障碍。最典型的是限制武装船只进入交战海域。1941年10月7日,罗斯福总统写信给英国首相温斯顿·丘吉尔,解释为什么他将要求国会立法机构"对《中立法案》进行彻底修正",因为"这一法案严重削弱了我们对英国提供援助的手段"。[147] 两天以后,他要求国会取消已有的禁运条款。恰好在珍珠港事件爆发前一个月,参议院以50∶37的表决结果于11月7日批准了这一提案。随后众议院于11月13日以212∶194的表决结果非常遗憾地表明支持和反对意见非常接近。这是自德国入侵波兰以来与战争相关的投票表决中,多数派票数优势最小的一次。表决时,共和党意见高度统一,而非南方民主党则分歧严重。南方的积极支持再次保证了孤立主义派别在表决中被击败。

六

提到社会生活最基层对于备战义务的支持问题,征兵问题[148]对于多数美国人来说比《中立法案》和租赁法案感触更直接。如何以适当的方式组建一支既能保卫自由民主制度,又能保障公民免受政权机构无端压迫的军队是美国长期面临的难题。[149] 建国初期,政府采取的主要解决方案是,将组建小规模职业化军队、义务募兵和各州建立民兵组织相结合。在战争时期,各州的民兵组织可以被调动参加国家防卫。内战期间,国家建立了一支不受民兵系统指挥的特遣队。但这一做法遇到很大阻力,而且它暴露出腐败严重、冒名顶替等问题。第一次世界大战期间,特遣队又被重新组建起来。[150] 但这只是全面战争时期的特例。当战争结束时,特遣队的征召也随之停止。20世纪40年代初期,即使像李普曼这样的干预主义者也担心,征召和组建一支关系复杂的大规模军队可能会成为"影响国家团结稳定的毒瘤"。[151]

1930年8月1日,苏联开始实行全国性的义务兵役法,这一法律将义务服兵役人员的范围扩及到妇女。和平时期,妇女被征召到军队接受军事训练；战争期间，这些妇女直接具备参加特遣队的资格。意大利则实施了广泛的军事动员计划，规定年满六岁的儿童必须接受准军事训练；年满21岁的男子应全部参加特遣队。德国同样规定，全体公民均具备参军资格，并要求少年儿童参加严格的军事训练科目。日本早在1871年就实行全国性的兵役制度，它之所以能够在20世纪30年代成功向中国部署150多万兵力，很大程度上取决于现代化的兵役制度。相比较而言，英国只是根据1940年5月22日通过的《紧急授权国防法案》实行了兵役制度。[152]

毫不奇怪，美国1940年通过的《选择性兵役法案》在国会山内外引发了激烈争论。共和党总统候选人温德尔·威尔基（Wendell Willkie）即使在退出竞选时，也打算于8月中旬批准这一法案，并号召全国民众团结一致，共度难关。6月份的政党辩论否决了实行义务兵役制的提议，因为多数议员认为美国在和平时期没有必要实行这样的制度。全国最大的共和党报纸在新闻标题中甚至称之为《独裁者——兵役法案》。[153] 全国产业工会联合会持有同样的立场，宣布反对在和平时期实行征兵制度。[154] 另一方面，在参议院军事委员会举行的听证会刚开始时，第一次世界大战期间曾率领美国远征军作战的约翰·潘兴（John Pershing）将军撰文主张，士兵在战前义务接受军事训练非常必要。这样可以避免重复他本人当年仅指挥"部分接受过军事训练的年轻小伙子们"在战场作战时的痛苦经历。[155] 埃莉诺·罗斯福参加听证会时认为"在非战争时期，这对美国来说是一件程序极其复杂繁琐的事情"，但这又是一件非常紧急的事情。因为美国将要面临自封为上帝"选民"的国家的威胁，"我们将无法通过传统手段战胜它"。[156] 密西西比州的威尔默·科尔默（Wilmer Colmer）夸张地表示，潘兴将军的主张是"过去50年中国会必须面对的最重要决策"。[157] 但在听证会上，对这一主张不论支持与否，国会议员没有一人同意科尔默的观点。

1938年3月，作战部计划在宣战后四个月内征召大约两百万人入伍。[158] 一年后，陆军海军联合选择性兵役委员会公布详细计划，拟在国家宣布进入战争状态时,征召几百万士兵入伍。但在 1940 年,美国没有宣布进入战争状态,也不具备这一条件。当时,虽然国际形势动荡不安,但美国还是处于和平状态。1940 年 9 月 3 日,众议院提出一项法案,要求年龄在 21 岁到 45 岁之间的男性公民除符合免除兵役条件的以外,全部注册为待命应征入伍人员。当时面临的问题是,美国是否要为将来可能的军事部署训练储备军事力量。

在反对者眼里,征兵活动甚至比《中立法案》和租赁法案更能表明美国即将参战。在支持者眼里,这只不过是采取谨慎措施以防备独裁政权的军事进攻。尤其是纳粹德国,其部队正向欧洲展开迅猛攻击,并沿途残杀当地平民。反对者认为,大规模征兵将使政府因具备作战手段,从而更容易引发战争,正如北达科他州共和党议员亚瑟·伯迪克(Usher Burdick)所说,"当受到威胁,感到战争难以避免时,我们就有条件轻易应战了"。[159] 支持者则认为,征兵可能对侵略者产生震慑作用,有助于维护和平。"可以肯定",宾夕法尼亚州民主党议员赫尔曼·埃伯哈特(Herman Eberharter)坚持说,"如果我们始终处于容易被武力战胜的状况,独裁政权就会毫不犹豫地来征服我们"。[160]

南方再次主导了参众两院对征兵备战法案的支持和拥护。在整个南方地区,人们纷纷举行公众集会,要求国会迅速采取行动。[161] 盖洛普指出,南方地区对于征兵备战的支持特别强烈。[162] 科尔默在众议院演讲时谈到"我们每个人都同意美国扩军备战这一目标,美国应当抓紧备战"。佐治亚州的马尔科姆·塔佛警告说:"除非我们愿意做出牺牲,加强陆军和海军建设,并从整体上提升国防实力,否则将不仅有可能遭受侵略,而且遭受侵略的可能性非常大。"阿拉巴马州的卢瑟·帕特里克(Luther Patrick)要求"美国应当且只需防备一件事情的发生,即极权主义的蔓延"。德克萨斯州的罗伯特·托马森称征兵备战法案是"一项终生保险政策"。肯塔基州的众议院军事委员会主席安德鲁·杰克逊·麦伊(Andrew Jackson May)警告说:"如果英国被征服,我们面临的局面将比现在艰难得多。"[163]

南方议员同时坚持认为，募兵制是最公平的扩军方式。他们注意到，南方地区人口中自愿应征服役的比例居全国之首；1940 年 1 月至 6 月应征入伍的七万多年轻士兵中，南方地区约占一半。南方议员们清楚地知道，其所在选区一直在充分履行爱国义务，但其他许多地区却在想方设法逃避自己的义务。阿拉巴马州的约翰·斯帕克曼当时正在履行第二届众议员任期（后来在 1952 年担任了阿德莱·史蒂文森领导的民主党竞选团队的竞选伙伴，竞选副总统一职）。斯帕克曼坚持说："每一位公民都负有保家卫国的责任，义务兵役名额应当在全国平均分配。其他地区的公民也应当为保卫国家做出自己应尽的贡献。"[164] 南方代表在众议院举行的三次关键性投票表决中，组成了最具凝聚力的支持群体——发回重审表决（171∶241）、最终通过表决（263∶149）、参众两院联席会议报告表决（233∶124）。[165]

1940 年的兵役法案既具有革命性，也存在局限性。其革命性表现在，该法案打破了美国长久以来的传统思想，尤其是对保持一支大规模常备军的强烈质疑态度，承诺在最初五年内，即使美国处在和平时期，也要使几百万美国年轻人接受军事训练。其局限性表现在，法案规定在总计 16,500,000 的应征人口中，每年只招收 900,000 名年龄在 21 岁至 36 岁之间的公民，每一位入伍士兵只在部队服役一年（允许年满 18 岁的公民参加自愿兵）。法案还规定，美国军队只能部署在受德国颠覆威胁最大的西半球国家，包括阿根廷、巴西、智利、哥伦比亚、厄瓜多尔、墨西哥、巴拿马和委内瑞拉。[166] 这实际上还是一项"选择性"兵役制度。另外，总计 44% 的应召入伍人员因身体和精神缺陷被征兵机构的医务人员拒绝，共计 12,000,000 人因职业等原因推迟服役时间。此外，婚姻状况和文化水平低有时也成为推迟服役的关键原因。[167]

美国的选择性兵役制度，其实施方式既不同于世界上独裁制国家，也不同于其他民主国家，它采取分散征兵模式，由全国 6,442 个地方征兵机构具体实施。部队中实行种族隔离制度，地方征兵机构的工作人员不是政府官员任命并领取薪水的员工，而是由至少三名白人公民志愿者组成（南方以外地区总数至少有 25,000 名的非裔美国人中，只有 150 人在征兵机构工作。这不包括肯塔基州、北卡罗来纳州和田纳西州的少量黑人征兵工作人员。南方地区的征兵机构中没有黑人担任征兵工作人员）。他们有权决定哪些人员可以入伍，哪些人员需要推迟入伍。这一法案为南方遭受的种族主义挑战提供了一段缓冲期。南方征兵机构的工作人员还是担心"本地区"的黑人入伍后，将与非南方地区的黑人士兵共同服役，其思想会受到非南方地区种族观念的浸染。因此，他们几乎很少允许黑人入伍。直到后来美国宣布参战，需要大批士兵入伍时，南方地区的黑人才获得了入伍机会。部队中实施的种族隔离制度和征兵机构的权力分散化，从行政管理层面为南方的种族制度安全提供了广泛保障。于是，南方地区可以在不担心种族秩序遭受威胁的情况下，追寻自己在国际事务中的诉求。[168] 当然，这一切在后来被证明是一次严重失算。

到 1941 年中期，全球性衰落不断加剧：在血腥和暴政统治下的被占领国波兰，德国设立了华沙犹太人隔离区；德国占领军和维希政府继续统治法国；日本军队几乎侵占了大半个中国，占领了法国印度支那殖民地的战略性港口，并关闭了缅甸公路；英国持续遭受德国的大规模突袭；希腊被意大利入侵；南斯拉夫遭受德意法西斯轰炸，并被占领；北非和中东地区则在战争的痛苦中挣扎。1941 年 6 月 22 日，欧洲爆发了开战以来最严重的事件——德军入侵了苏联。

随着欧洲战事持续升级，美国不得不在 1941 年中期让刚接受训练不久的年轻士兵奔赴战场服役。这使得美国作战部和白宫感到格外恐惧不安。战争到处蔓延，新组建不久的美国军队面临随时被瓦解的危险。[169] 日本军队在不断侵犯东亚和太平洋大部分地区，整个欧洲几乎完全被纳粹德国占领，苏联也处于德国的蹂躏之中。英国面临的危险就更大了。在当时的危机情形下，盟国的军队再也不可能恢复到 1940 年以前的实力了。在回应作战部紧急取消士兵服役年限的提议时，罗斯福总统在 7 月 4 日惊愕地警告说，如果要保障"自由"，美国人就必须付出生命的代价，而且必须对国家忠诚。7月21日，罗斯福总统告诫国会不要因批准解散新扩建的美国军队，而犯下"悲剧性错误"。[170]

国会围绕1941年的修正案如何从技术层面对1940年的《选择性训练与兵役法案》进行调整展开了激烈的辩论，但实际上这是有关美国在世界事务中应持什么立场的重要辩论。众议院和参议院必须就是否将士兵的服役期限延长18个月、是否取消每年征兵数量的总额限制以及是否取消对于军队部署地域的限制等问题做出决定。1940年的法案中增加军队部署地域的限制，是因为担心表决时，对军队部署地域持异议的议员投反对票而做出的妥协。参众两院举行过火药味浓烈的听证会后，又分别进行了长时间的尖锐辩论。参议员希尔回忆说："那些反对美国援助英国、中国和其他国家的人尽管口头上声称自己对于一个强大的美国、一个高度武装的美国、一个不可战胜的美国充满信心，但他们始终反对国会讨论任何使美国保持强大的措施。"[171]

虽然充满激烈冲突，但辩论始终没有停下来，最终结果将如何谁也说不清楚。正如参议院军事委员会所指出的，政府部门和坚定支持国际主义援助的国会议员们强调"美国的利益已经面临严重威胁"。[172]希尔的详细阐述表明，其本人非常担心德国和日本等轴心国家要将美国置于"巨大的钳形攻势设好的口袋中。钳形峡口的一侧是日本，另一侧是德国。南美洲则成为向美国施压的手柄"。希尔强调，在这一背景下，问题一目了然："美国要不要保持军队？我们是否应当尽可能地让美国军队更强大，进而更高效地保护美国的安全？或者，我们是否也要像欧洲13国一样对待纳粹铁蹄的侵略？难道我们对于国家面临的威胁可以置之不理，任凭自己所拥有的一切被彻底摧毁吗？"[173]

相比较而言，反对将服役期限延长至一年以上的人强调说，几乎不存在美国军队被瓦解或美国利益遭受威胁的可能性。在过去的一年，美国的实力已经显著增强。军工的生产速度不断加快，所生产的武器正在源源不断地运往同盟国。意大利在非洲遭遇了失败，纳粹德国的军队正忙于侵略苏联。德国军队入侵英国的努力并没有成功。在这种情况下，美国当然没有必要取消军队部署地域的限制，也没有必要延长士兵的服役期限。[174] 威斯康星州的共和党参议员亚历山大·威利（Alexander Wiley）是国会议员中最顽固坚持这一路线的。他极力强调，国会对1940年的兵役法案进行辩论时，"德国尚未在苏联战役中损失100万兵力……新加坡和东印度群岛几乎毫无防御力量。现在，他们已经有了军事装备和防御部署……英国在得到美国的炸弹援助之前，就有实力炸毁希特勒企图集中侵略英国的所有船只。希特勒的军队到目前尚未渡过海峡。"[175]

基于上述分析，共和党议员提出将这一法案发回重新提交审议，并指示军事委员会对其进行重新讨论，除选择担任志愿兵的服役人员外，重申坚持士兵的服务期限为一年。众议院仅以190:215的微弱差距否决了这一提议。当时共和党强烈反对，非南方民主党派分歧严重，唯一对于兵役法案给予坚定支持的团体是南方民主党派别。[176] 没有南方的一致支持，这一法案可能在没有进入投票表决程序之前就已经流产了。

参议院于8月7日以45:30的表决结果通过了这一法案。这是在南方议员的再次一致支持下取得的比较令人满意的表决结果。[177] 相反，五天以后，众议院仅以一票优势（203:202）的表决结果通过了这一法案。"表决现场的气氛时而沉闷紧张，时而喧嚣嘈杂……凭这一票的微弱优势"，《洛杉矶时报》报道说，众议院"挽救了政府提交的兵役法案，使它避免了被彻底击败的命运"。[178] 总计有65名民主党议员加入到共和党阵营，投了反对票。共和党议员中几乎每个人都对法案投了反对票，只有南方民主党派别一致拥护，总算挽救了这一法案。[179] 南方民主党议员中有123人投赞成票，8人投反对票。如果没有南方民主党为多数派贡献100多张赞成票，这一法案注定会在表决中失败。

12月7日，日本人采取了所谓的"夏威夷行动"，成功袭击珍珠港。一天后，罗斯福总统向国会报告说，"伤亡名单……包括2,335名官兵和68位平民死亡，1,178人受伤"。总统向处于惊慌中的国民报告说：

"日军投下的1,760磅航空炸弹穿透了美国亚利桑那号战舰的前方弹药库,导致剧烈爆炸,1,000多名工作人员葬身火海。"[180]

12月11日,美国不可逆转地向三大轴心国宣战。12月17日,众议院以口头表决的形式批准了1940年《选择性兵役法案》的修正案。第二天,参议院紧接着以79∶2的表决结果[181]通过了这一修正案。士兵的服役期限被无限延长,直到战争结束后6个月。自动报名参军成为"每一位18至65周岁美国男性公民,以及每一位在美国拥有居住权的18至65周岁男性的法定义务……"。"19至45周岁之间已经登记入伍的美国公民有责任依法接受军事训练,并服役参战。"这一法案恰好是由北卡罗来州顽固孤立主义分子罗伯特·雷诺兹应作战部要求提出的。长期持孤立主义立场,并对纳粹集团持同情态度的雷诺兹这次也投了赞成票。[182]

"一夜之间",李普曼在12月9日写道,"我们终于变成……一个团结统一的民族……一个真正觉醒的民族——我们清醒地认识到这样一个显而易见的事实:国家的生存、人民自由及生命财产均面临严重威胁"。[183]过去曾经只得到南方支持的事业突然变成了全国人民的共同追求。在全国上下罕见地一致拥护和支持下,美国开始了首次征战。

注释

1. *Fortune*, October 1939, 增刊 "The War of 1939."
2. 引自 Alan Brinkley, *The Publisher: Henry Luce and His American Century* (New York: Alfred A. Knopf, 2010), pp. 243, 247.
3. 罗珀调查组织为《财富》杂志开展了这项调查。
4. 前者占7%,后者占23%。
5. 南方以外的地区只有2%的美国人支持立即参战,另外12%的非南方人支持为了阻止纳粹德国胜利而参战。在1940年通过《选择性兵役法案》之前,其他地区也没有征召到那么多自愿入伍的参战人员。南方的自愿应征者不计其数,以致于阿拉巴马州众议员卢瑟·帕特里克带有讽刺意味地评论道:"他们实施《选择性兵役法案》大概是为了阻止我们南方的年轻人入伍参战吧。"引自 John Temple Graves, "The Fighting South," *Virginia Quarterly Review* 18 (1942): 61.

6. George F. Kennan, *American Diplomacy, 1900–1950* (Chicago: University of Chicago Press, 1951), p. 66.
7. 美国拥有 301 架轰炸机。见 Eliot Janeway, *The Struggle for Survival: A Chronicle of Economic Mobilization in World War II* (New Haven: Yale University Press, 1951), p. 25.
8. Robert Dallek, *Franklin D. Roosevelt and American Foreign Policy, 1932–1945* (New York: Oxford University Press, 1995), p. 222.
9. 同上, p. 221; Ross Gregory, *America 1941: A Nation at the Crossroads* (New York: Free Press, 1989), p. 27; Robert Woito, "Between the Wars," *Wilson Quarterly* 11 (1987), p. 108; Andrew Roberts, *Masters and Commanders: The Military Geniuses Who Led the West in World War II* (London: Penguin, 2008), pp. 26, 32.
10. Michael S. Sherry, *In the Shadow of War: The United States since the 1930s* (New Haven: Yale University Press, 1995), p. 27.
11. Harold J. Tobin and Percy W. Bidwell, *Mobilizing Civilian America* (New York: Council on Foreign Relations, 1940), p. 1.
12. Kennan, *American Diplomacy*, pp. 66–67.
13. 罗珀调查组织为《财富》杂志开展的调查结果与当时许多其他民意调查机构的结果是一致的。"各调查机构得出的结论均表明，与国内任何其他地区相比，南方更加支持美国在海外战争中占据领导地位；南方人比其他地区的人更加支持美国干预国际事务。"见 Peter Trubowitz, *Defining the National Interest: Conflict and Change in American Foreign Policy* (Chicago: University of Chicago Press, 1998), p. 126. 与其他地区的公民相比，南方人在 1938 年到珍珠港事件爆发期间始终支持美国扩大军队规模，制订全民动员计划，以及为支持军备而提高国家税收。他们比其他地区的公民更加怀念美国在第一次世界大战期间的积极参与行动，认为在欧洲战场采取军事行动对美国维护国家利益是至关重要的。他们更加反对绥靖政策，支持美国不惜冒战争危险，参与盟军行动。同时南方人更倾向于修改已有的《中立法案》。在苏联与德国的战争冲突中，他们更倾向于美国帮助苏联获得胜利。上述结论与十几项民意调查结果几乎完全一致。关于这些调查数据的论述，见 Alfred D. Hero Jr., *The Southerner and World Affairs* (Baton Rouge: Louisiana State University Press, 1965), pp. 80–103.
14. Harry Wilmer Jones, "The President, Congress, and Foreign Relations," *California Law Review* 29 (1941): 565–85 对上述调查结论进行了重点研究。
15. 大卫·波特在其关于第 76 届国会的论著中指出，1939 年到 1940 年期间，国会"确立的美国外交政策路线远远超出了我的预期"。波特认为，这一结论是对当时多数历史学家观点的重要补充和修正。当时，多数历史学家认为"行政机构取代国会成为了美国外交政策的主导力量"。见 David L. Porter, *The Seventy-sixth Congress and World War II* (Columbia: University of Missouri Press, 1979), pp. 174–75.
16. 总体而言，相关辩论在《国会议事录》中占据了 21,846 页的篇幅。相关论述，见 Floyd M. Riddick, "American Government and Politics: Third Session of the Seventy-sixth Congress, January 3, 1940, to January 3, 1941," *American Political Science Review* 35 (1941): 284–303.

17. Charles O. Lerche Jr., *The Uncertain South: Its Changing Patterns of Politics in Foreign Policy* (Chicago: Quadrangle Books, 1964), p. 41; 关于地区主义立场在国会支持美国盟友的表决中所发挥的作用，见 Leroy N. Rieselbach, "The Demography of the Congressional Vote on Foreign Aid, 1939–1958," *American Political Science Review* 58 (1964): 577–88. Ralph H. Smuckler, "The Region of Isolation," *American Political Science Review* 47 (1953): 386–401 也作了类似的有益研究，研究中展示了没有投票支持孤立主义政策的南方地区的地理分布图。John W. Malsberger, *From Obstruction to Moderation: The Transformation of Senate Conservatism, 1938–1952* (Selinsgrove, PA: Susquehanna University Press, 2000), pp. 61-99 对 1940 年至 1942 年之间的国会立法行为及区域立法数据进行了系统研究。另见 George L. Grassmuck, *Sectional Biases in Congress on Foreign Policy* (Baltimore: Johns Hopkins Press, 1951).

18. 关于种族和政党压力的研究，见 Leroy N. Rieselbach, "The Basis of Isolationist Behavior," *Public Opinion Quarterly* 24 (1960): 652–55.

19. 有关罗斯福总统就外交政策问题与南方议员进行接触的研究，见 James T. Patterson, "Eating Humble Pie: A Note on Roosevelt, Congress, and Neutrality Revision in 1989," *Historian* 31 (1969): 407–14.*

20. 事实证明让新入伍的士兵在卡罗来纳州、路易斯安那州和田纳西州举行首次演训是非常恰当的决定。见 Michael Burleigh, *The Third Reich: A New History* (London: Macmillan, 2000), p. 733.

21. 历史学家亚力山大·戴康德正确地指出，"参众两院的南方议员在外交政策方面几乎不存在分歧"，他们"支持罗斯福总统获得推行其外交政策所需要的一切政治权力……显然，没有南方的支持，任何关于外交政策的立法表决都很难获得参众两院的批准"。见 DeConde, "The South and Isolationism," *Journal of Southern History* 24 (1958): 340. 在参议院，南卡罗来纳州的詹姆斯·伯恩斯（后来担任国务卿）和佛罗里达州的克劳德·派帕尔不论是在国会内部，还是在其他场合均极力动员民众支持美国在国际事务中发挥积极作用。见 Marian D. Irish, "Foreign Policy and the South," *Journal of Politics* 10 (1948): 306; Joan E. Denman, "Senator Claude D. Pepper: Advocate of Aid to the Allies, 1939–1941," *Florida Historical Quarterly* 83 (2004): 121–48.

22. 见 Selig Adler, *The Isolationist Impulse: Its Twentieth Century Reaction* (New York: Abelard-Schuman, 1957). 在耶鲁大学，美国第一委员会的运动其最初领导者是金曼·布鲁斯特（Kingman Brewster）。布鲁斯特后来担任了耶鲁大学校长和卡特政府期间的美国驻英国大使。其中一名重要成员是当时耶鲁大学法学院的学生 R. 萨金特·西莱弗（R. Sargent Shriver）。见 Woito, "Between the Wars," pp. 114–115.

23. Wayne S. Cole, "America First and the South, 1940–1941," *Journal of Southern History* 22 (1956): 37, 38, 43, 47. 另见 Wayne S. Cole, *America First: The Battle against Intervention, 1940–1941* (Madison: University of Wisconsin Press, 1953), p. 31.

24. Virginius Dabney, "The South Looks Ahead," *Foreign Affairs* 19 (1940): 178.

---

* 原文中的"1989"疑似应为"1939"。译者注。

25. 以下内容引自这篇精彩的文章：Johnpeter Horst Grill and Robert L. Jenkins, "The Nazis and the American South in the 1930s: A Mirror Image?," *Journal of Southern History* 58 (1992): 668, 671, 674, 675, 676, 673, 677.
26. 引自 Hermann Rauschning, *The Voice of Destruction* (New York: Putnam, 1940), p. 69.
27. Margaret Mitchell, *Vom Winde verweht* (Hamburg: Claassen Verlag, 1937).
28. John Haag, "Gone with the Wind in Nazi Germany," *Georgia Historical Quarterly* 73 (1989): 279–304.
29. "当天晚上，戈培尔邀请客人们观看大卫·塞尔兹尼克（David Selznick）尚未正式上映的电影《乱世佳人》。戈培尔特别欣赏影片对南部邦联军队强烈道德伦理意识的描述。"见 Peter Fritzsche, *Life and Death in the Third Reich* (Cambridge: Harvard University Press, 2008), p. 182.
30. 这是自己的军团被俘获后，他所见到的情形。见 Hans Habe, "The Nazi Plan for Negroes," *Nation*, March 1, 1941, p. 233.
31. 同上，p. 234.
32. 德国针对美国的积极宣传计划对南方地区特别关注，当然它也不会忽视其他更广阔的区域。一个极其罕见的例子是一支名为"查理及其管弦乐队"的乐队。该乐队从柏林的驻所通过无线电短波向美国播送人们熟悉的摇滚歌曲，但对歌词进行了改编。其中最典型的是他们对艾拉·菲茨杰拉德（Ella Fitzgerald）于 1938 年所录制的《F.D.R. 琼斯》（曾被著名歌星朱迪·嘉兰演唱）的改编。歌词中间段落的改编如下：

原文：
节日的气氛洋溢南北东西
琼斯家的新继承人闪亮来世
这是来自上天的赏赐
献给尊敬的 F.D. 罗斯福·琼斯

改编后：
犹太节日的气氛洋溢南北东西
各个犹太家的新继承人闪亮来世
他们是来自上天的赏赐
献给尊敬的 F.D. 罗斯福·琼斯

这些歌词今天仍可以从白人至上主义者的网站上看到。
33. Grill and Jenkins, "The Nazis and the American South in the 1930s," p. 670; 皮埃尔·凡·帕森的报道刊登于 the May 4, 1934, issue of the *Atlanta Constitution*。"到 1937 年"，格兰达·吉尔摩（Glenda Gilmore）在报告中指出，"德国纳粹已经将三K党视为其在美国开展活动的跳板。同一年，位于旧金山的纳粹首席顾问曼弗雷德·冯·克林格男爵（Baron Manfred von Killinger）指示一位女子用莱斯利·弗莱（Mrs. Leslie Fry）的化名直接收买三K党，其中至少七万美元的收买金中有部分来自德国宣传和公共启蒙部。这位女子曾计划将美国国内的法西斯团体统一在三K党的滴血十字架下。

她同时打算招募一名曾吸收大量前三 K 党成员的'银衫军'（Silver Shirts）的组织成员，负责与三 K 党的最高领袖'帝国向导'（Imperial Wizard）联络。但她还未来得及成功实施这一计划就被联邦调查局赶出了美国"。见 Glenda Elizabeth Gilmore, *Defying Dixie: The Radical Roots of Civil Rights, 1919–1950* (New York: W. W. Norton, 2008), p. 172.

34. 相关讨论，见 Julian M. Pleasants, *Buncombe Bob: The Life and Times of Robert Rice Reynolds* (Chapel Hill: University of North Carolina Press, 2000), pp. 158–79; Irish, "Foreign Policy and the South," p. 309. 雷诺兹当时担任参议院军事委员会的主席。在 1943 年 7 月美国参战后，雷诺兹宣称："我是一名孤立主义者。今天我对孤立主义的支持强过美国参战以前的 1,000 倍。"引自 Alexander DeConde, "On Twentieth-Century Isolationism," in *Isolation and Security*, ed. DeConde (Durham, NC: Duke University Press, 1957), p. 5.

35. 这些事例引自 Grill and Jenkins, "The Nazis and the American South in the 1930s," p. 685.

36. *Charleston News and Courier*, February 4, 1938.

37. Grill and Jenkins, "The Nazis and the American South in the 1930s," p. 669. 在田纳西州的孟菲斯、佛罗里达州的迈阿密、路易斯安那州的什里夫波特、德克萨斯州的圣安东尼奥和泰勒均有德美联盟分会；泰勒德国老兵组织的报纸《德克萨斯先驱报》，大力称赞第三帝国，并极力推动反犹主义。但总体上，"南方的德裔美国人社区几乎不怎么支持德美联盟。位于佛罗里达州迈阿密的《德国之声》等多数社区报纸均不断抨击纳粹政权"。（第 681 页）

38. 同上，pp. 685–86.

39. "由于与所在选区的民众意见不一致，参议员雷诺兹意识到自己 1944 年再次当选几乎没有可能了。"见 V. O. Key Jr., *Southern Politics in State and Nation* (New York: Alfred A. Knopf, 1949), p. 363. 值得注意的是，1938 年雷诺兹以 64% 的赞成票当选。之前的 1932 年，他以 68：32 的得票优势首次当选参议员。显然，极端孤立主义的立场使雷诺兹丧失了自己的参议员职位。其继任者、民主党议员克莱德·霍伊（Clyde Hoey）于 1944 年获得了 70% 的支持票。

40. Grill and Jenkins, "The Nazis and the American South in the 1930s," p. 688.

41. 同上，pp. 669, 683, 684.

42. 同上，p. 693. 相比较而言，黑人报刊通常会定期对这一主题进行尖锐报道。这当然有充足的理由。美国最重要的黑人报纸《匹兹堡快报》曾刊登著名非裔美国记者乔治·斯凯勒（George Schuyler）回应汉斯·哈贝（Hans Habe）一篇报道的文章。斯凯勒的文章强调"纳粹对待黑人的计划与美国对待黑人的计划几乎相差无几"。更提倡自由主义的《里士满时讯报》很快给予反驳。反驳文章指出，将两者等同起来，是非常"危险的误导"，是极其"荒谬"的做法。文章坚持声称，"种族隔离制度对白人的幸福至关重要"。同上，pp. 690, 688.

43. George B. Tindall, "The Central Theme Revisited," in *The Southerner as American*, ed. Charles Grier Sellers, Jr. (Chapel Hill: University of North Carolina Press, 1960), p. 114.

44. John Hope Franklin, "As for Our History..." in *Southerner as American*, ed. Sellers, Jr.,

p. 18.

45. 关于南方在第一次世界大战后的国际主义立场，见 Dewey W. Grantham Jr., "The Southern Senators and the League of Nations, 1918–1920," *North Carolina Historical Review* 26 (1949): 187–205. 强调南方国际主义阶段性特征的讨论，见 DeConde, "The South and Isolationism."
46. John Temple Graves, *The Fighting South* (New York: G. P. Putnam's Sons, 1943), p. 5.
47. 同上，pp. 246–47.
48. Irish, "Foreign Policy and the South," pp. 312–13.
49. Anthony Gaughan, "Woodrow Wilson and the Rise of Militant Interventionism in the South," *Journal of Southern History* 65 (1999): p. 775.
50. 同上，778–83.
51. *Jackson Daily News*, August 15, 1918, 同上，p. 804.
52. Gaughan, "Woodrow Wilson and the Rise of Militant Interventionism in the South," pp. 806, 807.
53. 约翰·卡尔霍恩关于奴隶制度的主张反映出了 20 世纪中叶南方制度的真实特征。"对我们而言"，卡尔霍恩于 1849 年 8 月 12 日在参议院宣称，"社会阶层的两大分类不是富人与穷人，而是白人与黑人。前者，不管是穷人还是富人，都属于上层社会，受到人们的尊重，能享受到平等对待"。引自 Harry V. Jaffa, *A New Birth of Freedom: Abraham Lincoln and the Coming of the Civil War* (New York: Rowman & Littlefield, 2004), p. 283.
54. Robert A. Divine, *The Illusion of Neutrality* (Chicago: University of Chicago Press, 1962) 对此进行了更加全面的研究。关于战前阶段的论述，见 Waldo Heinrichs, *Threshold of War: Franklin D. Roosevelt and American Entry into World War II* (New York: Oxford University Press, 1988); Richard M. Ketchum, *The Borrowed Years, 1938–1941: America on the Way to War* (New York: Random House, 1989); David Reynolds, *From Munich to Pearl Harbor: Roosevelt's America and the Origins of the Second World War* (Chicago: Ivan Dee, 2001).
55. 相关研究，见 Dallek, *Franklin D. Roosevelt and American Foreign Policy*, pp. 103–08; 达莱克注意到即将到来的意大利—埃塞俄比亚战争如何帮助美国政府改变了中立原则的立法主张。
56. Ernest C. Bolt, *Ballots before Bullets: The War Referendum Approach to Peace in America, 1914–1941* (Charlottesville: University of Virginia Press, 1977), pp. 152–85.
57. 这一法律的基础来源于查尔斯·沃伦（Charles Warren）提出的法理思想。沃伦是一位国际知名律师。1914 年 8 月至 1918 年 4 月美国参加第一次世界大战期间，沃伦担任首席检察官助理。他反复阅读了 1934 年 4 月《外交事务》杂志刊登的一篇文章，文章强调美国只有技术中立还不够。过去战争的经历表明，官方所宣称的中立原则的力度远远不够，往往使国家陷入不必要的战争危险之中。美国只坚持公正中立的原则是不够的，它还需要积极制定防止国家陷入战争危险的政策。见 Charles Warren, "Troubles of a Neutral," *Foreign Affairs* 12 (1934): 377. 1935 年的《中立法案》特别采纳了沃伦的建议。接下来的一期《外交事务》杂志刊登了艾伦·杜勒斯尖锐的批驳文章。杜勒斯后来在 1953 年至 1961 年期间担任美国中央情报局局长。杜勒斯指出,"我们不应当像神话中的珀尔修斯那样自我欺骗,认为我们可以披上中立主义的铠甲,保护自己免受世界周边地区战事的波及"。见 Allen W. Dulles, "The Cost of Peace," *Foreign Affairs* 12 (1934): 578.

58. 更广泛地说,历史学家对于罗斯福在 20 世纪 30 年代对外交事务的看法仍然存有争议。Brian McKercher, "Reaching for the Brass Ring: The Recent Historiography of American Foreign Relations," in *Paths to Power: The Historiography of American Foreign Relations to 1941*, ed. Michael J. Hogan (Cambridge: Cambridge University Press, 2000), pp. 176–223 进行过相关论述,其观点虽然有些过时,却不无启发意义。

59. Franklin D. Roosevelt, "Address at San Diego Exposition," October 2, 1935, in *The Public Papers and Addresses of Franklin D. Roosevelt*, vol. 4 (New York: Random House, 1938), p. 410.

60. 经过 93 场听证会,听取了两百多位证人的证词后,调查委员会报告了调查结果。奈伊的政治追求是热情致力于农村土地改革,对大企业的谋利行为提出严重质疑。详细研究见 Wayne S. Cole, *Senator Gerald P. Nye and American Foreign Relations* (Minneapolis: University of Minnesota Press, 1962). 调查委员会的首席调查官由国际妇女和平与自由联盟主席多萝西·德策尔(Dorothy Detzer)担任,阿尔杰·希斯(Alger Hiss)担任其首席助理。见 Woito, "Between the Wars," p. 113; Divine, *The Illusion of Neutrality*, pp. 66–67.

61. 在圣地亚哥,罗斯福指出:"这并不奇怪,许多民众感到极度恐惧。他们担心世界上的一些国家重演 20 年前的愚蠢行为,将人类文明拖入战争泥潭,使全球复兴的希望化为泡影。"见 Roosevelt, "Address at San Diego Exposition," p. 410. 反对票来自两位民主党人——罗德岛州的彼得·格里(Peter Gerry)和阿拉巴马州的约翰·班克黑德。在 15 位弃权的参议员中,有三位来自南方:密西西比州的西奥多·比尔博、弗吉尼亚州的哈利·伯德和路易斯安那州的约翰·奥弗顿。

62. *Congressional Record*, 74th Cong., 1st sess., August 20, 1936, p. 13782.

63. 德克萨斯州民主党参议员汤姆·康纳利和俄克拉荷马州民主党参议员托马斯·戈尔表达了强烈担心。同上, August 23 and 24, 1935, pp. 14283, 14433.

64. 同上, 2d sess., February 17, 1936, p. 2247.

65. 同上, p. 2256.

66. 同上, March 19, 1936, p. 4055.

67. 1936 年 8 月 14 日,在纽约肖托夸县举行的以"我憎恨战争"为题的演讲的确是在谨慎地对政府的立场进行限制。"我们不做孤立主义者,但为了确保美国远离战争危险,我们宁愿做孤立主义者",这就是我们所持的立场。他同时补充说:"我们必须牢记,只要地球上存在战争,即使是最爱好和平的国家,也会面临被强行拖入战争的危险。"见 William D. Pederson, *The FDR Years* (New York: Facts on File, 2006), p. 352

68. *New York Times*, January 6, 1937. 3 月上旬,国会采取措施前一天离开纽约的这批货物,大部分在距离西班牙大约 90 英里的地方被一股国际势力击沉。见 *Washington Post*, March 9, 1937.

69. *Congressional Record*, 75th Cong., 1st sess., January 6, 1937, p. 73.
70. 同上, p. 74.
71. 同上, pp. 92–93.
72. 唯一一张反对票来自明尼苏达州的农工党代表约翰·伯纳德（John Bernard）。
73. *Washington Post*, January 8, 1937.
74. 外交政策协会在2月份报告说，1934年至1936年年末全球的武器装备开支增加了一倍，但到"第二次世界大战前夕，这一数字已经是原来的三倍"。纳粹德国1936年的军备开支为2,660,000,000美元，是1934年军备开支的七倍。这期间苏联的军备开支达到了2,983,100,000美元，是原来的三倍。美国的军备开支则几乎跟原来持平，由1934年的710,000,000美元增加到了1936年的964,000,000美元，与意大利的871,000,000美元相差无几，但意大利却是在1934年的272,000,000美元基础上飞速增长的。见*Washington Post*, February 15, 1937. 1931年至1936年全球军备开支总计超过了600亿美元，是第一次世界大战前夕的四倍，"比哥伦布发现新大陆以来全球黄金产值的总额高出约80亿美元"。见 *Chicago Daily Tribune*, May 23, 1937.
75. 4月29日，众议院以口头表决的形式通过了会议报告；参议院的表决结果是41∶15。
76. *Los Angeles Times*, April 30, 1937.
77. 相关讨论，见 Dallek, *Franklin D. Roosevelt and American Foreign Policy*, p. 102; Divine, *The Illusion of Neutrality*, p. 95. 同时期有关各类和平运动的研究和思考，见 Arthur Deerin Call, "The Contribution of the War Policies Commission to the Peace Movement," *Advocate of Peace through Justice* 93 (1931): 87–94.
78. *Congressional Record*, 75th Cong., 1st sess., March 16, 1937, p. 2298. 扩展性研究，见 Divine, *The Illusion of Neutrality*, pp. 162–99.
79. Anne O'Hare McCormick, "Foreign Policy: The Neutrality Act and the Reciprocal Trade Compact," *New York Times*, August 9, 1937.
80. *Los Angeles Times*, February 3, 1938. 人们普遍认为，一旦日本宣战，总统将无法绕开法案中的武器禁运条款。另见 *Los Angeles Times*, January 11, 1938.
81. *New York Times*, April 23, 1938.
82. 同上, March 20, 1938.
83. Emil Lederer, "Domestic Policy and Foreign Relations," in *War in Our Time*, ed. Hans Speier and Alfred Kahler (New York: W.W. Norton, 1939), pp. 43–57.
84. Michael Howard, *The Invention of Peace: Reflections on War and International Order* (London: Profile Books, 2000), p. 68.
85. 当时有关这些变化的精辟论述，见 W. Friedmann, "International Law and the Present War," *Transactions of the Grotius Society* 26 (1940): 211–33.
86. 关于这一表述，我借鉴了约翰·汤普森（John Thompson）在第二次世界大战前发表的关于美国安全的主张。
87. Frank Ninkovich, *The Wilsonian Century: U.S. Foreign Policy since 1900* (Chicago: University of Chicago Press, 1999), p. 119.
88. Hans Speier and Alfred Kahler, "Introduction," in *War in Our Time*, ed. Speier and

Kahler, p. 11.

89. 作为对集体安全，尤其是小国集体安全希望彻底破灭的标志，奥斯陆国家团体（Oslo Powers，丹麦、挪威、瑞典、芬兰、荷兰、比利时、卢森堡）于 1938 年在哥本哈根召开会议，各国表示"愿意就成立国际联盟问题开展合作，但同时各国一致认为……联盟条约第 16 条有关对入侵他国的国家实施制裁的规定应当是非强制性的"。见 Eric Hula, "The European Neutrals," *Social Research* 7, no. 1 (1940): 151, 157.

90. 随着纳粹德国对欧洲的占领和日本帝国对亚洲的占领，"目前摆在人们面前的事实是"，流亡法学专家埃里克·胡拉在 1939 年撰写的一篇文章中指出，"无论在何时何地，当人们容忍野蛮行径发生时，中立原则就遭到了践踏"。见 Hula, "The European Neutrals," p. 168.

91. Friedmann, "International Law and the Present War," p. 229.

92. 引自 Georg Schwarzenberger, "The Rule of Law and the Disintegration of the International Society," *American Journal of International Law* 33 (1939): 57–58.

93. Walter Lippmann, "The American Destiny," *Life*, June 5, 1939, p. 47.

94. Frederick L. Schuman, "World Politics and America's Destiny," in *The Future of Government in the United States: Essays in Honor of Charles E. Merriam*, ed. Leonard D. White (Chicago: University of Chicago Press, 1942), pp. 245, 250, 251.

95. "如果我们只想取得胜利，而不认真思考战争的代价，或对法案争论不休"，英格兰研究美国问题的学者丹尼斯·布罗根于 1942 年写道，"我们也会与那些因不能适应时代残酷的政治需求而灭亡的伟大国家有同样的的命运"。见 D. W. Brogan, "A Political Scientist and World Problems," *Annals of the American Academy of Political and Social Science* 222 (1942): 20.

96. DeConde, "On Twentieth-Century Isolationism," pp. 3–4, 8.

97. *Washington Post*, April 1, 1938.

98. Lawrence Preuss, "The Concepts of Neutrality and Nonbelligerency," *Annals of the American Academy of Political and Social Science* 218 (1941): 101.

99. D. W. Brogan, "Omens of 1936," *Edinburgh Review* 139 (1936): 1–2; 引自 Richard Overy, *The Morbid Age: Britain and the Crisis of Civilization, 1919–1939* (London: Penguin, 2009), p. 315.

100. 引自 Martin Gilbert, *A History of the Twentieth Century*, vol. 2, 1933–1951 (New York: William Morrow, 1998), p. 225.

101. Franklin D. Roosevelt, "Annual Message to Congress," January 4, 1939, in *Nothing to Fear: The Selected Addresses of Franklin Delano Roosevelt, 1932–1945*, ed. B. D. Zevin (Boston: Houghton Mifflin, 1946), pp. 163, 165. 这些问题并非以前从未被触及过。1937 年 10 月 5 日，罗斯福总统就曾在芝加哥演讲中指出，独裁政权在不断穷兵黩武，践踏法律，并提醒人们对这些侵略成性的国家保持警惕。

102. *Washington Post*, March 8, 1939.

103. Tom Connally (as told to Alfred Steinberg), *My Name Is Tom Connally* (New York: Thomas Y. Crowell, 1954), p. 226.

104. *Atlanta Constitution*, April 9, 1939.

105. Francis O. Wilcox, "American Government and Politics: The Neutrality Fight in Congress 1939," *American Political Science Review* 33 (1939): 825.
106. 它排除了更多的远程武器。国会议员沃里斯称这是一项公正的承诺。
107. 南方民主党与共和党立场的相似度得分仅为 6 分，非南方民主党与共和党的相似度得分为 22 分，民主党内部总体的相似度得分则高达 84 分。
108. 当众议院对议案进行重新提交表决时，共和党议员们一致赞同，凝聚力得分为 100 分。但非南方民主党议员却分歧严重，凝聚力得分仅为 57 分。相对而言，南方民主党议员的凝聚力得分较高，达到 88 分。当法案获得通过时，共和党的凝聚力得分为 93 分，非南方民主党仅为 56 分，南方民主党的凝聚力得分高达 92 分，确保了法案的通过。
109. *Congressional Record*, 76th Cong., 1st sess., June 30, 1939, p. 8509.
110. *New York Times*, July 8, 1939; *Chicago Daily Tribune*, July 12, 1939.
111. *Washington Post*, July 13, 1939.
112. *New York Times*, July 19, 1939; *Chicago Daily Tribune*, July 19, 1939.
113. "Is Neutrality Possible?" *Washington Post*, September 2, 1939. 关于第二次世界大战欧洲战场初始阶段国会所采取行动重要性的研究，见 Porter, *The Seventy-sixth Congress and World War II*, pp. 173–74.
114. 还包括澳大利亚和新西兰，英国参战时，这两个国家也同时参战了。
115. *Washington Post*, September 4, 1939. 他谈道："按照已有的《中立法案》，政府应当做出公开声明。我相信，在接下来的几天内，我们所坚持的中立原则才能真正名符其实。"
116. Franklin D. Roosevelt to Neville Chamberlain, in *F.D.R.: His Personal Letters, vol. 2, 1928-1945*, ed. Elliott Roosevelt (New York: Duell, Sloan, and Pearce, 1950), p. 919.
117. *Los Angeles Times*, September 21, 1939.
118. *New York Times*, September 22, 1939; *Los Angeles Times*, September 25, 1939.
119. *Washington Post*, September 22, 1939.
120. *New York Times*, September 22, 1939. 关于参议员乔治·格兰特，见 *Atlanta Constitution*, September 26, 1939.
121. 投票支持罗斯福行动的选民在亚特兰大中部地区占 52%，在中西部占 53%。但在南部，支持比例达 72%。见 *Atlanta Constitution*, September 22, 1939.
122. *Chicago Daily Tribune*, September 16, 1941.
123. 同上, September 23, 1939.
124. *New York Times*, October 28, 1939.
125. *Wall Street Journal*, October 2, 1939.
126. *Congressional Record*, 76th Cong., 2nd sess., November 2, 1939, p. 1339.
127. Divine, *The Illusion of Neutrality*, p. 330. 支持票来自 220 位民主党议员和 21 位共和党议员、一位农工党代表和一位美国劳工党代表。反对票来自 36 位民主党议员、143 位共和党议员和两位进步党议员。
128. *Congressional Record*, 76th Cong., 1st sess., June 30, 1939, p. 8059.
129. 同上, 2d sess., October 14, 1939, p. 438; October 20, 1939, pp. 653, 654.

130. Divine, *The Illusion of Neutrality*, p. 334.
131. *New York Times*, November 10, 1939; 关于法案的综合性论述, 见 Guerra Everett, "The Neutrality Act of 1939," *Annals of the American Academy of Political and Social Science* 211 (1940): 95–101.
132. Edward R. Stettinius Jr., *Lend-Lease: Weapon for Victory* (New York: Macmillan, 1944), pp. 89–108; Warren F. Kimball, *The Most Unsordid Act: Lend-Lease, 1939–1941* (Baltimore: Johns Hopkins University Press, 1969), pp. 57–118; Max Hastings, *Winston's War: Churchill, 1940–1945* (New York: Vintage, 2011), pp. 147–49; Roberts, *Masters and Commanders*, p. 46.
133. Mark Sullivan, "Lend-Lease Status," *Washington Post*, February 1, 1941.
134. Kimball, *The Most Unsordid Act*, pp. 207, 217.
135. 见 http://historicalresources.wordpress.com/2009/01/01/franklin-delano-roosevelt-on-land-lease-march-15-1941/.
136. Walter Lippman, "Today and Tomorrow: If the Worst Happens," *Washington Post*, February 6, 1941.
137. *Wall Street Journal*, May 24, 1940, p. 1; 斯泰提涅斯于1944年接替科德·赫尔担任国务卿, 并于1945年春率领美国代表团出席联合国国际组织大会。之后斯泰提涅斯成为美国首位驻联合国大使。1939年8月, 罗斯福总统成立了战争资源委员会, 并任命斯泰提涅斯担任委员会主席。战争资源委员会的成员包括AT&T公司的总裁沃尔特·谢尔曼·吉福德 (Walter Sherman Gifford), 通用电气董事局成员约翰·李·普拉特 (John Lee Pratt), 西尔斯·罗巴克公司总裁罗伯特·E. 伍德 (Robert E. Wood), 布鲁金斯学会主席哈罗德·莫尔顿 (Harold Moulton) 和麻省理工学院院长、物理学家卡尔·康普顿 (Karl Compton)。但战争资源委员会是一个短命机构。11月24日, 总统对委员会成员表达谢意后, 宣布解散该组织。相关讨论, 见 Paul A. C. Koistinen, "The Industrial-Military Complex in Historical Perspective: The Interwar Years," *Journal of American History* 56 (1970): 836–38.
138. Janeway, *The Struggle for Survival*, p. 100.
139. 同上, p. 12.
140. *Congressional Record*, 76th Cong., 3d sess., May 24, 1940, p. 6837.
141. 同上, p. 6829.
142. 同上, June 10, 1940, p. 7823.
143. 同上, June 6, 1940, p. 7650.
144. 这种几乎完全统一的立场在大规模投资关岛军事设施建设的海军拨款问题上走向分裂。共和党对这一议案表示反对, 提出对议案进行修改, 将海军开支用于离美国本土较近的设施建设上。在众议院辩论中, 新罕布什尔州的亚瑟·詹克斯 (Arthur Jenks) 表示, "自己无法理解为什么国家动用海军或空军侦察力量保护距离美国海岸线5,000英里的太平洋海域"。宾夕法尼亚州的罗伯特·里奇 (Robert Rich) 则对"改善接近中国海岸线的关岛军事设施的议案提出抱怨。让我们在军事设施的改善和加固引发战争之前, 把这个岛屿放弃。让我们放弃在欧洲、亚洲和非洲得到的任何领土"。见 *Congressional Record*, 76th Cong., 3d sess., February 13, 1940,

pp. 1437, 1421. 在党派路线的直接表决中，众议院以 158∶230 和 156∶234 的投票结果两次否决了上述主张孤立主义的修正议案。

145. "Arming America," *New York Times*, June 2, 1940.
146. *Congressional Record*, 77th Cong., 1st sess., August 1, 1941, p. 6590.
147. 引自 Dallek, *Franklin D. Roosevelt and American Foreign Policy*, pp. 290–91.
148. 这一术语来自拉丁语"招募士兵"（conscribere milites）。有关兵役制度的历史以及第一次世界大战前欧洲大陆兵役制度如何普及的研究，见 Herman Beukema, "Social and Political Aspects of Conscription: Europe's Experience," *Military Affairs* 5 (1941): 21–31.
149. 相关讨论，见 George Q. Flynn, *The Draft, 1940–1973* (Lawrence: University Press of Kansas, 1993); George Q. Flynn, "Conscription and Equity in Western Democracies, 1940–1975," *Journal of Contemporary History* 33 (1998): 5–20; Harrop A. Freeman, "The Constitutionality of Wartime Conscription," *Virginia Law Review* 31 (1944), 40–82; Elliot Jay Feldman, "An Illusion of Power: Military Conscription as a Dilemma of Liberal Democracy in Great Britain, the United States, and France"（博士论文，MIT, 1972）.
150. Ira Katznelson, "Flexible Capacity: The Military and Early American State-building," in *Shaped by War and Trade: International Influences on American Political Development*, ed. Ira Katznelson and Martin Shefter (Princeton, NJ: Princeton University Press, 2002), pp. 82–110; Margaret Levi, *Consent, Dissent, and Patriotism* (Cambridge: Cambridge University Press, 1997), pp. 58–66, 96–102.
151. 引自 Sherry, *In the Shadow of War*, p. 45.
152. Beukema, "Social and Political Aspects of Conscription," p. 29; Philip Jowett, *The Japanese Army, 1931–1945* (Oxford: Osprey Publishing, 2002); *New York Times*, May 10, 1940.
153. *Washington Post*, August 18, 1940; *Chicago Daily Tribune*, June 20 and August 29, 1940; *Los Angeles Times*, November 7, 1940.
154. *Los Angeles Times*, July 9, 1940.
155. *Washington Post*, July 4, 1940. 哈佛大学校长詹姆斯·科南特的论断是，"在自由民主国家，义务兵役制是军队建设最有效、最公正的途径"。另一位著名校长、布朗大学的亨利·里斯顿（Henry Wriston）则反对义务兵役制，称之为"可怕的战争开端"。同上, September 9, 1940.
156. *Atlanta Constitution*, September 19, 1940.
157. *Congressional Record*, 76th Cong., 2d sess., September 3, 1940, p. 11363. 同样，《华盛顿邮报》的头版社论称义务兵役制为"国会长久以来所审议的一项最重要的法律"。见 *Washington Post*, August 4, 1940. 国会关于兵役制的辩论非常激烈。在众议院，来自俄亥俄州、坚持孤立主义的民主党议员马丁·斯威尼（Martin Sweeney）一拳打在来自肯塔基州的贝弗利·文森特（Beverly Vincent）的鼻子上。文森特曾称斯威尼"背叛"了自己的主张。同上, September 5, 1940.
158. *Atlanta Constitution*, March 21, 1938.

159. *Congressional Record*, 76th Cong., 2d sess., September 3, 1940, p. 11381.
160. 同上，September 4, 1940, p. 11482.
161. *New York Times*, August 26, 1940.
162. "对于义务兵役制反响最强烈的州包括密西西比州（支持率为87%）、德克萨斯州（支持率为80%）、佐治亚州（支持率为79%）、佛罗里达州（支持率为75%）。这几个州的支持率远远高于全国平均支持率（66%），更高于对此严重质疑的印第安纳州（支持率为55%）。"见 *Atlanta Constitution*, August 11, 1940.
163. *Congressional Record*, 76th Cong., 2d sess., September 3, 1940, pp. 11363, 11387, 11401; September 4, 1940, p. 11426; September 3, 1940, p. 11400.
164. 同上，September 4, 1940, p. 11489.
165. 南方代表的凝聚力得分接近满分，分别为98、94和93。相比较而言，共和党和非南方民主党则内部分歧明显，凝聚力得分分别为76、37、31和70、58、55。
166. 相关论述，见 J. Garry Clifford and Samuel R. Spencer Jr., *The First Peacetime Draft* (Lawrence: University Press of Kansas, 1986). 虽然参议院以压倒性的多数表决通过了将被征召入伍人员的服役范围限制在西半球以内的修正案（表决结果为67：4）。这一议案由来自马萨诸塞州的共和党议员亨利·卡伯特·洛奇提出。洛奇后来成为参议院支持兵役法的八位共和党议员之一），但它却否决了由少数南方民主党孤立主义者代表，即来自密苏里州的班尼特·钱普·克拉克提出的更加严格地限制士兵服役范围的修正案。该议案提出将士兵的服役范围限制在对美国本土及其资产的保护。这一议案的表决，反对和支持的票数非常接近，32：39。如果不是南方的一致反对，议案就获得通过了。见 *Washington Post*, August 27, 1940. 关于德国颠覆西半球的相关报告，见 Dallek, *Franklin D. Roosevelt and American Foreign Policy*, p. 233.
167. 绝大多数被取消资格者是因为存在牙齿缺陷。见 *Chicago Daily Tribune*, February 17, 1941; Sherry, *In the Shadow of War*, p. 48. 相关文献，见 *Atlanta Constitution*, May 4, 1941.
168. 相关讨论，见 Ira Katznelson, *When Affirmative Action Was White: An Untold History of Racial Inequality in Twentieth-Century America* (New York: W. W. Norton, 2005), pp. 95–102.
169. 关于新军队的组建及其面临的困难，见 Gregory, *America* 1941, pp. 25–49.
170. *Atlanta Constitution*, July 5, 1941; *New York Times*, July 22, 1944; Dallek, *Franklin D. Roosevelt and American Foreign Policy*, p. 277.
171. *Congressional Record*, 77th Cong., 1st sess., August 1, 1941, p. 6579.
172. 1941年7月26日。
173. *Congressional Record*, 77th Cong., 1st sess., August 1, 1941, p. 6591.
174. 相关总结，见 Elias Huzar, "Selective Service Policy, 1940–1942," *Journal of Politics* 4(1942): 221.
175. *Congressional Record*, 77th Cong., 1st sess., August 7, 1941, p. 6851.
176. 凝聚力得分最低的阵营是非南方民主党，仅为37分。相对而言，共和党和南方民主党得分较高，分别为71分和83分。

177. 多数派人数不到议员总数的一半；21 人选择弃权。共计"30% 的民主党议员，主要是密西西比河以西各州的议员"投了反对票，因为他们"将和平时期的兵役法视为强制性征召。他们更倾向于自愿兵役制度"。民主党中投赞成票的议员主要来自南方。共和党也加入到南方民主党的阵营，投了赞成票，"尤其是来自新英格兰和大西洋沿岸中部各州的共和党议员，强力支持和平时期的选择性兵役制度"。见 Porter, *Seventy-sixth Congress and World War II*, p. 179.

178. *Los Angeles Times*, August 13, 1941. 这不是一项普通的法案。"人们对于这项兵役法修正案的强烈反对声音几乎让反对军事化的势力最终得逞。众议院仅以一票之差的投票结果决定继续执行该法案。民众希望入伍服役的孩子们早日复员回家，但已经承诺完成一年服役期的战士们经常要忍受极大的痛苦。"见 Arthur A. Ekirch Jr., *The Civilian and the Military* (New York: Oxford University Press, 1956), p. 261.

179. 在南方内部，只有来自密苏里州的六位民主党议员中的四位投票反对。该州的三位共和党议员也投了反对票。

180. 见 http://www.historyplace.com/speeches/fdr-infamy.htm.

181. 两张反对票分别由加利福尼亚州的民主党参议员谢里敦·唐尼（Sheridan Downey）和共和党参议员海勒姆·约翰逊（Hiram Johnson）投出。

182. *Congressional Record,* 77th Cong., 1st sess., December 17, 1941, p. 9943; December 18, 1941, p. 9985.

183. Walter Lippmann, "Today and Tomorrow: Wake Up, America," *Washington Post*, December 9, 1941, p. 19.

9. 无限战争

1942年5月，乔治·C. 马歇尔（George C. Marshall）将军在西点军校毕业班发表演讲说，"我们决心在这场可怕的战争结束前，让全世界将我们的国旗视为自由民主的标志，视为压倒一切力量的象征"。[1]但美国人民在随后的十几年里将很快明白，国家的自由与强大并不总是轻松地携手并进。美国抗击轴心国侵略的一大特点是，整个过程充满了各种紧张与冲突、矛盾与困惑，有时甚至被道德评判的严重不确定性所困扰。它需要人们做出艰难的抉择，有时甚至需要人们付出非凡的勇气和力量，去挑战美国传统的道德伦理和政治法律原则。战争促进了全国的团结统一，使美国人民为实现国家领导人宣布的富强、美好目标而奋斗。在这一过程中，类似美国内战期间林肯政府实行的行政权力高度集中，以及过去经常被认为违反文明礼仪规范和宪法规定的行为均成了司空见惯之事。

马歇尔率领的威力空前的反侵略战争起源于动人心魄的全球反法西斯事业。为了获得最后的成功，与这一事业所推行的价值观和制度规范做出种种妥协似乎是被允许的，也是必要的。民主国家调动武力和发动战争的能力经常受到敌友双方的质疑。抗击野蛮军国主义和专制独裁主义的战争通常会违反全球战争的基本游戏规则，挑战人们对于同盟关系、战争的残酷性及自由民主等问题的固有评判原则。对这类妥协进行抨击或表示遗憾，是再简单不过的事情。然而，更重要的事情是对其性质和影响进行正确评价。特别是，平均每天损失 23,000 条生命的全球战争招致的挑战和质疑并没有随着同盟国在欧洲和亚洲的胜利而结束。

20 世纪 30 年代末、40 年代初，美国的一些著名思想家并没有注意到这些问题的严重性。这些思想家们从遥远的西半球观察希特勒的军事动员与扩张、日本向亚洲大陆的推进、意大利对非洲的入侵、苏联的重整军备，以及国际联盟的无能为力。他们开始思考为什么击败可恶的独裁政权需要国内的自由民主政权做出一定的妥协。当然，有些人认为，真正的危险在于，美国需要对各种相互矛盾的"良善正直"的观念做出选择和取舍，并且美国应继续保持中立原则。还有一些人认为，美国应当在多年来一直无法回避的是非概念中做出选择与取舍。此外，这些思想家们还一致同意普林斯顿高等研究院的著名军事问题专家爱德华·米德·厄尔（Edward Meade Earle）于 1939 年发表的观点："人们很难肯定地说……盎格鲁－美国所珍视的自由遗产可以在这样一个完全被战争和敌对心态所支配的世界继续保持下去。"[2]

当然，上述尴尬局面并不是刚刚产生的。第八期《联邦党人文集》早在 1787 年就发表过非常有名的评论："防止外来威胁的侵犯需要一个国家采取最强有力的独裁措施，"并指出，"长期遭受外来入侵的威胁时，即使是最珍视自由民主的国家，也不得不为了国家的安宁而任凭统治机构践踏民众的公民权利和政治权利"。

该评论的作者亚历山大·汉密尔顿（Alexander Hamilton）告诫说，在面临"持续威胁"时，"即使是最热诚地追求自由者，时间久了，也会屈服于独裁管制"。[3] 新学院的德国移民埃米尔·莱德勒（Emil Lederer）注意到，自由民主政权的敌人把自己国家变成了全副武装的军营。1939 年初，德国入侵波兰前不久，莱德勒警告说，民主国家已经无法像往常一样，选择传统的生活方式，因为"来自独裁强国的压力使得每一位公民越来越难以在日常生活中……追求自己已经习以为常的生活方式"。[4] 一年后，厄尔把军事动员将不可避免地导致美国"丧失一些自己长期奉行的价值理念"，视为一个"悲剧"。[5] 作为一名国内最有威望的政治家，哈罗德·拉斯韦尔试图从日益增长的国内国际安全需求角度，思考"哪些民主自由的价值理念需要坚持下来，以及如何坚持下来"。[6]

政府部门几乎每周都会收到大量上述告诫性言论，而且政治研究学者会从学术上对相关问题给予回应。一个显而易见又最具影响力的例子是，1940 年 5 月下旬，正当希特勒的军队横扫低地国家和法国时，对外关系委员会发表的"美国国民动员"研究报告。对外关系委员会研究分会由未来的中央情报局局长艾伦·杜勒斯（Allen Dulles）担任主席，1939 年，其召集研究小组会议，论证"在国防问题成为全国上下关注焦点的紧急时刻"，政府应当如何采取措施加以应对，并从"民主国家掌控战争发展方向的角度"，思考美国所面临的威胁。[7] 报告首先回顾了政府在战争规划方面存在的不足之处，随后探讨了美国的政治和经济体制如何进行调整，以适应战争的要求。报告给出了一系列建议。其中第一条是开展"战争宣传"，营造"有利于动员国民忠于国家、为国家献身的思想氛围"；同时开展"舆论审查"，以阻止"公共媒体、电影、广播，甚至人们口头之间交流传播影响公众战争热情的信息和言论"。研究报告同时要求政府坚定地执行采购计划，控制物价和利润。而且，研究报告还详细提供了军队、劳动产业部门和商务部门的动员计划。为了保证这一计划顺利实施，对外关系委员会号召国会授予总统"完全、彻底的支配权力"，因为"国民动员取决于权力的集中"，"权力集中的合理部门是国家行政管理机构"。报告补充说，如果国会给予阻拦，总统因为已经获得"紧急处置权力"，所以有权对全国广播系统进行控制，对新闻发布进行管制，并"强行征用一切交通运输工具",还有权取消政府合同文书的限制,加快工程进度,确定煤炭价格,以及"控制银行和证券交易机构"。8

一

1941年12月9日,富兰克林·罗斯福总统在其椭圆形办公室向全国发表广播讲话时,对美国民众来说,珍珠港事件的噩梦还历历在目。罗斯福总统套用一些政治原则术语,对这场冲突进行了分析。他解释说,这不是传统上国与国之间为争夺领土发动的战争,而是不同生活方式和政府治理模式之间的根本冲突。罗斯福总统指出,日本已经实际占领中国沿海全部地区,并将自己的势力范围从中国东北延伸至法属印度支那。其侵略行为已经表明,日本正准备奉行德、日、意三大轴心国推行的"全球性荒淫无道"和"全球性野蛮暴力"。"一伙横行霸道和诡计多端的匪徒头目纠结在一起,妄图发动针对全人类的野蛮战争。"这伙匪徒所主导的1940年《三国公约》[9]表明,他们所预谋的恶行会"马上殃及各国人民"。罗斯福总统宣布,美利坚合众国将代表"全世界大多数人"采取军事行动,抗击"希特勒和墨索里尼集团对人类的挑衅"。[10]

12月11日,在日本空军炸毁美国太平洋舰队全部战舰[11]两天后,德国和意大利公开向美国宣战,罗斯福总统采用类似摩尼教是非分明的语言风格发表演讲,宣称,"人类的生命、自由和文明从未遭受过如此严峻的挑战"。总统要求国会对德国和意大利的宣战做出回应,公开向德、意宣战。"法西斯军队正在拼命奴役整个世界……而且已经向我们所处的半球进军",只有"全世界决心捍卫自由的民族迅速团结起来,共同对敌",才有可能"保证全球的公平、正义力量战胜野蛮、邪恶力量"。[12]

早在美国正式宣战之前几个月,罗斯福总统就按照上述反法西斯事业的作战原则,动员全国民众作好入伍参战的准备。1941年5月27

日,罗斯福总统描述道,"整个世界已经被严重分裂为遭受奴役的群体和享受自由的群体两部分——被分裂为异教的野蛮暴力与基督教理想对人类的拯救两部分"。[13] 在十个星期后的8月12日,罗斯福总统在纽芬兰岛海边与英国首相温斯顿·丘吉尔举行了会谈。会谈结束时,美英两国首脑联合发表了《大西洋宪章》,宣布两国共同致力于"反法西斯战争与和平事业"。当天,正值美国众议院以一票的微弱优势表决通过了美国和平时期的兵役法案。在当时的形势下,两位首脑担心德国从苏联展开东部战场,而美国刚冻结日本资产,并暂停了与日本的外交关系。此时的罗斯福与丘吉尔有着共同的理想追求——包括民族自决、人类尊严、多边和平、公共海权以及"免受恐惧威胁和物资短缺困扰"——这一共同理想追求激励着两位首脑为"消灭纳粹暴政"而奋斗。[14]

甚至在敌对行动刚开始时,第二次世界大战就被视为文明自由与野蛮邪恶之间的生死决战,这也最终成为美国具有永久性说服力的战争议题。战争期间,美国战时新闻处发放了几十万份宣传海报,海报上刊印着《大西洋宪章》的内容。美国政府则反复利用一切有利时机重申宪章所规定的原则。1944年10月,杰出诗人和剧作家阿奇博尔德·麦克利什在诺曼底登陆过后大约四个月的时候,向人们大声呼吁,《大西洋宪章》中有关"战争基本问题"的条款应当得到贯彻。麦克利什当时担任国会图书馆的工作人员,并在战时新闻处任职,之后担任美国国务院首位负责文化与公共事务的助理国务卿。麦克利什宣称,民主阵营与独裁阵营之间展开的全球战争,迫使每一个人思考和选择"未来几代人将在一个什么样的政治体制下生存——不仅法西斯国家及其占领国的人要做出选择,世界上其他国家的人们同样也要做出选择。"[15]

这场战争的波及范围要求对发动战争的必要性及其价值进行重新衡量和论证。从一开始,罗斯福总统就警告国人,参战的后果将不仅仅是对自由权利的限制。他在珍珠港遭受重创两天后发表的炉边谈话中解释说,政府只有在确保要公开的信息"不会对敌国产生直接或间接价值时，才会正式对公众发布……我们每一个人都要切记今天我们之间开展的随时随地的快速沟通，在战争期间应当被严格限制"。总统又警告新闻媒体界说，"你们没有权力出于爱国冲动向公众披露一些未经证实的信息，使他们误以为那就是千真万确的事实"。[16]

罗斯福总统同时告诫美国民众不要传播各种谣言和小道消息。不过，总统本人在1941年7月份却传播了不少未经证实的消息。他曾报告说德国的一份秘密文件列出了详细规划，将被其征服的拉丁美洲地区重新划分成五个独立国家，但总统却没有"给出切实的证据证明这份纳粹文件的真实性"。两个月后，他又故意夸大事实说，在北大西洋东南部的格陵兰岛发生了美国战舰与德国潜艇之间的交火。在9月11日的演讲中，他又说，德国潜艇"在没有事先警告的情况下……首先开火"攻击了"国籍标识准确无误的美国格里尔号驱逐舰"。罗斯福坚持这是德国潜艇在"蓄意击沉这艘战舰"。但美国海军的一份报告却质疑，当时德国潜艇指挥官是否的确知道正在实施跟踪监视的这艘战舰国籍，或者用深水炸弹对其实施攻击的战机国籍。[17]

罗斯福总统上述言论的真实性最多不超过50%，但却被围绕国家安全概念进行了无限夸大，最终成为民众心目中合理真实的事态。[18] 1940年5月26日，罗斯福总统在白宫发表广播演讲，警告全国民众，"间谍分子、破坏分子和叛国分子"等"烈性毒药"组成了打入美国内部的"第五纵队，他们乘国家毫无防备之机，从事阴谋叛国活动"。[19] 四个月后的9月23日，联邦调查局局长小埃德加·胡佛警告主要的退伍军人组织美国退伍军人协会说，"第五纵队正在美国疯狂从事破坏活动"。[20] 罗斯福总统不顾胡佛的顶头上司、后来担任纽伦堡国际军事法庭美国审判成员负责人的首席检察官罗伯特·杰克逊的反对，授权联邦调查局对具有纳粹间谍嫌疑的美国公民实施窃听。早在1934年，国会就通过了《通信法案》，明确禁止这类窃听行为，而且最高法院也明确规定以这种方式获得的证据在庭审时不予承认。[21] 罗斯福辩解说，当时最高法院没有料到"会发生这些关系国家安危的重大事件"。胡佛同样在没有合法授权的情况下，指示联邦调查局在邮政系统启动了邮件公开审查计划。另外，他还在联邦调查局发起了对于通过电话支持林德伯格的人士，以及抗议政府实施军事动员计划的团体骨干分子的调查。[22]为了进一步打压传统势力范围，1941 年 7 月，政府指控后来的战时战略情报局局长威廉·J. 多诺万（William J. Donovan）作为国家信息发布协调人员却策划"秘密颠覆活动"。[23]

  作为时代遗产的一部分，上述侵犯公民自由的所谓调查活动只是政府机构制造的部分恐怖性事端。这一切后来变成了一直经受战火考验的全球格局的长期特征。除了对公众言论方面的限制外，自从国会于 1920 年通过《国家防御法案》以来，作战部就一直在研究如何应对未来的战争冲突。该法案规定设立陆军助理部长办公室，以保证未来若出现紧急状况，在不影响正常经济资源调动的情况下，进行军需采购。1930 年，作战部起草了一项工业动员计划，并于 1933 年、1936 年和 1939 年对这一计划进行修改。军方制定的这些文件关注国家的工业实力，旨在完全像当年持续时间短暂的国家复兴管理局集中解决国内经济问题那样，促进"作战部门与产业界进行更加广泛密切的接触"。至少 14,000 名企业负责人和贸易协会代表作为储备官员被政府指派到陆军助理部长办公室，帮助该机构起草紧急状态时的动员方案，增强商界与军方之间的合作关系。[24]

  在这一规划的激励下，政府在即将到来的备战阶段，新成立了一系列国家安全部门——作战部得到扩充，增加了陆军海军军需委员会、陆军助理部长办公室规划部、生产管理办公室、战争资源委员会、国防顾问委员会、科学研究与开发办公室。联邦政府开创了一种"机制……这种机制最显著的特征是善于开展长远性、全局性的综合规划"，[25] 以应对国家随时出现的重大变故，它明显类似于美国广播公司为应对国家的战时紧急状态而专门制作的有关国内"新政"的节目。其影响范围、资金额度、人员素质、管理水平以及至高无上的权威性使联邦政府过去加强国家综合发展规划的各种尝试均相形见绌，其中就有第一次世界大战期间设立的类似机构。[26]

面对战争造成的严重破坏和有组织犯罪,美国不得不研究如何对敌人实施同样的打击。在一群蔑视自由民主的独裁者及其强大的动员和作战能力面前,美国政府不得不解决迫在眉睫的三个严肃问题:如何保持和维护国家的意志力、凝聚力和奋斗目标?如果说传统意义上的士兵与平民之间存在区分,那么,应当如何保持这种区分的限度?民主国家应当如何与苏联这一关键盟友共同打响"抗击法西斯侵略的战斗"?[27]虽然意识形态不同,但苏联所付出的令人难以承受的人员伤亡是战胜纳粹侵略不可或缺的因素。

二

罗斯福总统认识到,民众的统一支持是军队实行重大突击行动的前提条件。"请允许我提出一个小小的请求,让我们暂时搁置党派之争和个人私利,让我们将民族团结视为一切行动的基础。"[28]"我们美国人民将团结一致,加快生产,为战争的胜利做出贡献。我们将团结一致地接受任何牺牲和挑战。民族团结意味着美国人民不分种族、信仰和个人政治偏见,共同对敌作战。"[29]"每一位忠于国家的公民都应意识到自己的崇高责任……全国上下只有同心同德,不屈不挠,才能取得这场伟大战争的最后胜利。"[30]

罗斯福总统分别于1939年9月3日、1942年2月23日和1942年4月28日发表了上述演讲。他以激动人心的语言和对民主凝聚力的坚定自信,激发起全国人民的战斗热情,他的号召引起了国会的注意,后者立即做出回应,搁置战前在南方议员主导下对备战征兵问题进行辩论时产生的重要冲突。战争期间,在以南方议员为主的国防委员会的积极推动下,南方地区对于世界反法西斯战争的目标追求变成了全国的一致行动(肯塔基州的安德鲁·杰克逊·麦伊和佐治亚州的卡尔·文森分别在众议院军事委员会和海军委员会担任领导工作,北卡罗来纳州的罗伯特·雷诺兹担任参议院军事委员会主席）。在战争开始后的第一年，众议院进行了 21 次与全球军事问题相关的投票表决，除一次例外外——1941 年 1 月举行的国防部是否应按总统要求提出民用目标防御计划的辩论——民主党和共和党两大政党进行的投票表决中，维护地区利益的投票立场几乎完全消失。投票结果明显呈现一边倒的趋势，典型的比分有 335：2、298：0、315：22、345：16。[31]

罗斯福总统每次发出集体动员的号召后，私下里都在关注着国内的安全稳定，并要求各方面保持高度警惕。"让我们再也不要无视这样一个不可否认的事实：已经摧毁、打垮和玷污许多国家的法西斯魔鬼军队"，1940 年 12 月 29 日，罗斯福总统告诫说，"已经来到我们家门口。政府完全知道这一切。它每天都在努力将魔鬼逐出国门"。总统令人惊悚地警告，问题并不只是来自外部，"有不少美国公民中的高级公务人员，经常无意中对身处美国的敌方间谍机构提供帮助和支持。"总统尽量"避免将这些人指责为敌对机构的代理人"，但"我要谴责这些人，他们正好做了法西斯独裁者希望其所做之事"。[32]

对于国内团结统一和安全稳定的追求，导致政府开始关注公民对国家的忠诚，并对此进行监视和调查。[33]"忠诚"一词是由罗斯福总统提出来的，暗指有时有可能对国家不忠。1941 年 5 月 27 日，罗斯福总统宣布全国进入无限期紧急状态时，提出了公民对国家的忠诚度问题。总统号召"全体忠于国家的公民……把国家的需要放在最优先考虑的位置"，并且"在思想和行动中，首先满足国家的需要"。[34]

战争中，政府强调公民对国家的忠诚已经屡见不鲜了。第一次世界大战期间，政府为了寻求国内安全，制造了空前的恐惧气氛。在这种恐惧气氛下，公然侵犯公民权利也成了合情合理的事情。[35] 1917 年，国会通过了《反间谍法案》，规定对在战争期间蛊惑公民"对国家不忠"的人员处以高达 20 年的有期徒刑。1917 年 11 月，威尔逊总统命令所有德裔美国男性到当地邮局或警局注册登记；到 1918 年 4 月，这一指令的范围扩展到了全体德裔女性公民。总计有 482,000 名德裔美国公民被要求"填写表格、提交照片和指纹并发誓忠于美利坚合众国",此外,有 4,000 人被拘捕。禁止敌对国移民在军事设施和工厂附近生活或工作。³⁶ 1918 年,美国实施了《移民法案》,授权华盛顿政府驱逐无政府组织成员。同年,《反煽动叛乱法案》规定,战争期间使用"背叛、亵渎、下流或污辱性语言"对待国旗、军队和国家的行为属于犯罪。这些所谓犯罪行为并没有引起公众的特别关注。相反,政府却提出了种种普遍侵犯德裔美国人自由权利的要求。³⁷ 1919 年战争刚结束,首席检察官 A. 米切尔·帕尔玛(A. Mitchell Palmer)就发起了著名的突击搜捕行动,大约一万多名涉嫌从事激进活动的人员被抓,其中的 249 人被装上布福德号军舰驱逐到苏联。这些被驱逐人员的未来命运可想而知。³⁸

1918 年和 1919 年,北卡罗来纳州的参议员李·斯莱特·奥弗曼(Lee Slater Overman)领导的司法委员会行动小组受命调查酿造业中德裔美国人对国家的不忠行为,奥弗曼很快将调查范围扩大到所有倾向于德国的思想情绪和舆论宣传。同时,该行动小组还把目光转向认同德国利益的集权主义颠覆活动。报告还建议加强联邦调查局的权力,通过和平时期反煽动法案,对私有组织进行监视登记,并建立针对外语报刊的联邦监控制度。³⁹ 1919 年 8 月,联邦调查局的前身调查局设立了情报总部,对激进主义活动实施监控。⁴⁰

两次世界大战期间的这些年里,国会举行的这类审查与联邦警察的力量同时得到强化,其中两件事情表现得最突出。

第一件事情是,联邦调查局的活动范围超越了最初对具体违法案件的调查。其日常职责范围扩展到情报搜集和对可疑颠覆组织的监视。1936 年 8 月 24 日,联邦调查局局长小埃德加·胡佛面见罗斯福总统。⁴¹ 当时,国务卿科德·赫尔也在场。赫尔要求胡佛对美国的法西斯主义活动进行调查,因为这些活动的动机和方向本质上具有国际恐怖主义活动的特征,与海外相关组织有密切联系。⁴² 罗斯福总统批准了赫尔的要求,指示胡佛向首席检察官荷马·卡明斯(Homer Cummings)作简要汇报，同时要求联邦调查局与海军情报办公室和军事情报处就上述颠覆活动联合开展现场办公。

在距离美国宣布参加第二次世界大战还有五年的时候，胡佛于1936年9月5日启动了这一计划（向其上司首席检查官汇报前五天），命令工作人员对毛皮、服装、钢铁、煤炭和造船工业进行监视，对报纸、工会组织、教育机构和军队进行审查，严格查处颠覆破坏活动。[43] 联邦政府同时开始违反宪法规定的窃听和邮件拦截行动，以粉碎亲纳粹团体的阴谋颠覆活动，尤其是新德国之友组织（德美联盟）的破坏活动。[44]

德国入侵波兰不到一个星期，罗斯福总统就要求全国几千个警察辖区迅速向联邦调查局提供有参与颠覆、间谍和破坏活动嫌疑的人员信息。胡佛早已作好了充分准备，在欧战爆发前就紧锣密鼓地采取了行动。1939年11月30日，胡佛向国会报告说，情报总部已经根据各警察管辖区提供的资料，以及联邦调查局主动掌握的情况，"对参与颠覆活动、间谍活动和其他危及国内安全的破坏活动的个人、团体和组织的普遍特征进行了分类汇总"，包括国内的纳粹组织和共产主义组织。[45] 值得注意的是，联邦调查局开始于1938年的调查工作还包括对"黑人"这一特殊群体的调查。不像其他调查目标根据组织成员的构成进行界定，"对这一群体的界定主要是根据成员的肤色。这是一个完全不同的分类标准。调查工作人员认为，黑人尤其容易对政府不忠"。[46]

这些调查行动背后潜藏着的一个重要背景，即种族来源问题——对敌人的界定"不是根据地理范围，而是依据对国家表现出的不忠诚"。[47] 1934年，罗斯福总统在第一任期内，要求国务院汇报日裔公民从事破坏和间谍活动的嫌疑问题。那次汇报做出的分析错误地预测，"战争爆发时，生活在西海岸的全部日本人都将起义暴动"。[48] 五年后的1939年9月，罗斯福总统再次特别注意日本人和日裔美国人的动向，他命令陆军和海军的情报机构密切注意生活在太平洋沿岸的日本人，并命令联邦调查局对参与颠覆破坏活动的嫌疑分子进行跟踪监视。"结果，司法部掌握了一个列有大批嫌犯名字的'ABC名单'",而且,移民问题的受理也由劳工部转到司法部("ABC"名单中,"A"代表"极端危险分子","B"代表"潜在危险分子","C"代表"可能对日本持同情态度的人士")。[49]

到1940年,胡佛开始计划将联邦调查局变成他所说的"协调并总领所有提供国内颠覆破坏活动信息的民间组织的机构"。同时,胡佛告知在旧金山召开年度大会的各地警察局局长们,联邦调查局将负责"一切涉及间谍、破坏和颠覆活动之问题的调查工作"。1940年时,联邦调查局的现场办公部门有900名特工人员,到战争结束时,增加到了5,000名。其工作重点也很快由打击刑事犯罪转向维护国内安全。该机构对特工人员开展专业训练,以保障军工厂房的安全。它还在全国大多数工业企业招募工作人员,以便"对阴谋破坏、间谍和颠覆活动随时保持警惕"(结果收集到几千条虚假线索和谣言)。同时,联邦调查局还搭建了广泛的地下情报网络,使情报人员最终达到约七万人,几乎做到了全国每县至少有一名地下情报人员。这些人员主要来自兄弟会和退伍军人协会等组织。[50]到1941年12月7日夜,美国舰队在珍珠港被偷袭为止,联邦调查局共拘捕了770名被视为危险分子的日本人。很快,每八名住美日人中就有一名遭到拘捕。[51]

第二件事是,国会越来越重视国内安全问题。1930年,众议院以210∶18的表决结果同意任命一个特殊委员会对美国的共产主义组织进行调查。在来自纽约的汉密尔顿·菲什的领导下,该委员会查处了一家拥有12,000名缴费会员的民间组织。虽然这一组织当时并没有什么不良影响,但菲什领导的特殊委员会还是对其进行了严厉查处。该委员会坚持认为,有超过50万名共产主义的同情者接受共产党的领导,预谋推翻美国的政治和经济制度,于是,它建议将共产党列为非法组织,取消共产党员的公民身份,拒绝向申请移民美国的共产党员授予公民身份,驱逐共产党员中的移民,禁止邮递支持共产主义革命的宣传品,并对散布美国银行系统崩溃谣言的共产党员提起诉讼。同时,这一委员会呼吁美国指派检察人员调查苏联的劳动条件。这些建议被缅因州共和党党员约翰·尼尔森（John Nelson）拒斥为典型的"歇斯底里"，但该委员会另外四名成员均表示赞成——委员会主席菲什、西弗吉尼亚州共和党党员卡尔·巴赫曼（Carl Bachmann），以及两位南方民主党党员：田纳西州的爱德华·埃斯利克（Edward Eslick）和密西西比州的罗伯特·霍尔（Robert Hall）。[52]

众议院新当选议员马丁·戴斯强烈支持菲什所领导的委员会开展调查行动。戴斯于1930年在农业人口和黑人占据多数的东德克萨斯地区当选，他的父亲曾担任这一地区的国会代表。[53] 1930年初选获胜时，戴斯年仅29岁，他通过推进种族问题在选举中击败了连续担任六届众议员的竞争对手。阿瑟港选战演说中，戴斯严厉谴责了国会唯一一位非裔美国议员、芝加哥南部共和党党员奥斯卡·德普里斯特（Oscar DePriest）。戴斯宣称，"奥斯卡·德普里斯特发表演讲攻击南方白人时，当时我如果是国会议员，我会毫不客气地打掉这个黑鬼的下巴"。[54]

一进入华盛顿政坛，戴斯的议员生涯就得到了快速发展。其德克萨斯州同乡、众议院新闻发言人约翰·南斯·加纳作为老马丁·戴斯的亲密朋友及后来罗斯福政府的副总统，给予戴斯很大帮助。州际商务委员会主席、后来的众议院新闻发言人山姆·雷伯恩同样对戴斯帮助很大。到1935年，戴斯已经成为众议院最重要的机构规则委员会12名委员中的一位。像几乎所有南方民主党同事一样，戴斯在担任众议员的最初几年里，是一位热心的"新政"支持者。当时他并没有意识到自己支持的种族制度与追求进步的平民主义有什么冲突。1935年的《瓦格纳法案》通过后，全国各地的劳工运动迅速发展。20世纪中期以后，一些非南方民主党议员开始采取行动，应对南方种族制度模式导致的一系列恶果。戴斯开始逐步远离自己最初的誓言："我认为最大限度地支持总统及其实施的'新政'是我义不容辞的责任。"[55]

尽管仍然是副总统，加纳却在罗斯福总统第二届任期内成长为一名南方种族特权的维护者，他极力反对劳工运动和公民权利运动。加纳让戴斯作自己的代言人，于1938年成功策划、推动众议院设立非美活动委员会，并由戴斯担任该委员会主席。5月26日，加纳的提案以194：41的投票表决结果获得批准。[56]南方民主党议员和共和党议员投出了绝大多数赞成票。因为左右为难，多数北方民主党议员没有参加投票，他们一方面认为该提案反对劳工运动和罗斯福"新政"，从而希望对其抵制，另一方面，又不愿意因不支持调查颠覆活动而被谴责。

新成立的委员会替代了之前的非美活动委员会，该委员会由马萨诸塞州人、未来的民主党众议院新闻发言人约翰·麦考马克（John McCormack）任主席，纽约州民主党党员塞缪尔·迪克斯坦（Samuel Dickstein）任副主席，前后两个委员会的工作重点完全不同。麦考马克和迪克斯坦所领导的委员会主要调查纳粹的宣传活动，揭露柏林政权对德美联盟直接提供财政资助和思想指导的行为。[57]相反，戴斯领导的委员会对纳粹活动的调查只是例行公事。戴斯很快任命爱德华·沙利文（Edward Sullivan）为首席调查员。沙利文曾在美国最大的劳工间谍组织任职，他本人对法西斯主义持同情态度，并且是乌克兰民族主义右翼团体的强力支持者。作为一名杰出代表，沙利文参加了1936年8月在北卡罗来纳州阿什维尔市召开的反犹组织大会，他还在位于华盛顿的国家新闻大厦与著名记者詹姆斯·特鲁伊（James True）共用过一间办公室。作为一名著名的反犹分子，特鲁伊在1944年因支持纳粹颠覆活动而受到指控。[58]*

该委员会的核心是南方民主党与共和党形成的早期政治联盟，其最具挑战性的证人审问工作均由戴斯和阿拉巴马州的委员会副主席乔·斯塔恩斯亲自主持，他们得到"远离右翼团体的两位共和党党员"——伊利诺伊州的诺亚·梅森（Noah Mason）和新泽西州的J. 帕内尔·托马斯（J. Parnell Thomas）的坚定支持。几方面的威胁相加，使忙碌的特别委员会几乎无法再拿出一整天的时间搜集德美联盟和纳

---

* 原文"was indicated for pro-Nazi subversion"疑似为"was indicted for pro-Nazi subversion"的笔误。译者注。

粹组织的犯罪证据，他们不得不将主要精力集中放在查处联邦机构和"新政"相关部门中的共党分子上，特别是工程项目管理局管辖的联邦大剧院工程中的共党嫌疑分子。[59]

促使南方民主党与共和党结合在一起的最重要因素，不仅在于他们都憎恨共产党，更在于他们都担心不断壮大的劳工组织力量。[60]美国劳工联合会的高级官员约翰·弗雷（John Frey）提供的重要证据引起了委员会的高度重视，并借此对美国产业工会联合会中的共产党活动进行了集中查处，称共产党在人民阵线组织中发挥了积极作用。委员会还听取了好莱坞一位前共党分子的证词，证词称包括亨弗莱·鲍嘉（Humphrey Bogart）和詹姆斯·卡格尼（James Cagney）在内的一些著名演员都是地下共党分子。对这样的指控就连戴斯也持怀疑态度。1938年密歇根州大选期间，特别委员会传唤了不少证人。这些人"指控密歇根州的共党控制了工会组织，州长弗兰克·墨菲（Frank Murphy）与共产党有染，并在密歇根州的静坐罢工运动中存在投敌行为"。但早在大选中墨菲被击败以前，罗斯福总统就指责委员会"企图采取极端不公正的反美行动影响大选"。[61]

戴斯领导的委员会的政治搜捕行动为后来设立的类似机构开了先例，它是"国会成立的第一个政治查处机构，具有充分的权力，可以通过传唤证人、听信诽谤性告发等方式给人治罪，也可以通过含沙射影的舆论宣传伤及无辜"。[62]它确立了一整套政治威胁、告发和报复的模式。这些模式被后来接替其职责的机构所沿用，包括1945年成立的常设机构众议院委员会，1951年至1952年期间由内华达州民主党议员帕特·马卡伦（Pat McCarran）领导的参议院国内安全小组委员会，以及最著名的、1953年后由威斯康星州共和党党员约瑟夫·麦卡锡（Joseph McCarthy）领导的机构——参议院调查小组委员会。戴斯还首次利用宪法第五次修正案，对投案自首者给予依法保护。当时，当质问共产党书记厄尔·白劳德（Earl Browder）是否曾持伪造的护照赴莫斯科时，白劳德在证词中主动认了罪。[63]

其他方面，戴斯领导的委员会也称得上先驱。罗斯福、胡佛和那些最想不惜损害公民权利而打击颠覆破坏活动的行政部门领导人都担心自己无法控制国会的随意调查。部分原因在于，行政部门与国会互为竞争对手。另外，委员会的行动会干扰行政部门正在开展的调查。胡佛经常否决戴斯的合作要求，认为戴斯本人过于沉湎于"个人荣耀的幻想之中"，净想出人头地和捞取个人资本。联邦调查局和司法部的高级官员们担心，戴斯及其领导的委员会会提前泄露案件证据。1940年11月，罗斯福总统在白宫向戴斯施加压力，要求其行事应当更加谨慎。[64]

后来，戴斯自主创立了美国精神基金会，成为一名备受欢迎的演说家。他到处宣扬自己对政治颠覆活动和移民问题的观点。尽管人们对其领导的委员会的行动方式存有疑虑，但该委员会举行的司法听证会深受公众和一些著名时事评论家的好评。1939年，就该委员会对改变公众舆论到底有多大影响，进行了一场谨慎的研究和论证。[65]当年1月，《纽约时报》的一则头版社论举例说明了当时精英人士对这一委员会所持的立场观点。虽然内心充满矛盾，但这些精英人士最终还是对委员会的做法给予支持和肯定。社论谨慎地表示，委员会的工作程序的确存在瑕疵，其工作人员"听信了大量明显属于歇斯底里式的报复性言论"，他们"确实犯下了乱扣赤色帽子的罪过，疯狂地为每一种自由思想和言论打上共产主义标签"，但社论同时指出，戴斯领导的委员会"为国家做出了重要贡献"。[66]

由于行动目标得到广泛认可，戴斯委员会的权力得以加强。1939年2月，众议院以344∶35的压倒性投票表决结果同意将其年度经费增加至100,000美元，达到原来的四倍。1941年2月，众议院以更加明显的压倒性表决结果（354∶6）同意将该委员会的预算增加到150,000美元。但是，当美国宣布参战后，苏联成了美国反法西斯战争的重要盟友，国会对于戴斯委员会的支持热情也随之降温。1943年2月，当委员会规模再度扩大时，许多非南方民主党议员改变了立场，最终投票表决的优势票数也随之有所下降（302∶94）。

戴斯领导的委员会的调查行动继续越界开展调查和质询。1940 年，沃尔特·李普曼评价说，委员会是"一个对公共安全和政府工作人员开展调查的机构……其行动属于非法调查性质，其调查手段往往造成社会混乱"。像多数人一样，虽然带有成见，李普曼却拒绝对这一委员会叫停。"很简单，"他总结说，"戴斯的委员会不能被取消，反而必须继续存在下去。因为它是一个抵制阴谋颠覆等邪恶犯罪活动的中枢。没有它，这些邪恶犯罪活动就无法受到揭发和查处"。[67]

美国与苏联结成战时同盟后委员会也失去了行动动力，在此以前，该委员会的存在表明，即使是对处理政治颠覆问题习以为常的总统和行政部门人员，也无法掌控国会中的一些煽动性言论和主张。此外，政治开放与封锁、自由主义观念与共产主义观念，以上两者之间如果缺乏明确界限，将严重削弱政治的发展进程。同时，该委员会的存在证明，发表是非不明的言论，或根据符合个人喜好的所谓证词对他人进行不负责任的无端指控，往往能够左右公众舆论。委员会通过这些手段，为新成立的联邦立法机构创造了允许限制嫌疑人员和激进分子人身自由的环境，尤其是限制不具备公民身份人员的人身自由。

为了支持戴斯及其领导的委员会倡导的政治调查政策，弗吉尼亚州的霍华德·史密斯于 1940 年 6 月在国会发起了《移民登记法案》（《史密斯法案》）的审议。参议院以口头表决的形式通过了这一法案，众议院以 382∶4 的投票表决结果几乎一致同意这一法案的实施。法案规定，所有 14 周岁以上的外来移民均需要向联邦政府机构登记注册，并提交指纹，同时要求将从事颠覆活动的外来移民及犯罪分子驱逐出境。上述颠覆活动包括蓄意散发"支持通过武装暴力，实现推翻美国政府这一目标"的犯罪言论。[68]这一法案的表决结果证明，法案深受国会代表的支持和欢迎。在同一个月，《财富》杂志以"你认为美国应当采取何种措施应对本国的共党颠覆活动？"为题进行了问卷调查。1/3 的被调查者回复不知道采取什么措施，10% 的被调查者回复"什么措施也不采取，任期发展"。占据主导地位的反馈意见是，44% 的被调查者建议采取严厉打击措施，包括 26% 的被调查者支持采取驱逐出境措施，13% 的被调查者支持设法"除掉他们"，5% 的被调查者赞成将其监禁、赶往集中营，甚至判处死刑。除此之外，8% 的被调查者支持采取限制自由措施，包括禁止参与颠覆活动的人员加入各种政党组织等。[69]

最初，一些非南方民主党议员对《史密斯法案》持观望或反对立场。后来担任众议院司法委员会主席、纽约布鲁克林区的议员伊曼纽尔·塞勒（Emanuel Celler）虽然开始时反对这一提案，但最终投了赞成票。他解释说，"自己担心后来提交的法案比这个还糟糕，所以必须同意这一法案"。罗斯福总统很快签署了这一法案，并宣称"在当前的国际形势下，这一法案几乎不会……对公民的自由权利构成侵犯"。[70] 大约五百万移民在外来居住人口清单上登记注册，这在美国历史上尚属首次。[71] 胡佛在写给外地特工人员的信函中，指示联邦调查局列出一张"战争开始后应被立即收押或严密监视"的嫌疑人员名单，因为这些人的行为已经表明，他们极有可能对国家利益造成重大损害。[72] 在珍珠港事件和意大利、德国对美宣战后的几天时间里，890,000 名意大利、德国和日本裔公民被认定为敌视美国的移民，他们的出行受到严格限制，禁止其进入被指定为军事区的第三国。同时，他们出行时，被禁止携带和拥有武器、照相机、能发射信号的设施、密码本、军事设施照片或短波收音机。[73]

根据《史密斯法案》，对煽动罪案件的首例审判发生在明尼阿波利斯市，审判时间从 1941 年 10 月持续到 12 月，直到珍珠港事件爆发一天后，案件才审理完毕。从托派社会主义工人党办公室里没收的文件，为起诉 28 位该党成员提供了证据。这 28 人也可能是受该党领导的卡车司机工会第 544 号地方分会的成员。其中 18 人被指控违反《史密斯法案》。"美国人民"，共产党新闻记者密尔顿·霍华德（Milton Howard）在共产党党报《工人日报》中强调说，"不会反对消灭第五纵队。相反，他们必须支持这一行动"。显然，霍华德没有料到，从 1946

年开始,这一法案是如何用来对共产党领导人进行指控的。[74]

1944年,又发生了一起依据《史密斯法案》对煽动罪案件进行审判的引人注目的案例。27名所谓的美国法西斯分子被审判,依据是这些被告人所写的亲德、反犹、反共文章。但是起诉方却无法提供有力证据,证明这些人曾与纳粹德国和法西斯意大利密谋,推动轴心国针对世界人民的邪恶战争。在11月份主审法官去世后,对这一案件的审判被宣布为无效判决。1945年12月战争结束后,起诉被撤销。尽管这次被人们称为"煽动罪大审判"的裁决"没有任何司法先例,也没有最终宣布任何人有罪",但它的确"在即将到来的冷战期间,使司法部门根据《史密斯法案》对共党分子提出指控,开了重要的政治先例"。[75]

可以说,1942年6月6日,当2名德裔美国人和6名居住在美国的德国人因密谋破坏活动而被逮捕时,一个更加恶劣的惯例由此形成。几天前,这伙人分别乘潜艇在纽约的阿默甘西特和佛罗里达的杰克逊维尔南部登陆。他们曾计划袭击火车站、化工厂和位于尼亚加拉大瀑布的一座水电站,其中一位破坏分子在还没有实施袭击行动前出卖了这一密谋,这伙人先后在20日和27日之间被捕。他们的辩护律师请求案件由民事法庭公开审理,但其提出的人身保护请求被美国哥伦比亚地区法院驳回。7月2日,罗斯福总统以三军总司令的名义宣布他们为敌方战斗人员中的违法分子。总统任命了一个由七人组成的军事委员会按照由该委员会全体成员制定的程序规则,对这一案件进行审判。7月8日至8月1日之间,审判在司法部开庭。总检察长比德尔担任起诉方负责人。每一位被告均被判处死刑。没有上诉程序。其中八人于8月8日被执行电刑。一人因有意自首,在总统亲自过问下,罪行由死刑减为终生监禁。另有一人已经自首,刑期改为30年有期徒刑。这两人于1948年被杜鲁门总统驱逐到被占领的德国境内。[76]

三

早在珍珠港事件以前,罗斯福总统就曾宣布过紧急状态。[77]这些行政法令引发广泛争议,因为宪法或法律并没有明确授权总统可以如此大规模扩大行政权力。从美国宣布参战前的1941年到战争的前期,这类总统命令和公告作为国会立法行为的补充,促使《中立法案》得到修正,加强了军事备战,并制定了战时兵役法案。1949年的一项成功研究总结道,"罗斯福总统在紧急状态下,未经法律或宪法明确授权而采取"这些行政措施的前提是基于这样的认识:"在紧急需要时,政府虽然要考虑合法性问题,但这是次要的,一切必须服从于应对危机状态的需要。"[78]

罗斯福总统的确利用了最高法院授权总统扩大行政权力的先例,或者说至少对这些"历史遗产"进行了特定解读,这一授权先例可以追溯至林肯总统请求被授予唯一、完整的战争权力。第一次世界大战结束后的1919年,首席法官爱德华·道格拉斯·怀特(Edward Douglass White)在"北太平洋铁路诉北达科他州"(Northern Pacific Railway v. North Dakota)一案的判决中宣布,"战争期间总统权力的完整性和不可分割性"是"不容置疑的"。[79] 15年后,最高法院审议紧急状态下的宪法豁免权利是否适用于"住宅建筑与贷款协会诉布莱斯德尔"(Home Building and Loan Association v. Blaisdell)一案。审判长查尔斯·埃文斯·休斯在代表多数审判人员撰写的判决书中指出,"紧急状态不能导致特权",它"既不能扩大《宪法》授权的范围,也不能缩小《宪法》对受保护权力的限制"。[80]罗斯福总统之所以采取许多特别行动,是基于这样的认识:宪法是通过暗示的方式授予总统特别权力的,而不是以特定形式进行的专门授权。《宪法》研究学者爱德华·考文(Edward Corwin)在第二次世界大战刚一结束时撰文指出,这一"内在授权理论""合理地授予总统与战争发起国相当的战时权力,使得总统可以依法全面行使国家权力"。[81]

1939年7月5日，罗斯福总统发布军事命令，使作战部长和海军部长摆脱军队系统权力链条的束缚，直接接受三军总司令，即总统的监管。[82] 一个星期以后，德国入侵波兰。罗斯福总统于9月8日发布第2352号声明，宣布国家进入所谓的有限紧急状态，总统获得必要的权力，以"确保国家遵守、捍卫和强化在国际事务中的中立原则，并在和平时期的授权范围内[83]加强国防力量建设"。"有限紧急状态"的概念首次被提了出来。

1941年5月27日，夏威夷事件前7个月，罗斯福总统发布了第2487号声明，明确国家进入无限紧急状态，进而动员全国上下为实现总统本人确定的对敌目标而积极投入战争之中。"战争已经接近西半球的边缘地带"，罗斯福总统在当天晚上向全国民众发表的广播讲话中指出。他解释说，总统将采取措施保障美国的海上通道畅通，随时准备击退德国的潜在攻击，而且将"向英国及所有与英国一道抗击德国及其盟国武力侵略的国家提供一切可能的援助"。当时面临的国际形势是，纳粹军队"占领了大半个欧洲"和北非的许多地区，直接威胁埃及和中东大部分地区，而且德国攻击美国大西洋海域船只的实力在不断增强。[84]

持反对意见的批评家们坚持说，总统在试图对《宪法》授予自己的权力进行过分扩大的解释，非法攫取权力。在战争期间，由于担心被指责为党派之争甚至是非法言论，人们对这些质疑都心照不宣。正如《纽约时报》于1941年12月9日所报道的，随着美国宣布参战，人们广泛认识到，当时的形势的确需要"解除对总统权力的限制"。[85]

的确，罗斯福总统继续要求国会对其本人认为必要的立法提案进行审议。但他同时明确指出，如果战争的威胁迫使他立即采取行动，他将不会再给众议院和参议院选择的机会，并声称总统有权不执行国会的决定或绕过国会直接采取行动。[86] 1942年9月7日，罗斯福总统再次发表炉边谈话，要求取消《价格控制法案》中限制采取监管行动，直至农产品价格上升到指定水平的条款。这是"罗斯福明确要求获得总统特权的最终目的",也是"历届美国总统最过分的权力要求"。[87]"我已经告诉国会如果到月底国会还无动于衷的话",罗斯福告诉听众,"我将不可避免地为了全国人民的利益,行使自己应尽的职责,确保战争行动不再受到经济混乱的威胁和影响","如果国会不采取行动或行动不当,我将行使自己的总统职责,并立即采取行动"。[88]

共和党领袖、参议员罗伯特·塔夫托强烈反对罗斯福总统的权力要求,并呼吁尽更大努力维护常规立法程序。塔夫托告诫人们防止"总统一人的绝对独裁"以及"将国会变成一个不具有立法权力的空壳"的行为,并强调总统绕过国会行使权力将给国家带来"极大的危险",国会应当考虑拒绝接受这样的原则和信条。"如果总统未经立法机构批准行使这些权力,我将毫不犹豫地建议每一位美国民众,出于自己的爱国义务,拒绝服从总统利用这些权力发布的任何行政命令——同样,如果总统试图在战争期间中止国会的权力,我也不会离开自己在华盛顿的工作岗位半步。"[89]战争结束后,考文于1946年针对塔夫托的上述主张指出,富兰克林·罗斯福声称自己有权力拒绝执行经国会明确批准及其本人亲自签署的法律这一主张,远远超越了历届总统对特别授权的要求。考文注意到罗斯福曾宣称,战争结束后,这些紧急授权将"自动回到人民手中"。他尖锐地指出,"这意味着……总统所要求的至高无上的权力取决于其本人与人民之间的某种特殊关系——这样一种信条与战争所坚持反对的法西斯独裁原则有着紧密的姻缘关系"。[90]

显然,罗斯福所主张的特殊授权远远超越了亚伯拉罕·林肯和伍德罗·威尔逊在战争期间的权力主张。同样显而易见的是,立法机构对此的默许。这种情况在内战期间并非总是发生。罗斯福总统的战时权力不只是自己主张的;许多权力是国会明确授予的。第一次这样的授予发生在珍珠港事件后一个星期。当时,国会以压倒性优势通过口头表决形式批准了《战争授权法案》。参众两院仅经过两个小时的讨论就形成了一致意见。除了扩大总统的经济权力和调整政府职能的权力,这一法案还授权总统"在必要时,为了维护公共安全利益",[91]实施对邮政信件、电报通信和无线电广播的监视和审查。

实际上，早在战争之前，罗斯福总统就已经开始对战争期间如何开展审查行动进行积极策划。1941年初，罗斯福总统审查了由陆海军联合委员会，即后来的参谋长联席会议制定的一项审查计划，任命一位海军官员负责对电报通信和无线电广播进行审查，一位陆军官员负责直接对有线通信和邮政信件进行审查。总统于7月4日批准了这一计划，并要求联邦调查局对该计划进行全面审查。联邦调查局最终于12月7日，即珍珠港事件即将爆发的当天，提出详细建议。罗斯福总统于12月19日根据《战争授权法案》，发布行政命令，设立审查办公室，并指示"审查办公室主任拥有总统的绝对授权，对美国与其他国家之间通过信件、电报、无线电和其他通信方式进行的通信联络进行审查"。1942年1月27日，罗斯福总统写信给审查办公室主任拜伦·普里斯（Byron Price），要求普里斯"协调国内报刊和广播，主动避免发布不利于美国有效进行战争罪行追诉的军事信息和其他相关信息"。很快，陆军、海军和海事委员会制定了行动指令，以维护战争期间的国内安全，处理诸如德国潜艇在大西洋击沉美国船只，或者日本潜艇对加利福尼亚州南部海岸进行炮击等事件的报道问题。[92]

1942年春季和冬季，政府印发了很多宣传材料，以激发民众的参战热情。3月7日，预算管理局局长哈罗德·史密斯（Harold Smith）要求总统成立一个中枢性宣传机构，"负责促进公民对战争措施的理解"。史密斯强调说："必须有一个单独的部门来负责相关政策的协调，并对政府征用广播、电影、海报等媒体用于战争宣传进行总体掌控。"[93] 罗斯福总统于6月13日按照史密斯的建议，发布了第9182号行政命令，决定成立战时新闻处。[94] 罗斯福总统在成立战时新闻处和一系列其他战时机构时，绕过了宪法"除非国会授权，除总统和副总统办公室以外的所有民事机构'必须按照法律规定进行设立'"[95]的要求。这些战时机构还包括战时经济委员会、民防局以及国防运输管理局。

国会的确没有授权设立上述机构，但它确实于1942年3月27日通过了广泛扩大总统权力的《第二次战争授权法案》。其中第十四条批准行政部门开展"应对战争所需要的、对相关事件和数据的调查"，并取消了对调查数据进行保密的规定，"根本没有顾及其他法律不允许随意取消这一条款的明文规定"。[96] 实施这些涉及"重要战争信息的使用"的规定是为了巩固和加强于12月19日宣布的对日本人进行收押的政策。第9066号行政命令强调，"对战争罪行的成功追诉，需要防止间谍的破坏活动"。这一行政命令要求政府分别在亚利桑那州、加利福尼亚州、俄勒冈州和华盛顿州设立军事区。在这些区域，共有112,000名拥有日本血统的居民遭到清洗（其中79,000人拥有美国国籍）。然而，这些人根本没有参与过叛国或颠覆等犯罪行为。[97]

早在珍珠港事件发生前，加利福尼亚州的排日联盟和金色西部兄弟会等专门排斥亚洲移民的组织就领导了轰轰烈烈的本土主义运动。在赫斯特报业集团的宣传下，非美活动委员会不断地对这一排斥亚洲移民的运动推波助澜。[98] 1941年夏天，委员会主席戴斯宣布自己有意召开揭露生活在加利福尼亚州的日本移民颠覆罪行的听证会。戴斯尤其强调把渔民作为主要调查目标，指控他们与日本海军密谋后在自己的船只上装备武器。胡佛和联邦调查局完全不相信戴斯对日裔渔民的上述指控。[99] 战争一开始，戴斯就煽动说，大约有15,000名日裔间谍早在战争开始前就应当被收押。[100] 许多著名的政治家和资深记者也纷纷加入到排斥日本移民的运动之中，包括加利福尼亚州全体议会代表、担任该州共和党司法部长和后来的最高法院审判长的厄尔·沃伦（Earl Warren）、西海岸陆军司令部成员以及著名记者李普曼。[101]

同其他地区日本移民的遭遇一样，夏威夷的日本移民受到了戒严令的管制。从1941年12月7日到1944年10月，日本移民被剥夺司法听证、人身保护和其他宪法予以保护的权利。[102] 在美国大陆，许多日本移民被迫迁出原来的居住区域后，活动自由受到严格限制。J. L. 德威特（J. L. DeWitt）中将称这些日本移民原来的居住区域"特别容易受到攻击和入侵，特别容易发生间谍破坏活动"。[103] 这些区域先是从晚上 8 点到第二天早上 6 点实行宵禁，后来干脆将居住在里面的日本移民赶了出去。从 1942 年 3 月 23 日开始，他们首先被赶往因战争已经停业的赛马场和户外游乐场等临时安置中心。这些地方条件简陋，拥挤不堪，卫生条件极差，个人隐私也几乎丧失殆尽。人们被禁止阅读日语书籍和报刊文章。随后，他们被破旧拥挤的列车转运至仓促搭建在荒无人烟的内陆地区的十个"拘留营"。同样，"拘留营"里生活设施简陋，没有个人隐私保护。提供的食物勉强能够维持生命，医疗条件参差不齐。他们的工作报酬还比不上待遇最低的陆军士兵。罗斯福总统曾两次称"拘留营"为"集中营"，但这一称谓最后被战时人员调动管理局禁止使用。这一机构最初由德怀特·艾森豪威尔的弟弟弥尔顿·艾森豪威尔（Milton Eisenhower）负责。弥尔顿·艾森豪威尔后来先后担任堪萨斯州立大学校长、宾夕法尼亚州立大学校长和约翰·霍普金斯大学校长。1980 年，弥尔顿·艾森豪威尔担任了由伊利诺伊州议员约翰·安德森（John Anderson）领导的第三方党派竞选团队在德克萨斯州的副总统候选人。[104]

作为超越宪法规定的"赤裸裸的独裁"[105]的专政对象，所有被押人员都一一受到审讯，以确认他们是否忠于国家。所有 17 周岁以上的人员都被问及"是否发誓无条件忠于美国，是否忠诚地保卫美国免受任何国内外武装力量的进攻，并发誓绝不忠诚于日本天皇，也不会服从日本天皇的指令"。不到 15% 的受审人员被认为对国家缺乏忠诚。按照《华盛顿邮报》新闻标题中所称的"日本人隔离计划"，可知这些人员被迫与其他在押人员隔离居住。[106]

直到 1945 年 1 月，美国面临的安全威胁已经明显不存在时，太平洋沿岸排斥具有日本血统人员的命令才被完全解除。这之前，国会大部分时间对此保持沉默，甚至与政府串通起来推动排日运动。1942 年 3 月 21 日，参议院和众议院以口头表决的形式一致通过支持第 9066 号行政命令的立法，规定违反"总统、作战部长或指定军事部门设置的各种限制"[107]的行为属于违反联邦法律的犯罪行为。在整个战争过程中，国会经常不经审议就拨付款项，支持"拘留营"的建设。[108] 国会对于行政命令保持沉默的最重要一次例外发生在马丁·戴斯领导的非美活动委员会举行的司法听证会上。1943 年 6 月，该委员会举行听证会时，特别听信了战时人员调动管理局一位曾经负责"拘留营"物质供应的官员严重夸大事实的所谓证词，称由于"拘留营"的管理人员工作松懈，超标准向在押人员发放食品，而且对于在押人员活动范围的限制过于宽松，这些被收押的日裔美国人生活得过于轻松舒适。[109]

由于美国作战部队还在实行种族隔离制度，种族隔离和剥夺黑人公民权利在南方社会和政治组织中仍然占据主流，而且全国各地的居住和工作环境中普遍存在种族歧视现象，非裔美国人对于国家的忠诚问题也被严重质疑。当时正值美国黑人极其躁动不安的时期，他们为自己在战争中发挥的作用进行辩解。通过协商，这一争执最终主要通过扩大黑人参与社会就业的范围而得到解决。同时，黑人经历了剧烈的人口变动，三百多万名非裔美国人离开南方前往北方和西部地区从事与军工生产相关的工作。

1942 年 6 月，J. 埃德加·胡佛指示开展美国的种族状况调查。长达 730 页的调查报告花了近十五个月才完成。这是重大国内安全调查项目"卡格尔调查"（lKKarger）的一部分。卡格尔项目的调查对象是被称为"受国外组织煽动的美国黑人动乱分子"。联邦调查局试图通过这些调查行动评估和监控黑人对国家的忠诚以及种族骚乱问题。尤其是当时正值持续三天的"底特律 1943 年 6 月暴动"和持续两天的"纽约哈勒姆 1943 年 8 月暴动"刚发生不久，暴动分别造成 34 人死亡，433 人受伤，六人死亡，400 人受伤。[110]

到 1945 年，种族状况调查项目搜集的海量资料已经先后装订成 13 个长卷。每一卷都标有"绝密"字样，内容包括报纸剪辑和联邦调查局 56 个地方分局根据所雇佣的间谍人员提供的情报或各地民众主动举报的作案线索整理形成的报告。这一调查主要针对日本移民，指控他们不断采取行动，对黑人的言论施加影响。尤其怀疑日本移民中的共党分子不断利用黑人对生活现状的不满情绪，挑动黑人举行抗议活动。实际情形是，为了避免影响战争进程，美国共产党组织已经决定在战争期间适当限制黑人的权利运动。[111] 其他调查目标还包括"未从事颠覆活动的"全国有色人种协进会的领导人，以及155份当时积极报道黑人权利内容的报刊。全国有色人种协进会的领导人之所以引起质疑，是因为协进会的成员规模大幅度扩张，从1940年的50,000人增加到了1946年的近450,000人。[112]

在整个战争过程中，上述155份黑人报纸持续不断地把发生在军队和社会中的种族不平等现象作为重点报道内容，并定期发表有关社论。司法部、作战部、各级军事机构以及战时新闻处和审查办公室等专门机构始终在密切关注非裔美国记者和编辑人员，担心再出现类似《俄克拉荷马城黑人特遣队报》题为"作战部允许南方对黑人士兵实行种族歧视实际上是在帮助希特勒打击黑人士兵"、影响黑人对国家忠诚的报道。[113]

1942年夏天，胡佛曾试图禁止《俄克拉荷马城黑人特遣队报》的发行。因为它刊登了抱怨运送黑人士兵的火车条件简陋、食品短缺，以及在实施种族隔离的饭馆中黑人用餐条件严重不卫生的文章。尽管司法部的初级律师们提醒说，这样的查禁缺乏法律依据，但胡佛仍欲一意孤行，不过最终放弃了对这家报纸的查禁。相反，军队系统严格禁止有参与颠覆活动嫌疑的报纸发行。此外，黑人报刊还面临许多其他的发行障碍。美国邮政部对申请继续发行许可的报纸履行复杂的检查手续。对于具有颠覆嫌疑的报刊，检查人员会拒绝其继续发行。比如，检查《匹兹堡快报》的工作人员判定，该报纸1942年5月2日的版面内容存在违规问题，理由是当天的社论预示报纸有被查禁的可能性，还因为它刊登了后来的黑人国会议员小亚当·克莱顿·鲍威尔牧师（Reverend Adam Clayton Powell Jr.）的文章。鲍威尔牧师在文章中将美国黑人的生活条件与德国犹太人的遭遇进行对比。检查人员最后得出的结论是，这些文章"蓄意煽动美国陆军或海军中的黑人士兵共同反抗生活待遇的不公，对国家产生怨恨，预谋暴动或拒绝履行义务……这类文章往往促使黑人士兵支持抵制或武力反抗美国法律的行动，容易在黑人士兵中引发骚乱"。[114]这类查禁行动，实际上是打着维护国家团结的旗号，加剧了种族之间的相互猜忌。

四

先后两次的《战争授权法案》赋予罗斯福总统维护资本主义民主政治的权力远远大于其在"新政"紧急时刻获得的权力。1941年的法案授权总统可以根据战争需要更改现有政府合同，不用经过竞标程序而加快生产进度，无偿征用外国在美国的资产，并对美国与其他国家开展的贸易、信贷及其他经济交流进行监管。1942年通过的法案更加广泛地授予总统控制国家经济发展的特权。法案规定，总统可以为了保证国家安全而采取"自己认为必要的方式、条件和力度"调配国内一切资源，包括为了战争目的而随时征用土地和个人财产、规定政府采购价格、优先生产和运输战争保障物资、撤销已经签订的合同、控制一切交通运输手段等。最重要的是，法案授予总统"无限制地调配资源的巨大权力"。其中有条款规定，总统可以"为了保障公众利益和促进国防安全而在自己认为必要或适当时"，任意调用资源，任意指令任何部门生产国防或出口产品。这一规定强调在战争持续阶段，战时生产委员会可以对全国经济实施全方位控制。[115]

更有甚者，按照1942年1月的行政命令设立的全国战时劳工委员会被赋予在解决劳动争议中，强制执行其解决方案的权力。[116]当月，国会通过了1942年《紧急物价控制法案》，法案规定新设一独立机构——物价管理办公室，其主要职责是防止发生战时通货膨胀。物价管理办公室将采取措施，制止"投机性、反常性随意抬高物价和租金的行为"，消除"非法谋取暴利、屯积货物、操纵市场、商业投机和其他扰乱市场的行为"。物价管理办公室借鉴按照《选择性兵役法》规定设立兵役委员会的做法,在全国各地设立了八万个地方委员会,以监督和管理物价政策的执行情况。1942年10月,国会通过了《经济稳定法案》,对《物价控制法案》进行修正。总统被授予在认为必要时,调整一切物价和工资收入的权力,"以便进行有效的战争追诉或纠正一切不平等现象",包括推翻劳资双方通过集体协商达成工资协议的权力。

为了实现这些目标,罗斯福总统立即发布行政命令,设立经济稳定办公室。为了有效领导这一机构,他指示南卡罗来纳州的参议院多数党领袖詹姆斯·伯恩斯从已经任职15个月的最高法院助理法官位置上退下来(伯恩斯曾担任参议员,后来在杜鲁门政府担任国务卿),七个月后,也即1943年5月,伯恩斯被任命为经济稳定办公室主任。这样,战时资本主义经济就被牢牢地掌握在政治当权者手中。[117] 被人们称为"总统助理"的伯恩斯很快录用华尔街银行家伯纳德·巴鲁克为自己的重要政策顾问。伯恩斯深知,巴鲁克曾在第一次世界大战期间领导战时产业委员会,并亲自证实"在现代战争中,行政控制权必须取代供求法则"。[118]

像和平时期的国家复兴管理局一样,这些经济管理机构的设置,使20世纪30年代初期的经济计划理念重新复活。人们支持国内许多重要产业再次回到政府的掌控之中。产业的发展需要企业领导人与政府管理人员携手合作。像国家复兴管理局一样,这一公私合作的管理制度充分调动了产业界与政府共同指导经济决策的能力,其在战争期间与史无前例的大规模军工生产和动员计划紧密相关。各项措施都得到全国民众的压倒性支持,而且它还像国家复兴管理局一样,将公共权力与私人招募结合起来,充分吸纳了全国顶尖经济组织的参与,保障了由全国制造业协会代表的大型企业、美国劳工联合会与产业工会联合会的权益。这些大型企业的利润通过成本加成合同得到保证。美国劳工联合会和产业工会联合会获准在已承认工会组织的工厂中,自动视新员工为自己的付费会员。

有些企业负责人辛辛苦苦一年只获得一美元的象征性报酬,还要不断地为筹集企业员工的薪水奔波。这些企业负责人被吸纳到联邦政府机构以及各个主管战时国家经济问题的委员会。在西尔斯－罗巴克公司前首席执行官唐纳德·尼尔森（Donald Nelson）的带领下，这些新进人员成了军工生产委员会的主要力量。军工生产委员会的重要职责是"对军工采购和生产计划进行总体把关"，[119] 它们与国防生产公司和包括陆军后勤部队在内的军事生产规划部门一道，通过制定生产计划和保证原材料的持续供应，协调联邦政府的经济战略和后勤保障工作。国防生产公司花费近100亿美元建设了一大批现代化工厂，[120] 陆军后勤部队则斥资320亿美元签订了多项战时生产合同。[121] 这类战时生产动员机构还充分利用联邦政府的授权从事民用经济建设，它们以政府的名义控制物价，限制罢工，并首先保证军需用品和国防物资的生产。总之，联邦政府调动一切力量，激发计划经济的巨大生产潜力，是战争取胜的关键因素。具体而言，联邦政府可以有效调配原料供应和生产设备投入，对于不按照战时生产条令和制度从事生产的企业，断绝其一切原料供应。企业雇佣员工，必须经过美国就业服务局批准。

全面战争——不受人力资源、生产能力、作战手段和思想信念限制的战争——需要空前规模的经济组织和动员能力。成千上万家工厂被转型为军工生产企业，巨大的军需工业从此诞生。1,000多家新建工厂由国防生产公司提供资金支持，其在1940年至1945年期间对企业提供的资金支持占整个国家资本投入的2/3。为了支援空军作战，国防生产公司重点在中西部和南部地区修建了许多相关军用设施，全国各地迅速新建了许多机场。由政府资助的工厂生产关键性原材料，包括建造飞机机身所需要的铝和制造燃烧弹所需要的镁。此外，联邦政府提供了10亿美元的资金用于扩大钢铁工业规模，用现代化设备淘汰老旧过时设备。军队自建了兵工厂，其中很多与私有企业合作生产武器、炸药、军服和其他军需品。陆军工兵部队对堪萨斯州、内布拉斯加州、俄克拉荷马州和德克萨斯州的大规模军用飞机装配厂的建设进行监管。到战争末期，联邦政府资产占据全国总资产的40%。[122]

简言之，建立在战争基础之上的美国经济是一种以计划和控制性为导向的体制。这一体制"几乎掌控已经成为事实的美国国家资本主义制度的每一个领域"。在这一所谓的第二紧急时刻，美国联邦政府冻结物价、限制利润，并对货物、粮食和商品实行配额管理。政府决策机构还控制工资和租金，对25,000美元以上的工资征收所得税，从而限制工资最高额度的增长。此外，联邦政府还大幅度降低消费信贷额度，并于1942年全面禁止汽车新车的销售。1941年和1942年实施的《收入法案》，开启了公共财政的转型之路。这一转型大幅增加了所得税税率，并通过降低免税数额，扩大了税收基数。1943年后实施的累进所得税当场扣除的制度使得所得税成为政府财政收入的主要来源。[123] 同时，联邦政府成功地对每周收入高于12美元的公民，加收5%的所得税。政府公共财政收入的变化为联邦预算的大幅度提高提供了资金来源，财政开支由1940年的95亿美元增加到了1945年的920亿美元，是原来的将近10倍。

第二次世界大战期间，美国的战争开支总额高达3500亿美元。这笔费用中有接近一半来源于税收，剩余部分依靠贷款。[124] 国防开支占国民生产总值的比例由1939年1.4%增加到1944年的43%。[125] 在空前的生产力暴涨中，美国在战时生产了320,000架飞机、1,060只战船、150万挺机枪、516,000门大炮、2,400,000辆军用卡车。美国向盟国提供了43,000架飞机、800,000辆军用卡车和大批其他军需用品。[126] 这些军工生产对美国的经济造成了深远影响。总体而言，美国经济得到提升，失业问题几乎消失，失业率从1940年的14.6%下降到1944年的1.2%。[127] 从这一点来看，至少经济遭遇严重困难的可怕岁月已经结束了。

五

战时动员带来的另一大变化是，联邦政府组织全国力量，开展技术创新，大大提高了国家的科技实力。20世纪30年代，"新政"不断地增强了国家的科技创新能力。[128] 随着战争到来，科技实力的提升变得更加紧迫。1940年，应用数学家和电气工程师范内瓦·布什（Vannevar Bush）建议罗斯福总统设立一个专门的联邦机构，负责战争期间全国科学技术力量的动员。布什曾担任麻省理工学院的教授兼该校工程学院院长，此时距他到华盛顿担任卡内基研究所负责人并领导全国航空咨询委员会不久。当年6月27日，罗斯福成立美国国防研究委员会，并请布什负责其中5个研究室的工作：专利与发明、仪器与控制、通信与运输、装甲与军械、化学与爆炸物。

同年，布什还在领导科学研究与开发办公室的工作。该机构不仅帮助启动科学研究，而且还对武器模型和工业生产技术的研发进行指导。科学研究与开发办公室是国防研究委员会的上级单位，在这里，布什与其他杰出管理人员共同开发可以马上投入战场的武器。[129] 这些管理人员包括国防研究委员会负责人、著名有机化学专家、哈佛大学校长詹姆斯·B.科南特（James B. Conant），加利福尼亚大学杰出理论物理学家J.罗伯特·奥本海默（J. Robert Oppenheimer）。在罗斯福总统的支持下，布什成为了"科学研发界的绝对权威"，他被授予充分的权力，对作战部的将领和非军事人员发布号令。当时反犹主义者正在限制犹太人到美国著名大学的人文和社会科学专业谋取就业机会，而物理和化学专业则主要向专业精英开放，不分国籍和种族。结果，美国科学界不仅可以录取出生在美国的犹太精英人士，而且可以录用逃离纳粹统治的犹太科学家。这就使得美国本土的精英人士和欧洲难民中的知识精英一道，构成了美国实力雄厚的重大尖端项目研究群体。与此同时，德国科学界则在不断流失众多的犹太精英人士。[130]

战争期间，科学研究与开发办公室与布什所领导的一个新设咨询机构——新型武器与设备联合委员会，打破了传统界限。在第一次世界大战期间，联邦政府曾经征召大批科学家新建军事科学实验室。与此不同，这一次布什及其同事们按照与美国各大学和实验室签订的合同，启动研究项目，组织与战争相关的研发工作。这种研发方式改变了政府、军队与民间高科技研究机构之间的关系，使政府不需要花费精力和时间重新建设实验室，重新招募研究人员，而可以直接利用高校和科研机构现有的设施和人员开展研究工作。例如，科南特所在的哈佛大学承担了开展科学实验、研制杀伤力更强的炸药的重任。[131] 同样，国防研究委员会和科学研究与开发办公室通过与私营公司签订研发合同的形式，加强军队与这些企业的科研人员、工程技术人员之间的关系，而进一步消除了军民之间的隔阂。总之，新设立的联邦科研机构深化了华盛顿政府与军队、企业界和高校研究机构之间的团结和协作，使得各界科技精英们得以共同致力于布什所称的用军事斗争"保护人类文明"的目标。[132]

实现此目标并非轻而易举。美国从来没有如此大规模调动民间科学力量以服务于公共目标。在第一年，国防研究委员会就"招募了大约 2,000 名科研人员，包括全国 75% 的顶尖物理学家和近一半的著名化学家"。政府则投资了上千万美元用于高校科研设备和联邦实验设施的建设。到 1944 年，科学研究与开发办公室每周的开支高达 300 万美元，它管理着 300 多所高校和工业研究实验室里的 6,000 名科学家和工程师。[133] 这些机构正在付出巨大的努力，秘密组建全国最杰出的专家队伍，加强在电子、雷达和杀伤性武器方面的研发力度。在 1940 年到 1945 年之间，美国联邦政府与军队共同投资约 20 亿美元用于军事研究与开发工作。联邦政府之所以如此慷慨地投资军事研发，是基于科南特在珍珠港事件爆发前两个星期发表的观点和认识："（这次战争）在很大程度上是国与国之间科研人员及设施的较量。"[134]

这一较量最重要的方面或美国战时科学动员的顶峰表现在它成功地研制出了核武器。1942 年 3 月 9 日，布什在写给罗斯福总统的信中报告说，"研究工作正以最快的速度进行"，并补充说，"这一课题的重要性远远超过我上次向您汇报时的认识"。布什继续解释说："这个东西的威力显然超乎我们的想象，所需要的量似乎更少，实际效果似乎更加确定无疑。"两周后，罗斯福总统做出回应。他强调这一武器的研发需要"在绝对保密的状态下进行"，并宣称，"我认为，整个事情的关键不仅在于研发过程，更在于什么时间研究出来，这才是事情的本质所在"。[135] 至关重要的是，这些管理人员、科研人员和工程技术人员的确在世界上率先成功研制了这一大规模杀伤性武器。[136] 不知是由于设计原因，还是由于缺乏经验和技术，德国研究人员与美国的科学团队同时开启了核武器研制项目，最终却没有获得成功。

科学研究与开发办公室从来没有从道德上质疑过原子弹的必要性。它把科学研究与政治决策截然分开，并且帮助政府监管将核物理转变成可使用技术的研究进展。[137] 最初，这一项目与非核研究项目一样，分散在高校和相关企业中。例如，到1942年3月，有关能量扩散过程和适用催化剂的研究合同已经交由标准石油公司承担，离心机试验和高达4米的气体分离装置研制合同由西屋电气公司和10所高校负责。获得研究资金最多的3所高校分别是：加利福尼亚大学，主要研究电磁方法与化学过程之间的关系；哥伦比亚大学，研究如何通过物理方法得到纯化学物质；芝加哥大学，重点从物理方面对合金管材项目开展研究，并对"生产具有挥发性X型化合物的可能性"进行研究。[138]

不过，由于后来研究项目的规模不断扩大，核裂变材料需要保密，生产技术和测试场地均有特殊要求，大部分研究项目因此很快被集中到新墨西哥州洛斯阿拉莫斯市45,000英亩的大型专用基地。

该研发基地建有37栋科技大楼、49栋管理大楼、629套公寓楼和52栋宿舍楼。作为大型研究项目"曼哈顿计划"的一部分，洛斯阿拉莫斯试验基地由陆军工程团少将莱斯利·格罗夫斯（Leslie Groves）直接领导、奥本海默负责提供业务指导。研究人员中，若加上2,000名军事应急人员，试验基地工作人员的数量则接近4,000人。[139] 研究人员充分利用光谱法、示踪技术和其他先进技术，克服了巨大的实践和技术障碍。[140] 除了洛斯阿拉莫斯试验基地以外，"曼哈顿计划"下设的37个机构中，共计雇佣有125,000名科学家、工程师、建筑人员和行政管理人员。[141]"曼哈顿计划"的名字来源于设在纽约市的陆军工程团办公室。

1945年8月6日,当美国空军将两颗具备实战能力的原子弹中的第一颗投向日本广岛,以相当于至少12,500吨TNT[142]的爆炸威力把这个城市从地图上抹掉时,[142]奥本海默欣慰地对洛斯阿拉莫斯欢呼的人群表示,"谢天谢地,这个家伙还真不是废物"。奥本海默补充说,他为研究团队的成就感到"自豪"。他还说自己感到遗憾的是,原子弹没有在抗击纳粹德国的战争中投入使用。[143]当天,杜鲁门总统宣布,"这是一个划时代的重大事件"。[144]日本裕仁天皇也极其悲伤地称原子弹是"极其野蛮的武器,具有不可估量的杀伤力"。[145]

"几分钟前还好好的",一位日本广岛的天主教神父目睹了当时的一切,"瞬间整座城市便化为乌有"。[146]原子科学的这一胜利当然标志着人类生存状态的一个重大转折。正如当时的作战部部长亨利·史汀生(Henry Stimson)在1945年4月所称的,它导致了"人与宇宙关系的革命性变革",使人类具备了移民物理学家利奥·西拉德(Leo Szilard)于1945年7月所说的"以不堪想象的规模进行彻底毁灭"的能力。[147]毁灭的恐惧自此永远萦绕在人们心头。宪政研究学者克林顿·罗西特于三年后,在一篇关于"原子弹爆炸"的文章中告诫说,"我们不可能再回到从前了;最乐观的状态就是维持现状。从此以后,核武器发展的重点将是增强其杀伤力,而不是对其杀伤力进行限制"。[148]五年后,也即1949年8月,苏联第一次试爆原子弹成功。这时,美国已经拥有298颗原子弹和250架远程轰炸机。到德怀特·艾森豪威尔宣誓就职总统时,美国战略核武器的储备数量已经增加到1,005颗。[149]

1945年8月12日,日本长崎被另一颗爆炸威力更大的原子弹毁灭。日本在两次原子弹轰炸中的死亡人数高达21万。三天后,物理学家亨利·德沃夫·史密斯(Henry DeWolf Smyth)撰写了一份题为"军用原子能使用方法发展概况"的官方报告。除了有意对轴心国和盟国中的苏联保密外,史密斯在报告中首次向公众全面披露了这一全世曾经最绝密的科研计划。[150]尽管史密斯的报告没有对这一计划种类繁杂的细节进行详细说明,但仅仅大体介绍了一下该科学技术的空前威力,就足以令"世人震惊,也使分散在不同地区参与这一研究计划的科学家们不寒而栗"。[151]

广岛和长崎被原子弹轰炸七个月后,曾担任"曼哈顿计划"芝加哥放射性物质实验室负责人的芝加哥大学物理学家亚瑟·康普顿(Arthur Compton)坚持说,核武器比常规炸弹的破坏性大不到哪里去。一颗原子弹的破坏威力"大体相当于一个 B-29 轰炸机编队使用常规炸弹完成一次轰炸行动所造成的破坏力"。[152]实际上,早在核武器被试验或使用之前,美国和英国对轴心国的剧烈空袭就曾让丘吉尔在 1943 年 6 月召开的一次战时内阁会议上充满疑虑:"我们是不是变成了野兽?我们的突袭行动是不是有些过分了?"[153]虽然丘吉尔做出上述表示,但盟国的轰炸行动不但没有停止,反而不断升级成针对平民目标的最野蛮、最残酷的空袭行动,最终导致 140,000 名美国和英国空军在空袭行动中丧生。[154]到 1944 年,仅美国第八航空队每个月就投掷 5,000 吨燃烧弹。[155]对德国进行的燃烧弹轰炸将科隆、汉堡(罪恶行动之城)、柏林、纽伦堡和德累斯顿变成了一片焦土和废墟。当轰炸目标转向日本时,以前实施的一切精确打击行动被饱和式轰炸取代,这尤其成为英国空袭行动的显著特征。1942 年,美国空军投掷炸弹的数量仅为 6,123 吨;1943 年达到 154,117 吨;而 1944 年则高达 938,952 吨。同样,太平洋战区的空中火力打击也愈演愈烈,1942 年的投弹量为 4,080 吨;1943 年为 44,683 吨;1944 年为 147,026 吨;1945 年原子弹轰炸前的投弹量则高达 1051,714 吨。[156] 1945 年 3 月 10 日的东京大空袭行动中,柯蒂斯·李梅(Curtis LeMay)将军[在其统计学家助手罗伯特·麦克纳马拉(Robert McNamara)的协助下]领导的火力打击造成 83,000 人死亡。13 天后的再一次打击行动投掷炸弹 750,000 吨,造成 37,000 人死亡。轰炸导致东京 100 多万人无家可归,日本 66 个城市的建成区有 40% 被摧毁。[157]《纽约时报》记者幸灾乐祸地以大国沙文主义的姿态称这些空袭行动让盟国军队"梦想成真"——这些行动充分表明，"盟国军队反抗侵略的复仇之火在熊熊燃烧，日本的城市将会像秋天的落叶一样化为灰烬"。[158] 到 8 月份，一半以上的东京居民区被彻底摧毁。[159]

这些饱和式攻击与盟国向侵略者复仇的坚定决心和战略目标紧密相连。这些超乎寻常的轰炸，彻底削弱了德国和日本法西斯军队对盟国军队实施打击的能力——遭受接近 250 万吨炸弹的毁灭性轰炸后，德日法西斯几乎不可能再有还击之力了[160]——更重要的是，"希特勒和墨索里尼"，罗斯福总统在 1943 年初向国会表示，"将最终认识到自己错误估计了世界反法西斯力量带来的后果——他们错误地认为纳粹军队轰炸华沙、鹿特丹、伦敦和考文垂时的绝对优势会一直保持到征服整个世界为止……他们就是这么认为的——纳粹和法西斯军队一直在等待最后的结果——他们就要得到最后的结果了"。[161] 1944 年 3 月，《纽约时报》罗列了纳粹帝国的"恶行"：它回顾了"1940 年纳粹空军对鹿特丹的轰炸，对法国和比利时道路的破坏；1939 年对波兰的侵略；1940 年和 1941 年对英国城市的轰炸"，并明确指出，美国谴责任何"幸灾乐祸的卑鄙勾当"，但将坚决支持"抗击侵略者所必需"的轰炸反击行动。[162]

到战争结束时，75 万德国和日本平民被空袭夺走性命。[163] 这时人们可能很难再想起，1938 年 3 月 16 日至 18 日，佛朗哥民族主义空军空袭巴塞罗那时，科德·赫尔表现出的恐惧和不安。当时，大约只有 1,300 人丧生，2,000 人受伤。"对于全体美国人来说"，赫尔宣称，"没有任何一种战争理论能够证明佛朗哥轰炸行为的合理性"。[164] 人们也很难再记起 1939 年 9 月 1 日富兰克林·罗斯福本人"紧急呼吁"英国、法国、德国、意大利和波兰政府完全放弃"这种野蛮主义行为"，而且呼吁各方"公开承诺，不论发生任何变故，不论出现任何情况，本国军队决不会对平民和没有军事设防的城市实施空中打击"。[165] 为了捍卫自由民主制度，华盛顿政府最终还是自己抛弃了"禁止打击平民和无军事设防城市"的倡议,并以一种完全放纵的恐怖方式,展示自己的威力。

1945年10月,在对人类未来的命运进行展望时,奥本海默回答了人们关于核武器发展趋势的提问。"如果你问:'我们能使它的威力更加强大吗?'答案是肯定的。如果你问:'我们能够大批量生产这种武器吗?'答案也是肯定的。如果你问:'我们能够让这种武器的杀伤力变得异常强大吗?'答案是,也许能。"奥本海默的上述回答最终被证明还是太保守了。[166]

六

战争期间,美国将军事技能、科学研究和企业管理有机结合起来,熟练掌握了实施"无限战争"的艺术。为了表现出民主国家具备应对最大挑战和问题的能力,美国学会了将整个国家视为一个高度凝聚的企业,一家组织严密的公司,以超乎想象的规模,对国家的经济、社会和军事动员进行统一监管。[167]总体而言,美国在面临"罗斯福时代的军事独裁主义统治"时,[168]所采取的推动战时经济、政治和军事协调发展的策略和手段有力刺激了经济进步,带来了军工企业的显著提升,使民间资本主义得以在国家的严密控制下稳步发展,并将国家安全纳入联邦政府的坚强领导之下。这一切都使得"新政"初期所强调的计划理念重新焕发出生命力。战争结束时,苏联军队规模得到扩大——成为世界上有史以来规模最大的武装力量——但美国军队却是"世界上武力最强大的"。[169]

战争年代以极端的方式,破坏了正常的立法机制。在充满激烈冲突与对峙的时期,美国形成了应急政体。所实施的各种措施、行政权力的高度集中、审查制度、宣传制度、监视制度、对常规制度程序的破坏、对背叛行为的无端怀疑、强制性计划与社团主义行为、无节制的暴力行为等,更像当年伊塔洛·巴尔博率领航空表演队来美国展示的意大利法西斯国家的公共政策，而非巴尔博等于1933年登陆造访时处于"新政"初期的美国所实施的政策。为了在全球推行健全的自由民主政治，美国的战时国家安全体制打造了空前的军事力量和高效的社会民众动员能力，使得美国开始凝聚成"一个统一的技术实体"。由于国家过分沉湎于战争危机之中，过分专注于计划的制订与实施，而且各项工作的组织主要依靠所谓的"暴力专家们"来推行，从这一点来说，美国政治体制的运行实际上也存在严重的失序问题，这恰恰反映出美国民主自身永远无法解决的内在冲突。[170] 1942年2月，众议院共和党议员米切纳伯爵（Earl Michener）宣称："如果当初我预料到今天国家所处的局面，我绝不会投票赞成这些特别授权。"当时，米切纳及其民主、共和两党的同事们不可能料想到战争期间行政权力会达到如此集中，更不能料想到战争胜利多年以后，国家作出的这种应急性政策的影响依然挥之不去。[171]

为了赢得战争的胜利，美国赋予行政机构的权力管辖范围和执行力度超越了以往任何一次战时紧急状态，也超越了"百日新政"时期的行政授权。因此，战争使危机状态下美国的权力制衡问题凸显出来。同时，战争使华盛顿政府与联邦系统其他机构之间的有效平衡、联邦政府与资本市场和劳动力市场运作，及人们的思想观念之间的平衡面临严重的不确定性。

然而，战争并没有挑战美国传统的民主宪政权利和思想，美国民主的中心面貌继续保持下来，强大的新闻媒体继续发挥作用，众议院和参议院继续开会，审议立法提案，甚至与总统经常发生冲突。尤其是1942年大选后，随着共和党在国会中地位的加强，国会与总统之间的裂隙更加明显（共和党在众议院获得多数赞成票，但议席仍然占据少数，只获得了435个议席中的209席；共和党在参议院获得8个议席，参议员增加到了38位）。

事实上，美国所采取的战时紧急政策完全无法与战争期间柏林政府实施的全面动员、镇压和暗杀相比。美国所谓的全面战争实际上在很大程度上并非全面。战争期间，对日裔美国人和非裔美国人等自由民权运动分子，以及按照《史密斯法案》受到审判的颠覆分子的打击并不是按照法律条令的规定程序进行的，而是被作为战时紧急状态下的特殊事件进行处置的。内战期间和第一次世界大战期间，联邦政府实施的特别打击行动，包括对自由集会者、自由发表言论者的打击，以及对有叛国和威胁国家嫌疑的人员的打击，在第二次世界大战中没有完全重演。联邦政府也没有像1917年那样频频发布所谓的煽动法案，更没有再次以爱国主义的名义迫害德裔美国人或肆意扩大叛国罪的指控范围。发表不同政见的现象也没有被杜绝。总之，正如克林顿·罗西特所指出的，与其他国家和美国其他历史阶段相比，第二次世界大战期间，"美国的自由民权问题……相对容易解决"。其中部分原因在于，战争得到了民众的广泛支持。[172]

尽管经常敦促司法部加大根除颠覆活动的力度，但罗斯福总统当时确立的一个政治基调是珍视民众的自由权利。对于"其他大洲和其他国家"的民众来说，这些自由权利已经完全丧失。在珍珠港事件爆发前不到两个星期的时候，罗斯福总统就表明了上述立场。他公开宣布，定1941年12月15日为"权利法案日"，以纪念美国宪法前十次修正案实施150周年。[173] 当时的首席检察长也在尽全力维护民众在紧急状态下应当享有的权利自由。政府在促进民众自律方面投入的精力远远大于恐怖性镇压措施。[174]《审查办公室战时行为条令》交由广播和新闻媒体进行监督实施，而不是由行政部门强制执行，而且美国也没有采取英国战争期间取消大选的做法。更有甚者，由于顾及到苏联在世界反法西斯战争中的地位与作用，华盛顿政府暂时停止了对于美国共产党所组织的民主自由运动的限制和打击行动。

问题不在于美国是否会成为一个独裁制国家，而在于战争期间及战后美国要选择什么样的民主制度。战时政治联盟的本质决定了这一问题很难直接解决。珍珠港事件爆发两天后，罗斯福总统宣布"这场战争需要全世界决心捍卫自由民主的国家携起手来，共同对敌"时，列宁格勒正被重兵围困,莫斯科城外抗击德国的反攻激战正酣。由于当时还没有形成明确的抗击独裁联盟的反法西斯阵线,"决心捍卫自由"一语的解释实际上存在歧义——是免受被侵略与征服的自由还是要争取更广泛的自由呢?三大同盟国家基于"建立反法西斯统一战线"这一共同的目标而联合起来,而且这一目标成为20世纪30年代中期至末期共产主义运动的政策立场。[175]这一共同的合作基石淡化了同盟各方对《大西洋宪章》所宣布的自由民主事业的作战目标存在的尖锐分歧。战争紧要关头面临的高度危险迫使同盟各方暂时将这类争议搁置起来,共同对敌作战。

二战中,扭转抗击希特勒入侵战争局面的是苏联红军,而不是英国或美国军队。深陷东部战线全面冲突之中的德国士兵每5个人中就有4人丧失了性命。最终将纳粹军队打回柏林的还是苏联红军。一个令人不快的事实是,当德国由2,758,000名士兵组成的规模空前的入侵部队分成103个师于1941年6月22日以雷霆万钧之势横跨苏联边境时,正是苏联政府的权威激发起全国军民持久抗敌的意志和决心。[176]国家正常的居民生活几乎已经不存在了。其他盟国均未遭遇这样的局面。莫斯科政权将祖国的召唤与其他手段结合起来,以民主体制下根本行不通的强力措施,重振全国军民的士气,首先将纳粹侵略者赶出国门,然后再一路追杀,将其彻底击败。在动员全民参战的过程中,苏联政府毫不犹豫地利用苏维埃体制取得的权力,采取多种手段,强力推行严格的审查制度、配给制度和工作制度。即使是国家顶尖科技精英们的日常生活也发生了根本性变化。比如,1942年,斯大林命令分散在全国76个研究所的每一位在编科研人员,迅速集结到乌拉尔山的斯维尔德洛夫斯克,履行国家科学研究计划赋予自己的使命。[177]

就像德日两大轴心国无法在战略决策上做到完全协调一样,同盟国的作战进程也存在分散推进和军力部署失衡等问题。英美两国参谋长联合制定重大战略决策,而斯大林及其将领们却单独应对德军的大规模进攻及后来的反击作战。东西两条战线实际上在独立作战。为了应对日军在亚洲的侵略行动,美军向太平洋战场投入大量人力和物力,并参加英国在非洲北部和意大利的作战,因而诺曼底渡海作战一直推迟到1944年中期。[178] 在直接迎击德国主力军队方面,美国的付出确实没有苏联多。人们普遍认为,全凭苏联具有"浮士德交易式"的巨大胜利,美国和英国在欧洲战场才能取得胜利。只有苏联军队的胜利使英美军队腾出资源,英美联军才有足够的力量和手段夺回日本在太平洋侵占的岛屿和在亚洲各国侵占的土地。

战争中,苏联遭受的痛苦折磨最为严重。红军为取得抗击侵略战争的胜利付出了惊人的代价。战争开始仅7个月,苏联就损失了2,663,000名士兵,其中3,000,000人被俘。苏联与德国死亡士兵的比例是20∶1。到战争结束时,苏联动员的34,500,000名参战人员(包括29,500,000名军人)中,有84%的人死亡、负伤或被俘。相比较而言,战争期间美国16,112,556名参战人员中,官方统计死亡405,399人,受伤674,846人,而且战火从来没有烧到北美大陆。[179]

自1941年9月8日开始,苏联的列宁格勒经历了人类历史上持续时间最长的战争围困。在900天的围困过程中,该城市400万居民中有100万死亡,大部分因饥饿致死。长达162天的斯大林格勒保卫战则让苏联经历了人类战争史上最残酷的战争灾难。在这场最终成为了欧洲战争关键转折点的战争中,德国军队损失200,000人,最终胜利者苏联却付出了更高昂的代价。在抗击德国军队的过程中,479,000名红军士兵和飞行员被击毙或被俘虏,被俘虏实际上也意味着与死亡一样的命运。[180] 在整个战争过程中,接近9,000,000名红军士兵被击毙,非战斗人员死亡人数大约在17,000,000至24,000,000之间。[181] 这一数字是美英两国非战斗人员死亡人数之和的200多倍。苏联士兵的死亡人数是美英两国士兵死亡人数之和的12倍还多。[182]

七

这些困惑自始至终笼罩着 1945 年 2 月上旬召开的雅尔塔会议。罗斯福总统在温泉别墅去世前两个月的时候，不辞劳苦地在海上航行 4,883 英里，之后乘飞机行驶 1,275 英里，最后到达乌克兰的克里米亚半岛，参加与温斯顿·丘吉尔及主持人约瑟夫·斯大林之间举行的美、英、苏三国首脑会议。像广袤无垠的苏联一样，克里米亚留有战争的显著痕迹。其伤痕累累的青山和黑海沿岸一望无际的海滩见证了犹太人和吉普赛人遭遇集体屠杀时的情景。克里米亚的城市外观遭到了严重的战争破坏。红军将其解放后，在这一地区开展了大规模驱逐和清洗原住民鞑靼人的行动。接近 200,000 名鞑靼人被驱逐到乌兹别克斯坦、哈萨克斯坦和其他偏远地区。这一行动被视为对当地人配合纳粹德国侵略苏联的行为做出的正当反击。[183] 沙皇尼古拉斯二世（Nicholas II）于 1910 年用白色大理石建造的里瓦几亚宫躲过了各种劫难。在其宽大的宴会厅里，三国首脑为充满各种不确定性的战争规划出了未来的线路图。[184]"世界就在我们脚下"，丘吉尔回忆道，"25,000,000 名将士正按我们的命令从海上和陆地向敌人发起进攻"。[185]

作为反法西斯战争这一共同事业的合作伙伴，丘吉尔补充说，"我们似乎已经成为亲密的朋友"。[186] 本着相互妥协的精神，三位曾彼此陌生的伙伴似乎正准备主导未来的全球关系。他们对未来满怀期望。在第二次世界大战处于高潮时刻的 1943 年，沃尔特·李普曼在一篇文章中将美国的"主要作战目标"描述为确保"欧洲没有一个大国可以崛起，可以具备对欧洲大陆以外的地区发动侵略战争的实力"。因此，李普曼总结道，"最适合成为我们永久性盟友的两个国家过去是，现在仍然是英国和苏联"。同时，李普曼建议说，"美国、英国、苏联三国的联合行动是保障各方安全最起码的条件，也是构筑更广泛的世界安全秩序的唯一前提"。[187] 战争的目标似乎已经不是反对独裁或极权制度，而是抵抗世界安全面临的某一特定压力。战争的最终结果将着眼于找到一种维持世界和平的永久性框架，而不是对过去行为的清算。

雅尔塔会议签订了一系列协议文件。这些文件涉及如何"彻底摧毁德国军国主义和纳粹主义"，战胜日本帝国主义，以及如何交换战俘。在对世界未来的规划方面，同盟各方划定了未来欧洲和亚洲的边界；确定了占领区，以便治理战后德国；并组织部署了决定未来苏联和西方对欧洲实际统治模式的军队调动。三国首脑还对联合国的建立达成谅解。2月11日发表的会议公报带给世界的完全是乐观主义。公报使用相互理解、相互合作的言辞宣称，"这场战争的胜利，以及本次会议建议设立的国际组织，将为世界提供最大的历史机遇，在随后几年为世界创造实现永久和平的根本条件"。[188]

虽然存在思想意识和价值观方面的分歧，存在对各自不同动机的猜忌，但英、美、苏三国峰会达成了共识，建立在友好协商基础之上的未来合作前景得到了保障。各国将在领土、军事和全球治理方面开展紧密合作。"莫洛托夫（Vyacheslav Molotov）和斯大林的友好态度给我留下了深刻印象"，丘吉尔在发给其联合政府副首相、工党领袖克莱门特·艾德礼（Clement Attlee）的电报中指出，"他们展示了一个与我迄今所见过的都不同的俄国"。[189] 同样，苏联外交部部长维亚切斯拉夫·莫洛托夫向本国大使馆发电报说："会议的总体气氛是友好的，人们可以感受到大家都在为解决争议，形成一致意见而做最后努力。"与罗斯福关系最亲密的长期顾问哈里·霍普金斯（Harry Hopkins）在向其自传作者罗伯特·舍伍德（Robert Sherwood）讲述相关情况时指出，"我真的非常相信自己的内心感觉，多少年来我们一直在祈祷和谈论的新时代的黎明已经到来了"。罗斯福总统在一次仲夏晚宴上指出，当时的气氛"犹如一个大家庭一样"。[190]

的确，每一位首脑都为各自不同的收获而感到欣慰。[191] 罗斯福期望建立基于集体安全的世界和平秩序。他非常欣赏斯大林赞成和支持联合国设立由五大强国组成的安全理事会作为其核心机构的计划，欢迎苏联在欧洲战场胜利三个月后向日本出兵的决定。罗斯福总统最后被说服,承认联合国成立后美国将无法再回到过去的孤立主义立场,并相信,稳定的战后国际秩序必须将苏联融入其中。[192] 同时,罗斯福认为斯大林是一位理性的谈判对手,他高度关注俄罗斯的传统利益,而不为思想感情所驱使。斯大林愿意使自己的思想宗旨服从于构建可接受的国际和平秩序的需要。[193] 即使更倾向于持怀疑态度的丘吉尔也相信,以苏联为主要代表的国家治理方式已经对世界产生了持久的影响。丘吉尔同意放弃英国在希腊的军事力量,并承诺向该国共产主义者做出妥协,以换取其对保加利亚和罗马尼亚的自由掌控。[194] 丘吉尔相信,各国在默契、相互理解的基础上形成的统一力量将最终填补德国崩溃后造成的权力真空。[195] 斯大林同样获得了盟国对苏联新边界的认可:苏联与波兰之间的边界与战前相比,向西推进了100—200英里。不过还没有达到过去沙皇俄国的西部边界。[196] 他同时确保了波罗的海国家、乌克兰西部和白俄罗斯西部被并入苏联。斯大林还认识到,按照雅尔塔会议达成的领土范围,苏联军队在德国和东欧大部分地区的压倒性存在,将确保对这些地区的控制。这一点表现最突出的是苏联红军从德国手中解放出来的波兰。这样,苏联既取得了意识形态的统治地位,又确立了有利的地域安全架构,与战时盟友之间的友好关系也就可以长期维持了。

参加雅尔塔会议的各方相信,世界的和平稳定即将到来。毕竟地面部队的部署位置已经确立了未来东欧与西欧之间的分界线。同时他们感到非常欣慰,在战争期间希特勒不断用尽各种手段,制造盟国内部紧张关系,并使盟国相互提防的图谋没有得逞。[197] 三巨头在峰会期间探寻到的全球力量原则上与现实中的平衡,似乎证实了著名国际关系学家威廉·T. R. 福克斯(William T. R. Fox)于一年前,即1944年就已经提出的立场观点。福克斯创立了"超级大国"这一术语,用来描述美国、英国、苏联三大强国与世界上其余国家之间综合国力的巨大差异。他期望看到"战后世界政治的高超博弈"。他建议决策者们"在当前的条件下,正确辨别各国对国家利益的定义,以便认识到通过与其他国家开展合作来维持公正、稳定的战后国际秩序的可能性"。福克斯认为，尽管双方在意识形态方面存在巨大差异，这一目标还是非常有可能实现的。因为苏联的领土要求不可能太过分，而且正如福克斯正确预言的，"为了避免波兰成为苏联的附庸，英国和美国政府不会轻易向苏联动武"。[198]

1949年，麦克乔治·邦迪（McGeorge Bundy）写道，这是"大国同盟的高潮期"。与以往战时首脑会议不同，雅尔塔会议的最后成果表明，"与其说这是一次战争会议……不如说这是一次明确筹划和平时期国与国之间相互合作的会议"。[199] 对于与会人员和消息灵通的观察人员来说，一件几乎令人难以想象的事实是，1945年上半年，在雅尔塔会议结束后很短的时间内，美国就突然偏离了会议确定的针对苏联的外交政策取向。雅尔塔会议召开前，即使是头脑顽固的沃尔特·李普曼也曾预言："苏联对于西方的猜疑，以及西方以同样的方式对于苏联的猜疑，可以通过共同支持一项和平解决方案而最终化解。这一解决方案将彻底结束德国和日本对苏联国家安全造成的威胁。"李普曼宣称，"摆在人们面前的事实是，斯大林元帅已经反复确认，苏联在处理与其势力范围内的邻国间关系时，将坚持民主原则"。[200]

公共舆论也支持美国政府努力找到一种与战时盟友苏联建立合作关系的共同基础。[201] 在雅尔塔会议结束时，没有一位与会人员或形势观察家会料想到，战时的大联盟竟然会被美苏两个超级大国之间的冷战取代；也不会有人料想到，苏联对于东欧各国的领导如此快速地变了样；更不会有人料想到，人们后来回顾雅尔塔会议的意义时，负面的诽谤性评价竟成了司空见惯的事情，尤其美国更是如此；也没有人知道美国会不会长期干预欧洲和亚洲事务；更没有人能够完全理解第二次世界大战究竟是以什么方式为人类留下了这笔永远挥之不去的恐怖遗产。[202]

雅尔塔会议签署的各项协议本身就缺乏稳固性。因为这些协议将两种完全不同的动机融合在了一起。第一种动机涉及一整套符合自由民主政治理念的原则指针,包括民族自决与民族独立、民主权利以及在 1941 年的《大西洋宪章》中被视为盎格鲁-美利坚价值观的多边全球治理原则。第二种动机则是基于实力、权力和利益的现实主义国际关系原则。1937 年至 1943 年担任美国副国务卿的萨默·韦尔斯(Summer Welles)在回顾雅尔塔会议时坚持说,由于做出建立联合国的战时决议后,没有相继出台涉及正在遭受纳粹德国压迫的苏联悬而未决的领土问题的解决方案,各方谋求实现全球集体安全的宏伟抱负显然被大打折扣,而且这一抱负也不可避免地面临潜在的危险。[203]

事实证明,《雅尔塔协议》遵循的所谓补偿原则不只是在国际政治中制造了相互猜忌和不和谐。几个星期内,人们就清楚地看到苏联不允许波兰建立由共产党和其他政党共同执政的联合政府,也不允许罗马尼亚建立非共产党政权。到 1945 年春季末期,随着罗斯福总统的离世,雅尔塔会议上确立的友好精神开始逐步消散,所签署的各项原则也被大国公然违反。曾经在密苏里州开过服装店的参议员、罗斯福去世前的副总统杜鲁门接替美国总统职位后,坚持认为雅尔塔会议并没有向苏联开具一张可以在其势力范围内为所欲为的空白支票。到当年 7 月中旬和 8 月上旬,三巨头在波茨坦的塞琪琳霍夫宫再次举行会晤时,"既是朋友也是敌人"的三国首脑虽然仍然准备就如何瓜分欧洲举行协商,但各自的态度显然远比过去强硬。[204] 在谈判中担任重要角色的詹姆斯·伯恩斯认为,波茨坦会议"将为早日恢复欧洲的势力均衡提供原则基础"。伯恩斯同时指出,从被占领国德国返回的美国代表团"也许远不如当时从雅尔塔会议返回的代表人员那么踌躇满志"。[205] 尽管没有立即发生对抗,尽管杜鲁门仍然希望与苏联建立虽不过分亲近却也不失体面的两国关系,但冷战的阴云却再也无法摆脱了。[206]

在一年内,世界格局就发生了彻底扭转。希腊、土耳其、南斯拉夫和伊朗爆发的冲突搅乱了中东地区的局势。苏联巩固波兰及其他东欧国家共产党政权的企图,以及美国破获的苏联在"曼哈顿计划"实施期间的对美间谍活动使两国之间的关系到了随时爆发冲突的险恶境地。²⁰⁷ 曾经被视为急救良药的苏联逐步变成了西方民主体制的严重威胁。1946年3月5日，温斯顿·丘吉尔在哈里·杜鲁门的家乡密苏里州宣布，"一张铁幕已经降临欧洲大地"。显然，由于担心东欧各国被吸引到西方阵营，斯大林决不会冒如此大的风险允许共产党以外的政党在这些国家执政。²⁰⁸

四个月后的7月1日和25日，美国在太平洋上的比基尼环礁举行了核武器试验。前往现场目睹核爆炸场景的人员不仅有新闻记者和国会议员，还包括来自苏联的观察人员。美国所拥有的核武器的巨大威力被公布于众。²⁰⁹ 到8月份，由于担心与苏联的关系急剧恶化，美国不得不宣布放弃原定的第三次核试验。第三次核试验被取消后，美国联合特遣部队在华盛顿举行了告别宴会。宴会结束时，主办方推出了一个18英寸高的核爆炸蘑菇云形状的天使蛋糕供大家观赏和品尝。²¹⁰

八

雅尔塔会议成为了二战外交的败笔。随着西方重新转向反共立场，一系列新的问题开始进入美国的政治视野。显然，美国已经完全取代英国成为西方世界的领导者。因此，应对战后一系列的难题和矛盾也就自然成为美国的主要职责。如何分辨国际舞台上的朋友与敌人？为了保障民主自由政权，西方需要在多大程度上开展武装动员？自由民主政权应当如何组织和保障民族国家安全？各种问题很快显现出来，不断引起人们的严重关切。美国需要使用哪类武器、需要采取什么战略？虽然美国承诺保护个人权利，公开民主政治程序，但政府什么时候、在多大程度上可以对公民实施秘密监控，以及需要在多大程度上保护公民隐私？什么时候对于阴谋颠覆和间谍活动的关注会从合理的担心转变为扭曲的爱国主义、对谋反的过分害怕，以及过度的民众恐慌？²¹¹

随着国际国内的自由民主问题不断引起人们的广泛关注，联邦政府还要决定战时集中于行政部门的经济权力有多少需要保留下来，以指导和协调战后的士兵复员问题，确保战前的经济大萧条不会卷土重来。美国的资本主义能否在没有战时军工生产刺激的条件下，走向繁荣发展的道路？战时的经济繁荣带来哪些经验教训？未来经济的发展方式应当依赖集权式经济规划，而不是依赖经济支出与预算之间的适度调节？

我们很快就会看到，尽管总统和内阁人员非常希望在没有国会介入的情况下解决这些问题，但国会在决定联邦权力的适用范围和公共政策的性质方面的确发挥着至关重要的作用。国会将按照已经制定的政策方针，通过调整联邦政府在美国经济政治生活中发挥的作用，决定战争结束后如何恢复和平时期的经济秩序。国家武装力量的部署范围、战后同盟关系涉及的范围与性质，以及公民自由与保障国内安全之间的平衡等重大问题都要通过国会的调查、辩论和立法审议而决定。国会立法机构还要决定行政部门应当保留哪些军事和外交权力，并核准有关核武器的使用决议。

由于上述战后问题继续影响美国政治，南方的政治取向仍然在美国政坛发挥着重要作用。尤其是共和党在国会的势力分别在1942年和1946年两次大选中得到明显增强后，民主党在北方的竞选失败"提升了南方民主党在国会中的相对优势"。[212] 作为国会中各政治派别之间的平衡力量，南方民主党的政治地位不断上升。在战后转型时间，和平经常像战争一样给人带来不祥之兆。南方代表们在帮助国家渡过转型时期的困难方面发挥了重要作用。由于南方民主党在国会中具有优势地位，来自南方地区的议员们可以促使国家制定相关政策，确立美国市场经济的基本条件，并决定美国对全球事务的参与程度、国内民主政治的参与模式等。通过参与上述决策过程，南方议员可以主导战后美国新的发展道路。

注释

1. George Catlett Marshall, *The Papers of George Catlett Marshall, vol. 3*, "The Right Man for the Job," December 7, 1941–May 31, 1943 (Baltimore: Johns Hop-kins University Press, 1991), p. 214. 这一词语被雕刻在华盛顿购物广场第二次世界大战纪念碑上。马歇尔于1939年9月1日被任命为美军参谋长一职。
2. Edward Meade Earle, "American Military Policy and National Security," *Political Science Quarterly* 53 (1938): 2.
3. Clinton L. Rossiter, ed., *The Federalist Papers* (New York, Mentor Books, 1999), p. 35.
4. Emil Lederer, "Domestic Policy and Foreign Relations," in *War in Our Time*, ed. Hans Speier and Alfred Kähler (New York: W. W. Norton, 1939), p. 56.
5. Edward Meade Earle, "National Defense and Political Science," *Political Science Quarterly* 55 (1940): 487, 495. Gene M. Lyons, "The Growth of National Security Research," *Journal of Politics* 25 (1963): 489–508 对于20世纪30年代晚期和40年代早期厄尔等学者有关自由民主、国家实力与国际关系问题的开创性研究进行了精辟论述。另见 Gene M. Lyons, *The Uneasy Partnership: Social Science and the Federal Government in the Twentieth Century* (New York: Russell Sage Foundation, 1969).
6. Harold D. Lasswell, "The Garrison State," *American Journal of Sociology* 46 (1941): 467.
7. General Frank R. McCoy, "Foreword," in *Mobilizing Civilian America*, by Harold J. Tobin and Percy W. Bidwell (New York: Council on Foreign Relations, 1940), pp. vi, vii. 麦考伊曾参加美国—西班牙战争，亲历古巴圣胡安山战役；他还曾参加美国—菲律宾战争，担任菲律宾总督伦纳德·伍德（Leonard Wood）的助理；同时，他还参加过第一次世界大战，是美国远征军总参谋部的成员。
8. Tobin and Bidwell, *Mobilizing Civilian America*, pp. 75–222, 226, 225, 227–30.
9. 其他国家在珍珠港事件前参战，包括匈牙利、罗马尼亚、保加利亚、斯洛伐克、南斯拉夫和克罗地亚。
10. 见 http://www.presidency.ucsb.edu/ws/index.php?pid=16056#axzz1OTlT29Jg.
11. 这时，希特勒对美国极度蔑视。"我认为美国人没有什么希望"，1942年1月7日，希特勒在其军部召开的一次集会上表示，"这是一个腐朽的国家……提到美国，我就感到憎恨和厌恶……美国社会的一切行为表明，这是一个半犹太、半黑人性质的社会。人们难以想象这样一个国家能够团结凝聚在一起——一个靠美元构筑起来的国家"。见 William Shirer, *Rise and Fall of the Third Reich* (New York: Simon & Schuster, 1960), p. 895.
12. 见 http://www.ibiblio.org/pha/timeline/411211awp.html.
13. 见 http://www.mhric.org/fdr/chat17.html. 欧洲战争爆发后，罗斯福于1939年9月8日发布了一份进入有限紧急状态的声明，宣布"根据欧洲事态的发展，在必要时全国进入紧急状态，以捍卫和强化美国的中立原则，在和平时期法律规定的权限内，加强国防建设"。见 http://www.lawandfreedom.com/site/executive/execorders/Roosevelt.pdf.

14. 伊丽莎白·博格瓦特开展的重要研究强调了《大西洋宪章》的意义，认为它标志着全球各国追求人权保障的开端。见 Elizabeth Borgwardt, *A New Deal for the World: America's Vision for Human Rights* (Cambridge: Harvard University Press, 2005).
15. Archibald MacLeish, "The People Are Indivisible," *Nation*, October 28, 1944, p. 509.
16. 见 http://www.mhric.org/fdr/chat19.html.
17. Robert Dallek, *Franklin D. Roosevelt and American Foreign Policy, 1932–1945* (New York: Oxford University Press, 1995), p. 287.
18. 阿诺德·沃尔弗斯（Arnold Wolfers）于十年后撰文，对"国家安全"问题进行了认真反思，称其为一种"模糊不清的标识符号"。见 *Political Science Quarterly* 67 (1952): 481–502. 沃尔弗斯强调了"决策者应如何面对道德问题的拷问……他首先要选择值得保护的价值理念。不论是出于自身利益的考量，还是出于保护自由、公正、和平价值理念的需要，他都应将民族独立放在首位。他还应当进一步确定实现自己的目标所需要的安全级别……最后，他还要考虑所要选择实施的具体手段"。（第500页）
19. 见 http://docs.fdrlibrary.marist.edu/052640.html. "'第五纵队'（fifth column）一词由法西斯将领莫拉将军（General Mola）首先使用。他在率领自己四个纵队的兵力围攻马德里时，吹嘘自己的实力，声称还有第五纵队在城门口待命。"见 Hans Speier, "Treachery in War," *Social Research* 7 (1940): 258.
20. *New York Times*, September 24, 1940.
21. Athan G. Theoharis and John Stuart Cox, T*he Boss: J. Edgar Hoover and the Great American Inquisition* (Philadelphia: Temple University Press, 1988), pp. 169–71.
22. Dallek, *Franklin D. Roosevelt and American Foreign Policy*, p. 225; Michael S. Sherry, I*n the Shadow of War: The United States since the 1930s* (New Haven: Yale University Press, 1995), pp. 51–52.
23. Dallek, *Franklin D. Roosevelt and American Foreign Policy*, p. 290.
24. Paul A. C. Koistinen, "The 'Industrial-Military Complex' in Historical Perspective: The InterWar Years," *Journal of American History* 56 (1970): 823–24, 826, 827.
25. Sherry, *In the Shadow of War*, p. 43.
26. W. Eliot Brownlee, "Social Investigation and Political Learning in the Financing of World War I," in *The State and Social Investigation in Britain and the United States*, ed. Michael Lacey and Mary O. Furner (Cambridge: Cambridge University Press, 1993); Grosvenor B. Clarkson, *Industrial America during the World War: The Strategy behind the Line, 1917–1918* (Boston: Houghton Mifflin, 1923); Robert D. Cuff, *The War Industries Board: Business-Government Relations during World War I* (Baltimore: Johns Hopkins University Press, 1971); Paul A. C. Koistinen, *Mobilizing for Modern War: The Political Economy of American Warfare, 1865–1919* (Lawrence: University Press of Kansas, 1997).
27. 1940年12月29日"炉边谈话"；见 http://www.mhric.org/fdr/chat16.html.
28. 见 http://www.mhric.org/fdr/chat14.html.
29. 见 http://www.mhric.org/fdr/chat20.html.

30. 见 http://www.mhric.org/fdr/chat21.html.
31. 共和党表示强烈反对的唯一例子是组建女兵团的议案，其投票结果为 249∶86。在参议院，关于延长农业人口兵役期限的议案引起强烈争议，但其他议案基本都得到了来自各党派议员的支持。即使是共和党议员一贯反对的限制物价的议案，也于 1942 年 1 月以 84∶1 的压倒性优势获得参议院批准。
32. 见 http://www.mhric.org/fdr/chat16.html.
33. 引自 Judith N. Shklar, "Obligation, Loyalty, Exile," *Political Theory* 21 (1993): 181–97.
34. 见 http://www.lawandfreedom.com/site/executive/execorders/Roosevelt.pdf.
35. 相关讨论，见 Clinton Rossiter, *Constitutional Dictatorship: Crisis Government in Modern Democracies* (Princeton, NJ: Princeton University Press, 1948), pp. 240–54.
36. Christopher Capozzola, *Uncle Sam Wants You: World War I and the Making of the Modern American Citizen* (New York: Oxford University Press, 2008), p. 188.
37. John Sparks, "Civil Liberties in the Present Crisis," *Antioch Review* 2 (1942): 134; James R. Mock, *Censorship*, 1917 (Princeton, NJ: Princeton University Press, 1941). 关于民众对 1918 年《反煽动叛乱法案》的反应，莫克曾撰文指出，"战争成了全国关注的焦点"，因而"有关言论自由和新闻自由的问题已经没有什么报道价值了"。（第 54 页）
38. Cappozola's *Uncle Sam Wants You* is the best treatment of repression during World War I. 另见 William Preston Jr., *Aliens and Dissenters: Federal Suppression of Radicals, 1903–1933* (Cambridge: Harvard University Press, 1963)。本书中关于战后驱逐行动和针对共党分子的帕尔玛大搜捕的记述，尤其具有启发意义。
39. John Andrew Costello, "Congress and Internal Security: The Overman Committee, 1918–1919" (M.A. thesis, American University, 1965), Richard L. Watson, "Principle, Party, and Constituency: The North Carolina Congressional Delegation, 1917–1919," *North Carolina Historical Review* 56 (1959): 298–323; Regin Schmidt, *Red Scare: FBI and the Origins of Anti-Communism in the United States, 1919–1943* (Copenhagen: Museum Tusculanum Press, 2000), pp. 136–46.
40. 它搜集各种已经公开出版和未公开出版的资料，在四个星期内为 60,000 人建立了档案（四个月内为 200,000 人建立了档案），并开始向于当年成立的美国共产党进行渗透。见 Max Lowenthal, *The Federal Bureau of Investigation* (New York: William Sloane Associates, 1950), pp. 83–93; Cappozola, *Uncle Sam Wants You*, p. 202. 另见 Preston Jr., *Aliens and Dissenters*.
41. 胡佛从 1924 年开始担任调查局的主任。1935 年调查局改称联邦调查局。
42. 让国务院介入调查行动，联邦调查局就可以绕过已有法律对其行动的各种限制。因为 1916 年的战时拨款法案"仍然生效，按照该法案规定，联邦调查局可以动用其资金开展国务卿所要求的调查行动。不论被调查者是否存在违法行为，联邦调查局均可对其进行调查"。见 Jay Feldman, *Manufacturing Hysteria: A History of Scapegoating, Surveillance, and Secrecy in Modern America* (New York: Pantheon, 2011), p. 151.
43. Athan Theoharis, *The FBI and American Democracy: A Brief Critical History* (Lawrence:

University Press of Kansas, 2004), p. 45–47.

44. Robert Edwin Herzstein, *Roosevelt and Hitler: Prelude to War* (New York: Paragon House, 1989).
45. 引自 Jeffrey R. Stone, *Perilous Times: Free Speech in Wartime, from the Sedition Act of 1798 to the War on Terrorism* (New York: W. W. Norton, 2004), p. 285.
46. Kenneth O'Reilly, "The Roosevelt Administration and Black America: Federal Surveillance Policy and Civil Rights during the New Deal and World War II Years," *Phylon* 48 (1987): 20.
47. Speier, "Treachery in War," p. 259.
48. Bob Kumamoto, "The Search for Spies: American Counterintelligence and the Japanese-American Community, 1931–1943." *Amerasia Journal* 6 (1979): 49.
49. Greg Robinson, *A Tragedy of Democracy: Japanese Confinement in North America* (New York: Columbia University Press, 2009), p. 47.
50. Rhodri Jeffreys-Jones, *The FBI: A History* (New Haven: Yale University Press, 2007), p. 107; Lowenthal, *The Federal Bureau of Investigation*, p. 425; James T. Sparrow, *Warfare State: World War II Americans and the Age of Big Government* (New York: Oxford University Press, 2011), p. 83. 关于 20 世纪 30 年代反共行动的综述，见 Richard Gid Powers, *Not without Honor: The History of American Anti-Communism* (New York: Free Press, 1995), pp. 117–54.
51. Stone, *Perilous Times*, p. 285.
52. *New York Times*, January 18, 1931.
53. 1909 年至 1919 年担任德克萨斯州第二选区国会代表的马丁·戴斯以激进主义的主张闻名。他经常在演讲中对前来美国的外来人员、天主教徒和犹太教徒进行抨击。儿子的政治生涯通常能反映出父辈的思想主张。戴斯父子二人均陷入南方的乡土观念、本土主义和孤立主义而不能自拔。回顾起来，其父在第一次世界大战期间的表现可称得上是聪明务实，但这却促使儿子（与其他许多人一起）在 20 世纪 30 年代走上了支持孤立主义的危险道路。见 Dennis McDaniel, "The First Congressman Martin Dies of Texas," *Southwestern Historical Quarterly* 102 (1998): 156.
54. 他继续说："德普里斯特的黑人妻子可能对赫伯特·胡佛夫人足够友善，但我现在告诉各位，她对你和你的妻子可没有那么友善，对我和我的妻子也同样不会友善。"见 *Chicago Defender*, July 26, 1930.
55. 引自 Ted Morgan, *Reds: McCarthyism in Twentieth-Century America* (New York: Random House, 2003), p. 186. 1941 年 6 月，参议院就莫里斯·谢泼德离世而造成的参议员席位空缺举行特别选举。戴斯参加竞选未果，人称"帕皮"的德克萨斯州长威尔伯特·李·奥·丹尼尔在竞选中获胜。国会议员林顿·约翰逊仅以 1,000 票之差输给了奥·丹尼尔。
56. 全称为美国非美活动与宣传调查特别委员会。
57. 有关麦考马克—迪克斯坦委员会的讨论，见 Walter Goodman, *The Committee: The Extraordinary Career of the House Committee on Un-American Activities* (New York: Farrar, Straus and Giroux, 1968), pp. 3–23. 同时期对于迪克斯坦的研究与褒奖，见

Dorothy Waring, *American Defender* (New York: Robert Speller, 1935). 尽管是坦慕尼协会（Tammany Hall）的民主党议员，迪克斯坦于 1922 年首次竞选众议员职位时，还是得到当地共和党的支持，从而击败了社会党众议员迈耶·伦敦。纳粹主义者动员德裔美国人支持纳粹事业的活动绝大多数以失败而告终，相关研究见 Sander A. Diamond, *The Nazi Movement in the United States, 1924–1941* (Ithaca, NY: Cornell University Press, 1974). 现在，我们通过薇诺娜（Venona）的笔录得知，几乎可以肯定的是，迪克斯坦在 1937 年至 1940 年为苏联驻美国大使馆义务服务期间，曾担任苏联间谍。他以"克鲁克"（Crook）为代号向苏联政府提供一些无关紧要的情报，每月获得 1,250 美元的报酬。见 Allen Weinstein and Alexander Vassiliev, *The Haunted Wood: Soviet Espionage in America—the Stalin Era* (New York: Random House, 1999), pp. 142–48. 迪克斯坦出生于立陶宛，在国会中担任纽约下东区代表。

58. D. A. Saunders, "The Dies Committee: First Phase," *Public Opinion Quarterly* 3 (1939): 229–30.

59. Michael Wreszin, "The Dies Committee 1938," in *Congress Investigates: A Documented History, 1792–1974*, vol. 4, ed. Arthur M. Schlesinger Jr. and Roger Bruns (New York: Chelsea House, 1975) pp. 2930, 2929. 该委员会的两位非南方民主党自由主义成员——新墨西哥州的约翰·登普西（John Dempsey）和马萨诸塞州的亚瑟·希利（Arthur Healey）由于"忙于寻求连任而被迫错过"了许多次听证会。见 *New York Times*, January 8, 1939.

60. 这一主题也出现在同时期的相关论述中，见 Father August Raymond Ogden, *The Dies Committee: A Study of the Special House Committee for the Investigation of Un-American Activities, 1938–1943* (Washington, DC: Cath-olic University of America Press, 1945). 另见 Nancy Lynn Lopez, "Allowing Fears to Overwhelm Us: A Re-Examination of the House Special Committee on Un-American Activities"（博士论文，Rice University, 2002）.

61. Saunders, "The Dies Committee," p. 233. 墨菲在当选为密歇根州州长前曾在 1933 年至 1935 年之间担任最后一届菲律宾总督，并于 1935 年至 1936 年之间担任美国驻菲高级专员。1939 年和 1940 年，墨菲担任美国司法部部长，同一年又担任美国最高法院法官，直至 1949 年 7 月去世为止。作为公民自由的强烈支持者，墨菲在美国公民自由联盟 1939 年组织召开的国家紧急状态公民自由大会上，发表了主题演讲。见 Sidney Fine, *Frank Murphy: The Washington Years* (Ann Arbor: University of Michigan Press, 1984).

62. Morgan, *Reds*, p. 188.

63. 同上，p. 206.

64. 同上，pp. 214–16. 在 1940 年大选的准备阶段，后来的共和党候选人温德尔·威尔基公开撰文为公民自由辩护，并严厉批评该委员会对德美联盟领导人厄尔·白劳德和弗里茨·库恩的不当处理。见 "Fair Trial," *New Republic*, March 18, 1940, pp. 370–73. 威尔基坚持称，"在所谓的大国中……只有美国坚持国家的宗旨是服务和保护个人自由"。他同时指出，"在美国，即使是一位纳粹分子也应当依法受到公正审判"。（第 370 页、第 371 页）

65. Stewart Henderson Britt and Selden C. Menefee, "Did the Publicity of the Dies Committee in 1938 Influence Public Opinion?," *Public Opinion Quarterly* 3 (1939): 449–57.
66. *New York Times*, January 5, 1939.
67. Walter Lippmann, *New York Post*, January 11, 1940; 引自 Benjamin Ginzburg, *Rededication to Freedom* (New York: Simon & Schuster, 1959), p. 89.
68. 只有纽约东哈莱姆地区的代表维托·马坎托尼奥（Vito Marcantonio）在众议院公开反对该法案。马坎托尼奥在 1938 年当选众议员之前从共和党转向了美国劳工党，并曾在 1935 年至 1937 年担任众议员。
69. Hadley Cantril, *Public Opinion, 1935–1946* (Westport, CT: Greenwood Press, 1951), p. 130. 值得注意的是，共计 40% 的全国劳工大会的成员支持采取激进措施。
70. Stone, *Perilous Times*, pp. 251–52.
71. 到 1941 年年初，司法部 1 月 10 日、13 日和 14 日的新闻发布会披露，共计 4,912,817 名外来移民按照《史密斯法案》的规定进行了登记。见 *Monthly Labor Review*, March 1941, p. 666.
72. Athan Theoharis, "The Truman Administration and the Decline of Civil Liberties: The FBI's Success in Securing Authorization for a Preventive Detention Program," *Journal of American History* 64 (1978): 1012–13.
73. Stone, *Perilous Times*, p. 286; *Washington Post*, December 10, 1941.
74. 引自 Goodman, *The Committee*, p. 99.
75. Stone, *Perilous Times*, p. 275（原文斜体部分）. 宪政研究学者马克·格雷伯（Mark Graber）曾正确地提醒人们，虽然美国在战争时期对公民的个人自由实施了限制，但"有些公民权利和自由并没有受到战争的影响"。这要视当时的具体情况来看。国家越是需要进行民众动员，敌方对公民权利的践踏越是严重，国家越应当尽可能地保护公民的权利不受侵犯。格雷伯补充道："公民自由权利的受益者们……都是忠于国家的美国公民。"这一点很容易受到第二次世界大战期间侵犯公民权利行为的威胁。见 Mark A. Graber, "Counter-Stories: Maintaining and Expanding Civil Liberties in Wartime," in *The Constitution in Wartime: Beyond Alarmism and Complacency*, ed. Mark Tushnet (Durham, NC: Duke University Press, 2005), pp. 95, 97.
76. Michael Dobbs, *Saboteurs: The Nazi Raid on America* (New York: Alfred A. Knopf, 2004).
77. Louis W. Koenig, *The Presidency and the Crisis* (New York: King's Crown Press, 1944) 对此开展了重要研究。
78. Albert L. Sturm, "Emergencies and the Presidency," *Journal of Politics* II (1949): 135.
79. Rebecca S. Shoemaker, *The White Court: Justices, Rulings, and Legacy* (Santa Barbara, CA: ABC-CLIO, 2004), p. 152.
80. 引自 Sturm, "Emergencies and the Presidency," pp. 121–44. 这一决定支持明尼苏达州采用"紧急状态授权"处理住房丧失抵押品赎回权造成的危机，尽管"紧急状态授权"并不意味着该州就获得了这一权力。法庭坚持认为，政府违反已有合同的前提是，在紧急状态的条件下，政府可以合法有效地动用这些已有的、和平时期不能使用的权力。

81. Edward Samuel Corwin, *Total War and the Constitution* (New York: Alfred A. Knopf, 1947), p. 37（原文斜体部分）.

82. Matthew J. Dickinson, *Bitter Harvest: FDR, Presidential Power, and the Growth of the Presidential Branch* (New York: Cambridge University Press, 1999), pp. 172–73; Brian Waddell, *The War against the New Deal: World War II and American Democracy* (DeKalb: Northern Illinois University Press, 2001), p. 55.

83. 见 http://www.presidency.ucsb.edu/ws/index.php?pid=15806#axzz1aHyjbUYi.

84. 见 http://www.usmm.org/fdr/emergency.html.

85. *New York Times*, December 9, 1941.

86. 相关讨论，见 Arthur Schlesinger Jr., The Imperial Presidency (Boston: Houghton Mifflin, 1973), p. 113.

87. Corwin, *Total War and the Constitution*, p. 65（原文斜体部分）. 克里斯托弗·H. 派尔（Christopher H. Pyle）、理查德·M. 派厄斯（Richard M. Pious）称这一事件是"对'管理理论'最有力的肯定"。见 Pyle and Pious, *The President, Congress, and the Constitution: Power and Legitimacy in American Politics* (New York: Free Press, 1984), p. 72.

88. Sturm, "Emergencies and the Presidency," p. 134. 虽然总统曾威胁说将在未经国会授权的情况下采取行动，但这种情况并未发生。1942 年 10 月 2 日，国会批准的《稳定法案》授予总统稳定物价和工资的特别权力。第二天，总统发布第 9250 号行政命令，宣布成立经济稳定办公室，实施稳定物价和工资的政策。

89. *New York Times*, September 8, 1942; *Chicago Daily Tribune*, September 8, 1942; *Los Angeles Times*, September 8, 1942.

90. Corwin, *Total War and the Constitution*, pp. 64, 65. 这一主张类似于约翰·洛克在《政府论》（下篇）中对"特别权力"的定义："执政者为了公众利益，可以在未经法律授权或违背法律规定的情况下，享有自由采取行动的权力。"见 John Locke, *Two Treatises of Government*, ed. Peter Laslett (Cambridge: Cambridge University Press, 1990), p. 375.

91. *Wall Street Journal*, December 16, 1941; *Washington Post*, December 17, 1941. 两天前，总统刚举行《权利法案》实施 150 周年的庆祝活动。在庆祝演讲中，总统将《权利法案》对公民自由权利的保障与纳粹政权的目标进行了比较。纳粹政权的目标是"在全球范围内铲除人类权利革命的伟大成果，其中美国的《权利法案》是这一伟大成果的源头"。见 *New York Times*, December 16, 1941.

92. Committee of Records of War Administration, Bureau of the Budget, *The United States at War: Development and Administration of the War Program by the Federal Government* (Washington, DC: U.S. Government Printing Office, 1946).

93. 同上，pp. 220–21.

94. 关于这一机构的历史，见 Allen Irving Safiano, *The Office of War Information* (Ithaca, NY: Cornell University Press, 1968); Constance Ruth Lael, "The Office of War Information: The Integration of Foreign Policy and Foreign Propaganda, 1942–1945"（博

士论文，Wake Forest University, 1978).

95. 《美国宪法》，第 2 条第 2 款。相关论述，见 Luther Gulick, "War Organization of the Federal Government," *American Political Science Review* 38 (1944): 166–79.
96. 见 https://pantherfile.uwm.edu/margo/www/govstat/secwpa.htm.
97. 见 http://historymatters.gmu.edu/d/5154. J. R. Minkel, "Confirmed: The U.S. Census Bureau Gave Up Names of Japanese Americans in WWII," *Scientific American*, March 30, 2007, p. 3; "Papers Show Census Role in WWII Camps," *USA Today*, March 30, 2007.
98. Roger Daniels, *The Politics of Prejudice: The Anti-Japanese Movement in California and the Struggle for Japanese Exclusion* (Berkeley: University of California Press, 1962), pp. 85–88, 91, 97, 105.
99. Robinson, *A Tragedy of Democracy*, p. 54.
100. Goodman, *The Committee*, pp. 128–29.
101. Morton Grodzins, *Americans Betrayed: Politics and the Japanese Evacuation* (Chicago: University of Chicago Press, 1949), pp. 19–128. 关于美国西海岸支持对包括日裔公民在内的所有日本人实施强行遣散政策的讨论，见 *New York Times*, March 1, 1942.
102. 战前，日裔美国公民强烈抗议被作为二等公民对待，尤其是对珍珠港海军造船厂不愿雇佣日裔美国公民表示强烈不满。见 *Washington Post*, July 28, 1940. 1943 年 3 月，一些民用政府部门开始恢复运行。按照戒严法令，政府机构承担了几万起军事案件的审判工作。仅 1942 年审判的案件数量就达到 22, 000 起，定罪率超过 99%。见 Fred I. Israel, "Military Justice in Hawaii, 1941–1944," *Pacific Historical Review* 36 (1967): 243–67.
103. *Chicago Daily Tribune*, March 4, 1942.
104. 见 Stephen E. Ambrose and Robert H. Immerman, *Milton S. Eisenhower: Educational Statesman* (Baltimore: Johns Hopkins University Press, 1983). 关于加拿大被羁押人员的政策研究，见 "Government Internment Policy, 1939–1945," *Labour/Le Travail* 31 (1993): 203–41.
105. "对太平洋沿岸七万多日裔美国人而言，美利坚合众国政府是赤裸裸的独裁政权。" 见 Rossiter, Constitutional Dictatorship, p. 283. 相比较而言，意大利裔和德裔美国公民没有被逐出家园，因为政府没有面临类似来自下层民众的压力。包括罗斯福总统在内的政治领导人认为，日裔团体难以接受种族同化，且人口数量有可能高达几百万，因此对美国造成的威胁更大。相关讨论，见 Feldman, *Manufacturing Hysteria*, pp. 179–80. 少数意大利裔和德裔人员在战争期间被关押在司法部设在爱达荷州、蒙大拿州、德克萨斯州和新墨西哥州的集中营里。
106. *Washington Post*, July 8, 1943. 除了提供全面综述的 Robinson, *A Tragedy of Democracy*, 还请见 Roger Daniels, *Concentration Camps USA: Japanese Americans and World War II* (New York: Holt, Rinehart and Winston, 1972); Roger Daniels, *Prisoners without Trial: Japanese Americans in World War II* (New York: Hill and Wang, 1993); Richard Drinnon, *Keeper of Concentration Camps: Dillson S. Meyer and American Racism* (Berkeley: University of California Press, 1987); 以及 David M. Kennedy, *Freedom from Fear: The American People in Depression and War, 1929–1945* (New York: Oxford

University Press, 1999), pp. 748–60 中的论述。Michelle Malkin, *In Defense of Internment: The Case for 'Racial Profiling' in World War II and the War on Terror* (Washington, DC: Regnery Press, 2004) 为最近展开的"恐怖战争"进行了辩护。

107. Rossiter, *Constitutional Dictatorship*, p. 282.
108. 1943 年，最高法院在"平林诉美国案"（*Hirabayashi v. United States*）中裁定，对与美国交战国家的外来移民团体，政府可实施宵禁。但这一裁定曾遭到不少人的抗议；1944 年，在"伊光诉美国案"（*Korematsu v. United States*）中，最高法院又裁定第 9066 号行政命令驱逐外国人的规定符合宪法。弗莱德·伊光（Fred Korematsu）曾对驱逐命令表示抗议，并试图与其意大利裔女友共同逃离，但在 1942 年 5 月被抓捕。后来尽管被保释出狱，他仍被关押在犹他集中营。随后，伊光在美国公民自由联盟的协助下，起诉美国政府，但最终以 6∶3 的表决结果败诉。雨果·布莱克法官代表多数派法官撰写了裁定意见。美国首席检察官、前密歇根州州长弗兰克·墨菲对判决发表了引人注目的反对意见，称这一关押判决"陷入了可耻的种族主义深渊之中"。相关讨论，见 Eugene V. Rostow, "The Japanese American Cases—A Disaster," *Yale Law Journal* 54 (1945): 489–535; Roger Daniels, "Korematsu v. US Revisited: 1944 and 1983," in *Race on Trial: Law and Justice in American History*, ed. Annette Gordon-Reed (New York: Oxford University Press, 2002). 伊光于 1998 年获得美国总统克林顿颁发的总统自由勋章，于 2005 年 3 月离世。
109. Sparrow, *Warfare State*, pp. 100–104. 当时对于日裔人士的羁押普遍缺乏重要的司法辩论，对于叛国案件的指控也常常缺乏实际证据。相关研究，见 David Riesman, "The Present State of Civil Liberty Theory," *Journal of Politics* 6 (1944): 327–28. 尽管德国来美人员和德裔美国人没有被全部搜捕羁押，但司法部《敌对国来美人员管制计划》的适用范围扩展到了具有"敌对国血统"的在美人员。11,507 名德国人、德裔美国人和其他受到指控的德裔人员在美国西海岸受到羁押。见 Timothy J. Holian, *The German Americans and WW II: An Ethnic Experience* (New York: Peter Lang, 1996); John Eric Schmitz, "Enemies among Us: The Relocation, Internment, and Repatriation of German, Italian, and Japanese Americans during World War Two"（博士论文，American University, 2007）.
110. 联邦调查局按照罗伯特·A. 希尔"信息自由"的要求，披露了调查报告。后来希尔将这些信息编入 *The FBI's RACON: Racial Conditions in the United States during World War II* (Boston: Northeastern University Press, 1995). 同一时期的一则简洁、精辟的论述，见 Florence Murray, "The Negro and Civil Liberties during World War II," *Social Forces* 24 (1945): 211–16.
111. Maurice Isserman, *Which Side Were You On? The American Communist Party during the Second World War* (Urbana: University of Illinois Press, 1983), p. 119.
112. 这些报纸包括：*Baltimore Afro-American*（据说该报与"共党组织联系"密切）、*New York Amsterdam Star News*（唯一没有受到批评的报纸）、*People's Voice*（共产党组织的重要舆论阵地）、*Oklahoma City Black Dispatch*（据说该报同情共产党进步组织）、*Chicago Defender*（两名员工参加过共产党召集的会议）、*Michigan*

Chronicle（有员工在密歇根大学就读时期积极参加了进步组织——全国学生联合会）以及 *Pittsburgh Courier*（被认为对日本批评不力）。尽管"黑人总体上"不存在"颠覆行为……也没有受到反美势力的影响"，但调查的结论仍然是"大量黑人或黑人团体"参与了"反对国家积极开展战争动员的行动"。被审查处理的族群范围还扩大到北方的"新兴敌对势力"，因为"对于北方过去受到其他地区影响的人们的行动限制被取消"，传统的南北疆域被打破了。另外，南方"黑人的态度发生了总体变化"，他们对联邦政府产生了"新的敌对情绪"，这就导致"黑人种族团体表达反美情绪的言论和报道不断出现"。见 Hill, ed., *The FBI's Racon*, pp. 445–53, 77, 254, 255.

113. U.S. Army, "Inflammatory Propaganda,"（未标明日期，涉及1941年12月至1942年全年的黑人报刊），引自 Patrick Scott Washburn, "The Federal Government's Investigations of the Black Press during World War II"（博士论文，Indiana University, 1984), p. 99.

114. Washburn, "The Federal Government's Investigations of the Black Press during World War II," pp. 161, 205, 217.

115. Robert Higgs, *Crisis and Leviathan: Critical Episodes in the Growth of American Government* (New York: Oxford University Press, 1987), p. 206.

116. Andrew A. Workman, "Creating the National War Labor Board: Franklin Roosevelt and the Politics of State Building in the Early 1940s," *Journal of Policy History* 12, no. 2 (2000): 233–64.

117. 虽然态度相对温和，但伯恩斯是一个强硬的种族主义者。1951年至1955年之间担任北卡罗来纳州州长的后期阶段，伯恩斯对"布朗诉美国教育委员会案"的裁决表示严重不满。他对自己所属政党不断支持民权运动的立场感到极度失望。伯恩斯在1952年和1956年对于德怀特·艾森豪威尔参加总统竞选给予大力支持。1960年和1968年又对理查德·尼克松给予支持，并于1964年对巴里·戈德华特（Barry Goldwater）给予支持。20世纪60年代中期，在其人生的最后阶段，伯恩斯在自己所属州的著名政治领袖、参议员斯特罗姆·瑟蒙德于1964年参选后转而支持共和党。见 David Robertson, *Sly and Able: A Political Biography of James F. Byrnes* (New York: W. W. Norton, 1980), pp. 526–48.

118. Eliot Janeway, *The Struggle for Survival* (New Haven: Yale University Press, 1951), p. 185. 珍尼维指出："伯恩斯对于人力资源的管理令罗斯福总统极为不满。这是促使罗斯福在1944年总统竞选的最后时刻没有选择总统助理作为其竞选助手"，而是选择了哈里·杜鲁门的原因。有关艾略特·珍尼维地位与作用的论述，见 Michael Janeway, *The Fall of the House of Roosevelt: Brokers of Ideas and Power from FDR to LBJ* (New York: Columbia University Press, 2004). 有关伯恩斯领导下的战争动员开展情况的论述，见 Herman Miles Somers, *Presidential Agency: The Office of War Mobilization and Reconversion* (Cambridge: Harvard University Press, 1950); 关于巴鲁克，见 Jordan A. Schwartz, "Baruch, the New Deal, and the Origins of the Military-Industrial Complex," in *Arms, Politics, and the Economy: Historical and Contemporary Perspectives*, ed. Robert Higgs (New York: Holmes and Meier, 1990), pp. 1–21.

119. Waddell, *The War Against the New Deal*, p. 89.

120. Gerald T. White, *Billions for Defense: Government Financing by the Defense Plant Corporation during World War II* (Tuscaloosa: University of Alabama Press, 1980), especially pp. 67–87.
121. John D. Millett, *The Organization and Role of the Army Service Forces* (Washington, DC: Office of the Chief of Military History, 1954); Russell E. Weigley, *History of the United States Army* (New York: Macmillan, 1967), pp. 442–50.
122. 相关综合性论述，见 Ralph J. Watkins, "Economic Mobilization," *American Political Science Review* 43 (1949): 556–67. 关于联邦政府的投资与所有权形式，见 Gregory Hooks, "The Weakness of Strong Theories: The U.S. State's Dominance of the World War II Investment Process," *American Sociological Review* 58 (1993): 37–53.
123. John F. Witte, *The Politics and Development of the Federal Income Tax* (Madison: University of Wisconsin Press, 1985), p. 123.
124. Andrew Roberts, *Storm of War: A New History of the Second World War* (London: Penguin, 2010), pp. 197–98; Higgs, *Crisis and Leviathan*, pp. 220–25; R. Elbertson Smith, *The Army and Economic Mobilization* (Washington, DC.: U.S. Department of Defense, 1959); Gregory Hooks, *Forging the Military-Industrial Complex: World War II's Battle of the Potomac* (Urbana: University of Illinois Press, 1991); Bartholomew H. Sparrow, *From Outside In: World War II and the American State* (Princeton, NJ: Princeton University Press, 1996), p. 107; http://www.whitehouse.gov/omb/budget/Historicals. 有关战争赤字融资的研究，见 Marshall A. Robinson, "Federal Debt Management: Civil War, World War I, and World War II," *American Eco-nomic Review* 45 (1955): 388–401.
125. George Horwich and David J. Bjornstad, "Spending and Manpower in Four U.S. Mobilizations: A Macro/Policy Perspective," *Journal of Policy History* 3, no. 2 (1991): 175.
126. 理查德·奥弗里坚持认为，美国的生产效率是盟国取胜的关键。见 Overy, *Why the Allies Won* (New York: W. W. Norton, 1997). 它战胜了具有超级战力的德国和日本军队。详细数据，见 http://www.taphilo.com/history/WWII/Production-Figures-WWII.shtml.
127. 见 http://www.bls.gov/cps/cpsaat1.pdf.
128. 相关研究，见 Robert Kargon and Elizabeth Hodes, "Karl Compton, Isaiah Bowman, and the Politics of Science in the Great Depression," *Isis* 76 (1985): 301–18. 对于科学发现更广泛背景的研究，见 Helge Kragh, *Quantum Generations: A History of Physics in the Twentieth Century* (Princeton, NJ: Princeton University Press, 1999).
129. 关于奥本海默在战前地位与作用的研究，见 Kai Bird and Martin J. Sherwin, *American Prometheus: The Triumph and Tragedy of J. Robert Oppenheimer* (New York: Alfred A. Knopf, 2005), pp. 179–94.
130. Daniel J. Kevles, *The Physicists: The History of a Scientific Community in Modern America* (New York: Alfred A. Knopf, 1978), pp. 287–301, 277–84.
131. James G. Hershberg, *James B. Conant: Harvard to Hiroshima and the Making of the*

Nuclear Age (Stanford, CA: Stanford University Press, 1993), p. 128.

132. "在下一个千年里",他在 1943 年 4 月 19 日写给前总统赫伯特·胡佛的信中指出,"文明的存续将完全取决于武力的强弱"。见 G. Pascal Zachary, *Endless Frontier: Vannevar Bush, Engineer of the American Century* (New York: Free Press, 1997), p. 164.

133. Zachary, *Endless Frontier*, pp. 138, 183.

134. David M. Hart, *Forged Consensus: Science, Technology, and Economic Policy in the United States, 1921–1953* (Princeton, NJ: Princeton University Press, 1998), pp. 122–29. 科南特于 1941 年 12 月 22 日发表了以"胜利之所需"为题的演讲;见 Hershberg, *James B. Conant*, p. 135.

135. 这一信件及其回复再版于 Michael B. Stoff, Jonathan F. Fanton, and R. Hal Williams, eds., *The Manhattan Project: A Documentary Introduction to the Atomic Age* (New York: McGraw-Hill, 1991), pp. 21–26;另见 Garry Wills, *Bomb Power: The Modern Presidency and the National Security State* (New York: Penguin, 2010), pp. 10–23.

136. 早在 1940 年 5 月 5 日,《纽约时报》第一版就报道说,德国科学家正在"紧锣密鼓"地研发原子弹;引自 Hershberg, *James B. Conant*, p. 140. 见 Malcolm C. MacPherson, *Time Bomb: Fermi, Heisenberg, and the Race for the Atomic Bomb* (New York: E. P. Dutton, 1986).

137. Zachary, *Endless Frontier*, pp. 205, 214.

138. Stoff, Fanton, and Williams, eds., *The Manhattan Project*, pp. 24–25.

139. William L. Laurence, *Dawn over Zero: The Story of the Atomic Bomb* (New York: Alfred A. Knopf, 1946), p. 181.

140. 有关奥本海默对于洛斯阿拉莫斯基地重要贡献的论述,见 Bird and Sherwin, *American Prometheus*, pp. 223–309.

141. Joel Davidson, "Building for War, Preparing for Peace: World War II and the Military-Industrial Complex," in *World War II and the American Dream*, ed. Donald Albrecht (Cambridge: MIT Press, 1995), p. 213; Max Hastings, *Retribution: The Battle for Japan, 1944–1945* (New York: Alfred A. Knopf, 2007), p. 452. 官方历史记录,见 Vincent C. Jones, *Manhattan: The Army and the Atomic Bomb* (Washington, DC: U.S. Army Center of Military History, 1985). 关于格罗夫斯的记载,见 William Lawren, *The General and the Bomb: A Biography of Leslie R. Groves, Director of the Manhattan Project* (New York: Dodd Mead, 1988).

142. 该市 90,000 座建筑中,62,000 座被彻底摧毁,另外有 6,000 座被炸得无法修复。见 Edward Teller (with Allen Brown), *The Legacy of Hiroshima* (New York: Doubleday, 1962), p. 4.

143. 引自 Bird and Sherwin, *American Prometheus*, p. 316. 三天后,就在第二颗原子弹投向长崎之前,杜鲁门总统表示,"对付野兽就应当使用针对野兽的方式。这是非常遗憾的事情,但却是美国的正确选择"。见 Paul Boyer, "'Some Sort of Peace': President Truman, the American People, and the Atomic Bomb," in *The Truman Presidency*, ed. Michael J. Lacey (New York: Cambridge University Press, 1989), pp.

176, 177. 自从 1941 年 10 月 9 日罗斯福总统召见作战部部长亨利·史汀生及其他 "高层决策小组成员",启动原子弹研发过程开始,原子弹就被视为对敌攻击的合法工具。如果能按时研制成功的话,这种武器早就被投入战场了。只是由于时间原因——没有及时完成研制工作,原子弹才没有被用于攻击最初设计时的针对目标——纳粹德国。见 Martin J. Sherwin, "The Atomic Bomb and the Origins of the Cold War: U.S. Atomic Energy Policy and Diplomacy, 1941–1945," *American Historical Review* 78 (1973): 946; Barton J. Bernstein, "Roosevelt, Truman, and the Atomic Bomb, 1941–1945: A Reinterpretation," *Political Science Quarterly* 90 (1975): 32. 伯恩斯坦引用了一些证据,证实至少在 1944 年罗斯福还曾考虑不向日本投掷原子弹,而只是将其作为一种威慑工具。(第 32—33 页)

144. 十年后,他作了上述回忆。见 Harry S. Truman, "Greatest Thing in History,'" *Life*, October 24, 1955, p. 103. 他当时刚参加完波茨坦会议,正搭乘奥古斯塔号战舰返回美国。

145. Charles R. Reyher, *Memoirs of a B-29 Pilot* (Bennington, VT: Merriam Press, 2008), p. 153. 莱赫尔在关岛执行飞行任务。他在 1945 年 6 月到 9 月之间,参加了 13 次轰炸日本的行动。他认为,美国不动用原子弹,不攻入日本本土也照样能取得战争的胜利。在轰炸广岛之前,两位科学顾问委员会的成员亚瑟·康普顿和欧内斯特·劳伦斯建议美军首先在非实战性演习中使用原子弹。康普顿曾任芝加哥大学物理系主任,当时是"曼哈顿计划"芝加哥实验室的负责人;劳伦斯是位于伯克利的加利福尼亚放射性物质实验室的负责人。康普顿认为,对日本动用原子弹"造成的后果比使用毒气还严重";关键问题在于,这一行动造成的"政治影响远远大于……军事打击本身",因为原子弹"在人类历史上首次引发了大规模屠杀问题"。但奥本海默不同意康普顿的意见,认为"非作战性演习……无法让日本人认识到再继续抵抗下去只有死路一条"。以上是劳伦斯的回忆内容。奥本海默的观点在当时占居了主流。见 Barton J. Bernstein, "Four Physicists and the Bomb: The Early Years, 1945–1950," *Historical Studies in the Physical and Biological Sciences* 18, no. 2 (1988): 2365–36.

146. 塔达希·长谷川神父,引自 James Carroll, *House of War: The Pentagon and the Disastrous Rise of American Power* (Boston: Houghton Mifflin, 2006), p. 77.

147. Hastings, *Retribution*, p. 455; Spencer R. Weart and Gertrud Weiss Szilard, eds., *Leo Szilard: His Version of the Facts* (Cambridge: MIT Press, 1978), p. 211. 西拉德是最早建议罗斯福总统开展原子弹研发项目的科学家,但到 1945 年,他开始试图说服罗斯福总统及其继任者杜鲁门总统不要动用这种武器。见 Bird and Sherwin, *American Prometheus*, p. 291.

148. Rossiter, *Constitutional Dictatorship*, p. 314. "第二次世界大战",他写道,"并不是国家重大危机的终结。核战争的潜在威胁只是促使我们建立了政府应对危机时刻的机制,以便在面临这类重大问题时,使政府的作用更加突出一些。但戒严法令并不会使我们永远摆脱原子攻击的命运;法令的另一点作用可能是,在我们最后收拾残局时,发挥稳定秩序的'胶合'作用"。(第 307 页)

149. Table Ed223–227, "U.S. Strategic Nuclear Weapons, 1945–1996," United States

Bureau of the Census, *Historical Statistics of the United States* (New York: Cambridge University Press, 2006); 见 https://hsus.cambridge.org.ezproxy.cul.columbia.edu/HSUSWeb/search/searchessavpdf.do?id=Ed223-227.

150. John W. Dower, *Cultures of War: Pearl Harbor, Hiroshima, 9–11, Iraq* (New York: W. W. Norton, 2010), p. 161; Henry DeWolf Smyth, *A General Account of the Development of Methods of Using Atomic Energy for Military Purposes* (Princeton, NJ: Princeton University Press, 1945). 1943 年 8 月，英国和美国在加拿大魁北克举行的峰会上，签署承诺开展核能方面合作的协议，并禁止向苏联提供原子能发展方面的情报。见 Hershberg, *James B. Conant*, pp. 172–93; Zachary, *Endless Frontier*, p. 212; Andrew Roberts, *Masters and Commanders: The Military Geniuses Who Led the West to Victory in World War II* (London: Penguin, 2009), p. 189. 见 Bird and Sherwin, *American Prometheus*, pp. 285–86; Max Hastings, *Winston's War: Churchill, 1940–1945* (New York: Vintage, 2011), p. 259; Hershberg, *James B. Conant*, pp. 158–59.

151. H. H. Goldsmith, "The Literature of Atomic Energy of the Past Decade," *Scientific Monthly* 68 (1949): 295.

152. 引自 Bernstein, "Four Physicists and the Bomb," p. 241.

153. 引自 Martin Gilbert, *The Second World War* (London: Stoddart, 1989), p. 440.

154. Overy, *Why the Allies Won*, p. 128.

155. Edmund Russell, *War and Nature: Fighting Humans and Insects with Chemicals from World War I to Silent Spring* (New York: Cambridge University Press, 2001), p. 131.

156. General H. H. Arnold, "Air Force in the Atomic Age," in *One World or None*, ed. Dexter Masters and Katharine Way (New York: McGraw Hill, 1946), p. 27.

157. Overy, *Why the Allies Won*, p. 126; Ian Buruma, "The Cruelest War," *New York Review of Books*, May 1, 2008, p. 24.

158. *Time*, March 19, 1945, p. 32.

159. 这些突袭行动受到美国和英国民众的支持，大大鼓舞了盟军的士气。见 George E. Hopkins, "Bombing and the American Conscience during World War II," *Historian* 28 (1966): 451–73. 相关综述，见 Randall Hansen, *Fire and Fury: The Allied Bombing of Germany, 1942–1945* (New York: New American Library, 2009); Roberts, *Storm of War*, pp. 429–60.

160. "日本的战时经济被战火吞噬，民众都在渴望逃离空袭。德国军队前线丧失了一半作战武器。几百万工人逃离工作岗位，经济逐渐陷入停滞……尽管人们对于空袭行动的人道主义灾难和实际效果争论不休，但空中打击是盟军取得最终胜利的决定性因素。"见 Overy, *Why the Allies Won*, p. 133.

161. 见 http://www.let.rug.nl/usa/P/fr32/speeches/su43fdr.htm.

162. *New York Times*, March 18, 1944; *The Nation*, March 18, 1944, p. 323.

163. Hastings, *Retribution*, p. 473.

164. "Barcelona Horrors," *Time*, March 28, 1938, p. 16.

165. Dower, *Cultures of War*, p. 160.

166. *Time*, October 29, 1945, p. 30.

167. D. W. Brogan, *The American Character* (New York: Alfred A. Knopf, 1944), pp. 163–64; Brian Waddell, "The Dimensions of the Military Ascendancy during U.S. Industrial Mobilization for World War II," *Journal of Military and Political Sociology* 23 (S 1995): 81–98. 关于战争动员所面临问题的论述，见 E. J. B. Foxcroft, "Planning and Executing Resources Allocation—A Phase of War Administration," *Public Policy* 4 (1955): 158–81.

168. Janeway, *The Struggle for Survival*, p. 361. 珍尼维与包括詹姆斯·福莱斯特、费迪南·埃伯斯塔特、安贝·福塔斯（Abe Fortas）在内的重要战争指挥人员关系密切。他认为，罗斯福总统所采取的战争动员形式依靠和利用了当时"美国民主秩序的混乱局势"，并强化了这种局势。（第 361 页）

169. Weigley, *History of the United States Army*, p. 475. 但美国海军的规模是当时全球最大的，其军力胜过全球其他各国的海军军力之和。见 John Lukacs, *The Legacy of the Second World War* (New Haven: Yale University Press, 2010), p. 48. Arthur A. Stein, *The Nation at War* (Baltimore: Johns Hopkins University Press, 1980), pp. 54–71 对第二次世界大战期间政府计划和集权与第一次世界大战、朝鲜战争和越南战争期间政府管理的比较研究表明，1941 年至 1945 年之间，政府的支出能力和范围有了惊人的提升和扩大。

170. 拉斯韦尔的代表性论文"The Garrison State"的主要观点是：在军事戒备状态下，政府作为一个统一的技术实体，由"暴力专家们"担任领导人。他们与善长通过协调谈判进行国家治理的专家们明显不同（第 464 页、第 455 页）。

171. *Congressional Record*, 78th Cong., 2d sess., February 24, 1942, pp. 1570–71.

172. Rossiter, *Constitutional Dictatorship*, p. 276.

173. Mark Tushnet, "Civil Liberties after 1937—The Justices and the Theories"（未正式出版手稿，2011), pp. 51–52.

174. 见前首席大法官弗兰西斯·比德尔的回忆录 *In Brief Authority* (New York: Doubleday, 1962) 中的 "Defending Civil Liberties"一章（第 152 页—第 160 页）。

175. 有关"共产国际在当代基本问题方面的地位与作用"的官方表述，见 Georgi Dimitroff, *The United Front against Fascism* (New York: International Publishers, 1938).

176. John France, *Perilous Glory: The Rise of Western Military Power* (New Haven: Yale University Press, 2011), p. 329.

177. Richard Overy, *Russia's War: A History of the Soviet War Effort, 1941–1945* (New York: Penguin, 1998), p. 223.

178. 1942 年 4 月，苏联外交部部长维亚切斯拉夫·米哈伊洛维奇·莫洛托夫访问白宫时，美国政府承诺当年年底将在法国开辟第二欧洲战场，以迫使德军 40 个师的兵力从苏联撤出。见 Roberts, *Masters and Commanders*, p. 175.

179. Table Ed1–5, "Military Personnel and Casualties, by War and Branch of Service: 1775–1991," United States Bureau of the Census, *Historical Statistics of the United States*; 见 https://hsus.cambridge.org.ezproxy.cul.columbia.edu/HSUSWeb/toc/showTablePdf.do?id=Ed-5.

180. 见"Prisoners of the Reich," in Max Hastings, *Armageddon: The Battle for Germany, 1944–1945* (New York: Vintage, 2005) 中的讨论,特别是第 393 页—第 396 页。黑斯廷斯指出,"到 1945 年,监禁、奴役和杀害俘虏成为德国除军事作战以外最重要的任务"。(第 381 页)

181. B. V. Sokolov, "The Cost of War: Human Losses of the USSR and Germany, 1938–1945," *Journal of Slavic Military Studies* 9 (1996): 156–71; V. E. Korol, "The Price of Victory: Myths and Realities," *Journal of Slavic Military Studies* 9 (1996): 417–24. 对于伤亡数字的估计存在各种不同的结论。有的估计数字为 4,700 万,这当然有些过于夸大。

182. 与苏联、日本和德国军队相比,美国和英国军队前线作战人员的数量相对较少,对机械化运输部队提供后勤支持的人员数量远远大于冒着生命危险在前线作战的人员。但相比而言,苏联军队"缺乏机械化运输装备,战争物资的运输主要依靠马车和人力。德国 75% 的部队也是主要依靠马车和人力运输"。见 France, *Perilous Glory*, pp. 346, 348. 战争期间,苏联几乎陷入崩溃。32,000 家工厂被彻底摧毁,40,000 英里的铁路被炸毁,1,700 个城镇和 70,000 个村庄变成废墟。见 Catherine Merridale, *Ivan's War: Life and Death in the Red Army, 1939–1945* (New York: Metropolitan Books, 2006), pp. 147, 190; Timothy Snyder, *Bloodlands: Europe between Hitler and Stalin* (New York: Basic Books, 2010), pp. 171–75; Roberts, *Storm of War*, pp. 172, 345, 565; I. C. B. Dear and M. R. D. Foot, eds., *The Oxford Companion to World War II* (New York: Oxford University Press, 2001), pp. 823–25. 上述关于俄国战争损失的数字总结也来源于奥弗里的全面论述。

183. 有关支持德国军事行动及被流放人员规模和恐惧性后果的评价与研究,见 V. Stanley Vardys, "The Case of the Crimean Tartars," *Russian Review* 30 (1971): 101–10; Grégory Dufaud, "La déportation des Tatars de Crimée et leur vie en exil (1944–1956): Un ethnocide?" *Vingtième Siècle. Revue d'histoire*, no. 96 (2007): 151–62.

184. 遭遇严重毁坏的宫殿于一个月后在人民内务委员部主任拉夫连季·贝利亚 (Lavrentiy Beria) 的领导下开始修复工作。贝利亚同时是古拉格劳改营的负责人,并于不久后开始担任战后苏联原子弹研发工作的负责人。

185. 引自 Martin Gilbert, Road to Victory: Winston S. Churchill, 1942–1945 (London: Heinemann, 1986), p. 1174.

186. 同上。

187. Walter Lippmann, *U.S. Foreign Policy: Shield of the Republic* (Boston: Little, Brown, 1943), p. 164.

188. "The Crimean Conference: Text of the Communiqué Issued by President Roosevelt, Prime-Minister Churchill, and Premier Stalin on February 11, 1945," *World Affairs* 108 (1945): 54.

189. 丘吉尔从雅尔塔会议返回英国后,向其战时内阁成员说自己"不可能透露三巨头之间会议商讨的具体细节,但我确信斯大林对世界和波兰是友好的"。引自 Roberts, *Masters and Commanders*, p. 557.

190. 引自 S. M. Plokhy, *Yalta: The Price of Peace* (New York: Viking, 2010), pp. 331–32,

328, 238.

191. Diane S. Clemens, *Yalta* (New York: Oxford University Press, 1970) 的典型研究非常有说服力。他强调三巨头如何实现了各自的最高目标。

192. 苏联方面在成立联合国的问题上做出了两项妥协。它收回了最初所坚持的安理会具有绝对否决权的意见，接受了美国提出的建议，即与某一特定争端有关联的任何一方不得实施否决权。同时它对其加盟共和国在联合国大会中席位的要求由最初的 16 个降低为 3 个——俄罗斯、白俄罗斯和乌克兰。相关讨论，见 Townsend Hoopes and Douglas Brinkley, *FDR and the Creation of the U.N.* (New Haven: Yale University Press, 1997), pp. 174–75. 罗斯福认为，在新成立的联合国中给予"莫斯科突出地位"至关重要。"可以说，使莫斯科成为这一俱乐部的重要一员"是为了达到"集体遏制"的目的。见 John Lewis Gaddis, *Strategies of Containment* (New York: Oxford University Press, 1982), p. 9.

193. 引自 Wilson D. Miscamble, *From Roosevelt to Truman: Potsdam, Hiroshima, and the Cold War* (New York: Cam-bridge University Press, 2007), p. 52.

194. 就在雅尔塔会议召开两周后，安德烈·维辛斯基便前往布加勒斯特，敦促罗马尼亚建立亲苏政府。见 Lukacs, *Legacy of the Second World War*, pp. 80–81.

195. Fraser J. Harbutt, *Yalta 1945: Europe and America at the Crossroads* (Cambridge: Cambridge University Press, 2010) 强调了与美国关切不同的英苏关系。该书着重提出了存在"两种不同的行为系统和外交风格。非纳粹欧洲和美国两大政治舞台在艰难地为了共同的胜利而并肩努力"。（第 237 页）这一观点强调了英美之间的紧张关系。但从更广阔的背景看，该书所持立场却又令人难以理解。关于英美战时合作关系与紧张冲突更缜密的观点，见 Roberts, *Masters and Commanders*. 另见 Warren F. Kimball, *The Juggler: Franklin Roosevelt as Wartime Statesman* (Princeton: Princeton University Press, 1991), pp. 170–77; Hastings, *Winston's War*, pp. 441–49.

196. W. Gordon East, "The New Frontiers of the Soviet Union," *Foreign Affairs* 29 (1951): 597.

197. 相关讨论，见 Lukacs, *The Legacy of the Second World War*, pp. 170–74.

198. William T. R. Fox, *The Super-Powers: The United States, Britain, and the Soviet Union—Their Responsibility for Peace* (New York: Harcourt, Brace, 1944), pp. 3, 9, 119.

199. McGeorge Bundy, "The Test of Yalta," *Foreign Affairs* 27 (1949): 618–19. 当时，邦迪是外交委员会研究小组的成员，该小组正在研究马歇尔计划的历史及成效。邦迪在 1953 年到 1960 年之间曾担任哈佛大学艺术与科学学院院长，后来于 1961 年到 1966 年之间担任肯尼迪和约翰逊总统的国家安全顾问。1966 年邦迪进入福特基金会担任总裁。

200. Walter Lippmann, *U.S. War Aims* (Boston: Little, Brown, 1944), p. 142.

201. 普林斯顿大学公共舆论研究中心的民间调查显示，在 1944 年，十个美国人中有八个认为战后美国应当与苏联开展合作。见 Jerome S. Bruner, *Mandate from the People* (New York: Duell, Sloan and Pearce, 1944), p. 109. 另见 Ralph B. Levering, *American Opinion and the Russian Alliance, 1939–1945* (Chapel Hill: University of

North Carolina Press, 1976). 利弗林表示，到 1943 年，美国民众对苏联的敌视态度已经有所缓和，人们开始强烈地希望政府与苏联团结合作。

202. 关于雅尔塔会议三巨头个人性格和相互交往对战争末期的国际大同盟及冷战的影响评价，见 Frank Costigliola, *Roosevelt's Lost Alliances: How Personal Politics Helped Start the Cold War* (Princeton, NJ: Princeton University Press, 2012).

203. Sumner Welles, "Two Roosevelt Decisions: One Debit, One Credit," *Foreign Affairs* 29 (1951): 182–204.

204. Dimitri Antonovich Volkognov, *Stalin: Triumph and Tragedy* (New York: Random House, 1996), p. 501. 有关这次峰会的记述，见 J. Robert Moskin, *Mr. Truman's War: The Final Victories of World War II and the Birth of the Post-war World* (New York: Random House, 1996), pp. 197–242; Miscamble, *From Roosevelt to Truman*, pp. 191–217.

205. James F. Byrnes, *Speaking Frankly* (New York: Harper and Brothers, 1947), pp. 86–87.

206. 或许这种新困境的突出特征在于，杜鲁门向斯大林通报关于"新式大规模杀伤性武器"的方式欠妥。他没有明确告诉对方是核武器。见 Bernstein, "Roosevelt, Truman, and the Atomic Bomb," p. 47.

207. 见 Bruce Kuniholm, *The Origins of the Cold War in the Near East: Great Power Conflict and Diplomacy in Iran, Turkey, and Greece* (Princeton, NJ: Princeton University Press, 1980); Jamil Hasanli, *Stalin and the Turkish Crisis of the Cold War, 1945–1953* (Lanham, MD: Lexington Books, 2011).

208. 见 http://en.wikisource.org/wiki/Sinews_of_Peace. 这一术语起源于英国戏院的防火卷帘。相关历史见 Patrick Wright, *Iron Curtain: From Stage to Cold War* (New York: Oxford University Press, 2009).

209. 炸弹在水下爆炸，对大约 1,000 万吨的水体造成污染。污染散发到空中之后，大量致命放射性物质被人体吸收。见 A. G. L. McNaughton, "National and International Control of Atomic Energy," *International Journal* 3 (1947/1948): 12.

210. Lloyd T. Graybar, "The 1946 Atomic Bomb Tests: Diplomacy or Bureaucratic Infighting," *Journal of American History* 72 (1986): 904, 905.

211. 围绕这一主题开展的研究，见 Edward A. Shils, *The Torment of Secrecy: The Background and Consequences of American Security Policies* (Glencoe, IL: Free Press, 1956), pp. 61–62.

212. David Brody, "The New Deal and World War II," in *The New Deal—The National Level*, vol. 1, ed. John Braeman, Robert H. Bremner, and David Brody (Columbus: Ohio State University Press, 1975), p. 272.

# Part IV 第四部分 民主的代价

10. 公共程序与私人利益

全球范围内反对日本军国主义、意大利法西斯主义和德国纳粹主义的战争，最后演变成为了一部回忆美国轰炸历史的书中所称的"一场十字军东征"。期间，"美国倾向于用普遍的观点证明自己的行动，用理想主义的热情追求自己的目标"。该书最后总结道，"美国的作战方式是没有极限的"。¹ 如果人们期望在这样一场战争中维持正常的市场行为和民主程序，那将是非常愚蠢的想法。那么，当战争结束时，情况又会怎样？

二战期间，美国无限战争动员的协调指挥工作均是在阿灵顿公墓外侧新建的 400 万平方英尺的五角大楼里进行的。仅仅用了 16 个月，该大楼的建设工程就仓促完成，并于 1943 年 3 月开放使用，但这一大型建筑原本只是作为国防部临时办公地点设计的。² 即使是在美国军队横跨全球的时候，美国政府也在积极规划各种措施，确保给予退伍军人最好的安置，使整个国家在实现和平后快速恢复和繁荣经济，快速恢复正常的民主生活。当欧洲战场东西两条战线正在进行残酷激烈的决战时，许多联邦政府机构已经在详细制定各种发展方案，包括退伍军人安置、调配中心建设、就业安置、老兵福利计划等。同样被列入战后发展规划范围的还有，终止战时的军工生产合同、处理战争物资储备、销毁武器以及将战时归政府所有的工厂交付给私人支配、使用和所有。

战后和平与安宁的恢复是一个漫长的过程，但当时的罗斯福总统却急于求成，于1944年夏天支持伯纳德·巴鲁克开展战后调整工作的协调与规划，他按照巴鲁克在1944年2月制定的政策方针中的主要建议，成立了合同终止委员会和再培训与再就业管理局。陆军和海军系统与这些新设机构一道，按照士兵在海外服役的年限、参战次数等指标，规划和设计了一套士兵退役积分系统。士兵将按照积分高低，有序地进行退伍和转业。³

国会同样非常急于终止战争对抗，为战后安排作准备。佐治亚州的沃尔特·乔治主持成立了参议院战后经济政策规划特别委员会。密西西比州的威廉·科尔默主持成立了众议院战后经济政策规划特别委员会。这两个委员会负责制定相关立法，确定士兵退役时的补偿办法。由密苏里州的参议员乔·班尼特·克拉克和密西西比州的众议员约翰·兰金分别领导的参议院和众议院委员会起草撰写了《退伍军人权利法案》。法案规定，国家向退伍军人提供前所未有的高额福利，包括就读职业院校或其他高校的学费、就业安置服务费用、为小型企业提供贷款和住房抵押贷款。法案的一个关键特征是，对于上述福利的执行，采取分散化的行政管理体制，各州可以根据实际情况制定具体标准。这显然对南方地区的黑人退役士兵极为不利。⁴ 同样在1944年，国会通过了《合同清算法案》，规定对战争合同的终止给予合理公正的补偿。当年，国会还通过了《剩余财产法案》，以监督财产的移交过程。战时政府拥有的财产要重新移交到私人手里。五百多个飞机场要移交给地方政府，这将为建立全国航空体系奠定基础。国会还以投票表决的方式决定禁止联邦政府为防止出现战后失业高潮，而要求应退士兵继续留在部队服役。

人们都在怀着焦急的心情，迅猛地推进各项规划和立法工作。如果说战争使大萧条时期通过大规模投资拉动就业的措施失去了其存在条件，那么，最终撤销这些规模空前的联邦政府投入与支出将会对美国经济和社会造成什么影响？更不用说撤销价格控制和积极的人力资源政策了。

人们脑海中依然不断浮现出战前萧条经济的可怕记忆。尤其是军队开始扩大开支、扩充征兵名额前的经济衰退景象，像一块深重的乌云笼罩在北美大地之上。美国民众不会忘记1938年美国经济遭受的严重困境。"新政"的前四年，经济快速增长，年平均增长率达到9.6%。失业率尽管仍然处于高位，但已经由25%的最高点下降到14%左右。相比较而言，到1938年年末，美国的国内生产总值下降了5.3%，而失业率则高得惊人，达到19%。人们内心的恐惧与震颤再次来袭。1939年6月初，沃尔特·李普曼写道，美国人民曾经相信，"在罗斯福总统的带领下，他们正在组织和建设幸福美好的国家，全体人民都将过上富裕安康的生活"。然而，随着希望破灭，"我们这一代人又一次陷入恐慌之中"。[5]

在1939年春季的艰难恐慌之中，新学院的一批移民学者聚集在一起，研究和思考"在民主制度下，争取经济安全保障的问题"。可以说，他们比任何人都明白，当时美国经济面临的危险远远不只是各种经济调整政策能否减少经济危机造成的损失这一简单问题。核心问题在于，自由民主体制能否取得令人满意的经济成就。正如埃里希·胡拉（Erich Hula）指出的，这一问题已经变得越来越紧迫，因为"一个令人难以面对的事实是……极权主义独裁政权已经取得了一定的成功——至少目前如此——尤其在消除失业方面"。那么，在民主制度的框架内，是否也会出现同样的结果？[6]

战前的时事评论家们也自然而然地为这样一个难解之谜而感到困惑。二战中，美国宣布参战前五年，有组织的阶级意识突然觉醒，并开始重塑美国政治生活的权力格局，为美国的政治生活带来新的可能性。⁷1938 年,劳工问题研究专家路易斯·斯塔克(Louis Stark)在总结著名文集《美国的文明》时说,工会组织发展的势头迅速高涨,或许能进一步"促进劳工组织的壮大,其规模将超乎人们想象。即使再乐观的估计也不为过"。《美国的文明》一书既有雅克·巴尔赞(Jacques Barzun)有关种族问题的文章,也有约翰·考雷斯(John Cowles)有关新闻报道问题的文章,还有卡尔·门宁格(Karl Menninger)有关精神分析学的文章。通过培养"劳工阶层和农业阶层的新型政治取向",工会运动有望再次启动"新政"初期短暂的、紧急时期特有的、带有民主性质的社团主义和计划经济模式。⁸

随着战争接近尾声,美国资本主义经济、劳工组织以及民主政治所面临的上述挑战重新成为社会焦点。难以把握和预料的政治方向使人极度紧张与恐慌不安。人们开始对美国资本主义的发展、控制与管理模式产生巨大质疑。其中最令人关注的是,美国迅速崛起的工会组织将会扮演什么角色。在整个 20 世纪 40 年代,联邦政府对于经济管理模式做出的选择逐渐明晰起来。这一选择过程对美国资本主义发展方向产生了两大永久性后果——与其他政策相比,财政政策成为最重要的平衡工具;政府对于工会组织的管理,转向依赖劳工立法,通过立法,严格控制工会的活动内容及其范围。在这一阶段的"新政"实施过程中,原有国内经济政策的关键特征均被搁置起来——包括民主决策与规划、中央政府对于经济部门的管理以及企业、劳工与政府协调谈判过程中实行的社团主义模式。同时,1935 年的《瓦格纳法案》通过后,曾经具有广泛动员能力的劳工运动也走向式微。劳工运动的重点诉求转向工资、福利、工作条件等有限的几个方面。结果,"新政"初期国家复兴管理局实施的政策工具以及战争期间集中实施的政策手段,均无法再用作和平时期经济发展的永久性模式。再者,由于劳工组织的社团主义倾向不断遭遇阻碍,美国的政治生活逐渐被一种由利益集团决定的政治模式所主导。当时的政治学家称这一模式为"多元政治模式",其显著特征是,用政治组织及其代理人之间的多元竞争取代社团主义政治模式下的公众利益关切。

这些政策的制定经历了激烈争论,尤其是在国会审议过程中,争执从未平息过。国会中的南方议员在上述辩论中发挥着关键性作用,他们决定了每一项重要决策能否通过。由于南方议员高度重视维持种族主义制度,他们采取各种措施限制华盛顿政府确定投资和就业安置政策取向的权力。更重要的是,他们通过竭力争取,成功地对劳工的权利抱负给予了严格的约束和限制。

南方议员作为国会两大政治联盟(南方议员和其所属民主党组成的联盟与南方议员和共和党组成的联盟)的关键平衡因素,对推动这些成果的产生发挥了重要作用。

南方民主党议员最初曾顶着多数共和党的反对压力,与自己所属的民主党同事一道,大力推动政府财政政策在经济发展中发挥积极作用。但当他们认为南方的种族制度面临威胁时,这些南方议员就不愿再支持政府对经济事务给予过多的直接干预了。民主党要维护党内团结,就只能通过积极的宏观政策对经济发展进行掌控。由于担心实施长期经济规划需要联邦政府权力的统一监管,南方议员在政策制定过程中尽量避免联邦政府对资本和劳动力市场的直接干预。为了阻止政府实施干预方案,他们采取行动,使华盛顿政府的计划管理机构从本地的员工编制和预算方案中剥离出来。相比较而言,南方更乐于通过预算——即通过税收和对开支总额的控制——来加强对经济运行过程的管理。这类财政政策可以促进经济的增长与发展,并有助于南方的经济制度安排和种族秩序免受联邦政府的限制和干预。第二次世界大战期间,联邦政府根据国会授权部署和投入了大量资金,引导大批产业工人到军工生产部门就业。这时联邦政府的统一规划变得越来越重要。但从南方的角度来看,更为重要的是,政府应当确立相应的规章制度,对战时国防建设的需求与国内经济长远发展的需求进行严格区分。

一种与过去不同却同样有效的政治联盟改变了之前确保劳工组织正常发挥作用的制度框架。一个由南方民主党议员和共和党议员组成的政治联盟，对社会阶层的轮廓和界限产生了重要影响。它努力改变了原有的、可以使劳工组织做出抉择、调整部署劳工资源的制度框架。第二次世界大战期间，劳动力市场的高度供不应求使劳工组织调配人力资源的权力得到加强，其组织力和号召力不断向梅森－狄克逊线以南推进。劳工组织权力的成功推进，对南方的社会等级秩序造成严峻挑战。当然这种挑战未必是直接的，但它对以种族秩序为基石的南方劳动力市场造成了威胁和破坏。在这种情况下，南方代表们转变了政治立场。20世纪30年代早期和中期，他们曾谨慎支持强化和协调工人阶级战斗行动的立法，但现在南方遭受威胁和冲击时，他们转而解散工会组织，以消除工会运动对南方基于种族制度的经济秩序造成的威胁。

各种财政和计划工具之间的角逐不只一次在立法竞争中上演。第二次世界大战期间，每一种思想和制度派别的地位都得到了充分提升。各种战时机构充分利用两大主要政治派别的思想主张，制订经济计划，相互讨价还价，确立发展目标，开展游说宣传，确定税收和支出方案。战争期间，联邦政府实施了现场征税政策，并大幅度提高了所得税的征税范围和税率。预算工作变得更加成熟和完善。同样，对于市场直接的计划管理成为国内战时动员的主要特征。政府有权在全国不同地区之间调动几十亿美元的资金用于战时生产，并引导不同地区的劳工前往军工生产需要的企业工作。资本和劳动力市场都按照联邦政府的指令进行组织。重要决策由包括总统在内的各级行政官员定夺，或者通过企业、工会和政府之间的谈判协商决定。

战争期间，国内的各种政策之间展开了激烈的角逐。作为经济管理的手段，计划经济和财政政策两者之间展开了激烈的竞争与对抗。当然，两者之间并非只是纯粹的对抗关系。计划和财政手段均着眼于对经济施加积极影响，与大萧条时期名誉扫地的市场放任政策完全不同。计划中包含财政工具的使用，部分财政政策的实施也要遵循经济计划。尽管如此，当时参与经济计划和财政政策制定实施的人员普遍认为，两者各自有着不同的政策取向。人们无法弄明白的是，哪些政策的组合能在国家经济管理中发挥长期作用，以及以什么样的方式组合，这些作用才能得到有效发挥。

财政手段最终获得决定性胜利。政府的主要决策包括取消全国资源规划委员会，使得预算管理局成为对经济事务进行协调管理的核心部门。同时，战后联邦政府设立了经济咨询委员会，将就业工作由劳工部转移至了48个州。劳工问题并不是一时形成的，而是在战争期间以及战后一系列立法决策的辩论过程中形成的。1947年《塔夫托-哈特利法案》的通过，标志着劳工问题达到高潮。尽管劳工组织作为资金最雄厚、群众基础最广泛的团体在非南方民主党派别中仍然保持着重要的影响力，但新通过的《塔夫托-哈特利法案》大大限制了劳工组织的权力，阻止劳工团体发展成为完全独立的国内政治力量。最终，劳工组织的势力远远没有其支持者希望的那么强大，更没有其反对者所担心的那么有威胁性。[9]

一

1935年，国家复兴管理局被废除后，具有民主性质的经济规划面临严重障碍。相反，1936年，随着约翰·梅纳德·凯恩斯发表了著名经济学论著《就业、利息和货币通论》，财政干预思想在学术界和公共生活领域受到的关注越来越明显，但人们对于经济计划的冲动并没有完全消失。20世纪30年代末期和40年代早期，政策研究专家和政治家们脑海里又重新浮现出这样的想法：政府能够，实际上也必须对经济部门进行直接干预，包括对劳动力市场的干预。

1937年，美国召开了由经济学家、社会学家、政治领导人共同参加的专题研讨会，研究"根本不会对人类民主生活造成任何危害的经济计划"如何成为"人类民主生活的主要辩护者和最终的执行者"。[10] 著作成果丰硕的城市规划专家刘易斯·芒福德做出上述指导性发言后，一支由29名各领域杰出学者组成的专家团队探讨了在经济下滑发生前,推行民主式计划管理的可能性。参与讨论的专家包括经济学家韦斯利·克莱尔·米切尔(Wesley Clair Mitchell)、社会学家 W. F. 乌格朋(W.F. Ogburn)、人类学家玛格丽特·米德(Margaret Mead)、政治学家哈罗德·拉斯韦尔和哲学家锡德尼·胡克(Sidney Hook)。米切尔呼吁社会科学界正确辨别政府与企业之间的关系,具体阐明政府应当如何成为"为公众谋取利益的正面力量"。[11] 乌格朋要求政府制定符合民主原则的监管措施,控制社会变革的速度和方向(合理的控制手段是经济社会规划;合适的控制手段必须以社会变革过程中的规划为基础)。[12] 米德则将人类之间相互合作的动力源泉追溯到原始社会,认为主导人类动机的是合作而不是竞争。[13] 拉斯韦尔告诫人们即使是在非独裁制的计划体系里,也要当心过分夸大宣传带来的危害。这通常被认为是不可避免的。[14] 胡克强调"民主观念在社会秩序规划"中发挥的重要作用。[15]

上述背景各异的专家团队成员,在涉及民主式计划管理思想时,既有一致性意见,也存在严重分歧。在 20 世纪 30 年代即将结束时,持中立原则的布鲁金斯学会公布了关于"新政"时期"政府与企业之间关系转型"有效步骤的扩展性分析报告。长达 1,300 多页的两卷本分析报告雄心勃勃地呼吁"大幅度扩大政府对经济生活的控制权力"——政府主导商业企业的组建,开展如何有效制订生产计划的知识培训,组建劳动力市场,调解劳工纠纷,管理自然资源,组织福利国家建设。[16]

最能胜任上述职责的是全国资源规划委员会——"美国迄今设立的管辖范围最广的资源规划组织"。[17] 该机构成立于 1933 年,当时是属于公共工程管理局的一个业务部门。第二年,罗斯福总统发布行政命令,由总统对该委员会直接管辖。总统赋予这一机构的职责是,其为总统提供国家长远发展规划方面的建议。这一当时被称为全国规划委员会的机构,在 1934 年发布了第一份工作报告,宣称其成立目的是:

> 时代的经验告诉我们,除非某种经济或政治制度能够坦然面对经济和政治生活中遭遇的重大问题,并大胆主动地为解决这些重大

问题而进行规划设计,否则,没有任何一种制度可以防止灾难和挫折的发生。为此,一些对社会现状不满意的人士会竭力创建一种新的制度结构,承诺向那些感到自己被现有社会秩序剥夺一切权利的人们提供更好的出路。[18]

全国资源规划委员会充分利用各地的社会学家和政策研究专家团队的力量。其管辖范围极其广泛,包括公共工程、交通运输、电力、住房、福利、技术、自然资源以及对经济运行结构的控制。[19]经济学家艾伦·格鲁希(Allan Gruchy)从1939年计划占据优势地位这一角度回顾过去的路程时指出,格迪纳·米恩斯(Gardiner Means)和韦斯利·克莱尔·米切尔等杰出经济学家们所研究制订的经济计划非常值得关注。它们有望促进经济效益的提高,并取得良好的社会效益。像已经废弃的国家复兴管理局当年的做法一样,这种计划致力于企业与劳工之间为维护公共利益而开展密切合作。[20]

在全国资源规划委员会任职多年的查尔斯·梅里亚姆本着为公民社会作贡献这一宗旨,指出组建这一个机构的主要目的是"为保障公民自由而开展国家发展规划",并强调"民主制度下的计划,目的不是限制公民的自由,而是扩大公民的自由"。[21]当然这种思想观点也引发了人们的各种争议。就在梅里亚姆发表上述言论时,弗里德里希·哈耶克(Friedrich Hayek)正准备出版《通往奴役之路》一书。该书认为,计划对民主制度而言是一种下场可悲的幻觉。[22]梅里亚姆和哈耶克的观点意味着,计划是一个具有争议性的主题,其焦点集中在经济和社会发展策略的选择上,以及它到底能否成为保护民主自由远离独裁模式的有力工具。当然,全国资源规划委员会的重要性也不能被过分夸大。根本的问题是,它并不是要强行实施计划,而是要通过搜集信息和建议制定合理的发展规划。不过,全国资源规划委员会在第二次世界大战决战正酣时被解散,成了又一个短命机构。

但不论是从实践意义上,还是从象征意义上,全国资源规划委员会所发挥的重要作用都毋庸置疑。1939年，国会同时批准在总统办公室设立全国资源规划委员会和预算管理局，这两个机构是总统"实施行政管理措施的重要臂膀"。[23] 按照当初的设计，两个部门在开展工作时应当相互配合。1939年，全国资源规划委员会的工作报告指出，计划职能"是预算职能天然的孪生兄弟。预算的编制需要按照经济社会的长远发展规划进行"。[24]

从这一优势来看，全国资源规划委员会与预算管理局既是合作伙伴又是竞争对手。自1921年成立起，预算管理局的职责主要局限于在公共事业部门强化和推行效率准则。1939年以前，预算管理局的绝大部分工作集中在征集各部门对预算提出的要求，开展行政管理技术研究，以及提交改进政府管理效率的建议。"新政"初期，预算管理局的职责仍然局限于上述工作范围。在罗斯福总统前两届任期内，其职责范围只是稍微有所扩大。然而，在整个20世纪30年代，其职权范围并没有得到明显扩大。

由总统直接管辖的这两大部门在职能上既相互重合又相互补充，但两个部门有着明显不同的初衷：一个是为了加强经济社会发展的计划性，一个是为了发挥财政政策的工具性职能。全国资源规划委员会希望促进国内资源的均衡分配，而预算管理局则理所当然地成为实施财政政策的有力工具。了解一下这两个机构的预算规模及员工数量，人们就不难发现政府的主导思想似乎更倾向于计划性。当时，全国资源规划委员会的预算几乎是预算管理局的两倍（分别为709,827美元和362,484美元），其员工数量比预算管理局高出50%左右（分别为143人和103人）。[25] 按照一位曾在预算管理局任职的员工的回忆，1939年，预算管理局的规模"非常小，是一个非常另类的部门，其主要职能定位是'不与人打交道'，员工整天躲在黑暗处拨弄预算表中的数字"。[26] 该部门45位专业人员使用一台计算器和一台加法机来完成日常工作。[27]

在随后的五年内，两个部门之间的预算对比发生了彻底翻转。到

1943年，预算管理局的预算增加到全国资源规划委员会的两倍*，员工数量也增加到原来的三倍（352人，原来为129人）。到1944年，全国资源规划委员会的员工减少到区区六人，预算仅为75,132美元（原来为360人和2,415,425美元）。到战争结束时，全国资源规划委员会已经不复存在。[28] 这时，预算管理局的预算已经超过3,110,000美元，其位于白宫旁边行政大厦里的办公机构员工数量达到了512人。正如韦恩·科伊（Wayne Coy）进入联邦通讯委员会前不久所指出的，全国资源规划委员会被撤销后，预算管理局迅速成为"总统办公室最重要的职能部门"。第二次世界大战期间，科伊曾担任预算管理局局长助理。[29]

1939年，欧洲战争的爆发为预算管理局提出了新的工作目标，包括克服资源短缺和生产障碍，设立协调交通运输保障、人力资源配置、能源开发以及工业生产的应急制度。预算管理局意识到加大国防生产支出是刺激经济衰退地区恢复发展的有力举措，因此它鼓励和倡导政府及国防生产企业将经济落后县区列为投资重点。同时，它还注意防范"国防设施生产落户这些地区后有可能带来的社会和经济问题"。[30] 负责安置这些生产设施的机构，即生产管理办公室厂房选址委员会按照预算管理局的指导建议开展工作。

全国资源规划委员会意义最深远、最值得肯定的工作是对战后美国发展道路的规划设计。该委员会在第二次世界大战早期发布的大量文件，对民主制度下计划管理在国家发展中的作用进行了广泛深入的阐释。时至今日，这些文件仍然是美国所有政治和经济研究机构中对这一问题研究和探讨得最深刻的。早在美国参战前，罗斯福总统就于1940年指示全国资源规划委员会开始对战后规划问题进行研究，该机构的战后议程科主要致力于研究如何防范战前的经济萧条再度发生，尤其是如何防范再次出现罕见的高失业率。全国资源规划委员会所发布的一切文件、资料和报告表达的一个共同的理想和目标是，就民族

---

* 原文中的 $1,194,575 和 $1,035,370 两个数字疑似有误，两个数字不存在两倍的对比关系。译者注。

国家如何指导市场、保障就业以及提供广泛的社会福利提供意见。[31] 在1942年发布的一条指令中,其宣布的一项工作目标是:清除资本主义社会中"不负责任的私人特权、滥用职权、失去约束的垄断"等不良现象。指令坚持指出,通过计划性管理,联邦政府可以确保"美国人民享有更大的自由"。[32]

在全国资源规划委员会推进上述目标的过程中,预算管理局的人员规模和工作职责也在不断扩大。1939年,预算管理局由财政部转移到总统办公室。在新任局长哈罗德·史密斯的带领下,预算管理局进入急剧膨胀阶段。史密斯来自密歇根州,是一位能干的改革家。作为国家预算部门的掌门人,史密斯经常将预算管理局的角色比喻为国家的中枢神经系统。他的主导思想深受凯恩斯主义的影响,主张将预算的盈亏作为解决商业问题的手段。这是财政部主要成员及史密斯经常表达的原则立场。1940年,史密斯在阿勒格尼学院发表重要演讲时,将联邦政府描述为"一个巨大的服务性实体,它不仅要保护和关照个体,还要对商界施加影响,最大限度地降低商业行为对公民造成的不利影响"。史密斯坚持称,预算是政府可以动用的关键性工具,是"政府主要职能发生转变时可利用的最恰当手段"。[33] 预算管理局重要成员、行政管理部负责人唐纳德·斯通(Donald Stone)解释说,这一工具不同于干预主义意味更加浓厚的全国资源规划委员会所发挥的作用。全国资源规划委员会"主要关注涉及国家物质资源和人力资源的长远性发展问题",而预算管理局主要负责利用财政手段,稳定现时期的就业和物价。[34]

预算管理局确定的国家预算指导思想是促进建立通货膨胀率低、就业率高的经济体制。该机构包括首席财务分析师、新学院的格哈德·科姆(Gerhard Colm)在内的经济学家,他们将国家预算变成了推进经济政策的工具,并以此帮助国家处理一些基本的宏观经济问题,在其五个迅速发展的骨干部门中,财政部的发展速度最快。[35] 这一部门充分调动经济领域里的专家,把这些专家的知识和技能整合到预算管理局的核心决策之中。这样，财政部门的专业人员就将预算置于了全国经济和金融发展的大背景和大趋势之中。1939年以前，预算管理局的员工几乎全是律师，它所提供的专业服务完全由这些律师们承担。当年，史密斯制定和设计了彻底转变预算管理局职能的方案。在19位在编员工中，有15位是史密斯聘请的经济学家。到1946年，其员工中全职经济学家的数量增加到39位。[36] 曾经仅充当联邦政府会计部门的预算管理局，最终成为了联邦政府搜集财政情报、制定财政决策的重要机构。

直到1942年，罗斯福总统还充满期望地指出，全国资源规划委员会和预算管理局应当相互配合，共同把握好战争期间及战后美国经济发展的方向。1月，罗斯福总统将全国资源规划委员会1942年的规划报告——《全国资源开发计划》转交国会，并宣布该报告是"形成国家预算报告与年度规划报告同时发布这一惯例"[37] 的第一个典型案例。然而，国会却强行做出了与总统建议完全不同的决定。事情发生了戏剧性转折：全国资源规划委员会被撤销，预算管理局被赋予更大的指挥权。这一结果再次证明，南方议员在主导国会辩论方向、决定立法结论中发挥着关键性作用。

国会断绝全国资源规划委员会预算资金的关键决定是1943年春季做出的。1942年11月的大选中，共和党代表名额明显增加。原因在于许多意大利裔和德裔选民改变了投票立场，而且很多美国当地选民对"新政"产生了抵触情绪，盼望国家的政治生态能有所变化。民主党在众议院丢掉45个席位。尽管失去大多数民众的投票支持，支持率仅为46%，但在南方代表的坚定支持下，民主党仍然保持了微弱的多数优势（222∶209）。[38] 在参议院，民主党失去8个席位，但仍然保持了20个席位的优势（57∶37）。尽管历史学家对罗斯福总统为保住全国资源规划委员会而做出的努力持有疑义，[39] 但一个显而易见的事实是，如果民主党在国会投票过程中能够完全拥护党派路线，全国资源规划委员会及其预算说不定能够保留下来。

我们已经看到,南方实际上有足够的理由倾向于支持全国资源规划委员会在资源开发过程中发挥规划作用。尽管没有公开表示支持,但一些南方代表曾表达对该委员会工作的赞赏。阿拉巴马州的李斯特·希尔曾表示,"感谢全国资源规划委员会为南方和全国其他地区提供的实质性服务";佛罗里达州的克劳德·派帕尔表示,"感谢全国资源规划委员会沿着正确的方向……开展的值得依赖的工作"。[40] 然而,每一个南方民主党代表都清楚,同样有许多代表直接或默无声息地投票反对全国资源规划委员会。他们担心全国性规划会干预各州的事务,威胁各州的决策权力。马里兰州的民主党议员米勒德·泰丁斯大声疾呼,"该委员会应当被称为某一政治教科书委员会,而不是全国资源规划委员会"。[41] 联合经济委员会主席、弗吉尼亚州参议员哈利·伯德认为,撤销全国资源规划委员会是一项"重要决策",并解释说,对战后国家的发展规划进行审议是国会的职权,而不属于行政部门的工作职责范围。伯德承认,"国家必须进行战后发展规划",但这一规划应当与以华盛顿政府为基础的、中央集权式的"战前围绕'新政'经济政策而实施的国内发展规划区别开"。[42] 1943年5月,伯德宣称"我认为全国资源规划委员会应当被完全废除",国会应当停止批准对这一机构的预算拨款。[43]

伯德的立场很快成为南方议员的主流意见。"如果我们要进行政府规划",《巴尔的摩太阳报》的社论指出,"也应当尽可能地将战后各领域的管辖权力移交给私有创新项目、地方机构或各州政府。只有这样,才能保证我们继续享有民主自由"。[44] 1933年4月,州政府理事会南方地区大会在亚特兰大召开。会上,一批南方州长共同决定,战争结束时,联邦政府应当停止对各项发展规划的主宰,将主要管理权力移交给各州。佐治亚州州长埃利斯·阿诺尔(Ellis Arnall)是这些州长中最具有进步倾向的,但他宣称"自己虽然像在坐的许多人一样不赞成这些陈腐的观念",[45] 可迫于压力也不得不屈服于将权力移交各州的主张。当时的主流观点是向南方移交权力,由南方自行决定其种族秩序的命运。

全国资源规划委员会曾按照总统吩咐准备1944年财政年度预算，预算资金为1,400,000美元，拟扩大员工规模至350人。但这一请求在众议院被密苏里州的克莱伦斯·加农（Clarence Cannon）领导的拨款委员会否决。该委员会25名民主党成员中有14位来自南方。由于共和党成员一致对全国资源规划委员会持反对意见，加上"部分民主党成员"，里恩·克劳森（Marion Clawson）曾坦言，"加入到共和党阵营"，两股力量携起手来就可以否决国会对这一机构的任何拨款议案。[46] 正如报道国会新闻的记者所指出的，这一结果又一次印证了这一预言："在许多议题上，南方民主党可以与其他少数派政党联手控制国会的决策。"[47] 参议院也普遍存在同样情形——南方议员的投票打破了原有的党派力量平衡。

由于缺乏预算资金，全国资源规划委员会最后除了解散别无选择。[48] "国会已经为我们唱响了临终告别的'天鹅之曲'"，委员会主席弗里德里克·德拉诺（Frederic Delano，罗斯福总统的叔父）前往白宫向总统提交最后的工作报告时，悲哀地说。[49]

二

尽管全国资源规划委员会的员工已经被分散安置，其档案文件已经移交国家档案局，但该委员会所倡导的计划理念仍然影响着美国的政治经济活动。1944年1月，罗斯福总统在发表国情咨文时，再次提及上述理念，并呼吁美国制定《第二权利法案》。总统发表本次国情咨文的目的是力图重新开启具有进步意义——或者说激进意义——的"新政"议程。罗斯福总统在当年的选战运动中发表"创造6,000万就业岗位"的著名演讲时，同样表达了实施全国性计划的理念。1945年9月，杜鲁门总统发出的第一条国内政策信息，即著名的"21点"，同样没有抛弃全国资源规划委员会曾经提出的计划理念。而且，1948年，亨利·华莱士（Henry Wallace）带领进步党参加总统竞选时，其政治主张的核心也是全面计划理念,遗憾的是华莱士的竞选没有成功。⁵⁰ 实际上,许多重要立法议案都在推广全面规划的理念和目标。最著名的是,参议院最初于1945年制定的《充分就业法案》将社团主义和计划理念的一些思想内容融入其中,授权总统组建由企业、劳工、农业及各州和地方政府代表组成的顾问委员会,协助联邦政府制定政策,确保经济快速增长,为所有希望得到工作的公民创造就业岗位。人们普遍认识到,上述目标的实现需要一个新的机构来掌控方向。这一机构的权力应当大于全国资源规划委员会,与"新政"初期国家复兴管理局要获取的权力差不多,其中一个选项是战争动员与恢复办公室。

但随着全国资源规划委员会被撤销,以及与之相伴的预算管理局作为核心行政部门地位与作用的上升,计划理念实际上已经黯然失色,其决策空间也由财政理念和政策填补。这一决策机制的转型使得联邦政府对经济领域和各地发展水平的影响由对具体进程和详细规划的监管转为对预算数额的间接和总体掌控,以及更加分散化的决策机制。这两种趋势都深得南方议员们的赞成,因为这样南方面临的权力威胁大大降低了,更加符合各地自行对复杂的经济问题和种族问题做出决策的意愿。一个典型的例证是,众议院没有通过以计划为导向的《充分就业法案》,而是通过了由来自密西西比州的威廉·惠廷顿提出的一个替代方案。惠廷顿的议案建议"设立一个永久性理事会、委员会或专门机构,向总统提供专业的政策建议",主要是在不设立计划或实施机构的情况下,向总统提供财政政策方面的建议。这一提议最后被成功写入1946年的《就业法案》,法案规定在总统办公室设立经济顾问委员会,作为预算管理局的伙伴单位。经济顾问委员会的职能仅限于向总统提供决策建议,它需要同时向总统和新设立的国会经济报告联合委员会汇报工作。⁵¹

《就业法案》实际上是一部隐藏着各种矛盾的法案。它要求维持全国的就业"水平",最大限度地提高产值和购买力,同时又要求"强化"企业的决策自由,避免政府计划对企业产生束缚。结果,在杜鲁门执政时期，经济顾问委员会中，列昂·凯泽林等倾向于统一计划的经济学家与约翰·克拉克（John Clark）等倾向于企业自主决策的经济学家之间发生了严重的意见分歧。凯泽林等人希望国家制定直接干预经济发展的计划，而克拉克等人则信奉市场本身的合理调节能力。经济顾问委员会主席、布鲁金斯学会的农业经济学家埃德温·诺斯（Edwin Nourse）提出的折中意见成为该委员会的主要立场。诺斯赞成联邦政府对经济发展的宏观指标进行控制和调整，但认为主要的人员雇佣和投资决策应由企业根据市场需求进行合理安排。

因预算和编制有限，经济顾问委员会的规模被控制在较小范围。杜鲁门总统执政期间，该机构年均预算总额为300,000美元，员工数量平均为38人。员工主要由经济学家和职员组成。[52] 然而，经济顾问委员会的作用却不能被低估，它与预算和编制规模更大的预算管理局持有类似的政策立场。这一政策立场与20世纪40年代多数保守主义经济学家所持的立场大相径庭。经济顾问委员会力图在民主党的广泛支持下，促使政府彻底打破依赖预算平衡的传统做法，发展新型的财政能力。实际上，经济顾问委员会提出的财政政策不过是预算管理局一系列财政政策的延伸。这些政策曾令管理局财政科的员工深受鼓舞，而且，经济顾问委员会的三位重要成员——格哈德·科姆、约翰·戴维斯（John Davis）和弗朗西斯·詹姆斯（Frances James）——是从预算管理局调转过来的。[53]

尽管存在内部分歧，民主党还是能够以高度的热情团结全体党员，使其一致支持这一财政政策转型。虽然民主党仍然承诺政府将在经济管理中发挥积极作用，但这与全面计划有着本质区别。其"放手让各地自行决策"的特征深受南方领导人的欢迎。由于其政策主张排除了干预性计划模式，国会投票表决时，民主党表现出了典型的党派路线特征。1941年1月31日，一位来自纽约州的共和党党员提出动议，要求对1942年的拨款法案驳回再审，并指出再次提交时，应大幅度缩减非国防开支。除了一位投反对票以外，其余所有共和党议员均投支持票。民主党的情况是，除了三位南方民主党议员投票支持外，其余所有南方民主党议员与非南方民主党议员一致投票反对。1946年2月6日，规定成立经济顾问委员会的《就业法案》的会议报告获得通过，9/10的南方议员投了赞成票。1949年，参议院投票表决增加经济顾问委员会开支的议案时，南方议员除一人外，全部投了赞成票。有南方议员的支持，尽管共和党坚持反对，增强联邦政府财力的政策均获得了正常通过。

但是，值得注意的是，只要联邦政府的经济措施一触及南方地区的劳动就业市场，民主党这种跨越南北方的政治联盟就立即土崩瓦解。20世纪40年代，美国的就业政策面临两大关键性问题。在联邦系统中，促进就业的责任到底是由华盛顿政府负责，还是由各州政府负责？在联邦政府各部门中，这一责任由劳工部负责，还是由其他一些对工会缺乏同情或对劳动人民缺乏关心的部门负责？更关键的是，南方代表愿意与共和党议员联手将美国就业服务局的权力分散到各州，从而废除劳工部的就业管辖权。

美国开展的首次大规模联邦就业服务试验开始于第一次世界大战。这是一项就业安置计划。1918年高峰期时，它有832个办事机构，预算金额接近六百万美元。[54] 随着战争的结束，美国就业服务局的规模被严重压缩。到1924年，其预算总额仅剩下大约79,000美元，而且其就业安置职能由劳工部移交至各州政府。[55]

1933年，劳动力供给和劳动就业岗位安置的管辖权再次被联邦系统收回。当年通过的《瓦格纳-佩泽法案》规定，在劳工部重新设立就业服务局。除了完成其他常规任务，重新设立的就业服务局的一项主要职责是为失业人员提供进入公共工程项目就业机会。[56] 同时，就业服务局还授权各州设立就业服务中心，定期安排待业人员到合适的工作岗位就业，从而积极促进就业安置。此外，各州的就业服务中心还负责在1935年《社会保障法案》规定的国家劳动保障计划实施后，核定获取失业保险人员的资格。[57]

美国宣布参加第二次世界大战后，罗斯福总统于1942年1月发布行政命令，规定由联邦政府集中管理美国就业服务局。第一次世界大战期间实施的人力资源政策得到进一步增强。后来该机构的编制转移至战时人力资源委员会，联邦政府通过该机构设在各地的1,700个地方办事处解决了1,200万人的就业问题。美国就业服务局促进了战时人力资源供求关系的平衡，以前所未有的规模协调了全国范围内的劳动力交流。其1945年的预算金额达到5,800多万美元。在战争的最后一年，其预算与整个劳工部的预算金额相当，其员工编制也增加了三倍，即由5,662人增加到了20,628人。[58]

在这期间，为了高效配置劳动力资源，联邦政府干预劳动力市场的能力得到前所未有的提高。与预算管理局推行的财政政策相比，美国就业服务局对劳动力市场的干预形式更具有集中性和支配性。这种干预更接近全国资源规划委员会当年采取的措施。美国就业服务局承担了全国性就业管理部门的职能，为公开提出岗位人员需求的企业主配置劳动力。它可以直接对劳动力资源的供给进行调整，以满足战时军工生产的需要。实际上，美国就业服务局从来没有迫使劳动者在全国各地频繁流动，也没有强迫任何人从事某一项工作。同时，该机构没有推行过大规模培训计划，也没有设置过劳动力价格标准。但这一机构却成了联邦政府在缺少兵源的情况下，干预劳动力市场方面最值得肯定的案例。

当第二次世界大战在广岛和长崎的原子弹爆炸声中走向结束时，杜鲁门政府正在确定如何将上述权力保留在联邦政府之中，以指导全国经济向和平时期转型。"帮助众多需要就业安置的人员尽快适应和平时期的经济发展需求"，日本投降后不久，也即1945年9月6日，杜鲁门总统在国会演讲时指出，"跟战争时期的人员调动几乎一样困难"。在宣传其"21点"战后复兴计划时，杜鲁门总统坚持声称，"对现有的就业安置机制进行任何重大调整，都将会对从业人员和退伍军人带来不必要的困难"。因此，他继续表示，"我迫切建议国会不要将就业服务局重新调整至各州的管辖之下"。[59]

发表上述演讲两个星期后,杜鲁门总统就根据《战时授权法案》的规定,下达行政命令,将美国就业服务局由战时人力资源委员会调整至劳工部。[60] 这一调整是总统为强化劳工部在内阁机构中的职能地位而采取的更大举措之一,其中心目标是将劳工部的职能由搜集统计数据转变为制定政策议案和监管措施。当时,日益增长的工会力量正使民主党所依赖的工人阶级选民基础得到巩固和深化。为了加强对其领导,杜鲁门总统选择由前华盛顿州民主党参议员、激进的"新政"支持者路易斯·施韦伦巴赫(Lewis Schwellenbach)律师担任劳工部部长。

杜鲁门总统的上述决定在国会引发了激烈争论(见 1946 年 4 月份《国会文摘》"本月辩论主题"一文)。争论的焦点在于,联邦政府和各州究竟由谁负责制定就业政策。争论产生的原因在于,人们对如何修订 1933 年的《瓦格纳－佩泽法案》提出了两种不同的议案。在杜鲁门总统的大力支持下,行政部门提出的修订议案要求美国就业服务局在 1947 年 6 月前仍权由联邦政府管辖。关键是,它要求即使在就业服务机构移至各州以后,劳工部仍有权对各州和各地区的就业服务机构进行严格监管。[61]

伊利诺伊州共和党议员埃弗雷特·德克森提出用另一种方案取代行政部门提交的议案。德克森的议案支持全面取消联邦政府对就业政策的监管,将制定就业安置政策的权力分散到各州。它强烈要求美国就业服务局的办事机构在 1946 年 6 月以前重新移至各州,比行政部门提交的议案规定的时间提前一年。1946 年 1 月,众议院围绕明确的党派立场和维护地区利益立场对这两种议案展开讨论。南方民主党中,因担心联邦政府控制劳动就业政策会对种族关系造成影响的议员加入到共和党阵营,支持德克森提出的议案。事实上,反对行政部门所提议案的民主党人士均来自南方。除了一位南方民主党议员支持自己所属党派的立场以外,所有南方议员均在辩论中反对民主党的政治立场。[62]

像其共和盟友一样,南方议员担心,只要美国就业服务局由联邦政府系统多控制一年,就会导致国会最终决定将这一机构永久性保留下来。德克森极力争辩说,如果美国就业服务局由联邦政府继续控制到1947年6月30日,"政府就会不遗余力地争取将这一机构保留下来。无论如何,一个显而易见的事实是,联邦政府正在作这方面的努力"。[63] 南方议员们在发表意见时,对这一意见给予了积极回应和支持。[64] 他们也担心,正如来自德克萨斯州的哈顿·萨姆纳指出的,随着劳工部不断被联邦政府赋予新的权力,它可能更加有理由延长美国就业服务局受联邦政府管辖的时间。"对于每一个希望终止联邦政府就业工作管辖权的人来说,劳工部的权力不断扩大是一件非常不可思议的事情。"萨姆纳坚持说,"这一立法议案……是很长时间以来国会所审议的最重要的立法议案之一"。同时,萨姆纳告诫说,"如果我们坐等过分集中的联邦政府权力能有所放松,如果我们坐等劳工部放宽管辖权,我们可能要等到世界末日来临"。[65]

最令南方议员担心的是,就业机构移至各州以后,联邦政府赋予它们的新的权力可能会导致种族秩序发生变化。因此,他们一再坚称,就业安置和失业救济监管的权力必须由州政府掌管。正如阿肯色州的伊齐基尔·盖辛斯(Ezekiel Gathings)所坚持的,南方议员反对"劳工部和联邦政府对整个就业过程进行绝对控制和主宰的任何立法……我们要求各州被授予解决各自就业问题的权力"。[66]

显然,上述要求各州对就业问题自行决策的主张,根源于担心联邦政府通过控制南方劳动力市场而影响南方的经济(尤其是农业)、种族制度以及力量不断增强的劳工组织。真正的全国性劳动制度将威胁和破坏种植园对低收入野外采摘人员的控制能力。为了证实这一观点,盖辛斯记录下了1944年美国就业服务局在阿肯色州一家当地报纸上刊登的一则广告:

非技术员工招聘

招聘方为宾夕法尼亚州最大的钢铁厂之一。厂方提供免费交通和住房，每周工作 48 个小时。工作 40 个小时后每小时工资为原来的 1.5 倍。厂方招聘代表在美国就业服务局接待应聘报名人员。

联系人：海伦娜（Helena）、阿克（Ark）

报名日期：9 月 21 日、22 日、23 日

盖辛斯悲哀地说，"1945 年，阿肯色州有 1/4 到 1/3 的棉花无人采摘"，并宣称"我们无法忘记种植园的劳动力均被联邦政府从农业地区调往大城市了，从而导致农舍空无人烟，农田缺乏收割庄稼的劳动力"。[67] 盖辛斯进一步表示，联邦政府控制就业服务工作后，向失业人员发放补贴，导致越来越多的贫穷务工人员不愿继续留在南方从事农业生产。他同时指出，"南方所拥有的本来数量就很少的农业劳动者现在已经停止劳动，去领取生活保障金、失业补助和其他联邦补贴了"。[68]

盖辛斯在提出这些饱受争议的话题的同时，严厉抨击《就业法案》授权劳工部强迫各州向求职者提供同等劳动待遇、禁止种族歧视的规定。"为什么这一法案"，盖辛斯大声疾呼，"如此过分地授权劳工部直接从华盛顿政府的角度设定各种就业标准和条件"，并且"要求确保具备同等资格条件的申请者享有同等就业机会，而且劳动者享受的工资待遇和工作条件远远优于各地区同等工作岗位普遍给出的待遇和条件"。[69] 发表上述反对意见时，盖辛斯呼应了北卡罗来纳州罗伯特·道顿的观点。道顿在发表反对意见时，记起了战争期间的公平就业实施委员会。他指出，政府部门的《就业法案》是一种严重威胁，它"要根据劳工部的一时突发奇想，建立一个修订版的、有过之而无不及的公平就业实施委员会"。[70] 相反，就业机构分散到各州的做法将允许各地针对白人和黑人求职者分别设立就业办事机构。这一形式实际上会被沿用下去，"至少整个 20 世纪 60 年代都会沿用"。[71]

南方将日益兴起的工会运动视为联邦政府对地方就业市场实施控制的中坚力量。伦道夫回顾了劳工委员会举行听证会时，其主席威廉·格林和产业工会联合会财务处处长詹姆斯·凯瑞（James Carey）积

极见证和出席会议的情景:"劳工组织强烈要求,只有全国统一的劳动就业工作制度,才能打破各州之间的界限,指导和安置流动就业人口……。"72 俄克拉荷马州的保罗·斯图尔特(Paul Stewart)给出的解读是,"这一法案是按照工会指示制定的一部劳工法律",是由不断上升的劳工诉求和影响力造成的。斯图尔特抱怨说,这样做的结果是,美国就业服务局只能充当"工会的结算中心了"。73

尽管非南方民主党议员一致拥护行政部门提出的就业议案,但3/4的南方民主党议员却表示反对,再加上共和党议员几乎一致反对,这两股力量合在一起确保了德克森提交的议案最后成功通过。74 南方又一次通过自己手中的投票表决权决定了一项国家重大权力决策的最终命运。按照这一决策,美国就业服务局"沦落"为按照南方各州要求,为其筹措就业安置资金的"管道"部门,而南方则有权将这些资金用于强化就业安置中的种族歧视制度。75

与南方代表成功削弱联邦政府就业服务局权力相匹敌的是,他们同样成功阻止了华盛顿政府推行失业保险制度,通过玩弄政治手段,他们与共和党联手,彻底改变了美国劳动法的本质特征。这两个都是成功玩弄政治权术的"精彩"故事。

南方代表认为,联邦政府对于失业补偿权的控制,带给南方社会制度的威胁远远大于其对于就业服务安置工作的控制。1935年,《社会保障法案》已经将失业工人获取救济条件的资格核准、失业救济标准的制定等权力移至各州政府,但南方执行的救济标准往往低得可怜。十年后,当国会于1945年9月审议《战争动员与恢复法案》时,纽约州参议员罗伯特·瓦格纳曾带领支持者争取在战时经济向和平时期经济过渡期间,设立全国统一的失业保险标准。76 在这一将由金融委员会讨论的法案中,还有延长其执行期限,并增加联邦政府对各州救济标准补贴的规定;同时,为了克服全国各地保障救济标准不一的问题,"联邦政府机构"对保险救济费用统一发放并管理。这一法案引起了南方议员更大的恐慌,因为这将首次把失业保障的救济范围扩大到以黑人劳动力为主的农业加工行业。[77]尽管这只是促进经济恢复的暂时举措，但瓦格纳明确表示，这是永久性实施联邦政府统一的失业保险制度的第一步。现有的各州分别实施的失业保险制度将被这一制度取代。[78]

金融委员会主要由南方参议员控制。其中，6 位资格最老的民主党多数派参议员中，就有 5 位来自南方，包括佐治亚州的委员会主席沃尔特·乔治，再加上马里兰州更为年轻的乔治·拉德克利夫（George Radcliffe）。12 位民主党议员中，有 6 位来自南方，民主党在该委员会只占据 12∶9 的多数派优势。因此，这些南方议员们可以有效控制金融委员会，继续对全国统一保险救济标准的主张进行阻挠和破坏。他们所控制的金融委员会拒绝接受瓦格纳支持的所有条款，包括将救济范围扩大到农业加工行业的从业人员。[79]瓦格纳等人试图在参议院议席讨论中，推翻金融委员会的决定，以联邦资金取代各州所支付的保险救济费用，实现全国统一执行每周 25 美元的救济标准，并将各州获取救济资格的最长期限统一延长至 26 个星期。但当 9 月 19 日参议院投票表决时，南方的参议员一致加入到了共和党阵营，瓦格纳等提出的修正意见因之最终破产。[80]

尽管南方议员采取了各种激进措施进行阻挠和破坏，但问题仍然没有解决。1948 年 3 月，参议院再次讨论将失业补偿的管辖权交由劳工部负责时，德克萨斯州制造业者协会和南卡罗来纳州商会到处游说，极力反对这一方案，因为它威胁和妨碍了南方推行种族歧视制度的权力。一封题为《立法新闻与观点：如果不想默默接受公平就业实施委员会的支配，广大民众就要迅速行动起来——下面是行动方案》的信函被刊登在《国会议事录》中。信中强调，由劳工部"永久性地掌管 48 个州的失业补偿和就业安置权力"，将"意味着各州的劳动就业制度要间接、有效地服从公平就业实施委员会的相关政策。劳工部负责制定实施这些政策的具体条例，并对实施过程给予严密监管"。[81]南方民主党又一次与共和党联手，在投票表决中成功保证了种族歧视制度不被动摇。[82]

三

第二次世界大战期间，美国就业服务局为了解决白人和黑人的不同就业问题，在各地设立了单独的办公机构。有的办公机构对白人与黑人实施完全隔离，并按照企业主的要求定期发布用工信息，诸如有些企业主要求"只招收白人"技术人员和管理人员，而"黑人只能"从事简单劳动，充当勤杂人员和仆役。这些机构一般不向掌握一定技术的非裔美国人推荐军工产业中的合适工作岗位。战争结束后，一些南方的就业服务机构开始与各州的失业补偿发放机构联起手来，拒绝向不接受非技术岗位工种的黑人技术人员发放补偿救济费用。[83]

上述对黑人的不公正待遇及其他歧视行为，使南方就业服务机构的管理人员与公平就业实施委员会产生了严重冲突。1941年6月，罗斯福总统发布行政命令，设立公平就业实施委员会，作为战时的就业监管机构。该命令禁止联邦政府机构在用工过程中因种族、肤色、信仰、血统不同而对求职者有所歧视，并要求联邦政府机构与私有企业主开展协商谈判，签订招工合同，保证私有企业在用工过程中不再发生上述歧视行为。公平就业实施委员会被授权调查和处理关于用工歧视案件的投诉和赔偿问题，甫一成立，就开始对南方军工生产行业进行用工调查，并于1942年5月在伯明翰举行听证会，向公众发布用工歧视案件的调查结果。在收到多起南方就业服务机构中存在就业歧视行为的投诉后，公平就业实施委员会对相关机构展开调查，成功迫使它们停止在当地报纸的招工广告版面中分别开设"白人用工需求"和"黑人用工需求"专栏，要求其对白人和黑人求职者提供相同的岗位需求目录。[84]

1946年初，国会将美国就业局的相关机构分散到各州，九个月后，劳工部部长施韦伦巴赫（Schwellenbach）试图采取措施禁止上述用工歧视行为。9月6日，反对种族歧视的制度条令下达至美国就业服务局驻各地办事机构，明确指出"美国就业服务局的政策是毫无歧视地按照职业岗位条件向所有用人企业推荐符合资格的员工,不受种族、信仰、肤色、血统或是否具有公民身份(法律另有规定的除外)的限制"。不过,这一规定在很短的时间内就被废除了。在南方各州的极力反对下,劳工部于9月21日召集会议,决定废止这一条令。条令之所以被废除,是因为南方白人强调的劳动力市场问题可能会破坏该地区种族秩序的经济基础。[85]

劳动力市场与民权问题之间的关系成为联邦政府必须集中面对的关键问题。正如著名经济学家奥姆·菲尔普斯(Orme Phelps)于1947年指出的,"自第二次世界大战以来,采取合适的政策解决劳动争论是所有国内事务中最重要的问题,也是全部国内外事务中最引人关注的问题"。[86]第二次世界大战期间,我们已经看到,南方劳工组织的成就及其影响是如何令南方议员感到震惊的。[87]1943年,乔治·盖洛普认识到,南方公众对"新政"的"最大不满"在于全国性劳动政策对南方造成了巨大影响。尤其是在《瓦格纳法案》的庇护下,联邦政府的支配权不断扩大,导致"南方公众所认为的'劳动力管理失控'或'联邦政府对南方的过分保护'"。[88]战争结束前后,南方议员与共和党早在1939年便开始逐渐形成的政治联盟,几乎获得了双方的一致拥护。因为南方的立法者们在拼命采取行动,力图改变国会授予联邦政府集中支配权力的制度条令。其中最为突出的三项行动是:1943年的《战时劳动争议法案》(或称《史密斯-康纳利法案》)在遭罗斯福总统否决后,被国会强行通过;1946年的《诉讼法案》获得参众两院通过,但最终被杜鲁门总统否决;1947年的《塔夫托-哈特利法案》在杜鲁门总统否决后,被国会强行通过。

作为上述政治联盟的支持者,弗吉尼亚州民主党众议员霍华德·史密斯与德克萨斯州参议员汤姆·康纳利使《战时劳动争议法案》具有了南方"血统",他们坚持主张对工会权力进行限制:"我们已经允许政治组织借劳工组织之名大规模壮大自己,"田纳西州的艾伯特·戈尔(Albert Gore)告诫说,"以致于这些组织现在开始对政府的权力本身造成严重威胁"。⁸⁹为了牢固掌控工会组织，上述联盟支持者与其南方的同事们共同支持强化联邦政府对劳工关系的管理职能，授权战时劳工委员会监管劳工关系，同时授权总统收缴因罢工陷入瘫痪的工厂，并对其实施管理。战时劳工委员会要求，因劳动争议而举行的罢工有可能扰乱战时生产时，组织者应当提前30天通知全国劳工关系委员会；而且规定如果在30天内劳动争议仍得不到解决，全国劳工关系委员会将在第30天就罢工问题举行不公开投票；同时，禁止劳工组织在全国大选期间向任何组织提供政治献金，这一动议将严重消弱民主党在全国的势力。⁹⁰几乎所有南方众议员与共和党众议员一道投票支持《战时劳动争议法案》。⁹¹在参议院，南方议员同样与共和党联手压倒了总统的否决意见。⁹²许多南方议员发表了尖锐激烈的言辞。佐治亚州的约翰·吉布森（John Gibson）在谈到北方工业区的劳工组织负责人时指出，"共党分子们在采取恶毒、卑劣的手段愚弄下层劳工，尤其是非裔美国人"。⁹³当大批共和党人提出一项修正案，即在就业和工会会员资格方面禁止种族歧视时，德克萨斯州参议员汤姆·康纳利立即提出反对意见，导致这一修正案以口头表决的形式被否决。多数共和党人都清楚，这一修正案若获通过，《战时劳动争议法案》可能就注定没有希望了。

1943年，南方议员背离民主党立场的行为可以被视为对本党同事的内部宣战。对民主党来说，劳工组织是其唯一的重要资金来源、政治基础和投票表决中的依靠力量。1946年，关于《诉讼法案》的辩论加剧了民主党的内部分裂。这一法案是由新泽西州的共和党人克里福德·凯斯（Clifford Case）支持提交的，法案试图对罢工活动进行限制，规定在罢工开始前应当有60天的冷静期；禁止罢工活动干扰州与州之间的货物流通；禁止工会因罢工而违反生产合同，对当事人造成经济损失；禁止连续两次发动罢工抵制运动。⁹⁴南方民主党与共和党又一次凭借几乎完美的政治联盟使这一提案获得参众两院的审批，⁹⁵然而，当众议院就推翻总统的否决意见进行投票表决时，以五票的微弱劣势败北（投票表决时南方议员加入了共和党的阵营）。

南方议员是《诉讼法案》最强烈的声援者和支持者。在漫长的国会议席讨论期间，他们对劳工力量的增加深表担忧，他们尤其担心，工会力量的壮大会对南方的种族制度造成影响，产业工会联合会的劳工运动会导致全国经济发生严重停滞。为此，他们重拾南方已经使用多年的比喻来形容面临的威胁——"北方对南方的殖民统治"。[96] 当然，也有很多批评者指责这一法案存在严重偏见，认为它只是从农村地区的利益出发，反对劳工运动和城市居民的利益。俄克拉荷马州民主党议员保罗·斯图尔特曾对这一批评意见给予回应，他坚持说，"从大工业城市的角度来看，从事农业生产的各州只不过是殖民地而已"。斯图尔特使用民粹主义的言辞继续说，"广大民众将掌控一切权力……他们已经对这一小撮少数分子感到厌倦，劳工组织成员是这一小撮少数分子中的中坚力量，他们在试图破坏政府的管理工作"，而且，劳工组织已经变得"比法律和任何曾经在美国执政的政治组织都要强大，成为位于我们深深热爱的伟大联邦政府之上的'超级政府组织'"。[97]

尽管上述言辞有些过分夸张，但在 1946 年，劳工组织造成的恐慌确实在不断加剧。《财富》杂志发表特刊，对工业企业劳资冲突的日益加剧进行了尖锐报道。报道指出，由于劳工运动造成"人们极度恐慌，企业损失严重，社会动荡不安"，各货运码头及钢铁、煤炭、汽车和电力等重要产业的工作场所增设了大批纠察岗哨。报道还辛辣地指出，就连电梯操作工、理发师、面包师等也在试图举行罢工。作为总结，报道最后分析了为什么"1945 年到 1946 年发生的所有争执和罢工实际上可以归结为一个问题"，即"不断发展的劳工运动在民主资本主义国家中所扮演的角色"。美国工业遭受了大规模罢工浪潮的沉重打击——曾经一度发生接近两百万工人同时罢工的情况；1945 年有 3,470,000 名工人参加，1946 年有 4,600,000 名工人参加，罢工使美国经济损失了 116,000,000 个工日——自《瓦格纳法案》颁布实施十年以来，美国工会会员的数量已经增加了三倍。劳工问题已经成为"美国最迫切需要解决的国内问题"。[98] 1946 年春，美国仍然在遭受大规模矿山工人和铁路工人罢工运动的困扰。5月17日,杜鲁门总统被迫接管了全国铁路的运营。当时国会正在热火朝天地就《诉讼法案》的立法问题进行辩论。[99]

更引人注目的是,《财富》杂志进一步评论道,为了巩固战争期间获得的惊人业绩,美国劳工联合会和产业工会联合会已经开始向南方进军,将之称为攻破"美国劳工运动最后的边疆地带"。1946年2月,产业工会联合会执行委员会发起了"进军南方行动"。行动指挥部设在亚特兰大,其领导人为长期担任工会组织领导的范·安贝格·比特纳(Van Amberg Bittner)。比特纳曾经成功领导了煤炭、钢铁和肉类加工业的罢工运动,他所掌控的活动启动预算资金为1,250,000美元。劳工组织进军南方的行动受到多种需求和机遇的驱使。南方融入联邦体制的程度远远不及其他地区,产业工会联合会担心,没有加入工会组织的南方企业的低工资制度会拉低全国的工资水平,并吸引各大公司远离联邦经济中心区域而到南方投资。同时,工会组织进军南方还有一个重要的政治因素,即希望打消南方国会议员对劳工组织的敌视。1946年5月,北卡罗来纳州阿什维尔市召开的美国劳工联合会第三届南方劳工大会上,联合会主席威廉·格林宣布"进军南方,组织广大劳工加入美国劳工联合会",随后,美国劳工联合会将之付诸行动。[100]

工会运动不仅威胁到南方地区种植园、纺织厂和矿山产业传统的低工资制度和种族秩序,而且明显对南方的社会结构造成了更加直接的威胁。在第二次世界大战期间,早在"进军南方行动"之前,设在华盛顿的产业工会联合会总部就印发了大量关于反对种族歧视的宣传材料。其中于1942年印发的《产业工会联合会与黑人劳工:共同走向胜利》一文强调,产业工会联合会"最大的贡献"在于组织广大劳工行动起来,"破除过去横亘在黑人与白人劳工之间的种族障碍"。"为了抗击我们共同的敌人希特勒及其盟友日本",广大黑人与白人劳工需要团结一致,共同对敌。同时,产业工会联合会大肆宣传"进军南方行动"将"成千上万白人和黑人劳工置于产业工会联合会的保护之下"。

1943年，产业工会联合会又强调劳工们需要"共同工作和战斗，不分种族、信仰、肤色和血统"。随着战争接近尾声，产业工会联合会消除种族歧视全国委员会呼吁，黑人与白人在就业和住房上享受同等待遇。战争结束后，该委员会继续致力于使公平就业实施委员会成为联邦政府的永久性机构而保留下来。[101]

《财富》杂志还指出，"美国劳工联合会和产业工会联合会的南方领导人相信，在南方发展劳工组织意味着把南方白人劳工和黑人劳工组织起来"。事实上，美国劳工联合会主要是将白人劳工和黑人劳工分别安排到不同的地方工会组织。而产业工会联合会则恰恰相反，将他们安排在相同的工会组织中，只是在处理与南方黑人相关的问题时更加谨慎一些。两大劳工组织均非常清楚，"如果要想让南方白人和黑人共同工作，就必须将他们安排在相同的工会组织中"，但所有的劳工组织主要负责人都知道，这样做存在极大的危险性。在战争早期和战后的民权运动中，产业工会联合会经常与美国有色人种协进会结成合作联盟，促使与劳工相关的诉讼问题得到妥善解决。[102]

在上述情况下，南方的企业负责人和政治领导人事实上都"愿意在种族情感问题上煽风点火"，以阻止工会组织在南方工厂中发展壮大，[103]他们深知种族问题与劳工问题之间有着千丝万缕的联系。"在随后的几年里"，《财富》杂志预测道，"南方劳工组织最重要的影响很可能是在种族关系方面"。《财富》杂志回顾，自重建开始以来，种族隔离以惊人的速度迅速发展。尽管在大多数南方人看来，劳工组织的思想非常新颖，但事实是白人和黑人两大种族团体几乎形同陌路了。他们居住在不同的区域，上不同的学校，去不同的教堂礼拜，读不同的报纸，进不同的商店购物，赴不同的娱乐场所消遣，过不同的生活，死后埋葬在不同的墓地。今天南方白人和黑人唯一共同参加的地方机构就是工会组织。[104]

基于以上认识，再加上民众广泛认为，美国劳工联合会和产业工会联合会两大劳工组织在南方占有重要的战略地位，《财富》杂志得出结论:"毫无疑问,南方最终会加入劳工组织……问题不在于能否加入,而在于什么时间加入。"[105]

事实是,南方加入劳工组织的时间永远也没有到来。[106] 主要原因在于,1947年,南方议员与国会中的共和党盟友联手对劳工法律做出了重大修改。修改后的法律彻底改变了工会的未来发展道路——改变了整个美国工会组织的发展道路,尤其是南方工会组织。1947年6月23日,《塔夫托-哈特利法案》(也称《劳资关系法案》)在遭到杜鲁门总统否决后仍被国会强行通过。为此,杜鲁门指责为"劳动者被奴役法案"。从技术层面讲,这一法案是对1935年《全国劳工关系法案》(《瓦格纳法案》)进行的一系列修正,大大加强了企业主和经理人的权力。《瓦格纳法案》的主要条款有,规定任何特定的谈判组织均须有工会指定的专门代表参加,并且对企业主在劳动过程中的不公正行为进行限制。《塔夫托-哈特利法案》则严重改变了劳资双方协商谈判的权力定向。

《纽约时报》的社论关注到共和党与南方民主党之间结成的政治联盟关系,称赞《塔夫托-哈特利法案》"在国会参众两院就引起广泛争议的同等重要法案展开辩论时,其最深得民主党和共和党两大党派的支持——像《租借法案》《选择性兵役法案》,以及《互惠贸易协定法案》均没有受到两大党派的如此支持"。[107]《塔夫托-哈特利法案》的支持者和反对者对于这一立法的重要影响有着同样的认识,但对于其紧迫性可能有着不同的看法。法案发起人、俄亥俄州共和党参议员罗伯特·塔夫托坚持说,这一法案的通过可以"使劳资关系中的公平正义得到恢复……使法律和行政条令赋予工会领导人的特权被废除"。杜鲁门总统则断言,这一立法将"使工会运动受到严重削弱",将《全国劳工关系法案》"由保护广大劳工参与工会组织、积极开展集体协商谈判权利的工具转变成一道道程序复杂的迷宫和陷阱"。[108]

1947年发表的国情咨文中,杜鲁门总统呼吁对《瓦格纳法案》进行适当修正,以限制某些形式的二次罢工抵制运动、司法审判罢工以及对合同解释有异议时举行的示威罢工；他同时呼吁改善调解和仲裁机制。共和党人傅瑞德·哈特利在众议院提出的法案和塔夫托在参议院提出的法案远远超越了杜鲁门总统在国情咨文中提出的修改建议。《塔夫托－哈特利法案》大大缩小了"雇主"的法律定义范围，并将独立承包人和领班排除在"被雇佣者"的范围之外。对于员工加入和支持工会组织、推荐代表参加集体谈判、因集体谈判受阻而举行罢工的权利，该法案额外增加了新的条文，规定除非已有协议强制要求会员参加工会活动，否则，工人"同时享有不参加任何工会活动的权利"。而且法案对"不公正劳动行为"进行了重新定义，将"干涉员工不参加工会组织的权利"包括在内，从而限制了工会会员数量的发展。同时法案还规定，严格禁止过去只招收工会会员的企业在招聘中将"工会会员"设置为入职条件。

值得注意的是，该法案还授权各州通过工作权利法。这类法律使得各州有权根据本州法规，宣布将缴纳工会会费作为工人应聘条件的行为非法。对于没有实施工作权利法的州，《塔夫托－哈特利法案》要求雇佣工会会员的企业所制定的管理条款应当由该企业的员工以无记名投票的方式通过。制定这些措施的目的是使企业可以允许员工自愿决定是否加入工会，哪怕该工会组织已经得到了《瓦格纳法案》的认可。最终导致的结果是，工会组织的发展遭遇严重困难，尤其是在实施工作权利法的各州。到20世纪50年代，阿拉巴马州、阿肯色州、佛罗里达州、佐治亚州、密西西比州、北卡罗来纳州、南卡罗来纳州、田纳西州、德克萨斯州和弗吉尼亚州均已经通过这类工作权利法，使工会组织的活动实际上陷入了停滞状态。[109]

《塔夫托－哈特利法案》的另外两个明显特征也值得注意。该法案原封保留了《瓦格纳法案》中涉及排除农业工人和仆役的条款。原条款规定，法案"不包括被雇佣的任何农业劳动者或从事家庭服务的仆役，及上述人员的家庭成员"。但实际上，《瓦格纳法案》排除农业劳动者的条款，其涉及范围被大幅度扩大。1935年，这一法案通过时，国会并未对这些排除条款进行公开辩论，因为当时民主党的北方派别与南方达成了妥协。南方支持北方保护劳工组织，北方支持南方设置职业限制条款以保证种族制度不被动摇，但后来双方的这种妥协走向破裂。立法记录记下了1938年国会审议《公平劳动标准法案》时，议员们就如何大幅度扩大农业排除条款的范围所展开的激烈争执，以及最后经非南方民主党派别同意的条款范围扩展意见。

在众议院，任职劳工委员会的共和党成员与该委员会的四名南方民主党成员，即北卡罗来纳州的格雷厄姆·巴登、德克萨斯州的奥韦·克拉克·费舍尔（Ovie Clark Fisher）、佐治亚州的约翰·伍德（John Wood）、德克萨斯州的温盖特·卢卡斯（Wingate Lucas）联手支持扩大上述农业排除条款的范围，其中包括从事农产品管理、烘干、包装、加工、冷冻、储藏或运送的人员。绝大多数从事上述劳动者都是南方地区的黑人。有六位民主党成员反对扩大农业排除条款的范围，其中就有黑人居住区的非裔国会议员小亚当·克莱顿·鲍威尔和未来的美国总统约翰·F.肯尼迪。而在参议院的劳工委员会中，只有佛罗里达州的克劳德·派帕尔提出了反对意见。路易斯安那州的艾伦·艾伦德和阿拉巴马州的李斯特·希尔加入到了共和党多数派阵营。当法案被提交至国会议席讨论时，几乎没有引起什么争议，只有瓦格纳严厉谴责了与共和党联手投票支持"排除农业工人"条款的民主党同事们。[110]

《塔夫托-哈特利法案》的一个关键条款是扩大了"不公平劳动行为"的涉及范围，包括再次组织抵制行为、组织工人纠察队，以及针对与存在劳动争议企业开展贸易的公司举行的罢工行为。但正如历史学家休·戴维斯·格雷厄姆（Hugh Davis Graham）指出的，尽管"不公平劳动行为"的范围被如此扩大，"国会在通过《塔夫托-哈特利法案》时，却公然否认了种族歧视这一严重不公平的劳动行为"。[111] 参议员塔夫托解释说，"就拿工会禁止黑人加入来说，如果他们要继续如此，可以就这么做下去；但工会代表不能命令顾主：'由于某人不是工会会员，就必须解雇他。'"。佛罗里达州的斯佩萨德·荷兰多（Spessard Holland）

成功增加了一条修正意见,规定"不公平劳动行为"的条款"不能妨碍工会组织自行确定吸收和保留会员的相关制度"。[112] 虽然有这一条款做保证,但弗吉尼亚州的霍华德·史密斯在法案签署后仍提醒众议院,要注意确保法案实施过程中不要让公平就业实施委员会乘机混进来插手相关事务。[113]

共和党对于《塔夫托-哈特利法案》的支持出于多种动机。他们既受老牌大企业的影响,也受对工会强烈反感的新兴企业的影响。老牌大企业已经与劳工组织达成某种程度的和解,希望保护自己传统的管理权限;新兴企业则极力追求自由市场经济。因此,国会中的共和党议员担心工会组织不断要求提高工资,致使许多企业的产品价格竞争力有所降低。同时,他们试图让那些对民主制式计划经济和社团主义抱有希望的人,不再对工会代表权心存幻想。而且,他们还试图惩罚那些积极动员民众支持民主党候选人选举活动的工会会员;并希望清除一些产业工会联合会会员中的共产主义影响,强制工会领导人签署非共产主义分子的宣誓书。[114]

南方民主党议员则有着不同的目的,他们对这一法案给予了决定性支持,目的是限制工会对南方地区的渗透,扩大排除农业劳动力条款的范围,促使南方工会继续在没有联邦政府限制的条件下推行种族歧视制度。他们很清楚,这一法案的关键条款将有助于保护南方的雇佣关系和劳动力市场不受全国性工会组织的直接影响。工作权利法将打破联邦工会的保护限制,促使南方消除联邦管制的顾虑,加强本地区受战时军工生产刺激的新兴急需产业的发展。这些产业包括独立的石油、电子、飞机制造等。"禁止发生再次抵制运动"将防止发生全国性工会企业拒绝运输南方非工会会员企业生产的农产品等事件。支持组建独立的地区工会组织条款,将有助于其理解和适应南方之状况,使之逐渐对全国性行业集体谈判的制度失去兴趣。

新法案允许南方纠正已经认识到的错误。在国会漫长的辩论过程中,唯一对工会表示公开支持的南方议员是佛罗里达州的克劳德·派帕尔。[115] "我来自南方",派帕尔指出,"我很遗憾,南方地区工会组织的力量至今都没有发展到我所希望的强大程度,我们对于工会组织的同情和理解也始终没有达到我所希望的那样"。[116] 德克萨斯州参议员"帕皮"W.李·奥·丹尼尔发表了具有代表性的观点,"认为需要剥夺工会的一切权力",而且提出"要保护员工免受这些'打手队'和'骗子们'的欺辱"。[117] 在众议院,北卡罗来纳州的格雷厄姆·巴登明确点名指责范·比特纳(人称"小凯撒")和产业工会联合会的"进军南方行动"。巴登坚持说,除非采取措施限制工会的权力,否则"我们将无法继续……维持美国经济的正常运转,也无法维持我们美国人民的正常生活"。[118] 其来自密西西比州的同事威廉·惠廷顿同样极力反对比特纳和产业工会联合会的做法,强烈要求"对相关法律条款进行修正,严格禁止只允许企业雇佣工会会员的行为",并不无讽刺地强调员工"免受非自愿性被奴役"的重要性。[119]

"众所周知",国会议员哈特利在回顾1947年《塔夫托-哈特利法案》的审议过程时指出,《瓦格纳法案》"之所以能够被国会批准,只是因为当时许多南方民主党议员给予了大力支持。但后来,这些南方民主党议员对自己的行为感到后悔了"。[120] 其中就包括密西西比州众议员约翰·兰金。兰金现在公开表示,"过去十年通过的一些劳动立法造成了不少极端不公正的事件发生"。[121] 杜鲁门执政期间所通过的所有立法中,《塔夫托-哈特利法案》是维护南方种族制度立法的最大胜利。它为真正禁止全国性劳工运动提供了合法的环境。毫不奇怪,这一法案获得了参众两院南方议员的压倒性支持。如果在20世纪30年代后期,南方民主党就开始与共和党组成真正的、新的政治联盟,携手限制全国劳工关系委员会的管辖范围,提升企业主在面对劳工组织时的相应地位,那么,十年后,南方民主党就会成为一支中坚力量。即使遇到总统的坚决反对,也照样能够成功推动一些反对劳工运动的议案获得国会批准。在《瓦格纳法案》刚开始实施的几年里,"全国劳资关系委员会'对不少行业巨头进行了处置',包括:美国铝业公司、卡耐基—伊利诺依钢铁公司、韦尔顿公司、内陆共和钢铁公司、斯威夫特公司、标准石油公司、壳牌石油公司、西联公司、团结飞机公司、古德伊尔公司、美联社、雪佛兰公司、福特公司、雷明顿—兰德公司、加利福尼亚种植者和托运人协会、联合水果公司、东西部及湾区航运协会"。[122]《塔夫托-哈特利法案》使联邦政府的关注目标转向美国劳工联合会和产业工会联合会,这两大劳工组织现在被视为"行业巨霸"而将受到更严厉的打击和惩治。[123]

  工会组织所遭受的打击是南方的政治力量促成的。20世纪40年代,南方议员在国会立法过程中政治立场的转变,直接促成了全国上下对劳工组织发展形势的态度及相关立法的认识发生根本性变化。面对劳工运动在南方地区惊人崛起,以及其在民主党中资源控制权和话语权的不断增强,南方议员逐渐认识到,不能再将劳工组织视为号召人们忠诚于民主党的渠道了。他们看到劳工组织有可能激发大规模的民权运动。来势凶猛的劳工运动强烈反对就业歧视,提出要打破种族界限,实现待遇平等。这对南方的种族歧视制度是直接的威胁和挑战。同时,它们鼓励黑人离开南方,使这个地区对黑人的支配权不断丧失。即使在20世纪30年代,排除南方黑人劳动者享受联邦社会福利和劳工法律保护的制度安排也已经开始发生动摇。农业劳动者已经被纳入公平就业实施委员会的保护范围,有的甚至被纳入参议员瓦格纳提出的失业补偿修正议案的保护范围。

  这一切让南方议员感到极度不安,他们意识到南方的种族制度正面临严重威胁,于是,在国会中紧密团结在一起,尽最大努力改变现有工会组织和劳动力市场的运行机制。对于其共和党盟友而言,劳工组织涉及政党意识形态;对于南方议员而言,则涉及种族制度的去留。

四

  20世纪60年代中期,英国著名经济学家、西方战后资本主义评论家安德鲁·肖恩菲尔德（Andrew Shonfield）对彻底改变美国战后发展道路的历史性巨变做出了客观评价。肖恩菲尔德强调，到罗斯福和杜鲁门执政末期，"随着公共权力被逐渐削弱"，"公共领域失去了用统一政策协调政府各项经济活动的有明确目标和方向的有力手段"。联邦政府需要设立这样一种公共权力机构，既要保证公共权力顺利实施，又要有强大的全国性劳工运动的支持，然而，这些条件美国都不具备了。肖恩菲尔德指出，"联邦政府实际上可以始终通过预算管理局来行使公共权力"。除了预算管理局外，联邦政府其他机构都不具有决定预算开支重点、方向、规划，从而保证国家经济协调发展的权力和经验。他同时指出，美国劳工组织没有"像欧洲大陆那样扩展到工人组织力量薄弱的职业"。肖恩菲尔德进而指出，为什么战后美国的公共权力整体上没有恢复到20世纪30年代"新政"紧急时刻的作用，也没有在战时经济大规模发展和动员的基础上建立起强大的国内经济。[124]

  我们已经看到，之所以出现这种情况，一个最重要的因素是，南方政治力量在国会中的阻拦作用。只有这一点可以对上述出乎预料的结果做出解释。罗斯福政府和杜鲁门政府都不缺乏通过推行公共政策来引导资本主义经济发展、保证工会利益的抱负和志向。美国也不缺乏选民团体、学者和政治家对公共权力的支持。要不是南方政治势力的阻拦，这些力量本来可以制止政府权力的过分管制，增强劳工阶级的组织力量。

  由于南方代表有足够的力量，将国家有关经济发展和劳动力配置的政策限制在符合维护种族主义诉求的范围之内，民主党和劳工组织不得不对自己的政策做出调整。为了结束内部争端引起的自相残杀，民主党决定打破区域界限，积极推行赢得各方支持的财政措施。这一措施明显不同于共和党支持的过于谨慎的开支和税收政策。通过大力推行积极的财政措施，民主党最终打破了区域界限，南北双方在党内政策上达成共识。尽管在劳工问题上存在严重分歧，但民主党南方派别与非南方派别依然能够做到一致支持通过激进的所得税政策来增加政府收入，以用于重大项目投资。虽然付出了艰辛的努力，但民主党最终实现了党内和谐，从而保证了医院建设、公共住房建设和城区改造等联邦政府项目在国会审批过程中获得充分的投票支持。民主党在策划上述公共设施建设项目时，已经顾及到南方现有的种族制度问题。[125] 民主党自由主义政策发生的这种新变化，将在1952年的民主党总统候选人、时任伊利诺伊州州长的阿德莱·史蒂文森的"不干涉种族秩序"政策中反映出来。同样能说明这一问题的是，当时的民主党副总统候选人、阿拉巴马州的种族主义者、参议员约翰·斯帕克曼的主张。四年后，斯帕克曼成为101位签署《南方宣言》的国会议员之一，该宣言承诺，将抵制最高法院对"布朗诉教育委员会"（Brown v. Board of Education）一案做出的反对种族隔离制度的判决。

在南方的成功推动下，限制工会组织发展的政策与积极的财政政策有机融合在一起，这样一种政策组合催生出了美国特有的战后经济发展模式，划定了美国经济政策的外部边界。这些政策对政府权力、国家战略及主要行政人员之间的共识进行了定义，明确了上述要素之间发生冲突的危险性。同时，它将终结战后美国按照西欧和日本模式发展起来的市场经济协调形式。此外，它还将在全国范围内取消企业、劳工与政府三方之间集体谈判的协调模式，摒弃利用国家权力来构建企业投资、管理和用工模式的做法，转而主要依靠市场竞争机制、财政工具、价格警示等手段解决经济协调问题，促进企业之间开展密切合作。另一方面，工会的关注点则主要局限于特定行业或企业的工资水平、劳动条件等方面。尤其是在《塔夫托-哈特利法案》实施和美国就业服务局移至各州管辖之后，劳动力市场的活力空前增强，受到的约束明显减弱。它不再过分依赖国家的劳动政策和员工培训与安置制度。全国大部分地区实际上已经很少感受到工会组织的存在或影响力了。[126]

上述政策的实施及取得的成果，不仅改造和重建了美国资本主义的主要特征，对工会的权力给予了明确定位，而且还确立了美国政治制度的发展道路。这些政策所构建的新型民族国家，实际与其表面上呈现出的"好战"形象完全不同。国会的辩论和纷争主要集中于投资规模与分配议案，工会组织的影响主要体现在一些关键的利益集团之中，而非国家政治层面。美国政治日益成为有组织的利益集团围绕公共财政进行竞争与协商的舞台。在这种压力集团多元化的制度下，各种政治游说团体迅速成长起来。具有特定强烈诉求的压力集团开始在选民中开展动员活动，以影响公众舆论。同时，它们还向所支持的候选人提供选举资金，向选举监管机构渗透，试图动摇已有的立法程序，编织本集团的影响网络，最终改变政策方向，为实现本集团的目标服务。[127]

这样一种民主政治形式很大程度上依赖程序运作。华盛顿制定了一系列程序规则，并监督其实施，从而确立了以有组织的利益集团为主导的政治博弈格局。几十个团体组织很快建立起来，它们不断向华盛顿施压，要求政府推行对自己有利的政策。早在这些组织的规模扩大以前，商务部就已经确认有大约四千个民间、贸易和职业实体参与了1949年的政治游说活动。[128] 政治学家戴维·杜鲁门（David Truman）于1951年注意到这一系列实体名单"如何让人们认识到了活跃在美国政治舞台上的压力集团数量之巨大"。他强调说，"从谷物研磨协会和美国圣经协会，到美国理发店四重唱保护促进会（23,000名会员）和美国锡安组织"等，这些形形色色的团体组织反映出了美国政治制度极其惊人的开放程度。[129]

杜鲁门对"新政"末期美国政治的经典分析有一个显著特征，即他强调美国公众利益的缺失。战后，美国的政策和制度程序的安排缺乏对"国家整体利益"的关照。他坚持指出，许多压力集团声称代表公众利益，但这些主张并没有在民族国家的制度安排框架内"表明美国实际存在的或可能出现的政治局势"。因此，杜鲁门总结说，美国的政治研究人员"不需要对国家整体利益的含意进行解释，因为它根本就不存在"。[130]

人们很容易理解，为什么包括杜鲁门在内的很多政治研究人员都在庆幸美国政治的多元性。因为这种多元制度安排将压力集团的多样化、利益格局的多元性和政治安排的竞争性融为一体，成为与同时代的极权政治完全对立的政治制度。这样的政治制度没有确定的预期成果，没有永久性的指导原则，也没有强制性的意识形态。在实施过程中，这种按照程序运作的国家制度将市场模式移植到政治领域。实际上，这一政治制度并不只是靠一整套具体的制度来运作，它体现出"一种关于民主政治如何运行的思想观念"，这种以利益集团为主导的自由主义政治模式代表了民主制度的胜利。[131]

但正如计划经济管理模式和社团主义政治协商模式都要付出代价一样，美国的这种多元政治模式也不例外。这一模式排除了对公共利益的追求，其形式上的中立特征，使国家非常容易受到私有权力泛滥和扭曲的困扰。新生的集团竞争公共哲学不同于独裁制公共哲学，前者在公民利益上抛弃了所有民主思想原则。以实现公共利益为目标的政府公共管理机构在巨大的压力面前变得不知所措。他们不知道如何说服人们，不让私有利益集团主宰公共政策的制定。

这种政治模式必然导致开放式公平竞争与缺乏公平的扭曲式博弈之间的较量。私有利益越分散——即公民利益或公众利益越集中——它从这一政治组织模式中得到的服务就越少。由于协商谈判取代了指令性计划，政府也会经常"陷入各种狭隘利益集团的困扰之中"。[132] 尤其值得注意的是，整个社会呈现出一种重商主义倾向，这是国会决策造成的不良后果。此外，它还放松了对经济生活的控制，加大了对工会组织权力的限制。当时工会组织是国内唯一可以与这种重商主义对抗的力量。1950年，众议院选举委员会确认的1,247个华盛顿政府游说团体中，共有825个属于商业团体。总之，按照政治学家E. E. 谢茨施耐德（E.E. Schattschneider）的总结，"多元主义'天堂'的最大缺陷是，它所合奏的'天堂之曲'带有浓重的上层社会口音"。[133]

这一政治模式还要付出另一种代价，而且是一笔不小的代价。民主党对于不干预南方财政政策达成的共识，以及对于工会组织规模的严格限制，实际上为南方地区腐败的政治制度和种族秩序提供了保护伞。没有计划工具和工会这一全国性民众力量的制约，美国这种按照程序运作的国家制度为南方的种族隔离政策提供了一线生机。《塔夫托—哈特利法案》彻底消除了劳工组织的力量——唯一可以向南方种族制度进攻的强大力量。南方对联邦的敌视态度更加强硬。与此相对的是，当时正处于起步阶段的公民权利运动，在大部分情况下都得不到工会的积极支持。最终导致反对排斥黑人公民权利和政治权利的前沿斗争没有将社会阶级平等、经济地位平等和劳动权利平等作为种族平等的本质特征，也因此而失去了斗争的重点目标。[134]

注释

1. George E. Hopkins, "Bombing and the American Conscience during World War II," *Historian* 28 (1966): 472.
2. 相关论述，见 Joel Davidson, "Building for War, Preparing for Peace: World War II and the Military-Industrial Complex," in *World War II and the American Dream*, ed. Donald Albrecht (Cambridge: MIT Press, 1995), pp. 195–217. 另见 Donald M. Nelson, *Arsenal of Democracy: The Story of American War Production* (New York: Harcourt, Brace, 1946), Gerald T. White, *Billions for Defense: Government Financing by the Defense Plant Corporation during World War II* (Tuscaloosa: University of Alabama Press, 1980); Gregory Hooks, *Forging the Military-Industrial Complex: World War II's Battle of the Potomac* (Urbana: University of Illinois Press, 1991).
3. "Planning for the Great Demobilization," James Stokes Ballard, *The Shock of Peace: Military and Economic Demobilization after World War II* (Washington, DC: University Press of America, 1983), pp. 27–72 对此进行了概括性论述。另见 John C. Sparrow, *History of Personnel Demobilization in the United States Army* (Washington, DC: Department of the Army, 1952).
4. 关于《退伍军人权利法案》，见 Ira Katznelson, *When Affirmative Action Was White: An Untold History of Racial Inequality in Twentieth-Century America* (New York: W. W. Norton, 2005), pp. 113–41. 另见 Suzanne Mettler, *Soldiers to Citizens: The G.I. Bill and the Making of the Greatest Generation* (New York: Oxford University Press, 2007); Kathleen Frydl, *The G.I. Bill* (Cambridge: Cambridge University Press, 2011).
5. Walter Lippmann, "The American Destiny," *Life*, June 5, 1939, p. 47; 重印，Walter Lippmann, *The American Destiny* (New York: Life Magazine Press, 1939), p. 4.
6. Erich Hula, "Constitutional and Administrative Readjustments," *Social Research* 6 (1939):

284, 245–46.
7. 相关论述，见社会主义学者 R. H. 托尼 1942 年为英国外交部撰写的文章"The American Labour Movement," in *The American Labour Movement and Other Essays*, ed. J.M. Winter (New York: St. Martin's Press, 1979), pp. 1–110.
8. Louis Stark, "The New Labor Movement," in *America Now: An Inquiry into Civilization in the United States*, ed. Harold E. Stearns (New York: Charles Scribner's Sons, 1938), p. 145.
9. 关于民主党内部工会组织，尤其是产业工会联合会政治作用的学术性论述，见 J. David Greenstone, *Labor in American Politics* (New York: Alfred A. Knopf, 1969), William H. Riker, "The CIO in Politics, 1936–1946"（博士论文，Harvard University, 1948）. 由工会活动家撰写的工会运动概要，见 Joseph Gaer, *The First Round: The Story of the CIO Political Action Committee* (New York: Duell, Sloan, and Pearce, 1944).
10. Lewis Mumford, "Foreword," in *Planned Society: Yesterday, Today, Tomorrow: A Symposium of Thirty-Five Economists, Sociologists, and Statesmen*, ed. Findlay Mackenzie (New York: Prentice-Hall, 1937), p.x. 另外，法兰克福学派的流亡经济学家卡尔·W. 卡普曾试图"根据容纳自由市场经济的程度"建立一种标准，以"区分不同类型的经济控制模式"。见 Kapp, "Economic Regulation and Economic Planning," *American Economic Review* 29 (1939): 768.
11. Wesley C. Mitchell, "The Social Sciences and National Planning," in *Planned Society*, ed. Mackenzie, p. 108.
12. William F. Ogburn, "Social Change," in *Planned Society*, ed. Mackenzie, p. 603.
13. Margaret Mead, "Primitive Society," in *Planned Society*, ed. Mackenzie, pp. 3–25.
14. Harold D. Lasswell, "Propaganda in a Planned Society," in *Planned Society*, ed. Mackenzie, pp. 639–40.
15. Sidney Hook, "The Philosophical Implications of Economic Planning," in *Planned Society*, ed. Mackenzie, p. 677.
16. Leverett S. Lyon, Myron W. Watkins, and Victor Abramson, *Government and Economic Life: Development and Current Issues of American Public Policy*, 2 vols. (Washington, DC: Brookings Institution, 1939, 1940); 引自 vol. 1, p. 3.
17. Marion Clawson, *New Deal Planning: The National Resources Planning Board* (Baltimore: Johns Hopkins University Press, 1981), p. xvi.
18. 引自 Charles E. Merriam, "The National Resources Planning Board: A Chapter in American Planning Experience," *American Political Science Review* 38 (1944): 1076. 作为杰出的政治学家，从全国资源规划委员会成立到该组织被取消，梅里亚姆一直任职其中。
19. 在罗斯福总统的鼓励下，全国资源规划委员会对自然资源与人力资源之间的关系进行了研究与规划。它采取广泛的措施，将规划研究任务分成三个部分——经济安全及国民健康与营养、交通运输与能源和土地、公共工程与水利资源保护。每一部分的规划研究都试图将市场计划的干预与主要的经济目标结合起来，其中既包括经济稳定增长等社会发展的核心目标，也包括城市开发、收入调节与分配、减少贫困等具体目标。全国资源规划委员会不是单一的线性机构，而是一个集情报提供与协调指导于一体的综合性组织，以帮助行政部门制定合理的政治纲领。

20. Allan G. Gruchy, "The Economics of the National Resources Committee," *American Economic Review* 29 (1939): 60.
21. Merriam, "The National Resources Planning Board," p. 1086.
22. Friedrich A. Hayek, *Road to Serfdom* (Chicago: University of Chicago Press, 1944).
23. 与人力资源管理联络处一起完成。为了行使国会授予的权力，1939 年 9 月 8 日，罗斯福总统发布了第 8248 号行政命令："设立总统办公室执行部门，并明确其功能和职责。"同时，总统指示预算管理局"协助总统作好预算规划，制定政府的财政计划"；全国资源规划委员会负责搜集数据，制定人力和自然资源发展的"长期计划与方案"，并提出合理措施，改善与稳定经济形势，促进"美国人民社会、经济和文化生活的提高"。总统要求全国资源规划委员会"充当各项规划的清算中心和协调工具，将不同层次和领域的规划密切联系起来"。引自 Clawson, *New Deal Planning*, pp. 314–18.
24. National Resources Planning Committee, *Progress Report* (Washington, DC: U.S. Government Printing Office, 1939); 引自 L. G. Rockewell, "National Resources Planning: The Role of the National Resources Planning Board in the Process of Government"（博士论文，Princeton University, 1942), p. 95.
25. 见 Ira Katznelson and Bruce Pietrykowski, "Rebuilding the American State: Evidence from the 1940's," *Studies in American Political Development* 6 (1991): 312.
26. 前员工罗杰·W. 琼斯（Roger W. Jones）向丹尼尔·A. 比德曼（Daniel A. Biderman）描述了这一机构的情况。见 Biderman, *Harold Smith and the Growth of the Bureau of the Budget*（高年级论文，Princeton University, 1975), p. 11; 引自 Andrew Rudalevige, "Inventing the Institutionalized Presidency: Entrepreneurship and the Rise of the Bureau of the Budget, 1939–1949," in *Formative Acts: American Politics in the Making*, ed. Stephen Skowronek and Matthew Glassman (Philadelphia: University of Pennsylvania Press, 2007), p. 316. 预算管理局按照 1921 年的《预算与会计法案》设立，旨在协助总统准备全面统一的国家年度预算。相关讨论，见 Stephen Skowronek, *Building a New American State: The Expansion of National Administrative Capacities, 1877–1920* (New York: Cambridge University Press, 1982), pp. 206–09.
27. Rudalevige, "Inventing the Institutionalized Presidency," p. 323.
28. 这些数据选自 *The Budget of the United States Government Fiscal Years 1941 to 1947* (Washington, DC: U.S. Government Printing Office).
29. Wayne Cox, "Federal Executive Reorganization Re-Examined: Basic Problems," *American Political Science Review* 40 (1946): 1134.
30. National Resources Planning Board, "Industrial Location and National Policy"（内部报告），May 1941, p. 23; 引自 Philip W. Warken, *A History of the National Resources Planning Board, 1933–1943* (New York: Garland, 1979), p. 108.
31. 全国资源规划委员会的重要文件包括 *After Defense—What?* (1941); *Security, Work, and Relief Policies* (1941); *After the War—Full Employment* (1942); *Demobilization and Readjustment* (1943); and *National Resources Development Report* (1943).

32. National Resources Planning Board, *Post-War Planning* (Washington, DC: U.S. Government Printing Office, 1942), p. 32. 对这一规划强烈支持的有关记述，见 "A New Bill of Rights," *Nation*, March 20, 1943, pp. 402–03; "Introduction: Charter for America," 特稿，*New Republic*, April 19, 1943, pp. 523–24. "New Deal Plans Industry Control," *Business Week*, March 20, 1943, pp. 15–18 发表了出人意料的支持性意见。

33. Harold D. Smith, "The Budget in Transition," in *Material on Budgeting: An Instrument of Planning and Management, Unit I: The Evolution of the Budgetary Concept in the Federal Government*, ed. Catheryn Seckler-Hudson (Washing-ton, DC: American University, 1944), p. 73. 1946 年，史密斯离开预算管理局，担任世界银行第一任副行长。当年年末，史密斯主动辞去了世界银行副行长的职务，因为他明显意识到，尤金·迈耶（Eugene Meyer）六个月后离职时，自己不会继任世界银行行长的职位。该职位最终由约翰·J. 麦克洛伊继任。

34. Donald C. Stone, "Planning as an Administrative Process," in *Material on Budgeting*, ed. Seckler-Hudson, pp. 116–18.

35. 其他部门属于评估性机构。由于战争期间军费开支迅速膨胀，预算评估工作变得更加紧迫；行政管理局致力于使不断壮大的联邦政府运行更加合理高效，统计标准局和法律顾问处相当于联邦政府向国会申请立法支持时的信息交换中心。

36. 相关讨论，见 Stephen Kemp Bailey, *Congress Makes a Law: The Story behind the Employment Act of 1946* (New York: Columbia University Press, 1960), p. 25; Marion Fourcade, *Economists and Societies: Discipline and Pro-fession in the United States, Britain and France, 1890s to 1990s* (Princeton, NJ: Princeton University Press, 2009), pp. 102–6.

37. 引自 Clawson, *New Deal Planning*, p. 183.

38. 另外有一位农工党成员、一位美国劳工党成员和两位进步党成员。

39. Clawson, *New Deal Planning*, p. 238; Barry D. Karl, *Charles E. Merriam and the Study of Politics* (Chicago: University of Chicago Press, 1974) p. 279.

40. *Congressional Record*, 78th Cong., 1st sess., May 27, 1943, pp. 4961, 4962.

41. 同上，p. 4953.

42. *New York Times*, February 19, 1943; *Christian Science Monitor*, February 19, 1943.

43. *Congressional Record*, 78th Cong., 1st sess., May 27, 1943, p. 945.

44. *Baltimore Sun*, February 18, 1943.

45. 同上，April 18, 1943.

46. Clawson, *New Deal Planning*, p. 229.

47. *Baltimore Sun*, February 18, 1943.

48. *New York Times*, June 19, 1943.

49. *Washington Post*, July 1, 1943. 经济学界有一些人为全国资源规划委员会的消亡而哀叹。格伦·E. 胡佛称这是"国家的不幸"。见 Hoover, "National Planning within the Free Enterprise System," *American Journal of Economics and Sociology* 3 (1944): 410. 胡佛的文章呼吁国家成立新的计划部门，对经济由战争时期向和平时期的过渡进行管理规划。胡佛在这之前就曾对民主制下的计划管理问题进行过解读，见 Hoover, "Government Intervention in the Post-War Economy," *American Journal of Economics*

and *Sociology* 1 (1942): 381–402.

50. 见 http://www.presidency.ucsb.edu/ws/index.php?pid=16518#axzz1Ppxp04m0; Cass R. Sunstein, *The Second Bill of Rights: FDR's Unfinished Revolution and Why We Need It More Than Ever* (New York: Basic Books, 2006); Alonzo L. Hamby, *Beyond the New Deal: Harry S. Truman and American Liberalism* (New York: Columbia University Press, 1973), pp. 11–13; Henry Wallace, *Sixty Million Jobs* (New York: Reynal and Hitchcock, 1945), pp. 8–9.

51. Edward S. Flash, *Economic Advice and Presidential Leadership: The Council of Economic Advisers* (New York: Columbia University Press, 1965), p. 16.

52. David Naveh, "The Political Role of Economic Advisers: The Case of the U.S. President's Council of Economic Advisers, 1946–1976," *Presidential Studies Quarterly* 11 (1981): 493.

53. Katznelson and Pietrykowski, "Rebuilding the American State," p. 327.

54. Philip Broughton, *Man Meets Job—How Uncle Sam Helps* (New York: Public Affairs Committee, 1941), p. 7.

55. Katznelson and Pietrykowski, "Rebuilding the American State," p. 328.

56. Leonard P. Adams, *The Public Employment Service in Transition, 1933–1968* (Ithaca, NY: New York School of Industrial Relations, Cornell University, 1969), p. 27. 关于20世纪30年代劳工部的详细论述，见 Hilda Kessler Gilbert, "The United States Department of Labor in the New Deal Period"（博士论文，University of Wisconsin, 1942).

57. "The Question of Federal or State Control of the Employment Services," *Congressional Digest* 25 (1946): 104.

58. T*he Budget of the United States Government*; 引自 Katznelson and Pietrykowsi, "Rebuilding the American State," p. 330.

59. 引自 "The Question of Federal or State Control of the Employment Services," p. 107.

60. 1945年年末，国会对一项拨款法案追加了一个条款，要求联邦政府在100天内将就业服务机构交还各州管理，杜鲁门总统否决了这一条款。杜鲁门总统给出的实际理由是，虽然他本人同意由各州直接管理就业服务机构，但他认为在战争刚结束的国家恢复时期做这项工作极为不妥。见 *Congressional Record*, 79th Cong., 2d sess., January 28, 1946, pp. 466, 445–46.

61. 法案授权劳工部制定全国性条例，规范各州就业服务机构和失业补偿部门的工作职责。法案"再次在相应条款中"规定，如果各州不能严格执行条例规定，劳工部可以对上述部门进行接管。在没有设立就业服务机构的州，劳工部可以设立联邦政府就业服务机构。同时，法案要求各州"制定合理的就业用工标准"，并"确保具备同等资格的求职者获得同等就业机会"。此外，法案要求各州与联邦政府相互配合，建立州与州之间的"用工结算"制度，以促进全国性劳动力市场的真正建立。同上，January 28, 1946, p. 473; January 29, 1946, p. 540; January 28, 1946, pp. 474, 478.

62. 代表中只有伦道夫一人例外，他声称自己虽然反对联邦政府的永久性管制，但支持行政法案，因为国家在恢复时期，的确需要联邦政府继续实行统一管理。同上，January 28, 1946, pp. 471–72; January 29, 1946, p. 544.

63. 同上, January 29, 1946, p. 530.
64. 这种担心并非是凭空想象的。许多非南方民主党人的确支持联邦政府的长期管理。来自亚利桑那州的理查德·哈利斯（Richard Harless）坚持说："现行全国统一的公共就业制度在联邦政府的管理下，运行得非常好。任何州一级的管理都无法与之相比；这一制度确保了不同地区之间，不同的州之间根据劳动者的技能专长开展劳动力市场的自由交换和劳动力的自由流动。"来自密歇根州的弗兰克·胡克（Frank Hook）同样表示，联邦政府对劳动力市场的统一管理是必要的，它可以促进全国失业补偿标准的统一。同上, p. 538; January 28, 1946, p. 475.
65. 同上, January 29, 1946, p. 539.
66. 同上。
67. 同上, p. 540.
68. 同上。
69. 同上。
70. 同上, January 28, 1946, pp. 477, 478.
71. Robert C. Lieberman, *Shifting the Color Line* (Cambridge: Harvard University Press, 1998), p. 189.
72. *Congressional Record*, 79th Cong., 2d sess., January 28, 1946, pp. 475, 472; January 29, 1946, p. 530.
73. 同上, January 29, 1946, p. 540.
74. 1月29日，就对这一替代性方案的接受而言，南方与共和党站在同一个阵营，立场相似度得分达76分（而南方与非南方民主党的相似度得分仅为38分）。对法案进行通过表决时，南方民主党与共和党的相似度得分达82分，而民主党内部两大派别之间的相似度得分仅为35分。
75. 1946年，美国就业服务局在华盛顿或联邦政府管理的州及地方就业部门的全部花费为61, 747, 899美元。到1949年，只有5, 735, 812美元由劳工部用于美国就业服务局的开支，而联邦政府对各州就业机构的拨款却高达176, 169, 096美元。见 Federal Security Agency, *Annual Report* (Washington, DC: U.S. Government Printing Office, 1946–1949); 引自 Katznelson and Pietrykowski, "Rebuilding the American State," p. 333.
76. *Congressional Record*, 79th Cong., 1st sess., September 19, 1945, p. 8737.
77. 同上, p. 8735.
78. 同上, pp. 8737, 8743.
79. 同上, p. 8735.
80. 这一联盟投票立场的相似度惊人，得分高达86分（相比较而言，南方民主党与非南方民主党之间的相似度却低得惊人，得分仅为14分）。
81. *Congressional Record*, 80th Cong., 2d sess., March 16, 1948, p. 2904.
82. 相似度得分为81分。随着1948年杜鲁门当选总统，众议院南方民主党议员的人数增加了75位，参议院增加了9位。第81届国会没能否决总统的改组计划。这一计划包括将建立失业保险的责任移交至劳工部。这项工作到目前为止一直由劳工部负责。
83. 相关讨论，见 Sean Farhang and Ira Katznelson, "The Southern Imposition: Congress

and Labor in the New Deal and Fair Deal," *Studies in American Political Development* 19 (2005): 25.

84. 相关讨论，见 Lois Ruchames, *Race, Jobs, and Politics: The Story of the FEPC* (New York: Columbia University Press, 1953); Merl E. Reed, *Seedtime for the Modern Civil Rights Movement: The President's Committee on Fair Employment Practice, 1941–1946* (Baton Rouge: Louisiana State University Press, 1991); Anthony S. Chen, *The Fifth Freedom: Jobs, Politics, and Civil Rights in the United States, 1941–1972* (Princeton, NJ: Princeton University Press, 2009); Kenneth M. Schultz, "The FEPC and the Legacy of the Labor-Based Civil Rights Movement of the 1940s," *Labor History* 49 (2008): 71–92.

85. 在关于改组计划的辩论中，来自犹他州的民主党参议员埃尔伯特·邓肯·托马斯（Elbert Duncan Thomas）当众宣读了德克萨斯制造业协会和南加利福尼亚商会与此有关的信件。见 *Congressional Record*, 80th Cong., 2d sess., March 16, 1948, p. 2904.

86. Orme W. Phelps, "Public Policy in Labor Disputes: The Crisis of 1946," *Journal of Political Economy* 55 (1947): 189–211.

87. 20 世纪 30 年代后期的研究，见 Marian D. Irish, "The Proletarian South," *Journal of Politics* 2 (1940): 231–58；关于工会运动发展的数据资料，见 Leo Troy, "The Growth of Union Membership in the South, 1939–1953," *Southern Economic Journal* 24 (1958): 407–20. 重要的论著仍然是 Ray F. Marshall, *Labor in the South* (Cambridge: Harvard University Press, 1967).

88. *New York Times*, July 7, 1943.

89. *Congressional Record*, 78th Cong., 1st sess., June 2, 1943, p. 5228.

90. Harry A. Mills and Emily Clark Brown, *From the Wagner Act to Taft-Hartley: A Study of National Labor Policy and Labor Relations* (Chicago: University of Chicago Press, 1950), pp. 354–56. 另见 James B. Atleson, *Labor and the War-time State: Labor Relations and Law during World War II* (Urbana: University of Illinois Press, 1998); Patrick Renshaw, "Organized Labor and the United States War Economy, 1939–1945," *Journal of Contemporary History* 21 (1986): 3–22.

91. 相似度得分为 84 分。

92. 相似度得分为 100 分。美国劳工联合会主席威廉·格林、产业工会联合会主席菲利普·默里（Philip Murray）及机车消防员和工程师兄弟会主席唐纳德·罗伯森（Donald Robertson）联合向罗斯福总统递交备忘录，要求总统否决这一"邪恶、可恶的法案"，并称这一法案"出自恶棍之手"，代表了"不折不扣的法西斯主义"。见 *New York Times*, June 18, 1943. 总统发布否决令并不是因为自己从思想上认为应当这样做，而更多的是出于维持政局的"工具性"需要。正如纳尔逊·利希滕斯坦（Nelson Lichtenstein）撰文指出的：罗斯福否决这一法案并不是因为其本人或顾问团队成员反对其中的惩罚性条款内容——许多人认为这些条款存在缺陷和不妥之处——而是因为这种限制工会发展的企图只能招致劳工界的动荡和不满。伊克斯告诫罗斯福总统这一法案将使约翰·刘易斯（矿工联合会主席，这一组织在六个星期内组织了三次罢工运动）成为一名博得劳工广泛同情和支持的"英雄"。威廉·戴维斯则担心，如果罗斯福总统签署了这一法案，它将把"忠诚负责的工会领导人推向支持刘易斯的阵营"。对授权民众实施罢工的条款进行表决有可能带来更大的麻烦。与菲利普·默里交谈后，国内事务助理韦恩·科伊告诫罗斯福总统，《史密斯—康纳利法案》将"鼓励地方领导人以自己的职责为由递交罢工通知……这一倾向有可能弱化尽职尽责的国际事务官员在其所在选区的权威和影响力。这不但不会减小，反而会增加大规模罢工的危险"。见 Nelson Lichtenstein, *Labor's War at Home: The CIO in World War II* (New York: Cambridge University Press, 1982), pp. 167–68.

93. *Congressional Record*, 78th Cong., 1st sess., June 3, 1943, p. 5312.
94. Mills and Brown, *From the Wagner Act to Taft-Hartley*, pp. 360–62.
95. 南方议员与共和党议员联手投票支持法案通过。在众议院，两者立场相似度的得分竟然高达 100 分，在参议院，相似度得分高达 89 分。
96. 相关讨论，见 Farhang and Katznelson, "The Southern Imposition," p. 24.
97. *Congressional Record*, 79th Cong., 2d sess., February 6, 1946, p. 993; February 5, 1946, p. 922.
98. "The Labor Situation," *Fortune*, November 1946, p. 125. 一项重要论述，见 United States Department of Labor Bureau of Labor Statistics, Bulletin No. 898, *Labor in the South* (Washington, DC: U.S. Government Printing Office, 1947).
99. 机车工程师和乘务员恢复工作后，危机得以平息。
100. "Labor Drives South," *Fortune*, November 1946, pp. 134, 135.
101. Congress of Industrial Organizations, "The CIO and the Negro Worker: Together for Unity" (1942); "Working and Fighting Together Regardless of Race, Creed, Color or National Origin" (1943); "Report of the National CIO Committee to Abolish Discrimination" (1945); "A Legal Informational Guide to State Civil Rights Statutes and FEPC Legislation, and Procedures for Processing Court Cases" (1947).
102. Risa Lauren Goluboff, "Let Economic Equality Take Care of Itself: The NAACP, Labor Litigation, and the Making of Civil Rights in the 1940s," *UCLA Law Review* 52 (2005): 1393–1486.
103. "Labor Drives South," p. 230.
104. 同上，pp. 230, 232 (原文斜体部分)。这一时期有关种族与劳工错综关系的研究，见 Robert Korstad and Nelson Lichtenstein, "Opportunities Found and Lost: Labor, Radicals, and the Early Civil Rights Movement," *Journal of American History* 75 (1988): 786–811; Michael Goldfield, *The Color of Politics: Race and the Mainsprings of American Politics* (New York: New Press, 1997), pp. 240–49; Philip Foner, *Organized Labor and the Black Worker, 1916–1973* (New York: Praeger, 1974), pp. 238–74; Ray Marshall, "The Negro in Southern Unions," Marc Karson and Ronald Radosh, "The Ameri-can Federation of Labor and the Negro Worker," and Sumner N. Rosen, "The CIO Era, 1935–55," in *The Negro and the American Labor Movement*, ed. Julius Jacobson (New York: Doubleday, 1968), pp. 128–208; Paul Frymer, *Black and Blue: African Americans, the Labor Movement, and the Decline of the Democratic Party* (Princeton, NJ: Princeton University Press, 2008), pp. 54–63; Judith Stein, "Southern Workers in National Unions: Birmingham Steelworkers, 1936–1951," in *Organized*

Labor in the Twentieth-Century South, ed. Robert H. Zieger (Knoxville: University of Tennessee Press, 1991), pp. 183–222.

105. "Labor Drives South," pp. 234, 237.
106. 南方各州联合行动的失败是一个关键的转折性事件。相关研究，见 Michael Goldfield, "The Failure of Operation Dixie: A Critical Turning Point in American Political Development?" in *Race, Class, and Community in Southern Labor History*, ed. Gary M. Fink and Merl E. Reed (Tuscaloosa: University of Alabama Press, 1994), pp. 166–89.
107. "The Labor Bill Becomes Law," *New York Times*, June 24, 1947.
108. Robert A. Taft, "The Taft-Hartley Act: A Favorable View," *Annals of the American Academy of Political and Social Science* 274 (1951), p. 195; http://www.presidency.ucsb.edu/ws/index.php?pid=12675#axzz1Q7QXfGtV.
109. 到 1954 年，非南方地区只有下列各州通过了这一法律：亚利桑那州、爱荷华州、内布拉斯加州、内华达州和南达科他州。实施工作权利法的州的名单，见 Erwin S. Mayer, "Union Security and the Taft-Hartley Act," *Duke Law Journal* 4 (1961): 515. 对于《塔夫托－哈特利法案》更全面的研究，见 Katznelson, *When Affirmative Action Was White*, pp. 61–65; Sumner H. Slichter, "The Taft-Hartley Act," *Quarterly Journal of Economics* 63 (1949): 1–31; 特别是 R. Alton Lee, *Truman and Taft-Hartley: A Question of Mandate* (Lexington: University of Kentucky Press, 1966). The Bureau of National Affairs, *The Taft-Hartley Act after One Year* (Washington, DC: BNA, 1948) 长达 335 页的法案执行报告从当时非党派的立场提供了详实的数据资料。
110. *Congressional Record*, 80th Cong., 1st sess., April 28, 1947, p. 4150.
111. Hugh Davis Graham, *The Civil Rights Era: Origins and Development of National Policy* (New York: Oxford University Press, 1990), p. 37.
112. *Congressional Record*, 80th Cong., 1st sess., April 29, 1947, p. 4317–18, 4399.
113. 同上，June 18, 1947, p. 906.
114. 相关讨论，见 Nelson Lichtenstein, "Taft-Hartley: A Slave Labor Law?," *Catholic University Law Review* 47 (1998): 770–72, 782–85.
115. 在参议院，肯塔基州的少数派领袖阿尔本·巴克利和西弗吉尼亚州的哈利·基尔戈也为工会辩护，只是语气比派帕尔和缓一些。
116. *Congressional Record*, 80th Cong., 1st sess., March 10, 1947, p. 1171.
117. 同上，p. 1322.
118. 同上，April 3, 1947, p. 632.
119. 同上，April 26, 1947, p. 698.
120. Fred A. Hartley, *Our New National Labor Policy* (New York: Funk & Wagnalls, 1948), p. 12.
121. *Congressional Record*, 80th Cong., 1st sess., April 17, 1947, p. 857.
122. James A. Gross, *The Reshaping of the National Labor Relations Board: National Labor Policy in Transition, 1937–1947* (Albany: State University of New York Press, 1981), p. 16.

123. 如果南方民主党议员在投票表决时的立场与其他民主党议员一致，《塔夫托—哈特利法案》就不会获得通过。在众议院的五次关键性投票中，南方民主党与共和党立场的相似度得分达 89 分；在参议院举行的 14 次投票中，二者之间的相似度得分高达 81 分。当众议院就推翻杜鲁门总统的否决令进行投票时，南方民主党与共和党形成了联盟，二者的立场相似度得分高达 91 分；在参议院，这一得分高达 79 分。在劳工问题上，南方几乎完全背叛了民主党的政治立场。
124. Andrew Schonfield, *Modern Capitalism: The Changing Balance of Public and Private Power* (New York: Oxford University Press, 1965), pp. 357, 313, 322, 319, 115, 308.
125. 在社会政策上形成的跨区域联盟的紧密程度，因所涉及问题的不同而有所变化。在住房和城市改造方面，党内立场的相似度得分低于 70 分，在 65 分上下；但在进行重要立法问题的投票表决时，党内意见却非常一致，见 David R. Mayhew, *Party Loyalty among Congressmen: The Differences between Democrats and Republicans, 1947–1962* (Cambridge: Harvard University Press, 1966), especially pp. 57–90.
126. 对这些问题进行评估的一个重要参照框架，见 Peter A. Hall and David Soskice, eds., *Varieties of Capitalism: The Institutional Foundations of Comparative Advantage* (New York: Oxford University Press, 2001).
127. 当时，对于利益集团多元化的研究，见 David B. Truman, *The Governmental Process: Political Interest and Public Opinion* (New York: Alfred A. Knopf, 1951).
128. U.S. Department of Commerce, *National Associations of the United States* (Washington, DC: U.S. Government Printing Office, 1949).
129. Truman, *The Governmental Process*, p. 59.
130. 同上, pp. 50–51.
131. Theodore J. Lowi, *The End of Liberalism: Ideology, Policy, and the Crisis of Public Authority* (New York: W. W. Norton, 1969), p. 72.
132. 同上, p. 123.
133. E. E. Schattschneider, *The Semi-Sovereign People: A Realist's View of Democracy in America* (New York: Holt, Rinehart and Winston, 1960), p. 35.
134. 尽管黑人领袖们最初倾向于拒绝做出这样的选择，但这一问题还是产生了。见 Dona C. Hamilton and Charles V. Hamilton, *The Dual Agenda: Race and Social Welfare Policies of Civil Rights Organizations* (New York: Columbia University Press, 1997). 有关劳工与公民权利运动之间关系破裂的精辟研究，见 Risa L. Goluboff, The Lost Promise of Civil Rights (Cambridge: Harvard University Press, 2010).

11. "最强烈的愿望"

1945年7月15日晚11时,世界上第一颗原子弹即将在美国爆炸时,远在德国的波茨坦正是黎明时分,这里即将召开一场由丘吉尔、斯大林和杜鲁门三位胜利者左右的峰会。原子弹爆炸前,一批参与"曼哈顿计划"的科学家、管理人员和57岁的生于立陶宛的《纽约时报》科学记者威廉·劳伦斯(William Laurence)启程奔赴位于洛斯阿拉莫斯南部212英里处的秘密地点,去亲眼见证原子时代的开始。劳伦斯等人的观察位置在新墨西哥州偏远的阿拉莫戈多空军基地边缘沙漠中的一个山丘上,距离零号测试点有20英里。[1]他们小心翼翼,直到火光消失,蘑菇云升起才敢睁开眼睛观看。包括范内瓦·布什、詹姆斯·B.科南特、恩里克·费尔米(Enrico Fermi)和莱斯利·格罗夫斯在内的"曼哈顿计划"的领导成员们聚集在控制室里等待罗伯特·奥本海默发布起爆命令。奥本海默将这一试验命名为"三位一体"。

有人曾针对爆炸的规模大小下赌注。[2]16日晨5时30分,起爆命令下达。之前,这个被称为"小玩意"的原子弹装着两个半球状的小型钚核,早已在100英尺高的铁塔上摆好姿势,准备在命令下达后随时落地。

劳伦斯报道说：

> 从地球内部升起一道光柱。它不是普通的太阳光线，而是许许多多条太阳光线聚集在一起，形成的强烈光柱。它也不同于平时的日出。人类从来没有见到过这样的日出景象。一个散发着绿色光焰、巨大的超级太阳在瞬间升到了八千多英尺的高空，然后继续上升，直到云霄。耀眼的光芒照亮了天空和大地上的一切。在其上升过程中，一个直径一英里的巨大火球升入空中。火球在迅速上升的过程中，不断变换颜色，最终由深紫色变成桔黄色，而且还在不断膨胀，变得越来越大。最后，一股已经被束缚和压抑了几十亿年的巨大能量突然释放出来。瞬间，颜色神秘地变成了绿色。这样的景象只有在日全食时，才能在日冕中看到。人们突然感到整个地球仿佛开裂了，天空也被劈成两瓣。这大概就是上帝创造世界的时刻吧。上帝说，"要有光"。[3]

另一位目睹者，"曼哈顿计划"的地面行动总指挥 T. F. 法雷尔（T.F. Farrell）准将则以更加平淡的文字描述了这一场景：

> 科南特博士起身与格罗夫斯将军握手。坐在另一侧的布什博士也站起来与将军握手。基斯塔科夫斯基（Kistiakowsky）[4] 博士张开双臂抱住奥本海默博士，两人高声欢笑着拥抱在一起。其他人的心情同样激动无比。人们压抑已久的情感突然得到了释放。他们似乎突然意识到，爆炸已经远远超出人们最乐观的预期和最强烈的愿望。[5]

当天早上，试验现场只损失了一些动物，包括一群羚羊。然而，三个星期以后，也即 1945 年 8 月 6 日，[6] 当三架 B-29 轰炸机从距离日本东部约 1,500 英里的马里亚纳群岛的天宁岛起飞时，注定投放地将损失惨重。劳伦斯曾获准到天宁岛空军基地采访，它是按照莱斯利·格罗夫斯将军的命令，所开辟的核战争专用军事基地。[7] 劳伦斯目睹了轰炸机"埃诺拉·盖伊"将"小男孩"投向日本广岛时，在空军基地起飞和几小时后返回的过程。令他感到不解的是，"看上去显得如此无辜、设计如此精美、操作起来如此安全的'小男孩'，在人们还没来得及眨眼的一刹那，就把一整座城市以及其中的人口全部毁灭",[8] "有这样的可能吗"？

"各方行动结果均显示非常成功"，作战部通过电报向杜鲁门总统作了上述报告，并指出广岛已经被从地球上抹掉。"最终见到的效果比试验时还好。"[9] 三天后，劳伦斯获准可乘机采访第二次行动。这一次由"艺术大师"携带"胖子"前往长崎。午夜时分，当作战指示部署完毕时，来自明尼阿波利斯希望福音信义会的牧师威廉·B. 唐尼（William B. Downey）上尉为这次行动作了祈祷。"全能的上帝啊，全能的慈悲之父……在接下来的几个小时内，给我们勇气和力量吧；请按照孩子们的业绩奖赏他们。"12 小时后，在同时起飞的另一架 B-29 轰炸机狭窄透明的机头前排座椅上，劳伦斯目睹了长崎"待在太阳底下的最后一刻"：当整座城市正从"晨光中早早醒来时"，"那个黑色的'家伙'冲了下去"。[10]

一

日本占领中国东北 14 年后，1945 年 8 月 15 日，裕仁天皇向全体国民发布了广播讲话。此时，他的国家已经变成废墟，300 万日本平民被战争夺去性命，接近 500 万军人受伤或死亡。全国近一半城区被毁，900 万人无家可归。裕仁天皇宣布，由于敌人使用"野蛮的轰炸手段残害了大量无辜平民"，而且广岛和长崎所遭受的破坏"难以估量"，如果我们决定"将战争继续进行下去"，"其后果将不仅仅是日本种族的灭绝，而且是整个人类文明的灭绝"。[11]

日本宣布投降后，还没等到美国第一批占领军到达日本，也没有等到9月2日日本代表在密苏里号战舰上正式签署投降协议，美国人民就陷入了庆祝胜利的狂欢之中。随之，杜鲁门总统宣布每年的9月2日为"抗日战争胜利纪念日"。

8月14日，纽约时代广场上的电子公告牌播放杜鲁门总统宣布日本已被打败的消息时，两百200多万纽约市民自发拥入时代广场，庆祝胜利的到来。《生活》杂志报道说，"这是纽约有史以来最盛大的狂欢场面"。纽约市其他地区以及全国各地同时开始了庆祝活动。美国人民走向街头，欢庆战争灾难的结束和正常生活的即将来临。[12]

"将爸爸带回家"团体组织的活动迅速发展成声势浩大的运动。没过多久，"美国军队规模最大的战后复员行动开始了"。[13]士兵们开始迅速退伍返乡。日本放下武器时，美国有8,020,000名陆军和3,400,000名海军士兵在部队服役。几个月后，这一数字发生了惊人的变化。到1946年年初，服役人员总数下降到3,024,000人；到该年年底，部队兵力总数下降到1,582,000人。到1947年中期，美国在欧洲的作战部队由德国投降时的97个不满员作战师下降到12个。[14]国防开支也大幅度下降，在1945年到1947年之间，由810亿美元下降至130亿美元。[15]人们并非没有注意到，兵力数量和国防开支的急剧下降似乎证实，美国会像罗斯福总统在雅尔塔会议上表示的那样，尽快将部队撤离欧洲。同时这也证实，美国传统上保持的常规武装力量也被大幅缩减，这将使美国的防御范围仅限于西半球以内。[16]

同时，华盛顿政府的作战部门也开始松懈下来，有的甚至关闭。早在8月18日，以赛亚·伯林就从英国驻华盛顿大使馆向伦敦报告说，公众的"情绪因陶醉于胜利之中而完全松懈下来"，"作为对公众情绪的明显回应，作战部门开始竞相放松管理。给人的总体印象是，美国庞大复杂的战争机器在一夜之间就彻底垮下来了"。[17]

战争的终止对美国社会的影响也立刻显现。审查制度被取消，汽油也不再配额供应，圣诞节的袜子也可用尼龙材料做了。1945年8月下旬，战时新闻处停止运作，其海外项目移交至国务院。没出一个月，负责战争武器设施租借的行政部门，即对外经济管理局也被关闭，它所负责的项目也彻底停止。对外经济管理局的突然关闭当然对英国造成了严重不利影响。[18] 9月20日，主管情报工作的战略服务局奉命解散，[19] 其情报研究分析科被调整至国务院，行动部门则被调整至作战部。[20]

当时，美国公众和领导层均对国际法、集体安全和原子盾牌的保护寄予厚望，认为，这几方面结合起来，可以使美国从大部分全球防御任务中脱身。这样他们对于"筋疲力竭、满目疮痍"的苏联也没有什么可以担心的了。[21] 美国政府开始将注意力转向国内面临的住房危机和大规模罢工浪潮。同时政府开始加强对民用经济的管理，为了促使民用经济尽快恢复，相关政府监督部门尽快终止军工生产合同，处置战争期间遗留下来的物资，清理工厂中积压的武器生产原料，并结束物价限制政策。至少在当时情形下，杜鲁门总统将绝大部分外交事务交给国务卿、曾任南卡罗纳州参议员的詹姆斯·伯恩斯处理。[22]

冷战——这一术语直到1947年才由伯纳德·巴鲁克首次提出，并由沃尔特·李普曼[23] 加以推广——是人们始料未及的事情。在第二次世界大战期间，不只李普曼一人认为，非轴心国家之间的同盟关系应当继续维持下去，因为美国的战略核心利益在于，将欧洲一切武装力量的作战范围限制在欧洲大陆以内。[24] 同样，罗斯福总统也曾认为，不论理由多么牵强，战争期间的同盟关系都应当继续维持下去。在1944年3月8日召开的战时宣传理事会大会上，罗斯福总统指出，"在未来的许多年内，苏联将忙于处理自己国内的事务"，"他们将无暇它顾"。[25]

这是当时人们的普遍认识。[26] 军队、总统办公室和国会在战争期间就如何快速顺利地开展战后军人的退伍安置进行规划磋商时，就已经认识到同盟伙伴关系必须维持下去。[27] 同盟国就建立联合国问题所进行的顺利协调，以及美国加入联合国没有在国内引起任何争议，使人们对战后同盟关系的继续维持产生了坚定的信心。战争结束前，同盟国在旧金山起草的《联合国宪章》于 1945 年 6 月 26 日签署，并于 7 月 28 日在参议院以 89∶2 的投票结果获得压倒性通过。[28] 这与 20 年前美国政府提交加入国联的议案被参议院否决形成了鲜明对照。三个月后的 10 月 24 日，《联合国宪章》开始生效。与此同时，在纽伦堡，受到战时同盟国一致支持的纳粹战犯审判工作也在顺利进行。

杜鲁门总统有充足的理由期望，联合国能够推行罗斯福总统关于战后国际局势的观点和主张。[29] 从阿拉莫戈多原子弹试验基地回到华盛顿后，范内瓦·布什和詹姆斯·科南特一致认为，摆在眼前的最重要任务之一是，尽快向外界披露有关核武器研发的一切信息，"以避免发生秘密军备竞赛"。因此他们坚持，努力树立联合国的权威"必须成为每一个心智健全者的主要奋斗目标"。[30] 尽管存在新的紧张冲突，苏联毕竟还不是同盟国的敌人。[31] 密西西比州的詹姆斯·伊斯特兰曾经对共产主义抱有强烈的敌视态度，但在 1945 年 7 月参议院对美国加入联合国的议案进行讨论时，伊斯特兰表示，"我们必须与苏联保持合作关系"。[32] 1946 年 1 月，第一次联合国大会在伦敦大教堂召开时，美国与苏联之间还没有表现出相互疏远的迹象。当时美国代表团的负责人为前国务卿爱德华·斯泰提涅斯，苏联代表团的负责人为前整肃审判检察官安德烈·维辛斯基。不过，在会议上，伊朗谴责苏联干涉其内部事务，而苏联则谴责英国干涉希腊内部事务。这两件事情预示着未来不可避免地会产生争执。与战争结束相伴而来的兴奋与宽慰的心情，使得第一次联合国大会充满了合作的气氛。这种气氛很快就产生了实际成果。1 月 24 日，联合国的第一份决议获得 51 个会员国的一致赞成。该决议启动了一项议程，以保证消除核武器和指导各国和平利用原子科学的国际公约得以顺利实施。斯大林很快就满怀信心地向世人表示，联合国正在成为维持世界和平的"严肃工具"。[33]

仅仅五年后，上述合作愿望就走向破碎。1951 年，布鲁金斯学会按照预算管理局和总统办公室的要求，研究和讨论美国在国际事务中的立场问题。讨论过程中，人们只能充满忧虑地回顾战争结束时的政治情形。当时，几乎没有人预料到，美国与苏联的安全合作关系即将破裂，也没有人预料到东西方之间的相互猜疑会在如此短的时间内加剧，造成双方之间的冷战不断升级。[34] 布鲁斯金学会的报告指出，当时美国在国际事务中所面临的困难比20世纪30年代经济危机时期的还要大。报告以稍微不解的口吻淡然指出，全球形势的发展和变化将导致"人们对未来所抱有的传统期望被打碎，人类行为的历史准则被抛弃"。[35]

在联合国成立及核武器第一次被使用时，布鲁金斯学会研究报告中所提及的国家安全部门大部分还不存在。杜鲁门政府设立这些安全机构的目的是，对美国的对外政策结构和战略进行调整。作战部被重新组合到功能完全不同的国防部。国防部因此成为一个综合性机构，"其独特的基本结构与其他行政部门完全不同"。[36] 当时政府还设立了国家安全理事会、中央情报局、国家资源安全委员会、国家科学基金会和许多其他机构。这些机构主要负责战后救济、对外援助和搜集海外情报信息。国务院的规模大幅度扩大。对外服务局的人员规模从1940年的4,000名外交官和其他工作人员增加到1950年的24,000人。该机构在华盛顿的工作人员则由1,000人增加到8,000人。[37]

为了限制苏联的势力，推行西方的政治经济模式，美国政府同时新设了一些管理、财政和军事机构。这些机构使美国可以继续在全球范围内采取行动，它们通常不对外公开，采取行动时也要保持高度警惕。其主要职能是以保卫自由民主的名义，加强国家的军力建设，监控核武器的发展，搜集军事情报，并采取保密行动。这些组织不断采取对外扩张的行动，仿佛美国仍然处于全球战争状态之中，其采取行动的一个重要前提是，将美国视为自由民主理所当然的捍卫者。

这样一种国家安全状态——认为对美国民主制度最大的威胁来自于国家外部——反映了当时美国社会公共程序和私人利益相互交织的情形，其中，私人利益团体极力排斥经济计划与国家社会主义在生产劳动中的地位与作用。通过将"新政"初期活力四射的进取精神与第二次世界大战期间全面振兴科技的动员力量结合在一起，美国政府大力推进了科学与军事的发展计划，构建了企业、劳动者与国家之间的团结合作关系，并要求对国家的军事科学计划严格保密，坚持认为所有忠于国家的公民都应当自觉服从国家的整体利益。政府呼吁人民响应国家"发动一场战胜危机的人民战争"的号召，但这一次危机不同于罗斯福首次宣誓就任美国总统时所宣布的紧急状态，也不同于有着明确时间界限的第二次世界大战期间的紧急状态。

没过多久，1945年夏末，主导人们内心的欢快情绪就被原子弹威胁所带来的焦虑和恐惧取代。人们很快陷入新的恐惧之中，其根源在于原子弹轰炸给国家安全蒙上了灾难性阴影。"一个可悲的事实是"，威廉·劳伦斯写道，"目前，我们还无法确认战争已经结束。25年后，或更早一些时候，我们或许会认识到我们曾经认为的战争结束实际上不过是又一次的长期休战。我们利用这一休战时期，屯积了威力更大、性能更好的原子弹"。曾经亲眼目睹原子弹爆炸场面的劳伦斯对原子弹的潜在威胁不寒而栗。"如果爆发核战，世界末日就不远了。"[38] 明显的恐惧情绪不仅占据了公众的内心，而且令决策层的精英们感到极度不安。核战争威胁的阴影充斥着战后军事机构和战略制定的方方面面。它造成了人们之间的相互猜疑，使得某些方面的政府决策要高度保密，同时也使得联邦政府的一些强制性权力可以避开正常的民主审查程序。对于大萧条和第二次世界大战，人们均有希望找到解决方案。往日的繁荣可以得到恢复，敌人会被迫投降。但剧烈的全球战争和意识形态冲突所持续的时间永远是无法确定的，原子弹的永久性存在与全球战争之间的密切关联是确定无疑的。这种恐惧威胁的本质含义与罗斯福总统1933年3月所宣称的威胁是完全不同的。

二

长崎遭原子弹轰炸五天后，美国广播新闻节目著名评论员 H. V. 卡滕伯恩（H.V. Kaltenborn）要求美国广播公司的听众们"想象一下如果发生第三次世界大战，其造成的大规模人员伤亡将是什么情形呢"？在同一个星期里，两个完全不同的声音向世人发出警告说，历史刚刚经历了一个严重的断裂时期。第一位是亨利·哈雷·阿诺德（Henry Harley Arnold）将军。阿诺德在1943年3月到1946年2月之间担任陆军航空兵总司令，是陆军司令部继马歇尔、麦克阿瑟和艾森豪威尔将军之后第四位担任这一职务的人员。阿诺德领导了第二次世界大战期间的地毯式轰炸行动，他曾经提出在原子弹轰炸长崎行动结束后，"再动用1,000架次飞机，实施'大结局'行动"。[39] 阿诺德概述了美国战后的武器研发计划，包括提高炸弹性能，制造超音速飞机，生产可以在地球上任何地方命中任何目标的精确制导炸弹。[40] 第二位是著名批评家和作家詹姆斯·艾吉（James Agee）。长崎遭轰炸后发行的第一期《纽约时报》上，艾吉的文章刊登在一幅原子弹蘑菇云照片的下方。艾吉以"悲伤与不解"的笔调写道，"本周，有史以来规模最大、最令人恐惧的一场战争在一阵巨响的余音中结束了——这阵巨响震惊了整个地球，以致于与之相比，战争本身的意义和影响都要退居次要位置了"。"原子弹"的存在，他继续写道，"使得雅尔塔会议和波茨坦会议上作出的所有决定只不过是众多溪流上的小小拦河堤坝而已"。艾吉担心即使"人类能很好地利用核能，它也很容易酿成恶性灾难"，他总结道，"虽然原子的裂变是可控的，但已然非常困惑和分裂的人类，会就此被带入一个一切物质文化和思想都会发生巨大裂变的新时代——这将是一种完全失控的裂变"。[41]

到9月中旬，盖洛普报告说，美国共计有27%的国民认为早晚会有一天，一系列的"原子弹轰炸将毁灭整个世界"。[42] 两个月后，莱斯利·格罗夫斯警告说，"如果人类任由核武器失控，这个世界将自行灭亡"。在南卡罗来纳州查尔斯顿举行的"吉米·伯恩斯（Jimmy Byrnes）返乡纪念日"集会上，国务卿先生宣称："从第一颗原子弹投向广岛的那天起，有一件事情已经大白于天下：文明世界无法在核战争中幸存。"[43]

1945年11月，《生活》杂志刊登了一篇题为"36小时战争"的令人惊悚的图片新闻。新闻描述了一场未来全球战争的可怕景象。"战争始于对美国重点城市的原子弹轰炸"，尽管它以"美国核战争的胜利"告终，但其结果却惨不忍睹。文章警告说，美国各地若是遭到核打击，一切防御手段都将无济于事，并预言会有"约四千万人丧生，所有五千万人口以上的城市被夷为平地"。文章开篇就展现了一幅逼真的画面，正如标题所展示的，"敌方的导弹雨点般落向华盛顿城区"。文中的一幅幅画面生动可信地描绘了原子弹轰炸美国城市、摧毁雷达跟踪系统的场景。最后一幅画面描绘了第五大道被彻底炸毁的可怕景象，文字说明中写道："在纽约公共图书馆的大理石狮子附近，美国技术人员正在检测城市废墟中放射性物质的含量。"[44]

美国唯一可能的敌人就是苏联。然而，虽然苏联与美国不是真正的盟友关系，但双方不是还在合作吗？1946年2月是一个重要时刻。当时《生活》杂志所描绘的想象中的战争似乎开始在言语和行动上变成现实。

2月9日，自1937年以来苏联最高苏维埃举行首次大选前夕，约瑟夫·斯大林在莫斯科大剧院发表广播讲话。当时权力、威望和魅力都处于顶峰的斯大林强调说，"世界反法西斯战争的胜利，首先是苏联社会主义制度的胜利"，战争已经表明"社会主义制度受到了人民的欢迎"，它不是"契卡组织强行施加给人民的社会制度"。斯大林继续强调说，共产党将以"钢铁般的意志和手腕"粉碎"托派分子和右派分子颠覆和破坏政府的各种阴谋"。斯大林同时强调，苏联将提升军备的数量和质量，弘扬红军大无畏的战斗品格。他还含蓄而准确无误地提到核武器问题。他宣布，苏联正在计划采取措施，创造条件，使苏联的科学技术"在不久的将来赶上并超过其他国家"。[45]

斯大林是在分析第二次世界大战的根源时做出上述强硬表态的。他坚定地指出，战争是"世界资本主义"的内在本性。资本主义制度"在战争的危机和灾难中生存"。资本主义国家与苏联领导的"进步力量"之间的合作伙伴关系不过是一种权宜之计。斯大林总结道,最近发生的战争"是垄断资本主义条件下,世界经济和政治力量较量所致的必然结果"。[46]

正如约翰·刘易斯·加迪斯(John Lewis Gaddis)指出的,"没有一位熟悉斯大林思想的政治家能够从上述讲话中发现多少新观点",因为"这一讲话所反映的是斯大林多年来一直信仰和宣传的政治理念"。尽管如此,许多西方政治家认为,斯大林在有意向世界宣布战争期间苏联与西方的盟友关系已经彻底消亡。[47]这是对外服务局官员埃尔布里奇·德布罗(Elbridge Durbrow,后来于1957年到1961年之间担任美国驻南越大使)对此做出的政治判断。"斯大林为什么如此行事?真是太难以置信了。"[48]

曾在莫斯科担任美国驻苏大使的埃夫里尔·哈里曼(Averell Harriman)苏联问题专家的乔治·凯南,与德布罗的看法有所不同。凯南认为,斯大林的讲话是苏联对西方缺乏信任感的一种正常反应。[49]但正是凯南于2月22日从莫斯科发往华盛顿长达8,000字的电报——对外服务局有史以来最长的工作报告——确立了美国在整个冷战阶段对外政策的分析术语和基本框架。凯南从莫斯科发回的电文是按照国务卿伯恩斯的要求,对斯大林在莫斯科大剧院的讲话所作的解读和分析。凯南认为,苏联不可能与美国结成长久的盟友关系。

凯南建议,面对苏联这样的敌人,美国政府应当在充分研究和分析其现状及长远目标的基础上,"沉着、冷静地"采取坚定有力的外交手段加以应对。凯南预测说,由于苏联"既没有明确的蓝图,也不想冒过大的政治风险",因此,其领导人不会对西方采取过激行动。相反,如果西方采取有效措施抵制其政策选择,苏联有可能会谨慎地向后退缩。凯南建议美国领导人,开展对公众的教育,构筑"健全而富有活力的社会体系","勇敢、自信地坚持自己选择的发展方式和人类社会的发展理念"。凯南总结说:"毕竟,我们在应对苏联共产主义的过程中所面临的一个最大危险是,我们自己反而被他们赤化,走向与他们类似的道路。"⁵⁰ 1947 年 7 月，凯南以"X 先生"的名义发表的有关外交政策的匿名文章"苏联行为的根源"，以及他发自莫斯科的"长篇电文"均表示，美国对苏联应采取谨慎处置与积极抑制相结合的方针。"美国对苏联政策的一个主要原则"，凯南建议，"是必须具有长远目光，必须有忍耐精神，必须靠坚定而谨慎的抑制政策取胜"。凯南强调说，这样一种政策可以最终导致苏联霸权的"逐渐削弱"，甚至"彻底崩溃"。⁵¹

凯南从莫斯科发回的电文报告立刻在国内产生了重要影响。"这个报告来得正是时候"，当时的国务院工作人员路易斯·哈利（Louis Halle）回顾说，"那些日子……国务院正为对苏政策所困扰，正试图从学术界得到一些新的支持和帮助"。⁵² 1946 年 2 月 28 日，收到凯南电文不久，伯恩斯国务卿向纽约海外媒体俱乐部发表了关于美国对外政策的演讲。针对斯大林的言论，伯恩斯谴责其为"关于必战论的信口雌黄"。伯恩斯要求美国公众保持"耐心和决心"，并呼吁军方作好充分准备，保证美国"作为一个世界大国"，⁵³ 能够随时采取有力行动，捍卫国家利益。

温斯顿·丘吉尔也看到了凯南的长篇电文。3 月 5 日，丘吉尔在哈里·杜鲁门的家乡发表了著名的"铁幕演讲"。他宣布"一张铁幕已经降临到欧洲大陆"，并要求西方对苏联采取坚决抵制的立场。⁵⁴ 斯大林迅速通过《真理报》做出回应。《真理报》以"关于丘吉尔的富尔顿演讲"为题对斯大林进行了专访。斯大林称丘吉尔的演讲为"一种危险举动"，他将丘吉尔及其"美国盟友"比作"希特勒及其盟友"，"这没有什么值得'大惊小怪的'"，"为了捍卫本国的未来，苏联将尽力保护邻国中忠于苏维埃的政府"。任何"将苏联这一路线方针视为对外扩张的人"，"都是地地道道的疯子"，斯大林总结道。⁵⁵

当时，激烈紧张的国际环境与公众对核威胁担心的不断升级交织在一起。随着人们关于冷战的言论愈演愈烈，一向保持冷静的《华尔街日报》，其社论也开始发出警告，"如果第三次世界大战爆发，核战争将同时发生"。⁵⁶ 1946 年 3 月，美国科学家协会发行了一本平装书，警告说，核战争的危险与地球的脆弱不堪将使人类面临艰难的选择：
"要么保持整个世界和平，要么彻底毁灭整个世界。"该书的副标题为
"就原子弹的全部内涵致公众的报告"。书的销量很快就达到了100,000
册。该书的出版发行决不是美国科学家协会做出的无谓努力。书中文
章的作者主要来自著名的物理学家，包括阿尔伯特·爱因斯坦（Albert
Einstein）、罗伯特·奥本海默、亚瑟·康普顿、尼尔·波尔（Neils
Bohr）、汉斯·贝特（Hans Bethe）、哈罗德·尤里（Harold Urey）和利
奥·西拉德，此外还包括沃尔特·李普曼和阿诺德将军。该书预测，一
场核军备竞赛将"使人类有史以来所面临的最危险的生存状态雪上加
霜"。[57]

书中尤其扣人心弦的部分是，参与"曼哈顿计划"的物理学家菲
利普·莫里森（Philip Morrison）在第一章中对广岛遭原子弹轰炸后整
座城市景象的描绘："陷入火海，彻底崩溃"。莫里森曾在天宁岛参与执
行轰炸广岛和长崎的两颗原子弹的最后组装任务，后来又作为核轰炸
破坏力评估团成员，被派去检测轰炸后产生的破坏性后果。1945年12
月，莫里森再次向国会委员会报告了自己亲眼见证的"原子弹轰炸的
可怕一幕"：那一幕简直像梦幻一样，"在一具具尸体和伤者中间，几
百处乃至几千处烈火在恣意燃烧"，而且爆炸产生的辐射严重污染了当
地环境，造成"人体内的血液因无法凝结，而通过许多处尚未残破的
皮肤组织渗透到腹腔内部"。他同时对纽约遭受原子弹攻击产生的类似
后果进行了预测，让人们似乎看到了《圣经》中提到的世界末日善恶
对决的可怕景象：在纽约市中心附近，"几乎没有任何东西可以幸存"，
人们只能看到"全身着火的人在惨叫，被烧焦或被炸得鲜血直流的女
子在哀嚎，行走在放学回家路上的儿童被突然炸死"，"这还只是纽约
遭受一颗原子弹轰炸后的情形。这一情形只是在一个方面与未来遭受
的实际轰炸不同：世界上再次发生原子弹轰炸时，绝对不会像二战期
间的日本那样，只有一颗或两颗原子弹来袭，而是几百颗或几千颗同
时来袭。"[58]西屋科研实验室副主任爱德华·康登（Edward Condon）给

出的警告同样恐怖。康登指出，掌握核武器的非国家组织很快就会具备摧毁世界的能力。他称这种非国家组织的核攻击为"新型私人战争技术"。[59]

几乎没有一位科学家试图回避神学家莱因霍尔德·尼布尔所称的核威胁造成的"巨大恐惧"和"极度不安"。[60] 1946年3月上旬，美国发行量巨大的《科利尔的》杂志详细报道了"原子弹轰炸造成的破坏"，生动地展示了类似轰炸如果降临纽约，会是什么情形。1946年3月下旬和4月上旬，沃尔特·李普曼连续发表了9篇报纸专栏文章警告世人，"人类只有按照普遍通行的法律联合起来"，并最终在联合国的基础上成立一个世界性国家组织，才有可能避免原子时代带给世界的"全面混乱与荒芜"。[61] 与此同时，约瑟夫（Joseph）和斯图尔特·奥尔索普（Stewart Alsop）也写道，对核武器的全面控制显然是"最终决定苏联与世界上其他国家关系的关键问题"。如果苏联与其他国家不能就核武器控制问题达成协议，最后的结果就是双方"彻底摊牌"，因为谁也不可能做到"只有自己拥有核武器"。[62]

同年8月31日出版的《纽约客》杂志，将社论的整个版面全部用于刊登约翰·赫尔歇（John Hershey）的文章。该文用31,000字的篇幅集中描绘了已经将广岛彻底摧毁的那些默默燃烧的火光。赫尔歇这篇题为《一位流浪记者的见闻》的文章，根据对六位原子弹轰炸幸存者的采访，对他们所经受的"伤害与痛苦"进行了客观冷静的描述。文章一经发表，迅速在全国引起了轰动。杂志很快销售一空。紧接着，赫尔歇的文章被单独编辑成书，销量达300万册。该书还被免费赠送给每月读书会的成员。全国各大报纸均争相在头版位置对这篇文章进行摘录刊登。连续四个夜晚，美国广播公司在晚上9时30分的黄金时段，取消所有常规节目，用半个小时的阅读时间，向全国播送赫尔歇的手稿。[63] 不久以后，美国原子能委员会主任戴维·利连撒尔悲怆地表示，"公众的内心和思想已经完全被恐惧占领"，"恐惧与惊慌相伴而来"，"丧失理性的恐惧……使我们不敢去任何想去的地方"。[64]

三

事实上，令利连撒尔感到忧虑的这些严肃记录不仅给全国上下带来惊恐，而且还准确地道出了即将到来的原子裂变是如何改变美国安全格局的。即使在《生活》杂志所描绘的洲际导弹被研制出来以前，远程炸弹的出现就已经让传统的地理防御概念变得过时了。美国曾经因为远离欧亚大陆而获得距离带来的安全红利。太平洋和大西洋提供的天然屏障曾经保护美国大陆免受20世纪两次世界大战的波及。1948年，原子弹战略专家伯纳德·布罗迪（Bernard Brodie）解释说："对于装有化学武器的战略核打击，大洋相隔已经无法再成为类似的天然屏障了。"[65]1949年8月，苏联第一颗原子弹爆炸四个月前，《纽约时报》军事编辑汉森·鲍德温（Hanson Baldwin）坚持认为，地球已经变成一个脆弱的"小苹果"，因为苏联已经开始研制和部署与盟军轰炸德国和日本城市所用型号类似的先进轰炸机。美国"已经不再是地理或战略意义上的安全大陆"。鲍尔德维告诫说，"在拥有快速反应武器的现代战争条件下，太平洋和大西洋的战略屏障意义已经大大缩小，也就相当于英吉利海峡和北海将英国与欧洲大陆隔开"。他同时回顾了在刚结束的战争中这两大海上屏障如何根本无法"保护英国免受摧残的可怕情形"。[66]鲍尔德维同时警告说，如果苏联不久以后加入到拥核俱乐部，其核武器——"价格如此低廉而性能却如此强大"——将"具备之前任何一个其他国家均不具有的攻击能力：对美国大陆实施致命打击"。[67]

在第二次世界大战之前，美国有条件不动员其军事能力。正如一位著名国防研究学者分析指出的，当时欧洲的势力均衡主要基于"欧洲大国之间的利益诉求和武器装备平衡"，欧洲各国均把对方视为致命的敌人，"以致没有一个欧洲国家会轻易将自己的武力指向大洋彼岸的美国"。[68]因此，美国的巨大军事潜力大部分时间里都处于闲置状态。只是在20世纪上半叶，德国两次试图通过武力并借助同盟力量打破欧洲大陆的势力均衡时，美国的军事潜力才被激发起来。

第二次世界大战后，整个欧洲的势力均衡发生了不可逆转的变化。核时代的到来使美国的绝对安全地位彻底丧失。而战后德国、意大利和法国的经济已经完全崩溃，整个国家都陷入荒芜和凋敝之中；英国也面临接近破产状态，欧洲的势力均衡很难在短期内得到恢复。这时，美国实际上成为了挽救欧洲的一支重要力量。因此，一种新的世界格局形成了。只有美国有实力填补西方力量的真空，也只有美国有实力与当时东方唯一的真正大国苏联进行对抗。当时，苏联已经成为一个超级大国，具有无可匹敌的常规军事力量，也只有苏联有可能成为又一个德意志第三帝国，称霸欧洲。而这将对美国的国家利益造成严重威胁。[69]

在这种形势下，战后早期以合作与对抗两者并存为显著标志的世界格局很快发生了变化。战后，如何处置德国等关键问题上，苏联与西方均不愿做出任何妥协，而且每一方均提出了涵盖范围广阔的安全概念。到1946年末期，敌对双方开始在许多危险的冲突领域里直接或间接交手。1946年12月，希腊和土耳其爆发了游击战争，中国陷入持续内战之中。第一次印度支那战争使法国与越南独立同盟进入战争对抗之中。三个月后的1947年3月12日，杜鲁门总统宣布美国将向希腊和土耳其提供大规模援助，以防止这两个国家被吸纳到正在兴起的共产主义阵营之中。[70]杜鲁门总统后来回顾这一政策时称其为"美国外交政策的转折点"。

美国决定坚守西方阵线，抵抗苏联渗透。这一决策取代了让事态顺其自然地发展或由联合国对其进行处置的政策选项。杜鲁门将他的这一决策视为两条道路之争。他认为，美国正致力于奋力保卫西方的"生活方式"。这一生活方式"建立在绝大多数人的愿望和自由制度的基础之上，它不同于"另一种"建立在少数人强加于多数人之上、通过恐怖手段和高压政策维持的"政治、经济和社会制度。[71]八个星期后的6月5日，美国国务卿乔治·马歇尔在哈佛大学的演讲中警告说，欧洲"必须得到美国的大规模额外援助，否则它将陷入经济、社会和政治的全面恶化之中"。马歇尔的演讲第一次公开宣告了美国政府的欧洲援助计划。[72]

不论是杜鲁门的两条道路之争,还是马歇尔的欧洲援助计划,在苏联看来都是对本国利益的威胁,苏联的政策由此变得更加强硬。它建立了共产党和工人党情报局,作为忠于莫斯科的国际共产主义运动的协调机构。但1948年,捷克斯洛伐克发生了政变,推翻了当时已经频频向苏联示好的政府。6月份,苏联封锁了西方武力进入柏林的铁路和公路运输通道。作为回应,西方对柏林实施了空投,以打破苏联的封锁。空投行动持续到1949年5月,北大西洋公约组织建立一个月之后。该组织承诺,美国、加拿大和其余10个国家(比利时、丹麦、大不列颠、法国、冰岛、意大利、卢森堡、荷兰、挪威、葡萄牙)中任何一国遭受外敌入侵时,其余各国将向其提供军事援助。随后,又出现了如何处置德国的问题。各占领国没有通过相互协商而达成最终的解决方案。美国、英国和法国占领区于1949年5月至9月之间建立了德意志联邦共和国。10月,苏联占领区建立了德意志民主共和国。

冲突并没有局限在欧洲范围之内,亚洲也接连燃起战火。1949年10月1日,中华人民共和国成立,中国结束内战,并开始清除退居台湾的国民党政府残余势力。1950年6月22日,朝鲜人民民主共和国的军队越过三八线,在五天内打到了南朝鲜的首都首尔。随着1951年年初法国首次使用汽油弹攻击越南独立同盟的军队,越南战争也开始升级。

随着亚洲冲突的不断升级,美国与澳大利亚和新西兰于1951年9月签署了《澳新美安全条约》。三个月后,北约组建了联合防御部队,由德怀特·艾森豪威尔将军担任总司令。这一部队负责在欧洲的心脏地带直接面对苏联部队的进攻。苏联一直在不断强化与其他地区的共产党组织之间的关系,以加强其领导地位。

在这一紧张冲突阶段,由于冲突各方之间存在不可调和的矛盾,人们依靠联合国维护全球和平的希望已经彻底破灭。这一年轻的、致力于维护国家主权的国际组织只能艰难地做一些推动人权事业和国际法建设方面的工作。由于获胜的大国都具有实现帝国梦想的野心，联合国实际上成为了东西方之间表达各自诉求、扩大相互之间冲突的场所。[73] 而且，由于各常任理事国都在要求和捍卫本国在安理会中的否决权，因此只有在不直接涉及各自利益或像朝鲜问题一样，有一个常任理事国缺席时，[74] 联合国才能做出防止或制止使用武力的决议。

联合国以集体安全取代对抗冲突的努力，最失败的表现在控制核武器方面。战争刚结束不久，各超级大国的确曾经探讨过是否可以通过联合国这一渠道来抑制核军备竞赛。但只是探讨而已，各国并没有认真加以对待。他们同时都在发展本国的核武器制造能力，制定本国应对核时代到来的战略。

1945年12月，各国开始就如何制定一项国际协议进行磋商，以制止已经启动的核军备竞赛。英国、苏联和美国三国的外交部长在莫斯科召集会议。会上，各方同意共同致力于"采取有效措施，防止核武器扩散"，并在联合国原子能委员会的支持下，"通过监督核查等手段"，确保"消除各国军备中的核武器"。[75] 然而，在具体实践中，三国外长之间的磋商遇到了许多难以克服的问题。最后各方没有签署共同遵守的协议，而且苏联不愿意支持建立有实际意义的国际安全体系。这种情况下，美国当然也不愿意中断其核武器的生产和储备进程，更不用说采取核裁军措施或与其他国家共享核机密了。1946年6月，伯纳德·巴鲁克代表美国在联合国表示，对核军备竞赛进行全球性控制是各国必须做出的选择，因为这是关系到整个人类"生死存亡的重大抉择"。但是，巴鲁克明确表示，在缺乏全球"安全保障"的前提下，美国将不会，也不可能"消除"其"已经拥有的核武器"。[76] 而苏联的安德烈·葛罗米柯（Andrei Gromyko）却没有代表苏联政府就核查机制问题发表任何意见。他只是一味强调，在协议签署的三个月以内，"所有现存核武器，不论是已完成生产的成品还是正在生产过程中的半成品"必须全部销毁。苏联还坚持要求美国与各国自由分享其所掌握的一切有关原子能方面的信息。[77]

最终,这种僵局无法打破。[78]或许核大战的阴霾在昭示人们,只有通过半和平式的核威慑手段,才能抑制核战争的爆发。当巴鲁克和葛罗米柯的苦心设计无法与对方达成一致时,五位著名的美国国际关系学家已经开始考虑是否可以通过核威慑手段来保障和平。上述专家小组成员认为,国际协议与核查均无法真正阻止核战争的爆发。他们主张,只有怕被核打击报复的恐惧心理才可以维持和平的存续。当然,这样的和平无法令人信服,也无法打消人们的疑虑。他们坚持认为,这样一项和平事业要求美国必须发展威力更大、性能更强的核炸弹,这样,敌人即使拥有了核武器,也因为担心遭到更大的报复,不敢轻易用它。[79]

上述观点实际上差不多宣告了美国的核武器政策。鉴于相关国际条例的协商已经陷入僵局,美国于1946年8月底告诫联合国原子能委员会,"剩下的选择只能是研制性能更优的核武器及其发射装置,作为核打击的反击武器",从而"震慑试图发动核战争的国家,使它们清楚地知道,核战争是没有胜利方的"。[80] 1947年6月5日,联合国原子能委员会于纽约成功湖召开闭门会议。会上,美国代表弗雷德里克·奥斯本(Frederick Osborn)宣布,"核军备竞赛已经拉开帷幕"。[81]几个月内,美国关闭了位于太平洋中部马绍尔群岛上的珊瑚岛埃尼威托克岛,不让船只、飞机停靠,禁止游人,尤其是新闻记者登岛。[82]美国政府将这一区域划定为"完全军事管制区",并将"珊瑚岛上的原住民"向西南迁移约150英里,以便使这一地区成为新型核武器的试验场地。[83]

人们内心的抑郁和周围的危险都在不断升级。1948年,罗伯特·奥本海默指出,"我们即将到达一个不能用眼睛观看的陆地"。奥本海默知道,"美国实施的核垄断战略像一块见了阳光就会融化的雪糕,只能在秘密状态下进行"。[84]虽然未明确表示,但奥本海默已经注意到,"原子能的研发",与"通常情况下作为理想世界标志的新科学的发展"有着明显不同的特征。作为负责"曼哈顿计划"的最重要的物理学家,奥本海默建议美国,为"研制数量更大,甚至大到极限的威慑性核武器"作准备。不过这些核武器的研制多半是"在数量上显示其威慑力"。奥本海默总结道,美国与苏联之间的一切合作基础均已"荡然无存。因为双方已经显露出严重的利益冲突,明显地对彼此的生活方式感到极度厌恶。"核武器军备的性质"以及"战后的政治环境……决定了人类正处于极度危险之中",奥本海默警告说,"人类文明生活的秩序……将无法继续存在下去"。85

四

美国战后的国家安全格局是在核战争的阴影里孕育形成的。随着美苏关系恶化造成的恐惧不断加剧,核武器对人类生存环境的毁灭让人们时时感到恐慌不安,时时有大难临头的感觉。当时,国会做出的许多具有里程碑意义的决策——包括1946年实施的《原子能法案》、1947年的《国家安全法案》、1949年的《国防改组法案》和1950年的《国内安全法案》——都是核战争这一新型威胁促成的。

国会在做出上述决策时,存在一个明显的吊诡之处。杜鲁门总统执政期间制定的每一项国家安全政策都需要征得国会的批准。国会通过批准建立国家安全机构,保证国家的对外政策、军事战略的具体安排和制定程序符合国会本身的政治意图。国会的组织架构和运作程序使得国会议员可以将自己的利益诉求融入到国家政策规定之中。86然而,在处理国家安全问题时,国会却必须对自己由来已久的决策权限进行限制。它往往把重要权力授予行政部门,使自己成功地避开决策过程。这正是第二次世界大战期间国会处理很多重大决策问题时的做法。它严格限制了国会本身的调查权力,以满足职业军事家和罗斯福总统的一切权力要求。87

随着人们对苏联行为的担心不断加剧,国际事务越来越被看成是意识形态激烈角逐的战场。国会担当着对国家的重大决策进行抉择的职责。它必须决定什么时间、以什么方式向行政部门授予权力,国家应当采取什么样的安全制度框架,什么时间考验美国公民对国家的忠诚与信任。

简言之,国会立法机构不仅决定扩大对行政部门授权的程度,还要决定扩大授权的方式。在这一过程中,国会参众两院的议员们必须考虑在国家面临另一个超级大国的威胁时,代议制政府掌握过于集中的权力,而且通常是秘密获得这些权力,是否会给国家带来危险和不利因素;他们要确定所实施的促进国家安全、捍卫民主制度的计划,是否会与国家奉行的自由原则、人道主义准则以及人们已经熟知的政府工作程序发生冲突,以及什么时候会发生冲突;同时国会议员们还要确定在什么情况下,这些国家安全政策不但不会促进国家的安全,反而会给国家带来危险。[88]由于设立了大量的国家安全机构,国会根本没有办法知道"国家军事部门不可避免地被授予过分集中的权力,或者说国家军事部门掌握专制权力"是否应当成为国家安全政策的主要特征;也就是说,它没法对查尔斯·梅里亚姆1946年提出的问题给予答复:美国有没有可能在"不实施军事威慑手段的前提下构建国家安全秩序"?[89]

在冷战的巨大威胁面前,民主、共和两党对国会决策的支持意见比珍珠港事件之前的力度还要大很多,尤其是与原子能控制和军队武装组织相关的决策更是得到两党的一致支持。美国赴旧金山参加联合国成立大会的代表团成员中有参议院对外关系委员会主席、德克萨斯州的汤姆·康纳利和已经逐渐放弃战前所持孤立主义立场的共和党资深参议员、密歇根州的亚瑟·范登堡(Arthur Vandenberg)。20世纪30年代末和40年代初,国会在讨论有关中立原则和征兵备战的立法时,经常出现的激烈争执和势均力敌的投票表决对峙局面没有再次上演。一些至关重要的法律在通过时几乎没有遇到反对意见,或根本没有与反对意见有关的记录。1946年的《原子能法案》授予美国原子能委员会巨大的权力。该法案在参议院没有经过公开投票而获得一致通过,在众议院也获得压倒性的多数支持。随后，国会以口头表决的形式通过了联席会议报告。1947年的《国家安全法案》对联邦政府的组织架构进行了根本性调整。该法案同样在参众两院以口头表决的形式获得通过。德克萨斯州的约瑟夫·威尔逊（Joseph Wilson）向众议院表达了广大议员们的共同心声："大家都说，今天我们所通过的这项立法是国会民主党、共和党都'必须'支持的重要决策。但我想说，说这句话的人完全可以将'民主党'、'共和党'两个词语去掉，而直接说，这是决定美国未来的一项'必须'实施的重要决策。"[90] 1949年对五角大楼做出调整的《国防改组法案》同样在参议院以口头表决的形式获得通过。在众议院，该法案以356：7的压倒性优势获得通过。众议院通过这一法案前，众议院兵役委员会的密苏里州资深共和党议员杜威·肖特（Dewey Short）对委员会主席、佐治亚州民主党议员卡尔·文森给予高度赞扬，称赞其在推动该法案获得通过的过程中，"能力过人、精力充沛、头脑睿智"。[91] 对于美国作为一个强大民主国家生存问题的担心，往往使得人们把国家安全问题看得高于国家的任何其他决策。

虽然上述决策均获得国会的一致通过，但这并不是说完全没有争议。国会各委员会内部，以及国会议席就国家的政策目标、思想理念与具体政策的实施过程进行讨论时，经常发生激烈争吵，有时甚至导致争吵双方相互怨恨。当国会讨论原子能条例时，支持由军事部门负责对原子能问题进行监管的议员与坚持由民用部门负责控制的议员之间意见截然不同。在讨论武装部队的重组问题时，有议员坚持由一名高级将领进行统一的军事指挥，另一部分议员则坚持建立复杂的军事指挥体系。在讨论部队的战斗人员问题时，议员之间也产生了严重分歧。有些议员支持实行普遍军事训练制度，另一部分议员则坚持根据冲突或战争的需要，实行临时招募制度。

我们已经看到，在战后的几年中，每当国会就美国资本主义经济制度和劳工组织问题做出重大决策时，南方民主党政治派别就会显示出重要的影响力。在涉及国家实力和安全问题时，南方往往像第二次世界大战发生前一样，采取一贯的开明立场。国会里面对杜鲁门政府的对外政策给予支持的所有政治派别中，南方民主党表现得最坚定。南方各州绝大多数的国会代表都对杜鲁门总统提出的重大举措给予了最强有力的支持。[92] 总体而言，南方代表一贯对于美国军事力量赴海外为民主事业征战给予最大的支持。特别引人注目的是，参众两院中极力抵制"新政"采取的许多强有力的国内政策、反对加强劳工组织地位与作用的南方议员，对于国会所讨论实施的各项国家安全政策给予了大力支持。比如，马里兰州参议员米勒德·泰丁斯曾作为政府经济、社会政策的强力反对者令罗斯福总统和杜鲁门总统大为恼火。他曾带领自己的支持者们，大肆攻击劳工组织，并促使国会通过《塔夫托-哈特利法案》。但是，对于确保美国全球霸权的政策制度，泰丁斯却给予强烈支持。1947年11月，泰丁斯告诫说，美国人必须团结起来，并"志愿牺牲部分个人享有的资产和财富支持全球的民主事业"，决不要"从这种志愿牺牲行为中向后退缩"，因为"人类正面临空前的共同危险"。[93] 为此，泰丁斯高兴地加入到了支持其建立一支美国十字军的劳工组织和民主党自由派别的行列。支持泰丁斯的还有一个新成立的组织——美国人争取民主行动，该组织的创始人包括沃尔特·鲁瑟（Walter Reuther）、埃莉诺·罗斯福和小亚瑟·斯莱辛格。

相比较而言，共和党的凝聚力不如民主党。[94] 在共和党内部，对于杜鲁门总统的政策存在两种截然不同的批评意见。第一种批评意见尽管也对苏联存有敌意，但主张严格限制美国对于欧洲事务的干预，将国家的防御范围划定在西半球以内。这一意见同时主张，只有当本国的核心利益受到直接威胁时，美国才与苏联正面对抗。正如来自加利福尼亚州的唐纳德·杰克逊（Donald Jackson）在众议院表示的，支持这一立场的议员们担心强大的国家安全系统权力的高度集中会导致"罪恶的极权体制……其危害与影响远远大于现有的行政体制"，同时会给美国的传统制度"带来严峻挑战"。[95] 明尼苏达州第80届国会参议院方法与手段委员会主席哈罗德·克努森（Harold Knutson，1947年—1948

年任职）极力反对政府的减税政策以及海外开支预算，理由是"民众正对美国卷入各种海外争端表示极大的反感"。[96] 在讨论成立国家情报局的计划时，共和党主办的国内著名报纸《芝加哥论坛报》以醒目的标题对这一计划表示抗议："'新政'正计划对全世界及美国民众进行间谍跟踪"、"超级盖世太保机构正在酝酿之中"。[97] 针对共和党团体的上述批评意见，佐治亚州的民主党议员卡尔·文森辛辣地指出，"这些人不喜欢苏联，也不喜欢共产主义，却不想采取任何措施来阻止苏联共产主义"。[98]

相对而言，其他共和党议员（包括正处于第一届任期的加利福尼亚州众议员理查德·尼克松。尼克松呼吁拒绝绥靖主义，采取"现实主义外交政策"，并对杜鲁门总统宣布援助希腊和土耳其但不援助中国表示极度失望）[99] 认为，杜鲁门政府"对共产主义表现得过于软弱"，尤其针对亚洲的共产主义运动采取的措施非常不力，同时认为杜鲁门总统抑制苏联的举措过于优柔寡断。这些共和党议员主张美国采取更加果断和强硬的军事立场，甚至不惜在苏联与美国一样掌握核武器之前与之展开一场公开对决。[100]

参议院最著名的共和党领导人、第80届国会的多数党领袖、俄亥俄州的罗伯特·塔夫托被迫在上述两种意见中寻求平衡。1948年1月，塔夫托在罗德岛州的共和党俱乐部举行演讲时表示，在国家安全方面，过大的军事开支与动员有可能让"我们尽全力捍卫的美国"不堪重负。[101] 但他同时批评民主党牺牲"许多国家几百万人的自由"而对苏联采取"绥靖政策"。[102]

大多数非南方民主党议员与南方的民主党同事们一道，支持杜鲁门总统的全球政策。他们认为这些政策成功地做到了既坚定有力，又谨慎稳妥。在国会无法对国家安全体系的构建给予压倒性支持时，多数情况下，都是参众两院议员因为党派路线不同而产生尖锐的意见分歧。1945年到1952年期间的多数投票表决中，南方派别与非南方民主党派别一致支持杜鲁门政府的政策。[103]

然而，民主党跨越南北界线，实现政治立场的高度统一并不能掩盖在这些问题上党内产生的争执。非南方民主党派别也同样无法作到意见统一。为数不少的人对反法西斯同盟持有怀旧心理，同情欧洲的左翼政治运动，希望能够与苏联开展合作。他们认为，冷战不是苏联造成的，而是美国对国际形势长期误判及其过分膨胀的称霸野心使然。[104]当有些人认为苏联的言论和行为是不祥征兆时，仍然有少数人坚持强调，苏联在战后德国赔偿问题、意大利和日本重建问题以及其他重大战备问题上的立场并非完全没有道理。[105]这一少数派别由后来于1948年背离民主党立场的美国前副总统和商务部部长亨利·华莱士担任领导人。当杜鲁门总统宣布对希腊和土耳其实施积极干预的政策时，国会内外的自由派民主党人士最初要么持保留态度，要么表示反对。[106]他们不同意对上述两国采取积极抑制的政策，而赞成通过协商与妥协，缓解紧张局势，恢复雅尔塔会议的原则精神。[107]

由于无法确保得到民主党左翼派别的支持，而共和党内部又面临复杂的分歧，杜鲁门总统及其政府逐渐转为主要依靠南方立法代表，尤其是国会各委员会的南方代表来推行战后政策。必要时，总统及政府部门还要依靠参众两院议席中的南方代表，领导各派别的政治联盟支持政府的各项政策。因南方立法代表执行政策的坚定、丰富的政治资历，以及在党内的领导地位等原因，使他们在国会立法讨论中可以发挥关键的核心作用。制定《国家安全法案》的内容、掌控法案的修改过程以及在国会议席讨论产生分歧时，采取措施保证法案通过等，都离不开南方立法代表的中枢作用。战争即将结束时，众议院军事委员会共有十六位民主党成员，其中六位资历最高的委员分别来自肯塔基州、德克萨斯州、路易斯安那州、阿拉巴马州，北卡罗来纳州和田纳西州。其余委员中，另有三位来自南方。在海军事务委员会中，资历最高的九位民主党成员有六位来自南方，包括海军事务委员会主席。外事委员会中任职时间最长的八个民主党成员中有六个来自南方。非美活动调查委员会六个民主党成员中有四个来自南方，包括三个资历最高的委员在内。参议院各委员会的组成情况也与此类似。参议院海军事务委员会中十一个民主党成员有七个来自南方,对外关系委员会十四个民主党成员中有一半来自南方,包括两位资历最高的委员。更值得注意的是南方代表在共和党占据主导地位的第 80 届国会中所发挥的重要作用。正是这一届国会通过了《国家安全法案》。关于这一届国会议员的组成,参议院军事委员会十三名委员中有六名民主党成员,均来自南方。外事委员会的委员中有一半来自南方,其中包括两位任职时间最长的委员。十四名众议院军事委员会成员中只有两位不是来自南方。非美活动调查委员会中的所有民主党成员均来自南方地区。[108]

杜鲁门政府制定和推行战后国家安全政策期间,美国国会各委员会人员组成中普遍存在南方委员比例过高的情况。这使得南方民主党派别在国家政策制定的过程中可以发挥最重要的核心作用。尽管 1947 年的《国家安全法案》是由共和党主导的第 80 届国会参议院军事委员会主席、南达科他州的共和党议员约翰·钱德勒·葛尼(John Chandler Gurney)提出并带领支持者们使其成功通过的,但在参众两院联席会议讨论表决时,葛尼成功争取到三位有影响力的南方民主党议员与会,并对该法案给予大力支持。这三位南方民主党议员分别是:弗吉尼亚州的哈利·伯德、马里兰州的米勒德·泰丁斯和佐治亚州的理查德·拉塞尔。当 1949 年的《国防改组法案》提交联席会议讨论表决时,时任参议院军事委会员主席的泰丁斯再次与罗素和伯德协商,争取他们的支持。泰丁斯同时得到了肯塔基州的维吉尔·查普曼的支持。所有与会的众议员代表均来自南方,包括佐治亚州的卡尔·文森、路易斯安那州的奥弗顿·布鲁克斯(Overton Brooks)、德克萨斯州的保罗·基尔迪(Paul Kilday),以及北卡罗来纳州的卡尔·达勒姆(Carl Durham)。

南方对于经济发展和种族制度的关注,使这一地区的国会代表们更有理由在国家的重大决策中发挥主导作用。在战前就已经开始的美国军事力量建设项目主要集中在南方地区,这标志着南方此后将具有长期的地缘政治影响力。《纽约时报》以"南部地区国防工业的繁荣"

为题，对当时南方迅速增长的军工项目的建设情况进行了报道。造船厂、军事基地、飞机与军械厂、炼油厂等军工项目的建设有力提升了南方地区的经济发展速度和城市化水平。[109] 在第二次世界大战期间，新增军事基地中，南方就占60%，包括在佐治亚州的本宁堡军事基地，这是当时美国最大的军事训练基地。美国对新军事设施的投入，在后来使用时，南方受益很大。因为南方工业基础薄弱，为此，美国国防工业将20%的投资放入了这一地区。[110] 直到20世纪40年代后半期，南方议员仍在继续争取联邦政府的投入，认为这是减小这一地区与其他地区之间存在的巨大经济差距的关键因素。南方的经济增长与联邦政府在这一地区的军事投入多少成正比，这一公式在南方已经深入人心，国防投资已经在很多方面取代了南方过去主要依赖的农业生产。

我们所观察到的另一个现象是，战争及其后果加剧了国内的种族矛盾。许多学者强调，反法西斯战争和战后与苏联的对抗促进了民权运动的兴起，因为美国不可能一边在国内推行种族歧视制度，一边在国外捍卫自由主义。这种行为会使美国丧失国际威望。[111] 南方白人的种族主义诉求与美国的对外政策之间呈现出了相互抵触的关系。随着美国共产党"在南方举起反对种族隔离制度的大旗"，南方国会代表们清楚地意识到抑制黑人政治地位的提升与构建强大的国家安全体系的愿望之间存在着利害关系。[112] 1947年，一位研究自由民权运动的学者撰文指出，按照众议院非美活动调查委员会的"精神导师"、密西西比州的资深民主党议员约翰·兰金所制定的标准，"任何支持公平就业实施委员会工作的人士或任何希望南方取消选举税的人士都是共党分子"。[113]

五

当国会立法代表们转向国家安全问题时，核战争造成的深刻焦虑情绪充斥着国会的每一次辩论会议。人们在发表言论时经常带有惊慌的情绪。与其说他们在进行公正合理的辩论，还不如说是在渲染紧张气氛。1947年,众议院审议军事改组问题时,密西西比州的约翰·贝尔·威廉姆斯(John Bell Williams)这位曾在二战中负过伤的前飞行员郑重地谈到,"原子弹是人类最具有破坏力和杀伤力的作战工具"。[114] 威廉斯的南方民主党同事、阿拉巴马州的李斯特·希尔警告参议院,"无人飞机、制导炸弹、超音速飞机和原子炸弹,将终结1941年日本零式战斗机在珍珠港事件中开启的大规模常规空袭场面"。共和党参议员约翰·钱德勒·葛尼同样指出:"随着超音速飞机和可携带核弹头的制导导弹的研制成功,大西洋、北冰洋和太平洋远距离阻隔提供的安全保障,已经无法保证敌人来袭时美国还有足够的时间调动部队,组织相应的反击。我们现在指出这一问题的严重性,或许并非危言耸听,一旦再次发生世界大战,敌方将在毫无预警的情况下发动突然袭击,且其打击能力及袭击造成的毁灭程度将是最大化的。"[115] 德克萨斯州民主党议员小约翰·埃米特·莱尔(John Emmett Lyle Jr.)在众议院警告说,"如果'另一场世界大战'以这种方式爆发,一种最大的可能是,地球上我们所知的一切生命都将走向终结"。[116]

从核时代一开始,华盛顿政府就迫不及待地要找到一种有组织的、合法的战略架构,以对给广岛和长崎造成毁灭性打击的革命性武器进行监管。广岛、长崎的原子弹轰炸给人带来的惊惧是历史上从未有过的。[117] 自1946年成立原子能委员会起,美国就开始致力于破坏力更强的氢弹(第一颗氢弹"迈克"的爆炸试验于1952年11月[118]初发生在南太平洋地区)的研制工作。1950年做出的研发决议使这一工作达到高潮。杜鲁门政府的核发展目标是不仅要研制核炸弹,还要源源不断地为美国的永久性核威慑提供支持。

威廉·劳伦斯关于核时代来临的畅销书及时地认识到,"人类必须面对这样一个现实:核时代已经到来……我们必须找到控制核武器的途径"。[119] 这正是杜鲁门总统1945年10月3日要求国会成立原子能委员会时所宣布的工作目标。在这样一个"人类文明历史的新时期",原子能委员会将致力于应对"可能出现的核危机",保证美国兑现对核裂变做出的"全部承诺"。"在首次使用原子弹对日本实施打击"两个月后,美国政府认识到采取"具有深远意义的严格"立法的重要性,即通过超出"常规概念"的立法,"在全国范围内实现对原子能控制、使用和研发"的监督管理。[120]

当时美国面临的处境极其危险。十天后,美国最有名的记者威廉·S.怀特(William S.White)以"国会加快了原子能控制立法的步伐"为题发表了相关报道。怀特的报道第一段就以非常令人不安的笔调指出,"本周国会在焦虑、不祥的气氛中启动了世界议会史上一项最独特的立法工作。它试图采取措施,对几乎面临失控的原子能和核武器进行控制"。报道同时指出,联邦政府很快就会获得"美国政治生活史上从未有过的授权";国会即将授予行政机构的"巨大权力超越了历届政府曾获得过的国会授权……行政部门将主导国家对威力无比的核力量的控制";这一授权还包括"推行原子能研发和使用的国有化这一史无前例的举措"。[121]

怀特撰写上述报道时,国会正在讨论原子能的立法问题。这一法案由国防部起草,由肯塔基州的安德鲁·杰克逊·麦伊和科罗拉多州的埃德温·约翰逊(Edwin Johnson)分别向众议院和参议院提交。麦伊作为民主党议员,担任众议院军事委员会主席。人称"大个埃德"(Big Ed)的民主党议员约翰逊在参议院任职。"制定这一法案的目的",杜鲁门总统在其回忆录中写道,"是建立一个实行军事控制的永久性'曼哈顿区'"。[122] 麦伊指出,"按照军方要求",[123]《麦伊-约翰逊法案》建议成立一个兼职委员会,其成员由热衷这项事业的军方领导人和原子能专家组成,负责监督手握大权的委员会主任和副主任的工作。主任和副主任可从军方领导人中产生。委员会成员负责制定具体的条例,规范可裂变原料的拥有、原子弹的生产、专利控制、保密级别的规定等。同时,条例还应当明确对接触过核机密信息的人员如何实施监督管理,以防机密泄露。

尽管这一提议得到包括奥本海默在内的一些著名物理学家的支持,

还得到作战部部长罗伯特·帕特森（Robert Patterson）以及拟被委任为委员会主任的莱斯利·格罗夫斯的支持，但不少重要领导人很快对这一议案表示反对。这一"曼哈顿计划"式的监管模式无法得到战争动员与恢复办公室和预算管理局等行政部门的支持。这些部门希望由民用部门来负责原子能的管理问题。同时，这一提议也无法抵挡许多原子能科学家的积极游说，他们到华盛顿向国会议员、政府机构工作人员和民众进行游说，声称自己担心"军方对原子能进行独裁式管理"所实施的高度严格的保密制度，会制约原子能科学研究的有效发展。[124]

可以说，这不是一场温文尔雅的斗争。《财富》杂志注意到，"全国的科学家是如何在民主力量的支持下，愤然而起，一举将《麦伊-约翰逊法案》彻底打碎"。[125] 显然，正如美国科学促进会执行秘书霍华德·麦耶霍夫（Howard Meyerhoff）所承认的，"使用威力如此强大的原子能，的确需要对其限制，这种限制反过来又要求对原子能的自由研究、研究结果的自由发布进行限制"，但对原子能实行军事管制未免有点太过分了。[126] 许多参与"曼哈顿计划"的著名科学家均在指责《麦伊-约翰逊法案》，有些甚至感到极度恐惧，深怕稍有不慎违反了保密规定而被长期监禁。[127]1945 年 10 月 30 日，参与"曼哈顿计划"的哥伦比亚大学物理化学家哈罗德·尤里在一百多位科学家参加的校园集会上指出，"这是国会有史以来提出的第一个极权主义法案……你可以直接称其为极权法案或纳粹法案。若有比这更糟的名称，你都可以随便叫"。[128]

上述反对意见表明，未来在核武器的研制过程中，国内的重要科学家可能会拒绝合作。《麦伊-约翰逊法案》最终被众议院的规则委员会否决掉了。议案被转交参议院后，议员们经投票表决，同意成立一个原子能特别委员会。1945 年 11 月，该委员会举行了第一轮听证会。康涅狄格州民主党议员布赖恩·麦克马洪（Brien McMahon）在主持听证会时指出，"尽管在战争期间非常有必要和有益，但对原子能进行军事化管制这一指导方针，在和平时期将无法得到科学家们的支持和拥护"。¹²⁹ 原子能委员会很快开始重新制定原子能的控制法案，这一新法案符合杜鲁门总统12月初所宣布的指示精神，"原子能发展的整个计划和行动必须由民用部门控制，而且国家应当对原子能研发的材料、设施和过程实行专门控制"。¹³⁰

麦克马洪、密歇根州的共和党人亚瑟·范登堡，以及原子能委员会的四位南方民主党参议员（弗吉尼亚州的哈里·伯德、德克萨斯州的汤姆·康纳利、佐治亚州的理查德·拉塞尔和马里兰州的米勒德·泰丁斯）主要承担了《原子能法案》条文的起草工作。他们清楚，必须制定一个能够促进核武器的研制发展和加强现有核武器库存安全的法律制度框架。法案规定成立一个由文职人员组成的专职委员会，该委员会在军事联络委员会（这是一个科学界和军方都满意的妥协议案）的指导和建议下，几乎全权负责民用和军用两个方面的原子能发展规划和组织工作。¹³¹ 法案授予委员会拥有生产核武器所需要的一切裂变物质和设施的所有权，并指定其为总统最终批准的核武器生产计划的唯一生产商。但在特殊情况下，总统可以根据公众利益的需要，批准由军方生产核武器。原子能委员会被授权对员工进行政治调查，并独立决定将哪些科学技术信息列为国家机密，它还可以根据某一情报信息泄露后对国家安全所造成的影响程度大小决定其保密限制的级别。此外，它有权禁止私有专利获得者从事原子能的研发与生产工作，并对"一切与原子能有关的专利、厂家、合同和信息"进行专管。这样，该法案充分反映了《纽约时报》社论所表达的观点："在铀元素及与之相关的民用原子能研发与生产领域，我们决不允许企业随便涉足。这是我们为避免再次发生全球毁灭性战争而必须付出的代价。"¹³²

通过这些条款，《原子能法案》将该委员会确定为全国范围内对原子能研发与生产进行规划的最高官方机构。作为一个经济行为体，原子能委员会"拥有巨大的资产——是全球最大的经济实体之一"。¹³³ 1951年的一份总结报告指出，"今天原子能委员会所拥有的设施和占地面积大于特拉华州和罗德岛州之和"，"帕迪尤卡附近新建的扩散厂消耗的电量相当于芝加哥市", "中等规模的萨凡纳河氚—钚生产项目刚开始就占用了南卡罗来纳州 250,000 英亩农田, 农田前面的村庄和房屋被一扫而光"。[134] 在任命委员会主席时, 杜鲁门总统选择了戴维·E. 利连撒尔。利连撒尔曾经是 1933 年田纳西河流域管理局成立之初三位负责人之一, 二战期间曾继续担任这一机构的领导人。[135]

当然, "新政"时期, 美国曾经有过向包括国家复兴管理局等重要行政部门授权的先例, 也有过向证券交易委员会进行特别授权的先例。但是, 正如密歇根大学法学院院长 E. 布莱斯·斯塔森 (E. Blythe Stason) 于 1947 年指出的, "在缺乏有效指导和标准的前提下, 原子能委员会被授予所需要的一切权力", 从这一点来说, 原子能委员会的成立打破了一切先例。大权在握之后, 其在行使职责的过程中, 往往凭借其"空前的权柄", "超越法律制度和原则标准所设定的界限"。斯塔森总结道, "面对核危机造成的恐怖形势, 国会的确没有其他选择余地了……这种非常规授权的确无法避免"。但是, 斯塔森坚持说, 一件非常重要的事情是, 我们要如实记录下国家对原子能发展的"计划"在多大程度上取代了市场经济制度, 同时还要如实记录下"国家法制在多大程度上被人为因素取代, 被公共管理人员的个人决断掌控"。[136]

1948 年公布了一份完整的报告, 总结了国会历时 9 个月对《原子能法案》进行审议的过程。报告强调, 整个过程笼罩着"惊慌与畏惧的气氛", 而且国会立法人员在讨论和审议这一法案时, 不像过去那样持有不同的党派立场, 也没有出现传统的路线分歧。[137] 国会对修正意见进行表决时, 没有举行公开投票, 只在参议院以口头形式表决, 随后获得通过, 但众议院的讨论过程非常复杂热烈, 议员们很难达成最后共识。众议院先后对 71 项修正意见进行了讨论。经过充分的讨论和酝酿, 法案的每一部分又分别提交议席修改。

尽管没有经过公开投票, 但只要审视一下整个辩论过程就可以看出, 当众议院的讨论出现分歧时, 南方代表的平衡作用往往能决定最后的结果。比如, 德克萨斯州民主党议员弗里茨·拉纳姆 (Fritz

Lanham）提出的一项修正意见曾引起严重分歧，但最终以121：57的投票表决结果获得通过。拉纳姆提议保护原子能委员会对专利进行监管的权力，但该提议与共和党提出的另一修正意见相抵触。共和党的提议抨击原子能委员会对于专利审批权的监管涉嫌违反市场竞争机制。当意见没有产生严重分歧，但争议性较大时，我们同样能看到南方议员在这一过程中发挥的主导作用。[138]

尤其值得注意的是，原子能委员会对核机密及相关工作人员的政治忠诚问题监管力度有所强化的修正意见上，尽管找不到国会对其投票表决的记录，但南方议员在促进其获得批准的过程中，同样发挥了主导作用。任何在原子能问题上持保留态度的人均被视为犯了左倾错误。众议院非美活动调查委员会首席调查员厄内斯特·亚当森（Ernest Adamson）于6月底提交的报告披露，田纳西州橡树岭原子弹制造厂的安全人员担心，左翼科学家之间曾经互相接触。报告称这些科学家倾向于支持产业工会联合会及相关国际组织，与"美国以外的人员有联系"。[139] 弗吉尼亚州的霍华德·史密斯（1940年《史密斯法案》的起草人）随后成功地提议，要求联邦调查局全面调查原子能委员会拟雇佣人员，以证实这些人员即使接触敏感性情报信息，也不会对国家安全造成危害。德克萨斯州的哈顿·萨姆纳支持对严重泄露核机密的人员处以死刑的修正意见。同时，史密斯成功地要求对于泄露核机密行为的处置应当不少于十年监禁，并要求增加法案的条文内容，以确认法案中的所有其他条文必须"符合德克萨斯州哈顿·萨姆纳的修正意见，以及史密斯本人提出的修正意见"。[140]

1946年7月20日，《原子能法案》通过众议院表决时，获得265：79的压倒性支持。民主党中除了十几位主要来自南方的议员坚持应当由军队负责原子能的控制外，其余反对票均由内部意见存在严重分歧的共和党议员投出。[141] 投反对票的议员们主要担心原子能委员会对专利权的控制会影响私有产业。"如果问有什么事情会给私有产业的发展戴上镣铐，那就是今天摆在大家面前的《原子能法案》"，俄亥俄州的查尔斯·埃尔斯顿（Charles Elston）指出。"按照这一法案规定，没有原子能委员会的授权许可，任何企业不得从事原子能研发试验。即使企业为了本身的发展目标而进行相关试验也被禁止。"[142] 康涅狄格州共和党人克莱尔·布思·卢斯同样坚持认为，法案的专利条款"一定是由最狂热的苏俄分子写成的"。密苏里州的共和党人杜威·肖特告诫说，"我们设立的原子能委员会将获得在全国范围内决定私有产业生死存亡的大权"，并补充道，"我不愿意看到获得如此大规模盲目授权的原子能委员会对私有产业实施暴力管制"。[143]

南方议员还在另一个方面发挥了重要作用：确保国会对原子能相关法案的实施进行监督。《原子能法案》一个最不同寻常的职能是，它负责指导国会原子能联合委员会的组建。这是美国国会历史上依法成立的第一个类似机构。由于该委员会负责的议题高度复杂而且要严格保密，其在专业领域里的权威性不容挑战。联合委员会的独特作用在于，它有权对于拟举行听证的法案进行审议，并通过投票表决的形式决定法案是否提交参众两院议席进行辩论。因此，原子能联合委员会"的权力大于国会历史上所设立的所有委员会"。[144] 其人员组成的重要性当然也非同寻常。首批委员中有八位民主党人，其中四位南方议员（众议院议员是北卡罗来纳州的卡尔·达勒姆、德克萨斯州的林顿·贝恩斯·约翰逊；参议院议员是佐治亚州的理查德·拉塞尔、德克萨斯州的汤姆·康纳利）在委员会中发挥关键作用。[145] 每一位委员都由政党领导人亲自选拔。众议院政党领导人是德克萨斯州的山姆·雷伯恩，参议院政党领导人是肯塔基州的阿尔本·巴克利（不久后成为美国副总统）。之所以由政党领导人亲自选拔，是因为他们的资历和地位符合国家安全体制这一新生事物的核心特征。

成立之初的18个月里，原子能联合委员会召开了40次秘密会议。随后，该委员会建议原子能委员会委员的任期延长至1950年，但没有披露秘密会议争论议题的内容、审议议题的核心特征以及委员会内部产生分歧的本质所在。[146] 民主党多数派的工作报告对此解释道：

由于需要对生产原子弹必备的知识进行保密，这一庞大机构的运行被蒙上种种安全限制。公众没有机会检查和评估该机构的日常运作程序，也没有机会检查和评估这一机构各项工作对和平时期的常规经济发展，乃至可能的战时经济发展造成的影响。这一情况是由我国现有行政政策的独特性决定的。它使得原子能联合委员会不得不承担这一重要职责。[147]

美国众议院批准《原子能法案》后没过几天，苏联政治领导人安德烈·葛罗米柯就在联合国发表讲话，表示苏联反对任何未经联合国安理会授权的原子能监管方案。倘若监管方案被提交至联合国安理会，那么，苏联就可以行使其否决权。[148] 1946年8月，《原子能法案》最终获得通过后，杜鲁门总统于原子能委员会揭牌前一天，签署了一道行政命令，命令作战部将"曼哈顿计划"，以及该计划的核武器储备、可裂变原料及分散在18个州的研究实验室全部移交给原子能委员会。尽管军方反对这一移交命令，但也必须奉命移交。[149] 委员会主席利连撒尔很快明确表示，他将对原子能情报信息实施比战争结束以来所采取的保密措施更加严格的监管。在参议院举行的听证会上，利连撒尔对作战部史密斯所作的"1940年至1945年美国政府支持下的军用原子能使用方式发展状况的总结报告"提出指责。他认为这一报告"是自'曼哈顿计划'开始以来最严重的破坏安全保密制度的行为"。事实上，这一报告仅涉及到一些与公共领域相关的信息，而且报告已经删除了与原子弹制造有关的一切重要细节，包括冶金、工程和工业制造方面的复杂工序。[150]

1954年，连续几个月的时间里，罗伯特·奥本海默感到"有些抑郁"，因为自己在原子能委员会总顾问委员会的任职经历促使他得出结论："原子能委员会的主要使命就是提供核武器、提供高性能的核武器、提供数量巨大的核武器。"[151]《原子能法案》的第六部分——这一部分规定,原子能委员会负责发展核武器的条件是,"得到美国总统的明确批准……如果总统认为保卫国防利益需要发展核武器"——是这一法案的关键内容,也是原子能委员会应对不利局面的"武器"。法案开始实施时,原子能委员会的库存中还没有可用于战场的原子弹,只有供制造少量原子弹的零部件,而且,当时也没有人掌握相关的生产技术,只能像生产"小男孩"和"胖子"时一样靠手工组装。尽管原子能由民用部门还是由军事部门监管,这一问题已经得到解决,但原子能委员会还是主要服务于国家的军事战略目标。更重要的是,原子能委员会实际上非常成功地扮演了"对美国空军进行预算外补贴"的角色。[152]

早在 1948 年,战时动员与恢复办公室副总顾问拜伦·米勒(Byron Miller)就注意到了这一问题,并指出,"虽然民用部门最终成功获得对原子能的控制权,但原子能委员会的工作重点显然仍倾向于军事需要"。由于军事联络委员会在其中发挥了重要作用,米勒坚持认为,"在战争的白热化时期,原子能的监管还是倾向于接受军方控制"。除了注意到中央政府对秘密规划、经济所有权与管理权、科学研究的统一指挥权等方面的监管明显加强外,米勒还强调,法案因要求坚持保密原则并执行对员工政治忠诚度的调查程序,而对科学界造成了重大影响。[153]十年后,《纽约先驱论坛报》的军事专栏作家沃尔特·米利斯(Walter Millis)悔恨地表示,"《原子能法案》是在 1945 年末期核武器问题使人类面临强烈不安、彷徨和困惑的形势下起草的。该法案造成了国家的原子能政策被禁闭在严格保密和全面恐惧的状态中。这种严格禁闭政策引发了各种冲突,为后来人们致力于解决这一全球性重大问题设置了种种障碍"。[154]

六

战后人们对未来越来越失望,冷战使和平局势越来越紧张,核武器的存在不断加剧人们的内心恐惧。面对这样的形势,如何组织和安排美国国家安全核心机构迫在眉睫。在当时刚刚形成的美苏两极世界里，战争冲突不断发生。联邦政府迫切需要采取措施，克服战争时期仓促形成的国家安全体制的缺陷。另一方面，随着大批军人复员返乡，美国的战略实力面临各种威胁与挑战：陆海空各军种之间产生激烈竞争；国家缺乏明确的方案来取代战略服务局的情报信息功能；军事技术研发投入的削减几乎冻结了更先进的战略轰炸机和原子弹的研发工作，等等。此外，到1947年，美国已经承担了一系列非同寻常的国际义务，有的甚至需要其出兵干涉。除了根据当年制定的《美洲国家间互助条约》承担保卫西半球的责任以外，美国还向日本、韩国、德国、西欧和东地中海地区派遣驻守军队。

面对上述挑战时，美国显然没有成套的制度安排先例可循，这促使美国进入了战后最显著的制度创立阶段。这一时期，美国军队以维护全球自由民主的名义随时出征全球各国，而不受任何限制。

第二次世界大战后期，作战部与海军部之间的摩擦开始越来越明显——两个军种都有各自的内阁官员、独立预算和不同的国会委员会——这成为协调两个军种的最大障碍。

1944年8月，当时的副总统杜鲁门在《科利尔的》杂志上发表的文章"美国陆海空三军必须受统一指挥"所阐明的正是这一观点。[155]

实际上，杜鲁门可称得上是一位军事专家，他绝不是门外汉。他曾经作为参议员在军事委员会中任职，并在第二次世界大战期间担任国防计划调查特别委员会主席。特别委员会主席的职务极大地提升和丰富了杜鲁门的政治生涯。杜鲁门还对弗吉尼亚州的民主党人克利夫顿·伍德拉姆（Clifton Woodrum）领导（1944年3月—5月）的众议院"战后军事政策特别委员会"非常关注。该特别委员会反复举行了多次听证会，包括作战部部长亨利·史汀生在内的许多人共同促使将军队的统一指挥问题列为"战后军队重组的主要目标"。听证会上，只有新任海军部部长詹姆斯·福莱斯特（James Forrestal）一人对军队统一问题提出反对意见，声称"海军方面不认为军队有进行整合的必要"。[156]

1945 年 12 月 19 日，杜鲁门总统向国会提出立法请求，这也是他最早向国会提出的立法请求之一。其中最重要的一项是通过立法程序，将陆军作战部和海军部合并，组建国防部，并使国防部"全面承担武装保卫国家安全的职责"。杜鲁门总统回顾了战争期间两大作战部门分立带来的各种问题，并指出了举行参谋长联席会议和统一军事指挥的必要性。杜鲁门催促美国"必须彻底解决目前国家防卫力量组织结构中存在的弊端"，并指出，解决这一问题的答案在于组建由一位文职官员统一指挥的国防部。这一组织形式有望促进战略规划整合、节约部队管理与供给成本、实现军事发展战略与更广泛的国家安全目标之间的统一。同时，国防部的组建还可以加强新兵训练项目的整合，促使军方与科研机构建立更加简洁高效的合作关系，实现对包括侦察部队和反间谍部队在内的大量美国海外军事基地的统一指挥。[157]

然而，陆军和海军部门对国防部的组建却都有着各自的盘算。[158] 陆军作战部支持"由一位军阶最高的参谋长全面负责部队的军事指挥和行政管理职责"。[159] 早在 1943 年，这一立场就被提出过——陆军系统曾推动实现各军种之间的统一指挥。乔治·马歇尔将军曾提出由他对军队实施统一指挥的整合计划。

但海军部反对上述意见。为了保持传统上的特权地位，海军部极力推出了一项替代性方案。海军方面的领导人很清楚，陆军系统提出的重组方案对海军的优势地位构成了根本性威胁。从 19 世纪初开始，美国海军就一直在军队中保持着这一优势地位。最终，海军部部长福莱斯特聘请其普林斯顿大学的同班同学、华尔街著名银行家费迪南·埃伯斯塔特（Ferdinand Eberstadt）帮助设计了一套替代性方案。埃伯斯塔特根据自己曾担任陆军海军军需委员会主任和战时生产委员会副主任的经验，要求加强海军部与陆军作战部之间的沟通协调，而不是将两者合并。他明确否认了陆军方面的提议，并坚持认为陆军、海军合并在一起可能造成军方的权力压倒民用部门。特别是如果由"某一岗位级别的军事人员掌管全部军事力量，他就有可能凭借手中的权力对各民用部门的负责人发号施令"。[160]

尽管杜鲁门总统在 1945 年 12 月 19 日向国会发表的特别国情咨文倾向于实施合并方案,但最终结果却更倾向于海军方面的意见。1947 年 8 月 26 日,杜鲁门总统签署的《国家安全法案》虽然设立了国防部部长办公室,但法案允许海军部和陆军部各自由文职人员担任部长,并由其出席参谋长联席会议,否决了设立统一最高军事指挥人员的提议。

1947 年的《国家安全法案》还有另外两个特征值得注意。第一,法案规定成立的国家安全组织所依赖的基础更加广泛,远远超出了军事部门的范围。当国会宣布成立国家安全组织的宗旨是"为未来的国家安全提供全面的解决方案"时,立法机构对这一提议进行了广泛审议和讨论。正如一位当代问题研究学者指出的,国会同时提出"在行政机构中设立相应的民用部门,负责实施政府的国家安全职能"。[161]第二,成立美国空军,作为与海军和陆军相平行的军种。这充分表明,随着军事家们越来越依赖于核武器,海军在美国军事战略规划中的地位已经明显降低。

早在 1945 年,埃伯斯塔特就坚持认为陆军方面寻求设立陆军、海军统一指挥系统的想法是错误的。他同时认为,"美国新获得的世界霸权地位及其已经承担的许多新的国际义务和风险"要求建立更加广泛的国家安全体系。为此,埃伯斯塔特设想构建一个组织严密的国家安全网络。在这个网络中,各个军民协调委员会按照集体协商的原则开展工作,其最高管理机构就是后来成立的国家安全委员会。这一制度有些类似于 1933 年为促进国内经济发展而实施的《国家复兴法案》,还类似于埃伯斯塔特非常熟悉的战时动员机构的运行体系。1945 年 12 月,杜鲁门总统发表国情咨文前,曾听取了埃伯斯塔特的上述建议。杜鲁门强烈支持制定"一项更加广泛的国家安全计划",并希望组建"一个各部门相互协调、涵盖全部政府机构的情报系统",设立一个新的联邦科学机构,以协调和支持科学研究工作,并建立一个整合国家安全各个方面的工作机制。

直到 1950 年，国会批准设立国家科学基金会，建立指导美国科学发展机制的提议才得以落实，上面提到的组织机构也均按照《国家安全法案》而建立。其中最重要的包括中央情报局和国家安全委员会。这两大机构与国防部和国务院并称为美国"现代国家安全体制"的支柱。[162] 作为对上述机构的补充与完善，国会又先后批准成立了国家安全资源委员会，负责战时民用、工业和军事资源的调动；军需委员会，负责协调武器的生产与采购；研究与发展委员会，负责维护相应的技术标准、缩小发展差距，以及监督发展重点的调整和转移等。[163]

1942 年，国家战略服务局成立时，杰出的首任局长、人称"狂野的比尔"的威廉·J. 多诺万将军宣布，"全球性的极权主义战争必须得到全球性的极权主义情报工作的支持"。[164] 这一信条一直延续到战后。当时美国海军还在为珍珠港事件前情报工作的严重缺乏感到沮丧，醒悟后，便主导和推动了战后海军情报组织的发展。正如曾担任战时海军生产部门负责人的塞缪尔·罗滨逊（Samuel Robinson）上将宣称的，情报组织应当在雄厚的资金支持下自由采取行动，其运行费用"不应当受到会计预算数额的限制"。[165]

关于情报组织的设立，当时主要有三种方案可供选择。一种方案是按照多诺万的提议，继续保留国家战略服务局。第二种方案是扩大联邦调查局的规模。当时联邦调查局主要负责拉丁美洲地区的秘密情报工作，其预算资金由 1938 年的 600 万美元增加到了 1945 年的 4,500 万美元。[166] 最后一种方案是，按照国务卿伯恩斯的提议，将上述职能合并到国务院。杜鲁门总统认为前两种方案有些类似于德国的盖世太保，但他又担心国务院无法胜任上述工作。1946 年 1 月 22 日，杜鲁门总统发布行政命令，成立由席尼·索伊尔（Sidney Souers）上将领导的中央情报小组。该小组规模得到迅速扩大，刚成立时，仅有 80 名工作人员，到 1947 年国会批准成立中央情报局时，成员已经发展到了 1,800多人。[167]

上述复杂的组织机构缺乏民主合法性，同时它们需要尽快结束当时动荡不安的局面。负责组织机构建设的领导人员及其支持者们知道，只有经过国会立法批准，这些组织机构才能成功发挥其职能。[168]但即使是国会立法程序的审议，保密工作也是第一位的。在讨论是否将组建常规情报机构列入《国家安全法案》时，众议院和参议院对整个讨论过程进行了视频录像，并邀请艾伦·杜勒斯负责召集了由特别小组成员参加的研讨会，讨论如何更好地获取国外的情报信息，以及如何提升在国外开展秘密行动的能力。杜勒斯时任私人执业律师，之前他担任过国家战略服务局驻柏林工作站站长，二战后又担任战略服务局驻伯恩工作站站长。从1953年至1961年，担任国家战略服务局负责人。杜勒斯在房门紧闭的众议院朗沃斯办公大楼1501房间里解释说，"今天的首要目标……是推动科学发展——在原子能、制导导弹、超音速飞机等领域"，以及"政治和社会发展方面"。杜勒斯注意到了欧洲、拉丁美洲和亚洲存在的"民主主义与共产主义之间的意识形态冲突"。他宣称，基于系统侦察基础上的专业性情报分析是保障国家安全所必需的，并呼吁国会成立由少数具有默默奉献精神的情报界精英分子领导的中央情报局。[169]

《国家安全法案》第102条批准设立中央情报局后，该机构便迅速投入工作。在詹姆斯·安格尔顿（James Angleton）的带领下，中央情报局首先在安格尔顿小时候生活过的意大利采取了其早期最重要的秘密行动。安格尔顿曾任职于国家战略服务局，是有名的反间谍专家。当时意大利共产党作为全球第二大共产党组织即将在1948年4月举行的意大利政府选举中获胜。美国中央情报局通过向中右翼政党基督教民主党提供政治资助、派遣美国劳工联合会向不支持共产党的意大利工会组织提供资助、散发虚假宣传品以影响意大利公众舆论等手段，取得了首次国外秘密行动的巨大成功——意大利共产党在选举中败北。这不可能是中央情报局最后一次无视主权国家范围而采取的秘密行动，情报工作的新时代就这样轰轰烈烈地开始了。

一个月后，新成立的国家安全委员会发布第NSC 10/2号指令，决定在中央情报局正式设立一个行动分支机构。指令明确写道，这一行动分支机构"主要负责监视苏联的秘密敌对行动"；"为了维护世界和平和美国国家安全"，该分支机构被授权秘密实施"间谍宣传，经济战，包括破坏、反破坏、拆毁设施、疏散居民在内的预防性直接行动措施，针对敌对国家的颠覆行动，如支持地下反抗运动、游击队、难民解放组织，以及支持自由世界受共产党威胁国家当地的反共团体"。该分支机构采取上述行动时，必须确保"美国政府不承担任何实际责任"。[170]

与中央情报局不同，国家安全委员会几乎不是秘密机构。但它在白宫协调外交和军事政策的权力却让国会权威相对有所下降。1947年的法案规定，国家安全委员会成员必须包括国务卿和国防部部长、陆海空三军文职部长、国家安全资源委员会主任和中央情报局局长。相比较而言，国会的权威没有明显体现出来。由于国会被阻挡在这一决策机构之外，当1949年8月苏联第一颗原子弹爆炸和第二年夏天朝鲜半岛发生敌对行动时，国会立法人员只能从远处旁观国家安全委员会的地位与作用不断提升。[171]在这一方面以及一些其他的国家安全领域，国会的确曾经积极承认自身的传统民主监督和控制权力有所下降。通过设立上述新的组织机构，相应的监管权力也从立法机构转移到行政部门。核威胁在不断促使美国的国家体制发生变化。

注释

1. 这个地方现在是白沙导弹靶场的一部分。
2. James G. Hershberg, *James B. Conant: Harvard to Hiroshima and the Making of the Nuclear Age* (Stanford, CA: Stanford University Press, 1993, pp. 231–32.
3. 很快，"乌云升到41,00英尺的高度，比世界上最高的山脉高出12,000英尺"。然后，"一声巨响"伴随着"一股热浪"打破了沉寂。见William L. Laurence, *Dawn over Zero: The Story of the Atomic Bomb* (New York: Alfred A. Knopf, 1946), pp. 10–11. 只有在爱德华·泰勒向"曼哈顿计划"的领导者们一再承诺这一计划不会引发一系列吞噬整个世界的连锁反应后，试验才得以继续推进。见Edward Teller (with Allen Brown), *The Legacy of Hiroshima* (New York: Doubleday, 1962), p. 16.
4. 乔治·基斯塔科夫斯基是哈佛大学的著名化学家。他参与了"曼哈顿计划"，带领科研团队研发出了一种透镜，用于对钚进行均匀压缩，以获得临界物质。

5. 提交给作战部的这份报告引自 Laurence, *Dawn over Zero*, pp. 193–94. 奥本海默的态度更加矜持。科南特在其 80 页的手写稿中记录了原子弹爆炸的时刻，奥本海默引用了《薄伽梵歌》中的话："我该死，我是毁灭整个人类的罪魁祸首。"法雷尔也记录到，"爆炸产生的光芒难以描述。其照射强度是正午阳光的几倍，使得全国各个角落暴露无遗。金黄色、紫红色和蓝灰色的光线交相辉映，照亮千山万水。其清晰美妙的景象人们只能想象，无法用语言表达。对于这样一种美妙，即使是最伟大的诗人也只能在脑海中想象，无法用诗句表达真切"。奥本海默和法雷尔的记述引自 Hershberg, *James B. Conant*, p. 233.
6. 这些岛屿以及马绍尔群岛、卡罗琳群岛在第一次世界大战后由国联委托给日本统治。
7. Robert S. Norris, *Racing for the Bomb: General Leslie R. Groves and the Manhattan Project's Indispensable Man* (Hanover, NH: Steerforth Press, 2002), pp. 313–24; 另见 Gary Wills, *Bomb Power: The Modern Presidency and the National Security State* (New York: Penguin, 2010), p. 43.
8. Laurence, *Dawn over Zero*, p. 224.
9. Gregor Dallas, *1945: The War That Never Ended* (New Haven: Yale University Press, 2005), p. 571.
10. Laurence, *Dawn over Zero*, pp. 229, 241, 236–37.
11. John W. Dower, *Embracing Defeat: Japan in the Wake of World War II* (New York: W. W. Norton, 1999), pp. 45–46, 36.
12. *New York Times*, August 15, 1945; *Life*, August 27, 1945, pp. 25, 21.
13. Samuel P. Huntington, *The Common Defense: Strategic Programs in National Politics* (New York: Columbia University Press, 1961), p. 35.
14. TABLE Ed26–47, "Military Personnel on Active Duty, by Branch of Service and Sex: 1789–1995," *Historical Statistics of the United States* (New York: Cambridge University Press, 2006); Tony Judt, *Postwar: A History of Europe since 1945* (New York: Penguin, 2005), p. 109. 1950 年 6 月，朝鲜战争爆发时，美国的军队装备数量仍在下降，最后剩下七个现役师团。见 Stetson Conn, "Changing Concepts of National Defense in the United States, 1937–1947," *Military Affairs* 28 (1964): 7.
15. John Lewis Gaddis, "Comment," in the *AHR* Forum on Melvyn P. Leffler, "The American Conception of National Security and the Beginnings of the Cold War, 1945–48," *American Historical Review* 89 (1984): 383.
16. Judt, *Postwar*, p. 109.
17. Isaiah Berlin, *Washington Despatches, 1941–1945: Weekly Political Reports from the British Embassy*, ed. H. G Nicholas (Chicago: University of Chicago Press, 1981), pp. 613–14.
18. 见 Peter Clarke, *The Last Thousand Days of the British Empire* (London: Penguin, 2008), pp. 400–403.
19. Rhodri Jeffreys-Jones, *The CIA and American Democracy* (New Haven: Yale University Press, 1989), p. 28.

20. 美国花费了近一年的时间，才从禁止与美国开展贸易的个人和企业黑名单中，去除了第二次世界大战期间曾与敌对国产生贸易往来的个人和企业名录。杜鲁门政府于 1946 年 7 月 8 日采取了这一措施。
21. 关于战争损失及美国缺乏将苏联作为敌对国进行警惕与担忧的研究，见 Melvyn P. Leffler, *A Preponderance of Power: National Security, the Truman Administration, and the Cold War* (Stanford, CA: Stanford University Press, 1992), p. 5.
22. 1947 年外交关系委员会的报告指出，"除了作为美国行政负责人必须参加波茨坦会议外"，杜鲁门总统从 1945 年 7 月 3 日任命伯恩斯担任国务卿到 1947 年春，"将绝大部分外交事务交给了国务卿处理"。见 John C. Campbell, *The United States in World Affairs*, 1945–1947 (New York: Harper and Brothers, 1947), p. 17.
23. 1947 年 4 月 16 日，巴鲁克出席自己家乡南卡罗来纳州的立法会议时宣称，"今天我们正处于冷战阶段。我们的敌人既有来自国外的，也有来自国内的"。见 *Washington Post*, April 17, 1947. Walter Lippmann, *The Cold War: A Study in U.S. Foreign Policy* (New York: Harper and Brothers, 1947).
24. Walter Lippmann, *U.S. Foreign Policy: Shield of the Republic* (Boston: Houghton Mifflin, 1943), p. 164.
25. 约翰·刘易斯·加迪斯讨论了李普曼和罗斯福的观点，并对两者进行了引用。见 John Lewis Gaddis, "The Insecurities of Victory: The United States and the Perception of the Soviet Threat after World War II," in *The Truman Presidency*, ed. Michael J. Lacey (Cambridge: Cambridge University Press, 1989), p. 243.
26. 1945 年 10 月，曾在战争期间担任海军装备生产负责人的塞缪尔·罗滨逊上将建议政府模仿战略后勤部成立强有力的战后情报机构。罗滨逊认为，苏联只是美国面临的六大潜在敌人中最危险的一个，其他五大敌人包括德国、日本、巴西、法国和英国。见 Jeffreys-Jones, *The CIA and American Democracy*, p. 35.
27. Samuel P. Huntington, *The Common Defense: Strategic Programs in National Politics* (New York: Columbia University Press, 1961), p. 14. 全面性的论述，见 Jack Stokes Ballard, *The Shock of Peace: Military and Economic Demobilization after World War II* (Washington, DC: University Press of America, 1983), pp. 27–72. E. J. B. Foxcroft, "Planning and Executing Resources Allocation—A Phase of War Administration," *Public Policy* 6 (1955): 158–81 对美国的战时组织构成进行了比较性研究。
28. 仅有的两张反对票来自中西部地区的两位共和党议员：北达科他州的威廉·兰格（William Langer）和明尼苏达州的亨利克·希普斯特德（Henrik Shipstead）。
29. 相关研究，见 Wilson D. Miscamble, *From Roosevelt to Truman: Potsdam, Hiroshima, and the Cold War* (New York: Cambridge University Press, 2007), pp. 259–61.
30. 引自 Hershberg, James B. Conant, pp. 236–37. 1945 年 10 月 8 日，杜鲁门总统宣布了自己的决定，拒绝分享核武器秘密。见 G. Pascal Zachary, *Endless Frontier: Vannevar Bush, Engineer of the American Century* (New York: Free Press, 1997), p. 299.
31. Melvyn P. Leffler, *For the Soul of Mankind: The United States, the Soviet Union, and the Cold War* (New York: Hill and Wang, 2008), pp. 65, 59.

32. *Congressional Record*, 79th Cong., 1st sess., July 26, 1945, p. 8085.
33. 引自 Campbell, United States in World Affairs, 1945–1947, p. 523.
34. Brookings Institution, International Study Group, *The Administration of Foreign Affairs and Overseas Operations: A Report Prepared for the Bureau of the Budget and Executive Office of the President* (Washington, DC: U.S. Government Printing Office, June 1951), p. 5. 相反的观点认为,"早在1945年5月欧洲战争结束时,人们就明显感到世界并没有迎来真正的和平"。见 Theodore H. White, *Fire in the Ashes: Europe at Mid-Century* (New York: William Sloane Associates, 1953), p. 393.
35. Brookings Institution, *The Administration of Foreign Affairs and Overseas Operations*, pp. 1, 9.
36. 同上, p. 55.
37. 同上, p. 35.
38. Laurence, *Dawn over Zero*, pp. 270–71.
39. Max Hastings, *Inferno: The World at War, 1939–1945* (New York. Alfred A. Knopf, 2011), p. 628.
40. *Washington Post*, August 18, 1945. 战争期间,阿诺德曾五次犯心脏病。
41. James Agee, "The Bomb," *Time*, August 20, 1945, p. 175.
42. *Washington Post*, September 16, 1945.
43. *New York Times*, November 8, 1945, November 17, 1945.
44. "The 36-Hour War," *Life*, November 19, 1945, pp. 27–35. 有关广岛、长崎遭受原子弹轰炸后美国艺术家对核武器和核战争的描绘,见 Denise M. Rompilla, "From Hiroshima to the Hydrogen Bomb: American Artists Witness the Birth of the Atomic Age"(博士论文, Rutgers University, 2008).
45. 全文见 *New York Times*, February 10, 1946. 苏联希望拥有原子弹几乎不是什么秘密。1945年11月,苏联外交部长莫洛托夫宣称苏联"也将掌握原子能技术"。见 Embassy of the U.S.S.R., Washington, *Information Bulletin*, November 17, 1945, p. 8; 引自 Campbell, *United States in World Affairs, 1945–1947*, p. 40. 有关"斯大林与和平的粉碎"的论述,见 Vladislov Zubok and Constantine Pleshakov, *Inside the Kremlin's Cold War: From Stalin to Khrushchev* (Cambridge: Harvard University Press, 1997), pp. 36–77. 现在人们已经知道,广岛遭原子弹轰炸一个月内,斯大林就决定将发展原子弹列为国家的首要任务。见 Zachary, *Endless Frontier*, p. 293.
46. *New York Times*, February 10, 1946. 从东西方积极发展友好关系前景的衰落这一更广阔背景对这次演讲的讨论,见 Robert Dallek, *The Lost Peace: Leadership in a Time of Horror and Hope, 1945–1953* (New York: HarperCollins, 2010), pp. 182–83.
47. John Lewis Gaddis, *George F. Kennan: An American Life* (New York: Penguin, 2011), p. 216. 这一时期,斯大林也在"犹豫不决。他经常说话自相矛盾,推行的政策也变换不定"。见 Leffler, *For the Soul of Mankind*, p. 33.
48. 引自 Gaddis, *George F. Kennan*, p. 217.
49. 相关研究,见 Judt, *Postwar*, pp. 103–4.
50. 见 http://www.trumanlibrary.org/whistlestop/study_collections/coldwar/documents/

pdf/6-6.pdf. 这封电报是冷战初期最重要的几篇电文之一。对于这篇电文的尖锐批评，见 Anders Stephanson, *Kennan and the Art of Foreign Policy* (Cambridge: Harvard University Press, 1989), pp. 45–53; 另见 H. W. Brands, *What America Owes the World: The Struggle for the Soul of Foreign Policy* (New York: Cambridge University Press, 1998), pp. 144–56.

51. X [George Kennan], "The Sources of Soviet Conduct," *Foreign Affairs* 25 (1947): 575, 582.
52. Louis J. Halle, *The Cold War as History* (New York: Harper & Row, 1967), p. 105.
53. *New York Times*, March 1, 1946.
54. 见 http://www.fordham.edu/halsall/mod/churchill-iron.asp. 有关"铁幕"这一隐喻的讨论，见 Patrick Wright, *Iron Curtain: From Stage to Cold War* (New York: Oxford University Press, 2007). 到1948年，丘吉尔认为有充足的理由向苏联发起先发制人的战争。他坚持认为苏联掌握核弹技术还需要八年时间，并提出"我们不应当等到苏联一切准备就绪后再对其进行反击"。丘吉尔试图在美国仍然占据核优势的时候，与苏联一决胜负。他要求下院研究预测苏联拥有核武器后会采取的行动，"当他们拥有了原子弹，并储备了大规模的核武器后……每一个思维正常的人都不会相信我们眼前会有无限的时机与苏联决战"。因此，丘吉尔建议杜鲁门政府向苏联下最后通牒：要么从东德撤出军队，要么面临美国的核打击。见 Marc Trachtenberg, "A 'Wasting Asset': American Strategy and the Shifting Nuclear Balance, 1949–1954," *International Security* 13 (1988/1989): 9–10.
55. Martin Gilbert, *A History of the Twentieth Century*, Vol. 2, 1933–1951 (New York: William Morrow, 1998), p. 740; 1946年3月13日采访记录原文见 http://marxism.halkcephesi.net/Stalin/volume%2014%20to%2018/pravda031346.htm.
56. *Wall Street Journal*, February 25, 1946.
57. Dexter Masters and Katharine Way, eds., *One World or None* (New York: McGraw Hill, 1946). 第一处引述出自内封，第二处引述出自 Harold C. Urey, "How Does It All Add Up?," p. 59.
58. Philip Morrison, "If the Bomb Gets Out of Hand," 同上, pp. 1–6.
59. E. U. Condon, "The New Technique of Private War," 同上, pp. 39–42; 康登是众议院非美活动调查委员会的重点关注人物。非美国活动调查委员会的一个支委会由伊利诺伊州共和党人理查德·韦尔（Richard Vail）和佐治亚州民主党人约翰·S. 伍德组成。该支委会于1948年将康登列为"核武器安全防护中的最薄弱环节"。康登因与被称为"共产主义阵线"的左翼组织有联系而受到非美活动调查委员会的打击。比较公正的讨论，见 Jessica Wang, "Science, Security, and the Cold War: The Case of E. U. Condon," *Isis* 83 (1992): 238, 246.
60. Reinhold Niebuhr, "Our Relations with Japan," *Christianity and Crisis*, September 17, 1945, p. 5. 这是尼布尔持续关注的一个主题; 另见尼布尔为 Harrison Brown and James Real, *Community of Fear* (Santa Barbara, CA: Center for the Study of Democratic Institutions, 1960) 写的前言。在广岛和长崎遭原子弹轰炸后的这些年里，解读原子弹使用原则的通俗读物开始不断出现，包括：Gessner G. Hawley and Sigmund

W. Leifson, *Atomic Energy in War and Peace* (New York: Reinhold, 1946); and J. K. Robertson, *Atomic Artillery and the Atomic Bomb* (New York: D. Van Nostrand, 1946). 1946年5月，一位美国心理学会的成员告诫说，核恐怖造成的后果难以确定，因为这些后果有可能导致把问题最小化这种逃避性思维，也有可能导致一种彻底绝望的情绪，从而增加触发核战争的危险。见 *New York Times*, May 26, 1946.

61. 上述分析刊登在沃尔特·李普曼于1946年3月27日至4月6日之间在《洛杉矶时报》上撰写的"原子能控制"连载专栏的第九部分。有关李普曼对于世界面临抉择的总结，见《洛杉矶时报》于1946年4月5日和4月6日刊登的最后两篇文章。李普曼在半年前的连载栏目"今天与明天"中首次提出了自己对于原子能控制的观点，包括有关原子能控制的协议不仅要对相关国家进行约束，同时要对国家领导人进行约束。见 *Washington Post*, November 17, 1945.

62. *Washington Post*, April 3, 1946. 当年年底，约瑟夫·艾尔索普（Joseph Alsop）要求华盛顿政府充分利用其占据核优势的有利时机，"谋求与苏联达成谅解"。他告诫说，一旦苏联拥有了核武器，"核战争将几乎难以避免"，而且"军事优势将倒向苏联一方"。见 *Washington Post*, September 25, 1946.

63. John Hersey, *Hiroshima* (New York: Alfred A. Knopf, 1946); *Billboard*, September 14, 1946, p.10. 编辑指出："《纽约客》本周将全部社论版面用于刊登一篇讲述一颗原子弹如何毁灭整个城市，以及对该城市民众带来厄运的文章。之所以这样做，是因为我们中很多人对这一拥有不可思议杀伤力的武器还不了解。我们每一个人都需要好好想想这一武器所带来的可怕后果。"见 *The New Yorker*, August 31, 1946, p. 15. *Hiroshima* 一书的日文版直到1949年才经美国占领当局批准出版发行。见 Matthew Jones, *After Hiroshima: The United States, Race and Nuclear Weapons in Asia, 1945–1965* (New York: Cambridge University Press, 2010), p. 33.

64. Paul S. Boyer, *By the Bomb's Early Light: American Thought and Culture at the Dawn of the Atomic Age* (New York: Pantheon, 1985), p. 74.

65. 布罗迪阐明了其中的原因。在对敌进行长途袭击时，同一架飞机，携带原子弹产生的杀伤力远远大于携带一般的化学炸弹，其原因涉及下列基本要素之间的内在关系：在特定距离内飞机可携带炸弹的数量、飞机飞行这一距离需要动用的全部军事力量，以及歼击机可承受的损失程度。由于原子弹的杀伤力远远大于同样数量的化学炸弹，每次使用原子弹袭击可承受的代价也相对大得多——为了获得打击的成功甚至可以不惜损失一整架飞机。可承受的损失越大，就越没有必要挽回飞机（但是要想方设法挽救机组人员）；另一个事实是，不论飞机飞行距离的远近，也不论所承载原子弹重量的大小，仅一颗原子弹就可以达到飞机的有效负荷，但它的杀伤力至少相当于B-29型以上轰炸机最大有效杀伤力的两倍。见 Bernard Brodie, "The Atom Bomb as Policy Maker," *Foreign Affairs* 27 (1948): 25.

66. Hanson W. Baldwin, *Power and Politics: The Price of Security in the Atomic Age* (Claremont, CA: Claremont University, 1950), pp. 66, 68. 早期论述，见 Baldwin, "Two Great Delusions about the A-Bomb," *New York Times*, July 10, 1949.

67. Warner R. Schilling, "The H-Bomb Decision: How to Decide without Actually Choosing," *Political Science Quarterly* 76 (1961): 27. A. G. L. 麦克诺顿将军在1946

年至 1947 年之间曾担任加拿大驻联合国原子能委员会的代表。1948 年年初开始担任常驻联合国代表时，麦克诺顿将军解释了为什么原子弹重量和爆炸威力的变化可以使轰炸机的作战半径达到大约 5,000 英里，以及为什么对于原子弹和导弹的防御几乎无法做到。见 McNaughton, "National and International Control of Atomic Energy," *International Journal* 3 (1947/1948): 14–16. 麦克诺顿与巴鲁克就美国坚持苏联应当放弃联合国安理会有关原子能设施和项目核查否决权这一立场意见不一，两人在联合国发生了激烈冲突。见 *New York Times*, December 20, 1946.

68. Schilling, "The H-Bomb Decision," p. 25.
69. 上述观点，见 Brodie, "The Atom Bomb as Policy Maker," pp. 26, 33.
70. Harry S. Truman, *Memoirs*, vol. 2, *Years of Trial and Hope* (Garden City, NY: Doubleday, 1956), p. 106. 关于杜鲁门主义的形成，见 Richard M. Freeland, *The Truman Doctrine and the Origins of McCarthyism* (New York: NYU Press, 1985), pp. 71–114.
71. 见 http://www.historyguide.org/europe/truman1947.html.
72. 杜鲁门主义被视为"与 1923 年的门罗主义和 1941 年的罗斯福租借方案一样重要的美国国家政策"，相关评价见 *New York Times*, March 16, 1947. 关于马歇尔的毕业典礼演讲，同上，June 6, 1947. 演讲原文见 http://www.oecd.org/document/10/0,3746,en_2649_201185_1876938_1_1_1_1,00.html. 在英国、法国和苏联外交部长参加的巴黎会议上，维亚切斯拉夫·米哈伊洛维奇·莫洛托夫对马歇尔计划提出反对意见。他警告说这一援助计划付诸实施后会造成"极其严重的后果"。苏联阵营里的国家没有一个参与这一计划。在莫斯科的压力下，法国共产党退出了法国战后的联合政府。
73. 一项引人注目的研究强调国际联盟始终具有惊人的组织性和规范性，见 Mark Mazower, *No Enchanted Palace: The End of Empire and the Ideological Origins of the United Nations* (Princeton, NJ: Princeton University Press, 2009); 另见 Townsend Hoopes and Douglas Brinkley, *FDR and the Creation of the UN* (New Haven: Yale University Press, 2000).
74. F. H. Hinsley, *Power and the Pursuit of Peace* (Cambridge: Cambridge University Press, 1963), pp. 335–45 强调联合国存在内部的局限性。1950 年 7 月 7 日，联合国安理会提议在美国的领导下，各成员国加入到统一的军事指控系统中，对朝鲜共和国（南朝鲜）实施援助。但这一提议遭到苏联的抵制，理由是安理会没有吸纳中华人民共和国。
75. *New York Times*, December 28, 1945. 莫斯科会议之前，美国总统杜鲁门、英国首相克莱门特·艾德礼和加拿大总理 W. L. 麦肯齐·金于 11 月中旬在白宫会晤。经过五天的漫长讨论之后，他们代表"三个已经掌握原子能使用知识的国家"宣布，必须找到"解决原子弹使用问题的建设性方案"。所发表的宣言内容包括在联合国的支持下主动分享原子能的研发机密，但前提是建立各国普遍接受的"切实有效、互惠互利，并具有操作性的防护措施"。见 *New York Times*, November 16, 1945.
76. *New York Times*, June 15, 1946. 美国对于联合国原子能控制与核查的立场从某种程度上是以 *A Report on the International Control of Atomic Energy* (Washington, DC: U.S. Government Printing Office, March 16, 1946) 为指导方针的。该报告由国务卿下属的原子能委员会提交给国务卿詹姆斯·伯恩斯。原子能委员会的成员由国务卿于

1946 年 1 月 7 日任命，迪安·艾奇逊任主席，成员包括范内瓦·布什、詹姆斯·科南特、莱斯利·格罗夫斯以及约翰·J. 麦克洛伊。委员会又指定成立了一个顾问委员会来承担大部分的日常工作。顾问委员会的成员包括切斯特·I. 巴纳德（Chester I. Barnard）、J. 罗伯特·奥本海默、查尔斯·A. 托马斯（Charles A. Thomas）、亨利·韦纳（Henry Winner）以及委员会主席戴维·利连撒尔。作战部内部掀起了反对原子能控制国际化的斗争。1947 年春季早期披露的一项作战部的评估报告警告说，"美国提出的原子能控制国际化方案实施不到六年，其他国家就可以与美国一样具备发动核战争的能力了"。见 *New York Times*, April 9, 1947.

77. *New York Times*, June 20, 1946; *Washington Post*, June 20, 1946. 1947 年 3 月，葛罗米柯在联合国安理会发表的 78 分钟演讲中，将美国的建议指责为"用心邪恶，完全不可接受"，"不符合国家主权原则"。见 *Chicago Daily Tribune*, March 6, 1947. 1947 年 3 月 19 日，葛罗米柯再次断然拒绝一项核查制度，并警告说美国人在"幻想"长期垄断原子弹的使用。见 *Los Angeles Times*, May 20, 1947. 而美国原子能委员会的主席戴维·利连撒尔则对联合国原子能委员会说，由于缺少"万无一失"的国际核查制度，美国打算维持和扩大核武器的保有数量。见 *New York Times*, June 3, 1947. 两天后，美国驻联合国助理发言人弗雷德里克·奥斯本（Frederick Osborn）称苏联的核查计划是在"欺骗世界各国"，见 *Washington Post*, June 5, 1947. 1974 年在杜鲁门图书馆回顾当时的情景时，奥斯本称美国官员们"谈论最多的话题"就是"离苏联拥有原子弹还有多少时间"。当时估计最长可能需要 25 年。"当然，他们实际上很快就拥有了。在与苏联谈判期间，我们不知道这一切；谈判时，苏联的原子弹即将进行爆炸试验。我们对此毫不知情。我们都认为苏联离拥有原子弹还远着呢。"见 http://www.trumanlibrary.org/oralhist/osbornf.htm#transcript.

78. 较深入的论述，见 Campbell, *The United States in World Affairs, 1945–1947*, pp. 391–99.

79. Bernard Brodie, ed., *The Absolute Weapon: Atomic Power and World Order* (New York: Harcourt, Brace, 1946). 其他撰文学者包括佩尔西·E. 科贝特（Percy E. Corbett）、弗雷德里克·邓恩（Frederick Dunn）、威廉·T. 福克斯（William T. R. Fox）、阿诺德·沃尔弗斯（Arnold Wolfers）。

80. *Chicago Daily Tribune*, August 29, 1946.

81. *Washington Post*, June 5, 1947.

82. 1974 年，官方的拼写改为埃尼威托克（Enewetak），以更好地反映当地的发音。16 年以后的 2000 年，关于马绍尔群岛核辐射索赔案，法庭裁定埃尼威托克的居民获得大约 340 万美元，以补偿 1948 年至 1958 年之间美国开展核试验对当地人造成的伤害。

83. *Washington Post*, December 2, 1947.

84. "The Eternal Apprentice," *Time*, November 8, 1948, p. 71.

85. J. Robert Oppenheimer, "International Control of Atomic Energy," *Foreign Affairs* (1948): 240, 241, 243, 244, 248, 250–51, 249, 252.

86. 关于这一问题的讨论，见 James M. Lindsay, "Congress, Foreign Policy, and the New Institutionalism," *International Studies Quarterly* 38 (1994): 281–304.

87. 相关讨论，见 Samuel P. Huntington, *The Soldier and the State* (Cambridge: Harvard

University Press, 1957), pp. 324–25.

88. 这是 Michael J. Hogan, *A Cross of Iron: Harry S. Truman and the Origins of the National Security State, 1945–1954* (New York: Cambridge University Press, 1998) 对国会有关全球事务的辩论开展的权威性研究的中心主题。

89. William Frye, "The National Military Establishment," *American Political Science Review* 43 (1949): 544; Charles Merriam, "Security without Militarism: Preserving Civilian Control in American Political Institutions," in *Civil-Military Relationships in American Life*, ed. Jerome G. Kerwin (Chicago: University of Chicago Press, 1948) pp. 156–72.

90. *Congressional Record*, 80th Cong., 1st sess., July 19, 1947, p. 9414.

91. 同上, 81st Cong., 1st sess., August 2, 1949, p. 10603.

92. 在第 80 届国会期间，彼得·特鲁波维兹分析指出，对于政府计划的支持率超过 87% 的州包括阿拉巴马州、阿肯色州、佛罗里达州、佐治亚州、肯塔基州、南卡罗来纳州、德克萨斯州以及弗吉尼亚州。南方以外的州只有三个的支持率高于这一比例——亚利桑那州、新墨西哥州和罗德岛州。对政府的支持率大于三分之二的州有路易斯安那州、马里兰州、密西西比州和田纳西州。总之，在支持政府实施国际化方案的阵营中，南方各州占据了主导地位。见 Peter Trubowitz, *Defining the National Interest: Conflict and Change in American Foreign Policy* (Chicago: University of Chicago Press, 1998), pp. 185–90.

93. 1947 年 11 月 28 日发表于马里兰州陶森市的演讲，引自 Jonathan Bell, *The Liberal State on Trial* (New York: Columbia University Press, 2004), p. 51.

94. 共和党在第 81 届国会外交事务表决中意见的一致性相对较差，有关论述见 David B. Truman, *The Congressional Party: A Case Study* (New York: Wiley, 1959), pp. 78–82.

95. *Congressional Record*, 80th Cong., 1st sess., July 16, 1947, p. 9110.

96. Letter from Harold Knutson to Robert Taft, November 3, 1947; 引自 Bell, *The Liberal State on Trial*, p. 91.

97. *Chicago Daily Tribune*, February 9, 1945.

98. 引自 Robert David Johnson, *Congress and the Cold War* (New York: Cambridge University Press, 2006), p. 20.

99. Irwin F. Gellman, *The Contender, Richard Nixon: The Congress Years, 1946–1952* (New York: Free Press, 1999), pp. 120–23.

100. 共和党一个最重要的任务落在参议员塔夫托的肩上，即协调和控制共和党各方的立场意见，维护党派对国家外交政策的有力支持。塔夫托是 1948 年和 1952 年总统大选中潜在的提名候选人。相关研究，见 Vernon Van Dyke and Edward Lane Davis, "Senator Taft and American Security," *Journal of Politics* 14 (1952): 177–202; William S. White, *The Taft Story* (New York: Harper and Brothers, 1954); and James T. Patterson, *Mr. Republican: A Biography of Robert A. Taft* (Boston: Houghton Mifflin, 1972).

101. Hogan, *A Cross of Iron*, p. 100.

102. 引自 Julian E. Zelizer, *Arsenal of Democracy: The Politics of National Security—From*

World War II to the War on Terrorism (New York: Basic Books, 2010), p. 66.

103. 在涉及防卫、地缘政治和国际政治经济的议题上，他们立场的相似度得分非常高：在众议院表决中达到 89 分，在参议院表决中达到 90 分。相对而言，民主党和共和党之间的相似度得分总体上较低：在众议院表决中仅为 63 分，在参议院表决中仅为 60 分。

104. 华莱士彻底背离了政府的立场。在 1946 年 9 月 12 日纽约举行的全国公民政治行动委员会的集会上，他谴责美国政府"对苏联采取强硬立场"。以下是其演讲中的关键内容：

    为了获得永久性和平，我们必须详细研究苏联这个国家的民族性格是如何形成的——他们遭受过鞑靼人、蒙古人、德国人、波兰人、瑞典人和法国人的侵略；遭受过沙皇的无知、残暴和恐怖性的统治；1919 年到 1921 年期间，他们还曾遭受英国、法国和美国的干预；其地理位置横跨欧亚大陆，肥沃的土壤和严酷的自然环境造就了俄罗斯民族强大的生命力。此外，苏联领导人还继承了马克思和列宁的强大精神力量——考虑到上述因素，我们就可以认识到，我们所面对的苏联是一支无法凭"强硬"政策战胜的力量。"强硬"政策不会取得长期实效——不论是对于控制校园暴力还是投资经商，或者确保世界霸权，都不是上策。我们的政策越是强硬，苏联就越难以驯服。

    见 http://newdeal.feri.org/wallace/haw28.htm。全国保守派政治行动委员会参加了 1949 年 3 月 25 日至 27 日，美国共产党在纽约华尔道夫—阿斯托利亚酒店召集的世界和平科学文化大会。随后，众议院非美活动调查委员会将其列为颠覆性组织。1945 年 9 月 20 日，华莱士按照总统的要求，辞去了商务部部长一职。

105. Robert Jervis, "The End of the Cold War on the Cold War?," *Diplomatic History* 17 (1993): 658.

106. Zelizer, *Arsenal of Democracy*, p. 68.

107. Huntington, *The Common Defense*, pp. 16–17, 15. 1947 年 10 月 5 日，I. F. 斯通就"我们应当采取的抑制方式"撰文指出，"为了维护世界和平，我们在采取'遏制'措施"时应当认识到，在一些"神经高度敏感"和"内心极度恐惧"的美国资产阶级者的眼中，"社会主义的威胁已经渗透到国家的各个角落"。见 I. F. Stone, *The Truman Era, 1945–1952: A Nonconformist History of Our Times* (Boston: Little, Brown, 1953), pp. 42, 41, 32–33.

108. 这一信息引自 *Official Congressional Directory*，每届国会召开时，由政府出版局出版发行。

109. "Defense Boom in Dixie," *Time*, February 17, 1941, pp. 75–80.

110. Dewey W. Grantham, *The South in Modern America: A Region at Odds* (New York: HarperCollins, 1994), pp. 170–75; 另见 George Brown Tindall, *The Emergence of the New South, 1913–1945* (Baton Rouge: Louisiana State University Press, 1967), pp. 694–704.

111. Brenda Gayle Plummer, *Rising Wind: Black Americans and U.S. Foreign Affairs, 1935–1960* (Chapel Hill: University of North Carolina Press, 1996); John David Skrentny, "The Effect of the Cold War on African American Civil Rights: America

and the World Audience, 1945–1968," *Theory and Society* 27 (1998): 237–85; Mary L. Dudziak, *Cold War Civil Rights: Race and the Image of American Democracy* (Princeton, NJ: Princeton University Press, 2002); Carol Anderson, *Eyes off the Prize: The United Nations and the African American Struggle for Human Rights, 1944–1955* (New York: Cambridge University Press, 2003); Thomas Borstelmann, *The Cold War and the Color Line: American Race Relations in the Global Arena* (Cambridge: Harvard University Press, 2003).

112. 这一术语出自 Glenda Gilmore's *Defying Dixie: The Radical Roots of Civil Rights* (New York: W. W. Norton, 2008) 第二章的标题。

113. Robert E. Cushman, "Civil Liberties in an Atomic Age," *Annals of the American Academy of Political and Social Science* 249 (1947): 61.

114. *Congressional Record*, 80th Cong., 1st sess., July 19, 1947, p. 9412.

115. 同上, July 7, 1947, p. 8299.

116. 同上, July 19, 1947, p. 9427.

117. "显然", 一项典型研究回忆道, "对于这一惊人的新生力量的控制来说, 政治和军事的考量必须紧密结合。但人们在完成这一目标时的确没有可遵循的现成模式"。见 Walter Millis, *Arms and the State: Civil-Military Elements in National Policy* (New York: Twentieth-Century Fund, 1958), p. 143.

118. 1951 年 6 月 19 和 20 日, 普林斯顿高级研究院所召集的学术会议意味着科学界紧急时刻的来临。在这次会议上, 学者们就热核设施技术的应用与研究达成共识。作为原子弹关键研制者和支持者的爱德华·泰勒后来回忆了这次会议前后的杰出科学发现, 以及 "每一位参与氢弹研制的人员如何为所取得的惊人成功及可能的后果而感到震惊"。他们的工作动力 "源于认识到, 这项工作是保卫国家安全所必需的"。见 Teller, *The Legacy of Hiroshima*, pp. 52–53, 56.

119. Laurence, *Dawn over Zero*, p. 272.

120. 见 http://universityhonors.umd.edu/HONR269J/archive/Truman451003.htm. 战争结束后, 杜鲁门可以继续利用战争期间管制核武器的规划。最初的方案由时任科学研究与发展局紧急管理办公室主任的范内瓦·布什和哈佛大学校长、"曼哈顿计划" 的重要执行者詹姆斯·科南特提出。"他们的方案包括成立一个由十二人组成的原子能委员会, 来规范一切特殊核原料的运输、原子弹研制厂房的建设以及各种形式的核试验。其中五位科学家和工程师由国家科学院任命, 三位其他工作人员由总统直接任命。另外还包括两名陆军官员和两名海军官员"。见 Peter Douglas Feaver, *Guarding the Guardians: Civilian Control of Nuclear Weapons in the United States* (Ithaca, NY: Cornell University Press, 1992), p. 90.

121. William S. White, "Bill for Atomic Control Is Expedited in Congress," *New York Times*, October 14, 1945.

122. Truman, *Memoirs*, vol. 2, p. 2. 这一过程与 "曼哈顿计划" 一致, 是由军事指挥人员领导的一项军事行动。

123. 引自 Millis, *Arms and the State*, p. 162.

124. Donald J. Kevles, *The Physicists: The History of a Scientific Community in Modern*

America (New York: Alfred A. Knopf, 1978), p. 151; Marquis Childs, "Washington Calling: Atoms during Peace," *Washington Post*, January 9, 1946. 1月初,蔡尔兹（Childs）写下五篇反响巨大的文章,反对由军方主导原子能控制。

125. Daniel Bell, "The Great Science Debate," *Fortune*, June 1946, p. 116. 这是贝尔作为人类学家在该杂志发表的第一篇文章。

126. Howard A. Meyerhoff, "Domestic Control of Atomic Energy," *Science* 103 (1946): 133.

127. Kai Bird and Martin J. Sherwin, *American Prometheus: The Triumph and Tragedy of J. Robert Oppenheimer* (New York: Alfred A. Knopf, 2005), p. 326.

128. *New York Times*, October 31, 1945.

129. 引自 Millis, *Arms and the State*, p. 166.

130. Truman, *Memoirs*, vol. 2, p. 3.《华尔街日报》对此表示反对,并呼吁"成立原子能控制委员会",其成员"包括一位强势甚至占据支配地位的军方人员"。见 *Wall Street Journal*, February 25, 1946.

131. 有关这一"妥协方案令人感到满意"的原因的总结论述,见 Ernest Lindley, "Atomic Legislation," *Washington Post*, April 4, 1946. 林德利是一位外交家,后来在国务院任职,并于1961年担任国务卿迪安·腊斯克（Dean Rusk）的特别助理。1969年之前,林德利还兼任国务院政策规划委员会成员。《纽约时报》对这一安排表示支持,称"这是当时人们可以期望的最佳选择",见 *New York Times*, June 2, 1946.

132. *New York Times*, February 10, 1946. 立法公布后,苏联指责其为"日本军国主义"的死灰复燃,并称这一立法表明"美国并不是在致力于建立国际原子能合作机制"。见 *Chicago Daily Tribune*, March 21, 1946.

133. E. Blythe Stason, "Law and Atomic Energy," *Annals of the American Academy of Political and Social Science* 249 (1947): 94.

134. Walter Gellhorn, "Security, Secrecy, and the Advancement of Science," in *Civil Liberties under Attack*, ed. Clair Wilcox (Philadelphia: University of Pennsylvania Press, 1951), pp. 85–86.

135. 其他四位成员是罗伯特·巴彻（Robert Bacher）、萨姆纳·派克（Sumner Pike）、刘易斯·斯特劳斯（Lewis Strauss）和威廉·韦马克（William Waymack）。巴彻是康奈尔大学的物理学家,与罗伯特·奥本海默在洛斯阿拉莫斯试验基地工作时关系密切；派克自1942年起担任物价局燃料价格管理处主任；斯特劳斯是纽约律师,在第二次世界大战期间担任海军部部长助理；韦马克是《得梅因纪事论坛报》的主编。见 R. L. Duffus, "Lilienthal Charts a Fateful Course," *New York Times*, November 17, 1946. 在1947年年初举行听证会时,利连撒尔因其与田纳西河流域管理局的关系以及著名政策规划专家的声誉而受到指责。共和党多数派领袖、俄亥俄州的罗伯特·塔夫托指责利连撒尔"是一位新政支持者"；新罕布什尔州的共和党员斯特尔斯·布里奇斯指责其为"俄罗斯人的说客"。最大的反对者是田纳西州共和党参议员肯尼思·麦凯勒。麦凯勒长期以来一直反对利连撒尔坚持和维护田纳西河流域管理局的民用服务条例。《纽约时报》评论说,共和党之所以会出现这些反对声音,主要是石油企业等利益集团担心,"这位前田纳西河流域管理局的负责人会倾向于牺牲电力和煤炭行业的利益,以使原子能作为一种公共能源而被和平利用";另一个因素是,利连撒尔在即将到来的大选时期,有可能对杜鲁门的竞选准备带来不利影响;第三个因素是"利连撒尔具有犹太血统。据说这成为了某些参议员们热衷谈论的主要话题"。见 *New York Times*, February 16, 1947.

136. Stason, "Law and Atomic Energy," pp. 95–98.
137. Byron S. Miller, "A Law is Passed: The Atomic Energy Act of 1946," *University of Chicago Law Review* 15 (1948): 799, 780. 美国科学促进会的执行秘书麦耶霍夫对立法过程中,杜鲁门总统提出的各种不同法案结构框架之异同进行了详细比较,见 Meyerhoff, "Domestic Control of Atomic Energy," pp. 133–36.
138. 例如,当众议院采纳肯塔基州的麦伊提出的修正案时,情况就是这样。麦伊的修正案得到了佛罗里达州的罗伯特·李·赛克斯和北卡罗来纳州的哈罗德·库勒(Harold Cooley)的大力支持。修正案要求该委员会的军需处主任由一位现役军事指挥人员担任。
139. *Chicago Daily Tribune*, July 13, 1946.
140. *Congressional Record*, 79th Cong., 2d sess., July 19, 1946, p. 9482.
141. 凝聚力得分仅为 22 分。
142. *Congressional Record*, 79th Cong., 2d sess., July 16, 1946, p. 9141.
143. 同上, July 17, 1946, pp. 9261, 9253. 正是肖特的当天提前离场,使法案遭否决,被打回军事委员会重新提交审议。这次表决的同意票数和反对票数非常接近,比分为 146∶195。虽然多数人投票支持将法案打回军事委员会重新提交审议,但其中 128 票来自共和党,仅有几位南方民主党议员赞成共和党议员的立场。这些南方议员是北卡罗来纳州的哈罗德·库勒、卡尔·达勒姆、约翰·福尔杰,肯塔基州的安德鲁·杰克逊·麦伊,密西西比州的约翰·兰金,德克萨斯州的罗伯特·托马森。他们指责法案打击共党分子活动的措施不力,因为法案将委员会的管辖权交给了民用部门,而且授予联邦政府控制市场经济的权力过大。有关众议院起初试图否决,但最终却表决通过了这一法案的论述,见 *New York Times*, July 21, 1946.
144. Johnson, *Congress and the Cold War*, p. 8. 有关这些权力在 20 世纪 50 年代运行状况的研究,见 H. L. Nieburg, "The Eisenhower AEC and Congress: A Study in Executive-Legislative Relations," *Midwest Journal of Political Science* 6 (1962): 115–48.
145. 这些代表是共和党主导的第 80 届国会的议员。在 1948 年 11 月的第 81 届国会的选举中,民主党恢复了在众议院和参议院中的多数派地位。民主党在该委员会中的人数增加至十人。在参议院,民主党阵营增加了马里兰州的米拉德·泰丁斯;在众议院,保罗·基尔迪取代了不久前刚当选参议员的林顿·约翰逊。之后,约翰逊则在第 82 届国会中取代了泰丁斯重新回到该委员会。拉塞尔的任职时间最长,从 1946 年一直持续到 1970 年。
146. Herbert S. Marks, "Congress and the Atom," *Stanford Law Review* 1 (1948): 27–29.
147. 同上, p. 29.
148. *Los Angeles Times*, July 25, 1946. 像其他常任理事国一样,苏联在旧金山会议上曾保证只有在涉及本国的重大利益关切时,才会谨慎动用否决权。但在联合国成立后的第一年,苏联就八次动用否决权阻止了多数成员国通过的决议。这些决议大部分都没有涉及到苏联的重大利益关切。

149. Feaver, *Guarding the Guardians*, pp. 110–11.
150. *Chicago Tribune*, January 29, 1947. 即使是按照单独划定的分工领域从事原子弹研制的科学家，也对史密斯的报告"感到震惊"。见 H. H. Goldsmith, "The Literature of Atomic Energy of the Past Decade," *Scientific Monthly* 68 (1949): 295. 关于原子能安全的限制，见 David Kaiser, "The Atomic Secret in Red Hands? American Suspicions of Theoretical Physicists during the Early Cold War," *Representations* 90 (2005): 33.
151. U.S. Atomic Energy Commission, *In the Matter of J. Robert Oppenheimer: Transcript of Hearing before Personnel Security Board. Washington. D.C., April 12, 1954 through May 6, 1954* (Washington, DC: U.S. Government Printing Office, 1954), p. 69.
152. David M. Hart, *Forged Consensus: Science, Technology, and Economic Policy in the United States, 1921–1953* (Princeton, NJ: Princeton University Press, 1998), pp. 184, 190.
153. Miller, "A Law Is Passed," p. 821. 关于这一主题的讨论，见 Michael S. Sherry, *In the Shadow of War: The United States since the 1930s* (New Haven: Yale University Press, 1995), p. 137.
154. Millis, *Arms and the State*, pp. 159–60.
155. Harry S. Truman, "Our Armed Forces Must Be Unified," *Collier's*, August 26, 1944, p. 63.
156. 引自 Millis, *Arms and the State*, p. 146.
157. 见 http://trumanlibrary.org/publicpapers/index.php?pid=508&st=&st1=.
158. 这一过程的复杂性在1947年《国家安全法案》的审议和制定过程中达到高潮，这一法案也因此反映了陆军和海军之间典型的官僚斗争，以及军事部门与民用部门之间密切的合作与平衡关系。相关的重要著作包括 Demetrios Caraley, *The Politics of Military Unification: A Study of Conflict and the Policy Process* (New York: Columbia University Press, 1966); and Hogan, *A Cross of Iron*, pp. 23–68.
159. Robert H. Connery, "American Government and Politics: Unification of the Armed Forces—The First Year," *American Political Science Review* 43 (1949): 40.
160. 引自 Hogan, *A Cross of Iron*, pp. 34, 36.
161. Elias Huzar, "Reorganization for National Security," *Journal of Politics* 12 (1950): 130.
162. Hogan, *A Cross of Iron*, p. 65.
163. 有关这些机构及其职能的精辟概述，见 Gus C. Lee, "The Organization for National Security," *Public Administration Review* 9 (1949): 36–44. 关于国家安全资源委员会活动规划的论述，见 Robert Cuff, "Ferdinand Eberstadt, the National Security Resources Board, and the Search for Integrated Mobilization Planning, 1947–1948," *Public Historian* 7 (1985): 37–52. 国家安全资源委员会和军需委员会制定了1947年国家安全动员的基本文件《工业生产动员计划》。费迪南·埃伯斯塔特称这一文件高度完善周密，甚至超出了密切接触过工业动员工作的人士的预期。(第45页)
164. Memorandum to Joint Psychological Warfare Committee, October 24, 1942; 引自 Tim

Weiner, *Legacy of Ashes: The History of the CIA* (New York: Doubleday, 2007), p. 3.

165. Athan G. Theoharis et al., *The FBI: A Comprehensive Reference Guide* (West-port, CT: Greenwood Press, 1998), p. 182. September 19, 1945; 引自 Jeffreys-Jones, *The CIA and American Democracy*, p. 25.

166. 1945年8月29日，J. 埃德加·胡佛致信首席检察官托马斯·克拉克，抱怨联邦调查局职能在拉丁美洲的丧失：在过去的24个小时内，这种情形已经开始显露出来。我想提出一些建议。我已经得到确凿的消息，威廉·多诺万将军已经见过杜鲁门总统，而且向总统写信提出全球范围内的情报机构活动方案。我觉得我们可以合理地揣测，多诺万将军向总统提交的方案与他之前提出的主张不会有太大的出入。我已经就此向您提出过详细建议。我从来自外部的消息得知，新任国务卿助理弗兰克·麦卡锡上校已经与国务卿伯恩斯讨论过联邦调查局在西半球的情报机构的运行问题。从伯恩斯对麦卡锡上校的表态来看，显然国务卿本人对联邦调查局在这一地区开展活动的性质、范围和效果并不完全了解。见 http://history.state.gov/historicaldocuments/frus1945-50Intel/d5.

167. 这里主要参考了 Jeffreys-Jones, *The CIA and American Democracy;* Weiner, *Legacy of Ashes;* David M. Barrett, *The CIA and Congress: The Untold Story from Truman to Kennedy* (Lawrence: University Press of Kansas, 2005); 以及由中央情报局的首位官方历史学家于1952年到1953年完成的重要官方历史著作 Arthur B. Darling, *The Central Intelligence Agency: An Instrument of Government to 1950* (University Park: Pennsylvania State University Press, 1990).

168. 关于这些问题的论述，见 Sherman Kent, *Strategic Intelligence for American World Policy* (Hamden, CT: Archon Books, 1965), p. 79. 1952年到1967年之间，耶鲁大学的历史学家肯特担任中央情报局情报处国家评估委员会的主席。见 Robin W. Winks, *Cloak and Gown: Scholars in the Secret War, 1939–1961* (New Haven: Yale University Press, 1966).

169. 引自 Jeffreys-Jones, *The CIA and American Democracy*, p. 39; and Weiner, *Legacy of Ashes*, p. 24.

170. 国家安全委员会第10/2号文件见 Thomas H. Etzold and John L. Gaddis, eds., *Containment: Documents on American Policy and Strategy, 1945–1950* (New York: Columbia University Press, 1978), pp. 126–28.

171. Anna Kasten Nelson, "President Truman and the Evolution of the National Security Council," *Journal of American History* 72 (1985): 360–78.

12. "军事武装与忠于国家"

  毫不奇怪，这些对于美国外交政策转型具有根本意义的重大机构改革举措遭遇到了各种问题。1948 年 11 月，杜鲁门总统出其不意地成功连任，第 81 届国会不得不采取相应的调整措施。随后，第 82 届国会又不得不应对苏联原子弹爆炸和朝鲜战争问题。由于民主党在 1948 年的大选中引人注目地增加了 75 个众议院席位和 9 个参议院席位，它又重新掌握了国会的控制权。与之同时发生的事情是，一直对共和党控制的国会 "不作为" 进行抨击的杜鲁门总统成功连任——而且国会多数派中大部分是南方议员。在 263 位民主党众议员中，140 位来自南方，占比 53%（此外有 8 位共和党众议员来自南方）。[1] 在参议院，没有一位共和党参议员来自南方。54 位民主党参议员中有 34 位来自南方，占比 63%。

  当新组成的国会多数派考虑如何调整和构建国家安全体制时，资历丰富的南方议员在相关委员会中占据了主导地位。在参议院，由米勒德·泰丁斯担任主席的军事委员会成员中有 7 位民主党议员。除一位最年轻的委员外，其余 6 位均来自南方，其中就有理查德·拉塞尔、林顿·约翰逊、埃斯蒂斯·基福弗等重要政治人物。汤姆·康纳利领导的对外关系委员会里，5位资历最丰富的成员中有4位来自南方，另外一位南方成员也是对外关系会委员中最年轻的，他就是来自阿肯色州的小威廉·富布莱特。富布莱特于1959年至1974年之间担任该委员会主席。卡尔·文森领导的众议院军事委员会同样由资历丰富的南方派别占据多数比例。该委员会最有威望的10位成员中，有8位来自南方。众议院对外关系委员会中南方委员和非南方委员各占一半。虽然委员会主任由一位来自纽约的民主党议员担任，但紧随其后的另外2位委员会领导人都来自南方。当时即将进入罪恶迫害高潮时期的非美活动调查委员会由佐治亚州的约翰·伍德领导，该委员会5位民主党委员中，只有一位来自非南方派别。

南方在民主党议员中的主导地位在1950年选举的第82届国会中达到顶峰。这次选举中，共和党增加了5个议席，其中一个来自南方地区的马里兰州，最终民主党以49∶47的结果勉强获得多数地位。此外，这届国会中67%的民主党参议员来自梅森-狄克逊线以南地区，因而南方派别成为民主党的多数派，占据该党58%的议席，[2]而且南方继续控制其中的重要委员会，在有些委员会中，南方的力量还得到加强。本届国会中，南方对立法机构的控制也丝毫没有减弱。南方最强有力的领导人理查德·拉塞尔担任参议院军事委员会主席这一重要职务。在众议院，对外关系委员会主席由西弗吉尼亚州的约翰·基（John Kee）担任，这是南方议员第一次担任这一职务。参众两院的国防生产联合委员会主席一职由南卡罗来纳州的参议员伯内特·梅班克担任。该委员会10位委员中有6位民主党议员，且这6位民主党议员全部来自南方。

值得注意的是，南方民主党地位的进一步提升如何加强了华盛顿政府国家安全组织的构成？在南方议员的支持下，国会赋予了行政部门更大的权力，使其负责制定国家军事外交战略、构建间谍情报系统、开展秘密行动，以及协调政府与大型企业及科学技术界领导人之间的

444

合作关系。政府在决策过程中，曾长期采用与"新政"初期和全球战争期间类似的计划工具和社团主义手段，但多在不同的领域。在南方的一再坚持下，国家安全制度的制定均在国会规定的立法程序和个人利益保护政策之外秘密进行。因此，国家计划、中央集权，以及对个人与组织政治立场的严密监视成了这一时期国家安全体制的主要特征。

一

1949 年，国会加强了中央情报局的权力，全面组建了国防部。中央情报局在实施各种行动的过程中，经常遇到各种障碍。原因在于，1947 年的《国家安全法案》有些条款的规定不够明确。当时的中央情报局局长罗斯科·希伦科特（Roscoe HillenKoetter）少将于 1949 年 2 月前往国会山向众议院军事委员会主席卡尔·文森简要报告了中央情报局工作中亟待解决的问题，并提出了一些具体要求。文森很快召集了另一轮秘密听证会，并宣称，"在处理间谍和情报问题时，我们不可能站到房顶大喊大叫，把一切公之于众"。文森领导的众议院军事委员会制定了 1949 年的《中央情报法案》。该法案于 5 月 27 日在参众两院议席以口头表决的形式获得通过。其间，没有举行公开辩论。

这一法案几乎授予了中央情报局无限的权力，[3] 规定它不受各种常规程序的约束——它不需要公布预算方案和财政支出明细；其资金花费可以不开据报销凭证；其行政程序可以不对外公开，包括"组织机构、职能划分、官员任命、职务级别、工资待遇或员工数量等信息"。这一管理模式沿用了当年"曼哈顿计划"的做法。1944 年 2 月，范内瓦·布什和作战部部长亨利·斯廷森在与德克萨斯州众议院发言人山姆·雷伯恩聊天时，要求国会拨款 16 亿美元制造一颗原子弹。据共和党少数派领袖乔·马丁（Joe Martin）回忆，"没有任何证据表明这一笔钱是如何开支的"。[4] 而且，新通过的法律准许中央情报局绕过移民条例和配额限制，每年可以从国外引进 100 名"急需的外籍人才"。中央情报局按照这一规定引进的第一位工作人员是未来情报工作的先驱、乌克兰的麦可拉·列别德（Mykola Lebed）。在德军入侵苏联期间，列别德曾率领自己的准军事组织伙同纳粹军队打击苏联红军。德军撤退后，列别德又曾煽动自己的党派成员采取对抗苏维埃的行动。"司法部曾裁定列别德为战犯。他屠杀过大批乌克兰人、波兰人和犹太人。"司法部试图将其驱逐出境，但"艾伦·杜勒斯亲自向联邦移民局的专员写信，坚持称列别德'对于中央情报局具有难以估量的价值'"。[5] 列别德最终留在了中央情报局。在类似的行为中，中央情报局实际上是在与"在逃"的纳粹战犯密谋开展情报工作。尤其是由克罗地亚方济会教士克鲁诺斯拉夫·拉嘉诺维克神父（Father Krunoslav Draganovic）领导的间谍小组，将国家战略服务局在"回纹针行动"（Operation Paperclip）中招募间谍人员的做法进行了深化和推广，使几千名前纳粹人员来到北美洲和南美洲，其中包括不少科学家和军事专家。[6]

当年国会还通过了《国防改组法案》。两年前成立的国防部长办公室不属于政府内阁部门。在处理各军种之间的利益冲突和意见分歧时，国防部长办公室很快就暴露出职责划分不够明确、处置权力不够充分等问题。1949年8月10日，众议院军事委员会主席卡尔·文森及其阿拉巴马州的民主党同事奥弗顿·布鲁克斯经杜鲁门总统批准后，向众议院军事委员会提出《国防改组法案》。杜鲁门总统解释说，这一法案将1947年设立的"国家军事机构"改组为"国防部这一新的行政机构"，"授予国防部长在总统的领导下，对于国防部实施直接领导和控制的权力"。[7] 法案规定由一位内阁部长和一位参谋长联席会议主席统一协调和指挥各军种。该法案形成的国家军事管理体制一直沿用至今。国防部由此获得了重大的权力。在1949年的财政年度，国防部控制了和平时期国家财政预算的1/3。尽管人们广泛认为国家需要限制军费开支，但当年430亿美元的预算资金中仍有150亿由国防部负责开支。[8]

这一次大规模军事改组的核心举措是新成立了独立的美国空军部队。《国家安全法案》将空军设置从陆军中分离了出来。此外，空军设立了所有新建机构中最重要的部门——战略空军司令部,负责运输核武器。1948年以后,该部门由柯蒂斯·李梅将军负责。李梅将军是一位具有传奇色彩的军队领导人,他后来参加了1968年乔治·华莱士领导的种族主义政党美国独立党副总统职位的竞选。战略空军司令部在作战行动规划中具有独特的指挥系统。与其他附属部门不同,该司令部与参谋长联席会议保持直接的联系,单独向参谋长联席会议报告年度作战方案,并详细说明如何对苏联实施打击行动。[9]

战略空军司令部弥补了美国战后传统武装力量的下降。"我国的军力现状",1947年7月《国家安全法案》通过前不久,佛罗里达州民主党议员罗伯特·李·赛克斯(Robert Lee Sikes)向众议院表示,"与战争结束时我们拥有的先进作战武器相比,实在令人感到沮丧"。[10]实际上,赛克斯对美国战后军事力量的详细测算忽略了一个重要因素:即使在经过大规模裁军后,美国保有的陆军和海军力量仍然是20世纪30年代中期的5倍。美国仍然可以完成对德国和日本的成功占领,并在海外部署军事基地,而且经过战争的破坏,没有任何国家可以在经济实力、制造业产能、石油储备和农产品生产方面达到美国的水平。当时,也没有任何一个国家可以像美国那样,有能力制造更加先进的飞机、研发威力更强的核武器。

作为美国战后的盾牌和利剑,"核武器是国家防御的核心力量"。[11] 1947年3月,《洛杉矶时报》社论指出,"现在,经历第二次世界大战以后","我们几乎让陆军全部复员,我们也几乎停止了发展空军力量,我们还部分地停止了海军的武装行动。但是,我们拥有了原子弹"。从这段话中,我们可以看出该社论对美国拥有核武器感到欣慰与满足。社论同时提出:"如果不掌握核武器,我们在当今的国际事务中还有什么优势可言?"[12]杜鲁门总统同意这一观点。《原子能法案》通过后,杜鲁门以制度化的形式,将核武器单独列为国家武器弹药储备的重要组成部分,将战略家伯纳德·布罗迪早在1946年就提出的建议付诸实施。当时布罗迪建议,"原子弹的报复性打击力量必须从国内武器装备大家庭中严格区分出来。不论遭受原子弹打击的地区提出什么样的救济要求，核武器的威力都不能有丝毫减弱"。[13]

1950年1月，批准氢弹研发以前，杜鲁门总统就已经批准迅速扩大核武器的储备计划。当《原子能法案》被批准实施时，美国仅拥有9枚原子弹。在原子能委员会的主持下，美国迅速组织动员全国的工业生产力量，建设新的核反应堆和具备大规模生产能力的工厂。到1947年8月签署《国家安全法案》时，原子弹储备已经增加到29枚。一年后，又增加到55枚。到1949年初，苏联原子弹爆炸不久，战略空军司令部就已经可以随时下达命令，使240枚原子弹投入作战。在随后的12个月里，随着朝鲜战争的开始，美国原子弹的储备数量有了大幅度提高，达到686枚。同时原子弹的性能也有了明显改进。新生产的核武器的打击能力均远远超出"小男孩"和"胖子"当年的威力。到1952年11月，美国已经拥有1,000枚原子弹，苏联也已经储备250枚。其中性能最强的原子弹可产生50万吨TNT当量的破坏力，相当于当年投入长崎的原子弹破坏力的25倍。[14]

随着核武器的研发紧锣密鼓地进行，战略空军司令部被冠以一个威力无比的称号——"高高耸立的原子弹"（cocked weapon）。李梅将军曾使用这一术语来描述储备核武器的目的。空军参谋长霍伊特·范登堡（Hoyt Vandenberg）将军曾经请布罗迪对反击苏联时美国空军拟定的打击目标进行评价。布罗迪回答道，美国"无可质疑的暂时的"垄断优势首次让我们有决心果断地发起两大军事大国之间的战争。布罗迪告诫说，即使美国不再独自拥有核武器了，保持美国明显核优势的政策也要继续坚持下去，因为"今天，原子弹是美国面对苏联公然挑战时可以立刻进行大规模还击的唯一手段"。至于打击目标，布罗迪建议，由于原子弹的爆炸威力巨大，而美国的原子弹储备数量又不足以清除苏联遍布全国各地的军事目标，核武器的打击目标应当专门针对苏联城市中心的军事设施。[15]

的确如此。1948年，李梅将军拟定的战略空军司令部紧急作战方案，设计了历时 30 天的对苏原子作战方案，准备使用 133 枚原子弹打击苏联 70 个城市中的军事目标。[16] 1949 年，参谋长联席会议制定的作战方案"要求使用 220 枚原子弹打击 104 个苏联城市军事目标，另外储备 72 枚原子弹用于对部分目标实施二次打击"。[17] 但是，这些原子打击的最终作战意图是什么呢？1947 年 11 月 8 日，范登堡将军向空军作战部首任部长斯图尔特·赛明顿（Stuart Symington）提交了一份备忘录，其中有一个问题："我们的作战意图到底是毁灭苏联人民、工业设施、共产党组织、共产党政权，还是要把这一切全部毁灭？"赛明顿后来在 1953 年至 1976 年之间担任密苏里州的民主党议员，并继续负责参议院相关军事事务。

范登堡将军所提出的问题不是一位空军部长所能明确回答的，但这些问题很快使国家安全委员会的主要工作议程明确下来。尤其是在柏林空投危机期间，苏联已经明显在传统武力方面占据优势地位。随着战略规划步伐的不断加快，杜鲁门总统很快收到并批准了两份政策文件。第一份是 NSC-30 号文件："美国核武器政策。"这是美国政府第一份关于核武器使用的官方文件，该文件于 1948 年 9 月 18 日指示美国军方，随时"准备待命"。一旦战争来临，应当"迅速、有效地动用包括核武器在内的一切可利用的打击手段"，给敌人以致命打击。当总统为避免常规战争带来的严重损失而命令使用核武器时，军方应当迅速做出响应。第二份是 11 月 23 日签署的 NSC 20/4 号文件："针对苏联威胁，美国拟定的作战目标。"该文件由国务院应国防部的要求而准备和起草，它对于范登堡将军提出的问题给予了明确答复，即改变苏联政权。文件指出，核武器的打击目的是，"减少或清除苏维埃或布尔什维克在苏联境内外的控制力"。[18]

因意识形态原因而针对一国平民发动一场广泛的战争时，最合适的部门就是战略空军司令部。在空军从陆军系统分离出来以前，战略空军司令部是由乔治·肯尼（George Kenney）将军组建的一个非常不起眼的部门。1948 年 10 月，柯蒂斯·李梅担任司令员时，战略空军司令部只有大约 25 架 B-29 轰炸机。李梅对于核武器重要性的认识前文已经记述过了。在"十字路口行动"(Operation Crossroads)结束后,战略空军司令部又于 1946 年 7 月组织实施了太平洋战区的核武器试验。参谋长联席会议要求李梅对试验结果进行评估。[19] 1947 年 7 月 28 日,李梅简要汇报了评估报告得出的三点主要结论,认为原子弹的用途和性能被严重低估了:

(1) 在可预见的将来,地球上存在的原子弹数量将足以摧毁任何国家的常规军事力量,瓦解其社会和经济结构。

(2) 如果与其他大规模杀伤性武器结合使用,核武器有可能使地球上的人口大面积减少。受害区域只会留下人类生活物理痕迹的残余。

(3) 原子弹要求空军具有最高效的运载工具。为了确保己方生存,美国必须尽可能建立最有效的核武器打击力量。[20]

开始于 6 月份的柏林危机使美国与苏联发生大规模武力冲突的可能性升级。李梅宣布战略空军司令部的目标是把空军建设成为美国发动核武器反击的有力工具。为了对苏联的军事目标给予决定性打击,美国空军至少应当有能力同时发射其储备的 80% 的核武器。到 1950 年 6 月朝鲜战争爆发时,李梅领导的美国空军的轰炸机数量已经增加到 250 架,包括 B-29、B-39 和 B-50 三种型号。这些轰炸机的机组人员均是空军精英,由第二次世界大战战略轰炸部队的退役将领担任指挥员。同时,战略空军司令部还成为了美国重要的间谍工具。由于不满足于依赖战争中从德国缴获的苏联军事设施图片,战略空军司令部率先尝试开展空中拍摄的间谍行动。它首先在接近苏联边界的地区向空中发射携带照相机的气球,展开空中侦察。

到杜鲁门总统的任职结束时,空军已经成为美国各军种中发展最快的部队,控制了全部军事预算的 40%。当李梅及其空军同事们努力推动美国空军空前发展时,国会中的共和党重要领导人最初曾表示反对。他们试图遏制军事预算的增长。纽约州北部地区的众议院拨款委员会主席约翰·塔伯和军事委员会主席沃尔特·安德鲁斯(Walter

Andrews）对于空军的宏伟发展目标提出尖锐批评。[21]但他们试图削减空军开支的努力遭到南方议员重要领导人的反对。尤其是卡尔·文森率领其民主党同事们和部分共和党议员强烈要求塔伯支持对空军1949年财政年度的预算拨款增加8.22亿美元，仅比国防部所要求的数额少一亿美元。文森在国会议席讨论中指出，只有空军有能力抵挡苏联175个作战师的武力进攻。他坚持说，只有依靠空军，美国"才有能力与苏联竞争——苏联同样有能力与美国竞争，但空军可以使美国占据优势地位，也只有空军能保证美国有可能与苏联展开一场决定性较量"。[22]密西西比州的约翰·兰金支持这一观点，"下一场战争将是一场核武器的较量……需要动用轰炸机和原子弹"，兰金坚定地主张，"我认为，这次增强空军武装力量的议案是本次议席讨论通过的最令人鼓舞的措施。我们已经到了让空军担任第一防线任务的时候"。[23]同时，塔伯抱怨道，尽管对此应当更加谨慎，但就目前议员们对这件事情的认识来看，"这似乎很难做到"。[24]最后，向空军提供文森和兰金所支持的拨款规模的修正意见以115∶0的投票结果获得一致通过。随后整个拨款法案以343∶3的压倒性优势获得通过。

1948年大选后，民主党重新获得对国会的主导权，类似军费开支的决议由众议院军事拨款分委会审查通过。[25]由于《国家安全法案》对军队的体制进行了重新调整，该委员会首先对军事开支方案进行统一审议。在德克萨斯州的乔治·马洪（George Mahon）的主持下，分委会在做出削减军费预算的决定前，先后举行了11个星期的听证会。其间，分委会还听取了当时的军事委员会主席文森的意见。最终决议维持了海军预算。更重要的是，空军预算得到大幅增加。分委会还以不公开的形式听取了有关苏联战略意图的简要汇报。汇报人当然非乔治·凯南莫属。[26]在两天的议席辩论过程中——所有参加辩论的议员几乎都不知道为什么必须增加一定数额的军费支出，也不知道用这些开支购买什么装备——马洪只是笼统地讲述了加强空军战略地位的原因。他坚持主张，美国必须"随时准备对潜在敌人的核心位置进行快速、致命地

打击",并强调,"目前地球上唯一能对敌人实施快速、致命打击的就是美国空军部队"。²⁷

随着原子弹成为打击苏联的核心武器,美国的战略规划开始将"首先击垮苏联的核打击能力列为未来战争最优先解决的问题"。²⁸ 战略空军司令部于1949年5月向参谋长联席会议提交的一份总结报告指出,"从国家安全的角度考虑,尽早使用核武器的优势超过其他任何行动方案",并迫切要求大规模增加核武器的储备数量。²⁹ 随着战争规划进程的加快,人们逐渐认识到,"只有在时间允许的情况下",才有可能将核战争议题提交国会审议和讨论。³⁰ 而且越来越清楚的是,时间根本不可能允许这样的讨论在国会发生。苏联第一枚原子弹爆炸和朝鲜战争的爆发使得美国的战略思维开始倾向于利用美国的核储备优势首先快速摧毁苏联的核打击能力,甚至在有可能时对关键目标发动预防性轰炸。

1950年6月6日,美国战胜日本六周年纪念日当天,李梅将军组织开展了一次针对苏联而进行的大规模原子打击模拟军事演习。³¹ 朝鲜战争促使美国再次进行军事动员。国务院东北亚事务办公室主任约翰·艾利森(John Allison)坚持要求政府采取果断的应对措施,不惜采取任何可以动用的手段,彻底征服北朝鲜。"这意味着发动一场全球战争是确定无疑的",艾利森于1950年7月24日的备忘录中断言,"当我们掌握了法律和道德的主动权时,为什么还要犹豫不决呢?"他使用过去三年广泛流传的语句说道,"自由世界的人们再也不能生活在无休止的恐惧之中了"。1951年1月,空军部长赛明顿建议朝鲜战争由地面战争转向对中国的空袭。如果这一行动导致苏联参战,赛明顿建议,美国就最终"向苏联实施核打击"。³²

"尽早使用"核打击,以及如何越过致命武器使用限制,以上观点的提出和讨论使核武器的监管问题浮出水面。按照《原子能法案》条款的规定,核武器的监管属于原子能委员会的管辖范围。1949年,苏联研制出能够打击美国本土的原子弹后,马里兰州的米勒德·泰丁斯试图带领国会议员说服杜鲁门总统取消行政部门对军方的限制。1951年

4月，毛泽东领导的中华人民共和国入朝参战。美国能否动用核武器打击中国，成为议程中越来越紧迫的问题。鉴于此，杜鲁门总统首次下令破例绕过民用部门对核武器的监督，将9枚原子弹移交美国在关岛的军事指挥部。1952年9月，朝鲜战争继续升级，人们对于美国无法抵挡苏联进攻的担心不断加剧。美国因此推出一项新的政策，后来该政策的内容被整理成一份名为"关于核武器的共识"的文件。这一政策抛开原子能委员会，授权国防部"负责监管保存美国本土以外军事基地的核武器以及美国本土现有的核武器储备，并采取灵活的处置措施，保证军事备战的需要"。[33]

与这一政策改变同时发生的是，自1950年夏天开始，美国大大加快了常规军事力量和核打击力量的建设步伐。战争的爆发给人们带来的内心恐惧促使国家安全委员会出台了一份具有里程碑意义的战略评估文件——第68号文件。该文件"根据苏联可能具备的核裂变能力和发动热核战争的能力，重新审视了美国和平时期和战争时期的核武器发展目标，以及其对国家战略规划的影响"。[34]按杜鲁门总统的要求，这次的战略评估由国务院和国防部联合实施。这份相对简短的文件由保罗·尼采（Paul Nitze）领导的国务院专题研究小组于2月中旬到3月之间起草完成。文件以强硬的立场和严厉的态度对来自苏联的威胁进行了深入分析，并重点分析了美国与苏联两种体制之间的严重对立和互不相容。文件建议，除非美国的武器装备开支大幅度增加，军事实力大幅度提升，否则，全球民主政权将随时有遭受苏联打击的危险。这不仅仅是一般意义上争夺地区霸权的战争，它更是一场为捍卫自己特有的生活方式而展开的生死决战。这一生活方式的基本理念包括："坚决维护《美国宪法》和《权利法案》赋予每个人的基本自由；坚决为自由民主制度的生存和繁荣创造条件；坚决为捍卫我们的生活方式而进行必要的战争和牺牲。我们将牢记《独立宣言》中的誓词，'承蒙上帝的保佑，我们宣誓，捍卫彼此的生命权、财产权和至高无上的荣誉权'。"文件总结道，为了成功实现这一目标，"联邦政府、美国人民

及所有爱好自由的民族"必须充分认识到,"冷战实际上是一场实实在在的战争。在这场战争中,自由世界面临着严重危险"。³⁵

第68号文件提出了四种方案,包括继续维持军费不足的现状;发动预防性核战争;美国势力退缩至西半球以内;或按照文件建议,通过增加投资,加强美国的军事防备力量和动员能力,结合各种文化和经济制裁措施,发动一场大规模的冷战——一场以美国为中心的保卫自由民主的战争。朝鲜战争开始前,文件正处于待审批的过程中。朝鲜战场所爆发的激烈冲突迫使美国选择了第四种方案,并广泛接受了文件给出的指导性建议。

9月份,政府将第68号文件列为国家安全政策的指导方针,并迅速制定追加军事预算的方案。军费开支大幅度提高,1951年财政年度,由原计划的约130亿美元增加到实际支出的580亿美元。值得注意的是,尽管有相当一部分预算被用于朝鲜战争,仍有大部分资金被投入到其他地区——用于加强北约和盟友的军事力量,建造新式航空母舰等,尤其是加强空军远距离输送核武器的能力。第二年的军费开支增加到700亿美元,朝鲜战争的花费也于当年达到顶峰。随后,武器装备和部队的开支一直保持着很高的数额。1953年财政年度的开支高于500亿美元。后来每年的军费开支没有低于过420亿美元。美国的永久性战争经济从此诞生了。³⁶

与此同时,美苏军备竞赛的形势开始发生重大逆转。美国和苏联都决定研制氢弹。这种核武器可依靠钚的聚变反应,释放出破坏力超过当年轰炸日本的原子弹1,000倍的能量。美苏两国的军事领导人和文职官员们都无法容忍对方独自拥有这类热核武器。这就是战略家们所称的"安全困境"的极端事例。尽管双方接受各自均不研制氢弹的条件,但正如十年后的一份总结分析报告指出的,双方又都想研制,急切地想"避免出现对方暗自拥有了氢弹而自己却没有的局面"。于是,双方同时"加快了氢弹的研制步伐,最终事态变得更加严峻"。³⁷

实际上,研制氢弹并不是美国唯一可能的选择。众所周知,罗伯特·奥本海默曾经对此表示深刻质疑。1949年时，他还从道德伦理上对研制和使用氢弹的问题持保留态度。奥本海默撰文指出，"这种武器的使用将导致无数人类生命的毁灭"。他同时补充道，"使用这种武器无法做到只摧毁军事或准军事目标中的物理设施，其对人类的毁灭程度远远超过原子弹这一大量灭绝平民人口的武器"。奥本海默实际上对氢弹的研制感到非常不安。同时，氢弹研究计划当时还面临许多技术障碍，奥本海默认为这种武器在战争中使用的机率十分有限，因为对于任何一个战略打击目标而言，氢弹的威力都派不上用场。[38] 戴维·利连撒尔和原子能委员会的其他成员均认为，要么将制造这种"超级"炸弹的决议推迟到其战略用途得到充分论证后实施，要么放弃这一决议。这或许不失为一种上策。这样美国可以制止核军备竞赛升级，寻求达成新的国际协议的可能性，并在冷战文化中占据道德优势。[39]

但杜鲁门总统断然拒绝了这一主张。1950年1月31日，杜鲁门召见原子能委员会主席利连撒尔、国防部部长路易斯·约翰逊（Louis Johnson）和国务卿迪安·艾奇逊（Dean Acheson）。召见时间仅仅持续了七分钟。期间，杜鲁门总统当场接受了原子能委员会、参谋长联席会议、国防部及国务院的建议，并指示原子能委员会"继续研制各种形式的核武器，包括所谓的氢弹或超级核弹"。2月下旬，国防部长约翰逊收到参谋长联席会议的"最紧急请求"，要求原子能委员会"迅速采取行动，全面完成氢弹研制及其生产手段和运载工具方案研究的工作"。3月10日，杜鲁门总统批准了国家安全委员会特别委员会的报告，宣布"热核武器的研制和生产是当前最紧急的任务"。[40]

二

在冷战对峙最激烈的时刻，整个地球似乎命悬一线。美国科学家因为科学工作者和公民的双重身份被置于事态发展的中心地带。当时最为关键的问题是，加强科学研究工作的监管和资助工作，并确保科学工作者在政治立场上忠于国家。当时这两大问题的裁定均被蒙上浓重的核威胁色彩。

1945年，就在最初准备将原子能置于军方控制下的《麦伊－约翰逊法案》被科学界成功阻止时，参议院军事委员会提出了如何对科学研究进行组织管理这一与原子能控制密切相关的问题。关于设立原子能委员会的争议，实际上还是由军方抑或民用部门负责原子能研究的内部监管。在第二次世界大战期间，西弗吉尼亚州参议员哈利·基尔戈（Harley Kilgore）建议政府设立国家科学基金会，对于需要优先发展的科学研究项目进行规划，并提供监督管理。基尔戈的建议引起了人们对于科学研究计划应当在多大程度上接受民用政府部门指导和管理的意见冲突。基尔戈的方案建议由总统任命一位主任，负责相关委员会的工作。委员会成员包括经总统提名的八位社会各界代表以及海军部、作战部等内阁部门的九位代表。

基尔戈的目的显然是将科学研究与社会各界及军方的实际需求结合起来。最后，基尔戈还建议单独设立社会科学部，同时要求科学研究经费由48个州平均分担。另外提出，上述经费的15%由各州按照各自的人口数量进行分担，并强调联邦政府资金支持下获得的专利属于公共产品。总之，基尔戈的方案将平民主义理念融入到了科学规划之中。其思想定位吸纳了"新政"早期的传统理念，符合左翼南方派别的诉求。在随后超过五年的讨论过程中，基尔戈的观点得到不少其他南方议员的热心支持，包括克劳德·派帕尔和J. 威廉·富布莱特。这些南方议员反对精英团体对科学研究界的控制，试图以自己理想中的民主形式来对科学研究工作进行管理。[41] 相比较而言，其他南方议员强烈反对联邦政府的集权管制，包括对专利审批权的控制。因此，在基尔戈提案的讨论过程中，这些南方议员在许多不同场合与共和党站在了一起。这时候，南方代表实际上又处于一个两难境地：一方面，他们对于联邦政府在国内事务中的官僚式管制越来越感到质疑；另一方面，他们又不得不选择支持联邦政府在国家安全问题上发挥强有力的作用。

科学家们的立场则分成两派。[42] 少数人支持组建 1937 年成立的美国科学工作者协会这类具有进步意义的民主阵线式组织,他们支持基尔戈提出的议案。1943 年,基尔戈首次提出《科学动员法案》时,[43] 美国科学工作者协会的领导人首先在发行范围广、影响力巨大的《科学》杂志上发表了上述立场,对基尔戈表示支持。

绝大多数的其他科学家反对这一法案。战时科学研究与发展办公室主任范内瓦·布什是反对者的主要领导人。他于 1945 年 7 月发表了具有里程碑意义的报告"科学:永无止境的尖端领域"。布什在报告中同样呼吁建立国家科学基金会,但他的方案与基尔戈的方案完全不同。布什在报告中简述了保证基础科学研究长远资金来源的原则和方案,呼吁国家科学基金会的"组成人员只能选择对科学工作感兴趣,并有能力促进科学研究发展的美国公民",要求政府"通过签订合同,或发放补助的形式对联邦政府管辖范围以外的研究组织"提供资金,并要求这些研究组织"不得将政府提供的资金用于本单位实验室的运营"。布什同时主张,政府"支持公立和私立学院、大学和研究所的研究工作,并将研究政策制定、人员选拔和研究的范围与方法等具体事务交由上述单位自行决定"。但这绝非仅仅是一项推行科学研究自治的方案。布什说服正处于第四任任期的阿肯色州的众议员威尔伯·米尔斯(Wilbur Mills)支持他所提倡的方案,并强调科研"对于国家安全至关重要",不能完全由军方掌控。"由于现代战争需要利用最先进的科学技术手段",米尔斯写道,"军方与科学界形成良好的职业伙伴关系是非常必要的"。[44] 1946 年对这一法案进行表决时,杜鲁门总统投了赞成票,理由是这一法案将科学从公共领域独立了出来,由总统和国会掌控。

在国家安全体制的重要机构建立完成后,1949 年 1 月,杜鲁门总统发表有关财政预算的国情咨文时,呼吁国会通过并实施《国家科学基金法案》。经过漫长的迂回讨论,国家科学基金会于 1950 年春成立。基金会采纳了布什提出的指导建议,而没有理会基尔戈的提议。[45] 最后,冷战冲突的升级以及苏联原子弹试爆成功两大因素结合起来,促使国会阻止了自战争结束以来所采取的民用科学发展议案。正如俄克拉荷马州的乔治·霍华德·威尔逊（George Howard Wilson）在众议院强调的，国家科学基金会要处理的已经不再是政府规划与民间科学机构之间的争议了，而是要通过科学研究找到"成功打击对手或取得冷战胜利的一线希望"。[46]

在 1945 年到 1950 年之间，物理科学基础研究方面的资金缺口主要由军方填补或由原子能委员会提供赞助。"在没有科研基金的条件下"，布什的传记作者写道，"军方不得不填补这一缺口。这就播下了军事科学主义的种子。这一倾向主导了以后 20 年美国科学资金的来源和渠道。"[47] 到 1949 年，高校物理、化学及相关研究领域所用的政府资金有 96% 来自空军、海军研究局、陆军以及原子能委员会。海军研究局对于吸纳和招聘科研学术人才给予了特别关注。早在 1946 年，海军用于学术研究的经费就达到 1,000 万美元，并计划在 1947 年再投入 2,500 万美元。[48] 当杜鲁门总统要求国会最终设立国家科学基金会时，这些来源于军方的经费正在资助 13,000 个研究项目。[49]

总之，由于没有很好的资金来源渠道取代军方对于科学研究的支持和投入，在第二次世界大战结束后的五年里，美国科学研究的发展与军方的发展规划形成了紧密合作的关系。科学界几乎没有对此提出过任何反对意见。1946 年，艾森豪威尔将军呼吁作战部将对科学研究人员的管理纳入军事计划之中，并设立单独的研究与发展部门。[50] 在国家科学基金会最终成立的时候，科学研究预算少得可怜：成立后第一年的启动预算经费仅为 25 万美元；第二年国家科学基金会要求 1,400 万美元的预算经费，但只批准了 30 万。相比较而言，国家安全系统为"大科学"（big science）的基础研究工作提供了慷慨的资金支持。1939 年欧洲战争爆发前夕，国家安全系统的科研投入达到了联邦政府投入的 25 倍。[51] 朝鲜战争期间，国家科学基金会 1952 年财政年度的资金规模提高到了 630 万美元，但"军方始终是战后物理基础科学研究经费的主要来源"。[52]

有些科学家逐渐感到担心，害怕国家安全系统一直在秘密掌控国家科学知识的推广计划。1952年4月，长期担任哈佛大学校长的杰出化学家詹姆斯·科南特在哥伦比亚大学对全神贯注的听众们发表演讲时指出，"人们必须考虑将大量资金投入秘密军事研究与发展项目所导致的严重后果"。科南特认为，最大的危险在于"这已经成为科学得以发展的传统惯例"。[53] 尤其是物理学领域被全面动员，使这一学科变成了美国全球政策基础之军事计划体系的附属部分。此政策一方面主张对自己的薄弱环节加强防御，另一方面又主张在全球民主自由事业中，发动意识形态领域的主动攻势。

1947年10月，亨利·史汀生在《外交事务》杂志发表的重要文章"美国面临的挑战"，积极推动上述发动主动攻势的激进主张。史汀生可以称得上是美国杰出人物的最典型代表。他恳求人们在内心恐惧与焦虑交替上升的时期，达成全国性共识。在近40年的外交生涯中，史汀生曾于1911年至1913年间担任霍华德·塔夫托总统的作战部长；1929年到1933年间担任赫伯特·胡佛总统的国务卿；1940年7月到1945年9月期间，75岁高龄的史汀生还担任了罗斯福总统的作战部长。他始终对于国际政治斗争持有高瞻远瞩的见解。史汀生曾"对苏联政府表示出非同寻常的耐心，非常希望苏联政府的意图能够向好的方面发展"，但他最终感到非常失望，并强烈希望美国的政策转向"确保当今世界能够实现真正的自由与繁荣。如果我们能够实现这一目标，共产党就不会对我们造成任何威胁。如果我们不能实现真正的自由与繁荣，不论有没有共产主义运动的威胁，我们所拥有的文明最终都会走向失败"。[54]

三

当日益从国家安全的价值定义科研工作者的努力与否时，美国人民开始更加关注对于自由原则的捍卫。史汀生在《外交事务》杂志发表的文章中进一步指出,"那些与美国共党分子为伍的人非蠢即恶"。⁵⁵但史汀生没有提出任何限制公民宪法自由的政策和行动。他当然清楚人们已经开始对战后公民自由的性质和范围进行激烈争论了,他当然也知道国会中有许多共和党议员和南方民主党议员越来越强烈地要求采取措施应对各种颠覆破坏活动,他还清楚杜鲁门总统于1947年3月宣布实施"联邦安全-忠诚计划"(Federal Security-Loyalty Program),并设立了政治学家安德鲁·格罗斯曼(Andrew Grossman)所称的"国家恐惧部"(Ministry of Fear)。⁵⁶

1944年2月,康奈尔大学教授罗伯特·库什曼(Robert Cushman)在美国科学家协会会长的就职仪式上发表了题为"战后的公民自由"的演讲。库什曼担心美国在和平时期会遭受极权主义敌人的残酷打击。极权主义敌人像当年的希特勒一样,"致力于摧毁自由宪政民主制度,用残酷的极权统治取代民主政权"。库什曼预言道,"随着和平到来,主张限制公民基本自由的势力可能会甚嚣尘上"。国内政策有必要确定是否要"使全面保护公民权利的措施适用于试图以获取公民权利来破坏公民自由的人"。库什曼非常担心,政府为了回应公众的焦虑,被迫率先辞退具有政治嫌疑的工作人员,他同时担心政府会扩大对于"非美活动"的定义范围,加大打击力度,对相关人员实施"非常规的政治和经济"制裁。⁵⁷

三年后,库什曼再次对此发表意见。但这一次,他坚持说,最重要的是,原子弹以及人们对原子弹的恐惧迫使打击共党分子的运动采取残酷镇压的形式。1947年1月,库什曼以一种迫切的口吻撰文,强调"恢复政治迫害行动",扩大政治忠诚的审查标准,并特别强调国会尤其是非美活动调查委员会应与全社会一道公开承担相应责任。"原子弹给人们带来极度恐惧",库什曼总结道,"人们面临的最大困惑是,国家安全是否高于个人自由"。⁵⁸

当年3月21日,杜鲁门总统签署第9835号行政命令,要求所有联邦机构通过联邦调查局,对本单位的每一位员工进行政治诚信与忠诚状况的调查。[59]当时新成立的反共组织"美国人争取民主行动"的重要领导人小亚瑟·斯莱辛格称这一举动为"非常令人震惊","其主要动机是防止国会采取更加极端的调查措施"[60]。该调查对外宣称其目的是"最大限度地保卫"美国政府机构,"避免有政治嫌疑的人员渗透到各级政府之中"。总统行政命令宣布,采取政治调查措施的核心指导思想是,首先,保证每一位政府工作人员"都肩负起捍卫民主制度的职责,这是美国的灵魂和动力源泉";其次,要认识到政府机构中,只要任何人出现政治背叛和破坏颠覆行为,都会对国家的民主制度构成重大威胁。[61]

但如何对公民的政治忠诚问题进行辨别和测定呢？在签署命令前,杜鲁门参阅了总统员工政治诚信调查临时委员会提交的建议提纲。总统员工政治诚信调查临时委员会成立于1946年,因众议院公共服务委员会一个分委会的建议而设。公共服务委员会的主任由佐治亚州的罗伯特·兰斯佩克担任,其中六位资格最老的民主党成员中有五位来自南方地区。[62]总统1947年3月的行政命令要求,对于接近2,400,000名政府工作人员的政治诚信调查应当在政治诚信审查委员会这一常设机构的监督下进行,委员会当年的启动预算资金为1,100万美元。政治诚信审查委员会将检查联邦调查局、非美活动调查委员会、军队、公共服务委员会所保存的各类档案,以及"任何其他相应的政府调查和情报机构"、州和地方警察与司法部门、私立学校和学院、以前的企业主、仲裁人员或"任何其他相关个人和单位"的档案材料。"背叛行为"的"合法认定范围"被扩大,不仅包括间谍或破坏行为,明目张胆地支持叛国、煽动叛乱或革命的行为,故意泄露国家机密等"背离美国政府而服务于其他政府组织"的行为,而且包括枯燥呆板的行政命令条文规定,如"参与、联络和同情被首席检察官认定为极权主义、法西斯主义、共产主义和具有颠覆国家性质的任何国内外组织、运动和团体"等行为。[63]

行政命令规定的政治审查对象远远不只是政府机构中最敏感的岗

位。其对于政治背叛行为的裁定标准非常宽泛,甚至包括对人的内心世界的无端联想。由于缺乏程序性保障或常规司法审判制度的约束,宪法规定或惯例标准实际上被完全废弃了。为了便于调查裁决工作的开展,政治审查工作人员获得特殊授权,可以通过法外程序对相关人员进行处置。[64] 1948年12月,耶鲁大学法学院的一位教授和一位研究生联合撰写了一份题为"对于全部政府工作人员政治诚信状况的长期严密审查"的评估报告。报告注意到,在"复杂的斗争形势、严重的不确定性和恐惧混乱"形势下,美国政府"进入了政治斗争和公民权利问题相互交织的严峻考验时期",政府的政治审查措施在"日益威胁美国的民主制度"。[65]

他们坚持认为,"政府雇佣人员的否决权"实际上被掌握在了"联邦调查局的手中"。他们同时强调联邦调查局拒绝对秘密消息来源进行甄别,并断言联邦调查局在朝着"秘密警察组织"的方向发展;其"根深蒂固的武装警察传统和行为方式"已经对"民主制度造成最严重的威胁"。[66] 小埃德加·胡佛被迫撰文做出回应,他坚持说联邦调查局不是没有受到限制,它在总统的指令范围内开展工作,只"向总统报告对受指控人员进行调查审讯所获取的确凿事实"。[67]

从杜鲁门总统发布行政命令实施员工政治审查制度,到1953年4月艾森豪威尔总统进一步强化这一制度,对政治背叛证据的审查逐渐扩展到仅凭员工有政治不忠的嫌疑就对其开展审查,[68]期间,共计4,765,705名联邦政府工作人员被要求填写审查表。每一位员工都要接受政治诚信状况调查,这类调查在美国是史无前例的。在这些被调查人员中,26,236人接受了联邦调查局的进一步跟踪调查,其中12,589人受到立案审查,但只有560人被解雇或停止续聘,另外有1,776个案件直到最后也没有给出定论。正如一位政治诚信审查委员会成员发表的评论意见所言,这些案件"对于投入资金高达几百万美元、对相关人员造成严重身心伤害的政治审查计划而言,只不过是冰山一角"。[69]但这些统计数据还不足以说明政治审查行动的实际影响。科学家们的生活也变得动荡不安起来。到1949年，至少有两万到五万名科学家、工程师和科学技术人员"要么被停止了工作，要么暂时被允许边工作，边等待政治审查结果"。[70]

在政治审查运动中，两大群体最容易受到冲击。首先是同性恋群体，他们是审查的重点目标。1950年，政治审查分委会一份题为"政府部门同性恋者和其他性取向者雇佣情况"的报告表明，委员会曾与精神病医生、检察人员和警方工作人员共同召开专题会议，研究为什么男女同性恋者因缺乏"正常稳定的情感"而容易成为敌对阵营的洗脑对象，从而对国家安全造成重大威胁。联邦政府选择的对策是对这一群体的政府工作人员进行驱离。报告注意到，1949年国防部宣布了对同性恋者的驱离政策，随后国务院效仿国防部的做法，也对相关人员进行驱离，因此报告最后给出了很快被普遍效仿的建议："同性恋者和具有其他性取向的人员不适合从事政府部门工作，"并指出，"为了保障公众利益，政府部门必须将上述人员彻底清除出员工队伍"。因这次严厉打击同性恋者的"薰衣草恐慌运动"（Lavender Scare），大约5,000名联邦政府工作人员被剥夺工作岗位。[71]

原子科学家是受到政治审查冲击的第二大群体。尤其是第二次世界大战前加入美国科学工作者协会、美国科学工作促进会等组织，积极参与左翼政治活动的理论物理学家们成为重点审查对象。他们中有些人战后继续参与相关活动，试图减少自己参与研制的核武器在使用时可能对人类造成的毁灭和破坏。[72]他们成立了橡树岭科学家协会、芝加哥原子科学家协会等地方组织。有的还成立了全国性游说团体，其中最著名的是美国科学家协会（后来被称为原子科学家协会）。他们充分利用自己的专业知识影响公众事务，特别关注民用部门对国内原子能研究的控制，以及国外对原子能进行控制的问题。[73]

在国内开始政治审查运动后，尤其是苏联原子弹试验爆炸成功后，这些科学家成了重点调查目标。许多人不理解，为什么与美国相比，基础设施如此落后、技术水平并不先进、科学研究被如此严重封锁的苏联竟然也能成功研制出原子弹？除非他们从美国科学家中的阴谋颠覆分子那里得到了关键性帮助。[74]

当然，被视为重点嫌疑对象并不只是科学家们。20世纪40年代末期和50年代早期，一些最引人注目的政治审查还将目标指向了劳工组织领袖、好莱坞著名演员与电影剧本作家以及国务院的工作人员。但科学家仍然是特殊审查对象，因为他们的身份和地位使然，更为了保证原子能的安全。不只十几位科学家受到审查，"几千名科学家同时受到不同程度的政治诚信审查的干扰。有的审查来自非美活动调查委员会，但更多的是来自联邦政府的政治诚信与安全审查计划"。[75] 对科学家的政治审查非常具有讽刺意味。"部分原因在于他们从事的研究工作对于国家军事安全太重要了"，社会学家爱德华·希尔斯（Edward Shils）在一篇被其称为"秘密审查折磨"的经典研究文章中指出，"另一部分原因在于尽管他们被赋予了重大职责，但他们并没有得到政府的信任。因此，这些科学家们要首当其冲地接受政治诚信与安全审查措施的折磨"。[76] 结果，科学研究不得不发生改变，由公开的自主决策体制转变为一个有着显著等级区分的领域。[77] 非常值得注意的是，科学界的顶级出版物《科学》杂志也不再登载关于其常规应用研究主题的文章，而是开始刊登关于"实验室的政治清洗程序"及"科学家的政治忠诚与安全问题"的文章。[78]

不可否认，的确有少数科学家为苏联从事间谍服务活动。[79] 有些人侥幸逃脱了政治审查，比如，战争期间洛斯阿拉莫斯最年轻的物理学家特德·霍尔（Ted Hall）。[80] 其他人就没有那么幸运了。尤其是1953年6月19日对莫顿·索贝尔（Morton Sobell）和朱利叶斯·卢森堡（Julius Rosenberg）夫妇的判决最引人注目。索贝尔被判处30年监禁，卢森堡夫妇被判处死刑。几乎可以肯定地说，他们的确参与了泄露科学机密的行为。[81] 但绝大多数科学界的研究人员是长期忠于国家的，苏联针对美国原子能研究的间谍活动也主要发生在1945年以前。然而，美国科学家遭受到的监督审查在范围和期限上却远远超出其他任何群体，包括来自联邦调查局、国会非美活动调查委员会和参议院国内安全小组委员会的审查。

对于科学家们进行政治审查的主要关注目标不是他们的日常行为，而是他们的意识形态取向和政治主张。联邦调查局、政治诚信审查委员会和国会相关委员会的调查计划要获取的主要情报信息涉及"对美国冷战外交政策缺乏热情的科学研究人员；公开支持美苏之间相互妥协、开展军备控制、扩大美苏之间科学研究合作领域的人员；支持非裔美国人开展民权运动和非中立派开展劳工政治运动的人员；对苏联共产主义政权的抵制和痛恨表现不彻底的人员；对政治诚信调查表示强烈不满的人员；对马克思主义和其他激进政治思想表现出兴趣的人员；与共产主义或激进分子家庭成员、亲戚、朋友有联系的人员；关注或参与左翼组织会议或有共党分子嫌疑人员出席的集会的人员；拒绝提供亲友姓名或拒绝对亲友嫌疑行为进行告发的人员"。[82] 这类情报信息经常由科学界的秘密情报人员搜集提供给相关机构，但这些情报人员自身也经常沦为被怀疑和调查的对象。建立科研人员政治忠诚的审查机制与制造压抑、恐惧气氛之间的界限往往很难把握，最终导致人们很难对极权主义管制与民主审查程序进行明确的区分。[83]

国会也在不断通过开展调查、公开听证、制定关于公民身份条件限制的立法，对内部惩罚性的安全政策施加压力。国会中与国家安全相关的各委员会也往往对自己所遵从的法定程序和规则嗤之以鼻，这些程序和规则涉及公民的辩护权利和提出上诉的权利。他们对证人进行的质询和调查"结论实际上都是事先设定好的。举行调查的目的，是要提供所谓的证据、合理性及可靠性。但这一切都没有经过严密询问，其目的只不过是为了证明预设前提的正确性"，[84] 安德鲁·格罗斯曼和盖伊·奥克斯（Guy Oakes）如是说。这类政治审查的一个重要前提是，国内存在一个所谓的"第五纵队"，试图破坏美国现有的制度和"生活方式"。为了使对国家忠诚但容易受到蛊惑的美国民众避免受颠覆分子阴谋欺骗，政府必须对这一势力进行严厉打击。进行这类审查和听证不是为了按照司法程序查明案件真相，而是为了证明这一理论前提的正确性。[85]

其中一个最典型的例子就是，非美活动调查委员会明知爱德华·康登从来没有加入过共产党组织，也从没查获其从事间谍活动和其他秘密活动的犯罪证据，却将其视为危险分子，不断对其往来进行跟踪。康登就出生于新墨西哥州的阿拉莫戈多，他是一位杰出的核物理学家，主要从事量子力学的研究工作，曾参与原子弹的研制和《原子能法案》的起草工作。"曼哈顿计划"的工作任务结束后，他于1946年担任美国物理学家协会主席，并被杜鲁门总统任命为国家标准局负责人。康登强烈主张打开科学研究领域的壁垒，最大限度地减少对科学研究的保密限制，并提倡科学研究机构应当由文职部门负责管理，而不受军方的控制。上述主张以及与美苏友好协会的密切往来为康登带来了种种麻烦。美苏友好协会于1947年被美国首席检察官列入"极权主义、法西斯主义、共产主义和阴谋颠覆"组织名单之中。康登最终在1954年没有逃过政治审查的厄运。[86]

1950年2月7日，威斯康星州参议员约瑟夫·麦卡锡在林肯纪念日向西弗吉尼亚州共和党妇女俱乐部发表演讲。麦卡锡在演讲中捏造事实，宣称自己掌握了国务院工作人员中205名共党分子的名单。消息一经宣布便一片哗然。之后不久，国会就通过了1950年《国内安全法案》。这一法案由两位民主党议员（佐治亚州非美活动调查委员会主任约翰·伍德和内华达州国内安全小组委员会主任帕特·马卡伦[87]）分别在众议院和参议院提出。法案对外宣称，其目的是"保卫美国免受非美活动分子和颠覆破坏分子的侵袭"，要求"共产主义阵线"和"共产主义行动"组织向联邦政府登记。同时，法案加强了对颠覆破坏活动和阴谋间谍活动的执法力度，取消了对于可执行死刑案件的各种限制，将政治信仰列为对"国外颠覆分子"进行清除和驱逐的依据。最引人注目的是，法案规定在"国内安全紧急状态"期间，执法部门不经审讯，就可以对参与煽动性组织的人员直接进行羁押。所谓煽动性组织是由颠覆活动管理控制委员会认定的。被羁押人员的违法事实仅凭羁押审查委员会根据一些未经查证的材料做出的简单评价结论进行认定。

伍德和马卡伦最初提交的法案中并不包含上述条款,这些条款来源于西弗吉尼亚州参议员基尔戈起草的议案。该议案不是要求嫌疑组织向联邦政府登记,而是效仿第二次世界大战期间对日籍人员进行羁押的做法,"对有可能参与间谍或破坏行为的人员直接进行羁押"。[88]这些羁押条款最初是为了取代登记条款,但最终它们被增补为《国内安全法案》的第二部分内容。法案最终分别以313:20和51:7的投票结果获得众议院和参议院批准。

9月22日,杜鲁门总统否决了这一法案。[89]总统与基尔戈的支持者们一样,反对法案第一部分包含的相关组织向联邦政府登记的规定。杜鲁门宣称这些规定不具有可操作性,浪费人力物力,而且容易让民众误以为要牺牲自由,"自己在思想上要受到联邦政府的控制"。况且,杜鲁门总统已经收到中央情报局对于移民条例的反对意见,认为这些条例"妨碍了情报工作的正常开展"。这一观点得到国家安全委员会的支持。杜鲁门总统坚持认为,该法案"将使情报工作失去许多海外人员的重要支持",因为,按照这一法案规定,过去曾经参加过共产党或纳粹党的海外移民都要被清除或驱逐出境。杜鲁门没有对羁押问题发表意见,只是表示这一做法未必奏效,因为这一部分条文中没有明确废止人身保护权利。杜鲁门建议,相关部门"按照这一思路"对此问题展开进一步研究。[90]

杜鲁门总统宣布否决这一法案没过几个小时,众议院就对总统的决定表示坚决反对,并以286:48的表决结果推翻总统的否决意见。反对意见主要来自北方民主党的自由派别。9月23日,参议院也同样以57:10的表决结果反对总统的否决意见。支持总统否决意见的参议员仅限于伊利诺伊州的保罗·道格拉斯、明尼苏达州的休伯特·汉弗莱(Hubert Humphrey)、纽约州的赫伯特·雷曼(Herbert Lehman)等著名民主党自由派人士。但上述几位支持总统否决意见的议员全部支持基尔戈的羁押议案。他们的立场与小亚瑟·斯莱辛格三年前寻求自由开明观点支持时所发表的意见几乎完全一样。虽然不同意非美活动调查委员会过于简单的处置方式,以及国会采取"更加极端的打击行动"的要求,但是斯莱辛格承认"站在苏联立场反对美国利益的狂热组织的确对美国的国家安全带来严重威胁"。面临"国外猖獗的间谍破坏活动"以及"极权主义""大规模、有组织的进攻",斯莱辛格承认"公民自由与国家安全之间存在难以避免的冲突",并呼吁国家的政治领导人要勇敢"面对和处置这些冲突和问题"。[91]

四

"在原子时代,人们面临严重恐惧,而且这种恐惧正变得越来越难以掩饰。它已经触及到对其一无所知的人们。"1949年,苏联在哈萨克斯坦成功试爆第一颗原子弹两个月后,政治学家克林顿·罗西特做出上述表示。罗西特陈述了"这一残酷事实:从科学、政治、军事等各个角度来看,五年以内,美国遭受外来原子攻击的可能性是存在的"。他坦率地承认了"这一令人苦恼的问题",并认为回避这一问题是对国家不负责的表现。罗西特质问道,如果"原子弹像冰雹一样密集地投向美国","城市变成废墟","人们因恐惧而丧失理智","群体性恐慌到处蔓延",整个国家将如何来治理?公民权利又如何保障?[92] 罗西特建议,当正常的治理秩序崩溃时,国家的唯一选择"我认为,就是在美国总统或代理总统的率领下,实行独裁或军事独裁统治"。上述话语说明,罗西特必然已经预见到这样一种具有讽刺意味的情形:人们研制的用于保护民主制度的"致命武器""最终将国家引向绝对独裁的命运"。[93]

罗西特又补充说,"这种情形几乎完全有可能出现"。他这种近乎科幻小说般的"反乌托邦"式想象,向人们呈现了"一种根本不存在国会的国家治理情形"：由 15—20 人组成的联合过渡委员会"经特别授权担当国会的全部职责，直到有条件再次召开制宪会议为止"。[94] 值得注意的是，罗西特列出的 11 位有可能担任委员的最重要的年轻代表中有 7 位来自南方：肯塔基州的阿尔本·巴克利、田纳西州的肯尼思·麦凯勒和马里兰州的米勒德·泰丁斯担任参议员；俄克拉荷马州的 A. S. 迈克·蒙罗尼（A.S. Monroney）、德克萨斯州的山姆·雷伯恩、南卡罗来纳州的雨果·西姆斯（Hugo Sims）和佐治亚州的卡尔·文森担任众议员。

这一假想情形折射出了国家的空前脆弱性和人们内心无休止的挫败感。罗西特总结道，即使在和平时期，人们也无法想象美国政府"可以强大到丝毫不损害自建国以来就一直致力于保护的公民自由的前提下，维持自己的存在"。对加强联邦政府的权力，人们也不再有什么争议了。"要么我们的国家足够强大，要么我们的国家被彻底毁灭。"[95] 只有基于规划和保密原则，坚定地打击极权主义，捍卫民主制度，美国才有可能一步步进入自己的理想家园。[96]*

注释

1. 南方议员对民主党在国会中的结构优势发挥了重要作用。民主党在普选投票中获得 52% 的支持率。但由于投票率低，以及南方由民主党控制，总计 61% 的席位由民主党占据。
2. 尽管在普选投票中难分胜负，这次投票民主党多数派以 235：199 的比分获胜，其中包括一位农工党独立投票人的支持。
3. 唯一的限制条件是，中央情报局在美国国内不具有警察机关的任何职能。
4. 引自 David McCullough, *Truman* (New York: Simon & Schuster, 1992), pp. 367–68.
5. Tim Weiner, *Legacy of Ashes: The History of the CIA* (New York: Doubleday, 2007), p. 41.
6. 见 Clarence G. Lasby, *Operation Paperclip: German Scientists and the Cold War* (New York: Atheneum, 1971).

---

* 原文 "American might had seeped homeward." 存在语言错误，"had" 应为 "have"。译者注。

7. 见 http://trumanlibrary.org/publicpapers/index.php?pid=1195&st=&st1=.
8. Robert H. Connery, "American Government and Polities: Unification of the Armed Forces—The First Year," *American Political Science Review* 43 (1949): 45. 自由主义人士担心，国家开支过高会排挤福利国家政策，国防工业会取代国内的发展项目；保守主义人士则希望减免税收，限制民族国家的权力范围。
9. David Alan Rosenberg, "The Origins of Overkill: Nuclear Weapons and American Strategy, 1945 to 1960," *International Security* 7 (1983): 10. 有关包括杜鲁门时期政策根源在内的美国外交战略原则的论述，见 Scott D. Sagan, *Moving Targets: Nuclear Strategy and National Security* (Princeton, NJ: Princeton University Press, 1989), pp. 10–57.
10. *Congressional Record*, 80th Cong., 1st sess., July 19, 1947, p. 9416.
11. Michael S. Sherry, *In the Shadow of War: The United States since the 1930s* (New Haven: Yale University Press, 1995), p. 134.
12. *Los Angeles Times*, March 22, 1946.
13. Bernard Brodie, "Implications for Military Policy," in *The Absolute Weapon: Atomic Power and World Order*, ed. Brodie (New York: Harcourt, Brace, 1946), p. 91. 任教于耶鲁大学的布罗迪可以说是军事战略与国家治理结合初期美国最重要的原子能战略专家。有关其工作及影响的评价，见 Barry H. Steiner, *Bernard Brodie and the Foundations of American Nuclear Strategy* (Lawrence: University Press of Kansas, 1991).
14. David Alan Rosenberg, "U.S. Nuclear Stockpile, 1945–1950," *Bulletin of the Atomic Scientists* 38 (1982): p. 26; 另见 Thomas B. Cochran, William M. Arkin, and Robert S. Norris, *The Bomb Book: The Nuclear Arms Race in Facts and Figures* (Washington, DC: Natural Resources Defense Council, 1987).
15. Brodie, "The Atom Bomb as Policy Maker," *Foreign Affairs* 27 (1948): 24, 30 (原文斜体部分).
16. David Alan Rosenberg, "American Atomic Strategy and the Hydrogen Bomb Decision," *Journal of American History* 66 (1979): 70.
17. Rosenberg, "The Origins of Overkill," pp. 18, 16.
18. 同上, pp. 13, 14.
19. 关于试验的记述，见 Lloyd J. Graybar, "The 1946 Atomic Bomb Tests: Diplomacy or Bureaucratic Infighting?," *Journal of American History* 72 (1986): 888–907.
20. 引自 Rosenberg, "American Atomic Strategy and the Hydrogen Bomb Decision," p. 67 (原文斜体部分).
21. Edward A. Kolodziej, *The Uncommon Defense and Congress, 1945–1963* (Columbus: Ohio State University Press, 1966), p. 79.
22. *Congressional Record*, 80th Cong., 2d sess., April 14, 1948, p. 4452.
23. 同上, April 15, 1948, p. 4536.
24. 同上, p. 4530.
25. 关于当年预算制定过程的典型研究，见 Warner R. Schilling, "The Politics of National Defense: Fiscal 1950," in Warner R. Schilling, Paul Y. Hammond, and Glenn H. Snyder,

Strategy, Politics, and Defense Budgets (New York: Columbia University Press, 1962), pp. 5–266.

26. 同上, p. 80.
27. *Congressional Record*, 81st Cong., 1st sess., April 12, 1949, p. 4429. 这期间，海军人士强烈反对美国的防卫力量应当主要依靠空军战略核打击能力的主张，声称海军的空中力量可以完成这一使命。
28. Rosenberg, "The Origins of Overkill," p. 11.
29. Rosenberg, "American Atomic Strategy and the Hydrogen Bomb Decision," pp. 72, 75. 作者是休伯特·R. 哈蒙（Hubert R. Harmon）中将。杜鲁门总统从未得到过书面稿件，只是听了口头汇报（第76—77页）。
30. Rosenberg, "The Origins of Overkill," pp. 19–26.
31. David M. Hart, *Forged Consensus: Science, Technology, and Economic Policy in the United States, 1921–1953* (Princeton, NJ: Princeton University Press, 1998), p. 192.
32. 艾利森和赛明顿的备忘录引自 Marc Trachtenberg, "'A Wasting Asset,' American Strategy and the Shifting Nuclear Balance, 1949–1954," *International Security* 13 (1988/1989): 24, 25; 关于"自由世界"一语的讨论，见 John Fousek, *To Lead the Free World: American Nationalism and the Cultural Roots of the Cold War* (Chapel Hill: University of North Carolina Press, 2000).
33. Peter Douglas Feaver, *Guarding the Guardians: Civilian Control of Nuclear Weapons in the United States* (Ithaca, NY: Cornell University Press, 1992), pp. 137–39, 143. 有关原子武器在朝鲜战场上作用的讨论，见 Roger Dingman, "Atomic Diplomacy during the Korean War," *International Security* 13 (1988/1989): 50–91. 丁曼指出，美国之所以参战，是基于对核武器的三项假设：美国拥有核优势、"这一优势应当通过一定的方式派上用场"、在苏联围困柏林期间核威胁曾发挥作用。（第51—52页）
34. 一项精辟概述，见 Paul Y. Hammond, "NSC-68: Prologue to Rearmament," in Schilling, Hammond, and Snyder, *Strategy, Politics, and Defense Budget*, pp. 267–378.
35. 见 http://us.history.wisc.edu/hist102/pdocs/nsc68.pdf.
36. Curt Cardwell, *NSC 68 and the Political Economy of the Early Cold War* (New York: Cambridge University Press, 2011), p. 13. 卡德韦尔坚持认为，这一文件不仅评估了美国的地缘政治，而且致力于保护和发展全球资本主义。从更加传统的角度进行的全面深入的论述，见 Hammond, "NSC-68," pp. 267–378. 另见 David T. Fautua, "The 'Long Pull' Army: NSC-68, the Korean War, and the Creation of the Cold War U.S. Army," *Journal of Military History* 61 (1997): 93–120.
37. Warner R. Schilling, "The H-Bomb Decision: How to Decide without Actually Choosing," *Political Science Quarterly* 76 (1961): 46. 关于"The Soviet Union: The Bomb and the Cold War"一文的论述，见 Andrew J. Rotter, *Hiroshima: The World's Bomb* (Oxford: Oxford University Press, 2008), pp. 228–69.
38. Kai Bird and Martin J. Sherwin, *American Prometheus: The Triumph and Tragedy of J. Robert Oppenheimer* (New York: Alfred A. Knopf, 2005), p. 422.
39. Schilling, "The H-Bomb Decision," pp. 35–36; 关于"The Battle over the H-Bomb, 1949–

1950，"一文的论述，见 James G. Hershberg, *James B. Conant: Harvard to Hiroshima and the Making of the Nuclear Age* (Stanford, CA: Stanford University Press, 1993), pp. 464, 490.

40. Rosenberg, "American Atomic Strategy and the Hydrogen Bomb Decision," pp. 62, 85.
41. 相关论述，见 Daniel J. Kevles, "The National Science Foundation and the Debate over Postwar Research Policy, 1942–1945," *Isis* 68 (1977): 5–26; Jessica Wang, "Liberals, the Progressive Left, and the Political Economy of Postwar American Science: The National Science Foundation Debate Revisited," *Historical Studies in the Physical and Biological Sciences*, 26, no. 1 (1995): 139–66.
42. 比较精辟的概述，见 Jessica Wang, *American Science in an Age of Anxiety: Scientists, Anticommunism and the Cold War* (Chapel Hill: University of North Carolina Press, 1999), pp. 10–43.
43. K. A. C. Elliot and Harry Grundfest, "The Science Mobilization Bill," *Science* 97 (1943): 76.
44. 见 http://www.nsf.gov/od/lpa/nsf50/vbush1945.htm#ch6.3.
45. 立法机构称设立这样一个独立机构的目的是促进"科学进步、提高国民健康水平、增进国家繁荣与社会福利、保证国防安全"。基金会没有设置社会科学项目。
46. *Congressional Record*, 81st Cong., 2d sess., February 27, 1950, p. 2432.
47. G. Pascal Zachary, *Endless Frontier: Vannevar Bush, Engineer of the American Century* (New York: Free Press, 1997), p. 328.
48. 同上, p. 329.
49. Hart, *Forged Consensus*, p. 185.
50. 同上, p. 181; Zachary, *Endless Frontier*, pp. 315–16.
51. David Kaiser, "Cold War Requisitions, Scientific Manpower, and the Production of American Physicists after World War II," *Historical Studies in the Physical and Biological Sciences* 33, no. 1 (2002): 132.
52. Wang, "Liberals, the Progressive Left, and the Political Economy of Postwar American Science," p. 147.
53. James Bryant Conant, *Modern Science and Modern Man* (New York: Columbia University Press, 1952), p. 30.
54. Henry L. Stimson, "The Challenge to Americans," *Foreign Affairs* 26 (1947): 8, 10.
55. 同上, p. 8.
56. 这一内容出现在2004年一份未公开发表的声明中。该声明涉及一项应对全球冲突的冷战计划。
57. Robert E. Cushman, "Civil Liberty after the War," *American Political Science Review* 38 (1944): 1, 11, 13, 15, 16, 10.
58. Robert E. Cushman, "Civil Liberties in an Atomic Age," *Annals of the American Academy of Political and Social Science* 249 (1947), pp. 60, 61, 62, 63, 65.
59. 这一行政命令发布后不久，沃尔特·盖尔霍恩撰文进行了精辟论述。见 Walter Gellhorn, Security, Loyalty, and Science (Ithaca, NY: Cornell University Press, 1950).

60. Arthur M. Schlesinger Jr., "What Is Loyalty? A Difficult Question. For It Touches Both Civil Liberties and the Right of Government to Protect Itself," *New York Times*, November 2, 1947.

61. 这一行政命令的复印件见 Seth W. Richardson, "The Federal Employee Loyalty Program," *Columbia Law Review* 51 (1951): 558–63 的附录部分。

62. 除了兰斯佩克，还有西弗吉尼亚州的詹宁斯·伦道夫（Jennings Randolph）、阿拉巴马州的卡特·马纳斯科（Carter Manasco）、北卡罗来纳州的格雷厄·巴登和路易斯安那州的詹姆斯·莫里森（James Morrison）。这一长久性组织中唯一的非南方成员是华盛顿州的"大铲子"（Scoop）亨利·杰克逊（Henry Jackson）。

63. 引自 Richardson, "The Federal Employee Loyalty Program," pp. 559, 562. 对这一计划表示支持的论述，见 Roger S. Abbott, "The Federal Loyalty Program: Background and Problems," *American Political Science Review* 42 (1948): 486–99. 首席检察官发布的第一批重点查处机构名单包含 82 个可疑组织。到 1950 年，这一名单增加到了 200 个可疑组织。见 Eleanor Bontecou, *The Federal Loyalty-Security Program* (Ithaca, NY: Cornell University Press, 1953), pp. 157–204.

64. 感谢安德鲁·格罗斯曼（Andrew Grossman）第一次向我介绍了这一法外程序的特点。关于这一程序侵犯公民自由的论述，见 Marver H. Bernstein, "The Loyalty of Federal Employees," *Western Political Quarterly* 2 (1949): 254–64; 相关论述，见 Ellen Schrecker, *Many Are the Crimes: McCarthyism in America* (Princeton, NJ: Princeton University Press, 1998), pp. 266–305.

65. 这份长达 143 页的分析报告指出，众议院非美活动调查委员会已经创立了一种被行政部门采纳的法外调查模式。见 Thomas I. Emerson and David M. Helfeld, "Loyalty among Government Employees," *Yale Law Journal* 58 (1948): 1, 7, 8–12.

66. Emerson and Helfeld, "Loyalty among Government Employees," pp. 77, 141; 关于保密信息的使用问题，见 pp. 101–9.

67. J. Edgar Hoover, "A Comment on the Article 'Loyalty among Government Employees,'" *Yale Law Journal* 58 (1949): 401.

68. 艾森豪威尔总统于 1953 年 4 月 27 日发布的行政命令，将开除雇员的范围由"涉嫌对美国政府工作缺乏忠诚的人员"，扩大为"任何不符合国家安全利益要求的联邦政府工作人员"。任何一位涉嫌对国家安全利益有威胁的人员都将被立即解雇。而且，举证责任由国家转为涉嫌对国家安全造成威胁的人员承担。见 Robert N. Johnson, "The Eisenhower Personnel Security Program," *Journal of Politics* 18 (1956): 625–50.

69. Henry L. Shattuck, "The Loyalty Review Board of the U.S. Civil Service Commission," *Proceedings of the Massachusetts Historical Society* 78 (1966): 80.

70. Jessica Wang, "Science, Security, and the Cold War: The Case of E.U. Condon," *Isis* 83 (1992): 258.

71. Senate, *Employment of Homosexuals and Other Sex Perverts in Government* (行政部门开支委员会所属机构提交的第 S. Res. 280 号过渡性报告), 81st Cong, 2d sess., 1950, S. Doc. 241; 引自 Richard M. Valelly, "LGBT Politics and American Political Development," *Annual Review of Political Science* 16 (2012): 313–32. 另见 Margot Kennedy, *The Straight State:*

Sexuality and Citizenship in Twentieth-Century America (Princeton, NJ: Princeton University Press, 2009). "薰衣草恐慌"一语是戴维·K. 约翰逊杜撰出来的。见 Johnson, *The Lavender Scare: The Cold War Persecution of Gays and Lesbians in the Federal Government* (Chicago: University of Chicago Press, 2004).

72. Peter J. Kuznick, *Beyond the Laboratory: Scientists as Political Activists in the 1930s* (Chicago: University of Chicago Press, 1987); Alice Kimball Smith, *A Peril and a Hope: The Scientists' Movement in America, 1945–1947* (Chicago: University of Chicago Press, 1965).

73. 相关论述，见 Jessica Wang, "Scientists and the Problem of the Public in Cold War America, 1945–1960," *Osiris* 17 (2002): 323–47.

74. 当时的相关研究，见 Gellhorn, *Security, Loyalty, and Science*.

75. Wang, "Science, Security, and the Cold War," p. 238; 另见 David Caute, *The Great Fear: The Anti-Communist Purge under Truman and Eisenhower* (New York: Simon & Schuster, 1978).

76. Edward A. Shils, *The Torment of Secrecy: The Background and Consequences of American Security Policies* (Glencoe, IL: Free Press, 1956), p. 185.

77. 1942 年，社会学家罗伯特·K. 莫顿认为，这一科学体系与民主潮流有着选择性亲缘关系，因为它本身具有普遍主义、开放合作和有组织的怀疑精神。其于 1942 年撰写的"Note on Science and Democracy"以"Science and Democratic Social Structure"的名字再次发表于 Robert K. Merton, *Social Theory and Social Structure* (Glencoe, IL: Free Press, 1957), pp. 550–61.

78. Committee on Security and Clearance, "Loyalty Clearance Procedures in Research Laboratories," *Science* 107 (1948): 333–37; Scientists Committee on Loyalty Problems, "Loyalty and Security Problems of Scientists: A Summary of Current Clearance Procedure," 同上, 109 (1949): 21–24.

79. Allen Weinstein and Alexander Vassiliev, *The Haunted Wood: Soviet Espionage in America—The Stalin Era* (New York: Random House, 1999).

80. *New York Times*, November 10, 1999.

81. 伯尼斯·施兰克（Bernice Schrank）对卢森堡夫妇一案的重点研究资料进行了回顾和总结。经过长期的争论，学者们基于苏联解体后公开的部分资料，对卢森堡夫妇的罪行基本形成了共识，并对人们关于此案已经形成的一些认识提出了质疑。见 Bernice Schrank, "Reading the Rosenbergs after Venona," *Labour/Le Travail 49* (2002): 189–210. 著名作家沃尔特·施奈尔（Walter Schneir）和梅里亚姆·施奈尔（Miriam Schneir）认为卢森堡夫妇是被人陷害的，并于多年研究之后得出了与施兰克不同的结论。见 Walter and Miriam Schneir, *Invitation to an Inquest* (New York: Doubleday, 1965); Walter Schneir, *Final Verdict: What Really Happened in the Rosenberg Case* (Brooklyn, NY: Melville House, 2010). （梅里亚姆·施奈尔撰写了前言和后记。）

82. Wang, "Scientists and the Problem of the Public in Cold War America," pp. 335–336.

83. Morton Grodzins, *The Loyal and the Disloyal: Social Boundaries of Patriotism and Freedom* (Chicago: University of Chicago Press, 1956). "危险在于"，他警告说，"民

主制度将遭受失败，因为它无法维护真正的民主"。（第 258 页）1952 年，欧文·克里斯托提出了不同的观点。他坚持指出，"我们在认识上或许犯了一个巨大的错误：由于一位粗俗的政治煽动者（指威斯康星州的参议员约瑟夫·麦卡锡）将共产主义与自由主义等同起来进行指责，我们也把捍卫自由主义与维护共产主义等同起来"。见 Irving Kristol, "'Civil Liberties,' 1952: A Study in Confusion," in *Irving Kristol, The Neoconservative Persuasion: Selected Essays, 1952–2009* (New York: Basic Books, 2011), p. 49. 他预测说，这一立场必将"令自由主义者们震惊"。

84. Andrew D. Grossman and Guy Oakes, "The Fifth Column Tactic: Predatory Investigations and the Politics of Internal Security in the 80th Congress," 美国政治学研究会年会宣读论文（未公开出版），2004 年 9 月，第 6 页。
85. 见 Robert C. Carr, *The House Committee on Un-American Activities, 1945–1950* (Ithaca, NY: Cornell University Press, 1952); Telford Taylor, *Grand Inquest: The Story of Congressional Investigations* (New York: Simon & Schuster, 1955).
86. Wang's "Science, Security, and the Cold War" 对 "E.U. 康登一家" 进行了调查。另见 Wang, *American Science in an Age of Anxiety*, pp. 130–47.
87. 关于麦卡伦，见 Michael J. Ybarra, *Washington Gone Crazy: Senator Pat McCarran and the Great American Communist Hunt* (Hanover, NH: Steerforth Press, 2004).
88. 相关讨论，见 Cornelius P. Cotter and J. Malcolm Smith, "An American Paradox: The Emergency Detention Act of 1950," *Journal of Politics* 19 (1957): 27.
89. 1950 年 9 月 18 日，理查德·诺伊施塔特（Richard Neustadt）为杜鲁门总统起草准备的备忘录中，列出了"签署或否决麦卡伦法案的利弊"。诺伊施塔特结束在白宫的任期后，前往哥伦比亚大学和哈佛大学从事政治学研究，并取得了杰出的成就。见 William Randolph Tanner, "The Passage of the Internal Security Act of 1950"（博士论文，University of Kansas, 1971), pp. 463–64.
90. 见 http://trumanlibrary.org/publicpapers/viewpapers.php?pid=883.
91. Schlesinger Jr., "What Is Loyalty?," pp. SM7, 50, 48. 哈罗德·D. 拉斯韦尔为经济发展委员会起草了类似的平衡政策方案。见 Lasswell, *National Security and Individual Freedom* (New York: McGraw-Hill, 1950).
92. Clinton L. Rossiter, "Constitutional Dictatorship in an Atomic Age," *Review of Politics* 11 (1949): 418, 395. 罗西特对相关研究的缺失感到痛惜，但有一个例外情况，见 Arthur Bromage, "Public Administration in the Atomic Age," *American Political Science Review* 41 (1947): 955–74. 布拉米奇借用第二次世界大战期间德国城市遭遇大规模轰炸后的荒凉景象，来预测美国遭受原子弹打击后的政治和行政管理后果。
93. Rossiter, "Constitutional Dictatorship in an Atomic Age," p. 398.
94. 同上，pp. 408, 412.
95. 同上，p. 418.
96. 关于这种倒退可能性的研究，见 John Fabian Witt, "Anglo-American Empire and the Crisis of the Legal Frame," *Harvard Law Review* 120 (2007): 786.

后　记

1953 年 1 月

从 1952 年 11 月 4 日开始参选美国总统，到 1953 年 1 月 20 日举行就职仪式，德怀特·艾森豪威尔将军在位于哥伦比亚大学晨边路 60 号校长官邸的寓所中，为入主白宫作着各项准备工作。11 月 19 日早晨 4 点半，艾森豪威尔竖起衣领，走出房门，坐进一辆前来迎接他的小汽车里，之后汽车飞快地向位于长岛的米切尔空军基地驶去。艾森豪威尔就此开始了他当天的神秘行动：首先飞行 12 个小时到位于加利福尼亚的特拉维斯机场，紧接着转机飞行 10 个小时到达位于夏威夷的希卡姆机场。而媒体被告知，艾森豪威尔将于当天中午坐在家中，观看电视上的陆海军足球比赛。

飞机在加利福尼亚机场和火奴鲁鲁机场停靠时，没有一个人走出舱门。接着，又飞行 12 个小时，先后到达中途岛和硫磺岛。在硫磺岛，艾克（Ike，艾森豪威尔将军的昵称）参观了位于折钵山的盟军战争死难者纪念馆。在现场，五位海军陆战队员和一位海军士兵升起了美国国旗。这一幕被永远定格在了一张具有标志意义的照片中。艾森豪威尔在岛上的活动板房中度过了一夜，之后动身前往韩国。在离家 73 个小时后,艾克踏上了韩国的土地。¹ 这就是他 1953 年的长途飞行历程。

当月早些时候,美国的第一颗氢弹"长春藤迈克"(Ivy Mike)试验成功。² 在几天后举行的大选中,二战的著名英雄艾森豪威尔和加利福尼亚州的年经参议员理查德·尼克松获得 34,075,529 名美国民众的投票支持。尼克松因在国会从事政治忠诚调查工作而出名。杰出学者、伊利诺伊州州长阿德莱·史蒂文森及其种族主义竞选伙伴、阿拉巴马州的约翰·斯帕克曼获得 17,375,090 张支持票。氢弹试验发生时,附近海域的水手们看到位于马绍尔群岛的太平洋埃尼威托克岛试验场地的爆炸情形,随后纷纷向家人写信告知这一罕见的景象。于是就发生了违反《原子能法案》保密条款的事情,美国研制氢弹的秘密也被揭开了。在艾森豪威尔动身离开韩国前不久,原子能委员会非常不情愿地承认了氢弹爆炸成功这一事实。这一新型原子炸弹爆炸产生的蘑菇云达到 27 英里长,8 英里宽,能蔓延到 100 多英里以外。试验场地所在岛屿在氢弹爆炸后几乎彻底消失了。"至少 10 个太阳发射出的光芒",一位海军领航员写道,"才能抵得上这一爆炸产生的光束"。"我几乎不敢相信自己的眼睛",另一位亲历者说道,"一条大约 2 英里宽的火龙窜到空中 5 英里高的位置……然后我们看到几千吨泥土腾空而起……你真的会发誓说,整个世界变成了火海"。³

在韩国的三天行程中,艾森豪威尔前往朝鲜战争前线,身着没戴肩章的冬季陆军制服,视察军营,走访慰问伤员。他亲眼目睹了将士们所经历的"漫长、艰苦的战争"考验。⁴ 在与当时的韩国总统李承晚会晤后,这位候任总统表示,他还"没有找到任何灵丹妙药或万全之策来解决朝鲜问题"。同时,他明确指出,他不会采纳将战争扩大到亚洲大陆的建议。"在朝鲜战争中",艾森豪威尔宣称,"要制定一项作战计划,要既能保证取得决定性胜利又能避免扩大战争范围"。⁵

我们知道,作为一名五星级上将,艾森豪威尔早在氢弹试验成功以前,就已经对核战争问题有了详细了解。1951 年 12 月上旬,艾森豪威尔在法国罗康库的盟军最高司令部听取了罗伯特·奥本海默关于核武器的汇报。在五天的汇报过程中，奥本海默详细报告了美国核武器的保有状况、最新举行的内华达州原子试验的效果以及维斯塔计划（Project Vista）的开展情况。维斯塔计划是加州理工学院开展的一个科研项目，旨在研究用战术核武器粉碎苏联使用常规武器对欧洲进攻的可行性。出席最后一次报告会议的还包括其他科学家和军事将领。与会人员详细讨论了欧洲爆发战争时美国原子打击力量的部署问题。

会后，艾森豪威尔在战略空军指挥部司令员柯蒂斯·李梅将军的陪同下召集了由与会人员参加的午餐会。奥本海默和李梅报告说，《华盛顿邮报》"详细报道了艾森豪威尔及其工作人员关于美国动用何种核武器应对未来可能发生的战争的表态"。[6] 当月下旬，奥本海默完成了其为英国广播公司所做六次系列讲座"科学与共识"的最后一讲——12月20日，奥本海默以"科学与人类共同体"为题，为其系列讲座划上了句号。在讲座最后，奥本海默既悔恨又满怀希望地将"开放社会"构想与共产主义"唯一绝对真理"的思想主张作了比较。奥本海默表示自己相信，尽管核时代已经来临，"科学意义上的知识，包括我们旨在揭示的专业化和普遍性知识，与人类共同体之间可以实现和谐共存"。[7]

我们或许无法确定艾森豪威尔是否同样听取了如何在朝鲜开展原子外交的汇报，以及军事战略人员考虑如何利用美国核优势的汇报。1950年，朝鲜战场双方作战正酣时，美国战略空军指挥部拥有的260架轰炸机和300颗原子弹已经处于待命状态；而苏联当时拥有的原子弹屈指可数，而且其轰炸机只能对美国沿海地区进行单程自杀式空袭。朝鲜战争曾经历几次特别危机的时刻：1950年7月，北朝鲜军队攻入南方；1950年11月，中国军队跨过鸭绿江入朝参战；1951年4月，联军被迫退回三八线以南。这期间，美国调派B-29轰炸机携带已经完成部分组装的原子弹到关岛空军基地待命，向外界释放出有可能动用核打击力量的信号。1951年1月25日的国家安全委员会会议记录里有来自密苏里州的未来民主党参议员、时任国家安全资源委员会主席的斯图尔特·赛明顿的发言记录。赛明顿宣称，原子弹是"美国的杀手锏"。

与此同时，中央情报局局长沃尔特·贝德尔·史密斯（Walter Bedell Smith）向本部门员工表示，美国的核武器库存是一种极大的资产浪费，美国"最好在苏联核武器的打击能力发展到莫斯科能主动向美国发起核战争前，动用这些武器打击苏联"。[8]

在前两次危机时刻，美国只是将带有原子弹部件的轰炸机派往太平洋地区。1951年4月，杜鲁门总统命令军方将载有组装完毕、处于待命状态的载有核弹的轰炸机被派往太平洋地区，在苏联加入朝鲜战争或对付日本时，"随时准备执行轰炸任务"。4月下旬，当北朝鲜和中国军队重新向联合国军发起攻击时，总统核准将第二批原子弹和轰炸机调往太平洋地区。这些原子弹和轰炸机将一直待命关岛，直到苏联宣布愿意开启停战谈判为止。

一

在这样一个气氛高度紧张的寒冷冬季，艾森豪威尔将军宣誓就任美国总统。他将手放在当年乔治·华盛顿举行美国历史上第一次总统宣誓时使用过的一本《圣经》的封面上，庄严宣誓。1879年4月30日，华盛顿在美国参议院举行首任总统就职宣誓仪式。几天后，法国在凡尔赛宫举行了三级会议；过了不到三个月，巴士底狱被攻陷。当时华盛顿斩钉截铁地宣布，实行三权分立的法制共和国、美国"新的自由政府"即将"幸运地诞生"在北美大陆。[9]艾森豪威尔选择的这本《圣经》，曾经出现在林肯总统的葬礼以及白宫、国会山和自由女神雕像的奠基仪式上，它标志着美国在历经二十多年的危机后，将继续沿着先辈开创的民主事业向前奋进。

华盛顿总统曾经说过，他对美国的未来"充满无限希望……"。国会作为"集中表达不同群体利益诉求的核心机构"，将在"耐心审议和自愿共识"的基础上，充分发挥"自由民主政府的优越性"，最终"赢得美国民众的爱戴和世界各国的尊重"。富兰克林·罗斯福总统于1933

年3月4日第一次举行总统就职仪式时,这种议会民主治理形式却正在遭受种种质疑。在全球范围内,伍德罗·威尔逊总统所推进的民主大业已成强弩之末。各国议会政府均岌岌可危。大多数人开始怀疑,侥幸生存下来的民主政体能否在不改变自由权利和民主政治基本信念的前提下,解决国家当前面临的危机。罗斯福总统在就职演说中指出,"瘫痪倒闭的工业企业像枯萎的落叶遍布全国各个角落;农民的产品丧失了销路;成千上万户家庭多年辛苦攒下来的积蓄被一扫而光;更严重的是,大批失业人员面临严峻的生存危机"。当罗斯福总统说这番话时,听众们心里明白,在"国民生活陷入一片黑暗的时刻",比能否扭转资本主义轰然倒塌命运更加严峻和危险的问题比比皆是。罗斯福总统坚持认为,"我们的宪法非常简单、实用。我们始终可以在不丧失宪法规定的基本制度形式的前提下,对相应的制度安排及其侧重点进行修正,以满足国家在危机时期的特殊需要"。如果罗斯福总统的主张当时被证明是谬误而不被采纳,美国就可能抵挡不住极权主义制度的召唤,而做出另外一种选择。

"新政"的实施使美国排除了做出另外一种选择的可能。美国的民主制度,尤其是国会在国家治理中的核心作用得以保持下来。民主法制不断发展,资本主义经济管理呈现出新的形式,劳工阶层的诉求得到关注。虽然发展道路坎坷不平,但美国又恢复了往日的繁荣,并继续保持国家的凝聚力,继续坚持宪法规定的准则。

但恐惧仍然存在,而且极易被感知到。八万多公民被无辜羁押、破坏既有法律程序、干涉隐私权利和公民自由等侵权事件时有发生;政治诚信调查行动打着维护国家安全的旗号,制造相互猜忌、人人自危的紧张气氛。同时,这期间也显然存在许多令人悲哀的政府不作为事件,包括没有对奋力逃脱纳粹迫害的人们给予救助,也没有对后来侥幸脱离险境而生存下来的难民提供庇护;查尔斯·柯林神父和休伊·朗等煽动分子竟然能吸引几百万信徒;[10]在种族问题上,"维护白人至上原则"与"争取黑人权利"的斗争越来越激烈。此外,在"新政"

大业的舞台中心,还活跃着南方种族主义派别及其在国会中的代表。正如我们已经看到的,南方种族主义派别与民主党非南方派别之间的合作,及其在某些问题上与共和党之间的合作是"新政"时期立法工作不可或缺的因素。

美国与苏联之间的危险对抗以及无法制止的核军备竞赛也是当时恐惧气氛不断升级的重要因素。许多人担心苏联的内部团结、工业发展、军事力量和思想凝聚力会赢得更多的追随者。他们会将苏联体制视为更具吸引力、更加平等的制度模式。显然,在艾森豪威尔宣誓就职前夕,苏联阵营正在欧洲和亚洲实施防御性压制和其他手段相结合的政策。还有消息报道苏联在不断向西柏林施加压力,东德总统威廉·皮克(Wilhelm Pieck)威胁说如果波恩政府修改《欧洲防御共同条约》,东德将对西柏林进行封锁。[11]

在国会山庄严的东大厅,艾森豪威尔发表了首次总统演讲。他强调苏联使得"我们在国内所专注的民主自由事业……'相形见绌'"。艾森豪威尔以朴实的语调,谈到了全球发生的一系列激烈战争——"从法国阿尔贡的森林,到硫磺岛的海岸,再到朝鲜寒冷的山区",一幅幅将士们浴血疆场的情景历历在目。就在演说当天,位于朝鲜半岛杆城西北、开城以南的文登尼河谷正在展开一场激战;在鸭绿江边,美国的军刀战机正与中国的米格战斗机展开一场胜败难料的空战。[12]

艾森豪威尔号召全国民众"为实现崇高目标而提高防卫技术,展示坚强的耐心和意志",并指出美国面临的威胁并非仅仅来自于地缘政治,这是"自由反对奴役,光明反对黑暗"的伟大事业。他指出,美国正在向自己最大的敌人共产党发动一场包围战,这位敌人"不相信上帝的旨意,只相信武力的存在;不知道对上帝表示虔诚,只知道随便动用武力",其领导人只会"教唆人们背叛上帝",只会"教唆人们歪曲真理"。艾森豪威尔坚持说,我们将通过这场战争"告慰牺牲在印度支那战场的法国将士们,告慰牺牲在马来半岛的英国官兵们,告慰牺牲在朝鲜战争中的美国英雄们"。[13]

艾森豪威尔的演讲充斥着火药味浓厚的战争语言。随着二战期间美苏同盟关系的彻底破裂，以及核武器备战步伐的加快，美国已经承担起"自由世界领导者的职责"。艾森豪威尔劝告"每一位美国公民及整个美利坚民族随时做好自我牺牲的准备……勇敢地为自己的国家献出一切"。他谈到，美国已经有800枚核弹头可以通过轰炸机展开战略核打击，另有1,005枚原子弹的储备力量；为了应对有可能遭受的核打击，美国各地的学校均在组织少年儿童开展防空演练，并为每个学生佩戴类似于美国士兵身份标志的识别牌（小时候参加防空演练和佩戴身份识别牌的经历，我至今记忆犹新）。艾森豪威尔总统悲哀地指出，"科学技术似乎正准备向人类献上最后一份厚礼，让人类具有将生命从地球上全部抹掉的能力"。[14]

艾森豪威尔总统的庄严讲话意味着"新政"时代的结束，他虽然没有明确宣布，却起到了无声胜有声的效果，其讲话所阐明的政策主张以及他没有明确说出的一些政策取向，是过去20年"新政"改革所造就的美国作为一个新型民族国家的核心特征。新任总统没有对现有制度程序和竞争激烈的利益集团提出正面挑战，也没有对美国在全球范围内发起的自由民主保卫战提出正面挑战。正如《华尔街日报》极不情愿地指出的，艾森豪威尔的演讲就是"果敢"的行动号令。[15]

各大媒体迅速把焦点集中在《底特律自由报》所称的"号召人们为自由而战"，号召人们"继承和发扬当年诺曼底登陆战中自由世界合力抗击敌人的精神"。《芝加哥论坛报》悲哀地讽刺道，"艾森豪威尔的演讲稿或许是按照杜鲁门的指示写成的吧，因为它给人们留下的印象不过是即将离任的杜鲁门政府外交政策的延续"。[16] 在1953年的总统就职演说中，艾森豪威尔将"大规模的军事建制与大规模的军工产业相结合"的政策称赞为"震慑侵略者的强大力量"。在1961年1月17日发表告别演说时，艾森豪威尔还称这一政策具有"重大现实意义"。[17]

同时，新任总统对于"新政"国内政策和规划的沉默，实际上是以无声的方式表示对罗斯福和杜鲁门政府国内政策的认同，但多年前

"新政"早期的紧急时刻不可能再次上演了。对于强烈反对联邦政府集中权力,引导美国资本主义经济通过民主制下的计划形式度过危机的政党领袖,以及反对加强国家对于工会组织领导作用的政党领袖来说,这并不值得大惊小怪。但艾森豪威尔的沉默释放出一个信号:他将与自己所属的共和党保守派分道扬镳。华尔街将继续接受联邦政府的监管,市场限制也不会解除,《社会保障法案》继续生效,而且保障范围很快会扩大。工会组织尽管受到《塔夫托-哈特利法案》的制约,但它不会再遭受进一步的挤压。"新政"的财政管理计划和利益集团之间的竞争机制也不会走回头路。

1932年大萧条处于最低谷时,几乎没有人预料到经济会严重瘫痪,军事软弱无力的美国能够改造资本主义经济、应对社会阶级矛盾、增强国家综合实力和解决国家安全问题。也没有人会料想到,面对经济制度崩溃造成的绝望局面、民众普遍不满情绪带来的压力,以及妄图埋葬自由民主的制度模式挑战,"新政"竟能设计出有效的应对策略。经过二十年的艰苦历程,"新政"终于卸下了帷幕。这时,法西斯政权和纳粹政权已经消亡。1953年,美国已经成为繁荣富强的国家,并在国际事务中占据主导地位。华盛顿从一个沉睡的南方城市变成了一个有重要国际影响力的都市。美国已经不再被认为是"地球上的一潭死水",它将引领所谓的"自由世界",为战后欧洲和被美国占领的日本提供引人注目的发展模式。[18]美国民主事业的成就虽然表面上不太抢眼,但其重要性不容低估,它鼓舞和推动了全球反殖民运动的发展,并促进了美国国内早期民权运动的兴起。

1952年秋季大选期间,演说辩论的主题已经不再是自由民主制度能否继续存在这类问题了。竞争性集团政治以及已有的财政制度运行框架被视为理所当然的事情。人们普遍认为,美国应当积极迎战另一个全球超级大国。美国各党派的领导人一致同意小亚瑟·斯莱辛格1949年的判断:在世纪中叶的"危机时刻","西方人……在强烈的不确定性和漂泊无依中艰难度日","只有美国人"在经历"新政"之后,

"获得了自身生存与时代危局之间的缓冲力量"。[19]

最后,漫长的"新政"时代走向了终结,但新的政治时代开启时,并没有彻底改变"新政"的政策走向,而是沿着这条道路继续向前迈进。具有讽刺意味的是,艾森豪威尔所选择的坚持法制程序与捍卫民族国家相结合的共和主义自由民主复兴道路,标志着漫长的南方种族制度在即将消亡时,获得了最后一次胜利。

为了积极拯救面临种种威胁的种族秩序,南方代表在罗斯福和杜鲁门执政期间反复采取措施,证明自己在立法机构中能发挥最关键的作用。在国会立法机构中的战略地位使南方代表可以叫停对自己不利的立法议案,推动有利于南方地区的立法获得通过。当艾森豪威尔结束自己的演讲时,弗吉尼亚州参议员哈利·伯德立即称赞总统做出的承诺,即"继续执行促进生产力发展和保障商业利润的政策"。这意味着艾森豪威尔采纳了由低关税支撑着的开放世界贸易政策。这正是南方商人长期以来一直追求的目标。德克萨斯州众议院少数派领袖山姆·雷伯恩也立即赞扬艾森豪威尔与两位前任总统一样,高瞻远瞩,勇敢面对"国际上的侵略者和亡命之徒"。这些亡命之徒在美国强大的军事武装力量面前,"将不敢再轻易向我们发起攻击"。这同样是南方的一种政治诉求。雷伯恩来自德克萨斯州的同事、参议员林登·约翰逊不加思索地表示肯定,认为艾森豪威尔的就职宣言总体上对"过去二十年的民主议程进行了令人鼓舞的阐述",并赞扬说这些正是南方代表们在国会立法过程中所极力推动的政策。[20]

二

让我们把目光转回到法国大革命。亚历克西斯·德·托克维尔曾警告说,随着大革命的成功,人们面临的一个重要问题是,不要"让导致革命爆发的原因彻底在自己头脑中消失",即人们要不失时机地对一系列基本问题进行思考。"对于当代人而言,大革命真的像表面上看起来的那样不同寻常吗？真的如此轰轰烈烈、惊天动地、振奋人心吗？它的真正内涵和本质是什么？这一突如其来的重大革命有什么长远历史意义呢？它到底摧毁了什么？创造了什么？"[21]

本书致力于对美国在"接近一场革命"的紧急时刻产生的类似问题进行研究和探讨。[22] 1951 年，戴维·杜鲁门恰当地运用同样的方式对这一时期的政府执政和决策过程进行了典型研究。事实上，"新政"彻底改变了美国的政治生态环境。它不仅塑造了国内政治生活的组织和运行程序，而且使美国成为了一个充满自信的国家、一个几乎不受任何限制地在全球范围内推行美国霸权和美国价值观的国家。"新政"事业最终被证明是一项令人振奋的伟大胜利。它作为一笔永恒的政治遗产，重塑了后来政治战略、政治决策，甚至是政治冲突的环境条件。这充分表明，经历过艰难挣扎和危险恐惧考验的民主政治能够解决一个时代所面临的重大问题。[23]

匈牙利流亡学者卡尔·博兰尼（Karl Polanyi）在写于 1944 年的一部反映 20 世纪中叶历史的伟大著作中注意到，"自由民主本身可能存在问题"，并补充说，问题不仅在于它能否继续推行下去，而且在于"自由的涵义本身受到了质疑"。经过 20 年的艰苦实践，"新政"对上述两个问题给出了明确答案。博兰尼在结束其关于时代危机根源的论述时指出，随着"全球政治和经济制度的同时解体"，自由放任的经济制度和议会民主政治已经不足为信了，只有"法西斯主义、社会主义和'新政'"被保留了下来。值得注意的是，博兰尼没有将"自由民主"列为第三种选择，因为在当时只有"新政"这种民主复兴模式赢得了较高的合法地位，并受到民众的广泛支持和拥护。[24]

获得这一合法地位后，罗斯福和杜鲁门的"新政"——更确切地说，是经国会立法程序写入法律的各项"新政"举措——对"宪政民主来说，已经过时、已经失去生存能力，这种政治形式将葬送于它本身存在的党派纷争和决策无力"这一当时普遍流行的主张给予了有力回击。这让吉尔伯特·默雷（Gilbert Murray）等为宪政民主的命运感到焦虑的支持者感到欣慰。牛津大学希腊学钦定讲座教授的吉尔伯特·默雷曾在 1938 年撰文，表示了自己的担心，"整个世界似乎已经走上了反自由的道路，自由思想和情感恐怕很难生存下去"。[25]"新政"体现出非凡的胆识和远见，它成功实现了政府权力模式的持久转型，最终使美国走上了新型民族国家的发展道路。[26]美国在保持《宪法》不发生改变的情况下，创建了与富兰克林·罗斯福首次宣誓就任总统时面貌截然不同的"美利坚第二共和国"。[27]其制度模式一直持续到今天。在这一过程中，新生的共和国在不断诠释着自由的涵义和特征。

自乔治·华盛顿宣誓就任美国总统以来，美国的民主道路一直在沿着宪政主义原则向前迈进——这样一种公民权利结构可以防止统治者限制公民自由；保护公民人身财产免受搜查和扣押；依法对政府行为进行约束；通过民主选举的形式决定不同管理岗位的各级管理人员。为了巩固这一制度框架，"新政"并非简单地对原有政策进行调整。更重要的是，其经济管理和保证美国全球霸权的措施改变了美国民族国家的特征。为了实现这一目标，它将不同政治集团及其利益竞争置于所创建的制度程序的中心位置，并长期坚持将军事武装与外交实力视为保障民主国家战略优势的重要工具。"新政"采取的新形式成功地对国家政策进行了重新定位——企图维护种族制度的南方代表所支持构建的议会联盟发挥了重要作用——它不但拯救了美国民主，而且促使它发生了重大变革。

"新政"摒弃了建立强权国家的激进主义理想：追求广受民众支持的公共利益，并将其视为民主健全的标志。它所创建的国内政治形式允许政治集团之间相互施压、相互竞争。最终的结果是，人们对于政治及其运行规律的理解更具有灵活性和多样性。社会的稳定不是依赖于某种单一的公共利益思想，而是依赖于这样一个事实：公民个体之间有可能存在多种相互重叠的组织身份或事业追求。这样就不容易产生某种单一的错误路线引发公民之间相互对立的情形。在这样一种政治视野中，关键的既不是各行各业的资本家和工人群体，也不是某个人的单独行动,而是众多的利益群体如何在健全的游戏规则框架内展开公平竞争。国家的任务就是维护这些规则框架及对其发挥支撑作用的行为惯例。这样就形成了开放、民主的博弈局面。

在独裁政治中,盲目的狂热思想促使人们相信,势力强大的先锋党团掌握着国家的美好前程;国家高于一切,真理只有一个;公民权利、法制国家、民主政治以及政治程序的开放透明均一钱不值。在美国的程序性民主政治中,国家意识真正融入了按照中立原则正式制定的一系列制度程序之中。由于国家本身不存在利益关切,这样的竞争机制可以被认为是公正的、不偏袒任何一方的。这样,任何特定的政策都可以体现合法的公众利益,因为它产生于公正合理的政治运作程序。公共利益只有在按照规则展开的博弈中才能寻找到,而不是在博弈开始前就已经公开或已经由行政命令决定。而且,公共利益的一切成果都是暂时的。随着博弈继续,结果也会发生变化。人们无法预知最终的结果是什么情形。

在20世纪30年代早期和中期,国家复兴管理局曾选择商业、劳工组织和农业作为竞争、协商与合作的基本单位。到20世纪40年代后期,由于共和党和南方民主党联手控制国会立法过程,国会所通过的法律对劳工组织在全国各地的活动范围进行了严格限制。上述政治经济制度形式也失去了存在的可能性。取而代之的是,艾森豪威尔在继承程序性国家制度遗产的基础上,鼓励成千上万有组织的政治游说团体参与竞争,相互施加压力,而不是只允许农民、工人和资本家及相关人员参与上述竞争活动。这种施展政治影响力的制度架构,通过强化国会的听证制度,为上述人员提供了直接参与立法过程的机会。"听证会很快成为对某种议题感兴趣的组织团体发表主张的论坛……他们可以通过听证会扩大自己的影响力,公开表达来自社会各方面的意愿和诉求。"[28] 通过听证、辩论等形式,政治压力集团的影响力不断上升。今天还在指责和抱怨华盛顿游说团体的压倒性优势,或利益组织与政治献金造成美国政治不均衡的人,应当重温一下美国20世纪30

年代和40年代的历史，从而对压力政治的起源有所了解。

这种政治观点强调，程序政治并非像20世纪早期和"新政"时期的一些政治家设想的那样，要求"基层和车间完全实行去中心化和民主化"，而是像历史学家丹尼尔·罗杰斯（Daniel Rodgers）正确指出的，"'新政'的现实主义者们……承认基本社会利益的正当性；问题在于政府支持的'对立组织'在谋取利益时，忽视了绝大多数农业劳动者、黑人佃农和最贫困人口的利益。'新政'政治家们逐渐认识到，他们的根本任务就是保持国家均衡发展，防止发生疏漏与失衡现象"。[29]

基于共同目标的社会整体以及与之相应的公共利益观念消失不见了。人们不再谋求达成一致的政府工作目标。这样一种制度政策取向通过设置各种障碍来防止统治者野心膨胀，并对多数派有可能实施的暴政加以限制，来为民主政治服务。由于政府本身没有自己追求的目标，滥用权力的可能性就大大降低。因此，这种程序政治促进了民主制度的健康发展。在现有的经典研究中，20世纪早期至中期的著名学者们曾撰文称赞政治家罗伯特·达尔（Robert Dahl）所称的"美国大熔炉"。这样一种民主政体以个体和自治组织的多元并存为基础，符合戴维·杜鲁门的政治主张。杜鲁门反对追求国家或公共利益，"因为这样一种利益根本不存在"。[30]

但这种民主政治引发了三个深层次的问题，其影响一直持续至今。第一，政治的影响范围被局限于狭隘的利益集团之间，而且这些利益集团有可能出现严重的两极分化现象。人们的公民意识严重降低，政治组织丧失了公共目标和准则。曲曲小事就有可能引发严重冲突，导致政治僵局或少数人的强权统治。

第二，公认的中立原则偏袒掌握更多资源的利益集团。[31]开放性规则有可能导致外部利益集团集中一切目标和手段，攫取关键政策、机构、国会委员会乃至政治党团的控制权。没有实质性追求目标的政权反而为特殊利益集团控制政府的关键部门和环节创造了条件。[32]尽管政府讲究程序的一面，并没有正式承认某些私有利益集团的最高特权地位，但它实际上大大缩小了劳动阶层的活动范围，从而助长了资本主义企业的特权，强化了重商思想。就大萧条严重破坏了商业信誉，使资本主义市场经济受到强烈质疑而言，这算是一大成就，甚至是一大奇迹。[33] 随着政府对劳工组织限制的加强，特别是20世纪50年代中期以后工会会员的急剧下降，政治制度已经无法促进经济实力的增长。政府时常采取措施，抑制货币流通、经济组织发展及市场准入限制之间的失衡。但除非政府采取强大的抑制措施，否则，发展失衡将继续加剧，贫穷问题仍将被忽视，公民权利平等仍将得不到保障。[34]

第三，由于"国家利益……被压力集团瓜分"，公共价值被私有目标和权力吞没，程序政治导致公共权力和公信力不断遭遇危机。[35] 当一项被宣称是公正的制度，仅从定义上看，就存在严重不公正时，人们难免就会产生幻灭感和愤世嫉俗的心理。最终的结果是，由于认识到公认的中立原则受到操纵而内心极度愤怒，人们要么几乎不再参与政治活动，要么偶尔参与一下，想来就来，想走就走。一旦"新政"对于资本主义经济实施管理的果敢计划最终结束，全国性劳工运动的发展走向衰微，恐惧不安的南方国会代表付出各种努力所取得的成效以及美国民主的长远发展均受到更加严格的限制。而且，人们可以采取行动的空间被大大压缩。他们不得不重新回到保守的商业资本主义，或者对"新政"制定的财政政策采取自由主义立场的防护措施。

如果说美国当时的国内政治政策是客观公正的，华盛顿在其他方面的表现却迥然不同。它打着维护国家利益的旗号掀起了各种斗争高潮——国家利益本身就是权力考量与自由民主理想相结合的产物——其激烈的国家安全运动丝毫没有回避任何"残酷""狡诈"和"失信"行为。这三个尖刻的词语是著名的现实主义国际关系理论学家汉斯·摩根索于1952年12月使用过的。摩根索指出，当国家利益在全世界"持续冲突与战争威胁"中面临重大危险时，包括美国在内的所有国家都必须迅速采取行动，做出回应。他坚持指出，对美国而言，这类政策取向和行动举措是合理合法的。当美国的安全和自由受到威胁时，摩根索写道,"任何保卫自由的事业都是公正合理的"。[36]

当美国丢掉幻想,对全球事务进行客观冷静的判断时,国家实力与价值观相结合的政策,主导了战后美国的外交、军事和秘密活动。1952年11月4日,艾森豪威尔在总统大选中获得压倒性胜利。一个星期后,艾森豪威尔将军向全国民众发表讲话。《纽约时报》以"艾森豪威尔赞扬保卫自由运动"为题进行了报道。作为候任总统,他呼吁公众支持"保卫自由运动",即"自由欧洲广播电台和自由亚洲广播电台将自由的信息传递给铁幕之后的所有国家"。艾森豪威尔赞同美国掀起一场更加广泛的意识形态战争,以维护自由的完整和不可分割。而且,他认为这一观念适用于"任何国家,不论它多么强大,都应参与这场战争"。[37]艾森豪威尔的主张引起了阿德莱·史蒂文森的注意。这表明,美国的这一政策取向跨越党派界限,得到了各方的支持。

美国政治的这种新取向表明,它有能力推动全球自由民主事业的发展。但在这一过程中,其国内政策却常常践踏公民自由,推行独裁统治,有时甚至采取镇压和暗杀手段。不过,美国的国内政治还没有发展到政府完全取代国会,依靠参众两院的共同授权来推行各种政策,让人们感到反对美国军事扩张的政策就等同于非美活动分子的地步。它采取的手段是,弘扬军事美德,鼓励民众参军;颠覆外国政权,甚至对外国的合法民主政权开展颠覆破坏活动;在世界各地建立几百个军事基地。其中许多关键决策都是由少数组织成员秘密制定的。1956年,社会学家C. 怀特·密尔斯出版富有争议的著作《权力精英》时,他选择引用的每一项这类决策都涉及暴力和军事武装问题。[38]

尽管罗伯特·达尔对密尔斯关于美国程序政治的解读提出批评,但他本人也表示,在国际、军事等重要领域,尤其是原子能政策方面,"民主政治程序没有得到实施"。他认为,在这些领域,决策制定的显明特征是"极个别"的政治精英实施秘密决策。他告诫说,这些决策特征使公众参与管理的机会大大减少,成为"美国民主政治运行过程中的一大痼疾"。达尔总结道:"原子能问题似乎日益成为了一种特殊情形。传统的民主政治程序无法适用于这一情形,传统的民主政治理论也无法给出合理的解决办法。"[39]

这样一种"隔离政治"也经常被用于国内安全保卫方面,而且保卫部门通常被授予高度的自治权力,使得整个社会面貌发生了深刻变化。它对涉嫌支持外部敌人者实施严密监视,并要求美国公民对国家有强烈的责任感,要完全忠于国家,自觉维护团结大局。这种强迫政治鼓励和提倡1940年费利克斯·法兰克福(Felix Frankfurter)法官所宣布的团结凝聚精神。当时,最高法院审判人员以8∶1的表决结果,通过了"迈纳斯维尔学区诉戈比蒂斯案"(Minersville School District v. Gobitis)的判决结论。判决宣布,公立学校可以强迫耶和华见证会会员向美国国旗致敬,并诵读誓词。尽管这一教派的信徒视这种行为是偶像崇拜,但判决仍然要求他们这样做。三年后,这一判决被撤销,但在当事人第一次行使上诉权利,要求改判时,被法兰克福法官严厉拒绝。他宣称人们正在日益达成共识,即"国家的团结是国家安全的基础"。[40]这种政治状态与1941年令政治家哈罗德·拉斯韦尔[41]深感恐惧的全面戒备状态还不是一回事,前者在一定程度上受宪法和国会的制约。同时,它还要顾及国际公民权利运动的影响。[42]但其目标、范围和对当事人的处置力度至今仍然让人感到惊讶。[43]

在这种情况下,国家安全压倒了个人自由。1950年,对自由民权运动持友好态度的拉斯韦尔撰写的形势评价报告开篇就指出,"核心问题是……在国防危机不断加剧的情况下,如何恰当地保持国家安全与个人自由之间的平衡"。[44]不断加剧的危机使得人们内心长期处于恐惧状态,尤其是对核战争的恐惧使政府无法像拉斯韦尔那样对政治形势进行理性分析和评估,而只能诉诸于疯狂的政治迫害,并极力谋求统一的政治约束,对公民的政治忠诚给予质疑,对公民的个人隐私提出怀疑,对持不同政见者加以限制,对国内安全高度关注。当面临不共戴天的敌人威胁时,美国不得不在执行宪法保障条款时,做出一些妥协,将作为程序政治主要特征的民主制度排除在国家实力保障和全球霸权等问题之外。在这种情况下,观点冲突、多样性、言论公开、代表制度常常沦为热情捍卫自由民主、奉忠诚为最高价值理念、全力搜寻反叛人员的牺牲品。[45] 国家安全部门持续保持紧急戒备状态的思想使得他们常常忽视保护公民民主权利的职责,形成一种随时对公民进行围堵监视的不良惯例。[46] 在这种形势下,公民社会逐渐被破坏殆尽。其中一个非常著名的例子是,物理科学被视为保卫国家安全的工具,物理学研究不断得到军方的大力支持,但疯狂的政治压力却使物理学家遭受了严密的政治诚信与义务履行状况的跟踪调查。[47]

在 20 世纪 50 年代早期,罗伯特·奥本海默遭受的政治迫害说明,即使是美国国家安全最重要的策划人员也有可能成为政治怀疑和调查行为的牺牲品。早在担任"曼哈顿计划"的领导人之前,奥本海默就曾被"新政"左翼的各种人民阵线组织所吸引。他本人从来没有加入过共产党组织,但他的弟弟加入过共产党,其妻也在结婚前加入过共产党。1941 年,前共产党员希尔维亚·克劳奇(Sylvia Crouch)指控奥本海默在家中主持共产党秘密会议。奥本海默凭借非常令人信服的证据给予了有力反驳——当时他正在新墨西哥而根本不在家里。当时的众议院非美活动调查委员会主席理查德·尼克松对奥本海默表示了信任。尼克松指出,他"完全相信"奥本海默对国家的忠诚。"我相信奥本海默博士过去一直是、现在仍然是忠于国家的,而且美国人民将永远感谢他对美国原子能研究付出的辛勤劳动和做出的卓越贡献。"[48] 1943 年,有人企图指控奥本海默向苏联科学机构提供秘密情报,但他本人给予了否认,并向上级作了汇报。[49]

但最终证据表明,联邦调查局早在奥本海默赴洛斯阿拉莫斯之前,就已开始对其进行跟踪调查。自担任原子弹研究工作的领导职务起,奥本海默的电话就被窃听,邮件被跟踪。战争结束后,联邦调查局对奥本海默的监视跟踪行动并没有停止,而是针对其战前的社会交往,安装了更多的窃听装置。1947 年的密集跟踪监视一无所获,奥本海默被宣布没有背叛国家。1948 年,他曾公开回顾过去的左翼倾向,"结交过许多共产党朋友"。奥本海默写道，这是因为他当时对大萧条深感忧虑，而且特别憎恨纳粹德国。20世纪20年代中期，在哥廷根从事研究生论文写作时，奥本海默就对德国非常熟悉了。[50]

过去这种"不清白"的经历以及一贯反对研制氢弹的立场，使奥本海默招致了新一轮的调查。英国和美国先后抓获苏联原子弹间谍后，奥本海默的通敌嫌疑就更大了。原子能联合委员会执行主任威廉·波特（William Borden）针对奥本海默开展的颠覆和背叛国家行为调查取证工作造成的影响最大。波特坚持认为，奥本海默在战前曾为共产党服务；曾与苏联间谍人员接触；战后对原子能研究计划的支持力度明显下降；而且反对研究新型核武器——这都是根据一些漏洞百出的信息或凭空想象臆断出来的所谓罪过；或者说，这至多是模棱两可的所谓证据。根据这样的调查证据，波特于1953年11月7日写信向J. 埃德加·胡佛报告说："根据多年的调查和已经掌握的各类证据，经慎重思考后，我给出的建议是，奥本海默非常可能是苏联间谍。"[51]对残酷的政治斗争反应敏锐的胡佛紧接着就对白宫发出警告，并亲自展开调查。尽管意识到波特的许多指控属于"歪曲事实"，胡佛最终还是认定奥本海默"是一个严重危险分子"。[52]这一结论使白宫面临一个很大的政治麻烦：其内部或许存在严重的国家安全问题。参议员约瑟夫·麦卡锡把美国引向了一条扭曲的毁灭之路。最终，新上任的艾森豪威尔政府决定谨慎行事。1953年12月初，艾森豪威尔总统命令对奥本海默进行政治审查。

奥本海默要求原子能委员会针对他的问题举行公开听证会。听证会由刘易斯·斯特劳斯主持。作为氢弹研究的强烈支持者，斯特劳斯出于政策和政治原因，企图排斥奥本海默，听证会因此几乎变成了刑事审判大会，却又没有对当事人的权利给予合法保护。联邦调查局对奥本海默与律师之间的谈话进行了严密监视，并提前向斯特劳斯透露了其辩护意见。1954年3月27日，听证委员会竟以2：1的投票结果，裁决这位著名科学家为国家安全危险分子，主要原因是他反对氢弹研究计划。同时，裁决禁止奥本海默接触各类科研情报信息。虽然听证过程没有发现奥本海默有背叛国家的行为，但也没有证据证明他对国家是忠诚的。具有讽刺意味的是，三位听证法官中，唯有沃德·伊万斯（Ward Evans）对奥本海默提出了反犹太性质的指责："犹太科学家通常都是有罪的，"但伊万斯却在裁决投票时选择了支持奥本海默。[53] 随后奥本海默提出上诉。听证裁决审查委员会宣布，"使奥本海默通过政治审查，没有证据证明这样做明显符合美国的国家安全利益，因而审查委员会将不受理这一上诉"。[54]

另一件值得注意的事情是，前纳粹科学家沃纳·冯·布劳恩（Wernher von Braun）很快被安排参与美国导弹的研究工作。作为著名物理学家和工程师，布劳恩曾为纳粹德国研制 V-1 巡航导弹，以及更具杀伤力的 V-2 弹道导弹，而且他曾强迫米特堡－朵拉集中营的战俘从事奴役性劳动。然而，美国决定不再对其战争期间的罪行进行追究，布劳恩一跃成为美国火箭研究最杰出的领导者，同时成为总部位于阿拉巴马州亨茨维尔市的早期太空研究计划的领导者。当奥本海默被异乎寻常地逐出美国原子能研究计划时，布劳恩美国公民身份的五年期限也到期了。[55]

三

像当年为古代罗马人守护十字路口、庭院大门和门庭过道的双面门神雅努斯一样，美国后"新政"时代的政治两面性既肩负起了保护自由民主的重任，又有力反击了当时的全球暴政。程序政治的特征使政治角逐呈现出松散、凌乱，缺乏统一管理的景象。这与独裁政治禁止不同言论、"只允许国家利益存在"的恐怖性统治形成鲜明对照。[56] 在国际舞台上，程序政治与反自由的独裁政治展开了积极对抗。

美国作为一个新型民主国家不可避免地将民主与独裁两个特征结合起来，两者互为依存，形成了既具有实践意义，又具有象征意义的完美制度组合。这一点直至今天仍然是对美国制度最好的诠释。程序政治模式下的自由与强有力的安全防御和促进措施紧密相连。没有安全保障，国家就没有时间和精力，按照民主制度和程序，自由地保护宪法的履行，解决国家面临的急迫问题。反过来讲，没有代议制保障良好的民主秩序，美国就无法打消来自世界各国的疑虑，赢得全球信赖。美国取得的历史成就充分体现了这一政治两面性的最终成效，这实际上也是对其政治制度两面性的有力印证——一方面，它是公开的，面向大众的；另一方面，它又是保密的，远离民主监督的。作为自由民主运动的倡导者，美国战胜或抑制了国际上试图颠覆自由民主的势力。作为一个奉行程序政治的政权，它大力推进法制工作，努力平衡社会各方面的利益，使复杂的社会群体相互包容，通过民主立法程序和公正的执法过程保障绝大多数美国公民的利益。美国双面性政治的特点是，它既吸纳了民主政治的优点，又带有反民主性质的弊端。这一特点构成了美国社会的显著标志，这也是南方民主党支持下的"新政"留给美国人的一笔政治遗产。

在"新政"的整个实施过程中，美国政府为了换取政策的顺利推行，在追求道德伦理价值方面做出了大量牺牲和让步。这样的牺牲和让步，不同于日常商务活动中的讨价还价，即交易双方共同退让，以免制造相互间的紧张冲突，有利于继续开展交易磋商，或实现其他目标追求。民主政治生活离不开这种相互妥协，但正如伊塔洛·巴尔博、爱奥拉·尼基琴科、西奥多·比尔博的事迹所呈现的，"新政"做出的关键性牺牲与妥协完全是另一回事，它是为了最大限度地减少"新政"立法过程中遭遇的阻力而做出的选择。[57]

事实上，针对不同的情况，"新政"的妥协性选择也不完全一样。虽然人们普遍认为意大利法西斯独裁远胜于纳粹德国，但罗斯福政府当年选择与意大利发展对外关系时还是相对克制的，其主要目的是想学习意大利值得西方民主借鉴的制度模式，而且，当墨索里尼决定完全与希特勒为伍，推行反犹太政策时，美国断然中止了与意大利的关系。第二次世界大战期间，美国与苏联的同盟关系则更为复杂。

"新政"国内政策最大的妥协在于，对南方白人至上种族主义制度的容忍与退让——玛格利特称之为"腐败的妥协退让"，并认为"这种妥协是要与南方达成一致，确立或维持惨无人道、野蛮可耻的种族制度"。[58] 这一妥协等于承认了这种规模最大的人类苦难的合法性。有了这样的妥协，人们就可以无视冷酷和野蛮的种族残害行为的发生，黑人公民的权益仍将被任意践踏。但达成这样的妥协可以换取"新政"的顺利推行。只有通过这种浮士德式的牺牲精神，做出重大妥协，"新政"各项政策才能占据国会立法舞台的中心。在美国，离开国会，什么法案也无法推行。所以只有与南方达成妥协，"新政"的各项政策才能通过民主合法的形式，富有成效地解决当时美国面临的种种危机。具有讽刺意味的是，通过这种痛苦的妥协，"新政"克服了种种不利因素，成功地捍卫了民主制度。从更长远的眼光来看，今天我们已经知道，在南方民主党派别支持下形成的美国现代立法制度是以牺牲黑人的未来为代价的。"新政"——以产业工会联合会和福利国家制度为标志的"新政"——开始于社会结构的局部变革，后来发展成为全社会的广泛变革。那时，它遭遇到了黑人权利运动的冲击。虽然黑人权利运动最初规模并不大，但其壮大的速度却很快。

因此，"新政"所造就的美国社会既未阻止种族制度的剧烈变革，也没有导致南方白人党派格局的根本调整，它既捍卫了美国的民主制度，也严重践踏了公民权利。可以说，"新政"在确立美国生活边界和轮廓的过程中，不仅定义了我们所处时代的起源，而且也塑造了现代制度惯例和行为习俗的基本面貌。但是面对被恐惧笼罩的、伤痕累累的当今世界，人们仍然需要对现代制度进行慎重的思考和选择。

注释

1. *Christian Science Monitor*, December 6, 1952.
2. *New York Times*, November 17, 1952.
3. 同上。
4. *Los Angeles Times*, December 6, 1952.
5. 同上；*New York Times*, December 6, 1952.
6. Robert Patrick McCray, "Project Vista, Caltech, and the Dilemmas of Lee DuBridge," *Historical Studies in the Physical and Biological Sciences* 34 (2004): 339; *New York Times*, December 5, 1951; *Washington Post*, December 8, 1951.
7. Manchester Guardian, December 21, 1953; Kai Bird and Martin J. Sherwin, *American Prometheus: The Triumph and Tragedy of J. Robert Oppenheimer* (New York: Alfred A. Knopf, 2005), pp. 474–76; http://downloads.bbc.co.uk/rmhttp/radio4/transcripts/1953_reith6.pdf.
8. Roger Dingman, "Atomic Diplomacy during the Korean War," *International Security* 13 (1988/1989): 50–91; 1 月 25 日国家安全委员会会议的相关讨论见第 69 页。
9. 见 http://www.bartleby.com/124/pres13.html.
10. Alan Brinkley, *Voices of Protest: Huey Long, Father Coughlin, and the Great Depression* (New York: Alfred A. Knopf, 1982). 另见 Sander Diamond, *The Nazi Movement in the United States, 1924–1941* (New York: Disc-Us Books, 1974); Francis Macdonnel, *Insidious Foes: The Axis Fifth Column and the American Home Front* (New York: Oxford University Press, 1995), Philip Jenkins, *Hoods and Shirts: The Extreme Right in Pennsylvania, 1925–1950* (Chapel Hill: University of North Carolina Press, 1997).
11. *New York Times*, November 2, 1952; *Washington Post*, November 22, 1952; *New York Times*, November 28, 1952, December 4, 1952; *Chicago Daily Tribune*, December 14, 1952; *New York Times*, January 13, 1953, January 18, 1953, January 19, 1953.
12. *New York Times*, January 21, 1953.
13. 见 http://www.bartleby.com/124/pres54.html.
14. Guy Oakes, *The Imaginary War: Civil Defense and American Cold War Culture* (New York: Oxford University Press, 1944); Andrew D. Grossman, *Neither Dead nor Red: Civil Defense and American Political Development during the Early Cold War* (New York: Routledge, 2001).
15. *Wall Street Journal*, January 21, 1953.
16. 两篇社论引自《洛杉矶时报》的评论 "How Nation's Press Viewed Ike Address," January 21, 1953
17. 见 http://avalon.law.yale.edu/20th_century/eisenhower001.asp.
18. Martin Conway, "Democracy in Postwar Western Europe: The Triumph of a Political Model," *European History Quarterly* 32 (2002): 59–84.
19. Arthur Schlesinger Jr., *The Vital Center: The Politics of Freedom* (Boston: Houghton

Mifflin, 1949), p. 1.

20. *Washington Post*, January 21, 1953. 约翰逊首次当选为参议员时，于 1949 年 3 月 9 日发表了上任后的第一次演讲。他反复强调"我们南方"这一词语。演讲持续一个多小时，成为南方阻挠和反对杜鲁门总统公民权利计划的主要诱因。15 年后，约翰逊总统成为种族政策改革的宣传倡导者和实际实施者。由于一些来自边远地区各州的议员不断脱离党派，南方民主党才无法阻止国会通过 1964 年的《公民权利法案》和 1965 年的《投票权法案》等法律。在随后的十年中，南方背离了对党派路线的忠诚。在 20 世纪 90 年代中期，曾经难以想象的事情发生了：多数南方议员开始投票支持共和党；绝大多数南方参众两院议席为共和党占据；民主党在南方的核心选区变成了非裔美国人的生活区域。当民主党南方派别在国会的影响力走向衰落时，共和党被推上了领导地位。

21. Alexis de Tocqueville, *The Old Regime and the French Revolution* (1856; 重印，Chicago: University of Chicago Press, 1998), p. 95.

22. David B. Truman, *The Governmental Process: Political Interest and Public Opinion*, 2d ed. (New York: Alfred A. Knopf, 1971), p.xlvii.

23. "我所说的'环境条件'指特定背景条件下影响内部因果关系的一系列相对持久的特征。"见 J. David Greenstone, *The Lincoln Persuasion: Remaking American Liberalism* (Princeton, NJ: Princeton University Press, 1993), p. 42.

24. Karl Polanyi, *The Great Transformation: The Political and Economic Origins of Our Time* (Boston: Rinehart, 1944), pp. 257, 244（原文斜体部分）.

25. Gilbert Murray, *Liberality and Civilization: Lectures Given at the Invitation of the Hibbert Trustees in the Universities of Bristol, Glasgow, and Birmingham in October and November 1937* (London: George Allen and Unwin, 1938), p. 57.

26. Bruce Ackerman, *We the People*, vol. 1, *Foundations* (Cambridge: Harvard University Press, 1991); Bruce Ackerman, *We the People*, vol. 2, *Transformations* (Cambridge: Harvard University Press, 1998). 相反的观点则尽可能淡化"新政"在促进宪政革命中所发挥的重要作用，见 G. Edward White, *The Constitution and the New Deal* (Cambridge: Harvard University Press, 2000), p. 311. 早期时候，阿克曼曾强调"新政"干预市场经济的质量与程度大小对法制原则造成的严峻挑战。见 Ackerman, *Reconstructing American Law* (Cambridge: Harvard University Press, 1984), 特别是 pp. 6–11. Karen Orren and Stephen Skowronek, *The Search for American Political Development* (Cambridge: Cambridge University Press, 2004) 重点论述了行政权力的集中问题。

27. 这是 Theodore J. Lowi, *The End of Liberalism: The Second Republic of the United States* (New York: W. W. Norton and Company. 1979) 第二版副标题所表明的立场。第一版 (1969) 的副标题是 *Ideology, Policy, and the Crisis of Public Authority*. 罗维经常将"新政"描述为革命。见 Theodore J. Lowi, "The Roosevelt Administration and the American State," in *Comparative Theory and Political Experience: Mario Einaudi and the Liberal Tradition*, ed. Peter Katzenstein, Theodore J. Lowi, and Sidney Tarrow (Ithaca, NY: Cornell University Press, 1990).

28. Daniel T. Rodgers, *Contested Truths: Keywords in American Politics Since Independence*

(New York: Basic Books, 1987), p. 201. 围绕这一主题的研究同样试图弄清"新政"对利益集团的定位与以往的不同之处。见 David E. Hamilton, *From New Day to New Deal: American Farm Policy from Hoover to Roosevelt* (Chapel Hill: University of North Carolina Press, 1991).

29. 同上, p. 207.
30. Robert A. Dahl, *A Preface to Democratic Theory* (Chicago: University of Chicago Press, 1956), pp. 124–51; Truman, *The Governmental Process*, pp. 50–51.
31. E. E. Schattschneider, *The Semi-Sovereign People: A Realist's View of Democracy in America* (New York: Holt, Rinehart and Winston, 1960), p. 30.
32. Donald Brand, "Three Generations of Pluralism: Continuity and Change," *Political Science Reviewer 15* (1985): 109–41 对这一主题进行了详细总结。
33. J. David Greenstone, *Labor in American Politics* (New York: Alfred A. Knopf, 1969); Fred Block, "The Ruling Class Does Not Rule: Notes on the Marxist Theory of the State," *Socialist Revolution*, 7, no. 33 (1977): 6–28. 有关"新政"之前华盛顿利益集团代表构成的实证性描述，见 E. Pendleton Herring, *Group Representation before Congress* (Baltimore: Johns Hopkins University Press, 1929).
34. 相关的比较论述，见 Alfred Stepan and Juan J. Linz, "Comparative Perspectives on Inequality and the Quality of Democracy in the United States," *Perspective on Politics* 9 (2011): 841–56.
35. Theodore J. Lowi, *The End of Liberalism: Ideology, Policy, and the Crisis of Public Authority* (New York: W. W. Norton, 1969), p. 76. 另见 J. David Greenstone, ed., *Public Values and Private Power in American Democracy* (Chicago: University of Chicago Press, 1982), 及其撰文评论过的著作 Grant McConnell, *Private Power and American Democracy* (New York: Alfred A. Knopf, 1966).
36. Hans J. Morgenthau, "Another 'Great Debate': The National Interest of the United States," *American Political Science Review* 46 (1952): 970–71, 978, 987; 另见 Hans J. Morgenthau, *In Defense of the National Interest: A Critical Examination of American Foreign Policy* (New York: Alfred A. Knopf, 1951).
37. *New York Times*, November 12, 1952.
38. C. Wright Mills, *The Power Elite* (New York: Oxford University Press, 1956). 观点犀利的批评家丹尼尔·贝尔对米尔斯著作中关于暴力行为的决策定位进行了考察论述。见 Daniel Bell, *The End of Ideology: On the Exhaustion of Political Ideas in the Fifties* (New York: Collier Books, 1961), p. 54.
39. Robert A. Dahl, "Atomic Energy and the Democratic Process," *Annals of the American Academy of Political and Social Science* 290 (1953): 1–2, 6 (原文斜体部分).
40. 唯一持不同意见的是哈伦·斯通（Harlan Stone）法官。这一决定在1944年"西弗吉尼亚州教育委员会诉巴内特"(*West Virginia State Board of Education v. Barnette*) 一案的裁决中被推翻。
41. Harold D. Lasswell, "The Garrison State," *American Journal of Sociology* 20 (1941).
42. Tony Smith, *America's Mission: The United States and the Worldwide Struggle for*

Democracy in the Twentieth Century (Princeton, NJ: Princeton University Press, 1994); Michael S. Sherry, *In the Shadow of War: The United States since the 1930s* (New Haven: Yale University Press, 1995); Michael J. Hogan, *A Cross of Iron: Harry S. Truman and the Origins of the National Security State, 1945–1954* (New York: Cambridge University Press, 1998); Aaron L. Freedberg, *In the Shadow of the Garrison State: America's Anti-Statism and Its Cold War Grand Strategy* (Princeton, NJ: Princeton University Press, 2000); Elizabeth Borgwardt, *A New Deal for the World: America's Vision for Human Rights* (Cambridge: Harvard University Press, 2005); Robert David Johnson, *Congress and the Cold War* (New York: Cambridge University Press, 2006).

43. 巴塞洛缪·H. 斯帕罗对于现代美国"作为'安全国家'"的"唯一、鲜明的事实"进行了评价和论述，见 Bartholomew H. Sparrow, "American Political Development, State-Building, and the 'Security State': Revisiting a Research Agenda," *Polity* 40 (2008): 358.

44. Harold D. Lasswell, *National Security and Individual Freedom* (New York: McGraw-Hill, 1950), p. 1.

45. 精辟的实证性论述，见 Michael Paul Rogin, *The Intellectuals and McCarthy: The Radical Specter* (Cambridge: MIT Press, 1967); David Oshinsky, *A Conspiracy So Immense: The World of Joe McCarthy* (New York: Free Press, 1983); Ellen Schrecker, *Many Are the Crimes: McCarthyism in America* (Princeton, NJ: Princeton University Press, 1998). 深刻的理论研究，见 Morton Grodzins, *The Loyal and the Disloyal* (Chicago: University of Chicago Press, 1956); Edward A. Shils, *Torment of Secrecy: The Background and Consequences of American Security Policies* (Glencoe, IL: Free Press, 1956). Daniel Patrick Moynihan, *Secrecy: The American Experience* (New Haven: Yale University Press, 1998) 的论述尤其耐人寻味。

46. 一项比较大胆的研究，见 Garry Wills, *Bomb Power: The Modern Presidency and the National Security State* (New York: Penguin, 2010).

47. Theodore J. Lowi, *Poliscide: Big Government, Big Science, Lilliputian Politics* (Lanham, MD: University Press of America, 1990); David M. Hart, *Forged Consensus: Science, Technology, and Economic Policy in the United States, 1921–1953* (Princeton, NJ: Princeton University Press, 1998).

48. *Los Angeles Times*, May 11, 1950.

49. Barton T. Bernstein, "The Oppenheimer Loyalty-Security Case Reconsidered," *Stanford Law Review* 42 (1990): 1383–1484 对此进行了全面的论述。

50. "The Eternal Apprentice," *Time*, November 8, 1948, p. 76.

51. 见 http://en.wikisource.org/wiki/Letter_from_William_L._Borden_to_J._Edgar_Hoover,November_7,_1953.

52. Bernstein, "The Oppenheimer Loyalty-Security Case Reconsidered," p. 1440.

53. 除了 Bernstein, "The Oppenheimer Loyalty-Security Case Reconsidered,"见 Robert Erwin, "Oppenheimer Investigated," *Wilson Quarterly* 18 (1994): 34–45; Charles Thorpe and Steven Shapin, "Who Was J. Robert Oppenheimer? Charisma and Complex

Organization," *Social Studies of Science* 30 (2000): 545–90.
54. 引自 Erwin, "Oppenheimer Investigated," p. 43.
55. 见 Michael J. Neufield, *Von Braun: Dreamer of Space, Engineer of War* (New York: Alfred A. Knopf, 2007); Wayne Biddle, *Dark Side of the Moon: Wernher Von Braun, the Third Reich, and the Space Race* (New York: W. W. Norton, 2009).
56. Rodgers, *Contested Truths*, p. 209.
57. 当社会集中全力应对更大的灾祸时，次要灾祸往往会乘虚而入。相关讨论见 Michael Ignatieff, *The Lesser Evil: Political Ethics in an Age of Terror* (Princeton, NJ: Princeton University Press, 2004).
58. Avishai Margalit, *On Compromise and Rotten Compromises* (Princeton, NJ: Princeton University Press, 2010), p. 2.

致　谢

　　如果没有下列两位的影响和启发，我将不可能完成本书的写作。第一位是我的外祖母福雷玛·罗森鲍姆。她是我最初对政治产生记忆的起源。那是1952年总统选举前不久的一个星期日，我们全家前往拜访位于曼哈顿北部华盛顿高地寓所的外祖母，当时我只有八岁。由于年龄太小，我无法完全理解为什么爸爸妈妈在得知外祖母不准备参加大选投票时，表现得如此震惊。我知道爸爸妈妈非常崇拜阿德莱·史蒂文森。"啪"的一声，外祖母将一份意第绪语的《前进日报》甩在餐桌上，嘴里说道："自罗斯福以来，再也没有比得上他的总统人选了。"

　　从那以后，外祖母这句历史性断言似乎一直停留在我的脑海中，挥之不去。不过，说实在的，我真正开始从一位学者的角度思考"新政"问题，是20世纪80年代末期，那时我在社会研究新学院研究生院任教。在这之前，我在芝加哥大学任教十年，期间J. 戴维·格林斯通从不间断地向我提出挑战，促使我对美国社会的发展历程进行更加广泛深入的思考。1974年，我前往芝加哥大学任教。很快，戴维便成为我的良师益友。我获得的是历史学博士学位，没有讲过美国政治学方面的课程，而戴维当时恰好在研究生院担任政治学的代课教师。他给予我的影响胜过之前和以后我所接触的任何人。他鼓励我将各类政治理论问题的研究与系统的实证方法结合起来。不幸，戴维于1990年去世，年仅52岁。我多么希望戴维能对本书的初稿提出批评意见，尤其对本书所论述的种族和劳工问题给予评价啊！以戴维生前对这两大问题写下的许多尖锐评论文章论，我定受益匪浅。

在新学院，我得到了福特基金会的赞助，成立了研究小组。小组首先致力于里根政府雄心勃勃的保守性计划与罗斯福总统任职期间的自由主义行动方案之间的比较研究。最后，我与参加这一研究项目的研究生基姆·盖革、丹尼尔·奎德和布鲁斯·皮埃特里克夫斯基共同撰写的文章，几乎全部以20世纪30年代和40年代的政治变迁为重点。在他们的帮助下，我开始探寻自己的研究主题。与此同时，我曾经许下的诺言也不断促使我对历史问题进行深入思考。这一诺言就是，要撰写一部历史分析方面的著作。我曾花费大量时间，与历史研究委员会的优秀研究人员们讨论对社会科学进行历史分析方面的问题。这些研究人员包括理查德·本塞尔、艾瑞克·霍布斯鲍姆、伊丽莎白·桑德斯、查尔斯·蒂利和路易斯·蒂利。在这一研究小组中，与我关系最紧密的同事是阿里斯蒂德·佐尔伯格。我们共同为政治理论与政策研究班上课，并在麦克阿瑟基金会的赞助下举行了关于国家安全、民主与战后美国自由主义的学术研讨会。正是这一主题后来启发我萌生了撰写本书的想法。

1994年，我开始到哥伦比亚大学任教。撰写这部书的准备工作一直在时断时续地推进。期间有很长一段时间，我把主要精力用于开展其他项目的研究工作，但对于"新政"问题的思考和研究从未完全中断过。在哥伦比亚大学，我的研究工作得益于政治系和历史系的杰出同仁和学生们的支持帮助。政治系继承了弗朗茨·诺依曼和戴维·杜鲁门先生的研究传统，将制度研究作为日常研究工作的重点；历史系继承了理查德·霍夫施塔特和弗里茨·施特恩的研究传统，长期致力于政治史的研究工作。我曾与艾伦·布林克利先生在 15 年的时间里，共同举办关于美国政治与社会的跨学科研讨会。从与各位学者的交往中，我获益良多。本书的创作还得益于我在哥伦比亚大学与下列同仁的交往：凯伦·巴基、沃尔克·伯格汉、阿基尔·比尔格拉米、查尔斯·卡梅伦、帕萨·查特吉、埃里克·方纳、爱丽丝·凯斯勒·哈里斯、苏迪普塔·卡维拉吉、罗伯特·利伯尔曼、马克·马佐尔、诺兰·麦卡蒂、贾斯廷·菲利普斯（我曾与之一道前往拉塞尔·塞奇基金会做访问学者）、阿尔弗莱德·斯泰潘、纳迪亚·乌尔比纳蒂、格雷戈瑞·瓦洛以及十几位其他同事。我与他们一起工作，共同教学，对学术问题进行热烈的讨论与交流，这对本书的写作创造了有利的学术环境。

同时，在本书的写作过程中，哥伦比亚大学研究生们对我的重要学术启发和广泛技术支持，令我终生难忘。我尤其感谢约翰·拉津斯基、罗斯·拉扎吉安、肖恩·法尔杭和奎因·马尔罗伊。他们弥补了我在数据统计和法学研究经验方面的不足。事实上，他们每个人都是本书作者中的一员。他们都曾担任设在哥伦比亚大学社会经济与政策研究院的"美国制度研究项目"的助理研究人员。后来，上述四人分别前往耶鲁大学（前两位）、伯克利大学（第三位）和锡拉丘兹大学（第四位）担任助理教授。其他参与"美国制度研究项目"的主要研究人员包括梅兰妮·斯普林格、克丽丝·格里尔、托马斯·奥格扎勒克、戴维·帕克、艾米·赛麦特和艾丽萨·斯托尔沃克。该研究项目还得到哥伦比亚学院和巴纳德学院研究助手们的大力支持，包括雷切尔·巴扎、唐纳·德西路丝、戴维·戈丁、奥利维亚·高韦、艾里赛·罗斯、丹尼斯·施梅尔策、艾伦·彦以及塞思·维纳。尤其值得感谢的是塞思·维纳，其丰富的立法史知识，对我深入了解南方国会议员政治诉求和战略的方方面面提供了重要的指导和帮助。我还应当感谢项目所在的哥伦比亚大学社会经济与政策研究院支持我与格雷戈·瓦洛先生举行"国会与历史"学术年会，从中我获取了大量撰写本书所需要的信息和资料。

这些年来，我曾在不同的场合与同仁谈论本书的一些内容。在此一并表示谢意，有关同仁可能已经记不起这件事了，但我会永远记住他们所提出的重要见解：安东尼·巴杰、布莱恩·巴洛夫、（已故）布莱恩·巴利、沃尔特·迪安·伯纳姆、詹姆斯·柯伯、乔舒亚·科恩、丽莎白·科恩、丹尼尔·卡朋特、迈克尔·德里·卡尔皮尼、阿雷拉·杜布勒、乔纳·森斐顿、贾尼斯·法恩、莫里斯·费欧里那、杰西·吉尔伯特、迈克尔·古德费尔德、安德鲁·格罗斯曼、戴维·哈特、马修·霍尔登、罗伯特·霍洛维茨、梅格·雅可布斯、杰夫瑞·詹金斯、迈克尔·卡茨、安妮·科恩豪泽、玛格利特·利瓦伊、纳尔逊·利希滕斯坦、迈克尔·利普斯基、（已故）哈里·马格多夫、简·曼斯布里奇、凯西·乔·马丁、安东尼·马科斯、大卫·梅休、乌代·梅塔、（已故）罗伯特·K.莫顿、西德尼·缪奇斯、加里·穆西罗尼、卡罗尔·奈克诺夫、诺尔曼·聂、安妮·诺顿、爱丽丝·奥康纳、安·奥尔洛夫、本杰明·佩吉、苏尼塔·帕里克、基·姆菲利普斯·芬、保罗·皮尔逊、弗朗西丝·福克斯·皮文、格雷琴·理特、埃里克·谢克勒、（已故）小亚瑟·斯莱辛格、埃伦·施雷克、西达·斯科克波、史蒂芬·斯克夫罗内克、罗杰斯·史密斯、巴特·斯帕罗、托马斯·萨格鲁、马利·沙莫斯、凯瑟琳·西伦、理查德·瓦勒里、埃里克·华纳、多里安·沃伦、玛格丽特·韦尔、海瑟·威廉姆斯、威廉·朱利叶斯·威尔逊、约翰·维特、埃里克·欧林·赖特、朱利安·泽利泽以及奥利维尔·如恩斯。

同时，我还要感谢马丁·谢弗特介绍我参与了有关美国政治发展国际影响的研究项目，并建议我花费更多的时间和篇幅致力于从全球维度对"新政"进行研究和论述。感谢哥伦比亚大学和剑桥大学科研图书馆的工作人员为我提供了难得的文献资料。感谢弗莱德·科克泽利、本杰明·费希曼、莫拉·福格蒂、杰西卡·奥尔森和谢丽尔·斯梯尔帮助我搬运书籍、复印资料、校对数据，并提供项目研究所需要的其他支持。

在本书付印前最后一稿接近完成时，布莱恩·巴洛夫在弗吉尼亚大学米勒研究中心召开了对本书非常有帮助的研讨会议。会上，三位杰出学者——斯坦福大学的戴维·肯尼迪、霍华德大学的达利尔·斯科特和斯沃斯莫尔学院的理查德·瓦勒里对本书提出了详尽、中肯的评价意见。而且，在我完成全部书稿后，艾伦·布林克利、埃里克·方纳、迈克尔·珍妮薇、威廉·珍妮薇、爱丽丝·凯斯勒·哈里斯、詹姆斯·帕特森和理查德·瓦勒里对书稿的全部或部分内容进行了审阅并提出了详细的评价意见。

本书的撰写凝聚了无数学者的心血和汗水。当然，其中的缺点和不足之处由我本人负责。

我还要对下列各位表达谢意。格洛丽亚·卢米斯所在的文学代理公司是我的著作代理商。卢米斯启发我参照自己已经出版发行的《当白人采取果断行动时》一书来设计本书的结构。而且在我的写作过程中，她不断激励我加快写作进度。伦敦的泰萨·哈维先生非凡的编辑智慧使本书付印前的最后一稿语言表达更加清晰，逻辑组织更加严密，主题思想更加通俗易懂。在纽约，利夫莱特出版公司对诺顿出版公司的版本进行了修订。此外，本书得到了编辑人员的特别关照。鲍勃·威尔堪称最出类拔萃的图书编辑。他本人具有丰富的历史知识，而且不喜欢缺乏严谨的措词风格。为了对读者负责，鲍勃对本书原稿进行了逐字逐句反复细致的校阅，并留下大量批注。另一位编辑卡罗尔·爱德华兹女士被鲍勃称为最优秀、最有毅力的编辑人员。卡罗尔凭借自己高超的职业素质，对书稿进行了润色，并对参考文献部分进行了严格校对。在前期校对阶段，菲利普·马力诺对鲍勃提供了鼎力帮助。从制版到付印，威尔·梅纳克做了大量工作。另外，罗比·哈林顿作为我的一位朋友和诺顿公司喜欢图书的编辑人员，对本书的出版起了重要的推动作用。

同时，我还要对我的家人表示诚挚的感谢。我将此书献给妻子黛博拉·索科洛·卡茨内尔森，感谢她一直以来对我的慷慨支持。作为年轻的民主党大学生代表，自1964年1月我们在众议院相识以来，我的一切，均来源于她深深的爱、超凡的智慧和独到的批判精神。我们最大的自豪是有四位优秀的子女：杰西卡、扎卡里、艾玛和利亚，以及他们的爱人布拉德、伊莎贝尔、约西和乔西。我们还为人数不断增加的孙子、孙女们感到自豪：雷切尔、南森、克莱奥、阿扎伊和以斯拉。他们给予了我世上最无以伦比的天伦之乐，并持续不断地为我的写作雄心提供爱的氛围、智慧源泉和研究环境。在此，我真诚地向他们道一声"谢谢"！

剑桥大学
2012 年 7 月

索 引

(索引页码为英文原版页码)

A

ABC ABC 嫌疑分级, 327

absolutism 专制主义, 32, 104

Academy of Military Jurisprudence, Moscow 莫斯科军事法学院, 59

Acheson, Dean 迪安·艾奇逊, 453–54, 638

Acton, Lord 阿克顿勋爵, 523

Adams, James Truslow 詹姆斯·特拉斯洛·亚当斯, 118

Adamson, Ernest 厄内斯特·亚当森, 433

Adorno, Theodor 西奥多·阿多诺, 50

Advertising War Council Conference 战时宣传理事会大会, 407

African Americans 非裔美国人, 22, 353, 462

    cheap labor and 廉价劳工, 163

    in Congress 在国会, 159

    doubts about loyalty of 对忠诚度的怀疑, 340–42

    as ignored by Justice Department 司法部不予理会, 159–60

    in military 在军中, 24, 218, 313

    NRA and 国家复兴管理局, 241

    TVA and 田纳西河流域管理局, 254–55

    unions and 工会, 174–75, 392–93, 395–96, 550, 553

    voting rights of 投票权, 88, 89, 90, 134, 140, 145, 148–49, 185, 212, 285, 554

    World War II's economic effect on 第二次世界大战的经济影响, 182–83

    see also segregation 另见"种族隔离"

Agee, James 詹姆斯·艾吉, 410–11

Age of Roosevelt, The (Schlesinger) 罗斯福时代、斯莱辛格, 10, 37–38

agrarian poverty 农村地区的贫困问题, 127

Agricultural Adjustment Act (1933) 农业调整法案, 30, 123, 178, 251

Agricultural Adjustment Administration 农业调整委员会, 85, 232, 268, 576

Aid to Dependent Children 子女抚养补助, 260

aircraft 飞机, 396

Air Force, Italian 意大利空军, 52, 58

Air Force, U.S. 美国空军, 450

Alabama 阿拉巴马州, 136, 140, 141, 142, 143, 165, 166, 199, 253, 304, 394, 426, 578

A. L. A. Schechter Poultry Corp. v. United States A. L. A. 谢克特家禽公司诉美国案, 243, 248

Alien Act 移民法案, 122, 325

Alien Registration Act (1940) 移民登记法案, 332–34, 353, 433

Allen, Asa 艾莎·艾伦, 301

Allied Control Council 盟国管制委员会, 71

Allison, John 约翰·艾利森, 451

Alpine Corps 阿尔卑斯军团, 63

Alps 阿尔卑斯山, 101

Alsop, Joseph 约瑟夫·奥尔索普, 415, 635

Alsop, Stewart 斯图尔特·奥尔索普, 415

Alter, Jonathan 乔纳森·阿尔特, 243

Aluminum Company of America 美国铝业公司, 273, 397–98

Amalgamated Clothing Workers of America 美国服装工人联合会, 174, 571

America First Committee (AFC) 美国第一委员会, 70, 281–82, 587

American Association for the Advancement of Science 美国科学促进会, 430, 461

American Association of Scientific Workers (AASW) 美国科学工作者协会, 455, 461

American Bankers Association 美国银行协会, 139

American Civil Liberties Union 美国公民自由联盟, 55, 78

American Creed 美国的信条, 207

American Dilemma, An (Myrdal)《美国的尴尬》(米达尔), 138, 139, 218

American Expeditionary Force 美国远征军, 197

American Federation of Labor (AFL) 美国劳工联合会, 174–75, 183, 230, 258, 344, 386, 391–92, 393, 398, 440, 550, 627

American Independent Party 美国独立党, 446

American Institute of Public Opinion 美国民意研究所, 204

American Labor Party 美国劳工党, 604–5

American Legion 美国退伍军人协会, 12

American Magazine《美国杂志》, 134

American-Palestine Fox Film Co., 美国—巴勒斯坦福克斯电影公司 61

American Physical Society 美国物理学家协会, 463

Americans for Democratic Action 美国争取民主行动, 424, 459

American System 美国制度, 262

American Textile Machinery Association 全国纺织机械协会, 229–30

American Vindicators 美国辩护者协会,

285

Anderson, John 约翰·安德森, 340

Anderson, Marian 玛丽安·安德森, 90

Andrews, Walter 沃尔特·安德鲁斯, 449

Angleton, James 詹姆斯·安格尔顿, 440

Annals of the American Academy of Political and Social Science 美国政治与科学院年鉴, 56

Anschluss（德国）吞并（奥地利）, 300

antilynching bills 反私刑法案, 90, 149, 160, 166–68, 176, 179–82, 205, 268, 269, 541

anti-Semitism 反犹主义, 39, 87, 189–90

ANZUS Treaty 澳新美安全条约, 48

appropriations bill 拨款法案, 381–82

Ardennes 阿登高地, 101

Arendt, Hannah 汉娜·阿伦特, 39, 50, 521

Arizona 亚利桑那州, 145, 212, 339

Arizona, USS 亚利桑那号战舰, 316

Arkansas 阿肯色州, 136, 199, 204, 385, 394

Armenians 亚美尼亚人, 42, 102

Armoian, Tomasina Grella 托马西纳·格雷拉·阿莫伊恩, 512

arms embargo 武器禁运, 302–4, 305, 309–10

arms race 军备竞赛, 12–14

Army, U.S. 美国陆军：

    Military Intelligence Division of 军事情报处, 326

    segregation in 种族隔离, 185

Army and Navy Munitions Board 陆军海军军需委员会, 323, 438

Army Corps of Engineers 陆军工程团, 345

Army Service Forces 陆军后勤部队, 344

Arnall, Ellis 埃利斯·阿诺尔, 379

Arnold, Henry Harley "Hap,"" 哈皮 "亨利·哈雷·阿诺德 410, 414

Associated Press 美联社, 273, 398

associationalism 关联主义, 234

Atlanta World《亚特兰大世界》, 213

Atlantic Charter 大西洋宪章, 207, 321, 354, 357, 361

atomic bombs 原子弹, 14, 24, 34, 42, 92, 348, 349–50, 362, 403–5, 409–10, 416, 417, 419–20, 421, 428, 435, 441, 447, 450, 470, 472, 633

    of Soviet Union 苏联, 349, 416, 441, 450, 451, 452

atomic energy 原子能, 635

    regulation of 条例, 419–20, 423, 637–38

Atomic Energy Act (1946) 原子能法案（1946年）, 421, 422, 428, 430–31, 432, 433, 434, 446–47, 451, 463, 468

Atomic Energy Commission (AEC) 原子能委员会, 416, 422, 428–29, 430, 431–33, 434–35, 451, 453, 454, 456, 468

Atomic Scientists of Chicago 芝加哥原子科学家协会, 461

Attlee, Clement 克莱门特·艾德礼, 359,

Auschwitz 奥斯维辛, 214

Australia 澳大利亚, 41, 42, 418

Austria 奥地利, 60, 100, 101, 105, 277, 300

Austria-Hungary 奥匈帝国, 289

Autobiography (Mussolini)《我的自传》(墨索里尼), 56, 62

automobiles 汽车, 37, 177

Avanti!《阿凡提!》, 63

aviation 航空, 69

    Fascism and 法西斯主义, 61–62

B

Babi Yar 巴比雅, 41

Bachmann, Carl 卡尔·巴赫曼, 328

"Back to Africa" campaign "赶回非洲" 运动, 89

Bacon, Francis 弗兰西斯·培根, 29

Baer, John 约翰·贝尔, 487

Bailey, Josiah 约西亚·贝利, 161, 179, 266, 573

Bailyn, Bernard, 伯纳德·贝林 11

Baker, Newton 牛顿·贝克, 197, 290

Baker, Ray Stannard 雷·斯坦纳·贝克, 134

Balbo, Italo 伊塔洛·巴尔博, 52, 59–71, 92, 95, 506–9, 510, 512

    death of 死亡, 70–71

    flight of 作战, 59–60, 61–62, 64–66, 116, 227, 228, 352

    Italian ceremony for 意大利庆典, 67–68

    militarism of 军国主义, 62–63

    in *Time*《时代》, 58, 59–60, 61, 63

Baldwin, Hanson 汉森·鲍德温, 416

Baldwin, Roger N., 罗杰·N. 鲍德温 55–56, 505

Baltimore Sun《巴尔的摩太阳报》, 379

bananas 香蕉, 288

Bankhead, John 约翰·班克黑德, 189, 266, 591

bank holiday 银行假期, 123

Banking Act, see Glass Steagall Act 银行法案，格拉斯·斯蒂格尔法案

Banking and Currency Committee 金融货币委员会, 149, 150

banking reform 银行改革, 84

Bank of America 美国银行, 139

Barbarossa, Operation 巴巴罗萨行动, 79, 283

Barden, Graham 格雷厄姆·巴登, 272, 395

Barkley, Alben 阿尔本·巴克利, 86, 211, 256, 271, 434, 466, 538

Barnard, Chester I. 切斯特·I. 巴纳德, 638

Barron's《巴伦商业周刊》, 12

Baruch, Bernard 伯纳德·巴鲁克, 278, 343–44, 368, 407, 419, 420, 510, 632

Barzun, Jacques 雅克·巴尔赞, 369–70

Bataan Peninsula 巴丹半岛, 213

Beard, Charles 查尔斯·比尔德, 3, 304, 487

Beaumont, Gustave 古斯塔夫·博蒙, 136

Belarus 白俄罗斯, 41

Belgium 比利时, 70, 279, 418, 592

Bensel, Richard 理查德·本塞尔, 134

Berle, Adolph 安道夫·贝利, 236

Berlin 柏林, 350, 353

Berlin, Isaiah 柏林、以赛亚, 6, 200, 218–19, 406

Berlin airlift 柏林空投, 448

Berlin Olympic Games 柏林奥运会, 69

Berlusconi, Silvio 西尔维奥·贝卢斯科尼, 512

Berman-Yurin, Konon Borisovich, 伯曼·尤利、科能·鲍里索维奇 81

Bethe, Hans 汉斯·贝特, 414

Beveridge, William 威廉·贝弗里奇, 488

Biddle, Francis 弗朗西斯·比德尔, 71

Bikini Atoll 比基尼环礁, 362

Bilbo, Theodore 西奥多·比尔博, 83–92, 95, 128, 519, 520, 591

    death of 死亡, 59

    racism of 种族主义, 83–84, 86–92, 141, 180

    segregation defended by 维护种族主义, 190, 193

    Senate committee's hearings on 参议院委员会听证会, 91–92

    soldier voting bill opposed by 反对《军人投票法案》, 211

"Bilbo Is Dead" (song)《比尔博之死》(歌曲), 90

Bill of Rights《权利法案》, 250, 452, 606

Bill of Rights Day 权利法案日, 353–54

"Bill to Expedite the Strengthening of the National Defense, A,"《促进国防力量建设法案》308–9

Birmingham, Ala. 阿拉巴马州伯明翰市, 183, 187, 388

Birmingham, England 英国伯明翰, 41

Birmingham Age-Herald《伯明翰时代先驱报》, 287

Birth of a Nation, The (film)《一个国家的诞生》(电影), 145

Bismarck, Otto von 奥托·冯·俾斯麦, 40

Bittner, Van Amberg 范·安贝格·比特纳, 391–92

Bituminous Coal Conservation《烟煤养护法案》, 178

Black, Hugo 雨果·布莱克, 86, 167, 240, 268, 547, 573–74, 608

Black Horn, Chief 布莱克·合恩, 主席, 66

black people, German racism against, 德国针对黑人的种族主义 282–86

Blackshirts 黑衫军, 63, 67, 123

Bloch, Marc 马克·布洛克, 490

Blue Eagle 蓝鹰, 228, 229, 243

Blum, John Morton 约翰·莫顿·布卢姆, 43

Board of Economic Warfare 战时经济委员会, 338

Bogart, Humphrey 亨弗莱·鲍嘉, 330

Bohr, Neils 尼尔·波尔, 414

Bolsheviks 布尔什维克, 123, 162, 474

Bonner, Herbert 赫伯特·邦纳, 222

Borah, William 威廉·博拉, 241

Borden, William 威廉·波特, 483

Borges, Jorge Luis 乔治·路易斯··博尔赫斯, 488

Boulder Dam 顽石坝, 147

Bradley, Michael 迈克尔·布拉德利, 198

Brains Trust 智囊团, 236

Brand, Donald 唐纳德·布兰德, 246

Braunschweig, Germany 德国布伦瑞克, 111

Brecht, Bertolt 贝托尔特·布莱希特, 62

Breedlove v. Suttles 布里德洛夫诉萨特尔斯案, 559

Brewster, Kingman 金曼·布鲁斯特, 587

Bricker, John 约翰·布雷克尔, 217

Bridges, Styles 斯特尔斯·布里奇斯, 91, 644

Brinkley, Alan 艾伦·布林克利, 246, 247, 248, 487, 545

Britain, Battle of 英国战役, 41, 70

British Expeditionary Force 英国远征军, 101

Brittan, Vera 维拉·布里坦, 501

Brodie, Bernard 伯纳德·布罗迪, 416, 446, 447, 636

Brogan, Denis 丹尼斯·布罗根, 13–14, 23–24, 299, 301

Brookings Institution 布鲁金斯学会, 381, 408–9

Brooks, Charles Wayland 查尔斯·韦兰·布鲁克斯, 210–12

Brooks, Overton 奥弗顿·布鲁克斯, 427, 445

Brotherhood of Sleeping Car Porters 卧车搬运工兄弟会, 89, 186

Browder, Earl 厄尔·白劳德, 331, 604

Brown, Edgar 埃德加·布朗, 200

Brown, Paul 保罗·布朗, 180

Brownell, Herbert, Jr. 小赫伯特·布朗尼尔, 569

Brownlow, Louis 路易斯·布朗洛, 53–54, 93

Brown v. Board of Education 布朗诉教育委员会案, 137, 400, 563

Bryce, James 詹姆斯·布赖斯, 104, 114, 119

Budget and Accounting Act (1921) 《预算与会计法案》(1921年), 622

Buford, SS 布福德号军舰, 326

Bukharin, Nikolai 尼古拉·布哈林, 82

Bulgaria 保加利亚, 105, 277

Bull Run, Battle of 布尔朗战役, 156

Bunche, Ralph 拉尔夫·本奇, 138, 176, 538

Bund 同盟, 56–57, 327, 329, 330, 604

Bundy, McGeorge 麦克乔治·邦迪, 360

Burdick, Usher 亚瑟·伯迪克, 311–12

Bureau of the Budget (BOB) 预算管理局, 139, 372, 375–78, 380, 381, 383, 399, 408, 430

Burke, Edmund 埃德蒙·伯克, 29

Burma 缅甸, 41

Burma Road 缅甸公路, 314

Bush, Vannevar 范内瓦·布什, 346–48, 403, 404, 408, 444, 455, 638, 642

Butler, Nicholas Murray 尼古拉斯·默里·巴特勒, 68, 115

Byelorussia 白俄罗斯, 82

Byrd, Harry F. 哈里·F. 伯德, 161, 189, 193, 239–40, 378, 426, 431, 475, 573, 591

Byrnes, James "Jimmy" "吉米" 詹姆斯·伯恩斯, 159, 167, 177, 180, 256, 343, 361–62, 407, 411, 413, 439, 587, 609, 638, 647

C

Cagney, James 詹姆斯·卡格尼, 330

Cairo 开罗, 195, 197

Calhoun, John C. 约翰·C. 卡尔霍恩, 193, 590

California 加利福尼亚, 143, 339

Cambridge Modern History, The 《剑桥现代史》, 100, 103–4

Camp Bliss 布里斯军营, 218

Camp Breckenridge 布雷肯里奇军营, 218

Camp Phillips 菲利普斯军营, 218

Camp San Luis Obispo 圣路易斯·奥比斯波军营, 218

Camp Shenango 希南戈军营, 218

Camp Stewart 斯图尔特军营, 218

Camp Van Dorn 范·多恩军营, 218

Camus, Albert 阿尔贝·加缪, 31

Canada 加拿大, 418

Cannon, Clarence 克莱伦斯·加农, 379

capitalism 资本主义, 20, 25, 30, 36, 37, 41, 114, 254, 471

    Italy's claim to have saved 意大利声称拯救, 93

    New Deal's rescuing of "新政" 拯救, 92, 231, 272, 471

Carey, James 詹姆斯·凯瑞, 386

Carlock, Levon 莱翁·卡洛克, 97

Carnegie-Illinois 卡耐基—伊利诺斯钢铁公司, 398

carpetbaggers 利用南方的不稳定局势而投机谋利的人, 190

carpet bombing 地毯式轰炸, 42

Carr, E. H. E.H. 卡尔, 6

Carter, Jimmy 吉米·卡特, 532

Case, Clifford 克里福德·凯斯, 390

Case Bill 《凯斯法案》, 389, 390–91

Catholics 天主教徒, 22, 23, 87

prejudice against 偏见, 189–90

Catledge, Turner 特纳·卡特利奇, 265

Cayton, Horace R., Jr. 小贺拉斯·R. 凯顿, 15, 210

Cecil, Robert 罗伯特·塞尔西, 102

Celan, Paul 保罗·策兰, 42

Celler, Emanuel 伊曼纽尔·塞勒, 333

Census Bureau 人口普查局, 556

Central Committee, Soviet 苏联中央委员部, 80

Central Committee Plenum, Soviet 苏联中央全会, 78

Central Intelligence Agency (CIA) 中央情报局, 409, 439, 440–41, 444–45, 465

Central Intelligence Group (CIG) 中央情报小组, 440

Century of Progress Exposition "一个世纪的进步"博览会, 93

Chamberlain, Lawrence H. 劳伦斯·H. 张伯伦, 490

Chamberlain, Neville 内维尔·张伯伦, 302, 305

Chamber of Commerce, U.S. 美国商会, 229, 235

Chapman, Virgil 维吉尔·查普曼, 257, 427

Charleston News and Courier《查尔斯顿新闻快报》, 285

Charlie and His Orchestra 查里及其管弦乐队, 587–88

Chase, Stuart 斯图尔特·蔡斯, 118, 487

Cheater, George 乔治·奇特, 97

Chevrolet 雪佛兰, 173, 174, 273, 398

Chiang Kai-shek 蒋介石, 195

Chicago Daily Tribune《芝加哥每日论坛报》, 302, 424

Chicago Defender《芝加哥卫报》, 96

Chicago Federation of Labor 芝加哥劳工联合会, 85

Chicago Tribune《芝加哥论坛报》, 69, 199, 201, 221, 270

Chicago World's Fair 芝加哥世界博览会, 58

Child, Richard 里查德·瓦士本·柴尔德, 56

child labor 童工, 146, 243, 270

children 儿童, 258

China 中国:
  civil war in 内战, 417
  communist victory in 共产主义胜利, 46–47
  Japanese invasion of 日本侵略, 39, 41, 102, 295–96, 310, 314
  in Korean War 朝鲜战争中, 47
  republic founded in 共和国建立于, 104
  U.S. arms given to 美国武器提供, 309

China, People's Republic of 中华人民共和国, 418, 451, 470

Christian Democrats, Italian 意大利基督教

民主党, 440

Christian Nationalist Crusade 基督教民族主义运动, 285

Churchill, Winston 温斯顿·丘吉尔, 75, 195, 350, 362, 521, 634

 Atlantic Charter issued by 《大西洋宪章》发布, 321

 Iron Curtain speech of 铁幕演讲, 362, 414

 Moscow Declaration signed by 《莫斯科宣言》签署, 75

 at Potsdam conference 波茨坦会议, 403

 at Yalta summit 雅尔塔会议, 357, 358–59

cities 城市, 23

citrus packing 柑橘包装, 242

city bosses 城市商人, 22

Civilian Conservation Corps (CCC) 民用资源保护队, 24, 160, 176, 200, 217, 253

Civil Rights Act 《民权法案》, 555

Civil Service Commission 公务员委员会, 459

Civil War, U.S. 美国内战, 22, 156, 158, 159, 197, 310, 318

Claiborne, James 詹姆斯·克莱本, 256

Clark, Bennett Champ 班尼特·钱普·克拉克, 145, 538, 573, 597

Clark, Joel Bennett 乔尔·班尼特·克拉克, 239, 241, 368

Clark, John 约翰·克拉克, 381

Clark, Thomas 托马斯·克拉克, 646–47

Clawson, Marion 里恩·克劳森, 379

Cleveland, Grover 格罗弗·克利夫兰, 156–57

clothing 服装业, 184

Cohen, Morris Raphael 莫里斯·拉斐尔·柯恩, 46

Cold War 冷战, 32, 34, 42, 92, 95, 407–21, 425, 436, 472

 containment strategy in 遏制战略, 32

Collier's 《科利尔的》杂志, 415, 437

Collins, Charles Wallace 查尔斯·华莱士·柯林斯, 139–41, 143–44, 187

Collins, Ross 罗斯·柯林斯, 143

Colm, Gerhard 格哈德·科姆, 377, 381, 503

Colmer, William 威廉·科尔默, 143, 255, 293, 311, 368

Cologne, Germany 德国科隆, 74, 350

Columbia University 哥伦比亚大学, 457

Columbus, Christopher 克里斯托弗·哥伦布, 65

Combined Chiefs of Staff 参谋长联席会议成员, 355

Commerce Department, U.S. 美国商务部, 65, 401

 Business Advisory Council of 商业咨询理事会, 244–45

Commercial Appeal 《商业诉求报》, 285

Committee on Administrative Management 行政管理委员会, 5, 93–94

Committee on Economic Security 经济安全委员会, 260

Committee on Elections 选举委员会, 199

Committee on Fair Employment Practices 公平就业实施委员会, 144

Committee on World War Veterans Legislation 世界大战老兵立法委员会, 205

commodity prices 商品价格, 158

Commonwealth Club 联邦俱乐部, 249

Communications Act (1934)《通信法案》(1934年), 322

Communism 共产主义, 5, 106–7
   investigation in U.S. of 美国调查行动, 328

Communist Party, Italian 意大利共产党, 440

Communist Party, U.S. 美国共产党, 54, 205, 330, 341, 427, 463, 602

Communist Party, USSR 苏联共产党, 51, 98

Communists, German 德国共产党员, 110

Compass, Operation 罗盘行动, 511

Compromise of 1877 1877年"妥协案", 156

Compton, Arthur 亚瑟·康普顿, 350, 414, 613

Compton, Karl 卡尔·康普顿, 595

Compulsory Military Training Bill《义务军事训练法案》, 280

compulsory national labor service 国民义务劳动, 196

Conant, James B. 詹姆斯·B.科南特, 346, 347, 403, 408, 457, 638

concentration camps, German 德国集中营, 30, 31, 39, 50, 52, 75–76

Condon, Edward 爱德华·康登, 415, 463

Conference on Economic Conditions 经济形势研讨会, 170

Congress, U.S. 美国国会, 9, 13, 15, 20, 127–29
   Enforcement Act repealed by《执行法案》被废除, 148
   in Hundred Days 百日, 123–27
   Joint Army and Navy Selection Service Committee 陆军海军联合选举性兵役委员会, 311
   Joint Committee on Atomic Energy (JCAE) 原子能联合委员会, 433–34, 483
   Joint Committee on Defense Production 国防生产联合委员会, 443
   Joint Committee on New Weapons and Equipment 新型武器与设备联合委员会, 347
   Joint Committee on the Economic Report 经济报告联合委员会, 380
   Joint Economic Committee 联合经济委员会, 378
   legislative process sped up in 立法过程加快, 124
   NRPB and BOB created by 全国资源规划

委员会和预算管理局的设立, 375

soldiers' voting rights and 士兵投票权利, 196–222

South as pivotal in 作为中坚力量的南方, 21–22, 24–25, 148–55, 153, 154, 192–93, 192

traditional powers of 传统力量, 121–22

see also House of Representatives, U.S.; Senate, U.S. 另见美国众议院、美国参议院

Congressional Digest《国会文摘》, 198–99, 384

Congressional Record《国会议事录》, 280, 304, 388, 543

Congress of Industrial Organizations (CIO) 产业工会联合会, 89, 173, 174, 183, 190, 205, 258, 273, 274, 330, 344, 390, 391–92, 393, 396, 398, 433, 486, 550, 563, 627

Connally, Tom 汤姆·康纳利, 240, 256, 303, 304–5, 389, 390, 422, 431, 434, 443, 573

Connor, Eugene "Bull" 尤金·康纳"公牛", 187

conscription 征兵, 214, 310–13, 315

conservatism 保守主义, 6–7, 16

Consolidated Aircraft 团结飞机公司, 398

Constitution, U.S. 美国宪法, 22, 91, 117–18, 121, 144, 185, 471

see also specific amendments 另见特定修正案

Consumers' Advisory Board 消费者咨询委员会, 230

consumption 消费, 38

containment 遏制, 32

Contract Settlements Act (1944)《合同清算法案》(1944年), 368

Contract Termination Board 合同终止委员会, 368

Convention on the Prevention and Punishment of the Crime of Genocide 预防和惩治种族灭绝犯罪协定, 514

Cooley, Harold 哈罗德·库勒, 644

Coolidge, Calvin 卡尔文·库利奇, 150–51, 253, 540

Copeland, Samuel 塞缪尔·科普兰, 268

Corporate State, The (Viglione)《法人社团国家》(维寥内), 93

corporatism 社团主义, 51, 162–63, 233, 235, 237, 238, 401–2

Corregidor 行政首长, 214

Corriere Padano《罗马快报》, 68

Corwin, Edward 爱德华·考文, 335, 337

Costigan, Edward 爱德华·科斯蒂根, 160, 167, 168, 179

cotton 棉花, 127, 171, 264, 266, 289, 385

cotton ginning 轧花, 242

Cotton Textile Code, 棉纺织工业法令 231

Couch, W. T. W.T.考伍奇, 138–39, 141

Coughlin, Charles 查尔斯·柯林, 57, 471

Council of Economic Advisers (CEA) 经济顾问委员会, 372, 380–82, 502

Council of State Government 州政府理事会, 379

Council on Foreign Affairs 外事委员会, 279

Council on Foreign Relations 对外关系委员会, 299, 319

Coventry, England 英国考文垂, 41, 351

Cowles, John 约翰·考雷斯, 370

Cox, Edward 爱德华·考克斯, 180, 181, 257

Coy, Wayne 韦恩·科伊, 376, 627

credit 信贷, 35, 38

Creighton, Mandell 曼德尔·克赖顿主教, 523

Crimea Declaration《克里米亚宣言》, 77

crises 危机, 7–8

Crociera del Decennale 十周年国庆巡航, 58

Crossroads, Operation 十字路口行动, 448

Crouch, Paul 保罗·克劳奇, 482

Crouch, Sylvia 希尔维亚·克劳奇, 482

Crowther, Frank 弗兰克·克劳瑟, 236

Cummings, Homer 荷马·卡明斯, 326

currency 货币, 146

Currey, Muriel 穆里尔·科里, 508

Curtis, Carl Thomas 卡尔·托马斯·柯帝斯, 568

Cushman, Robert 罗伯特·库什曼, 458–59

CWA 国民工程管理局, 36

Czechoslovakia 捷克斯洛伐克, 277, 288–89, 301, 418, 472

D

Dabney, Virginius 弗吉尼厄斯·达布尼, 157, 282

Dachau 达豪集中营, 30

Dahl, Robert 罗伯特·达尔, 478, 481

Daily Worker《工人日报》, 334, 492

Dallas Morning News《达拉斯晨报》, 357

Danaher, John 约翰·丹纳赫, 211

Darlan deal 达尔朗交易, 16

Davidson, Donald 唐纳德·戴维森, 551

Davis, Allison 埃里森·戴维斯, 15

Davis, John 约翰·戴维斯, 381

D-day 诺曼底登陆, 321, 355

Deák, István 伊斯特万·迪克, 512

decentralization 地方分权, 384

Declaration of the Three Powers 三权分立, 195

decolonization 非殖民化, 13

DeConde, Alexander 亚力山大·戴康德, 586

Defense Department, U.S. 美国国防部, 409, 439, 444, 448, 449, 451–52, 454, 461

Defense Plant Corporation 国防生产公司, 344–45

Defense Reorganization Act (1949)《国防改

组法案》（1949 年），421, 422–23, 426, 445

Degler, Carl 卡尔·德格勒, 248

Delano, Frederic 弗里德里克·德拉诺, 379

Delaware 特拉华州, 22, 136, 149, 165, 204, 211, 242

democracy 民主：

    dictatorship vs. 独裁, 7, 16, 25, 45, 50, 51, 113–14, 245, 321, 354, 463

    in legislature 在立法机构, 109

    militarism and 军国主义, 318–20

    three problems with 三大问题, 479

Democracy in America (Tocqueville)《论美国的民主》, 136

Democratic National Convention 民主党全国大会：of 1932, 487; of 1936, 176, 206

Democratic Party, U.S. 美国民主党：

    African Americans in 非裔美国人, 177–78

    CEA and 经济顾问委员会, 381–82

    1942 electoral losses of 1942 年选举失败, 378

    in South 在南方, 16, 18, 23, 84, 139, 148, 149, 150, 177–78, 193, 329, 363, 396, 423

    Southern shift in 南方的转向, 16, 272, 390

    twenty-year rule of 20 年的统治, 4

    unions and 工会, 372

Dempsey, John 约翰·登普西, 604

Denmark 丹麦, 70, 277, 418, 593

Dennis, Lawrence 劳伦斯·丹尼斯, 56

DePriest, Oscar 奥斯卡·德普里斯特, 329, 544

Detention Review Board 羁押审查委员会, 464

Detroit, Mich., race riot in 密歇根州底特律市种族主义暴乱, 218

Detroit Free Press《底特律自由报》, 473

Dewey, Thomas 托马斯·杜威, 217, 551

DeWitt, J. L. J.L. 德威特, 339

Dickinson, John 约翰·狄金森, 242, 245

Dickinson, Lester 李斯特·狄金森, 264–65

Dickstein, Samuel 塞缪尔·迪克斯坦, 329, 603

dictatorships 独裁政权, 4, 20, 105–8

    by consent 一致赞成, 107

    democracy vs. 民主, 7, 16, 25, 45, 50, 51, 113–14, 245, 321, 354, 463

    internal security of 国内安全, 52–53

    risk in U.S. of 美国的危险, 43–44

Dies, Martin 马丁·戴斯, 149, 177, 328–29, 330, 339, 582

Dies, Martin, Sr. 老马丁·戴斯, 329, 603

Dies committee, see House of Representatives, U.S., Un-American Activities Committee (HUAC) 戴斯委员会，见美国众议院非美活动调查委员会

Dies Foundation for Americanism 戴斯美国精神基金会, 331–32

Dinant, Belgium 比利时迪南, 101

Dingley Tariff《丁格利关税法案》, 261

Dirksen, Everett 埃弗雷特·德克森, 83, 384

diversity 多样性, 108

Divine, Robert 罗伯特·戴维恩, 305

Dixie, Operation 进军南方行动, 391–92

Dodd, William F. 威廉·F. 多德, 32, 496–97

Dolomites 多洛米蒂山, 101

Donbass coal mines 顿巴斯煤矿, 59

Donnedieu de Vabres, Henri 亨利·德·瓦布尔, 71

Donovan, William J. "Wild Bill" 威廉·J. 多诺万"狂野的比尔", 322, 439, 646

Double V campaign 双重胜利运动, 185, 218

Doughton, Robert Lee 罗伯特·李·道尔顿, 236, 238, 239, 260, 386

Douglas, Lewis 刘易斯·道格拉斯, 572

Douglas, Paul 保罗·道格拉斯, 116–17, 465

Douhet, Giulio 朱利奥·杜黑, 507–8

Douty, H. F. H.F. 多蒂, 184

Downey, William B. 威廉·B. 唐尼, 405

Doxey, Wall 沃尔·多克塞, 143, 563

draft 草案, 310–13, 315

Draganovic, Krunoslav 克鲁诺斯拉夫·拉嘉诺维克, 445

Drake, St. Clair 圣克莱尔·德雷克, 15

Dresden, Germany 德国德累斯顿, 74

Dritte Reich, Das (Moeller van den Bruck)《第三帝国》(默勒·凡·登·布鲁克), 105

Drug Institute of America 美国药物研究所, 229

Drury, Allen 艾伦·哲瑞, 201

Dual Alliance 两国联盟, 100

Du Bois, W. E. B. 杜波依斯, 4, 15, 138, 494

Dulles, Allen 艾伦·杜勒斯, 319, 440, 590

du Pont, T. Coleman T. 科尔曼·杜·邦, 540

DuRant, Ellison 艾里森·杜兰特, 206

Duranty, Walter 沃尔特·杜兰蒂, 54–55

Durbrow, Elbridge 埃尔布里奇·德布罗, 412

Durham, Carl 卡尔·达勒姆, 427, 434

Dutch East Indies 荷属东印度群岛, 41

E

Earle, Edward Meade 爱德华·米德·厄尔, 318

Early, Stephen 斯蒂芬·厄尔利, 159

East Asia 东亚, 117

Eastland, James O. 詹姆斯·O. 伊斯特兰, 189–90, 203, 204, 205–6, 221–22, 408, 563, 568

Eaton, Charles 查尔斯·伊顿, 238

Eberharter, Herman 赫尔曼·埃伯哈特, 312

Eberstadt, Ferdinand 费迪南·埃伯斯塔特, 438–39, 646

economic planning 经济计划, 236–38

Economic Stabilization Act (1942)《经济稳定法案》（1942 年），343

Economy Act (1933)《经济法案》（1933 年），123, 235

Eden, Anthony 安东尼·艾登，75

education 教育，171, 177, 196

Egypt 埃及，511

Eighth Air Force, U.S. 美国第八航空队，72

Einstein, Albert 阿尔伯特·爱因斯坦，414

Eisenhower, Dwight D. 德怀特·D. 艾森豪威尔，19, 34, 197, 410, 418, 457, 460, 472–75, 478, 480, 483

 Darlan deal made by 达尔朗交易由，16

 election of 选举，4

 farewell address of 告别演讲，473

 inauguration of 就职，38, 467, 472

 Korean front toured by 视察朝鲜前线，468–69

 on U.S.'s leadership role 关于美国领导地位问题，472–73

Eisenhower, Milton 弥尔顿·艾森豪威尔，340

elections, German 德国选举，1933, 110

elections, U.S. 美国选举：of 1896, 150; of 1916, 165, 510; of 1924, 148; of 1928, 159; of 1930, 151; of 1932, 4, 149, 150, 159, 175, 249; of 1934, 151, 175–76; of 1936, 151, 165–66, 176, 265; of 1938, 143, 151–52, 330; of 1940, 142, 152, 551; of 1942, 216, 378; of 1944, 216, 217; of 1948, 442–43, 450, 626; of 1952, 474, 609; of 1956, 609; of 1960, 609; of 1964, 609; of 1968, 446, 609

electronics 电子，396

Ellender, Allen 艾伦·艾伦德，91, 92, 180, 266

Elston, Charles 查尔斯·埃尔斯顿，433

Emancipation Proclamation 解放宣言，200, 230

Emergency Banking Act (1933)《紧急银行法案》（1933 年），123

Emergency Farm Mortgage Act (1933)《紧急农场抵押法案》（1933 年），123

Emergency Powers Defense Bill (British; 1940)《紧急授权国防法案》（英国，1940 年），310

Emergency Price Control Act《紧急物价控制法案》，343

eminent domain 征用，230–31, 252

Employment Act《就业法案》，380–81

Employment of Homosexuals and Other Sex Perverts by Government 政府部门同性恋者和其他性取向者雇佣情况，461

Employment Service, U.S. (USES) 美国就业服务局，188, 232, 382–83, 384–85, 388, 400

 segregation denounced by 谴责种族制度，388–89

Enabling Act, German, (1933) 德国《授权法案》（1933 年），98, 108–9, 124, 522, 527

Enforcement Acts (1870; 1871)《执行法案》(1870年；1871年), 148

Enlightenment 启蒙, 94, 95

Enola Gay 埃诺拉·盖伊, 405

Eslick, Edward 爱德华·埃斯利克, 328

Espionage Act (1917)《反间谍法案》(1917年), 122, 325

Estonia 爱沙尼亚, 277, 356

Ethiopia 埃塞俄比亚, 68–69, 94, 291, 292, 299

Ethridge, Mark 马克·埃斯里奇, 144

European Defense Community Treaty 欧洲共同防御条约, 472

Evans, Maurice 伊万斯·毛里斯, 535

Evdokimov, Efim Georgievich 艾费姆·乔治伊维奇·叶夫多基莫夫, 81

Executive Order 8802 第8802号行政命令, 186, 218, 519

Executive Order 9066 第9066号行政命令, 339, 340

Executive Order 9182 第9182号行政命令, 338

Executive Order 9835 第9835号行政命令, 459–60

F

Fair Employment Practices Committee (FEPC) 公平就业实施委员会, 86, 87, 186, 188–89, 190, 191, 193, 218, 386, 387–88, 396, 398, 427, 519, 555

Fair Labor Standards Act (FLSA; 1938)《公平劳动标准法案》(1938年), 36, 171, 267, 270, 296, 582–84

Falco, Robert 罗伯特·法尔科, 76

Farm Credit Act (1933)《农业信贷法案》(1933年), 124

farmers, agriculture 农民，农业, 22, 37, 85, 127, 162, 163, 171, 241, 396

  environmental crisis and 环境危机, 39

  excluded from National Labor Relations Act 不受《全国劳工关系法案》保护, 260, 273

  in FEPC 公平就业实施委员会, 398

  subsidies for 补贴, 251

farm income 农业收入, 37, 171

farm prices 农产品价格, 152, 336

farm relief 农业救济, 146

Farrell, T. F. T.F. 法雷尔, 404

Fascism 法西斯主义, 40, 106–7, 474, 485, 530

  aviation and 航空业, 61–62

  as counterweight to Nazism 与纳粹主义抗衡, 93

  modernity of 现代性, 52

  Mussolini's praise of 墨索里尼的称赞, 111–12

  New Deal compared to 将"新政"比作, 56

risk in U.S. of 美国的危险, 43–44, 46

social roots of 社会根源, 22–23

U.S. national loyalty to 美国国民对国家的忠诚, 39

Fayette Chronicle《费耶特纪事》, 178

fear 恐惧, 29, 33, 37

of competition with dictatorships 与独裁体制竞争, 12

in FDR's inaugural speech 罗斯福总统的就职演说, 34–35, 37, 57, 98–99, 135, 196

New Deal and "新政", 36, 37–38, 43

post–World War II 第二次世界大战以后, 43

of racial equality 种族平等, 13–16

of sophisticated weaponry 先进武器, 12–14

uncertainty as source of 不确定性作为根源, 48

Federal Ballot Commission 联邦选举委员会, 202–3

Federal Bureau of Investigation (FBI) 联邦调查局, 322, 326, 327–28, 333, 338, 339, 341, 439, 459, 460, 462, 483–84, 646–47

Federal Communications Commission 联邦通讯委员会, 376

Federal Council of Churches 联邦教会委员会, 291

Federal Deposit Insurance Corporation 联邦储蓄保险公司, 252

Federal Emergency Relief Act (1933)《联邦紧急救助法案》(1933年), 123

Federal Housing Authority 联邦住房管理局, 24, 36

Federalist Papers《联邦党人文集》, 119, 318–19

Federal Reserve 联邦储备, 144, 251–52

Federal Theatre Project 联邦大剧院工程, 330

Federal Trade Commission (FTC) 联邦贸易委员会, 256–57

Federal War Ballot Commission 联邦战时投票委员会, 221

Federal Writers' Project 联邦作家计划, 14

Federation of American Scientists 美国科学家协会, 414–15

Federation of Atomic Scientists (FAS) 原子科学家协会, 461

Fermi, Enrico 恩里克·费尔米, 403

Ferrari, Carlo 卡洛·法拉利, 507

fertilizer 肥料, 242, 254

Fifteenth Amendment 宪法第十五次修正案, 133, 134–35, 185, 200, 282

Fifth Amendment 宪法第五次修正案, 331

Finland 芬兰, 76, 277, 593

First Indochina War 第一次印度支那战争, 417

Fischer, Louis 路易斯·费舍尔, 55

Fischler, Benjamin 本杰明·菲施勒, 87

Fish, Hamilton 汉密尔顿·菲什, 220, 301–

索引 691

2, 304, 308, 309, 328

Fisher, Ovie Clark 奥韦·克拉克·费舍尔, 395

Fisher Body plants 费希尔汽车制造厂, 173, 174

Five-Year Plans 五年计划, 55, 80, 98, 123, 235

Fletcher, Duncan 邓肯·弗莱彻, 256

Florida 佛罗里达, 136, 394, 566, 597

force bill 强制性法案, 148

Ford 福特, 273, 398

Ford, Aaron 亚伦·福特, 143

Ford, Doris 多丽丝·福特, 228

Ford, Elise 伊莉斯·福特, 228

Ford, Henry 亨利·福特, 304

Foreign Affairs 外交事务, 413, 457, 458, 590

Foreign Economic Administration 对外经济管理局, 406

Foreign Policy Association 外交政策协会, 592

Foreign Service 对外服务局, 409, 413

Forrestal, James 詹姆斯·福莱斯特, 437, 438

Fort Benning 本宁堡, 427

Fortune《财富》, 46, 244, 276–78, 279–80, 305, 333, 391–93, 430

Four Freedoms speech "四大自由"演讲, 201–2, 207

Fourteenth Amendment 宪法第十四次修正案, 133, 185, 200, 282

Fox, William T. R. 威廉·T.R. 福克斯, 360

Fraenkel, Ernst 厄恩斯特·弗兰克尔, 527

France 法兰西, 40, 105, 173, 277, 278, 301, 351, 417

  in alliance with Russia 与苏联结盟, 100

  Allied invasion of 联合入侵, 195

  German domination of 德国占领, 40, 70, 319, 499–500

  in Nato 北约, 418

  U.S. arms given to 美国武器提供, 302–3

  Vichy 维希, 16, 40, 274, 313, 499–500

  Vietnam war of 越南战争, 417, 418

Franco-Prussian War 普法战争, 100

Frank, Anne 安妮·弗兰克, 97

Frank, Edith 艾迪斯·弗兰克, 97

Frank, Hans 汉斯·弗兰克, 72

Frank, Margot 马戈特·弗兰克, 97

Frank, Otto 奥托·弗兰克, 97

Frankfurt, Germany 德国法兰克福, 111

Frankfurter, Felix 费利克斯·法兰克福, 481

Franklin, John Hope 约翰·霍普·富兰克林, 287

Franklin Roosevelt and the New Deal (Leuchtenburg)《富兰克林·罗斯福与"新政"》(洛伊希滕堡), 37

Fraternal Council of Negro Churches 黑人教友兄弟会, 89

free trade 自由贸易, 127

Freidel, Frank 弗兰克·弗莱德尔, 122, 198

freight rates 运费, 158

Freisler, Roland 罗兰·弗赖斯勒, 110

French Revolution 法国大革命, 9, 11, 32, 106, 470, 475

Frey, John 约翰·弗雷, 330

Frick, Wilhelm 威廉·弗利克, 72, 283

Fuchs, Klaus 克劳斯·富克斯, 614

Fulbright, William 威廉·富布莱特, 128, 443, 455

Full Employment Bill 《充分就业法案》, 380

Fuller, Claude 克劳德·富勒, 264

fur 毛皮, 326

Furet, François 弗朗索瓦·傅勒, 94

Fyfe, David Maxwell 戴维·麦克斯维尔·法伊夫, 76

G

Gaddis, John Lewis 约翰·刘易斯·加迪斯, 412

Galambos, Louis 路易斯·高拉姆博什, 244

Gallup, George 乔治·盖洛普, 217, 303, 312, 389, 411

Gandhi, Devadas 黛瓦达西·甘地, 61

garment 服装, 326

Garner, John Nance 约翰·南斯·加纳, 159, 329

Garrett, Finis 费尼斯·加勒特, 147

"garrison state" "军事专制"国家, 45

Gaskill, Nelson 纳尔逊·加斯基尔, 229

gasoline 汽油, 406

Gathings, Ezekiel 伊齐基尔·盖辛斯, 385–86

Gavagan, Joseph 约瑟夫·加瓦根, 179, 180

General Account of the Development of Methods of Using Atomic Energy for Military Purposes, A 《军用原子能使用方法发展概况》, 350, 435

General Electric 通用电气, 244

General Motors 通用汽车, 173, 174, 273

General Staff, Military Intelligence Division of 总参谋部情报处, 278–79

General Theory of Employment, Interest, and Money (Keynes) 《就业、利息和货币通论》(凯恩斯), 234–35, 373

Geneva Conventions 《日内瓦公约》, 72, 100

genocide 种族灭绝, 42, 102, 514

  see also Holocaust 另见大屠杀

Gentile, Giovanni 乔瓦尼·秦梯利, 5

George, Walter 沃尔特·乔治, 149, 189, 303, 368, 387, 538

Georgia 佐治亚州, 136, 140, 141, 142, 165, 199, 204, 253, 304, 394, 597

German-Americans 德裔美国人, 325–26, 353, 607

German National People's Party 德国国家人民党, 110

Germany 德国, 105, 417

    antisystem parties in 反对既有体制的党团, 112

    attacks on Jews in 攻击犹太人, 111

    occupation of 占领, 418, 446

    post-war plans for 战后规划, 195

    Red Army pillaging in 红军的劫掠行为, 357

    in Triple Alliance 三国同盟, 100

Germany, Federal Republic of 德意志联邦共和国, 418

Germany, Nazi 德国纳粹, 5, 12, 17, 63, 92–93, 106, 288, 301, 334, 351

    Britain bombed by 英国遭受空袭, 41

    civil liberties suspended in 公民的自由权利被暂停, 98

    in collaboration with Italy 与意大利合作, 64

    concentration camps of 集中营, 30, 31, 39, 50, 52, 75–76

    Czechoslovakia invaded by 入侵斯洛伐克, 277, 288–89, 301

    Europe dominated by 欧洲被占领, 40, 277, 313

    Holocaust in 大屠杀, 34, 42, 70, 79, 92

    industrial power of 工业实力, 231

    Low Countries invaded by 侵略低地国家, 274, 279, 319

    managed capitalism in 资本主义管理, 51, 117, 163, 238

    military spending and buildup of 军备开支与军力建设, 52, 102–3, 182, 291, 310, 318

    nation defined racially in 种族主义国家概念, 52

    Poland invaded by 入侵波兰, 32, 40, 70, 92, 274, 276, 301, 302, 310, 313, 327, 335–36

    Soviet Union invaded by 入侵苏联, 70, 94, 314, 315, 354, 355–56, 485, 616

    threat to Soviet security from 对苏联安全的威胁, 360

    U.S. nationalist loyalty to 美国公民对国家的忠诚, 39

    U.S. opinion on 美国的主张, 278

    war on U.S. declared by 向美国宣战, 281, 320, 333

    withdrawn from League of Nations 退出国联, 102

    in World War II 在第二次世界大战中, 8

Germany, Weimar 德国魏玛, 39, 46, 104, 110, 113

Gerry, Peter 彼得·格里, 591

gerrymandering 改变选区划分, 142

Gerschenkron, Alexander 亚历山大·格申克龙, 8

Gestapo 盖世太保, 95

GI Bill《退伍军人权利法案》, 205, 368

Gibson, John 约翰·吉布森, 390

Gifford, Sherman 谢尔曼·吉福德, 595

Gilmore, Glenda 格伦达·吉尔摩, 588

Glasgow, Scotland 苏格兰格拉斯哥, 41

Glass, Carter 卡特·哥拉斯, 60, 161, 179, 255, 266, 303

Glass-Steagall Act (1933)《格拉斯—斯蒂格尔法案》(1933 年), 60, 124, 162, 251, 255, 259

Glover, David 戴维·格罗弗, 254, 256

God That Failed, The (Fischer)《失败的上帝》(费舍尔), 55

Goebbels, Joseph 约瑟夫·戈培尔, 109, 283

Goldsborough, Phillips Lee 菲利普斯·李·戈尔兹伯勒, 256, 540

Goldwater, Barry 巴里·戈德华特, 609

Golombeck, Miriam 米里亚姆·戈龙贝克, 87

Gomorrah, Operation 罪恶行动之城, 350

Gone with the Wind (Mitchell)《乱世佳人》(米歇尔), 283

Goodyear 古德伊尔橡胶厂, 173, 273, 398

Gore, Albert 艾伯特·戈尔, 389

Gore, Thomas 托马斯·戈尔, 161, 254, 256, 573

Göring, Hermann 赫尔曼·戈林, 64, 70, 71, 72, 98, 506, 509, 511

Graber, Marc 马克·格雷伯, 605

Graham, Hugh Davis 休·戴维斯·格雷厄姆, 395

Grand Expectations (Patterson) *Grand Expectations*（帕特森）, 498

Grant, George 乔治·格兰特, 303

grants-in-aid 救济款, 146–47

Graves, John Temple 约翰·坦普尔·格拉夫斯, 287, 290

Gray, Arthur 亚瑟·格雷, 88

Graziani, Rodolfo 鲁道夫·格拉齐亚尼, 69, 70–71, 511

Great Artiste 艺术大师, 405

Great Britain 大不列颠, 40, 105, 173, 277, 278, 279, 351

   elections canceled in 取消选举, 354

   in NATO 在北约, 418

   U.S. arms given to 美国武器供应, 302–3, 309

Great Depression 大萧条, 7, 92, 99, 369

   forecast of extension of 扩张预期, 46

   as global 全球性, 38

   as undermining to democracy 破坏民主, 117

   unemployment in 失业, 369, 523

Great Migration 大移民运动, 212

Great Sedition Trial 大清洗审判, 333–34

Great Terror 大恐慌, 79–81, 515, 516

Great Tokyo Air Raid 东京大空袭行动,

350–51

Greece 希腊, 277, 359, 362, 408, 417, 424

　　Italy's invasion of 意大利入侵, 314

Green, Theodore 西奥多·格林, 205, 208–9, 210, 215, 220–21, 222

Green, William 威廉·格林, 230, 235, 386, 392, 627

Greene, Graham 格雷厄姆·格林, 32

Green-Lucas administration bill《格林—卢卡斯联邦投票法案》, 220–21

Greenstone, David 大卫·格林斯通, 273

Greer, USS 美国格里尔号驱逐舰, 322

Gregory, David 大卫·格雷戈里, 141

Gromyko, Andrei 安德烈·葛罗米柯, 419–20, 434, 638

Grossman, Andrew 安德鲁·格罗斯曼, 458, 463, 651

Groves, Leslie 莱斯利·格罗夫斯, 349, 403, 404, 405, 411, 429–30, 638

Grovey v. Townsend"格鲁伊诉汤森德"案, 185

Gruchy, Allan 艾伦·格鲁希, 374

Gulf 海湾, 246

Gulick, Luther 卢瑟·古利克, 53

Gunther, John 约翰·根室, 6, 99, 487, 509, 516

Gurney, John Chandler "Chan" 约翰·钱德勒·葛尼（人称"钱氏"）, 426, 428

H

Habe, Hans 汉斯·哈贝, 283–84, 589

habeas corpus 人身保护请求, 339

Hagerty, James A. 詹姆斯·A. 哈格蒂, 122, 533

Hague 海牙, 72

Halifax, earl of 哈利法克斯伯爵, 274

Hall, Robert 罗伯特·霍尔, 328

Hall, Ted 特德·霍尔, 462, 614

Halleck, Charles 查尔斯·哈勒克, 273–74

Hamburg, Germany 德国汉堡, 74, 111, 350

Hamby, Alonzo 阿隆佐·汉比, 236, 574

Hamilton, Alexander 亚历山大·汉密尔顿, 319

harbors 港口, 230

Harding, Warren 沃伦·哈丁, 150–51, 540

Harding administration 哈丁政府, 103

Harlem, race riot in 哈勒姆黑人种族暴乱, 341

Harless, Richard 理查德·哈利斯, 625

Harriman, Averell 埃夫里尔·哈里曼, 412

Harriman, Henry 亨利·哈里曼, 229

Harrison, Pat 帕特·哈里森, 85, 168, 239, 260, 266, 541, 563

Hartley, Fred 傅瑞德·哈特利, 269, 270, 394

Hastie, William 威廉·黑斯蒂, 176, 566

Hastings, Daniel 丹尼尔·黑斯廷斯, 540

Hatfield, Henry 亨利·哈特菲尔德, 540

Hawaii 夏威夷, 336, 339–40

Hawaii Operation 夏威夷行动, 316

Hawley, Ellis 埃利斯·霍利, 243

Hawley, Willis 威利斯·霍利, 262

Hayek, Friedrich 弗里德里希·哈耶克, 374–75

H-bomb 氢弹, 428

Healey, Arthur 亚瑟·希利, 604

health care 医疗保健, 196

Hearnshaw, F. J. C. F.J.C. 赫恩肖, 116

Heiden, Konrad 科拉德·海登, 108

Heimann, Eduard 爱德华·海曼, 503

Herero 赫雷罗族, 42

Herring, Pendleton 彭德尔顿·赫林, 8

Hersey, John 约翰·赫西, 415–16, 636

Hess, Rudolf 鲁道夫·赫斯, 72, 284

Hickenlooper, Bourke 伯克·希肯卢珀, 91

Hicks, David 大卫·希克斯, 523

Higgs, Robert 罗伯特·希格斯, 343

Hill, Lister 李斯特·希尔, 128, 189, 309, 314–15, 378, 428, 538

Hillenkoetter, Roscoe 罗斯科·希伦科特, 444

Hillman, Sidney 西德尼·希尔曼, 307, 563, 571

Hindemith, Paul 保罗·亨德密特, 62

Hindenburg, Paul von 保罗·冯·兴登堡, 98

Hinshaw, John Carl 约翰·卡尔·欣肖, 307–8, 309

Hintze, Otto 奥托·欣茨, 112

Hirabayashi v. United States "平林诉美国"案, 608

Hirohito, Emperor of Japan 日本裕仁天皇, 349, 405

Hiroshima, Japan 日本广岛, 14, 349, 350, 383, 405, 414, 428, 612, 636

History of the Communist Party of the Soviet Union (Stalin)《苏共党史》(斯大林), 82

Hitler, Adolf 阿道夫·希特勒, 30, 40, 52, 64, 70, 73, 218, 236, 282, 302, 305, 315, 354, 360

　anti-Americanism of 反美主义, 599

　antiblack racism of 反黑人种族主义, 282–83

　death of 死亡, 71

　Enabling Act desired by 强烈要求通过《授权法案》, 108–9

　Germany withdrawn from League of Nation by 德国退出国联, 102

　and invasion of Soviet Union 苏联的入侵, 94

　Lindbergh's praise for 林德伯格的称赞, 69

　militarism of 军国主义, 318

　Nuremberg Laws announced by 宣布《纽伦堡法》, 74

　Parliamentarianism denounced by 议会政治受到谴责, 113

Hitler Youth 希特勒青年团, 111

Hocking, William Ernest 威廉·欧内斯特·霍金, 115

Hofstadter, Richard 理查德·霍夫施塔特, 36, 47, 162, 186, 191, 234

Holland, Spessard 斯佩萨德·荷兰多, 396

Holocaust 大屠杀, 34, 42, 70, 72, 92

    see also concentration camps, German 另见德国集中营

Home Building and Loan Association vs. Blaisdell "住宅建筑与贷款协会诉布莱斯德尔"案, 335

Home Owners Loan Act (1933)《业主贷款法案》, 123–24

homosexuals 同性恋者, 461

Hong Kong 香港, 41

Hook, Sidney 锡德尼·胡克, 373–74

Hoover, Herbert 赫伯特·胡佛, 56, 117, 118, 119, 150–51, 175, 234, 253, 262, 281, 299, 304, 457, 578, 603

Hoover, J. Edgar J. 埃德加·胡佛, 294, 322, 326, 327–28, 333, 339, 341, 342, 460, 646–47

Hoover administration 胡佛政府, 48

Hopkins, Harry 哈里·霍普金斯, 359

hospital construction 医院建设, 84

hospitals 医院, 548–49

House of Commons 英国国会下院, 104

House of Lords 英国国会上院, 104

House of Representatives, U.S. 美国众议院:

    Agriculture Committee 农业委员会, 149

    Appropriations Committee 拨款委员会, 149, 379, 449

    Armed Services Committee 兵役委员会, 426, 444, 445, 449

    arms embargo ended in 武器禁运的结束, 309–10

    Banking and Commerce Committee 银行与商业委员会, 149

    civil rights bill in 公民权利法案, 179

    Civil Service Committee 公共服务委员会, 459

    decentralization bill in 分权法案, 384

    defense bill in 国防法案, 309

    draft bill in 兵役法案, 315–16

    FLSA passed in《公平劳动标准法案》获得通过, 267

    Foreign Affairs Committee 外交委员会, 149, 301, 426

    Interstate and Foreign Commerce Committee 州际和对外商务委员会, 256

    Judiciary Committee 司法委员会, 179, 149, 333

    Labor Committee 劳动委员会, 273, 395

    labor standards bill in 劳动标准法案, 269–71, 272

    Military Affairs Committee 军事委员会, 149, 312, 315, 324, 426, 429

Naval Affairs Committee 海军委员会, 324, 426

1942 election in 1942 年大选, 378

partisan voting in 党派立场投票, 182

Rules Committee 规则条例委员会, 208–10, 238, 239, 269, 329

sectional votes in 地区立场投票, 164, 165

soldier voting bill in 《军人投票法案》, 215–17, 219–22

Special Committee to Investigate the National Labor Relations Board 对全国劳动关系委员会展开调查的特别委员会, 273

Subcommittee on Armed Services Appropriations 军事拨款分委员会, 450

Un-American Activities Committee (HUAC) 非美活动调查委员会, 329–31, 339, 340, 426, 427, 433, 443, 458–59, 462, 463–64, 465, 604

Ways and Means Committee 方法与手段委员会, 149, 239, 259, 260, 424

housing 住房, 196

housing conditions 住房条件, 88

housing segregation 居住隔离, 24

Houston, Charles 查尔斯·休斯顿, 519–20

Howard, Charles, Sr. 老查尔斯·霍华德, 213

Howard, Leslie 莱斯利·霍华德, 283

Howard, Milton 密尔顿·霍华德, 334

Howard University 霍华德大学, 88, 176

Howe, Louis 路易斯·豪, 228

Huddleston, George 乔治·赫德尔斯顿, 256

Hudson, Janet 珍妮特·哈德森, 536

Hughes, Charles Evans 查尔斯·埃文斯·休斯, 165, 335

Hughes, James 詹姆斯·休斯, 540

Hughes, John 约翰·休斯, 266

Hughes, Langston 兰斯顿·休斯, 138

Hula, Erich 埃里希·胡拉, 369

Hull, Cordell 科德·赫尔, 19, 68, 75, 261, 263, 326, 595

Hull, England 英格兰赫尔, 41

Humphrey, Hubert 休伯特·汉弗莱, 6, 36, 465

Hundred Days "百日新政", 123–25, 161, 243, 251, 256, 353

Hungary 匈牙利, 105, 277

Hunter College 亨特学院, 87

Huston, Reeve 里夫·休斯顿, 200

hydroelectric power 水电, 289

hydrogen bomb 氢弹, 446–47, 453–54, 469, 483

I

Iceland 冰岛, 418

Ickes, Harold 哈罗德·伊克斯, 176, 571, 627

Idaho 爱达荷州, 212

Illinois 伊利诺伊州, 177

I'll Take My Stand《我将坚持自己的立场》, 157

I'm for Roosevelt《我支持罗斯福》, 44

immigrants 移民, 22, 23

imperialism 帝国主义, 13, 39

Indiana 印第安那州, 212

Indochina 印度支那, 314

Industrial Advisory Board 工业咨询委员会, 230

industrialization 工业化, 157

Industrial Mobilization Plan 工业动员计划, 323

industrial production 工业生产, 37, 99

Industrial Union Council 产业工会委员会, 89

infrastructure 基础设施, 162

Inland and Republic Steel 内陆共和钢铁公司, 273, 398

Institute for Research in Social Science 社会科学研究所, 169

Inter-American Treaty of Reciprocal Assistance (1947)《美洲国家间互助条约》(1947 年), 436

interest groups 利益集团, 19

Internal Security Act (1947)《国内安全法案》(1947 年), 421, 464

International Military Tribunal 国际军事法庭, 58–59, 71–83, 95, 322, 356, 407, 512, 518

Interstate Commerce Act《州际商业法案》, 144

Inukia Tsuyoshi 犬养毅, 98, 522

investments 投资, 35

Iowa 爱荷华州, 212

Iran 伊朗, 362, 408

Ireland 爱尔兰, 277

Irish, Marian 马里安·伊瑞希, 142, 289, 535, 537

Irish Catholics 爱尔兰天主教徒, 22

Iron Curtain speech 铁幕演讲, 362, 414

isolationism 孤立主义, 69, 291–92, 296–97, 298, 301, 359

Italian League for the Rights of Man 意大利人权联盟, 65

Italian Socialist Federation 意大利社会主义联盟, 65

Italo Balbo Crociera Atlantica Fellowship 伊塔洛·巴尔博大西洋巡游奖学金, 68

Italo Balbo Legion 伊塔洛·巴尔博军团, 71

Italy 意大利, 101, 105, 302, 418

Italy, Fascist 意大利法西斯主义, 5, 12, 17, 106, 116, 277, 288, 334, 351, 355, 417

    administration organized in 行政管理组织, 54, 117

    in collaboration with Germany 与德国合作, 64

    corporatism in 社团主义, 51, 162–63, 238

Ethiopian war of 埃塞俄比亚战争, 68–69, 94, 291, 292, 299

Greece invaded by 希腊遭入侵, 314

military spending of 军备开支, 103, 182

as model for U.S. 美国模式, 93–94, 95

national revival of 国家复兴, 52

parliamentarianism in 议会政治, 112

technological prowess of 技术卓越, 62

in Triple Alliance 三国同盟, 100

U.S. nationalist loyalty to 美国公民对国家的忠诚, 39, 56–57

war on U.S. declared by 向美国宣战, 320, 333

J

Jackson, Donald 唐纳德·杰克逊, 424

Jackson, Gardner 加德纳·杰克逊, 268

Jackson, Robert 罗伯特·杰克逊, 74, 76–77, 78, 322

Jackson Daily News 《杰克逊日报》, 290

James, Clive 克莱夫·詹姆斯, 516

James, Frances 弗朗西斯·詹姆斯, 381

James, Henry 亨利·詹姆斯, 4, 7, 22, 49, 120

James, William 威廉·詹姆斯, 120–21, 531, 532

Jamison, D. V. D.V. 贾米森, 210

Janeway, Eliot 艾略特·珍尼维, 307, 610

Japan 日本, 5, 12, 236, 278, 318

Australia and New Zealand threatened by 澳大利亚和新西兰被威胁, 41, 42

China invaded by 中国被侵略, 39, 41, 102, 295–96, 310, 314

defeat of 失败, 403–6

military buildup in 军事力量发展, 40, 182, 310

navy of 海军, 339

occupation of 占领, 446, 474

Pearl Harbor attacked by 珍珠港遭受打击, 217, 281, 287, 309, 316, 320, 321, 328, 333, 335, 337, 348, 422, 428, 439

threat to Soviet security from 对苏联安全的威胁, 360

U.S. soldiers stationed in 美国军队驻扎在, 436

U.S. threatened by 美国遭受威胁, 315

Japanese-Americans 日裔美国人, 205, 327, 353, 464, 607–8

Japanese Exclusion League 排日联盟, 339

Jarman, Peterson "Pete" Bryant 彼得森·布莱恩特·贾曼, 206, 209

Jefferson, Thomas 托马斯·杰斐逊, 89

Jehovah's Witnesses 耶和华见证会会员, 481

Jenkins, Fell 菲尔·詹金斯, 97

Jews 犹太人, 22, 23

in Germany 在德国, 40, 52, 74, 111, 342

as scientists 作为科学家, 347

Stalin's repression of 斯大林的镇压, 356

see also anti-Semitism 另见反犹主义

Jim Crow 南方黑人, 14–15

Johnson, Alvin 阿尔文·约翰逊, 49

Johnson, Andrew 安德鲁·约翰逊, 569

Johnson, Charles 查尔斯·约翰逊, 15

Johnson, Edwin "Big Ed" "大个埃德"埃德温·约翰逊, 429

Johnson, Hugh 休·约翰逊, 93, 228, 232, 237, 242

Johnson, James Weldon 詹姆斯·韦尔登·约翰逊, 138–39

Johnson, Jed 杰德·约翰逊, 262

Johnson, Louis 路易斯·约翰逊, 453–54

Johnson, Luther 卢瑟·约翰逊, 301

Johnson, Lyndon Baines 林顿·贝恩斯·约翰逊, 4, 86, 434, 443, 475, 555, 603, 645, 655

Johnston, Olin 奥林·约翰斯顿, 190–91, 564

Joint Army and Navy Board 陆海军联合委员会, 337–38

Joint Chiefs of Staff 参谋长联席会议, 438, 445, 448, 450, 454

Jones, Wesley 韦斯利·琼斯, 147

Judt, Tony 托尼·朱特, 43

Justice Department, U.S. 美国司法部, 159–60, 175, 341, 342, 353, 445, 608

    antilynching bill and 反私刑法案与, 166, 167

    Civil Liberties section of 公民自由科, 218

juvenile delinquency 青少年犯罪, 88

K

Kallen, Horace 霍勒斯·卡伦, 93

Kaltenborn, H. V. H.V. 卡滕伯恩, 410

Kamenev, Lev 列夫·加米涅夫, 80, 81, 82, 95, 516

Kassel, Germany 德国卡塞尔, 111

Katyn Forest 卡廷森林, 83, 356

Kazakhstan 哈萨克斯坦, 357, 465

Kazin, Alfred 阿尔弗雷德·卡津, 35

Kee, John 约翰·基, 443

Keenan, Joseph 约瑟夫·基南, 85

Kefauver, Estes 埃斯蒂斯·基福弗, 207, 209, 219, 443, 564

Kellogg, Frank B. 弗兰克·B. 凯洛格, 296

Kellogg-Briand Pact 《凯洛格—白里安条约》, 39, 102, 296

Kelly, Edward 爱德华·凯丽, 66

Kendrick, B. B. B.B. 肯德里克, 170

Kennan, George 乔治·凯南, 32, 278, 412–14, 450

Kennedy, David 大卫·肯尼迪, 243, 519

Kennedy, Edward M. 爱德华·穆尔·肯尼迪, 44

Kennedy, John F. 约翰·菲茨杰拉德·肯尼迪, 44, 46, 157

Kennedy, Joseph P. 约瑟夫·P. 肯尼迪, 44

Kennedy, Robert F. 罗伯特·弗朗西斯·肯尼迪, 44

Kenney, George 乔治·肯尼, 448

Kent, Frank 弗兰克·肯特, 176

Kentucky 肯塔基州, 22, 136, 137, 141, 143, 203, 253, 426, 566

Key, V. O., Jr. 小 V.O. 基, 127–28, 264

Keynes, John Maynard 约翰·梅纳德·凯恩斯, 5, 234–35, 373, 377, 488

Keyserling, Leon 列昂·凯泽林, 248, 381

Keyssar, Alexander 亚历山大·基沙尔, 200, 202

Khrushchev, Nikita 尼基塔·赫鲁晓夫, 78, 82, 515

Kiev 基辅, 41

Kilday, Paul 保罗·基尔迪, 427, 645

Kilgore, Harley 哈利·基尔戈, 454–55, 464, 465

Killinger, Manfred von 曼弗雷德·冯·克林格, 588

King, Ernest 欧内斯特·金, 42

King, William 威廉·金, 573

King, W. L. Mackenzie W.L. 麦肯奇·金, 637

Kirov, Sergei 谢尔盖·基洛夫, 80

Kirov Ballet 基洛夫芭蕾舞团, 516

Kistiakowsky, Dr. 基斯塔科夫斯基博士, 404, 631

Kitchens, Wade 韦德·基钦斯, 270

Knight, Frank 弗兰克·奈特, 33

Knutson, Harold 哈罗德·克努森, 424

Kolakowski, Leszek 莱塞克·柯拉柯夫斯基, 43

Korean War 朝鲜战争, 13, 38, 46–47, 95, 204, 418, 419, 441, 442, 447, 449, 450, 451, 452–53, 457, 468–69, 470, 637

Korematsu v. United States "伊光诉美国"案, 608

Kotkin, Stephen 斯蒂芬·科特金, 54, 79

Kousser, Morgan 摩根·库塞尔, 142

Kramer, Alan 艾兰·克雷默, 101

Krebs, Ronald 罗纳德·克雷布斯, 200

Kristallnacht 水晶之夜, 69, 300, 501

Krock, Arthur 阿瑟·克罗克, 547

Krupp 克虏伯, 523

Kuhn, Fritz 弗里茨·库恩, 56–57, 604

Ku Klux Klan 三 K 党, 83, 85, 141, 145, 187, 283, 520, 588

L

Labor Advisory Board 劳工咨询委员会, 230

Labor Department, U.S. 美国劳工部, 184, 258, 382–83, 384, 387–88, 389

laborers 劳工, 85

Labor Management Relations Act, *see* Taft-Hartley Act《劳资关系法案》,见《塔夫托–

哈特利法案》

labor movement 劳工运动, 48, 231

labor rights 劳工权利, 248

labor standards bill 劳动标准法案, 267–72

labor unrest 劳工暴动, 39, 151

LaFollette, Robert 罗伯特·拉福莱特, 147

Lake Charles, La. 查尔斯湖, 218

Lamar, Lucius 卢修斯·拉马尔, 156–57, 158, 543

land assessments 土地测评, 84

Landon, Alf 阿尔夫·兰登, 164–65

Lanham, Fritz 弗里茨·拉纳姆, 432

Laski, Harold 哈罗德·拉斯基, 40

Lasswell, Harold 哈罗德·拉斯韦尔, 45, 319, 373–74, 481–82

Latin America 拉丁美洲, 22–23, 117, 322, 439, 646–47

Latvia 拉脱维亚, 105, 277, 356

Laurence, William 威廉·劳伦斯, 403, 404–5, 410, 428

Lavery, Urban 厄尔班·莱弗里, 558

Law of December 1 《十二月一日法律》, 80

Law of War, The (Risley) 《战争法》(里斯利), 99–100

Lawrence, Ernest 欧内斯特·劳伦斯, 613

Lawrence, Geoffrey 杰弗里·劳伦斯, 71

Lawson, B. V. B.V. 劳森, 89

Lead Pencil Association 铅笔协会, 229

League of Nations 国联, 39, 102, 288, 290, 293, 296, 407

Lebed, Mykola 麦可拉·列别德, 445

LeCompte, Karl 卡尔·勒孔特, 204

Lederer, Emil 埃米尔·莱德勒, 319, 496

Lee, Joshua 乔舒亚·李, 308

Lehman, Herbert 赫伯特·雷曼, 66, 228, 242, 465

LeMay, Curtis 柯蒂斯·李梅, 350, 445–46, 447, 448, 450–51, 469

Lemkin, Raphael 拉斐尔·莱姆金, 102

Lend-Lease 租借, 305–7, 310, 311, 393, 406, 637

Lenin, V. I. V.I. 列宁, 94, 105

Leningrad 列宁格勒, 354, 355

Leuchtenburg, William 威廉·洛伊希滕堡, 37, 99

Lever, Asbury 阿斯伯里·赖弗, 146

Lewis, John L. 约翰·L. 刘易斯, 4, 230, 571, 627

Lewis, Sinclair 辛克莱·刘易斯, 281

Liaison Office for Personnel Management 人力资源管理联络处, 622

liberal democracy 自由民主, 23

as abandoned in Soviet Union 被苏联放弃, 55

alleged 1920s triumph of 所谓20世纪20年代的胜利, 103–5

debates over validity of 关于合法性问题

的辩论, 4, 5, 6, 7, 12, 32

decisions legitimized by 合法决策, 18–19

Mussolini's denunciation of 墨索里尼的谴责, 113

New Deal as test of "新政"作为一种试验, 9–10, 25, 50

proliferation of threats to 威胁的扩散, 39, 43–44, 46, 114–17, 121

World War II as threat to 第二次世界大战的威胁, 46

liberalism 自由主义, 4, 529–30

Liberia 利比里亚, 89

Libya 利比亚, 68, 69, 510

Lichtenstein, Nelson 纳尔逊·利希滕斯坦, 627

Life《生活》, 89–90, 411–12, 416

Lilienthal, David 戴维·利连撒尔, 416, 432, 453–54, 638, 644

Lincoln, Abraham 亚伯拉罕·林肯, 22, 89, 133, 200, 212, 318, 335, 337, 470

    black equality rejected by 黑人平等权利被拒绝, 139

Lincoln Memorial 林肯纪念堂, 90

Lindbergh, Anne Morrow 安妮·默洛·林德伯格, 65, 69, 511

Lindbergh, Charles 查尔斯·林德伯格, 61, 62, 64, 65, 69–70, 71, 281, 303, 304, 322, 506, 511

Lindberghflug, Der (Brecht)《林德伯格的飞行》(布莱希特), 62

Link, Arthur 阿瑟·林克, 145–46, 539

Lippmann, Walter 沃尔特·李普曼, 30–31, 34, 36, 120, 161, 255, 298, 306, 316, 332, 360, 369, 407, 414, 496, 531, 635

    creation of UN desired by 要求创立联合国, 415

    dictatorship promoted by 强化独裁, 118–19, 121, 123, 124

    New Deal criticized by "新政"遭受批评, 44–45

    on U.S. interest in World War II 关于美国在第二次世界大战中的利益关切问题, 358

liquidity 流动性, 38

literacy tests 文化水平测试, 84, 134

Lithuania 立陶宛, 277, 356

livestock 家畜, 251

lobbyists 说客, 478

Locke, John 约翰·洛克, 109

Lodge, Henry Cabot 亨利·卡伯特·洛奇, 148, 597

Loewenstein, Karl 卡尔·罗文斯坦, 32, 105–6, 110, 528

Logan, Rayford 雷福德·洛根, 138, 176

logrolling 相互吹捧, 263

London, England 英国伦敦, 41, 351

London Charter《伦敦章程》, 76, 78

Long, Benjamin F. 本杰明·F. 朗, 145

Long, Breckenridge 布雷肯里奇·朗, 67, 68, 69, 71, 94, 510

Long, Huey 休伊·朗, 128, 161, 241, 292, 471

Long Telegram 长途电报, 413–14

Lonn, Ella 埃拉·隆, 169

Lorwin, Lewis 刘易斯·洛温, 237–38

Los Alamos 洛斯阿拉莫斯, 349, 403, 462, 482–83, 614

Los Angeles Times 《洛杉矶时报》, 270, 294, 316, 446

Louisiana 路易斯安那州, 136, 140, 165, 204, 426, 566

Loving v. Virginia "洛文诉弗吉尼亚州"案, 137

Low Countries 低地国家, 40, 274, 279, 319

Lowi, Theodore 西奥多·罗维, 19, 493

Loyalty Review Board 政治诚信审查委员会, 459–61

Lozier, Ralph 拉尔夫·洛兹, 263, 264

Lubyanka prison 卢比扬卡监狱, 82

Lucas, Scott 斯科特·卡卢斯, 205, 220–21

Lucas-Green bill 《卢卡斯—格林法案》, 568

Luce, Clare Boothe 克莱尔·布思·卢斯, 89–90, 433

Luce, Henry 亨利·卢斯, 59–60, 244, 277

Luckner, Felix von 费利克斯·凡·勒克纳, 284

Ludlow, Louis 路易斯·洛德罗, 291

Luftwaffe 纳粹德国空军, 64

lumber 木材, 262

Lusitania 卢西塔尼亚号邮轮, 289–90

Luxembourg 卢森堡, 418, 593

lynchings 私刑, 84, 86–87, 96–97, 141, 149, 166, 176, 187, 521–22, 546

M

MacArthur, Douglas 道格拉斯·麦克阿瑟, 47, 68, 410

Machiavelli, Niccolò 尼可罗·马基雅维利, 17

MacLeish, Archibald 阿奇博尔德·麦克利什, 47, 321

Madison, James 詹姆斯·麦迪逊, 119

Madison Square Garden Bowl 麦迪逊广场花园演唱会, 67

Madonna of Loreto 洛雷托女神, 507

Magnitogorsk, USSR 苏联马格尼托哥尔斯克, 79

Mahon, George 乔治·马洪, 450

Maier, Charles 查尔斯·迈尔, 109

mail-opening program 邮件公开审查计划, 322

Mak, Geert 黑特·马珂, 97

malaria 疟疾, 171–72

Malaya 马来亚, 41

Manchuria, Japan's conquering of 日本占领

中国东北, 39, 102

Mandelstam, Osip 奥西普·曼德尔施塔姆, 77

manganese 锰, 288

Manhattan Project "曼哈顿计划", 14, 349, 362, 403–5, 414, 420, 430, 444, 463, 482, 613

Mann, Thomas 托马斯·曼, 50, 100

Marcantonio, Vito 维托·马坎托尼奥, 604–5

March Field 马琪机场, 218

March on Rome 进军罗马, 63, 112, 530

Marco Polo Bridge 马可波罗桥（卢沟桥）, 295

Margalit, Avishai 阿维夏伊·玛格利特, 485, 486

Marland, Ernest 厄内斯特·马兰, 570

Marreco, Anthony 安东尼·莫雷科, 518

Marshall, George C. 乔治·C. 马歇尔, 317, 318, 410, 417–18, 437–38

Marshall Plan 马歇尔计划, 417–18

Martin, Joseph 约瑟夫·马丁, 202, 214, 444

Marx, Karl 卡尔·马克思, 237

Marxism 马克思主义, 463

Maryland 马里兰州, 22, 136

Mason, Noah 诺亚·梅森, 330

"Mass Demonstration for True Americanism" "为真正的美国精神而战斗", 57

Maternity and Infancy Welfare Act (1921) 《母婴福利法案》（1921年）, 147

Mattioli, Guido 吉多·马蒂奥利, 62

Maverick, Maury 莫里·马维尔雷克 86, 158, 544

maximum hours 最长工作时间限制, 241, 267, 270

May, Andrew Jackson 安德鲁·杰克逊·麦伊, 312, 324, 429, 644

Maybank, Burnet 伯内特·梅班克, 91, 190–91, 443

Mayhew, David 大卫·梅休, 200, 543

May-Johnson bill 《麦伊—约翰逊法案》, 429–30, 454

McAdoo, William 威廉·麦卡杜, 573

McCarran, Pat 帕特·马卡伦, 331, 464, 654

McCarthy, Frank 弗兰克·麦卡锡, 646

McCarthy, Joseph 约瑟夫·麦卡锡, 331, 464, 483

McClellan, John 约翰·麦克莱伦, 269, 292

McCloy, John J. 约翰·J. 麦克洛伊, 213, 638

McCormack, John 约翰·麦考马克, 329

McCormick, Anne O'Hare 安尼·奥黑尔·麦考密克, 123, 141–42, 296

McFarlane, William 威廉·麦克法兰, 255

McGehee, Dan 丹·麦吉, 143

McGugin, Harold 哈罗德·麦古吉恩, 578

McKellar, Kenneth 肯尼斯·麦凯勒, 149, 305, 466, 644

McKinley Tariff 《麦金莱关税法案》, 261

McMahon, Brien 布赖恩·麦克马洪, 430, 431

McNamara, Robert 罗伯特·麦克纳马拉, 350, 500

McNarry, Charles 查尔斯·麦克纳里, 179

McReynolds, Samuel 塞缪尔·麦克雷诺兹, 254, 294

Mead, Margaret 玛格丽特·米德, 373

Meadows, Paul 保罗·梅多斯, 46

Means, Gardiner 格迪纳·米恩斯, 374

Measures to Liquidate the Trotskyists and Other Double-Dealers《对托洛茨基分子及其他两面派的清算措施》, 78

Mein Kampf (Hitler)《我的奋斗》(希特勒), 86, 305

Mellett, Lowell 洛厄尔·梅利特, 169–70

Memphis National Baptist Convention 孟菲斯全国浸礼会, 210

Menninger, Karl 卡尔·门宁格, 370

Merchant Marine 商船, 220

Merchant Marine Act (1920)《商用船只法案》(1920 年), 147

Merchants Association 商会, 237

Merriam, Charles 查尔斯·梅里亚姆, 53, 93, 374–75, 422

Merrimon, Augustus 奥古斯都·梅里蒙, 157, 158

Meyerhoff, Howard 霍华德·麦耶霍夫, 430

Michener, Earl 米切纳伯爵, 352

Middle East 中东, 314, 336, 362

Mikhoels, Solomon 所罗门·米克霍尔斯, 616

Military Liaison Committee 军事联络委员会, 435

Miller, Byron 拜伦·米勒, 435–36

Millis, Walter 沃尔特·米利斯, 436

Mills, C. Wright C. 怀特·密尔斯, 19, 480–81

Mills, Wilbur 威尔伯·米尔斯, 455–56

Milton, George Fort 乔治·福特·弥尔顿, 15

mineral resources 矿产资源, 158

Minersville School District v. Gobitis"迈纳斯维尔学区诉戈比蒂斯"案, 481

minimum wage 最低工资标准, 241, 265, 387

mining 矿业开采, 177, 391

Minsk 明斯克, 41

Mississippi 密西西比河, 83–84, 136, 140, 141, 142, 143, 165, 199, 204, 394, 566, 597

    1946 election in 1946 年选举, 88, 89, 91–92

    Ordinance of Secession of《脱离联邦法令》, 156

Missouri 密苏里, 22, 136, 141, 185, 253

Missouri, USS 美国海军密苏里号, 405

Mitchell, Arthur 亚瑟·米切尔, 544

Mitchell, Broadus 布鲁德斯·米切尔, 164, 546

Mitchell, Ewing Y. 尤因·Y. 米切尔, 509

Mitchell, John Ridley 约翰·里德利·米切尔, 253–54

Mitchell, Wesley 韦斯利·米切尔, 373–74

Moeller van den Bruck, Arthur 亚瑟·默勒·凡·登·布鲁克, 105

Mola, General 莫拉将军, 590

Moley, Raymond 雷蒙德·莫利, 236

Mollison, James 詹姆斯·莫利森, 61

Molotov, Vyacheslav 维亚切斯拉夫·莫洛托夫, 75, 358, 615, 637

monopolies 垄断, 146

Monroe Doctrine 门罗主义, 280, 637

Monroney, A. S. "Mike" "迈克" A. S. 蒙罗尼, 466

Montaigne, Michel de 米歇尔·蒙田, 29

Montesquieu, Baron von 孟德斯鸠男爵, 110

Montgomery Advertiser《蒙哥马利广告商报》, 286

Montgomery Ward 蒙哥马利—沃德公司, 273

Moore, Freddy 弗雷迪·穆尔, 141

"Moral Equivalent of War, The" (James)《与战场较量相对等的道义之战》(詹姆斯), 120, 532

Morgan, Arthur E. 亚瑟·E. 摩根, 254

Morgan, Chester 切斯特·摩根, 83

Morgan, Kuhn & Loeb 摩根公司、库恩—洛布公司, 257

Morgenthau, Hans 汉斯·摩根索, 50, 107, 115, 480

Morrison, Philip 菲利普·莫里森, 414–15

Morrison, Toni 托尼·莫里森, 22

mortgage payments 抵押付款, 37

Moscow 莫斯科, 353

Moscow Declaration 莫斯科宣言, 75–76, 77, 78

Moscow University 莫斯科大学, 59

Mott, James 詹姆斯·莫特, 260

Moulton, Harold 哈罗德·莫尔顿, 595

Mrachkovsky, Sergei 谢尔盖·穆拉西柯夫斯基, 81

Mumford, Lewis 刘易斯·茫福德, 45, 373–74, 502

Mundelein, Cardinal 红衣主教曼德林, 65

Munich pact 《慕尼黑协定》, 289, 301

Munitions Board 军需委员会, 439

Murphy, Frank 弗拉克·墨菲, 330, 608

Murray, Gilbert 吉尔伯特·默雷, 476

Murray, Philip 菲利普·默雷, 627

Muscle Shoals, Ala. 阿拉巴马州马斯尔肖尔斯, 252, 253

Musil, Robert 罗伯特·穆奇尔, 47–48

Mussolini, Benito 贝尼托·墨索里尼, 12, 58, 64, 66, 67, 71, 88, 109, 116, 236, 282, 485, 506

administration organized by 行政管理组

织, 54

death of 死亡, 71

death of liberal state proclaimed by 宣告自由民主国家的死亡, 5, 6

Fascism praised by 法西斯主义受到称赞, 111–12

liberalism denounced by 自由主义受到谴责, 113

Libyan tour of 利比亚之行, 69

Mussolini aviatore (Mattioli)《作为飞行员的墨索里尼》（马蒂奥利）, 62

Myrdal, Gunnar 贡纳尔·默达尔, 15, 138, 139, 207, 218, 488

N

NAACP 全国有色人种协进会, 88, 160, 176, 185, 210, 392

Nagasaki, Japan 日本长崎, 349–50, 383, 405, 410, 411, 414, 428, 612

Namaqua 纳马族人, 42

Nash, Nelson 纳尔逊·纳什, 97, 522

Nathan, Otto 奥托·内森, 571

Nation《国家》, 119, 201

National Academy of Science 国家科学院, 642

National Airport 国家机场, 88

National Association of Manufacturers 全国制造业协会, 344

National Automobile Chamber 全国汽车协会, 230

National Baptist Convention 全国浸礼会, 210

National Bureau of Standards 国家标准局, 463

National CIO Committee to Abolish Discrimination 产业工会联合会消除歧视全国委员会, 392

National Coal Association 全国煤炭协会, 229

National Committee on Rural and Social Planning 全国农村社会规划委员会, 268

National Committee to Combat Anti-Semitism 美国打击反犹太主义委员会, 87

National Council for the Prevention of War 全国预防战争委员会, 291

National Council of American-Soviet Friendship 美苏友好协会, 464

National Defense Act《国家防御法案》(1920), 323

National Defense Advisory Commission 国防顾问委员会, 85, 307, 323

National Defense Program 国防计划, 437

National Defense Research Committee (NDRC) 国防研究委员会, 346–47

National Democratic Party 民主党, 193

National Economic Council 全国经济委员会, 245

National Emergency Council 国家紧急状态

委员会, 169

National Industrial Recovery Act (NIRA; 1933)《全国工业复兴法案》(1933 年), 30, 60, 124, 162, 178, 227–33, 235, 238–41, 244, 250, 541, 551–52, 570

    parade for 游行, 227–29

nationalism 国家主义, 39, 41

National Labor Relations Act (NLRA) (Wagner Act; 1935)《全国劳工关系法案》(《瓦格纳法案》, 1935 年), 30, 39, 43, 172, 173, 183, 250, 252, 257–59, 260, 265, 268, 272–73, 274, 291, 370, 389, 391, 393, 394, 397, 576, 580

    Truman's desire for amendments to 杜鲁门急于修改, 394

National Labor Relations Board (NLRB) 全国劳工关系委员会, 36, 258, 273, 390, 397–98

National Opinion Research Center 全国民意调查中心, 199

National Recovery Administration (NRA) 国家复兴管理局, 36, 93, 228, 231, 232, 236–38, 241–48, 268, 307, 323, 344, 370, 373, 374, 380, 439, 477–78, 510, 571, 574–75

    Business Advisory Board 商业咨询委员会, 245

    Code of Fair Competition for the Petroleum Industry《石油工业公平竞争法令》, 246

    Supreme Court's striking down of 最高法院废除（法令）, 245, 247, 257, 267, 373

National Resources Planning Board (NRPB) 全国资源规划委员会, 216–17, 372, 374–79, 380, 383, 621, 622, 624

    budget of 预算, 375–76

National Retail Council 全国零售业协会, 243

National Science Foundation (NSF) 国家科学基金会, 409, 439, 454, 455, 456, 457

National Security Act (1947)《国家安全法案》(1947 年), 421, 422, 426, 438, 439, 440, 445, 447, 645–46

National Security Council (NSC) 国家安全委员会, 409, 439, 441, 454, 465, 470

National Security Resources Board (NSRB) 国家安全资源委员会, 409, 439, 441

national security state 国家安全状况, 409, 444

National Union, German 德国联合政府, 110

National War Labor Board 国家战时劳工委员会, 343

National Youth Administration 国家青年管理局, 176, 216–17

nation states 民族国家, 18–20

Native Son (Wright)《土生子》（赖特）, 14

Native Sons of the Golden West 金色西部兄弟会, 339

Navy, U.S. 美国海军, 99, 406

索引 711

Navy Department, U.S. 美国海军部, 214, 219, 436, 437–38, 454

Nazism 纳粹主义, 40, 106–7, 474
    Fascism as counterweight to 作为抗衡力量的法西斯主义, 93

Neal, Claude 克劳德·尼尔, 167

Negro Affairs for the Civilian Conservation Corps 民用资源保护队黑人事务顾问, 200

Negro Federal Workers Employees Union 联邦工人联合会黑人财产委员会, 200

Nehru, Jawaharlal 贾瓦哈拉尔·尼赫鲁, 5

Nelson, Donald 唐纳德·尼尔森, 344

Netherlands 荷兰, 70, 277, 418, 593

Neumann, Franz 弗朗茨·诺依曼, 50

Neustadt, Richard 理查德·诺伊施塔特, 654

Neutrality Acts 《中立法案》, 280, 291–92, 293–95, 296–97, 299, 302, 305, 309, 335

New Deal "新政", 32, 59, 342, 475–77
    African Americans and 非裔美国人, 176
    anti-Semitic slurs against 反犹主义的冲击, 57
    books and articles on 有关书籍和文章, 3–4, 10
    broad government powers required by 更广泛的政府权力需求, 122–23
    capitalism rescued by 挽救资本主义, 92, 231, 272, 471
    class consciousness and 阶级意识, 369–70
    compared to Fascism 相对于法西斯主义, 56
    cross-sectional coalition of 跨地区联盟, 22–24
    democracy secured by 挽救民主, 9–10, 25, 50, 128
    as drafted by executive 行政部门起草, 123–24
    economic growth in 经济增长, 369
    Eisenhower's silence on 艾森豪威尔表示沉默, 473
    failures of 失败, 233–34
    fear and 恐惧, 36, 37–38, 43
    historiography of 历史编纂, 35–37, 246–48
    Lippmann's criticism of 李普曼的批评, 44–45
    modern relevance of 现代意义, 10–11, 18–20
    northern support for 北方的支持, 183
    origin of term 术语由来, 487
    as partially shaped by South 部分由南方促成, 15–16, 17–18, 23, 24–25, 95, 127–29, 152, 155, 160–61, 163–64, 165, 252–53, 378–79, 471–72, 542
    planning emphasized by 强调规划性, 352
    pluralist form of democracy under 民主的多元表现形式, 370
    public as tired of 公众的厌倦情绪, 378

racial segregation and 种族隔离, 17–18, 159–62, 172, 545

radicalism of 种族歧视, 247–48, 370, 444, 477–78

role of government changed by 政府角色的变化, 18–20, 36

separation of powers and 分权, 123–27

three phases of 三个阶段, 160–61

totalitarianism and 极权主义, 235–36

uncertainty and 不确定性, 34

worldwide importance of 全球意义, 5–7, 25

New Deal, First "新政"第一阶段, 35, 247, 248, 249, 444, 477–78, 576

New Deal, Second "新政"第二阶段, 35, 247, 248, 249, 576

purpose of 目的, 35

New Deal in Action, The, 1933–1937 (Schlesinger)《行进中的"新政", 1933—1937》, 35–36

New Freedom 新自由主义, 145, 146, 158

New Mexico 新墨西哥州, 203

New Orleans, La. 路易斯安那州新奥尔良市, 183

New Republic《新共和》, 6, 55, 118, 531

New School of Social Research 社会研究新学院, 49, 93, 297, 319, 369, 496

New South 新南方, 157

Newsweek《新闻周刊》, 197, 201

New York, N.Y. 纽约, 177

NIRA parade in 欢庆《全国工业复兴法案》颁布实施的游行, 227–29

race riot in 种族暴力, 218

V-J Day celebrations in 庆祝抗日战争胜利, 405–6

New Yorker, The《纽约客》, 415

New York Herald Tribune《纽约先驱者论坛报》, ix, 36, 118

New York Times《纽约时报》, 54–55, 64–65, 66, 67, 83, 90, 122, 123, 167, 198, 228, 229, 232, 265, 293, 309, 331, 336, 351, 393–94, 403, 406, 431, 480

New York World《纽约世界报》, 86

New Zealand 新西兰, 42, 418

Nicholas II, Czar of Russia 俄国沙皇尼古拉二世, 358

Niebuhr, Reinhold 莱因霍尔德·尼布尔, 18, 114–15, 415

Nikitchenko, Iola 爱奥拉·尼基琴科, 59, 71–83, 92, 95, 512, 513, 518

Nikolayev, Leonid 列昂尼德·尼古拉耶夫, 80

Nitze, Paul 保罗·尼采, 452

Nix, D. W. D.W. 尼克斯, 92

Nixon, Richard 理查德·尼克松, 143, 295, 609

NKVD 苏联内务人民委员部, 80, 356–57

Noble's Club 贵族俱乐部, 80

Nolan, Dennis 丹尼斯·诺兰, 242, 569

Non-Aggression Pact 互不侵犯条约, 41, 79, 83, 94

Norris, George 乔治·诺里斯, 147

North Africa 北非, 314, 355

North Atlantic Treaty Organization (NATO) 北大西洋公约组织, 418, 452

North Carolina 北卡罗来纳, 136, 211, 253, 304, 394, 426

Northern Ireland 北爱尔兰, 64

Northern Pacific Railway v. North Dakota "北太平洋铁路诉北达科他州"案, 335

North Korea 北朝鲜, 418, 451, 470, 472

Norway 挪威, 70, 277, 418, 593

Nourse, Edwin 埃德温·诺斯, 381

NSC 20/4 国家安全委员会第 20/4 号文件, 448

NSC-30 国家安全委员会第 30 号文件, 448

NSC-68 国家安全委员会第 68 号文件, 451–52

Nuremberg, Germany 德国纽伦堡, 350
  bombing of 轰炸, 74–75, 513

Nuremberg Laws 纽伦堡法律, 69, 74, 109, 283

Nuremberg Rally 纽伦堡大会, 291

Nuremberg trials, *see* International Military Tribunal 纽伦堡审判, 见"国际军事法庭"

Nye, Gerald 杰拉德·奈伊, 292, 568, 591

nylon 尼龙, 406

O

Oakes, Guy 盖伊·奥克斯, 463

Oak Ridge Scientists 橡树岭科学家协会, 461

O'Brien, John Patrick 约翰·帕特里克·奥布莱恩, 66

O'Daniel, Wilbert 威尔伯特·奥·丹尼尔, 93, 189

"Ode to Stalin" (Mandelstam)《斯大林赞歌》(曼德尔施塔姆), 77

Odum, Howard 霍华德·奥德姆, 43–44, 158, 160, 166, 168–69, 186–87

Office of Censorship 审查办公室, 338, 341, 354

Office of Civilian Defense (OCD) 民防局, 338

Office of Defense Transportation (ODT) 国防运输管理局, 338

Office of Economic Stabilization 经济稳定办公室, 343

Office of Naval Intelligence 海军情报办公室, 326

Office of Naval Research (ONR) 海军研究局, 456

Office of Price Administration (OPA) 物价管理办公室, 343

Office of Production Management 生产管理办公室, 323, 376

Office of Scientific Research and Development

(OSRD) 科学研究与发展办公室, 323, 346, 347–48, 455, 642

Office of Strategic Services (OSS) 战略服务局, 322, 406–7, 436, 439

Office of the Comptroller of the Currency 货币控制办公室, 139

Office of the Corps of Engineers 陆军工程团办公室, 349

Office of War Information (OWI) 战时新闻处, 321, 338, 341, 406

Office of War Mobilization 战争动员办公室, 343

Office of War Mobilization and Reconversion 战争动员与恢复办公室, 380, 430, 435

Ogburn, W. F. W.F. 奥格本, 373–74

Ohio 俄亥俄州, 37, 136, 177

oil 石油, 177, 184, 230, 245–46, 396

Oklahoma 俄克拉荷马州, 136

Oklahoma City Black Dispatch《俄克拉荷马城黑人特遣队报》, 341–42

Old Regime and the French Revolution, The (Tocqueville)《旧制度与大革命》（托克维尔）, 11

Omaheke desert 奥马海凯沙漠, 42

Onthank, A. Heath 希思·奥森克, 242

Oppenheimer, J. Robert J. 罗伯特·奥本海默, 346, 349, 351, 403, 404, 414, 420–21, 435, 453, 469, 482–84, 631, 638

Order 227, Soviet 苏联第 227 号命令, 357

Order 270, Soviet 苏联第 270 号命令, 357

Oregon 俄勒冈州, 339

Ortega y Gasset, José 何塞·奥特加·Y. 加塞特, 106

Orwell, George 乔治·奥威尔, 501

Osborn, Frederick 弗雷德里克·奥斯本, 420, 638

Oslo Powers 奥斯陆强权, 593

Ottoman Empire 奥斯曼帝国, 42

Overman, Lee Slater 李·斯莱特·奥弗曼, 326

Overseas Press Club 海外媒体俱乐部, 413–14

Overton, John 约翰·奥弗顿, 193, 538, 591

Overy, Richard 理查德·奥弗里, 108

P

Pacelli, Eugenio, see Pius XII, Pope 欧亨尼奥·帕切利，见庇护十二世

Page, Walter Hines 沃尔特·赫因·佩奇, 145

Palmer, A. Mitchell A. 米切尔·帕尔玛, 325–26

Paperclip, Operation 回纹针行动, 445

Parker, William 威廉·帕克, 157

parks 公园, 88

Parliament 议会, 41

parliamentary democracy 议会民主, 12

Patman, Wright 赖特·帕特曼, 255–56

Patrick, Luther 卢瑟·帕特里克, 312

Patterson, James 詹姆斯·帕特森, 498

Patterson, Robert 罗伯特·帕特森, 429–30

Patterson, Roscoe 罗斯科·帕特森, 540

Patton, Nat 纳特·巴顿, 212

Pearl Harbor, Japanese attack on 日本袭击珍珠港, 217, 281, 287, 309, 316, 320, 321, 328, 333, 335, 337, 348, 422, 428, 439

Peffer, Nathaniel 纳撒尼尔·佩弗, 47

Pei, Mario 马里奥·裴, 56

pellegra 糙皮病, 171

Pennsylvania 宾夕法尼亚州, 177, 212

Pentagon 五角大楼, 19, 368

Pepper, Claude 克劳德·派帕尔, 86, 144, 181, 207, 209, 210, 211, 266, 271, 308, 378, 395, 455, 538, 565, 587

Perkins, Frances 弗朗西斯·珀金斯, 228

Perman, Michael 迈尔·珀曼, 146, 552

Peronist populism 庇隆民粹主义, 40

Pershing, John 约翰·潘兴, 311

Pétain, Marshal 贝当元帅, 274

Phelps, Orme 奥姆·菲尔普斯, 389

Philippines 菲律宾, 41

Phillips, Ulrich Bonnell 乌尔里希·邦内尔·菲利普斯, 136, 137–38, 535–36

phosphate 磷, 288

Piatakov, Grigori 格里戈里·皮亚塔科夫, 517

Pieck, Wilhelm 威廉·皮克, 472

Pilet-Golaz, Marcel 马塞尔·皮莱特-戈拉茨, 40–41

Pittman, Key 基·皮特曼, 293–94

Pittsburgh Courier《匹兹堡快报》, 221–22, 342, 589, 609

Pius XI, Pope 教皇庇护六世, 65

Pius XII, Pope 教皇庇护十二世, 65

Plane Crazy《飞机狂》, 62

Pledge of Allegiance 效忠誓言, 481

Plessy v. Ferguson "普莱西诉弗格森"案, 133

pluralism 多元主义, 108

Plymouth, England 英国普利茅斯, 41

pneumonia 肺炎, 171

Poland 波兰, 75, 105, 195, 278, 289, 302, 351, 356, 360, 361, 362

  Katyn massacre in 卡廷大屠杀, 83

  Nazi invasion of 纳粹入侵, 32, 40, 70, 92, 274, 276, 301, 302, 310, 313, 327, 335–36

Polanyi, Karl 卡尔·博兰尼, 476

police 警察, 88

Politburo 政治局, 80

poll taxes 选举税, 84, 86, 134, 142, 199–200, 204, 205, 209, 210, 212–14, 215, 427, 564–65

Porter, David 大卫·波特, 586

Portugal 葡萄牙, 104, 105, 277, 418

Post, Wiley 威利·波斯特, 61

Postal Savings System 邮政储蓄系统, 255–56

Post Office, U.S. 美国邮政局, 342

post-rational politics 后理性时代政治, 105

Potsdam Conference 波茨坦会议, 361–62, 403, 411, 485–86

Pou, Edward 爱德华·普, 238, 239

Pound, Ezra 埃兹拉·庞德, 93

Powell, Adam Clayton, Jr. 小亚当·克莱顿·鲍威尔, 179, 342, 395

Power Elite, The (Mills)《权力精英》(密尔斯), 480–81

Pratt, John Lee 约翰·李·普拉特, 595

Pratt, Joseph 约瑟夫·普拉特, 244

Pravda《真理报》, 414

Price, Byron 拜伦·普里斯, 338

Price Control Act《物价控制法案》, 336

price controls 物价控制, 216

price fixing 价格制定, 241

prison reform 监狱改革, 84

Pritt, D. N. D.N. 普里特, 517

Proclamation 2352 第 2352 号声明, 335–36

Proclamation 2487 第 2487 号声明, 336

production 生产, 38

Progressive era 进步时代, 162, 477

Progressive Party, U.S. 美国进步党, 380

Prohibition 禁令, 149, 540, 578

property tests 财产检查, 134

Prussian police 普鲁士警察, 98

Public Administrative Center 公共管理中心, 93

Public Utility Holding Company Act《公用事业控股公司法案》, 162

Public Works Administration (PWA) 公共事业振兴局, 374

purge trials, Soviet 苏联清洗审判, 77

R

racial mixing 种族混合, 88, 141

racial violence 种族暴力, 39
   in military 军事, 218

racism 种族主义, 7, 39, 42
   see also segregation 另见种族隔离

Radcliffe, George 乔治·拉德克利夫, 259, 387

Radek, Karl 卡尔·拉狄克, 517

Radin, Max 马克斯·雷丁, 514

Radio Free Asia 自由亚洲广播, 480

Radio Free Europe 自由欧洲广播, 480

railroad regulations 道路管理条例, 146

railroads 道路, 391

Ramsay, Robert 罗伯特·拉姆奇, 208, 211, 566

Ramspeck, Robert 罗伯特·兰斯佩克, 149, 459

Randolph, A. Philip A. 菲利普·伦道夫, 138, 186, 386

Rankin, John 约翰·兰金, 85, 143, 178, 180–

81, 198, 201, 203, 204, 205, 209–10, 214–15, 221, 253, 256, 368, 397, 427, 449–50, 644

Ransley, Harry 哈里·兰斯利, 236

Ras Desta Demtu, Prince of Ethiopia 德斯塔·德木图, 埃塞俄比亚王子, 67

rationing 评定等级, 216

Rayburn, Sam 山姆·雷伯恩, 256, 257, 304, 329, 434, 444, 466, 475

Reagan, Patrick 帕特里克·里根, 236

Reciprocal Trade Agreements Act (RTAA; 1934)《互惠贸易协定法案》(1934 年), 162, 252, 261, 264

 Hull Trade Agreements Act (1934)《赫尔贸易协定法案》(1934 年), 393

Reconstruction 重建, 15, 90, 128, 133, 137, 140, 141, 142, 148, 157, 167, 177, 190, 283

Reconstruction Act, German (1934) 德国《重建法案》(1934 年), 528

Reconstruction Finance Corporation 重建金融公司, 307

Record《纪事》, 143

Red Army 红军, 59, 72, 82, 195, 357, 359

Red Cross 红十字会, 68, 139–40, 220

Reece, Brazilla Carroll 布雷兹拉·卡罗尔·里斯, 569

Reed, David 大卫·里德, 12

Reichstag 德意志帝国国会大夏, 98, 108–9, 110–11, 113, 528

Remington Rand 雷明顿-兰德公司, 398

Report for 1942–National Resources Development 1942 年规划报告《全国资源开发计划》, 378

Report on Economic Conditions of the South《南方地区经济状况报告》, 170–72, 548–49

Republican National Committee 共和党全国委员会, 202, 214

Republican Party, U.S. 美国共和党

 African American votes for 非裔美国人投票, 148

 comeback in 1938 of 1938 年东山再起, 151–52

 Southern Democrat's alliance with 南方民主党结盟, 16, 193–94, 216, 329–30, 389, 478

Republic Steel 共和钢铁公司, 173

Research and Development Board 研究与开发委员会, 439

Retraining and Reemployment Administration 再培训与再就业管理局, 368

Reuther, Walter 沃尔特·鲁瑟, 424

Revenue Acts《收入法案》, 162, 345

Revolutionary Legality in the Contemporary Period《当代革命的合法性》, 81

Reynolds, Robert "Bob" "鲍勃" 罗伯特·雷诺兹, 14, 240, 285, 316, 538, 588

Rhee, Syngman 李承晚, 468–69

Rhode Island 罗德岛, 212

Ribbentrop, Joachim von 约阿希姆·冯·里宾特洛甫, 356

rice 大米, 127, 264, 266

Rice, Stuart A. 斯图尔特·A. 赖斯, 543

Richardson, Robert 罗伯特·理查森, 97

Richberg, Donald 唐纳德·里奇伯格, 232, 233, 237

Richmond Times-Dispatch《里士满时讯报》, 157, 282, 589

Riefenstahl, Leni 莱尼·里芬斯塔尔, 73

Riesman, David 大卫·里斯曼, 42, 46

right-to-work laws 工作权利法, 394, 396

risk 风险, 33, 48, 51, 232

Risley, John Shuckburgh 约翰·舒克伯勒·里斯利, 99–100, 523

Road to Serfdom, The (Hayek)《通往奴役之路》(哈耶克), 374–75

Robertson, Donald 唐纳德·罗伯森, 627

Robinson, James Harvey, 詹姆斯·哈维·鲁滨逊, 104, 147

Robinson, Joseph 约瑟夫·鲁滨逊, 163, 168, 266

Robinson, Samuel 塞缪尔·鲁滨逊, 439

Rodgers, Daniel 丹尼尔·罗杰斯, 478

Rogers, Lindsay 琳赛·罗杰斯, 115–16

Romania 罗马尼亚, 105, 277

Rommel, Erwin 欧文·隆美尔, 214

Roos, Charles 查尔斯·鲁斯, 243

Roosevelt, Eleanor 埃莉诺·罗斯福, , 522

antilynching bill and 反私刑法案, 167, 176

black rights supported by 支持黑人权利, 90, 167, 176

conscription defended by 支持征兵, 311

at luncheon for Balbo 为巴尔博举行午餐会, 67

at NIRA parade 欢庆《全国工业复兴法案》颁布实施的游行, 228

Roosevelt, Franklin D. 富兰克林·D.罗斯福, 48, 60, 71, 95, 348, 421, 423, 509

African American vote courted by 讨好非裔美国人, 178–79

antilynching bill and 反私刑法案, 167, 168, 495

anti-Semitic slurs against 反犹主义的冲击, 57

arming of Britain and France promoted by 增强英国和法国的军事武装, 302–4

Atlantic Charter issued by 颁布《大西洋宪章》, 21

belligerents asked to avoid barbarism by 要求交战国避免野蛮行径, 351

broad powers desired by 要求更广泛的权力, 117–18, 121–23

call for collective mobilization by 要求集体动员, 324–25

as coalition builder 联盟的缔造者, 545

Cold War not foreseen by 出乎意料的冷战, 407

court-packing plan of 法院改组计划, 151, 170, 178, 269

creation of NRA and 设立国家复兴管理局, 228

"economic royalists" attacked by "经济保皇主义者"收到攻击, 497

Economy Act desired by 要求通过经济法案, 235

in election of 1932 1932 年大选, 4, 85, 149, 150, 159, 249

in election of 1936 1936 年大选, 265

in election of 1944 1944 年大选, 217

federal government reorganized by 联邦政府改组, 93–94

FEPC created by 设立公平就业实施委员会, 218, 388

fireside chats of 炉边谈话, 125, 195–96, 231, 236, 336–37

freedom valued by 珍视自由, 353–54

Hofstadter's assessment of 霍夫施塔特的评价, 47

HUAC denounced by 众议院非美活动调查委员会受到指责, 330

inauguration of 就职仪式, 5, 34–35, 37, 57, 98–99, 110, 112, 114, 115, 117, 120–22, 135, 196, 409, 471

internationalism of 国际主义, 281, 287, 288

investigation of subversive desired by 要求调查颠覆活动, 327

Lend-Lease pushed by 推动租借法案的实施, 306–7

limited emergency proclaimed by 宣布进入有限紧急状态, 600

at luncheon for Balbo 在为巴尔博举行的午餐会上, 67

on meaning of World War II 关于第二次世界大战的意义, 320–21

military buildup desired by 要求加强军力建设, 274–75, 279, 281

military segregation defended by 支持军队种族隔离制度, 213

Moscow Declaration signed by 签署《莫斯科宣言》, 75

Neutrality Act signed by 签署《中立法案》, 295

neutrality in Spanish Civil War enforced by 强调在西班牙内战中保持中立立场, 294

New Deal defended by 支持"新政", 249–51

on NIRA 关于《全国工业复兴法案》, 229

NRPB created by 设立全国资源规划委员会, 374

postwar planning of 战后规划, 368, 408

purge of southern members of Congress attempted by 试图对南方国会议员进行

清洗, 175

report on South requested by 按要求提交关于南方形势的报告, 169–72

rumor-mongering by 散布谣言, 322

Second Bill of Rights requested by 要求实施《第二权利法案》, 196, 379–80

"Sixty Million Jobs" speech of "创造6000万就业岗位"演讲, 380

Smith Act signed by 签署《史密斯法案》, 333

Southern support for 南方支持, 22, 149, 159, 160

State of the Union speeches of 国情咨文演讲, 195–96, 197–98, 201–2, 221, 243–44, 300

states of emergency declared by 宣布进入紧急状态, 335–42

at Tehran Conference 德黑兰会议, 555–56

USES recentralized by 美国就业服务局重新集中于, 382

on voting rights of soldiers 关于士兵投票权利的问题, 195–96, 197–98, 201, 556

at Yalta summit 雅尔塔峰会, 357–61, 406

Roosevelt, Theodore 西奥多·罗斯福, 120

Rosenberg, Alfred 阿尔弗雷德·罗森伯格, 72, 283

Rosenberg, Ethel 埃塞尔·罗森伯格, 462, 653

Rosenberg, Julius 朱利叶斯·卢森堡, 462, 653

Rosenblatt, Josef (Yossele) 约瑟夫（约瑟莉）·罗森布拉特, 61

Rosenman, Samuel 塞缪尔·罗森曼, 201, 522, 555

Ross, Harry 哈里·罗斯, 96

Rossiter, Clinton 克林顿·罗西特, 123, 349, 465, 466, 531

Rotterdam, Netherlands 荷兰鹿特丹, 351

Royal Air Force 皇家空军, 64, 70

Royal Navy 皇家海军, 305

rubber 橡胶, 177, 184, 288

Rusk, Dean 迪安·腊斯克, 643

Russell, Richard 理查德·拉塞尔, 128, 180, 188, 189, 266, 426, 431, 434, 443, 645

Russia 俄罗斯, 105

  in alliance with France 与法国结盟, 100

  Tsar dethroned in 沙皇被推翻, 104

  see also Soviet Union 另见苏联

Russian Civil War 俄罗斯内战, 59

Russian Revolution 俄罗斯革命, 326

Rutledge, Archibald 阿奇鲍尔德·拉特利奇, 567

S

SA 冲锋队, 98, 108, 509

Sacco, Ferdinando 费迪南多·萨珂, 55, 60

St Mary-le-Bow 圣玛莉里波教堂, 41

St Paul's Cathedral 圣保罗大教堂, 41

SA-Mann 纳粹突击队员, 111

Sandel, Michael 迈克尔·桑德尔, 19

Santayana, George 乔治·桑塔亚纳, 93, 531

Saturday Evening Post《星期六晚邮报》, 56, 235

Sayre, Francis 弗兰西斯·塞尔, 298

Scandinavia 斯堪的纳维亚, 40, 105, 173

Schattschneider, E. E. E.E. 谢茨施耐德, 402

Schlesinger, Arthur M., Jr. 小亚瑟·斯莱辛格, 10, 37–38, 247, 424, 459, 465, 474, 497, 499

Schlesinger, Arthur M., Sr. 老亚瑟·斯莱辛格, 35–36, 247

Schmitt, Carl 卡尔·施密特, 107, 114

Schmitter, Pilippe 菲利浦·施密特, 573

Schorske, Carl 卡尔·休斯克, 105

Schuman, Frederick 弗雷德里克·舒曼, 298

Schuyler, George 乔治·斯凯勒, 589

Schwellenbach, Lewis 路易斯·施韦伦巴赫, 383, 388–89

Science《科学》, 455, 462

Science: The Endless Frontier《科学：永无止境的尖端领域》, 455

scientific research 科学研究, 346–50, 455–59

Scopes trial 斯科普斯案的审判, 55

Scribner's 斯克雷布纳出版社, 62

SEC 证券交易委员会, 36

Second Bill of Rights《第二权利法案》, 196, 379–80

Second Treatise of Government (Locke)《政府论》（下）（洛克）, 109

Securities Act (1933)《证券法案》(1933 年), 252

Securities Exchange Act (1934)《证券法案》(1934 年), 35, 252, 256

Securities Exchange Commission (SEC) 证券交易委员会, 44, 162, 252, 257

Sedition Act (1918)《反煽动法案》, 122, 325

Seed of Chaos (Brittan)《混乱的种子》（布里坦）, 501

segregation 隔离, 14–15, 16, 25, 86, 88, 89, 95, 128, 133–55, 163, 166, 169, 177, 185–87, 212–13, 289–90, 387, 388, 39203

end of 终结, 474–75, 486

fair employment bill and 公平就业法案, 188–91

federal inaction on 联邦政府不予理会, 133–35

foreign policy and 外交政策, 567

geography of 地理, 136–37

in housing 住房, 24

of military 军事, 42, 185, 313, 340, 558–59

New Deal and "新政", 17–18, 159–62,

172, 545

NRA and 国家复兴管理局, 241–42

rules of 条例, 140–41

Taft's cavalier attitude toward 塔夫托的傲慢态度, 133–35

Selective Service Act (1917)《选择性兵役法案》(1917年), 290

Selective Service System 选择性兵役制度, 313

Selective Training and Services Act (1940)《选择性训练与兵役法案》(1940年), 214, 314, 316, 343, 393, 585

Senate, U.S. 美国参议院:

  Agriculture Committee 农业委员会, 150

  antilynching bill in 反私刑法案, 167

  Appropriations Committee of 拨款委员会, 150

  arms embargo ended in 武装禁运的结束, 309–10

  Banking and Currency Committee 银行货币委员会, 150, 256

  Commerce Committee 商业委员会, 150

  defense bill in 防卫法案, 309

  District of Columbia Committee 哥伦比亚特区委员会, 88

  Education and Labor Committee 教育和劳动委员会, 268

  fair employment bill in 公平就业法案, 188–91

  Finance Committee 金融委员会, 150, 239, 260, 387

  Foreign Relations Committee 对外关系委员会, 293–94, 304, 422, 426

  Internal Security Subcommittee 国内安全小组委员会, 331, 462, 464

  Judiciary Committee 司法委员会, 205–6

  labor standards bill in 劳动标准法案, 268–69, 271–72

  Military Affairs Committee 军事委员会, 149, 150, 311, 314–15, 324, 437, 454, 644

  Munitions Investigating Committee 军火调查委员会, 292

  sectional votes in 地区立场投票, 164, 165

  soldier voting bill in 士兵投票法案, 207–15

  Special Committee to Investigate Campaign Expenditures 选举活动支出调查特别委员会, 91

  Special Committee on Postwar Economic Policy and Planning 战后经济政策规划特别委员会, 368

  Special Committee to Investigate the National Defense Program 国防计划调查特别委员会, 92

separation of powers 分权, 8, 12, 110, 123–27

Servicemen's Voting Act (1942)《军人投票法案》(1942年), 197–222, 560–61

Seventh Party Congress, Soviet 苏联第七次党代会, 74

Seventy-fifth Legion of Fascist Militia of Ferrara 费拉拉法西斯民兵第七十五军团, 70–71

Shanghai, Japan's attack on 日本进攻上海, 39, 102

sharecropping 农业种植分成制, 171, 266–67, 478

Share Our Wealth movement "分享财富"运动, 161

Sheffield, England 英格兰谢菲尔德, 41

Shell Oil 壳牌石油, 246, 273, 398

Sheppard, Morris 莫里斯·谢泼德, 147

Sherwood, Robert 罗伯特·舍伍德, 359, 555

Shils, Edward 爱德华·希尔斯, 462

shipping 远洋运输, 326

Shonfield, Andrew 安得鲁·肖恩菲尔德, 398–99

Short, Dewey 杜威·肖特, 423, 433, 644

show trials 作秀式审判, 78–82

Siedler, Wolf Jobst 伍尔夫·乔布斯特·西德勒, 501

Sikes, Robert Lee 罗伯特·李·赛克斯, 446

Simons, Hans 汉斯·西蒙斯, 49, 503

Sims, Hugo 雨果·西姆斯, 466

Singapore 新加坡, 41, 315

Sixteenth Amendment 宪法第十六次修正案, 261–62

slave labor 奴役性劳动, 72

slavery 奴隶制度, 13, 282

Smiley v. Holm "斯迈利诉霍尔姆"案, 557

Smith, Adam 亚当·斯密, 19

Smith, Al 阿尔·史密斯, 85, 228, 262, 540, 578

Smith, Ellison "Cotton Ed" "棉花爱德"艾里森·史密斯, 149, 168, 211, 216, 538

Smith, Gerald L. K. 杰拉尔德·L.K.史密斯 285

Smith, Harold 哈罗德·史密斯, 377

Smith, Hoke 霍克·史密斯, 146, 147

Smith, Howard 霍华德·史密斯, 273–74, 389, 396, 433

Smith, Walter Bedell 沃尔特·贝德尔·史密斯, 470

Smith Act 《史密斯法案》, 332–34, 353, 433

Smith-Connally Act (1943) 《史密斯—康纳利法案》(1943年), *see* War Labor Disputes Act 见《战时劳动争议法案》

Smith v. Allwright "史密斯诉奥尔赖特"案, 90, 185, 218

Smoot, Reed 里德·司莫特, 262

Smoot-Hawley tariff 《司莫特—霍利法案》, 262–64, 580–81

Smyth, Henry DeWolf 亨利·德沃夫·史密斯, 350

Smyth Report 史密斯报告, 435

Snyder, Timothy 蒂莫西·斯奈德, 41

Sobell, Morton 莫顿·索贝尔, 462

Social Democratic Party, German 德国社会民主党, 110

socialism 社会主义, 6–7

Socialist Workers Party 社会主义工人党, 333–34

Social Mobilization Bill《社会动员法案》, 455

Social Security 社会治安, 24, 291, 474

Social Security Act (1935)《社会治安法案》(1935 年), 35, 43, 162, 250, 252, 258, 259–60, 265, 268, 382, 386–87, 552, 580

Society of Friends 基督教公谊会, 220

Somaliland 索马里兰, 68

Somme, Battle of the 索姆河战役, 101

Sorokin, Pitirim 皮季里姆·索罗金, 32

Souers, Sidney 席尼·索伊尔, 440

Souls of Black Folks, *The* (Du Bois)《黑人之灵魂》(杜波依斯), 494

South, U.S. 美国南方, 535–53

    AEC members from 原子能委员会成员, 432–33

    antilynching bill opposed by 支持反私刑法案, 166–68

    army bases in 军事基地, 427

    Congressional votes of 国会投票, 192–93, 192

    draft supported in 征兵法案获得支持, 312

    economic interest in internationalism of 国际政治中的经济利益, 287–91

    FDR's request for report on 罗斯福要求提交报告, 169–72

    federal employment practices opposed by 反对联邦政府的就业举措, 384–86

    Finance Committee dominated by 控制金融委员会, 387

    foreign policy and 对外政策, 585

    industrial employment in 工业就业, 183–84

    internationalism of 国际主义, 280–81, 301, 303

    labor organizing in 劳动组织, 183

    Nazi admiration for 纳粹崇拜, 282–86

    New Deal partially shaped by 部分"新政"促成因素, 15–16, 17–18, 23, 24–25, 95, 127–29, 152, 155, 160–61, 163–64, 165, 252–53, 378–79, 471–72, 542

    as pivotal bloc in legislature 立法机构的中坚力量, 21–22, 24–25, 148–55, 153, 154

    pro-British stance of 亲英立场, 287, 288

    quasi-feudal tenure system in 类似于封建土地占有制, 157–58

    racial structure of, *see* segregation 种族结构, 见"隔离"

    soldiers' voting rights and 士兵的投票权,

196–222

Truman administration's reliance on 杜鲁门政府的主要依靠力量, 425–26

unions in 工会, 183, 371, 389–90, 549

voting patterns in 投票选民构成, 180–82, 181

World War II jolt to economy of 第二次世界大战造成的经济动荡, 182–85

South Carolina 南卡罗来纳州, 136, 140, 142, 165, 199, 204, 207–8, 394

South Carolina Chamber of Commerce 南卡罗来纳州商会, 387

Southern Agrarians 南方农业, 157

Southern Cotton Association 南方棉花种植协会, 206

Southern Historical Association 南方历史学会, 169, 170

Southern Labor Conference 南方劳工大会, 392

"Southern Man and the Negro" (Wright)《南方人与黑人》（赖特）, 143–44

Southern Manifesto《南方宣言》, 400

Southern Politics in State and Nation (Key)《南方政治中的州与国家》（基）, 127–28, 264

South Korea 南朝鲜, 418

    U.S. soldiers stationed in 美国军队驻扎, 436

Soviet Union 苏联, 5, 12, 13, 17, 43, 92–93, 105, 106, 117, 277, 278, 279, 354–56, 407, 409, 411–12, 634

in alliance with Allied powers 与盟军联合, 42, 324, 332

American attachment to ideology of 美国人的意识形态, 39, 54–56, 326

anti-Fascist repression in 反法西斯镇压, 94–95

atomic bomb of 原子弹爆炸, 349, 416, 441, 450, 451, 452, 465

border of 边界, 359

class criteria for citizenship in 公民阶级划分标准, 52

elections in 大选, 412

famine in 饥荒, 55

Germany pillaged by 德国被劫掠, 357

Germany's invasion of 德国入侵, 70, 94, 314, 315, 354, 355–56, 485, 616

Gulag system in 古拉格, 39, 52, 79, 356–57

Iran and 伊朗, 408

Kennan's analysis of 凯南的分析, 412–14

limited bombing capabilities of 有限的轰炸能力, 469

markets eliminated in 市场被废除, 51, 234, 238

Marshall Plan and Truman Doctrine seen as threatening by 马歇尔计划和杜鲁门主

义被视为威胁, 418

military investment in 军事投入, 52, 102–3, 182, 291, 310

Poland invaded by 波兰被入侵, 274

spies for 间谍活动, 462

World War II casualties of 第二次世界大战的伤亡情况, 355

World War II dictatorship of 第二次世界大战中的独裁体制, 354–57

see also Cold War 另见"冷战"

Spain 西班牙, 277

Spanish Civil War 西班牙内战, 31, 293–94, 296, 299

Sparkman, John 约翰·斯帕克曼, 219–20, 312, 400, 468

speculations 投机, 35

Speer, Albert 艾伯特·斯佩尔, 72

Speier, Hans 汉斯·施佩尔, 500–501, 503

Spirit of St. Louis "圣路易斯精神号"飞机, 62

Spirit of the Laws (Montesquieu)《论法的精神》（孟德斯鸠）, 110

Springer, Raymond 雷蒙德·斯普林格, 208

SS 党卫军（纳粹）, 98, 509

SS Einsatzgruppen 党卫军特别行动队, 41

Stalin, Joseph 约瑟夫·斯大林, 52, 94, 105, 195, 236, 355, 412, 515

Katyn Forest massacre ordered by 奉命实施卡廷森林大屠杀, 356

Korean War sanctioned by 朝鲜战争被批准, 418

liberal democracy denounced by 自由民主受到谴责, 113

Moscow Declaration signed by 签署《莫斯科宣言》, 75

plot against 阴谋反对, 80

at Potsdam conference 波茨坦会议, 403

show trials ordered by 奉命进行作秀式审判, 78–82

victims of 幸存者, 17, 79

at Yalta summit 雅尔塔峰会, 357, 358, 359

Stalinist Bolshevism 斯大林布尔什维克主义, 40, 113

Standard Oil 标准石油公司, 246, 273, 348, 398

Standley, William 威廉·史丹利, 68

Stark, Louis 路易斯·斯塔克, 370

Starnes, Joe 乔·斯塔恩斯, 269–70, 330

Stason, E. Blythe E. 布莱斯·斯塔森, 432

State Department, U.S. 美国国务院, 32, 293, 321, 406, 407, 409, 439–40, 448, 451–52, 454, 462, 464, 602

State Science Plan 国家科学研究计划, 355

State Security, Soviet 苏联国家安全, 39

"stay neutral" drive "保持中立"运动, 304

Steagall, Henry Bascom 亨利·巴斯科姆·斯蒂格尔, 60, 255, 578

Stearns, Harold 哈罗德·斯塔恩斯, 36

steel 钢材, 177, 262, 288, 326

Steiner, Zara 左拉·斯坦纳, 103

Stennis, John 约翰·斯坦尼斯, 59, 86

Stephens, Hubert 休伯特·斯蒂芬斯, 85

Stettinius, Edward, Jr. 小爱德华·斯泰提涅斯, 307, 408, 595

Stevens, Thaddeus 萨德·斯蒂文斯, 220

Stevenson, Adlai 阿德莱·史蒂文森, 219, 312, 400, 468, 480

Stewart, Paul 保罗·斯图尔特, 386, 391

Stimson, Henry 亨利·史汀生, 349, 444, 457, 458

stock market crash of 1929 1929 年股市崩溃, 37

Stone, Donald 唐纳德·斯通, 377

Stone, I. F. I.F. 斯通, 640

Strange, Dorothy 多萝西·斯特伦奇, 89

Strategic Air Command (SAC) 战略空军指挥部, 445–46, 447

Strauss, Leo 列奥·斯特劳斯, 50

Strauss, Lewis 刘易斯·斯特劳斯, 483–84

Streicher, Julius 尤利乌斯·施特莱歇尔, 72

strikes 罢工, 391

Stürmer, Der《先锋报》, 72

Subversive Activities Control Board 颠覆活动管理控制委员会, 464

Sudetenland 苏台德地区, 289

sulfur 硫, 288

Sullivan, Edward 爱德华·沙利文, 330

Sullivan, Mark 马克·沙利文, 306

Sumner, Charles 查尔斯·萨姆纳, 543

Sumners, Hatton 哈顿·萨姆纳, 179, 180, 384, 433

Supreme Court, U.S. 美国最高法院:
  anti-segregationist ruling in 反种族隔离的裁决, 90
  FDR's planned packing of 罗斯福的改组计划, 151, 170, 178, 269
  NRA struck down by 国家复兴管理局被击败, 245, 247, 257, 267
  studies of 研究, 4

Supreme Court, USSR 苏联高等法院, 59

Surplus Property Act (1944)《剩余财产法案》(1944 年), 368–69

Survey of Racial Conditions in the United States (RACON) 美国种族状况调查, 341

Swanson, Claude 克劳德·斯旺森, 66–67, 68

Sweden 瑞典, 277, 593

Sweeney, Martin 马丁·斯威尼, 597

Swift 斯威夫特公司, 398

Swiss Confederation 瑞士联邦, 40–41

Switzerland 瑞士, 277

Swope, Gerard 杰拉德·斯沃普, 244

Symington, Stuart 斯图亚特·赛明顿, 447–48, 451, 470

Szilard, Leo 利奥·西拉德, 349, 414, 613

T

Taber, John 约翰·塔伯, 236, 449

Taft, Robert 罗伯特·塔夫托, 219, 221, 337, 394, 395–96, 559, 568, 644

Taft, William Howard 威廉·霍华德·塔夫托, 133–35, 148–49, 457, 534–35

Taft-Hartley Act (Labor Management Relations Act; 1947)《塔夫托-哈特利法案》(《劳资关系法案》, 1947 年), 372, 389, 393–98, 400, 402, 423, 474, 629

Taiwan 台湾, 418

Take Your Choice: Separation or Mongrelization (Bilbo)《请做出选择：隔离还是混居》, 90–91

Talmadge, Eugene 尤金·塔尔梅奇, 86

tariffs 关税, 144, 146, 158, 261–64, 288, 580–81

Tarver, Malcolm 马尔科姆·塔佛, 180, 312, 568

taxation 征税, 161, 171, 230, 266, 372, 540

Teheran Conference 德黑兰会议, 195, 197, 555–56

Temporary Commission on Employee Loyalty 员工政治诚信调查临时委员会, 459

tenancy 租赁, 266–67

Tennessee 田纳西州, 136, 141, 199, 211, 253, 394, 426

Tennessee Coal and Iron 田纳西州煤炭与钢铁, 174

Tennessee Valley Authority (TVA) 田纳西河流域管理局, 36, 160, 205, 253–55, 289, 432, 576, 644

Tennessee Valley Authority Act (1933)《田纳西河流域管理法案》, 252

Terkel, Studs 斯特兹·特克尔, 12

Terrell, George 乔治·特雷尔, 254

Ter-Vaganyan, Vagarshak Arutyunovich 特尔·维干尼安, 82

Texas 德克萨斯州, 136, 141, 165, 199, 204, 394, 426, 553–54, 555, 597

Texas Manufacturers Association 德克萨斯州制造业者协会, 387

Thirteenth Amendment 宪法第十三次修正案, 133, 200

Thirteenth Party Congress, Soviet 苏联第十三次党代会, 80

Thomas, Charles A. 查尔斯·A. 托马斯, 638

Thomas, Elmer 埃尔默·托马斯, 91, 538

Thomas, J. Parnell J. 帕内尔·托马斯, 330

Thomas, Norman 诺曼·托马斯, 56, 281, 495

Thomason, Robert 罗伯特·托马森, 254, 312, 644

Thoreau, Henry David 亨利·大卫·梭罗, 29, 522

Thurmond, Strom 斯特罗姆·瑟蒙德, 23, 610

Tibbs, Andrew 安德鲁·提布斯, 90

Ticarico, Leonard 伦纳德·特里卡里科, 512

Tily, Herbert 赫伯特·蒂利, 243

Time《时代》, 58, 59–61, 63, 350–51, 411, 427

Tindall, George 乔治·廷德尔, 287

tobacco 烟草, 127, 184, 264, 266, 289

Tocqueville, Alexis de 亚历克西斯·德·托克维尔, 10–11, 136, 137, 475

"Todesfuge" (Celan)《死亡赋》(策兰), 42

Tokyo 动静, 350–51

toleration 容忍, 108

totalitarianism 极权主义, 8, 39

total war 全面战争, 45

Towner, Horace 贺瑞斯·汤纳, 147

Townsend, John, Jr. 小约翰·汤森德, 540

Toynbee, Arnold 阿诺德·汤因比, 116

trade 贸易, 38, 162

Trading with the Enemy Act (1917)《对敌贸易法案》(1917年), 123

transportation 运输, 88

Travels in Two Democracies (Wilson)《穿行于两种民主制度之间》(威尔逊), 56

Trinity 三国同盟, 403–4

Tripartite Pact 三方协定, 320

Triumph of the Will (film)《意志的胜利》(电影), 73

Trotsky, Leon 列昂·托洛茨基, 80, 516

Truax, Charles 查尔斯·特鲁阿克斯, 257

Trubowitz, Peter 彼得·特鲁波维兹, 639

True, James 詹姆斯·特鲁伊, 330

Truman, David 戴维·杜鲁门, 401, 475, 478

Truman, Harry S. 哈里·S. 杜鲁门, 9, 19, 47, 48, 76, 95, 123, 204, 211, 271, 303, 334, 349, 405, 423, 437, 555, 637

and aid to Greece and Turkey 援助希腊和土耳其, 417, 424

appropriations bill vetoed by 拨款法案被表决, 624

Atomic Energy Commission created by 成立原子能委员会, 428–29, 430

hydrogen bomb approved by 批准氢弹研制, 446–47

intelligence-gathering fears of 搜集情报引发的恐惧, 439

Japan's defeat announced by 日本宣布战败, 406

Loyalty Review Board created by 成立政治诚信审查委员会, 459–61

military buildup document requested by 要求提交军力建设资料, 451–52

money for scientific research requested by 要求科研资金, 456

in 1944 election 1944年大选, 217

at Potsdam Conference 在波茨坦会议上,

403

railroads seized by 争夺铁路控制权, 391

Southern votes needed by 需要南方选票, 22

substitute bill vetoed by 替代性法案被否决, 464–65

Taft-Hartley vetoed by《塔夫托—哈特利法案》被否决, 393

tensions with Moscow 与莫斯科关系紧张, 361, 362

"21 Points" policy of "21点"政策, 380

UN hopes of 联合国的期望, 408

USES bill supported by 支持美国就业服务局的法案, 384

Wagner Act amendments desired by 要求通过《瓦格纳法案》修正案, 394

Truman administration 杜鲁门政府, 12, 18, 426–27

Truman Doctrine 杜鲁门主义, 417–18, 424, 637

tuberculosis 结核病, 171

Tugwell, Rexford 雷克斯福·塔格维尔, 229, 232, 235, 236, 242, 246

Tunnell, James 詹姆斯·滕内尔, 220

Turkey 土耳其, 104, 277, 362, 417, 424

Turner, Roscoe 罗斯科·特纳, 61

Tydings, Millard 米勒德·泰丁斯, 161, 215, 254, 259, 378, 423, 426, 431, 443, 451, 466, 645

U

Ukraine 乌克兰, 41, 55, 82

Ulysses (Joyce)《尤利西斯》（乔伊斯）, 55

UN Atomic Energy Commission 联合国原子能委员会, 420

uncertainty 不确定性, 33–34, 48, 51, 232, 298

Underwood, Oscar 奥斯卡·安德伍德, 145, 147, 148, 541

unemployment insurance 失业保险, 252, 386–87, 625

Unemployment Relief Act (1933)《失业救济法案》（1933年）, 123

Unemployment Service, U.S. 美国就业服务局, 344

unions 工会, 23, 25, 30, 43, 49, 144–45, 162, 172–85, 207, 257–59, 326, 386–400, 402

African Americans and 非裔美国人, 174–75, 392–93, 395–96, 550, 553

House investigation of 众议院调查, 330

in South 在南方, 183, 371, 389–90, 549

in Soviet Union 在苏联, 51

Taft-Hartley's constraint on《塔夫托—哈特利法案》的限制, 372

United Cafeteria and Restaurant Workers 餐饮业劳工联合会, 89

United Fruit 联合水果公司, 273, 398

United Garment workers 服装工人联合会, 174

United Mine Workers 矿业工人联合会, 174, 230, 627

United Nations 联合国, 42, 81, 358, 359, 407–9, 415, 417, 419, 434, 617

United Nations Atomic Energy Commission 联合国原子能委员会, 636–37

United Nations Conference on International Organization 联合国国际组织大会, 595

United Nations Convention 联合国大会, 102

United Rubber Workers (URW) 橡胶工人联合会, 173

United States 美国:

    calls for dictatorship in 要求实行独裁体制, 118–20

    émigré intellectuals in 流亡知识分子, 48–51

    Fascist Italy as model for 效仿意大利法西斯, 93–94, 95

    freedom in 自由, 353–54

    Germany and Italy's declaration of war against 德国和意大利的宣战, 281, 320

    as global leader 作为全球领导者, 362

    in NATO 在北约, 418

    popular opinion on World War II in 对于第二次世界大战的普遍看法, 277–78

    postwar defense spending in 战后防御开支, 406

    science and technology mobilized in 科学技术动员, 346–50

    size of military of 军队规模, 13–14, 19–20, 52, 103, 416–17, 452–53, 493

    as threatened by Japan 受到日本的威胁, 315

    wartime economy of 战时经济, 342–46

    World War II as unifier of 第二次世界大战作为一种凝聚力量, 317–18, 323–24

    World War II casualties of 第二次世界大战的伤亡数字, 41–42

    World War II spending by 第二次世界大战的开支, 345–46

    see also South, U.S. 另见美国南方

United States Steel Corporation 美国钢铁公司, 273, 307

United Textile Workers of America 美国纺织工人联合会, 174

uranium 铀, 431

urban poverty 城市贫困, 127

Urey, Harold 哈罗德·尤里, 414, 430

USO 劳军联合组织, 220

Uzbekistan 乌兹别克斯坦, 357

V

V-2s V-2 导弹, 484

Vandenberg, Hoyt 霍伊特·范登堡, 447

Vanderberg, Arthur 亚瑟·范登堡, 422, 431

Vanzetti, Bartolomeo 巴尔托洛梅奥·范塞蒂, 55, 60

Vardaman, James K. 詹姆斯·K. 瓦达曼, 84

Varieties of Religious Experience, The

(James)《宗教经验的多样性》(詹姆斯),
120

Venice, Italy 意大利威尼斯, 4, 7, 49

Venice Film Festival 威尼斯电影节, 93

Verdun, Battle of 凡尔登战役, 101

Versailles, Treaty of (1919)《凡尔赛条约》
(1919 年), 64, 145, 297

veterans pay 退伍老兵的开支, 266

Victory of Faith, The (film)《信念的胜利》(电影), 73

Viereck, George 乔治·菲尔埃克, 285

Vietnam 越南, 417, 418

Viglione, Raffaello 拉斐尔·维寥内, 93

Vincent, Beverly 贝弗利·文森特, 597

Vinson, Carl 卡尔·文森, 324, 423, 427, 443, 444, 449, 450, 466

Vinson, Fred 弗雷德·文森, 238, 239, 305

Virginia 弗吉尼亚州, 136, 199, 204, 253, 304, 394

Virginia Quarterly《弗吉尼亚季刊》, 143

Völkischer Beobachter《人民观察家》, 283

von Braun, Wernher 沃纳·冯·布劳恩, 484

Voorhis, Jerry 杰瑞·沃里斯, 143, 295

Vorys, John Martin 约翰·马丁·沃里斯, 301, 564

voting rights 投票权利

    of absentee soldiers 士兵缺席, 86, 196–222, 556, 559–61, 566–69

    African-American 非裔美国人, 88, 89, 90, 134, 140, 145, 148–49, 185, 212, 285, 554

Voting Rights Act (1965)《投票权法案》
(1965 年), 655

Vyshinsky, Andrei 安德烈·维辛斯基, 81, 82–83, 408, 517–18

W

Wagner, Robert 罗伯特·瓦格纳, 160, 166, 167, 168, 179, 241, 248, 259, 387, 395

Wagner Act, *see* National Labor Relations Act《瓦格纳法案》, 见《国家劳动关系法案》

Wagner-Peyser Act (1933)《瓦格纳—佩泽法案》(1933 年), 382, 384

Wagner–Van Nuys bill 瓦格纳—凡奈斯法, 86–87

Wallace, George 乔治·华莱士, 23, 446

Wallace, Henry 亨利·华莱士, 380, 425, 641

Wall Street Journal《华尔街日报》, 228, 244, 304, 414, 473

Walsh, David 大卫·沃尔什, 14, 238, 272

War Ballot Commission 战时投票委员会, 203

War Department, U.S. 美国作战部, 184, 196, 213, 214, 219, 311, 314, 316, 324, 341, 407, 409, 429, 434–35, 436, 437, 438, 454, 457

War Industries Board 战时产业委员会, 343–44

War Labor Board 战时劳工委员会, 390

War Labor Disputes Act (WLDA; Smith-Connally Act) (1943)《战时劳动争议法案》(《史密斯—康纳利法案》)(1943 年), 389–90, 627

War Mobilization and Reconversion Act (1944)《战时动员与恢复法案》(1944 年), 387

Warner, Lloyd 劳埃德·华纳, 141

War Powers Acts《战争授权法案》, 337, 338–39, 342–43, 383

War Productions Board (WPB) 战时生产委员会, 343, 344, 438

war profiteering 战争暴利, 216

War Relocation Authority (WRA) 战时人员调动管理局, 340

Warren, Charles 查尔斯·沃伦, 590

Warren, Earl 厄尔·沃伦, 339

War Resources Board 战争资源委员会, 323, 595

Warsaw 华沙, 351

Warsaw Ghetto 华沙犹太人隔离区, 313

War Shipping Administration 战时运输管理局, 202

Wartime Manpower Commission 战时人力资源委员会, 188

Washington, George 乔治·华盛顿, 470–71, 476

Washington (state) 华盛顿州, 339

Washington Council of the National Negro Congress 全美黑人大会华盛顿理事会, 89

Washington Naval Conference 华盛顿海军大会, 102

Washington Naval Treaty 华盛顿海军条约, 103

Washington Post《华盛顿邮报》, 87, 179, 211, 286, 302, 303, 306, 340, 469

Water Power Act (1920)《水电法案》(1920 年), 147

Watson, Henry 亨利·沃森, 236

Webb, Beatrice and Sidney 比阿特丽斯·维伯与锡德尼·维伯, 55

Weber, Max 马克斯·韦伯, 100, 114

Webster Progress《韦伯斯特进步时讯报》, 285

Wechsler, Herbert 赫伯特·威克斯勒, 200, 205, 559–60

Wehrmacht 纳粹国防军, 361

Weill, Kurt 库尔特·魏尔, 62

Weimar Constitution 魏玛宪法, 98, 110, 113

Weimar Republic 魏玛共和国, 39, 46, 104, 110, 113

welfare state 福利国家, 36, 162

Welles, Summer 萨默·韦尔斯, 361

Wells, H. G. H.G. 韦尔斯, 488

Western Union 西联公司, 273, 398

Westinghouse Electric 西屋电气公司, 348

Westinghouse Research Laboratory 西屋科

研实验室, 415

West Virginia 西弗吉尼亚州, 136, 165, 211

What Maisie Knew (James)《梅齐知道什么》（詹姆斯）, 22

What the Negro Wants?《黑人要什么？》, 138

Whelchel, Benjamin 本杰明·维尔切尔, 292

When Affirmative Action Was White (Katznelson)《当白人采取果断行动时》（卡茨尼尔森）, 24

Whitaker, John 约翰·惠特克, 511

White, E. B. E.B. 怀特, ix

White, Edward Douglass 爱德华·道格拉斯·怀特, 335

White, Walter 沃尔特·怀特, 160, 167, 210, 429, 545

White Sea Canal 白海运河, 39, 80

Whither Solid South? (Collins)《稳固的南方将走向何处？》（柯林斯）, 139

Whitten, Jamie 杰米·惠滕, 85

Whittington, William 威廉·惠廷顿, 85, 143, 269, 380

Wierton 韦尔顿公司, 398

Wiesbaden, Germany 德国威斯巴登, 111

Wilcox, James Mark 詹姆斯·马克·威尔考克斯, 267

Wiley, Alexander 亚历山大·威利, 315

Williams, Aubrey 奥布里·威廉姆斯, 176

Williams, John Bell 约翰·贝尔·威廉姆斯, 428

Willkie, Wendell 温德尔·威尔基, 311, 559, 604

Wilson, Edmund 埃德蒙·威尔逊, 56

Wilson, George Howard 乔治·霍华德·威尔逊, 456

Wilson, Joseph 约瑟夫·威尔逊, 422

Wilson, Woodrow 伍德罗·威尔逊, 44, 67, 104, 105, 145–46, 149, 158, 165, 288, 289, 290, 325, 337, 471

Winner, Henry 亨利·韦纳, 638

Winthrop, John 约翰·温斯罗普, 17

Wolfers, Arnold 阿诺德·沃尔弗斯, 600

Woman's Auxiliary Corps 女兵团, 601

Women's Airforce Service Pilots 女子航空兵, 220

Women's Auxiliary Ferrying Squadron 妇女辅助运输中队, 220

Wood, John 约翰·伍德, 395, 443, 464

Wood, Robert E. 罗伯特·E.伍德, 595

Woodrum, Clifton 克利夫顿·伍德拉姆, 437

Woodward, C. Vann C.范恩·伍德沃, 127

Woolworth 伍尔沃斯餐厅, 88

working class 工人阶级, 22, 23

Works Progress Administration 工程进度管理局, 217

Works Project Administration 工程项目管理局, 330

World《世界》, 531

World Court 国际法庭, 290

World Disarmament Conference 世界裁军大会, 102

World Economic Conference 世界经济大会, 38

World War I 第一次世界大战, 31–32, 41, 42, 43, 45, 100–101, 102, 110, 122, 147, 289, 297, 298, 305, 310, 311, 323, 325, 335, 347, 382, 539

World War II 第二次世界大战, 7, 8, 31, 92, 416, 421, 423, 461

    bombing campaigns in 轰炸行动, 350–51

    as "crusade" 作为"考验", 367

    and dangers to racial order of South 对南方种族秩序的威胁, 16

    effects of 后果, 42–43

    end of 终结, 403–6

    FDR on meaning of 富兰克林·罗斯福关于……重要意义的论述, 320–21

    liberal democracy threatened by 自由民主受到威胁, 46

    as "liberating war" 作为"解放战争", 186

    science and technology mobilized for 科学技术动员, 346–50

    and separation of powers 分权, 353

    Southern economy built up by 南方经济建设, 182–85

    U.S. opinion on 美国的立场, 277–78

    U.S. spending on 美国的支出, 345–46

    U.S. united by 美国的团结凝聚, 317–18, 323–24

Worley, Eugene 尤金·沃利, 199, 204

Wright, R. Charlton R. 查尔顿·赖特, 143–44

Wright, Richard 理查德·莱特, 14

Wunderlich, Frieda 弗里达·翁德里希, 503

X

xenophobia 排外主义, 42

Y

Yalta Conference 雅尔塔会议, 78, 357–61, 362, 406, 411, 412, 485–86

Yankee Leviathan《美国怪兽》, 134

Youngstown Sheet and Tube 扬斯顿钢铁公司, 173

Yugoslavia 南斯拉夫, 105, 277, 314, 362

Z

Zetkin, Clara 克拉拉·蔡特金, 60

Zinoviev, Grigori 格里高利·季诺维也夫, 80, 81–82, 95, 516

Zweig, Stefan 斯蒂芬·茨威格, 5–6, 51, 103